Zuckmayer-Jahrbuch

Zuckmayer-Jahrbuch
Band 8 · 2005/06

Im Auftrag der Carl-Zuckmayer-Gesellschaft
herausgegeben von
Gunther Nickel und Erwin Rotermund

Redaktion: Ulrike Weiß

Carl Zuckmayer
Alexander Lernet-Holenia

Briefwechsel

und andere Beiträge
zur Zuckmayer-Forschung

Wallstein Verlag

Gedruckt mit Unterstützung des Kulturdezernats der Stadt Mainz.

Die Carl-Zuckmayer-Gesellschaft verfolgt ausschließlich und unmittelbar kulturelle und wissenschaftliche Zwecke im Sinne der steuerrechtlichen Bestimmungen über Gemeinnützigkeit. Beiträge und Spenden sind laut Verfügung des Finanzamtes in Mainz steuerlich abzugsfähig.

Die Mitgliedschaft wird erworben durch Anmeldung beim Vorstand, Zahlung des ersten Jahresbeitrags und Bestätigung des Beitritts durch den Präsidenten. Beitrittserklärungen sind zu richten an die Carl-Zuckmayer-Gesellschaft, Postfach 33, D-55297 Nackenheim. Der Jahresbeitrag beträgt € 35,– für persönliche Mitglieder; Ehegatten vollzahlender Mitglieder, Studenten, Schüler und Auszubildende erhalten Ermäßigung. Korporative Mitglieder zahlen mindestens € 55,–. Öffentliche Bibliotheken, Schulen und Hochschulen zahlen den Satz für persönliche Mitglieder.
Die Mitglieder erhalten das *Zuckmayer-Jahrbuch* kostenlos.
Bankkonten: Sparkasse Mainz (BLZ 550 501 20) Nr. 150 000 651 und Volksbank Rhein-Selz e.G. (BLZ 550 619 07) Nr. 1 807 250.

Bibliographische Information Der Deutschen Bibliothek

Die Deutsche Bibliothek verzeichnet diese Publikation in der Deutschen Nationalbibliografie; detaillierte bibliografische Daten sind im Internet über http://dnb.ddb.de abrufbar.

© Wallstein Verlag, Göttingen 2006
www.wallstein-verlag.de
Vom Verlag gesetzt aus der Sabon
Umschlaggestaltung: Steffi Riemann
Druck: Hubert & Co, Göttingen
ISSN 1434-7865
ISBN-13 978-3-8353-0001-9
ISBN-10 3-8353-0001-6

Inhalt

Texte und Dokumente

Carl Zuckmayer – Alexander Lernet-Holenia, Briefwechsel
Ediert, eingeleitet und kommentiert von Gunther Nickel

Aufsätze

Inhalt

Texte und Dokumente

Carl Zuckmayer – Alexander Lernet-Holenia

Briefwechsel

Ediert, eingeleitet und kommentiert von
Gunther Nickel

Einleitung

In memoriam Michael Guttenbrunner

I.

Als im vergangenen Jahr wieder einmal heftig über die Kriterien bei der Verleihung des Literaturnobelpreises gestritten wurde, hielten sich Schriftsteller und Schriftstellerinnen mit kritischen Stellungnahmen auffallend zurück. Das war nicht anders, nachdem Elfriede Jelinek den bedeutendsten – weil höchstdotierten – Literaturpreis der Welt zugesprochen bekommen hatte, aber das war nicht immer so. 1972 erhielt Heinrich Böll die begehrte Auszeichnung, was Alexander Lernet-Holenia (1897-1976), dem damaligen Präsidenten des österreichischen PEN-Clubs, außerordentlich mißfiel. Schon 1967 hatte er Bölls Auszeichnung mit dem Büchner-Preis in einem *Offenen Brief* an die Deutsche Akademie für Sprache und Dichtung kritisiert:

> Sehr geehrte Herren! Schon lange bin ich ein Korrespondierendes Mitglied, hatte aber nur einmal Veranlassung, mit Ihnen zu korrespondieren, nämlich als Günter Grass Ihren Büchner-Preis erhielt. Damals gab er in seiner Dankesrede seinem Verdruß darüber Ausdruck, daß sein Freund Brandt bei irgendeiner Wahl als Sozialist durchgefallen war. Nun haben Sie auch dem Böll den Büchner-Preis verliehen, und in seiner Dankesrede ist dieser auf die – allerdings höchst betrübliche – Erschießung des Studenten Ohnesorg zu sprechen gekommen. Denn der Büchner hat's in sich. Wäre der in normalem Alter gestorben und hätte er, vor allem, nicht meist bloß Fragmente geschrieben, so würde sich niemand mehr um ihn kümmern. So aber können wir neugierig sein, welcher einsilbige Deutsche, Boy, Bum oder Bamm, aus dem Anlasse der nächstjährigen Verleihung des Büchner-Preises des Redens über lauter Dinge, die nicht dazugehören, kein Ende finden wird.
>
> Doch gibt's auch Leute, die schon erkannt haben, daß die deutsche Kunst denn doch bereits zu problematisch geworden ist. So erzählte mir mein Freund Stockhausen (endlich ein mehrsilbiger deutscher Name!), daß einer der Stadtväter bei der Debatte über ein Mosaik am Rathause einer kleinen schwäbischen Stadt die lapidare

Bemerkung gemacht habe: »Mir brauchet ka Kunschtwerk, mir brauchet a Bedürfnisanstalt!« Doch auch auf der übrigen Welt kennt man sich mit der Kunst schon nicht mehr recht aus. Kürzlich, zum Beispiel, kam ich mit meinem Freunde Zuckmayer auf den Nobelpreis zu sprechen, und da sagte er: »Mer krische ihn ohnedies net, dazu müßt mer Samojede oder Hottentotte sei.«[1]

Daß Böll, seit 1971 Präsident des internationalen PEN, nach dem Büchner-Preis nun auch noch den Literaturnobelpreis erhalten sollte, war für Lernet entschieden der Ehrung zu viel. Aus Protest trat er von seinem Amt als Präsident des österreichischen PEN-Clubs zurück. »Er begründete diesen Schritt«, hieß es im Bericht der Wiener Tageszeitung *Die Presse* vom 21./22. Oktober 1972, mit erheblichen Differenzen in seinen »politischen und sozialen Überzeugungen von der Pflicht eines Literaten«. So habe »Böll als Präsident des Internationalen PEN nicht das Recht gehabt, sich zugunsten der ›verbrecherischen Baader-Meinhof-Bande‹ einzusetzen«.

Die Lust an okkasioneller Provokation ging bei Lernet nicht immer mit der Ausbildung einer konsistenten Position einher. »Lernet denkt in Rösselsprüngen«, charakterisierte Hilde Spiel einmal das manchmal Unausgegorene in den dessen Einlassungen.[2] Und so nutzte er 1972 einen politischen Kommentar Bölls, um einen Eklat herbeizuführen, obwohl er selbst sich mitunter zu politischen Fragen öffentlich geäußert, nach dem Zweiten Weltkrieg zum Beispiel in der Zeitschrift *Neues Österreich* eine Kritik am atomaren Wettrüsten veröffentlicht hatte.[3] Auch Lernets genuin literarische Arbeiten berühren oft Politisches: So wurde sein Roman *Mars im Widder* (1941), in dem der Feldzug gegen Polen als Überfall und nicht als »Vergeltungsschlag« geschildert ist, von der NS-Zensur sofort nach seinem Erscheinen verboten. Und in seinen Romanen *Der Graf von Saint Germain* (1948) und *Der Graf Luna* (1955) übte er in einer Zeit Gesellschaftskritik, in der man als Schriftsteller damit noch Anstoß erregen konnte. Freilich intendierte Lernet, wie Manfred Müller deutlich gemacht hat, nicht »›Kritik‹ im Sinne des Anprangerns«. Gleichnishaft und mit an Oswald Spengler geschulter Kälte habe er vielmehr »das quasi ›mythische‹ Geschehen im

---

1 *Offener Brief an die Akademie für Sprache und Dichtung in Darmstadt*, in: *Kronen-Zeitung* (Wien) vom 24. Dezember 1967.
2 *Profil* (Wien), Jg. 2, 1971, Nr. 10 (Oktober), S. 70.
3 *Für die Ächtung der Atomwaffe (Offener Brief an Bruno Frei)*, in: *Österreichisches Tagebuch* (Wien), Jg. 5, 1950, Nr. 9.

Alexander Lernet-Holenia
(Privatbesitz)

Hintergrund« eines Ereignisses zeigen wollen. Vom Grad der ihm möglichen Kälte zeugt ein Brief Lernets an einen unbekannten Adressaten
im Nachlaß von Michael Guttenbrunner: »Der wirkliche Mann«, heißt
es dort, »beginnt dort, wo er imstande ist, auch ein wirklich geliebtes
Wesen, zum Beispiel einen Hund, selber zu töten.« »So muss«, heißt es
im gleichen Brief, »– denn es hilft ja nichts – auch unsere Einstellung
zur Dezimierung der Bevölkerung dieser Erde sein.« Sonst stifte man
»automatisch auf dieser Welt mehr Unheil als Gutes, Brandt, Böll und
Kreisky e tutti quanti. Brandt ist ein Idealist, und das macht die Sache
nur noch schlimmer.«[4]

So ist es am Ende kein Widerspruch, wenn Lernet 1955 noch »beträchtliche und widersprüchliche Reaktionen«[5] hervorrief, als er den
politischen Bedeutungsverlust des Schriftstellers in der Gegenwart
beklagte,[6] und sich 1972 mit nicht geringerer Emphase darüber
echauffierte, daß die schwedische Akademie Heinrich Böll zu Welt-
ruhm verhalf. Auch 1952 hatte er dem von ihm verehrten Gottfried
Benn keineswegs deshalb das Monologische seiner Kunst vorgeworfen
und ihn zur gesellschaftlichen »Ansprache«, ja zu »großen Zwiegesprä-
chen« aufgefordert,[7] um ihm »engagierte Literatur« abzutrotzen.
Daher ist es nur folgerichtig, daß er im März 1973 politische Interven-
tionen von Schriftstellern oder Schriftstellervereinigungen zu einem
müßigen Treiben erklärte. Ja, es stelle sich die Frage, »wozu denn der
PEN-Club eigentlich überhaupt da« sei. Um eine Antwort war Lernet
nie, also auch diesmal nicht verlegen:

4 Zit. nach Müller 2005, S. 277.
5 Redaktionelle Vorbemerkung zum Abdruck von Lernets Rede *Schiftsteller
   und Tagespresse*, in: *Forvm* (Wien) Jg. 2, Nr. 24 vom Dezember 1955,
   S. 439.
6 »Seit den Tagen, zu denen Pindar, in seinen großen Hymnen, den griechi-
   schen Königen Ratschläge geben konnte, seit der Zeit, da Augustus um
   eine Lobpreisung bei Horaz gebuhlt hat, seit die Fürsten vor den Angriffen
   Aretins zitterten, seit Voltaire, Rousseau und Beaumarchais die Große Revolution in Frankreich mit heraufgerufen haben, ja sogar seit sich die Wür-
   denträger unseres eigenen Staates und die Spitzen unserer Industrie noch
   vor den sogenannten »Sprachrohren der öffentlichen Meinung« in acht
   nehmen mußten – welcher Absturz des geschriebenen Worts in die Tiefen
   blassester Bedeutungslosigkeit!« (*Über die Machtlosigkeit des Literaten*,
   in: *Forvm* (Wien), Jg. 2, Nr. 18 vom Juni 1955, S. 221 f., hier: S. 221)
7 *Neue Zeitung* (München) vom 27./28. Oktober 1952, dann in einer Broschüre mit Benns Antwort in der *Neuen Zeitung* (München) vom 18./
   19. Oktober 1952 in Lernet-Holenia/Benn 1953, hier: S. 11.

Der PEN-Club ist nur da, um sich in sich selbst mit sich selbst auseinanderzusetzen. Ich, zum Beispiel, habe das in der Weise getan, daß ich aus ihm ausgetreten bin. Ich möchte jedoch ausdrücklich betonen, daß ich das nicht etwa der Person Heinrich Bölls wegen getan habe. Im Gegenteil, ich schätze Böll, als Autor, ungemein hoch ein, und ich habe auch nie ein Hehl aus dieser meiner persönlichen Wertschätzung für ihn gemacht. Ich habe vielmehr die Verleihung des Nobelpreises an ihn lediglich zum Anlaß genommen, die deutsche Nation wissen zu lassen, daß sie sich nicht länger vom schwedischen Nobelpreiskomitee an der Nase herumführen lassen soll. Schon die Intervention des Schwedenkönigs Gustav Adolf hat uns vor Jahrhunderten genug zu schaffen gemacht; und nun wollen sich die Schweden wiederum, auf dem Umweg über die Literatur, in unsere Belange mischen. Genug von diesen Schweden, die so sehr in der Nähe des Polarkreises sitzen, daß sie sich dort oben bloß langweilen![8]

II.

Zuckmayer gestand Carl Jacob Burckhardt im Oktober 1972, er habe es abgelehnt, sich Lernets Protest gegen die Verleihung des Nobelpreises an Heinrich Böll anzuschließen.[9] Dazu äußerte er sich freilich nicht in seinen überlieferten Briefen an Lernet. Und wenn man es recht bedenkt, dann ist das Aussparen heikler Themen auch das Charakteristikum der Korrespondenz beider Schriftsteller, von der allerdings zahlreiche Schreiben verloren gegangen sind. Vieles ist zweifellos auch nur mündlich oder fernmündlich zur Sprache gekommen. So bedankte sich Lernet am 26. Mai 1933 bei Zuckmayer und seiner Frau »nochmals sehr dafür, dass Ihr so lieb gewesen seid, mich bei Euch aufzunehmen«, und schrieb am nächsten Tag Gottfried Benn, weil er von Freunden »auf Ihre Antwort an die literarisch Emigrierten aufmerksam gemacht« worden sei.[10] Es ist wahrscheinlich, daß es sich bei diesen Freunden um Zuckmayer und einige seiner Gäste gehandelt hat. Solche Zusammenhänge lassen sich aber nur mutmaßen, denn in den erhaltenen Briefen wird Gottfried Benn nur einmal und fast beiläufig im Mai 1969 erwähnt.[11] Was Lernet im übrigen Benn geschrieben hat, ist von wünschenswerter Deutlichkeit und entsprach weitgehend Zuckmayers Einschätzung,

8 *Brauchen Dichter einen Verein?*, in: *Die Furche* (Wien) vom 3. März 1973.
9 Zuckmayer/Burckhardt 2000, S. 152.
10 Der Brief ist vollständig publiziert in Hübel/Müller 1997, S. 51–59.
11 Siehe unten, S. 91.

der es nach Hitlers »Machtergreifung« zwar »für falsch« hielt, »sich
jetzt rein kritisch einzustellen«,[12] sich aber in einem Brief an Friedrich
Sieburg vom 1. April 1933 auch darum sorgte, »dass die Nation nicht
die Verbindung mit der Wurzel ihres Wesens verliert, dass sie in ihrem
neuen Aufbruch geführt und nicht verführt werde«.[13] »Wenn wir uns
also zur Nation bekennen«, so Lernet in seinem Brief an Benn,

> so brauchen wir's keinesfalls in einem weiteren Maße zu tun, als
> wir's ohnedies schon getan haben. Zum mindesten wollen wir uns
> keinesfalls zu einem fanatischen und abschaffenden Geist bekennen,
> der nur ein Schwächezeichen ist. Ist die Gesundung der Nation eine
> reelle, so schaffen sich ihre Schäden von selber ab. Ist die Nation
> produktiv, so erstickt sie automatisch die Unkräuter. Wir wollen
> nicht Leuten die Bahn freimachen, die sich über ihre eigene Unpro-
> duktivität dadurch hinwegtäuschen, dass sie andre Produktion, sei
> sie auch noch so schlecht, vernichten.
>
> Kurz: ein Künstler hat gewiss der Nation zu dienen, jedoch auf
> seine eigene Art. Das heisst: der Künstler hat nicht mitzumachen,
> was die Nation tut, sondern die Nation hat mitzumachen, was der
> Künstler tut.[14]

Die historische Entwicklung begriffen Lernet und Zuckmayer gleichermaßen als Schicksal, das zu bewältigen sei, wofür eine gründliche Auseinandersetzung mit Geschichte und Mythologie ihnen allemal nütz-
licher erschien, als rationalistische Programme zur Weltverbesserung.
Aus dieser weltanschaulichen Überzeugung resultierte auch ihr Verständnis von Dichtkunst, die sich nicht einem Moralismus oder gar
dem politischen Engagement und erst recht nicht einem rein formalen
Experimentieren verschreiben dürfe, obwohl zumindest Politisches im
Werk beider Autoren dann doch immer wieder eine nicht zu unter-
schätzende Rolle spielte. Schon Mitte der fünfziger Jahre polemisierte
Lernet gegen alle neuen Tendenzen in der Literatur, der er »überflüssig
veristische, ja existentialistische Züge« attestierte: »Es hat«, meinte er,

> eine Wehleidigkeit in betreff der Existenz begonnen, die durch die
> Härten der Existenz nicht mehr zu rechtfertigen ist; und unsere
> Dichtung ist zu einem fortwährenden Sichbeklagen geworden. Frü-
> her zwar beklagte man sich gleichfalls, doch über elementare Dinge

---

12 Brief Zuckmayers an den Regisseur Hanns Ludwig Niedecken-Gebhard
   vom 5. April 1933, zit. nach Helmich 1989, S. 141.
13 Zit. nach Nickel 2002, S. 250.
14 Zit. nach Hübel/Müller 1997, S. 57 f.

Von links nach rechts: Alexander Lernet-Holenia, Emil Jannings,
Carl Zuckmayer (DLA Marbach)

wie etwa über die Leiden der Liebe und des Sterbens; wohingegen
wir heute nur noch über die Folgen des von uns selber angerichteten
Unfugs jammervolle Beschwerde führen. Denn das ist es wohl: daß
wir allen Bezug zum Elementaren verloren und nur noch Sinn für die
von uns selbst heraufbeschworenen Verhältnisse haben.[15]

Das war eine literarische Positionsbestimmung, mit der man spätestens
von 1959 an unzeitgemäß war, also seit jenem »›annus mirabilis‹ der
deutschen Literatur, als auf einen Schlag *Die Blechtrommel* von Günter
Grass, Uwe Johnsohns *Mutmaßungen über Jakob* und Bölls *Billard um
halb Zehn* erschienen«.[16] Die ›Gruppe 47‹ gab nun den Ton an. Der
Einfluß dieses Kartells aus Autoren und Kritikern war derart groß, daß
Schriftsteller wie Lernet und Zuckmayer beinahe schlagartig als anachronistisch galten. Ihr Briefwechsel bekam in dieser Zeit daher immer
mehr die Funktion gegenseitiger moralischer Unterstützung durch die
immer wieder erneuerte Versicherung, der neue literarische Zeitge-
schmack sei von Übel. Lernet war in seinem Urteil über die jüngere
Autorengeneration ganz und gar kompromißlos, während Zuckmayer
nicht für alle, aber doch für manche ihrer Werke aufgeschlossen blieb:
Er schätzte Heinrich Bölls *Irisches Tagebuch* (1957),[17] er feierte Thomas Bernhards Romandebüt *Frost* (1963) als »eine der stärksten Ta-
lentproben [...] die seit Peter Weiss von einem Autor der jüngeren
Generation vorgelegt worden sind«,[18] auch Peter Handkes *Der kurze
Brief zum langen Abschied* und *Wunschloses Unglück* (beide 1972)
machten auf ihn »grossen Eindruck«,[19] und Tankred Dorst versicherte
er 1972, er »bange« um dessen *Eiszeit* »als wär's ein Stück von mir«.[20]

III.

Mit Zuckmayers Emigration in die USA brach 1939 die Verbindung zu
Lernet ab, den am Anfang desselben Jahres zwar eine Kreuzfahrt auch
nach New York geführt hatte, der sich aber nicht zu einer Emigration
entschließen konnte. Lernet gehörte nicht zu den aus »rassischen«

15 *Neue österreichische Lyrik*, in: *Forvm* (Wien) Jg. 2, Nr. 15 vom März
   1955, S. 109.
16 Davidis/Fischer/Nickel/Raitz 1995, S. 7.
17 Siehe unten, S. 179, Anm. zu *Böll*.
18 *Die Zeit* (Hamburg) vom 21. Juni 1963; jetzt in: Zuckmayer, *Aufruf zum
   Leben*, S. 226-233.
19 Siehe unten, S. 167, Anm. zu *Handkes*.
20 Zuckmayer/Dorst 2002, S.30.

Gründen Verfolgten, er hatte ein Haus im nahe Salzburg gelegenen
St. Wolfgang, eine Wohnung in Wien, er hatte sein Publikum – und er
hatte »Angst vor dem Heimweh«.[21] So kehrte er lieber nach Österreich
zurück. Dort wurde er einberufen und landete nach seinem Einsatz
beim Polenfeldzug zu Beginn der vierziger Jahre als Leiter der Heeres-
filmdienststelle in Berlin, wo er die Gelegenheit nutzte, einen Schriftstellerkollegen endlich persönlich kennenzulernen, dem er 1933 brieflich die Leviten gelesen hatte. »Manchmal besucht mich neuerdings«,
berichtete Gottfried Benn in einem Brief an seinen Freund F. W. Oelze,

> Herr Alexander Lernet-Holenia, Rittmeister, oesterreichischer bei
> den grünen Dragonern, jetzt hier eingezogen bei der H. Filmstelle,
> Romanschriftsteller, wohnhaft sonst am Wolfgangsee, eleganter, gut
> angezogener Mann Ende Vierzig. Wir standen in schriftlicher Ver-
> bindung. Die persönliche Bekanntschaft war keine unmittelbare
> Enttäuschung was viel sagen will bei meiner tiefen Antipathie gegen
> Menschen, ihre unsägliche Penetranz und Wichtigkeit erfüllt mich ja
> immer mehr mit Abscheu. Also Herr L.-H. hat das gewisse Etwas in
> manchen seiner Bücher, das Schlenkriche, Unseriöse, vielfach Spiele-
> rische, das nicht in die »Tiefe« geht, sondern ins Elegante und Ge-
> sellschaftliche. Also etwas Undeutsches. Das ist ganz nett an ihm.[22]

1944 entzog sich Lernet dem befohlenen Fronteinsatz durch eine vor-
geschützte Krankheit, lavierte sich bis 1945 durch und erlebte das
Kriegsende unbeschadet in St. Wolfgang.

Zu Beginn des Jahres 1946, als Aussicht bestand, Zuckmayer werde
als ziviler Kulturoffizier der US-Armee nach Deutschland reisen können, nahm er die Verbindung zu Lernet wieder auf. Dessen enthusiasti-
sche Reaktion auf sein Stück *Des Teufels General* zeigte ihm, daß er
mit seinen Annahmen über die Entwicklung im ›Dritten Reich‹ nach
seiner Emigration nicht falsch gelegen hatte. »Hilpert und Lernet haben es«, schrieb er Peter Suhrkamp,

> in der Schweiz gelesen, und besonders Lernet hat mir mehrere Briefe[23]
> darüber geschrieben, die mich sehr ermutigt haben – denn ich hatte
> ja keine Ahnung wie das Stück auf Leute wirken wird, die selbst drü-
> ben alles mitgemacht haben. Für mich war dieses Stück eine Art
> ›Selbstbefreiung‹, ich musste es mir vom Herzen herunterschreiben –

---

21 Roček 1997, S. 248.
22 Benn 1979, S. 311 f.
23 Siehe dazu unten die Briefe Nr. 8 und Nr. 10 (S. 33 und 35 f.).

in einer Zeit, in der ich für das, was ich darin behaupte, keinerlei
Beweis hatte.[24]

Mit Lernets Briefen beginnt die Rezeptionsgeschichte des erfolgreichsten deutschsprachigen Dramas der ersten Nachkriegsjahre, und sein
Lob wog mehr als manches andere, weil seine Anpassungsbereitschaft
während der NS-Zeit schnell ihre Grenzen erreicht hatte; weil von ihm
mit seinem 1941 verbotenen Roman *Mars im Widder* politisch etwas
riskiert worden war; weil er mit seinem 344 Verse langen Gedicht *Germanien* 1946 eine historische Schuld thematisiert hatte, als das noch
keine Selbstverständlichkeit war:

> Schiebt nicht die Schuld auf andre, – diese Schuld
> Und alles andre Schuldsein! [...]
> [U]nd wenn, was von den Größten einer tut,
> auch ihr getan habt, habt ihr auch getan,
> was der Geringsten einer tut im Volk.
> Sagt nicht: Nicht ich war's – der! Nicht ich war's – die!
> Wenn man die Schuld euch allen auflädt, tragt
> Sie denn auch allesamt. Ihr wälzt ja doch
> Nicht mehr vom Einzelnen, was alle trifft.
> Es geht der Welt nicht mehr um Einzelne.
> Wenn man euch zählt, so zählt nicht hinterdrein,
> wenn man euch wägt, so wägt nicht nach. Wenn man
> euch richtet, richtet nicht ... Denn was ist Schuld! [...]
> Volk, das nicht mehr lebte, um
> zu leben, nur noch um zu sterben! Rühmt
> euch dessen nicht! Wer falsch gelebt hat, stirbt
> auch eines falschen Todes. Rühmt euch nicht,
> daß ihr gehorcht, weil ihr nicht anders als
> gehorchen *können*! Rühmt euch nicht, daß ihr
> gefroren habt, gehungert und gedarbt!
> Ihr darbt seit jeher. Eure Speise habt
> ihr, euren Reichtum denen in die Hand
> gegeben, welche euch geknechtet. Rühmt
> nicht, daß ihr Knechte seid! Ihr seid es längst
> gewesen. Rühmt nicht, rühmt nicht! Elend ist,
> wer eine Tugend macht aus solcher Not. [...]

---

24 Carl Zuckmayer an Peter Suhrkamp, Brief vom 27. Juni 1946 (DLA, S. Fischer Verlagsarchiv).

*Von links nach rechts: Carl Zuckmayer, Alexander Lernet-Holenia,
Emil Jannings (DLA Marbach)*

Wo so Ungeheures
geschehen ist, wäre es noch schlimmer, nun
zu tun, als wäre es nur halb geschehn,
euch halb die Schuld zu geben und halb nicht [...].[25]

Lernet hat sich während der NS-Zeit nicht mit einer Zeile kompromit-
tiert. Deshalb war er für Zuckmayer ein wichtiger, unbestechlicher Beobachter politischer Entwicklungen, obwohl er die in *Germanien* zum
Ausdruck gebrachte Kollektivschuldthese nicht teilte. Für ihn – wie für
Lernet selbst – machte es jedoch einen Unterschied, ob sie ein Emigrant
vertrat oder jemand, der im Deutschen Reich die Kriegsjahre durchlebt
und durchlitten hatte. Zuckmayer akzeptierte Lernets Standpunkt,
weil in seinen Augen die politische »Reinigung« von den Deutschen
(und Österreichern) selbst durchzuführen sei.[26] Lernet sah das nicht
anders; die skeptische bis deutschfeindliche Haltung Thomas Manns
mißbilligte er jedenfalls: »Thomas Mann kann uns alle.«[27] Übereinstimmend war auch ihre kritische Einschätzung der amerikanischen
Besatzungspolitik. Zuckmayer bilanzierte sie 1947 in seinem *Deutschlandbericht für das Kriegsministerium der Vereinigten Staaten von
Amerika*, Lernet, der so weit ging, von »sogenannten Befreiern«[28] zu
sprechen, in seinem 1955 veröffentlichten Roman *Der Graf Luna*:

[...] die amerikanischen Kommandos begannen bereits, ihr Interesse
von den innenpolitischen Streitigkeiten der Bevölkerung ab- und ihren eigenen außenpolitischen Konflikten zuzuwenden. Zwar waren
ihnen die kontinentalen Verhältnisse ganz unbekannt; mit nacht-
wandlerischer Sicherheit aber fischten sie die von ihnen bisher bekämpften sogenannten faschistischen Elemente der Bevölkerung heraus, warfen ihren Verdacht auf die sogenannten nichtfaschistischen
und begannen, von den sogenannten Faschisten in Handel und Wandel unterstützt, ja, geradezu im Verhältnis einer gewissen Abhängig-
keit von ihnen, eine Stellung gegen den bisherigen sogenannten Ver-
bündeten im Osten aufzubauen. Auf diesem ihrem Wege war der

---

25 Zit. nach Lernet-Holenia 1989, S. 372-374; S. 377. Zu Lernets viel zitier-
   tem und mit dem Gehalt von *Germanien* nicht in Einklang zu bringende
   Bemerkungen in seinem Essay *Der Gruß des Dichters* (in: *Der Turm*, Jg. 1,
   1945, H. 4/5, S. 109) siehe Müller 2005, S. 223.
26 Siehe dazu Zuckmayer, *Deutschlandbericht*, passim.
27 Siehe unten Brief Nr. 6 (S. 31 f.).
28 Alexander Lernet-Holenia, *Der Graf Luna*, Reinbek 1960, S. 36.

Kampf gegen das sogenannte Dritte Reich in der Tat nur etwas vorübergehend Überschätztes gewesen.[29]

Zuckmayer teilte mit Lernet eine Reihe von Grundüberzeugungen. Beiden erschien es aber offenbar überflüssig, sich diese Einigkeit stets aufs neue zu bestätigen. Daher diente ihre Korrespondenz neben dem Austausch über literaturbetrieblich oder durch Krankheiten verursachter Befindlichkeiten vor allem der immer wieder erneut Versicherung einer innigen Freundschaft. Ihr Beginn ist auf die Zeit zu datieren, nachdem Zuckmayer 1926 in Henndorf bei Salzburg die »Wiesmühl« erworben hatte. »Aus St. Wolfgang«, heißt es in Zuckmayers Autobiographie über die Henndorfer Jahre, »kam öfters Alexander Lernet-Holenia auf dem Fahrrad zu uns herüber [...].«[30] Nach Hitlers »Machtergreifung« sahen sie sich auch häufig in Wien, wo beide eine Wohnung besaßen: »Lernet ist«, berichtete Zuckmayer etwa am 12. Oktober 1934 Annemarie Seidel,

> auch in Wien, er arbeitet viel und ist dementsprechend missmutig und nett. Wir gehen oft abends ins Kino, sitzen dann beim Pilsner und überzeugen uns gegenseitig von der Unabwendbarkeit des kommenden Krieges. Unsre Neutralität haben wir für alle Fälle schon beim Völkerbund angemeldet. –[31]

Als Annemarie Seidel Zuckmayer zu Beginn des Jahres 1939 in einem verschollenen Brief über Lernets Roman *Ein Traum in Rot* schwärmte, antwortete Zuckmayer:

> Ich bin so froh dass er was Schönes geschrieben hat. Sobald es gedruckt ist, schickt es mir bitte!! Auf ihn und was er schreibt bin ich immer wieder so neugierig, wie ich umgekehrt auf Billinger[32] vollständig ungespannt bin. Billinger kann uns nicht mehr überraschen, Lernet noch tausendmal und auf ungeahnte Weise.[33]

Zuckmayer verfolgte die literarische Entwicklung Lernets so aufmerksam wie sonst bei kaum einem seiner Schriftstellerkollegen. Schon 1932 empfahl er dessen Roman *Die Abenteuer eines jungen Herrn in Polen* (1931) in einem Beitrag zu einer Umfrage über *Die besten*

29 Ebd., S. 36 f.
30 Carl Zuckmayer, *Als wär's ein Stück von mir. Horen der Freundschaft*, Frankfurt am Main 1997, S. 68.
31 Brief vom 12. Oktober 1934 (Zuckmayer/Seidel 2003, S. 78).
32 Siehe Zuckmayer, *Geheimreport*, S. 69-73 und 256-259.
33 Brief vom 16. Januar 1939 (ebd., S. 105).

Bücher des Jahres.[34] Nachdem er den Roman *Ein Traum in Rot* im Sommer 1939 während der Überfahrt von Rotterdam nach New York gelesen hatte, schrieb er Annemarie Seidel begeistert, das Buch habe ihn »völlig bezaubert, gebannt, magifiziert«:[35]

> Wie ist der [Lernet] gewachsen (im Lichte der Einsamkeit – gleich einer Pflanze die Dämmerung braucht oder Zwielicht, um von der Farnenkrauthöhe zum Himmel vorzeitlicher Urwälder aufzuschiessen). Strahlenheim[36] ist so schön wie seine schönsten Gedichte und eine Prosa die man sieht – hinter geschlossenen Lidern. Und der Traum in Rot ist vielleicht das Stärkste oder Bedeutsamste was er überhaupt geschrieben hat – (gerade erhielt ich einen Brief von Joseph,[37] der es im Manuskript las und als völlig vertroddelten Quatsch bezeichnet. Aber ich finde das unbegreiflich. Ich finde ihn enorm in diesem Buch, und die ganze russische Attitüde darin keine Maske und kein Versteckspiel mehr, sondern fast eine Selbstentkleidung und unheimliche Versenkung ins eigne – furchtbar sensitive – Adern- und Nervengewebe. Mich wenigstens hat diese distanzierte Apokalypse gerade erschüttert – und ich las es voll Schauer und Spannung und war hingerissen vom letzten Satz des Buches.[38] Ein anderer Satz daraus, nebenbei, ist für uns zum gelegentlichen Leitspruch durch die künftige Welt geworden: »Die Emigranten liessen ein beifälliges Gemurmel vernehmen ...«[39] –)[40]

Eine Todesvision in *Beide Sizilien* (1942), Lernets bestem Roman, gleiche – so Zuckmayer in einem Glückwunschartikel zu Lernets 70. Geburtstag – der »äolischen Weise oder der Auflösung einer fast schon überirdischen Mozart-Symphonie«. Das Geheimnisvolle und Überwirkliche in der Erzählung *Der Baron Bagge* (1936) bestehe ebenfalls

---

34 *Das Tagebuch* (Berlin), Jg. 13, H. 51 vom 17. Dezember 1932, S. 2017 f.

35 An Annemarie Seidel, 4. Juni 1939 (Zuckmayer/Seidel 2003, S. 114).

36 Alexander Lernet-Holenia, *Strahlenheim*, Berlin: S. Fischer 1938.

37 D.i. Albrecht Joseph.

38 Die Schlußsätze von *Ein Traum in Rot* lauten: »›Ja‹, sagte Akimow, ›vielleicht. Vielleicht setzt Gott den weißen Zaren wieder in den Kreml und gibt ihm die Erde, damit zu spielen. Vielleicht läßt er Rosen aus dem Schnee blühen, vielleicht die Äcker unbesät tragen und Wein in den Strömen fließen. Vielleicht ist es sogar sein Wille, das nie Endende zu enden – das Leid. Wer kann es wissen?‹«

39 Alexander Lernet-Holenia, *Ein Traum in Rot*, Berlin: S. Fischer 1939, S. 153.

40 An Annemarie Seidel, 4. Juni 1939 (Zuckmayer/Seidel 2003, S. 114).

Von links nach rechts: Carl Zuckmayer, Emil Jannings,
Alexander Lernet-Holenia (DLA Marbach)

darin, »daß alles so weiter geschieht, wie es hätte geschehen können, daß keine imaginäre, der irdischen entfremdete, sondern eine der gewohnten und bekannten entsprechende Landschaft das Geschehen« umschließe, »die nur in wenigen Zügen stygischen Wesens« sei. Die »Vorstellungswelt« bleibe dadurch zwar »irdisch real«, aber das Geschehen entwickle eine ganz eigene Logik und Zielstrebigkeit. Sie hat Zuckmayer so sehr fasziniert und beeindruckt, daß er Lernet attestierte, ihm sei mit dem *Baron Bagge* nichts weniger als »ein absolutes Kunstwerk gelungen«.[41]

Während Zuckmayer über schwache Veröffentlichungen Lernets, etwa *Das Finanzamt. Aufzeichnungen eines Geschädigten* (1955) und die Fortsetzung *Das Goldkabinett. Des Finanzamts zweiter Teil* (1957) kein Wort verlor, verzichtete Lernet in seiner einzigen Rezension[42] eines Zuckmayerschen Buchs nicht auf relativierende Vorbehalte:

> Mit allen ihren Vorzügen, doch auch mit jeder ihrer Schwächen kennzeichnet Zuckmayers ›Fastnachtsbeichte‹ die Schöpfungen großer, insonderheit nicht mehr junger Autoren so sehr, daß aus der Disharmonie in diesem *einen* Werk recht eigentlich auf die Bedeutung einer ganzen, nach Ansicht mancher Leute schon zum Untergang bestimmten Generation von Dichtern zu schließen sein möchte. Zuckmayers ›*Liebesgeschichte*‹, sein ›*Schinderhannes*‹, sein ›*Hauptmann von Köpenick*‹ waren geglückt schlechthin. Die ›*Fastnachtsbeichte*‹ ist in Wirklichkeit gewiß nicht das, was man ›in sich vollendet‹ nennt. Doch ist sie mehr als ein Vollkommenes. Denn durch eben die ihr eigene Art von Unvollkommenheit verrät sie die Bedeutung ihres Urhebers auf viel eindringlichere Weise als seine besser geglückten Werke.

Lernet beklagte eine »Disharmonie«, die von einer Vermengung unterschiedlicher Stilebenen herrühre. Es wäre gewiß aufschlußreich zu erfahren, wie Zuckmayer auf diesen Einwand reagiert hat, zumal sich vergleichbare »Disharmonien« in Hülle und Fülle im Lernetschen Werk finden lassen. Doch leider sind aus den Jahren 1958 bis 1960 keine Briefe von Zuckmayer an Lernet überliefert, ebenfalls nicht aus der

---

41 Zuckmayer, *Aufruf zum Leben*, S. 184; 186.
42 Abgesehen von einem 1972 veröffentlichten Leserbrief über Zuckmayers *Henndorfer Pastorale* (siehe unten, S. 171 f.) und einer ebenfalls 1972 in der *Frankfurter Allgemeinen Zeitung* abgedruckten *Fernsehrede auf Zuckmayer* (siehe unten, S. 174).

Zeit vor 1933. Auch vor der »Machtergreifung« Hitlers haben beide mit Sicherheit miteinander korrespondiert. Aber Lernet besaß keinen großen Sinn für das Bewahren solcher Lebenszeugnisse; er vernichtete sogar leichten Herzens Briefe von Rilke und hat auch Briefe Gottfried Benns nicht aufbewahrt. Zuckmayer, der mehr antiquarisches Gespür hatte, mußte 1938 mit seiner Emigration fast alles zurücklassen. Er vermutete, daß viele Briefe Lernets »mit all den in meinem Haus beschlagnahmten ›Schriften‹ in irgendeinem Aktenschrank der Geheimen Staatspolizei verbrannt oder verschimmelt« sind.[43] Der folgende Briefwechsel ist also notgedrungen ein Torso.

43 Siehe unten Brief Nr. 6 (S. 31 f.).

Von links nach rechts: Alice Zuckmayer, Alexander Lernet-Holenia,
Carl Zuckmayer, Maria Guttenbrunner (DLA Marbach)

Briefwechsel

1 Alexander Lernet-Holenia an Alice und Carl Zuckmayer

St. Wolfgang, 26. Mai 1933

Lieber Zuck und lieber Jobs,
ich danke Euch nochmals sehr dafür, dass Ihr so lieb gewesen seid,
mich bei Euch aufzunehmen. Es war so nett und lieblich, vor allem,
weil es gar keine Idioten dabei gegeben hat. Nun seid alle miteinander
vielmals gegrüßt
von Eurem
Alexander

P.S. Karli ist sehr munter. Joseph soll sich mit dem Buch nur anstren-
gen, wenn's unbedingt nötig ist. – Als ich hier vom Kleon sprach, fiel
allen sofort das Vorbild ein. Ich muß also doch so lang damit warten,
bis der Zauber vorbei ist.

2 Alexander Lernet-Holenia an Carl Zuckmayer

Thallern, 3. März 1934
[recte: Anfang November 1935]

Lieber Zuck,
da Du von hier verschwunden bist, lautlos wie ein Gestank, so konnte
ich Dich nicht mehr bitten, Bermann einige Unfreundlichkeiten in meinem Namen zu sagen. Ich habe inzwischen alle Vorbereitungen getroffen, meinen Vertrag mit Fischer zu lösen, indem ich ihn erfülle. Den
›Maltravers‹ hat er vertraglich übernommen, und als letztes Vertrags-
werk habe ich ihm noch eine Erzählung, etwa vom Umfange Deiner
›Liebesgeschichte‹, geschrieben, – die mag er drucken oder nicht druk-
ken, jedenfalls ist mit der »Vorlage« des Zeugs der Vertrag, meiner-
seits, eingehalten und erfüllt. Erfüllet. Wahrlich ein grauslicher Vogel,
nämlich B., und von mir kriegt er, außervertraglich, überhaupt nichts
mehr, wenn er nicht in Berlin ist, wenn in Berlin aber nur gegen einen
feinen Vorschuss, den er nicht zahlt, und da kriegt's dann ein andrer.

Den Anfang der ›Magdalena von Bozen‹ habe ich zu lesen gekriegt. Es war ein *reines Vergnügen*! Wirklich was Ausgezeichnetes! Ich bin kein eigentlicher Briefschreiber, sonst würde ich Dir was Langes schreiben. So aber beglückwünsche ich Dich bloss kurzerhand zu diesem Buch sehr herzlich! Endlich wieder – wie die Zeitungsbesprechungen anzufangen pflegen, jedoch diesmal im Ernst gemeint, – endlich wieder ein wirkliches Buch. Man vergisst sogar den Makel, dass es ein Buch ist.

Wo bist Du, und wann kommst Du wieder, Ingeborg? – Dein
Leopold Einöhrl

3 *Carl Zuckmayer an Alexander Lernet-Holenia*

St. Niklaus, 24. Juli 1938

Sehr lieber und sehr verehrter Maëstro Alexander,
nun habe ich doch so geschafft, dass ich noch nicht zum Lesen des Stückes kam, seit gestern abend bin ich erst fertig. Jobs hat es inzwischen gelesen und oft dabei gelacht, und ich nehme es mir sofort jetzt vor, der Himmel scheint zu diesem Zwecke regnen zu wollen, – und dann schreib ich gleich wieder. Wir bleiben jetzt also doch noch ein paar Wochen in den Bergen – es ist schon besonders schön hier, und ich selbst habe infolge wüster Schreiberei fast noch garnichts davon gehabt. Eure enfants terribles kommen ja hoffentlich bald zu uns. Und im August kommen wir dann en bagage und als kompletter Volksstamm mit zwei Töchtern, von denen man die ältere schon bald verkaufen kann, und dem unverkäuflichen Mucki, nach Vevey-Chardonne zurück.

Seid herzlichst gegrüsst, das Elslein auf die Schulter geküsst, und umarmt von
Eurem ganz ergebenen
Carl Z.

4 *Carl Zuckmayer an Alexander Lernet-Holenia*

Saas-Fee, 10. September 1938

Lieber, sehr verehrter Freund Alexander!
Wenn ich Jemandem im Juli ein Stück von mir gebe, und er liest es im September, bin ich böse. Du aber bist weise und gütig und wirst mir sicher nicht böse sein, wenn ich Dir erkläre, dass ich inzwischen nicht nur eine grosse Erzählung geschrieben (und schon Korrektur gelesen)

sondern sofort darnach eine sehr umfangreiche und ausführliche Schrift vollendet habe, die auch bereits gesetzt wird und bald erscheint, – einen Essay, in dem ich zum ersten Mal ganz klar und deutlich Stellung nehme – zu allem, was uns unter den Nägeln und in der Seele brennt. Das alles hat mich natürlich enorm beschäftigt, und so habe ich es erst jetzt geschafft, mit dem Lesen des Stückes meine ich, und nun wirst Du doch gewiss hören wollen, was ich wirklich und ehrlich darüber denke, nämlich Folgendes: im Anfang finde ich es sehr reizend, flüssig, amüsant, bühnensicher und gescheit, – gegen Schluss scheint es mir, im gegenwärtigen Augenblick wenigstens, nicht ganz so glücklich. Etwa vom Auftritt des Bornstein und des David ab. Ich glaube nicht, dass man das heut richtig verstehen *kann*. Diese Dinge sind heute zu sehr belastet, zu schicksalsbeladen, zu bitter und zu schwer, – ich persönlich finde ja, dass der ganze Jammer an der Humorlosigkeit der Leute liegt, aber man kann sie ihnen nicht in fünf Minuten wegzaubern, sie *sind* humorlos, auch im Theater, und sie werden einfach nicht kapieren, dass man über den Antisemitismus *und* über die Juden zugleich lachen kann, dass man das in einer liebenswürdigen und geistvollen Haltung tut, dass man damit nichts Gehässiges oder Abschätziges meint. Die Figur des Bornstein etwa würde heute als reiner, unverfälschter, garer und ausgekochter Antisemitismus wirken, (und dem müssen wir ja – das ist eine der schweren Prüfungen die diese Zeit uns auferlegt – uns verkneifen und sozusagen als heilige Flamme in der geheimsten Herzenskammer hüten, bis es den Juden wieder mal so gut geht, dass man getrost auf sie schimpfen kann und sie gleichzeitig gern haben, ohne missverstanden zu werden). Heutzutage würden die beiden letzten Akte der babylonischen Jungfrau, ob mit oder ohne Ingomar, Öl in Streichers Feuer schütten. Und also auch die gewissen babylonischen Gegenwartsparallelen verpuffen müssen. Ich weiss nicht wann Du das Stück geschrieben hast, aber ich habe das Gefühl, es hätte noch in eine andere Zeit gehört, oder es wird vielleicht wieder in eine gehören, – für den Augenblick finde ich es, und das ist auch die Meinung von Jobs, trotz all seines herzhaften Humors und trotz der besonders im Anfang bezaubernden Gestalt der Semiramis gefährlich, – das heisst: in seiner satirischen Haltung nicht klar genug, und eher verwirrend als aufhellend.

Bitte zürne mir nicht – wegen der langen Zeit, die ich brauchte, um dann auch noch zu »meckern«, und wegen des Meckerns selber, dessen Voraussetzung selbstverständlich die herzliche und freundschaftliche Verehrung ist, die ich für Dich hege, und die mich zu gründlichem Kriterium verpflichtet. Im übrigen hoffe ich Dich und die Deinen bald

selbst wiederzusehen: von 27. bis etwa 30. September werde ich in Zürich sein. (Ab *18.* sind wir alle wieder in Chardonne s.V., Bellevue.) Darf ich Euch bitten, dem Uli und der Dana, die ich mir bei dieser Witterung kaum mehr in Pontresina denken kann, mitzuteilen dass ich sie in Zürich zu treffen hoffe, sonst sollen sie mir schreiben wo sie stecken und wann sie wieder dort sind. Dir und Deiner Gattin alle herzlichsten Wünsche und Grüsse
     Von Euerm Zuck

5 *Alexander Lernet-Holenia an Carl Zuckmayer*

⟨Ende Juni 1939⟩

Liebster Anauchin,
vielen Dank für Dein Brieferl, das mich aufrichtig gefreut hat. Es ist in Wahrheit gut, hin und wieder zu erfahren, dass man nicht ganz umsonst arbeitet. Ist es nicht sonderbar, dass mir das eben jetzt so gelungen sein soll? – Ich freue mich, dass Du eine gute Überfahrt gehabt hast. Es ist, drüben, ein schönes Land, es hat, zumindest, schöne Landstriche. Ich bin überzeugt, Du wirst Deinen Weg machen! Sprich nur die Sprache der neuen Zeit, und die Leute werden Dich verstehen. Es ist zwar nicht ganz gleichgültig, welche Sprache es ist, die man spricht, – aber, letzten Endes, mag es doch nicht von der – von uns immer wieder so überschätzten – Bedeutung sein. Immer ist die Sprache der Zukunft alles. Und auch in Rom sprach man plötzlich griechisch. Die Sprache der Zukunft zu sprechen, das ist es. Das ist alles. Und die Welt hat noch so viel Zukunft vor sich: neue Menschen – jetzt noch mit Kinderkrankheiten –, neue Götter.

»Seh aufsteigen zum andern Male
Land aus den Fluten, frisch ergrünend ...«

Vielleicht wäre Deine Rolle für mich besser, und Du wärst besser in meiner Rolle. Das kann wohl sein. Aber vielleicht ist es uns beiden bestimmt, das Gegenteil zu lernen. Alles zu lernen, das ist das Leben. Und die Vereinigung aller Dinge, das ist wohl der Sinn unseres Zeitalters.
     Übrigens scheinst Du Dich schon geändert zu haben. Denn Deine Schrift ist anders geworden. Sie ist weniger geschlossen. Sie baut sich zu einer neuen Schrift um. Wandle dich, wandle dich, wehe, wenn Du Dich nicht wandelst! Nur in der Transsubstantiation wird man zu dem, was man ist.
     Ich beneide Dich um den indianischen See, um die Romantik – so sonderbar es klingt – von Amerika. Dieses Volk, das keine Geschichte

hat, hat so unendlich viel Sinn, die Geschichte lebendig zu machen. Dieses Volk, das ganz unpoetisch scheint, hat so unendlich viel Sinn für Poesie. Aber es ist eine Poesie andrer, einfacherer, zukünftigerer Worte.

Zukunft, das ists! Ob sie mir bestimmt ist? Ich weiß es nicht. Ich hoffe es aber. Ich hätte so viel Zukunft in mir. Dir aber ist die Zukunft gegeben. Nütze sie!

Ich habe hier ein Gedicht, von R.M.R., gefunden, das mir irgendwie auf meine Situation zu passen scheint, – und auf meine Berufung, zumindest auf meine momentane.

Nur wer die Leier schon hob
auch unter Schatten
darf das unendliche Lob
ahnend erstatten.

Nur wer mit Toten vom Mohn
aß, von dem ihren,
wird nicht den leisesten Ton
wieder verlieren.

Mag auch die Spiegelung im Teich
oft uns verschwimmen:
Wisse das Bild!

Erst in dem Doppelbereich
werden die Stimmen
ewig und mild.

Grüss mir die Deinen! Alles Schöne!

Rosen Korpe

6 *Alexander Lernet-Holenia an Carl Zuckmayer*

Zürich, 9. März 1946

Mein großer roter Bruder, – als Dein Brief ankam, war ich eben bei Hirschfeld, und da ich sehr intriganter Natur bin, so ist die Folge davon, daß er nun Dein dämliches Stück nicht spielt, sondern ein vorzügliches von mir. – Im Ernst aber, mein Zuck: ich bin sehr sehr froh, wieder von Dir gehört und erfahren zu haben, daß Du uns aufsuchen willst. Bring mir nur ein mächtiges Paket mit, denn mit Dir allein ist's ja ganz schön, aber Du *und* ein Paket, das ist *noch* besser. Wie geht es den Deinen, Deinen Gemüsen, Deinen Mustangs, den Silbersporen und den beiden Colts? Wie, überhaupt, finden Dich die Rothäute? Und warum willst Du mit der Rothaut Thornton den dritten Akt umarbeiten? Dieser berühmte Häuptling hat zwar *ein* wundervolles Buch geschrieben, im übrigen aber mehr Glück als Verstand. Komm herüber, sieh Dir alles an und mach dann die Überarbeitung alleine, – es sei denn, das Kollaborat hätte wirtschaftliche Gründe. – Grüß mir your brains, Albrecht und Rudolph. Grüß mir vor allem die Deinen von ganzem Herzen! In der Wiesmühl ist, soviel ich weiß, alles in Ordnung, – oder was man hier so nennt. There's a dog still alive. – Erinnerst Du Dich noch unseres Telephongesprächs, als Du, sehr mit Recht, Fersengeld gegeben? Dann wollte Dich das Vieh Sarre wieder zurückholen. – Dein letzter Brief an mich war von der Überfahrt. Schreib mir nach Wolfgang. Emil hat während des Krieges viel getan, mich den Klauen des Urviechs Hitler zu entreißen. Wenn Du als Kulturträger herüberkommst, werde ich mich sehr freuen. Aber der Thomas Mann kann uns alle —.

J' t'embrasse cordialement!

Alexander Lernet-Holenia de Alma

7 *Alexander Lernet-Holenia an Carl Zuckmayer*

Zürich, 23. März 1946

Ich bin gerührt, ja ergriffen von Deiner Güte, Deiner Treue, Deiner Freundschaft, liebster Zuck. Und weit mehr noch, als das Paket, so hoch willkommen mirs auch sein wird, beschäftigt mich der Umstand, dass Du meiner sogleich gedacht hattest. Ich kann Dir garnicht sagen, wie sehr ich mich freue, Deine Briefe in St. Wolfgang vorzufinden – vor allem aber, Dich bald wieder zu sehen.

Dieser Brief überholt eine kurze Nachricht, die, gleich nachdem ich Deine Adresse erfahren, an Dich abgegangen ist und mir im Ton, für ein erstes Zeichen nach so vielen Jahren, vielleicht zu leichtsinnig gehalten mag gewesen sein. Umso mehr Herzlichkeit möchte ich in *diesem* Brief ausgedrückt wissen.

Ich umarme Dich und die Deinen. Den »General« habe ich, zwischen tausend Geschäften, hier noch garnicht zu lesen anfangen können. Aber in diesen letzten, ruhigen Tagen mache ich mich darüber her. Das Original habe ich in Garmisch flüchtig kennen lernen ⟨können⟩. Wir hatten einen gemeinsamen Flirt, – einen jüdischen, – wie denn auch anders! Das war, glaube ich 1930.

Nochmals mein Zuck, drücke ich Dich an die Männerbrust! Und grüss mir alle Freunde, insonderheit die Josephs. Und wir wollen, wie

immer es jetzt auch aussehen möge, Germanien schliesslich doch so gestalten, wie wirs uns immer vorgestellt haben. – Meine neuen Bücher
kriegst Du in Europa, sie sind noch nicht alle fertig.

Von ganzem Herzen

Dein Alexander

8 *Alexander Lernet-Holenia an Carl Zuckmayer*

Zürich, 25. März 1946

Ich erinnere mich noch gut, liebster Zuck, dass die »Weissagung des
Teiresias« auf Dich Eindruck gemacht hat, jenes Gedicht, das von der
Heimkehr (oder dem Nicht-Heimkehren-Können) des Odysseus han-
delt, – nun Du Lieber und Guter: wenn überhaupt jemand zurück-
kehren kann, ja wenn er, im Geiste, nie fortgewesen ist, so bist Du's.
Der ›Teufels General‹ ist das Stück eines wahren Deutschen, *für*
Deutschland geschrieben, *in* Deutschland geschrieben ... Lass Dich auf
den Broadway nicht (oder nur sehr bedingt) ein, lass Dich auf die
Emigration nicht ein, ändere nichts (oder doch nur Technisches und
Einzelheiten). Die Sache *ist* wichtig, – lass Dich nicht verwirren! Ich
will Dich – wenn Du herüben bist – gern auf ein paar Details aufmerksam machen, die Du nicht wissen konntest, – aber das ist unwesentlich.
Ich bin sehr glücklich, dass Du dieses Stück geschrieben hast. Lass den
Hauptmann von Köpenick *jetzt* in Deutschland so wenig wie möglich
laufen. Komme mit dem ›General‹ heraus. Du hast gefühlt, was wir alle
fühlen und was drüben niemand versteht, niemand verstehen will. Lass
Wilder aus dem Spiel. Und (sonderbarer Rat) schreib die »Melusine«
erst, wenn Du Dich mit mir besprochen. Du hast jetzt keine Zeit zu ver-
geuden. Von Dir erwarten wir Aktuelles – in einem hohen, im höchsten
Sinn. Nach dem was wir, was Oderbruch, was die beiden Arbeiter getan
haben, müssen wir wieder zu dem werden, *für das* wir's getan haben.

In Eile: aber ich habe alles gesagt. Ich glaube an Dich und ich habe
niemals aufgehört, an Dich zu glauben.

Ich umarme Dich und die Deinen.

Alex

9 *Alexander Lernet-Holenia an Carl Zuckmayer*

St. Wolfgang, 2. April 1946

Gestern habe ich Deinen Brief an die Dorsch gelesen, liebster Zuck, und vielleicht erreicht diese meine Nachricht Dich noch vor Deiner Abreise nach Europa. – Für's erste: Deine Briefe und Dein Paket sind noch nicht hier, doch hoffe ich, sie bald zu bekommen. Dein Brief an die Dorsch, Du guter Zuck, hat mich recht sehr ergriffen. Du bist ein andrer, ja Du bist ganz Du selbst geworden, – und wenn Du nun schließest, Du wärst es früher, oder bisher, nicht ganz gewesen, so halte mir den Umstand zugute, daß wir ja alle immer nur auf dem Weg zu uns selber sind. Wie, also, könnten wir uns frühzeitig erreichen! Aber freilich gelangen wir manchmal über uns selbst hinaus. Erwünscht ist das, doch auch gefährlich zugleich, denn die Natur hebt schon die Vollendung wieder auf, – um wieviel mehr erst das Übervollendete! Nichts andres ist mit dem »Neide der Götter« gemeint; sie vertragen, begreiflicher Weise, nicht, umgangen zu werden. Sie wahren eifersüchtig ihre Belange, sie lassen's uns vor allem entgelten, wenn die Dämonen in uns erreichen, wozu sie – die Götter – uns sonst, vielleicht, erhüben … Bei Dir, mein Zuck, ist's noch Harmonie, welche Du auf dem Weg über die unglaublichen Disharmonien der Umstände und der Welt erreicht hast. Ich kann's nur gut ausmalen, was Du und Jobs auf Eurem Hofe alles bewältigt habt, ich kann mir's *genau* vorstellen: Und Du hast recht: viel schlimmer noch muß die Zeit, die unmittelbar vorhergegangen ist, für Euch, und insbesondere für Dich, gewesen sein. Du warst im Begriffe, Dich zu verlieren, – aber nun, ich bin's sicher! hast Du Dich vollkommen gefunden. Wie, anders, wäre Deine enorme Produktivität zu erklären!

Du kömmst also, Du nahst, – und mit einer gewissen Delikatesse wird das Kapitel Emil zu behandeln sein. Um es gleich zu sagen: er hat *viel* Gutes für mich getan (ich habe Dir's schon in meiner ersten Nachricht gesagt), und ohne ihn würde ich nun wohl auf dem Balkan modern. Ich wäre froh, wenn Ihr Euch verständigtet, und dies wird Dich, überhaupt, auch über vieles unterrichten, von dem die *Nuancen* unmöglich haben bis zu Euch dringen können.

Wie schön ist es, daß Du so sehr an der Heimat hängst, – nicht nur an dieser hier, sondern an allem, was Dir Heimat geworden ist! Die Dinge werden sich entwickeln, und zuletzt wird sich's ganz von selbst weisen, was Dir die Heimat der Heimaten ist. Zerbrich Dir, jetzt, darüber noch nicht den Kopf. Sei frei, – auch in diesem Bezug.

Nun mag wohl, wer des Trostes
bedarf, waldeinwärts wallen
auf weichen Wegen,
um in tönender Felsschlucht
dem Fallen der Tropfen lauschen
und dem Rauschen des Laubs.
Denn zum Walde zurück sind die Geister
des Vaterlandes gekehrt
und weisen die Zukunft
aus unheiliger Zeit
dem mimenden Enkel ...

Ich umarme Dich und Jobs. Und grüß mir die Josephs recht von Herzen. Keiner von Euren Briefen ist noch hier. – Im Juni bin ich wieder in der Schweiz.

   Dein Alexander

P.S. Eben kommt, als erster, Dein *dritter* Brief vom 5. März. Innigsten Dank! Ich umarme Euch, Ihr Lieben, nochmals von ganzem Herzen!

10 *Alexander Lernet-Holenia an Carl Zuckmayer*

St. Wolfgang, 30. April 1946

Mein lieber guter Zuck,
nach Deinem ersten erhaltenhabenden Briefe, welcher aber der dritte in der Reihe der von Dir abgesendeten gewesen, ist nichts weiter von Dir angekommen, die beiden ersten Briefe nicht, und nicht das Paket, – dagegen habe von Deinem »Gehirne« Jowes eine und von Bermann-Fischer zwei Nachrichten empfangen, wovon die Jowes'sche mich dazu angespornt hat, eine Film-Novelle zu verfassen und auch sogleich abzusenden, da hiezu Gelegenheit gewesen ist; Bermann-Fischer hingegen habe ich, in Erwiderung seiner verlegerischen Vorschläge, auch von meiner Seite welche gemacht. Doch heißt's, daß auch der Fürst im Reiche der Lichtspielkunst, Marton, sich anfragend gerührt habe; sodaß ich Jowes gebeten habe, gewissermaßen die Generalintendanz in betreff der Film-Sache zu übernehmen.
   Sodann sind Berichte eingesickert, daß wir Dich für den Monat August entweder im wälderreichen Germanien, das ziemlich abgeholzt sein dürfte, oder hier im Lande der Phäaken, wo sich der Bratspieß gleichfalls nicht mehr immerzu dreht, erwarten dürfen, was uns sehr glücklich macht. Zwischendurch werde ich nochmals in die Schweiz

fahren, wo das Volk der Hirten ingleichen jetzt auch meist schon andern Beschäftigungen obliegt als dem Küheweiden. Ja im Grunde wär's sogar meine Absicht, im Herbst oder im Frühwinter, mit meinem inzwischen eingewirtschafteten Weibe, nach Amerika zu fahren; und indem ich andeuten will, daß wir dann vielleicht sogar zusammen reisen könnten, fällt mir die Geschichte ein, wie zwei sich auf einem Bahnhof treffen, und der eine den andern fragt, wohin er fahre, und zur Antwort erhält: nach Krakau, worauf der erste sagt: sehr gut, dann könnten sie ja zusammenfahren, der andre aber erwidert: »Ich bin schon zusammengefahren, wie ich Sie gesehen habe.«

Das, mein Zuck, wirst Du hoffentlich nicht, wenn Du dieses liesest. Ich freue mich schon sehr darauf, Dir im August die über den Krieg entstandenen Kinder meiner Muse schenken zu können. Eines ist bereits erschienen, zwei weitere erscheinen im Juni, und das jüngste (von freilich nur wenigen Seiten) ist, wie gesagt, auf dem Wege zu Jowes. Übrigens zeichnen auch die andern sich nicht eben durch Dickbändigkeit aus. Vielleicht auch kann ich Dir schon im Juni, aus der Schweiz, das eine oder andre dieser Bücher schicken.

Hier habe ich inzwischen »Des Deubels General« ein paar Leuten zu lesen gegeben, die *aufrichtig* davon entzückt sind; und immer mehr bildet sich mir die Meinung: daß es ein Stück für hier ist. Ist's aber auch ein Stück für drüben, – umso besser. Nur meine ich, daß es in der Tat seine Karriere von hier nach drüben machen sollte, statt umgekehrt.

Ich hoffe, liebster Zuck, daß ich in der Schweiz wieder einiger mir noch unbekannter Bücher von Dir ansichtig werden kann. Bermann hat mir zwar eine Sendung versprochen, doch ist's vorläufig noch nicht möglich, dergleichen zu verschicken; und auch was die übrigen Pakete anlangt, so fürchte ich, daß sie allesamt nicht – oder noch nicht – ankommen, – sodaß es für's erste fast besser wäre, nicht diejenigen, für die sie nicht bestimmt sind, damit zu füttern …

Nun umarme ich Dich und Jobs und Deine Töchter, letztere jedoch nur in dem Maße, als es sich für Fräuleins schickt. An Jowes habe ich einen Brief geschrieben, der ein wenig von meinen Abenteuern im Kriege berichtet. Er ist dafür bestimmt, von den Freunden gelesen zu werden.

Dein dankbar getreuer

Alexander Lernet

11 *Alexander Lernet-Holenia an Carl Zuckmayer*

Zürich, c/o Gregor Müller, Seefeldquai 47, 6. Juni 1946
Was bedeutet's, mein Zuck, daß auf einmal ein ›dead silence‹ zwischen
uns eingetreten ist? Nach Sankt Wolfgang hatte ich noch, als ersten,
Deinen dritten Brief erhalten, – dann nichts mehr.

Es sind schon zwei Wochen her, daß ich in der Schweiz bin. Ich habe
viel zu tun, und mein Dasein ist nicht eben das eines Dichters. Am
27. Juni habe ich Premiere, am 1. Juli fahre ich nach Österreich zurück.

Gestern war ich, um mir Schauspieler anzusehen, im Clavigo. Man
mag es für ein gutes Stück nehmen, oder auch nicht, – doch so oder so,
wohin ist die Noblesse und Haltung jener deutschen Welt von einst!
Mir ist's fast schon peinlich, daß Goethe von 1780 bis 1820 weiter-
gelebt hat (wieviel von jener Welt hat er da verloren!), erst von 1821
bis 1832 wächst er *über* die Welt.

Schreib mir recht bald! Ich umarme Dich und Jobsen!
Dein Alexander

12 *Alexander Lernet-Holenia an Carl Zuckmayer*

St. Wolfgang, 16. Oktober 1946
Mein guter Zuck,
dieser Brief, meine ich, wird Dich in Barnard wohl nicht mehr erreichen, er wird Dir wohl nach Deutschland nachgesendet werden, aber
weil ja jetzt alles ungefähr so geht, wie wenn man, um nach Mainz zu
kommen, über Vermont reisen würde, warum soll's dieser Brief besser
haben! Ich weiß schon lange nicht mehr, wo Du »abgeblieben« bist.
Zweck dieses Schreibens ist, mich, erstens, danach zu erkundigen, und,
zweitens, die Sache mit dem Emil-Passus im »Teufelsgeneral« nochmals zur Sprache zu bringen. Ich selbst, weiß Gott, messe der Passage
keine so fürchterliche Bedeutung bei, er aber, offenbar weil er nicht nur
glühende Kohlen auf unsere Häupter sondern auch Butter auf sein eigenes gehäuft hat, bittet mich, Dich zu bitten, die Stelle bei den Aufführungen in Deutschland streichen zu lassen. Sei's drum, und sei's also
gesagt und vorgebracht. Auf die Butter legt er weniger Wert, so seltsam
dies in diesem gesegneten Lande auch sein mag; von den glühenden
Kohlen, hingegen, redet er häufig. Da Du ja aber auch selber schon erwähnt hast, daß Du was gegen die Stelle hättest, so habe ich ihm gesagt, es könne praktisch für erledigt gelten.

Und nun, mein Zuck und mein Jobs, hoffe ich Euch recht bald ans

Herz drücken zu können. »Wir standen einen Moment Bauch an Bauch«, erzählte Emil einmal, ich glaube sogar Dir, von einer Persönlichkeit, die gleichfalls einen Bauch hatte. Anfangs November fahre ich vielleicht auf kurze Zeit in die Schweiz. Aber vorher oder nachher sehen wir uns gewiß.

Seid umarmt!
Alexander

13 *Alexander Lernet-Holenia an Alice Zuckmayer*

St. Wolfgang, 25. Februar 1947

Du guter Jobs, ich schreibe Dir auf einem Papier mit einem Fettfleck, weil auch derselbe an Deine junoischen Formen erinnert, deren ich hier entraten muß. Ich habe hier nur meinen mageren Schragen von einer Eva, (die nicht einmal ordinär aussieht: auch das noch!). Bitte verliere, nach Art schöner aber geistloser Frauen, diesen Brief nicht, er ist auch für Zuck bestimmt. Zuck nämlich war hier, und wir haben über ein dramaturgisches Problem gesprochen, über ein Stück, das in Holland spielen soll. Er wollte eine bestimmte Figur, die darin vorkommt, vermeiden, und ich habe mich erbötig gemacht, darüber nachzudenken und es ihn wissen zu lassen, wenn ich geistig zu Stuhle gekommen sein werde. Dies ist nun geschehen. Ich meine also, Zuck solle jene Figur überhaupt nicht mehr vorkommen lassen, sondern sie soll der Vorgeschichte des Stückes angehören. Es soll also nur mehr von ihr die Rede sein. Denn das Stück, meine ich, soll nicht mehr im Kriege, sondern schon in der Nachkriegszeit spielen, – deren Probleme viel interessanter geworden sind als die des Krieges selbst. So trifft er gleich zwei Fliegen mit einem Schlag. Das Stück, also, müßte im Lauf weniger Tage, etwa Ende 1945 spielen, wenn der totgeglaubte Gatte jener Frau zurückkehrt. Die ganze Entwicklung wäre also nicht linear darzustellen, sondern zu rekapitulieren, – was ja die viel feinere Dramatik ist. Siehe Ödipus. –

Mein Jobs, wir fahren im Frühjahr in die Schweiz, hoffentlich fährst Du nicht eben dann nach Österreich. Laß uns immer genau Deine Pläne wissen. Grüß mir die guten lieben Halperins, und mach in meiner Abwesenheit nicht diese gewissen schnellen Sachen, die sind nur für mich reserviert.

Mein mageres Weib und ich grüssen und umarmen Euch alle sehr von Herzen!

Dein Alexander

P.S. Bitte sage dem Josef, daß ich aus Stockholm einen Brief bekommen habe, daß die Roman-Angelegenheit dort bereinigt ist. Hoffentlich gibt mir Josef auch bald Nachricht.

14 *Alexander Lernet-Holenia an Alice und Carl Zuckmayer*

St. Wolfgang, 1. September 1947

Liebste Freunde,
es hat mich sehr unglücklich gemacht, daß ich an Eurer so schön und liebevoll veranstalteten Feier in Salzburg nicht habe teilnehmen können. Aber ich hatte in der Tat nicht gewußt, daß Ihr sie veranstaltet hattet, und als Zuck mir davon erzählte, war's zu spät geworden, noch zu fahren. Denn der Umstand, daß Ihr zu den Jallingern gefahren, hatte mich schließen lassen, daß in Salzburg überhaupt nichts stattfände. Die andern waren zum Jedermann gefahren, und Eure Fête hat sich daran als Überraschung geschlossen.

Es war nur dann auch nicht möglich, mich von Euch gebührend zu verabschieden, weil ich aus dem gastlichen Hause, wo ich's hatte tun wollen, wieder fortwollte; war doch das dämliche Rechts-Element Emil fieberhaft damit beschäftigt, sich die Butter, die er, bzw. es, auf dem Kopf hat, von Zuck herunterräumen lassen zu wollen. Zu dumm das! Alle Welt weiß, was seine Vergangenheit ist, nur er selber glaubt, daß man's nicht weiß, und setzt alles zu seiner Läuterung in Trab.

Ich beklage es sehr, daß diese einzigartige Gelegenheit auf ihn endgültig bös zu werden, nur um den Preis, mich von Euch so abrupt oder gar nicht zu verabschieden, geboten worden ist. Ich hoffe doch recht sehr, Euch Ende Oktober, anfangs November in der Schweiz umarmen zu können! Dann wollen wir, wie es in der Edda heißt, von den Taten der Vorwelt und vom »alten Wurm« reden.

Seid umarmt, und schreibt mir recht bald eine Zeile!
Euer Alexander

15 *Alexander Lernet-Holenia an Carl Zuckmayer*

2. März 1948

Wie in jenen Fällen, mein lieber Zuck, in welchen der gesitteten Welt Nichtwiedergutzumachendes widerfährt und im House of Commons erklärt wird, die Regierung Seiner Majestät verfolge die Entwickelung der Dinge ohnedies mit Aufmerksamkeit, fordere ich auch Dich, Du

Guter, auf, die Aussprüche des Papageien von Belsito sorgfältigst weiterhin zur Kenntnis zu nehmen! Denn das Tier ist, seitdem ich Deinen L. Brief (»lieben Brief«) gelesen habe, zu meiner ganzen Freude geworden. Ja fast möchte auch ich selbst nach Cademario, ihm zu lauschen. Hier am Orte hat unsere Tierwelt eine arge Einschränkung erfahren, indem unser Kater, wenngleich völlig überaltert, vom Liebeswahnsinn ergriffen vor acht Tagen fort und nicht wieder erschienen ist. Offenbar hat er sich übernommen. Aber die Natur, von welcher die Aufklärung behauptet, daß sie gütig sei, gleicht's aus, und unsere Katze (im Sinne von she-cat) ist werdende Mutter. Waldi aber, der rechtmäßige Nachfolger Carlis, des von Zweigs Caspar über Deinen Flock bis zu mir systematisch Rassenentmischten (»bis hinunter zum Herrn Katecheten«, heißt es in der Schule), – Waldi also, der autochtone Bamschabel und nachgedunkelte Schrumpfgermane (wenngleich auch er von Zweigs Frau stammt) – Waldi (zum dritten Male nenne ich diesen Namen, und mit Vergnügen) ist der ruhende Pol in dieser Bewegungen Flucht, und obzwar vierzehnjährig, erfreut er sich bester Gesundheit. Dagegen sind dem Hausmeister fünf Hühner und ein Hahn gestohlen und vier neue angeschafft worden, – ohne Hahn, sine sine.

Ich freue mich lebhaft, daß Du nun auch äußerlich in jenen olympischen Zustand versetzt wirst, der Dich hindert, zu so ephemeren Erscheinungen wie zum Jahre 48 Stellung zu nehmen. Denn was soll man, in Wahrheit, von jenem Ereignis halten, wenn es doch eigentlich nur hat stattfinden können, weil, zufällig, zehn Jahre vorher die Eisenbahn erfunden worden, die ebensogut auch schon von den Römern hätte können erfunden worden sein! (Beachte die Aufeinanderfolge der fünf Verba!) Ich meine: was steckt wirklich hinter dem Vorgange, der doch so materiell bedingt war! Andrerseits steht aber auch das Konservative auf den seltsamsten Füßen, wenn man Turgenjews Ausspruch über den Gutsbesitzer bedenkt, »der nie mit der Eisenbahn fuhr, weil er sie für eine jüdische Erfindung hielt«. –

Man hat Dich recht berichtet, mein Zuck: um den 18. April kommen wir wirklich in die Schweiz. Aber nach Chardonne, fürchte ich, werden wir nicht können, weil wir nach Ascona müssen. Den eigentlichen Aufenthalt aber nehmen wir in Zürich. Wie, also, veranstalten wir's, daß wir einander sehen? Laßt's Euch durch den Kopf gehen. Wir bleiben zwei oder drei Wochen. Eigentlich, ich gesteh's, sollte man länger bleiben, auf zwei Jahre etwa, und vielleicht gelingt mir's, die materiellen Grundlagen dafür zu schaffen. Aber sicher ist's nicht. Man wird jedenfalls der unzivilen Zustände im Lande selbst ein wenig müde, Umwälzungen, Kriege und dergleichen haben in Polen, in Rumänien oder sonstwo dortherum stattzufinden, aber nicht unmittelbar vor der Nase, so will es Gott. Aber will er denn schon etwas, oder will er etwas nicht? Und wäre denn, was er gewollt hätte, so klug gewesen? La seule excuse pour Dieu c'est qu'il n'existe pas ... Bisher, wenn die Menschen sehr erschöpft waren, haben sie begonnen zu glauben, daß es Gott gibt; jetzt, noch erschöpfter, bleibt uns nichts übrig, als an ihn zu glauben, obwohl es ihn nicht gibt. Dazu kommt, daß die Manieren des Schicksals ausgesprochen schlecht sind und daß es einen nachgerade verdrießt, sich mit so unebenbürtigem Gegner schlagen zu müssen ...

Ich wünsche Dir von Herzen, mein Zuck, das Schönste für Deine Arbeit! Eva und ich grüßen von Herzen Euch dreie!
Deine
Margot Korf

16 *Alexander Lernet-Holenia an Carl Zuckmayer*

St. Wolfgang, 26. Mai 1948

Mein guter Zuck,
als Hebbel und Nestroy einander kennenlernten, hatte Hebbel mit bezug auf ›Judith und Holofernes‹ (»räumt's die Toten weg, ich kann keine Unordnung nicht leiden«) die Größe zu sagen: »Ich glaube, wir haben das gleiche Thema bearbeitet.« So sag's denn auch Du, – es ist das beste, was ein Deutscher sagen kann, wenn er und ein Österreicher auf den gleichen Stoff verfallen sind. Oder soll ich sagen: zwei Österreicher? Denn auch Du warst's ja kurze Zeit. Doch wie immer dem sei: Bürger von Gottes eignem Lande! ich hatte die »Idee«, welche ich dem Unterkircher geliefert, ganz vergessen gehabt, als Du mir die Deine nicht mitteiltest. Erfahren habe ich sie erst von Adrienne Gessner, im Wagen, auf der Fahrt von Basel nach Zürich, – aber da hatte ich die meine nur umso mehr vergessen gehabt. Erst die beigelegte Notiz macht mir's bewußt, daß wir beide in unserer Schenialität den gleichen, nicht eben übermäßig originellen Einfall gehabt haben. Aber wenngleich mir das Recht der Priorität zusteht, schwanke ich noch, ob ich dem gewissen Vogel (– »Wohnt hier ein gewisser Vogel?« – »Ja, im ersten Stock, Wachtel heißt er« –) eine Buße von SFr. 10.000,– herausziehen soll, weil Du mich um mein kostbares Geistesgut geprellt hast. Wenn Du aber erst wüßtest, wie schenial wir den Schluß gemacht haben! Dieser aber wird, laut Interview, »von Unterkircher nicht verraten«. Daß Ihr nun aber nicht etwa auch noch den selben Schluß macht wie ich, rate ich Euch dringend. In Wirklichkeit ist's ja doch

meine Frau, die meine Romane und Films schreibt, und ich hoffe, daß
Jobs es mit Dir ebenso hält, damit Du Zeit hast, das Dasein eines Dichters zu führen.

Wir grüßen Euch sehr herzlich. Sei embrassieret!
Dein
Hugo Bettauer

17 *Carl Zuckmayer an Alexander Lernet-Holenia*

Chardonne, 31. Mai 1948

Mein sehr Lieber und nicht hoch genug zu Verährender, – (von Ähren-
krone), – schon die alten Griechen haben unsere Idee gehabt, von dem
jüdischen Kollektiv, das das Bibeldrehbuch verfasst hat, ganz zu
schweigen, Shakespeare, Lord Byron, Goethe und Tennyson haben sich
mit grösseren und kleineren shares an diesem welthistorischen Massen-
plagiat beteiligt, und in Berlin werden derzeit eine solche Unmenge von
Filmen, auch Stücken, über verschollen gewesene oder totgeglaubte
Heimkehrer vorbereitet, dass man das Ganze dort unter dem Sammel-
namen »Heimkehricht« katalogisiert. Wir fallen also auch unter diesen
Begriff und dürften uns dabei weder im Wege noch im Lichte stehn.
Hoffentlich wird Dein Film besser als das, was ich von dem meinigen
errötend gesehen habe. Ich habe wenigstens schw. Frcs. dafür gekrie-
scht, also muss mein Stoff (Heimkehricht) der bessere Kehricht sein.

Leider wirst Du aus jener Wachtel, die da im Machandelboome sitzt
und singt: Kiwitt, kiwitt, wat förn schün Vagel bün ick, – keine Fränkli
herausquiesen (to squeeze) können. (Warum soll man nicht squiesen
sagen wenn man Killen sagt.) Denn, wie gesagt, die Grundidee schreiben die Jungens einander seit 6000 Jahren ab, (kommt sie nicht auch
im Gilgamesch vor?), und unsre individuell-scheniale Behandlung des
Themas ist wieder zu verschieden. Bei mir ist das Weib die Musik-
bestie, der Heimkehrer allerdings auch, der Freier ein Ami-Cap'n, –
allet janz anders, – und am Schluss gibt es noch nicht mal ein happy
end, sondern eine Weltwasserleiche, zu der ich die Harell als alliiertes
Gegenstück zur weiland Reichswasserleiche geschlagen habe. – Wie
sehr würde ich Dir die Devisen gönnen! So kann ich Dir nur die Devise
geben: nach dem nächsten Weltkrieg die Idee nach Hollywood zu verkaufen! In Treuen allewege
Dein Ernst Zahn

18 *Alexander Lernet-Holenia an Carl Zuckmayer*

St. Wolfgang, 18. September 1948

Mein guter Zuck,
hier zwei Besprechungen, welche Dich gewissermaßen beide betreffen:
zur einen Angelegenheit laß Dich von Herzen beglückwünschen; über
die andre (der Kritiker war so taktvoll, meinen Namen wegzulassen –
hoffentlich geschieht es, im entsprechenden Fall, auch mit dem deinen) –
über die andre wäre nachzudenken, wenn sie des Nachdenkens wert
wäre.

Über die erste aber ist auf jeden Fall nachzudenken. Mit Dir, obwohl
es sie nicht gibt, sind die Götter, mein Zuck! Insoferne vor allem, als
der ›General‹, situationsmäßig, die Chance hat, wie die Deutschen sie
in den nächsten Jahren haben werden, wenn man nicht ihnen sondern
den Russen die Abschlußrechnung für die Ereignisse von 1914 bis
1949 präsentieren wird. Und die Huld der Götter hat sich bei Dir gezeigt, als sie Dir schon 1944 den richtigen Tenor des ›Generals‹ diktier-
ten. Ich muss sehr lachen, wenn ich daran denke, daß ich erst 1946 mit
der germanischen Savonarolapredigt die Deutschen richtig verdrossen
habe. Aber wir sollen beide unsere Taten nicht bereuen, – Du nicht,
daß, zuletzt, das Publikum dem ›General‹ einen andern Sinn gibt, und
ich nicht, wenn die Deutschen mir's nachtragen, ich hätte ihnen vor
Augen gehalten, daß die Existenz einer Nation, ja die Weltherrschaft
sich nicht erschwindeln lassen. Beides ist Schicksal, mein Zuck, und
daß zwei »Dischter« das erkennen und sich darüber aussprechen, ist
das eigentliche Ergebnis unserer Bemühungen.

Ich höre, Du hättest eine ›Barbara Blomberg‹ vollendet. In der tiefen
Überzeugung, daß Du sie noch nicht angefangen hast, wünsche ich Dir
für den Beginn und den Fortgang der Arbeit das beste Gedeihen.

Das Schönste Dir und den Deinen! Sei umarmt!
Dein
Alexander

19 *Alexander Lernet-Holenia an Carl Zuckmayer*

St. Wolfgang, 16. Oktober 1948

Mein lieber Nachmann,
es ist eine schöne Sitte, einander mit den Gipfelpunkten des Schaffens
bekanntzumachen, und so tu's denn auch ich, indem ich Dir, im Austausch mit Deinem Ronco-Liede, die Besprechung über ›Parforce‹

schicke, welches mein süßer Mund irgendwo-irgendwann, genauer gesagt vor zwanzig Jahren, gesungen hat. Aber jetzt haben sie's plötzlich
wieder gespielt. Die Leute lachen zwar sehr, aber die Kritik barst.

Ferner lege ich Dir ein Gedicht bei, welches Dich an den Aufenthalt
in den Alpen erinnern soll, wenn Du wieder in Zürich weilst, – wo ich
Euch im November zu sehen hoffe, wenn ich, etwa um den 10. oder
15., dahin komme.

Eva weilt bei ihrem Vater im waldigen, jetzt abgeholzten Germanien
und kommt heute oder morgen zurück.

Ich freue mich sehr, daß Dein Stück über Frau v. Blomberg so rüstig
fortschreitet. Ist's nicht seltsam, daß wir beide Weltkriege verloren haben
könnten, weil der eine Armee-Chef die Nina Reininghaus, der andre
seine Bureaukraft geheiratet hat? Da sind sie denn beide kaltgestellt
worden.

Ich umarme Dich und die Deinen!
Dein
Alexander

20 *Alexander Lernet-Holenia an Carl Zuckmayer*

7. Februar 1949

Ich ahne nicht, wo Du Dich gerade aufhälst, lieber Zuck, – so will ich
bloß ein paar Zeilen an den Dank für Deine gesammelten Dischtungen
wagen. Ich war gerührt, das ›Altern‹ darin zu finden. Auch die Rede
auf die Brüder Grimm habe ich mit *großer* Freude gelesen; und vor
zwei Stunden hat mir die Post die Frau des gleichnamigen GFM Kegel
auf den Tisch gelegt; erst in's Vorspiel habe ich blicken können, und es
hat mich entzückt.

Ein seltsames Selbstgespräch lege ich Dir bei. Schreib wo Du bist!
Das Schönste Dir und den Deinen!
Dein
Alexander

21 *Alexander Lernet-Holenia an Carl Zuckmayer*

St. Wolfgang, 3. März 1949

Mein guter Zuck,
ha'e mit Verjnüjen jehört, daß der Proppen durch ist. Wie sich so was
nur bildet! Eine unvollkommene Welt! Sitzt nicht die Krone der Schöp-

fung da, hat tausend göttliche Gedanken im Kopf, und inzwischen wandert das Stück Mist durch die Adern und droht sie zu verstopfen wie irgendeine von einem ganz blöden und daher auch nationalsozialistischen Mechaniker erfundene Benzinleitung! Nun, unsre Glückwünsche zu dieser Überwindung eines der vielen Fehler der Schöpfung!

Ich habe Dir innigst für das schöne Gedicht und für das Papageienfeuilleton zu danken. Frau von Blomberg hat mir einer davongetragen, als ich sie kaum angefangen hatte, und nun ist sie in Linz. Das hätte nicht passieren dürfen. – Du kannst Dir denken, wie wir Dir Hals- und Beinbruch wünschen!

Einer von Wolfgang baut in Zürich etwas wie ein Stundenhotel, – bei den Angelsachsen heißt das one night's hotel, woraus zu schließen, daß dort an eine Schnellbegattung nicht zu denken ist; und wenn, wie nicht ganz ausgeschlossen, Emil finanziell an diesem Bordell beteiligt sein sollte, so könnte Ruth einmal »Lilis Erbschaft« machen. Die eigentliche Schwierigkeit soll vorläufig noch beim Lift liegen: nicht weil die Kundschaft, wenn sie oben ankommt, erklären würde, sie brauche kein Zimmer mehr; sondern weil das Ding so rund wie die Gralsburg angelegt sein soll, sodaß man von überallher sieht, wer in den Lift steigt. Bei Calvinisten ganz unmöglich! Aber schon im Kaiserhof hatten Emils Beziehungen zur deutschen Nation wesentlich in Gesprächen mit dem schwulen Liftführer bestanden. Was wird die kantonale Behörde dazu sagen?

Wir haben jetzt einen zweiten Hund, – einen sogenannten Schottischen Dachshund; ist weiblichen Geschlechts und heißt Franzi. Ich beobachte ihn oft. Manchmal kommt die Urwelt aus ihm heraus. Vielleicht war damals noch alles in Ordnung. Am meisten freut mich, daß Hunde schlechtgekleidete Leute anbellen. Nur die Hunde von Nazis, wirr im Kopf, bellen auch gutgekleidete an. Aber im allgemeinen haben Hunde das richtige konservative Empfinden. Da kann Acheron reden, soviel er will, der Hund bellt doch. Er hört auch gar nicht hin, wenn die Labour-Party was sagt. Ebenso gehorcht er seelenruhig, als ob's keine Sozialdemokraten gäbe, dem dümmsten Erzherzog. Dies regt mich zu allerhand Gedanken an; denn ich schreibe nichts, und nur wenn man nichts arbeitet, kann man denken; arbeitet man aber, so ist's um den Verstand schlecht bestellt; hier hast Du, in wenigen Worten, die ganze Ursache unserer lächerlichen Zustände.

Denn in Wahrheit, es gibt nichts Idiotischeres als dieses fortwährende Gemurkse der Welt. Ich verachte die Arbeit, ich sag's mit freier Stirne. Die einzige Entschuldigung für die Arbeit ist, daß man davon leben muß, weil die Schwachsinnigen uns um unsere Vermögen gebracht haben.

Die letzten sieben Zeilen Deines Gedischtes sind in der Tat ganz vorzüglich schön. Hänge man einem nur das Pflümliwasser – auch in der Erotik – höher, so entstehen gleich vortreffliche Gedichte. Aber Du hast recht, für mich hat der Alkohol keinen rechten appeal.

Dem Bermann, dem »brauenschönen«, wie Pindar sagt, wird Deine Phone-Number mitgeteilt werden. Ich denke daran, etwa im Mai wieder in der freien Schweiz zu sein. Denk Dir, der »Saint-Germain« ist eine Art Bestseller geworden, was in Switzerländ ziffernmäßig freilich nicht viel bedeutet. Doch erfüllt's mit einer gewissen Hochachtung vor den leserischen Qualitäten des Volks der Hirten.

Eva und ich grüßen herzlichst! Werte Lieben mit einjeschlossen. Auch die Katze Pipi stellt ergebenst anheim. Ich hoffe, Du wirst es zuhause zu rühmen wissen.

Dein
Alexander

22 *Alexander Lernet-Holenia an Carl Zuckmayer*

St. Wolfgang, 18. Mai 1949

Lieber guter Zuck,
gestern habe ich Euer Telegramm beantwortet. Seid nochmals recht sehr für Eure Intervention bedankt. Wir freuen uns aufrichtig auf Oberstdorf und auf Euch. In Deutschland werde ich zufolge meiner Schenialität verschiedenes zu erledigen haben. Zum Beispiel muß ich mit einer Illustrierten in München wegen eines Romans Verhandlungen führen. Das wäre aber noch das wenigste: ich muß ihn dann auch schreiben, und das ist, wegen der Torheit der Leser, nicht ganz einfach. Denn schlecht soll er ja doch eigentlich auch nicht sein. Die schönen Zeiten, zu denen man auf einen Vorabdruck keine Rücksicht nehmen mußte, weil ja doch keiner zustande kam, sind wieder einmal vorüber, und den neckischen Träumen eines Münchner Bureaufräuleins ist wiederum Genüge zu tun. Ist es nicht seltsam, daß das deutsche Volk, das doch eine Menge von gefährlichem Militarismus und ernstzunehmender Chemie hervorgebracht hat, in dem Augenblick, wo es zu dichten und zu denken beginnt, neckisch wird? Wie zum Beispiel auch die Tiernamen in der Erotik, etwa Ölsardine, eine deutsche Hervorbringung sind. Welcher Weg von Hermann dem Cherusker bis zu einer Illustrierten Zeitung und zum Weißen Rössl! Aber es hilft nichts, sie haben uns am Hamen der Honorare, und das literarische Kollektiv diktiert. Zur Zeit der alten Reichsmark, als die Leute auch Logarythmen lasen,

hat man's versäumt, den Hyperion nachzudrucken, und so geht's denn jetzt dort weiter, wo die Berliner Illustrierte alle Viere von sich gestreckt hat.

Meine neuesten Dischtungen werden Euch inzwischen in's Hotel geschickt worden sein. Daß Du sie in Deiner Schenialität nicht verlegst, wie meinen Brief! Die Goethe-Hymne wolle mir verziehen werden. Ich bin gezwungen worden, sie zu schreiben. Das Unterrichtsministerium hat mich dazu gezwungen. Aber ich habe dann aus der Zeitung, nicht durch Zuschrift, erfahren, daß es sie nicht verwenden wird, sondern dem Meergreis Max Mell, einem braven Pg., den Auftrag gegeben hat, einen verwendbaren Prolog zu schreiben, bei dem die Minister ihre Überanstrengung ausschlafen können. Die Hymne komponiert nun der Einem und hat mich gezwungen, eine neue letzte Strophe zu schreiben.

Ich habe die ›Verlobten‹ von Manzoni übersetzen müssen, unsre Hündin Franzi ist läufig, und wir haben zwei junge Katzen im Haus. Eine davon ist ein Kater und heißt Lothar. Wenn wir – gleichgiltig ob mit oder ohne Franzi, in den Ort gehen, so sammeln sich ihre Adorateurs um uns, und ich kann wohl sagen, daß ich selbst zur Zeit meines größten erotischen Anklangs nicht so viel Zulauf gefunden habe.

Ich muß schließen, Ihr Guten, und an Buschla schreiben, der arme Josef hat eine noch unklare, pein- und schmerzvolle Krankheit und ist im Spital. Schickt an Buschla ein Brieftelegramm. Wir sind schon recht verdächtige alte Esels geworden, alle Augenblicke schlägt eine Kettenkugel in die alte Garde und streckt uns mit ,nem Troppen im Kreislauf oder mit einem Kuaxen und Reißen auf das Blachfeld hin. Aber mit Gottes Hilfe wollen wir's, zum Zorn der jungen Generation, noch eine rechte Zeit durchstehen.

Eva und ich embrassieren Euch!

Euer wohlaffektionierter

Alexander

23 *Alexander Lernet-Holenia an Carl und Alice Zuckmayer*

St. Wolfgang, 30. Mai 1949

Liebste Freunde,

seid für Euren Brief aus dem Arlbergexpreß sehr bedankt! Wessen es zum Visum bedarf, das zu beschaffen sind wir schon seit längerer Zeit bemüht. Wir hoffen, daß wir's bald bekommen. Darüber hinaus aber soll es auch noch einen kürzeren Weg geben, und wenn's möglich ist, so wollen wir auch diesen beschreiten. Wir würden also entweder vor unserer etwa auf Ende Juni gelegten Schweizer Reise nach Deutschland kommen, oder unmittelbar nachher. Verzagt also nicht, Ihr Häuflein klein! Ihr *werdet* uns an's Herz drücken.

Inzwischen mußt ich mich an die Ausbrütung eines Romans für eine Münchner Illustrierte machen. Diese Illustrierte hat den Namen »Quick«, der weit eher für eine Schnellbegattung als für eine Zeitschrift paßt, ist aber sonst recht gut und hat etwa schon wieder die halbe Auflage der Berliner Illustrierten; sie wird auch etwa von den selben Leuten gemacht.

Ich freue mich, daß Euch der Facsimile-Band Vergnügen macht. Wenn man die Gedichte ansieht, so würde man wohl nicht glauben, daß ich zwei Jahre mit der größten Aufmerksamkeit, ja Anstrengung an ihnen gearbeitet habe, sodaß ich förmlich zu einer Plage für meine Umgebung geworden bin, beziehungsweise war. Die Vorstellung, daß ich je wieder dergleichen tun sollte, erschreckt mich; aber ich meine, daß inzwischen die innere Umschichtung der Literatur, oder dessen, was man so nennt, zu weit vorgeschritten ist, als daß jemand noch ernsthaft einen Gedichtband auf sich nehmen sollte. Es ist überall eine sogenannte lyrische Prosa im Werden, die alle, oder fast alle Funktionen der Lyrik übernimmt: ein wahres Lamm des Armen, doch immer noch besser als gar nichts.

Die Blomberg muß in Düsseldorf sehr gut gewesen sein (dies erfährt man inzwischen), und die Schweizer Ergebnisse sind wohl vor allem auf Wälterlins geradezu erstaunliche Talentlosigkeit zurückzuführen. Ich bin davon überzeugt, daß, wenn man alles nur richtig bedenkt, in Wien eine hochanständige Aufführung zustande kommen müßte. Was mich immer wieder verwundert, ist der Umstand, daß Du, lieber Zuck, die Stücke stets so umfangreich herstellst, daß ein Blödian just die falschen Stellen streichen kann. Ein Stück sollte so kurz sein, daß der Regisseur überhaupt nichts streichen kann. Denn der Regisseur ist gemeinhin von einer solchen Unbegabtheit, daß seine einzige Tat das Streichen ist. Aber auch dieses Vergnügen muß dem bleichen Schurken genommen werden.

Ihr hört von uns laufend das Neueste; und verständigt doch auch Ihr uns von Euren Taten!

Wir umarmen Euch!

Euer

Alexander

24 *Alexander und Eva Lernet-Holenia an Alice Zuckmayer*

2. Juni 1949

Liebe gute Herdan, – wir freuen uns lebhaft, daß Smýrna Rhodós Kolophón wetteifern, Dein Werk herauszubringen! Die Angina, mit der ich auf der Veranda lag, worunter Du Dir aber keine Troika vorstellen wollest, ist Gottlob! längst vorbei. Dagegen wünsche ich von Herzen, daß Zuck, in energischer Behandlung, gesundheitliche Fortschritte machen möge. Meinen ersten Brief nach Cornel's Village werdet Ihr schon erhalten haben. Wir hoffen nun, recht bald in den Besitz der verfluchten Reiseunterlagen zu kommen. Es sollte mir nun ein Roman einfallen, – das heißt: eingefallen ist er mir schon, ich muß nun nur noch wissen, von welchem Ende ich ihn aufzäume, und zu guter letzt sollte ich ihn dann eigentlich auch schreiben. Dies aber freut mich garnicht. Hoffen wir, immerhin, auf allen Linien das beste! Seid umarmt!

Eva und Alex

25 *Alice Zuckmayer an Alexander und Eva Lernet-Holenia*

Oberstdorf, 15. August 1949

Lieber Alexander und liebe Eva!

Wir begreifen nicht, was überhaupt passiert ist und sind darüber in geradezu jüdischem Klären verfallen. Wäret Ihr nach Deutschland gekommen, hätten wir Euch gesehen. Wir haben Euch nicht gesehen, also seid Ihr nicht nach Deutschland gekommen. Wenn Ihr nicht nach Deutschland gekommen seid, warum habt Ihr nicht *wei* geschrieen und Euch darüber bei uns beklagt? Weil Ihr Euch nicht beklagt habt, so seid Ihr vielleicht doch in Deutschland. Kurz und gut: Wos is?

Ich erscheine schon allein am 18.8. in Salzburg, wohne dort vier Tage lang im Goldenen Hirsch und werde dann daneben in die Blaue Gans gestopft. Am 26. – Gott sei Dank erst am 26.8. – kommt Zuck nach, um am 27. die letzte Antigone zu hören. Am 28.8. bereits dampfen wir nach Wien ab und so um den 5.ten herum wird dort Premiere sein von der Blomberg mit der Wessely.

Ich hoffe sehr, Dich und Eva recht bald in Salzburg zu sehen.

Ich werde dort soviel mit dem verflixten Henndorfer Haus zu tun haben, dass ich kaum ins Salzkammergut werde kommen können.

Inzwischen recht schöne Grüsse und auf Aufklärung wartend

Eure

⟨Alice⟩

26 *Alexander Lernet-Holenia an Alice und Carl Zuckmayer*

St. Wolfgang, 29. Dezember 1949

Liebste Freunde,

es ist unsre Absicht, am 3. Januar nach München zu fahren. Dort habe ich zu verhandeln und möchte bis etwa 11. Januar bleiben. Doch würden wir Euch, wenn's Euch recht ist, am Dreikönigstag aufsuchen und bis Sonntag, den 8., bleiben.

Soweit ganz gut. Aber Emil ist sehr krank, und so weiß ich nicht einmal, ob ich am 3. von hier fortkomme. Schickt uns auf alle Fälle ein Telegramm nach München in das Hotel *Haustein* und teilt uns mit, wie ihr unser Kommen aufnehmen würdet. Ob wir dann wirklich kommen können oder zurückberufen würden, ist freilich eine andre Frage.

Ein ungewiß-schwankender, betrüblicher Brief. Emils Zustand ist sehr ernst, und ich trete nicht eben hoffnungsfreudig ins neue Jahr. Gott weiß, was es sonst noch in store haben mag.

Wir umarmen Euch! Und gebt, wie gesagt, auf alle Fälle Nachricht nach München.

Eva und Alex

27 *Alice Zuckmayer an Alexander Lernet-Holenia*

Oberstdorf, 15. Januar 1950

Ihr Lieben!

Ich war vom 10.-12. in München und habe das Hotel Haustein angerufen und dort erfahren, dass Ihr auf 1 Tag dort wart und schon wieder weg seid. Ich nehme an, dass dieser kurze Aufenthalt mit Emils Tod zusammenhängt. War es sehr schrecklich und falls es – wie die Zeitungen berichten – wirklich Leberkrebs war, haben sie ihm genug Spritzen gegeben, damit er nicht viel zu leiden hatte? Wir haben seinen Tod erst in Zürich erfahren, da die West-Schweizer-Zeitungen keine Notiz darüber brachten. Wir sandten dann gleich ein Telegramm an Gussi.

Ich bin vom 24.-30.1. wieder in München im Hotel Vier-Jahreszeiten. Vielleicht seid Ihr um diese Zeit auch in München. Ich habe nämlich von den Amerikanern eine ganze Vorlese-Tournee vorläufig im Lande Bayern zusammengestellt bekommen und muss in den verschiedenen Amerika-Häusern zuerst aus meinem Buch vorlesen und dann Fragen beantworten. Sie wollen mich später auch noch im Lande Hessen herumschicken bis nach Berlin. – Das Buch habe ich Euch leider noch nicht schicken können, da ja zwischen Deutschland u. Österreich ein blödsinniges aber völliges Ausfuhrverbot von Büchern besteht.

Zuck bleibt vorläufig in Oberstdorf und schreibt sein Stück fertig. Bitte schreibt uns bald und vor allem Eure Pläne.

Seid herzlich umarmt von

Eurer

⟨Alice⟩

28 *Alexander Lernet-Holenia an Carl Zuckmayer*

St. Wolfgang, 20. Januar 1950

Liebster Zuck,

Jobs hat uns einen Brief geschrieben, ich antworte aber Dir, weil Jobs – wie er schreibt – en marche sein wird, wenn dieser unser Brief ankommt. Einiges von *Emils Tod* schildert das beigelegte Feuilleton. Plaise à Dieu, daß wir auch so ruhig sterben wie er. Nachher hat das Rübenschwein Welti ihn auch noch mit Scheiße idiotischster Art beschmissen. –

Wir freuen uns herzlichst über Jobsens Tournee und über den Erfolg ihres Buches, das zu lesen wir schon sehr neugierig sind. Eva wird den Jobs in München (Monks-Town) anrufen; sie fährt nach Braunschweig.

Und wie geht es Dir mit dem G'sund und mit dem Stück? Daß Du Dich fein auf die Hosen setzt, sonst müssen wir sie Dir strammziehen! Ich hingegen soll einen Film schreiben und habe schon die bezüschliche Novelle abgefaßt. Heißt: »Die grauen Blumen«. Hast Du in The Cornels Village auch einen Papagei? Unser Hund Franzi hat eine hysterische Schwangerschaft, und wir fürchten, er könnte uns stämmische Säuschlinge bescheren. Es heißt nicht: Säu-Schlinge, wie die, in der uns das Dasein eingefangen hat.

Wir umarmen Euch beide! Dein lieber

Alexander

29 *Alexander Lernet-Holenia an Alice Zuckmayer*

30. März 1950

Lieber Jobs,
wir gratulieren Dir zu Deiner schönen Geschichte, in der die Kralik der
Kaiserin das Haar kämmt. Wie geht es Euch? Wir sind auch ein paar
Wochen in Wien, anfangs Mai aber wieder in St. Wolfgang.
Wir umarmen Euch!
Dein
Alexander

30 *Alexander Lernet-Holenia an Carl Zuckmayer*

St. Wolfgang, 26. Dezember 1952

Mein guter Zuck,
verschickt man Freiexemplare, selbst zu Dutzenden, ja zu Hunderten,
so hört man im allgemeinen nie wieder davon, man könnte sie ebensogut ins Klosett geworfen und hinuntergepumpt haben, und in dump-
fen, lastendem Schweigen ergehen sich die Beschickten. Hievon, mein
Freund, will ich eine rühmliche Ausnahme bilden. Ich habe die »Langen Wege« nicht nur bekommen und gelesen, sondern ich antworte Dir
sogar auf Deine gütige Sendung.
Diese Deine gütige Sendung also hat mir viel Freude gemacht, denn
sie ist von Dir gekommen, und dann liebe ich kartonierte Bücher, die
nicht dick sind, überhaupt. Ich liebe diese Art von kontemplativen Büchern und hasse Romane. Kurz, wenngleich ich, sonst, fast garnicht
mehr zum Lesen komme, habe ich die »Langen Wege« sogar gelesen,
und zwar mit großem Vergnügen, – riefen sie mir doch die Zeit unserer
Nachbarschaft und die Zeit zurück, zu der Dir der Schafberg so nah war
wie der Zifanken, kurz die von der Scheißbevölkerung Österreichs als
gräuliche Schuschniggzeit bezeichnete Zeit, – viel bessere hat es selbst in
der Ära Josephs des Zweiten – eines ausgemachten aufklärerischen Blö-
dians – nicht gegeben. Du also, mein Zuck, kamst per Fußmarsch zu mir
und besoffest Dich beim Seligen vom andern Ufer, und ich kam mit dem
Rade oder mit dem Wagen zu Dir, und einmal kam ich – es war eins der
letzten Male – im Winter zu Dir, da wurden in ganz Henndorf Krippen-
spiele gespielt, und die vielen Kinder in Mayers Gasthof und in Eurem
eigenen Hause stanken wie in Verwesung übergegangene Affenscheiße.
Nie wieder habe ich einen so grausamen Gestank erlebt und bin doch –
»wie Du doch weißt«, würde die Courts-Mahler sagen – an die Verwe-

sung der Schlachtfelder gewöhnt. Aber damals waren wir glücklich, mein Zuck, glücklicher als jetzt, wo Du Dich das Glück des sich ausbreitenden Amerikanismus mit seinem blöden Autogefahre aus großer Wohlanständigkeit zu verteidigen bemüßigt fühlst. Zudem waren wir auch fünfzehn Jahre jünger, was aber auf Dich keinen großen Eindruck machen wird, denn ich lese mit Freude aus Deinem Werke den Tenor heraus, daß Du Dich erst jetzt mitten im Leben fühlst – Du warst eben immer schon ein alter Komödiant und Guitarrenspieler. (Jetzt spielt Waggerl die Guitarre – o quae mutatio rerum!) Kurz oder brief, mein Zuck, oder to cut a long story short: Es wächst der Dreck und will sein Opfer haben, aber damals ging er uns noch nicht bis zum Halse, sondern höchstens bis zum Nabel, und die langen Wege, die wir inzwischen gegangen sind und – vielleicht – noch gehen werden, lagen zu einem guten Teil noch vor uns. War das gut, war das schlecht? Vielleicht war's gut. Denn wenngleich man alles am besten schon hinter sich hat, ist man dann in einem Zustand, in welchem man nichts mehr davon hat.

Hier, wo ich über Weihnachten bin, gehe ich immer noch die langen Wege, und es ist schon eine ganz andre Generation von Hunden mit mir: Karli ist längst zu seinem Großvater Kaspar versammelt, auch Waldi, der gleichfalls von den Zweigs stammte, ist vor drei Jahren zu seinen (mir unbekannten) Ahnen gegangen, und nun geht Franzi mit mir. Die Hasen – von den Rehen ganz zu schweigen – lachen schon von weitem über das höchst ungefährliche Tier, – das einzige, was sie bisher zur Strecke gebracht hat, war eine Maus; aber sie trabt und galoppiert dennoch mit und stört nicht, denn sie ist sehr klug.

Ich weiß nicht, ob Du im Staate des Maple-Syrups bist. Doch schicke ich Dir diesen Brief auf alle Fälle dorthin, man wird ihn Dir schon nachschicken; und selbst wenn man ihn Dir nicht nachschickt, so habe ich ihn Dir doch geschrieben, und darauf kommt es an, auch wenn der – vor Gott – rein irdische Vorgang des Empfangens nicht geschieht.

Wie lange noch, mein Zuck, werden wir leibliche Zeugen aller der tepperten Vorgänge um uns sein? Als alter Liberaler fühlst Du dich zwar gewiß verpflichtet, sie gut, oder zum mindesten nicht ganz schlecht zu heißen, aber im Grunde der Seele wird man sie doch wohl ridikül heißen dürfen – oder nicht?

Eva und ich, wir umarmen Dich und den Jobs und wünschen Euch ein – nebbich – gutes Neues Jahr. Grüß mir auch Michi. Sie hat uns einen Glückwunsch geschickt, aber wir wissen nicht, wo sie mit ihrem ewig eingerückten Patentanwalt sein mag.

Es umarmt Dich Dein
Alexander

31 *Alexander Lernet-Holenia an Alice Zuckmayer*

St. Wolfgang, 2. September 1954

Lieber Zuck und lieber Jobs,
Eva und ich, wir sprechen Euch zum Hinscheiden Eurer Mutter unser
aufrichtigstes Beileid aus. Ich war zu wissen froh gewesen, daß sie ihre
letzten Jahre wieder in Deutschland unter halbwegs normalen Umständen hinbringen konnte; wie denn auch uns beschieden sein möge, zuletzt noch glauben zu dürfen, wir hätten rechtgehabt.
Euer treuer Freund
Alexander Lernet

32 *Alexander Lernet-Holenia an Alice Zuckmayer*

Wien, 7. April 1955

Mein lieber guter Jobs,
ich habe Dir aus aufrichtigem Herzen für das viele Vergnügen zu danken, das Du uns durch Zusendung der neusten Kinder Deiner Muse
bereitet hast; und ich richte diesen Brief schon nach Vermont, da aus
dem Absender Deines Briefes hervorgeht, daß Du, wenn nicht schon
dort, zum wenigsten im Begriffe bist, dorthin zurückzukehren. –

Den 8. Apr. 1955

Soweit hatte ich geschrieben, als Eure lieben Briefe aus Amerika (das
heißt: eigentlich noch vom smoth crossing) kamen. Kommt nur bestimmt rechtzeitig zurück und sucht uns in unserer ärarischen Wohnung auf. Wir begannen heut Ostern zu feiern, indem wir nach Carn-
untum gefahren sind; morgen fahren wir nach Göttweig; übermorgen
nach Steyrsberg, einem Schloß in der Buckligen Welt; und auch für den
Ostermontag wird sich noch ein Ziel finden.

Ich habe ein Stück geschrieben, welches »Das Finanzamt« heißt.
Was darin vorkommt (nämlich eine Beflegelung der Finanzbehörden)
könnt Ihr schon aus dem Titel schließen. Über Jobsens Verwechslung
der Abschriften habe ich großzügig hinweggelesen, gefesselt vom lieblichen Inhalte. Ich habe die Blätter dem DubroviÊ von der »Presse«
gegeben. Vielleicht wendet er sich mit der Bitte an Jobs, das eine oder
andre abdrucken zu dürfen.

Der Eva geht's mit dem Vuoze (wie man noch vor 1000 Jahren gesagt hätte) schon viel besser.

Jobsens Schrift ist noch die gleiche, aber Zuck schreibt dünner und
weiter auseinander als sonst. Ich habe darüber nachgedacht, ob er sich

auch richtig wohlgefühlt hat, oder ob ihm das Geschaukle auf die Nerven gegangen ist.

Ein Bild aus der ärarischen Wohnung lege ich bei, doch habe ich's ein wenig umbiegen müssen.

Wir umarmen Euch und wünschen Euch von Herzen Hals- und Beinbruch! Was seid Ihr beide doch für Dischter!

Eva und Alexander

33 *Alexander Lernet-Holenia an Alice Zuckmayer*

Wien, 14. Dezember 1956

Guter Jobs,

Du gehst so stille durch die Abendwolken hin und bist bald da, bald dort. Leider werden wir am 27. nicht in Baden-Baden sein können; und ob ich dem Zuck dorthin schreibe, gratuliere und dadurch sein Elend mehre, weiß ich noch nicht. Bitte sag ihm, wie sehr ich an diesem letzten Endes ja doch traurigen Tag an ihn und an Dich denken werde. Heut halte ich hier in der Burg eine kleine Rede über den Zuck, nämlich in der wirklichen Burg, nicht in jenem Scheißtheater. Ein Feuilleton, das Euch Spaß machen wird, lege ich bei.

Eva und ich, wir umarmen Dich!

Dein

Alexander,

Schnellbegatter

34 *Alexander Lernet-Holenia an Carl Zuckmayer*

Wien, 20. Dezember 1956

Mein guter Zuck,

wenn Du Deinen Geburtstag nicht in Baden-Baden (of all places) feiern würdest, sondern zum Beispiel in München, so könnten wir ihn zusammen feiern, aber weder finanzieren die stinkenden Coyoten von Bermanns (wobei das »von« natürlich zu Coyoten und nicht zu Bermanns gehört) zwei Schlafwagenhalbcoupés 1. Klasse nach Baden-Baden und zurück, samt Hotelaufenthalt und Schandlohn an Jobs für Schnellbegattung, noch können wir, aus sehr bestimmten Gründen, um jene Zeit für länger aus Österreich fort.

Doch ist der Anlaß (ich weiß nicht, wie *Du* darüber denkst) ohnedies nicht allzu lustig; und wenn wir nicht durch die medizinischen Fort-

schritte in den letzten Jahrzehnten über unseren wahren Zustand hin-
weggetäuscht würden, so müßten wir uns jetzt schon als schauerlich
alte Scheißer hinstellen und bekennen: – sei's dem gesagt, allen gegen-
teiligen Anstrudelungen zum Trotz, die Du von noch ältern Eseln in
diesen Tagen erfährst. In Wirklichkeit steht ja eben doch schon der
Knopfgießer aus dem Peer Gynt neben uns und sagt:

> »Wir sehn uns am letzten Kreuzweg, Zuck,
> und dann wird sich zeigen« ... Du weißt ja genug,

nämlich daß sich dann gar nichts mehr zeigen wird. Eine volle Portion
Heidentum ist in unserer Situation immer noch das beste, vor allem in
Ansehung des Umstandes, daß uns ja gar kein gar so christlicher, sondern ein höchst heidnischer Gott in diese Welt »geworfen« hat, wie die
Existentialisten sagen würden. Wobei es das Vertrackteste ist, daß wir
aus dem verdammten, sich um die Sonne drehenden Omnibus, in den
wir geraten sind, nicht einmal aussteigen können, denn das Aussteigen
wäre ja gerade das, was wir mit dem Aussteigen vermeiden wollten:
nämlich der Tod.

Also, mein Lieber: nur keine falsche Fröhlichkeit, kein Geburtstags-
glück, sondern Entschlossenheit und Mut, um das Gewitter aus blanker Scheiße, das uns noch erwartet, mit Anstand durchzustehen! Im
übrigen: es wird schon noch eine ganze Zeit nicht gar so arg sein.

Von Eva und uns alles Liebe.

Dein getreuer

Alexander Lernet

35 *Carl Zuckmayer an Alexander Lernet-Holenia*

Chardonne, 6. Februar 1957

Mein lieber Alexander,

sei herzlichst bedankt für Deinen äusserst beherzigswerten Geburtstagsschrieb. Natürlich steckt genug von einem old fool in mir, um ihn
nicht ganz zu beherzigen, wenigstens was meine Lebensweise anlangt,
zum Teil aus Bockssprüngen bestehend, die einem 30jährigen besser zu
Gesicht stehen würden, – aber ich bin mir dabei wenigstens der folly
oder foolishness durchaus bewusst. Auch muss ich gestehen, dass mich
die vielen Bekundungen von Zuneigung und man kann in vielen Fällen
fast »Liebe« sagen, die mir aus aller Welt an diesem Tag zukamen, so
sehr ich mich jetzt mit der Beantwortung plagen muss, doch erfreut
haben. Everyone his own fool. Ihr habt bei der offiziellen, vom Fischer-

verlag veranstalteten Festivität nicht allzuviel versäumt, obwohl es sehr nett war, aber man kommt bei solchen Anlässen ja doch nicht dazu, sich wirklich zu unterhalten. Ich überliess es dem Papa Heuss, sich zu besaufen, und schonte mein Fassungsvermögen, da ich wusste, dass wie bei einer Bauernhochzeit alten Stils oder einem Mulatschak die zweite und dritte Nacht erst die richtigen Kapitalräusche erbringen würden. So ähnlich war es dann auch, und der dritte Abend wurde, hauptsächlich durch die Anwesenheit von Carl Burckhardt, mit dem ich mich im letzten Jahr sehr angefreundet habe, jedoch vorsichtshalber ohne Briefe mit ihm zu wechseln, – so eine Art von Tausendundzweiter Nacht, in der sich die Anekdoten gleich den Korallen eines muselmanischen Rosenkranzes, (das gibt es), aneinander reihten, bis gegen 4 Uhr früh. A fool is a fool is a fool. (Gertrude Stein.)

Dennoch raschelt die Mahnung Deines strengen Lorbeerlaubs (vom Verlag ins kochbuchmässige abgemildert, wenigstens auf dem Umschlag), im kühlen Abendlicht und ich versuche sie dankbar zu verstehen. Wenn ich mich recht erinnere, steht Dir im September das selbe Ereignis bevor, das garkein Ereignis ist, nur ein Datum. Es geht vorüber wie jeder andere Tag, und was in den Sternen unsrer ersten Stunde steht, wissen wir nicht: aber es wird sich erfüllen, so oder so.

Hoffentlich sehen wir uns vor Abgang der nächsten Scheisslawine oder Ausbruch des nächsten »Kreuzzugs«, was das selbe ist, ausführlich wieder.

Dir und Eva alles erdenklich Beste und Schönste,
Dein getreuer Old Zuck

36 Alexander und Eva Lernet-Holenia an Carl und Alice Zuckmayer

Kempten, 28. April 1957

Sind an Bee's Town und Cornel's Village vorbeigekommen und haben Eurer gedacht.

Eva und Alexander

37 *Alexander Lernet-Holenia an Carl Zuckmayer*

Salzburg, 16. Mai 1957

Mein lieber guter Zuck,
laß Dir, für's erste, sehr zum Ehrendoktor gratulieren. Es macht Dich zwar ein bißchen alt; aber es ist doch eine schöne Auszeichnung für den Autor des »Eunuchen« und andrer trefflicher Werke. Jetzt bist Du, wie's Goebbels war, »unser Doktor«.

Auch empfing ich einen Brief von Dir mit der Aufforderung, dem Gottfried B. zum Sechzigsten zu gratulieren. Es ist schon ein Jammer, lauter solche Nasentröpferl-Beschäftigungen ausüben zu müssen. Doch ist's immer noch besser, als an den Leichenbegängnissen des Jahrgangs 97 teilzunehmen. (Bemerkst Du, wie taktvoll ich vom Jahrgang 96 schweige?)

Aber Du glaubst doch nicht im Ernst, daß ich das viele schöne Büttenpapier zu Ehren jenes Scheißers verschreiben werde. Ein Blatt genügt, darauf schreibe ich mit dürren Worten einen Glückwunsch, und die andern Blätter hebe ich für Deinen Siebzigsten, Achtzigsten und Neunzigsten auf, wenn wir uns – wie Olga zu sagen pflegte – gegenseitig die Zähne ausleihen werden.

Die arme Olga! Sie ist in England, und ich fürchte, daß sie bald sterben wird. Es geht ihr miserabel.

Ich habe einen grauenhaften Konflikt, Krach und Stunk mit dem österreichischen Adel, eines Aufsatzes im »Monat« wegen; und ich hoffe, daß mich wenigstens der Jobs nicht fallen läßt. Aber Du wirst lachen: es ist mir, im Zuge dieser Auseinandersetzung, durch Zufall passiert, daß ich meinen eigenen Adel *dokumentarisch* nachgewiesen habe. Was sagst Du nun? Ist das nicht weit mehr als ein Ehrendoktorat?

Aber mach Dir nichts draus, daß Du – wie der v. Kalb in »Kabale und Liebe« sagt – eine Bürgercanaille geblieben bist. Dei [!] großer Großherzog wird zurück kommen und auch Dich in den erblichen Adelsstand erheben. Dann kann ich wieder mit Dir verkehren.

Vorläufig aber grüßen mein Weib und ich Euch noch recht herzlich. Ich bin auf dem Wege nach München, um dort, mühsam genug, ein bißchen Rahm abzuschöpfen.

Seid umarmt!
Euer
Alexander

38 *Carl Zuckmayer an Alexander Lernet-Holenia*

Saas-Fee (bis 1.11.), 17. Oktober 1957

Mein sehr lieber, und wahrlich auch sehr verehrter Alexander!

Du hast mir, als ich 60 wurde, in einer beherzigenswerten Weise geschrieben, ich möchte mich von den liebenswürdigen Redensarten die
der Alternde an solchen Tagen zu hören bekommt, seine ungewöhn-
liche Jugendlichkeit betreffend, nicht irreführen lassen: wir seien nun
einmal nichts mehr anderes als alte Scheisser. Selbstverständlich habe
ich dies mit einem Körnsche Salz verschtande. Denn ebensogut wie ich
weißt Du, die wir dergleichen viel gesehen haben, dass ein Scheisser zu
sein mit dem biologischen Alter nichts zu tun hat. Man ist einer, oder
man ist keiner, ob alt oder jung. Und was das Werk anlangt, mag sein,
dass die Eruptionen jugendlicher Schenies interessanter oder aufregen-
der sind, vor allem wohl deshalb, weil sich die ganze Substanz einer
Persönlichkeit, und das primäre Talent, darin ungehemmter entlädt, –
und ich gebe zu, dass Altersfrüchte seltener reifen: tun sie es, so sind sie
von besonderer Kostbarkeit. Ein weiser Mann, älter als wir, sagte mir
im vorigen Jahre: mit 60 können die schönsten und fruchtbarsten Lebensjahre beginnen, – ab 65 muss man dann mit einer gewissen Ermü-
dung, körperlicher und geistiger Art, (was ja im Grund dasselbe ist),
rechnen. Aber wer kann wissen, ob nicht auch dann und später noch
ein paar reife Früschde (so hat der Schorsche das ausgesproche) an den
Boden klopfen? Merkwürdig – ich habe Dich in den Jahren unsrer frühen Bekanntschaft und Freundschaft immer als den Älteren oder Reife-
ren empfunden, obwohl ich mich noch ins Jahr 1896 hineingeschummelt
habe: das hatte wohl seine Ursache in einer Art von weiser Mässigung,
die ich an Dir immer bewundert habe, (nicht nur wenn Du von den
rauschvollen Festen bei den »Jallingern« mit Deinem Einbaum lauthals
über den nächtigen See verschwunden bist, bevor sie ins Stur-Besoffene
ausarteten.) Ein Wissen um die Maasse im goetheschen Sinn, um den
geheimen Goldenen Schnitt, der das Wesen des eigentlichen Kunstwerks und auch eines wesentlichen Menschenlebens ausmacht. Ich
selbst muss mir dieses Maassgefühl erst spät und nicht ungeschunden
(aber auch nicht zu sehr geschunde), anerziehen. Du hattest es immer –
sei es aus einer frühen Disziplin, aus einer noblen Bequemlichkeit, oder
aus Deinem österreichischen Erbe, was alles nah beieinander liegt.

So kam, aus einem »faulen Fleisse«, ein Werk zustande, das für mich
in der deutschen Literatur unserer Zeit einzig dasteht. Der Honig, den
Du in sorgsamer Wahl gesogen und gesammelt hast, in jenen begrenzten Quantitäten, die das Gehaltvolle immer kennzeichnen, ist Deine

frühe Lyrik und Dein reifes Hymnenwerk. Den Zauberstab einer neu beschwingten Commedia del'Arte hast Du überm Theater geschwungen. (Es wäre die Pflicht unserer Bühnen, in diesem Jahr die »Österreichische Komödie« und »Ollapotrida« aufzuführen. Auch den »Saul«!) Und in langer Folge hast Du ein Erzählwerk geschaffen, in dem sich einzigartig Elemente und Möglichkeiten des epischen Ausdrucks binden und manchmal (Baron Bagge!!!) zur dichterischen Vollkommenheit vermählen.

Immer wieder ist es für mich eine besondere Genussfreude, in Deine anscheinend auf leichte Fasslichkeit, elegante Unterhaltsamkeit intonierte Prosa die Kristalle wachsen, die Schichten sich lagern zu sehn, die dann wahre Edelsteine der Dichtung oder reines Gold absetzen: Seite um Seite von makelloser Schönheit und Weisheit, ich will nicht zitieren, ich las kürzlich wieder »Die beiden Sizilien«, ich denke an unendlich Vieles in unendlich vielen anderen Büchern, an das Pilatusspiel im Schlafsaal der Klosterschüler, die Urlandschaft im selben Buch, den »Grafen von St. Germain«, – oder an die Kühnheit, mit der Du, im »Luna«, einen völlig negativen, ja geradezu kotzmässigen Hauptakteur zum Träger einer beklemmend wahrhaftigen Untersuchung über die Unbegreiflichkeit des Todes und des »Überstieges« machst.

Mein Alexander, ich glaubte natürlich, dass unser gemeinsamer Verleescher eine Art von Festschrift zu Deinem anniversary veranstalten würde, – war bereit, dafür mein Schrieblein zu machen. Da dem nicht so ist, muss ich mich damit begnügen, einen, Deiner lyrischen und hymnischen Poësie gewidmeten Vierzeiler (für den ich um Deine Nachsicht bitte) an Dich in einer Wochenzeitung erscheinen zu lassen. Was wollen wir auch einander öffentlich würdischen, – dazu sind Andere da. Sollte es Dir aber Freude machen, wenn unsre gemeinsamen Freunde diesen Brief von mir an Dich lesen, dann übergib ihn bitte dem »Forum«, auch wenn er einen Monat später erscheint.

Sei liebevoll gegrüsst, umarmt und mit all den guten Wünschen bedacht, die Dir gedeihen und fruchten mögen – gib Deiner Eva einen keuschen Kuss von mir und empfange einen solchen im Sinne der Schnellbegattung vom Jobs.

Dein Carl Z.

39 *Alexander Lernet-Holenia an Carl Zuckmayer*

St. Wolfgang, 28. Oktober 1957

Guter Zuck,

Du gehst so stille durch die Abendwolken hin, und ich fühle, und ich fühle, daß ich nicht verlassen bin, und danke Dir innigst für Deine lieben Wünsche und das schöne Gedicht, wo ich an das »Forum« geschickt habe. Also, Zuck, so mag's denn bis 65 noch so halbwegs hingehen. Doch immer soll uns vorschweben, was der achtzigjährige alte Minkus in Wien zu sagen pflegte: »Senil bin ich schon, aber Gott sei Dank nur geistig!«

Sehr gelacht habe ich, daß der augenbrauenbuschige Gottfried nichts über mich drucken wollte. Dafür habe ich einen Orden von den braven Deutschen bekommen, denselben aber noch nicht gesehen. Er heißt: Großes Verdienstkreuz. Weißt Du, wie er aussieht? Ich freue mich sehr über ihn, denn jetzt ärgern sich die Österreicher noch mehr als vorher über mich, wo sie sich schon so über mich geärgert hatten, daß sie beschlossen hatten, mir garnichts zu geben. Jetzt wissen sie nicht, was sie tun sollen. Denn, traun! ich bin hier grenzenlos unbeliebt, vor allem bei der Rechten, den sogenannten Herz Jesu-Dragonern und sonstigen Betbrüdern.

Die Familie Jannings (Jallinger) ist vor vierzehn Tagen abgehauen und hat ihren Besitz andern Germanen namens Wolf übergeben. Ich fuhr dann gleich darauf nach Paris (die Jallingerinnen bloß nach Salzburg). In Paris war ich drei Tage, an deren einem ich mich auch in das liebliche Chartres begab, wo man vor der Kathedrale, besonders wenn man sie von hinten ansieht, was auch bei Frauen zumeist besser ist, wahrhaftig sagen kann, was die beiden Juden vor der Venus von Milo gesagt haben: »Da sieht man erst, was man zuhause für einen Pofel hat!«

So weit, so gut. Und wie geht es Dir, mein Zuck? Und wie geht es Deinem Gelde? Meinem Gelde geht es nicht allzu gut. Aber hier schnellen die Bodenpreise hinauf, ich glaube wegen des roten Mondes, der gleichfalls so stille und nur mit einem leisen Piep Piep durch die Abendwolken hingeht; und so kann ich, wenngleich ich nur wenig Boden mein eigen nenne, doch jeden Tag sagen, daß ich wieder einen Schilling pro Quadratmeter verdient hätte.

Hier kam einem nicht das, was Du glaubst, sondern ein Adler aus und wollte auf Eva und Franzi losgehen. Im letzten Augenblick aber gelang es seinem Besitzer noch, dieses imperiale Symbol auf andre Gedanken zu bringen: Gedankenflucht des Königs der Vögel!

Wir fahren am 4. nach Wien. Kommt auch Ihr hin? Das wäre schön! Ich war den ganzen Sommer sehr fleißig; und aus dem Anlasse meines Wiegenfestes habe ich nicht weniger als rund 200 Dankesbriefe an die Gratulanten g'schriwwe; auch mehrere hundert Schilling Porto dafür geblecht, kurzum der Geburtstag war bisher kein rechtes Geschäft. Aber vielleicht verhilft mir der Kowet, den mir der Große Orden verleihen wird, zu schönen Einkünften. Könntest Du Deinem Freunde Heuss schreiben, daß er mich richtig vom Grund auf erfreut hat. Ich schreibe ihm natürlich auch selber. Aber wenn auch Du ihm schreibst, macht es mehr Eindruck auf ihn. Braucht nur eine Ansichtskarte mit den Grandes Jorasses oder dem Dent du Géant zu sein.

Und nun umarmen Eva und ich den Jobs und Dich; und wir hoffen, wir sehn Euch in Wien (wo wir jetzt gelbe Möbel und goldene Vorhänge haben); und laß Dir nochmals von ganzem Herzen für Deine lieben Worte danken!

Dein getreuer
Alexander

40 *Alexander Lernet-Holenia an Carl Zuckmayer*

Wien, 17. Dezember 1959

Du guter Zuck,
ich danke Dir von ganzem Herzen, daß Du alle Einschlägigen mit dem mittelalterlichen Rufe »wâfen« auf meine Nase und die daraus sich ergebenden wirtschaftlichen und sonstigen Klemmen aufmerksam gemacht hast. Von Kapsreiter bis zu Drimmel und von Gottfried B. F. bis zum Hürsche ist alles der Anteilnahme voll und wetteifert, freundschaftliche Tribute vor meinem Krankenbette zu häufen; und das verdanke ich Dir, bzw. Euch, Ihr Guten!

Ja sogar die Geschwüre selbst konnten so vieler Anteilnahme nicht widerstehen und gehen, bestrahlt, gottlob ihrem rüstigen Verfalle entgegen; sodaß sie sich nur noch als ein Schatten ihrer einstigen Pracht darstellen.

Das seltsamste aber ist, daß meine Nase, kaum daß ich etwas zu schreiben versuche, in das juckendste, schmerzhafteste Heilen (oder heilendste Jucken) übergeht, sodaß von Arbeit platterdings keine Rede sein kann. O erschtrebenswertester Zustand für einen Dichter; und da mich die Nase in der Tat schon wieder teuflisch brennt, so verewige ich mich mit meinem Weibe nur noch rasch in den besten Weihnachts- und Neujahrswünschen für Euch beide und umarme Euch dankbar als

Euer
Alexander

P.S. Das Schiller'sche mit eminentem Genuß ausgelesen, jetzt kommt die Fastnachtsbeichte dran. Sind Weihnachten in St. Wolfgang. –

41 *Alexander Lernet-Holenia an Carl Zuckmayer*

St. Wolfgang, 26. Dezember 1959

Mein lieber guter Zuck,
ich danke Dir aus aufrichtigstem Herzen für Dein so schönes Brieferl. Denk Dir, ich kann inzwischen schon wieder in der Nase bohren, wie es sich für einen deutschen Dichter geziemt, wenn er sinnend dasitzt und ihm doch nichts einfallen will; das heißt: meine Nasenlöcher, die eine Zeit lang garnicht mehr vorhanden waren, sind wieder hervorgetreten, und man kann, wenngleich es schmerzt, darin herumstierln.

Morgen fahre von hier wieder nach Wien, um mich weiterbestrahlen zu lassen; und dann muß ich auch noch auf einen Tag nach München, um gegen Békessy János aufzutreten. Inzwischen erwartet Winnetou ihren Tag der Explosion von Heresheuer. Jaja, wer hätte das gedacht, als sie noch telephonierte: »Ich bin im vierten Lebensjahre und meine Schwester Michi ist im achten Lebensjahre ...«

Wir umarmen Euch innigst!
Alexander

42 *Alexander Lernet-Holenia an Carl Zuckmayer*

Wien, 20. Januar 1960

Denk Dir, jetzt wollen sie das Kind Semiramis-Maria nennen – kannst Du das nicht noch im letzten Augenblick verhindern?

In Eile, Dein
Alexander

43 *Alexander Lernet-Holenia an Carl Zuckmayer*

Bad Kissingen, 20. April 1960

Mein lieber Zuck,
als wir hier in Kissingen an einer Stehweinhalle vorbeikamen, fielst Du uns ein, daß Du mit den Kissingern Mainzerisch-Fränkische Gespräche führen könntest. Wie geht es Euch, liebe Freunde? Heimgekehrt, werde ein Kriminalstück schreiben, und rate ich dem Zuck gut, sich mit neuer

Hervorbringung zusammenzunehmen, sonst stelle ich ihn in den Schatten. Fahren morgen weiter nach Braunschweig und Belgien. Wir umarmen Dich und Jobs.

Eva und Alexander

44 *Alexander Lernet-Holenia an Alice und Carl Zuckmayer*

Camaiore, [um den 26. Oktober 1960]

Guter Zuck und lieber Jobs, für ein paar Tage sind wir hier in Camaiore, wo es unendlich gemütlich ist, weil es regnet wie im Salzkammergut. Gottfried ist schlank wie eine Tanne geworden, und seine Augenbrauen stehen überhaupt nicht mehr vor. Nicht ohne Schaudern der Ehrfurcht, die mir über den Rücken laufen, sitze ich hin und wieder in dem Zimmer, zu welchem Du unter anderm auch mich so schön besungen hast. Übermorgen fahren wir wieder nach Wien.

Umseitig sieht es aus, als hätte die Göttin Pomona einen Haufen aus Buchsbaum hingeschissen.

Seid umarmt von Eva und mir! Euer getreuer

Alexander

P.S. In der deutschen Literatur soll's geradezu ⟨bo⟩denlos zugehen. D.O.

45 *Alexander Lernet-Holenia an Carl Zuckmayer*

St. Wolfgang, 2. September 1960

Liebe Freunde,

vielen Dank für Jobsens Brief! Auf Franzis Grab wächst nun schon wieder das Gras, und da wir, als Franzi noch lebte, schon einen neuen kleinen Hund hatten, so bemühn wir uns nun, diesen durchzubringen. Aber so geht's auf der Welt mit Hunden, Theaterstücken, Büchern, Menschen und der Unsterblichkeit.

Wann kommt Ihr wieder in das verstunkene Wien? Wir Anfangs November. Zwischendurch müssen wir nach Frankfurt und Berlin. Irgendwie begreife ich ja Euren extremen Standpunkt in 1800 Metern Höhe, das heißt 1600 Meter über den Blödianern leben zu wollen.

Wir umarmen Euch!

Alexander

46 *Alexander Lernet-Holenia an Carl Zuckmayer*

Wien, 4. November 1960

Du guter lieber Zuck hast mich durch die Widmung Deiner Dischtungen sehr beschämt! Aber um so herzlicher hat's mich gefreut, daß Du, als einer der letzten Sterblichen, mit dem Kriterion der Unsterblichkeit, nämlich einer Gesamtausgabe, bist ausgezeichnet worden. Noch aber bin ich nicht dazugekommen, richtig hineinzusehen, ich habe das Paket vorgefunden, als wir gestern abends, aus Wolfgang, wieder im Sch...ß Wien angekommen waren. Es war ein unbeschreiblich schöner Tag, und daß Ihr nicht mehr in Henndorf seid, hat mich, indem wir hoch über der Landschaft auf der Autobahn fuhren, besonders betrübt, gibt es doch Bilder von Henndorf mit dem Ausblick auf die Berge, wo die Gegend etwas überhöht aussieht wie gestern auf der Fahrt.

Auch wandelten wir in Berlin in Deinen Fußstapfen, wohnten in der Akademie, und las ich in der somewhat öden Urania; aber dadurch kam alles Geldi wieder herein, welches mich die Fahrt nach Braunschweig, wo mein Schwiegervater seinen 80. Geburtstag im buchstäblichen Sinne »begangen«, gekostet hatte – »begangen« deshalb, weil das alte Laster aus genanntem Anlasse ein Festmahl gab, welches – für eine keinesfalls übermäßige Zahl von Personen – an die DM 2000,– kostete.

Seit Karli'n haben wir nun schon den vierten Hund – nach Karli war Waldi gekommen, dann Franzi, die im August in's Gras biß, aus welchem Anlasse uns der Jobs aufs lieblichste schrieb, und nun haben wir Pettikrü – einen Cairn-Terrier, an welchem man, wenngleich er erst fünf Monate alt ist, wesentlich besser als an der Familie Rohan studieren kann, was Aristokratie ist. Hingegen weist diese Namensgebung keinesfalls darauf hin, daß Eva etwa, weil auch Isoldens Hund Pettikrü hieß, gleichfalls eine Isolde wäre. (Man soll keine Gelegenheit vorübergehen lassen, seiner Frau eins auszuwischen.) –

In Hannover, bis wohin wir mit dem Automobile gekommen waren, stiegen wir in das Flugzeug, welches ich, im Andenken an Deine Zitate, eine »Fluchmaschin« genannt habe; und als solche erwies sich die Maschin des Rückflugs in der Tat, weil sie nämlich, »wegen Nebels«, wie Emil gesagt hätte, ausfiel, obwohl der Nebel längst weg war und der Tag der schönste genannt werden konnte. Doch war sie schon vorher nicht richtig angekommen und konnte daher auch »hinten nicht mehr so recht hoch«, um abzufliegen – wie Emil gleichfalls gesagt hätte.

Von weitem haben wir in Berlin Eure Wohnung gesehen, als wir herumfuhren. Im übrigen gefällt mir die Stadt jetzt, wo sie nicht mehr steht, bzw. da und dort wieder aufgebaut ist, wesentlich besser als vorzeiten, wo sie noch völlig vorhanden war. Obwohl die Restaurants kein leerer Wahn gewesen sind.

Euer offspring hat uns, als wir vor etlichen Wochen hier waren, ein schönes Abendessen gegeben, und das Kind war sehr lieblich.

Wie geht es Deinen Dichtungen – ich hatte schon daran gedacht, Dir zu proponieren, ein Stück, welches ich bereits geschrieben habe und das nun bei Buttlarn liegt, mit Dir noch mal zu schreiben. Heißt: »Ist über vierzehn Jahr doch alt« und handelt von der Sau Friedmann in München.

Eva und ich, wir umarmen Euch in treuer Freundschaft und hoffen, Euch bald an diesem Sch…ßorte wiederzusehen.

Dein

Alexander

P.S. Wundere Dich nicht über das Briefpapier – die Pollacks aus St. Wolfgang, welche die Myrthe-Mill besitzen, haben's uns geschenkt.

PSPS. Gottfried druckt mein »Halsband der Königin« in den Fischerbüchern. Habe ich, glaube ich, auch Dir zu verdanken, zumindest als Spätzünder.

PSPSPS. Bitte schreib mir gleich, *welches* Buch ich Dir eigentlich habe schicken lassen, mir ist die ganze diesbezügliche Buchführung durcheinandergekommen, und ich weiß nicht mehr, wer was bekommen hat.

47 *Alexander Lernet-Holenia an Carl Zuckmayer*

Wien, 24. Januar 1961

Guter Zuck,

bezugnehmend auf die beigelegte Notiz teile ich Dir mit, daß ich schon um einen Schritt weiter bin als Du, da ich mir bereits das Papier zur Niederschrift meines soeben vollendeten neuen Werkes bei Huber und Lerner auf dem Kohlmarkt gekauft habe. Auch über den Inhalt des Buches wird gleichfalls strengstes Schweigen bewahrt, da ich noch nicht weiß, wovon es handelt. Im übrigen Dir und den Deinen Umarmungen von Eva

und Deinem gleichfalls sehr fleißigen Dischder

Alexander

1 Beilage

48 *Alexander Lernet-Holenia an Carl Zuckmayer*

St. Wolfgang, 21. Mai 1961

Lieber guter Zuck,
Zweck dieses Schreibens ist es, Dich an die Übersendung der Bedingungen des Prix Veillon zu erinnern. Hier regnets auf das gemütlichste. Schade daß Ihr nicht mehr in Henndorf seid! Wir könnten uns in Lodenmänteln auf halbem Wege, irgendwo bei Mondsee, treffen.
Eva und ich, wir umarmen Euch.
Dein
Alexander

49 *Carl Zuckmayer an Alexander Lernet-Holenia*

⟨Saas-Fee⟩, 17. Juni 1961

Geliebter Alexander!
Ich weiss nicht, ob Du in Wolfgang oder in Wien bist, lasse Dir aber die Bedingung für den Prix Veillon jedenfalls an Deine Wiener Adresse schicken.
Es ist wirklich schade, dass wir uns nicht in Regenmänteln auf dem Kolomansberg begegnen können. Stattdessen – mit oder ohne Lodenmäntel – im September in Wien!
Euch beiden alles Liebe und Herzliche
Dein
⟨Zuck⟩

50 *Alexander Lernet-Holenia an Carl Zuckmayer*

⟨ca. 2. Oktober 1961⟩

Wohlan, mein Zuck, ich habe das Meinige getan, wie Du so gütig warst, mir zu raten; und nun tu, mit gleicher Güte, auch das Deine.
Alles Liebe!
Alexander

51 *Alexander Lernet-Holenia an Carl und Alice Zuckmayer*

Burg Cochem und Winneburg a. d. Mosel, 19. Oktober 1961
Wie war das Stück? Wir sind inzwischen hierher, um auf der Burg Hohencochem zu ermitteln, warum Obercochem der Weise und ob Ihr die Winnetou nach der Winnenburg genannt habt. Im übrigen haben wir Euch, wie Ihr vorzeiten dem seligen Emil, ein Weinassortiment schikken lassen. Kommt per Nachnahme und kostet DM 12.000,–.
Seid umarmt samt den Guttenbrunners.
Eva und Alexander

52 *Alexander Lernet-Holenia an Carl Zuckmayer*

Wien, 11. Dezember 1961
Du guter Zuck, lass Dir für die Zusendung Deiner letzten werten Hervorbringung von ganzem Herzen danken. Sie ward Deinen vierbändigen Gesamtwerken angefügt. – Bei der Aufführung gewann man den Eindruck, dass der Mann mit der Facialis durch die Erkrankung der von ihm ehelich erworbenen Buchbinderin so verstört gewesen sei, dass er der Tragödie zweiten Teil, also just den heikelsten, nicht mehr richtig eingestrichen habe. Aber das kommt davon, wenn man die Stücke von Natur aus zwei- bis dreimal so lang schreibt, als nötig ist: dann erkrankt eine Buchbinderin, und der Regisseur wendet nicht mehr die nötige Sorgfalt an den Einstrich. Sehr beeindruckt hat nicht nur mich, sondern auch die mehr gewöhnlichen Sterblichen, die im Theater waren, das fünfte Bild, also das vor der Pause. Da war auf einmal das Geheimnis der Goldenen Horde – Zlata Ordá – und des abenteuerlichen Lebens oder, wenn Du willst, des Abenteuers speziell *unseres* Lebens überhaupt, zu spüren. Denn »da kam mit einem Korbe, als hielte er Hühner feil, Alexander von Rosenthorpe …« Schade dass der Hilpert dann den Schluss aus Familiengründen vergogelte. Auch hätte er nicht lauter so alte Scheisser wie den Schmöle zu den Gewaltmärschen der Fremdenlegion heranziehen sollen. Das Schlussbild, das sehr schön ist, verpatzte er dann überhaupt. Merke Dir für Dein künftiges Leben: wenn man ein Stück probiert, soll man nicht mit dem Anfang, sondern mit dem Schluss anfangen, gleichsam à propos, wie die Frau Pollak so schön gesagt hat. Denn erfahrungsgemäss wird man mit den Proben – es sei denn in Amerika – nicht mehr rechtzeitig fertig; und bei jedem Stück ist's besser, der Anfang ist unfertig, statt des Endes. Alles Gute nützt in einem Stück einen Dräckh, wie man bei Euch in der

Schweiz sagt, und alles Misslungene kommt wie unter einem Mikroskop riesenhaft gross heraus. Merke Dir auch das für Dein künftiges junges Leben.

Also, Du guter Zuck, weiter mit Mut in die Courage, wie Ämil zu sagen pflegte! Und wie wär's, wenn Du Dich in leicht kritischen Situationen doch gelegentlich an Deinen Freund Alexander wenden tätest, der Dir umso lieber mit Rat und Tat zur Seite steht, als er Dir, dankbarst, höchst verpflichtet ist ... Euch allen das Schönste, und seid umarmt von Eva und mir!

Alle guten Weihnachtswünsche
Deines
Alexander

53 *Carl Zuckmayer an Alexander Lernet-Holenia*

Saas-Fee, 1. Januar 1962

Mein sehr lieber Alexander,
ich schulde Dir einen ausführlichen Brief, der muss etwas warten, da ich recht mattgefeiert bin, und zwischen 28. und 31. Dezember mit meiner unvergleichlichen Sekretärin circa 250 Briefe und Glückwunschtelegramme beantwortet habe. Während einer Kur im November, die mein Inneres wohltätig equilibriert hat, las ich Deinen »Naundorff«, – ein grossartiges Buch. Nichts finde ich unterhaltsamer und spannender, als wenn man Vorgänge, oder Gestalten, die man aus alter Lektüre zu kennen glaubt, ganz neu in einer vom historischen Bild abgelösten Lebendigkeit und Gegenwärtigkeit erlebt. Vom König bis zur caprule wird alles contemporain. Und das Zwielichtige des Erzählers macht den eigentlichen, künstlerischen Reiz. Sei bedankt!

Liebste und herzlichste Wünsche Euch beiden für 1962!
Euer Zuck

54 Alexander Lernet-Holenia an Alice Zuckmayer

Wien, 20. Februar 1962

Mein lieber Jobs,
ich beeile mich, Deine Fragen zu beantworten so gut ich kann.

1. Die Uniformen der Chargen und der Mannschaft der Dragoner
sahen um 1914 genau so aus wie die der Offiziere, nur durften, außer
Dienst, Salonhosen erst vom Wachtmeister aufwärts getragen werden.
Offizierskappe erst vom Kadetten aufwärts, Kadett und Fähnrich *nicht*
mit Goldborden. Portepees: Mannschaft lederner »Randriemen« Chargen Haraß (eine Art Baumwollseide). Stiefel bei der Mannschaft *seit-
lich* genäht. *Anschlag*sporen, nicht Stecksporen oder Anschnallsporen.
Komißsäbel schwer und breit, neuere Modelle lang und dünn (mit Respekt). Mannschaft gelochter Korb, Chargen und Offiziere blumiger
Korb. Rote Pumphosen (eigentlich französisch, waren für Mexico bestimmt gewesen, kamen dort aber nicht mehr dran, da Kaiser Max
weggeschossen, vom bösen Juarez, daher, seit 1867, für die österr.
Kavallerie verwendet). Rock: blau. Pelzrock zum Umhängen. Mantel:
braun. Helm oder rote Lagerkappe. Durften in Uniform mit Dienstmädchen ausgehen, sich aber *nicht* einhängen.

2. Wohlhabende Wiener Rechtsanwälte pflegten bei der Artillerie zu
dienen. Entweder bei der Reitenden 3, oder bei irgendeinem »fahren-
den« Regiment. Dienten sie, als Freiwillige, im 3. Dragonerregiment,
so waren sie im Handumdrehen bei einem Regiment in der Provinz
oder bei der Infanterie. Artillerieuniform: blaue Hosen, brauner Rock,
rote Aufschläge, Tschako mit Roßschweif, schwarzgrauer Mantel.
Noch sicherer war der Tram. (Will keine antisemitischen Bemerkungen
machen.) Tram-Uniform wie Artillerie, nur blaue Aufschläge.

Aber so lief kein Mensch herum, sondern in Salonhosen nur mit Bluse,
offiziell stets mit Waffenrock.

Die Kavallerie ging farbig ins Feld, die Artillerie hechtgrau.

3. Berichte morgen darüber. 1908 keine Kämpfe mehr in Bosnien.

4. Berichte morgen weiter. Außer der »Viribus Unitis« gab es noch
drei große Schlachtschiffe, worunter die »Szent Istwan« und etwa auch
eine »Prinz Eugen« (?).

5. Die Melone hieß der »Steife«.

6. Berichte morgen wegen des Rosengartens.

7. Die Chotek, das liderliche Scheißweib, wurde 1909 Herzogin mit
dem Prädikat »Hoheit«. 1917 wurde dann auch die Vollwaise Max
Hohenberg Herzog (†). Gott hab ihn selig, mir schrieb er einen frechen
Brief, den er dann bereut hat. (Es gibt in Österreich nur wenige Herzöge,

z.B. Schwarzenberg als Herzog von Krumau oder Sulkowski als Herzog von Bielitz, aber das ist so unwesentlich wie Bismarck als Herzog von Lauenburg. Ausnahme: Hohenberg, wegen der Beziehung.)

Seid in großer Eile umarmt. Morgen mehr.
Dein
Alexander

55 *Alexander Lernet-Holenia an Alice Zuckmayer*

⟨21. Februar 1962⟩

Mein lieber Jobs,
Großschlachtschiffe nach 1911 gebaut:
Viribus Unitis ⎫
Tegetthoff ⎪
⎬ à 20.000 Tonnen
Prinz Eugen ⎪
Szent Istvan ⎭
1882 war ein Aufstand in Bosnien, hieß so ähnlich wie »Chrisvoye«, war an der dalmat. Grenze.
1908 keinerlei Kämpfe
Rosenparterre im Volksgarten erst in den Dreißigerjahren.
Melone heißt auch Halbkracher.
Weiteres folgt.
Handkuss
Alexander

56 *Alexander Lernet-Holenia an Carl Zuckmayer*

Saas-Fee, 19. April 1962

Herzl. Grüße aus Saas-Fe, alter Schwede!
Eva und Alexander

57 *Alexander Lernet-Holenia an Alice und Carl Zuckmayer*

Berchtesgaden, 9. Juli 1962

Herzl. Grüße aus dem Gebirge, das hier kein Lieblingsaufenthalt ist.
Eva und Alexander

58 *Alexander Lernet-Holenia an Carl Zuckmayer*

St. Wolfgang, 14. September 1962

Mein großer roter Bruder, es ist schön, wenn uns der kleine Landadel Aufmerksamkeiten zuschickt. Von Jobs haben wir gleich *zwei* »Kästchen« bekommen und freuen uns schon sehr auf die Lektüre. Ungemeinen Eindruck hat mir aber vor allem das Mainzer Broschürchen gemacht. Über das »Kästchen«, das Broschürchen und den »Kranichtanz« schreiben wir noch ausführlicher. Hier bleiben wir noch bis gegen Ende des Monats September, dann Wien, dann ein wenig Italien. Wir enjoyen es immensly, Dich mit Kapsreitern hiergehabt zu haben.

Seid umarmt, both of you von both of us.

Dein Alexander

59 *Alexander Lernet-Holenia an Alice und Carl Zuckmayer*

Positano, 23. Oktober 1962

Liebste Freunde,

von einer kurzen italienischen Reise zurückkehrend, grüßen wir Euch vielmals. Wir hören mit dem größten Vergnügen, daß Ihr, in Wien, um die Mitte des Monats November allerhand Geistiges von Euch geben werdet. Das ist schön, und dann wollen wir uns auch ausführlich über Eure köstlichen neuesten Hervorbringungen unterhalten.

Wir dürften in 4 oder 5 Tagen wieder in St. Wolfgang und anfangs November zurück in Wien sein.

Inzwischen seid von ganzem Herzen umarmt von Eva und mir!

Euer
Alexander

60 *Alexander Lernet-Holenia an Carl Zuckmayer*

Sankt Wolfgang, 27. Oktober 1963

Mein lieber Zuck,

ich teile Dir mit, dass ich in Reims war, wo eine Zahl von Dramatikern und Übersetzern tagte, und dass ich, wenngleich die meisten Sitzungen schwänzend, nicht eben den besten Eindruck von unserer eigenen Dramatik empfangen habe – wobei es eigentlich sogar noch als ein Glück zu bezeichnen sein möchte, dass sie kaum oder garnicht vertreten war. Vorhanden war eigentlich nur der Auslandsquatsch. Ja es hat sich herausgestellt, dass es eine deutsche und österreichische Dramatik so gut wie gar nicht mehr gibt, umgebracht wie sie von unseren Theaterdirektoren wurde, welche sich, in ihrer Unbildung, verpflichtet fühlten, nach 1945 nur noch den Unsinn der Sieger, im Wesen den Broadway-Mist, zu spielen. Oder mit andern Worten: wenn ein Tenessee Williams mehr gespielt wird als Gerhart Hauptmann, so kennzeichnet dies die katastrophale Lage. Nur zwei oder drei Schweizer schwimmen da noch mit.

Dennoch, oder eben deshalb, habe ich beschlossen, ein Kriminalstück zu schreiben. Aber vielleicht laß ich's aus Verdruß über die allgemeine Lage, auch bleiben.

Manchmal fahr ich, hoch auf der Autobahn, an Eugendorf vorüber, seh in der Ferne Dreieichen und kann mir, ins Unsichtbare hinter die Hügel hinabgesunken, Henndorf vorstellen oder vielmehr nicht vorstellen, denn Kapsreiter sagte uns, man könne sich garnicht vorstellen, was dort jetzt für Tumult und Krach herrsche.

Ich erinnere mich noch, dass Du mich, mit Jowes, zwischen Weihnachten und Sylvester 1936 über Dreieichen zur Lokalbahn brachtest und dass ich der übelsten Ahnungen voll war, gleichsam als werde dies unser letzter gemeinsamer Gang sein. Er war's nicht, doch war er der vorletzte, denn in der Zeit täuscht sich das genus irritabile vatum immer, mag's, sonst, auch noch so rechthaben.

Eva und ich, wir umarmen Dich und die Deinen.

Yours, forever,

Alexander

61 Alexander Lernet-Holenia an Alice Zuckmayer

Wien, 4. Juni 1965

Mein lieber Jobs,

wir waren bestürzt und erfreut zugleich über die Vorgänge mit Zuck: bestürzt über die Erkrankung, und erfreut, weil das Übel inzwischen behoben worden ist. Ich kann mir aber freilich auch denken, dass ihm die Geschichte einen rechten Schock versetzt hat; denn so klaglos wie in den ersten 67 bis 68 Jahren unseres Daseins geht's natürlich ab nun nicht weiter bis 92 oder 97. Dazu kommt, dass dergleichen Anfälle recht überflüssig scheinen – ich meine, es könnte sich auch um Dinge gehandelt haben, welche sich angekündigt hätten; sodass man über die endliche Krise, die den Übergang zur Heilung gebildet hätte, geradezu froh gewesen wäre. Aber so, ein ganz Neues, aus heiterem Himmel ...

Oder sollte es gar nicht der Himmel gewesen sein? Jedenfalls merkt man wieder einmal, dass man immerzu über einen Bodensee reitet.

Wir wünschen unserm guten Zuck von ganzem Herzen, daß aber mit der ganzen Sache auch eine Menge andrer Schlacken weggehen. Vor allem ist das Nichtstun im Spital schon an sich eine Erholung. Wir alle, mit Ausnahme vielleicht meiner selbst, tun ja alle viel zu viel. Ich aber habe gerade in den letzten Tagen und Wochen felsenfest beschlossen, nichts, es sei denn bloss das Einträglichste, zu tun. Dieses einträgliche Nichtstun wünschen wir auch Euch und insonderheit dem Zuck von ganzem Herzen.

Wir sind bis zum 12. in St. Wolfgang. Verständige uns, bitte, mit aller Zuverlässigkeit dorthin von Zucks Besserung ... Kannst Du Dich noch erinnern, wie ich Euch zum ersten Mal in Henndorf besucht habe? Auch Csokor war damals mit. Jetzt hat er eine Art Trombose im Bein. Quel changement de décoration ... Seid umarmt von Eva und mir!

Handkuss,
Alexander

62 *Alexander Lernet-Holenia an Alice Zuckmayer*

St. Wolfgang, 8. Juni 1965

Lieber Jobs,

denkt Euch bloß, kaum hatte ich die Karte an Euch aufgegeben, als der Herr Welz vom Telephon kam und uns sagte, daß Billinger der Schlag getroffen habe. Er war in einem Wiener Dampfbade ohnmächtig geworden, dann offenbar nach Oberösterreich zurückgekehrt, und dort fiel er endgültig vom Sprissel. Ich erinnere mich noch an den Abend, als ich ihn zum ersten Mal sah: es war im November 1917, wir saßen bei Demel, er kam herein, hatte eine Jägeruniform an, das heißt, er war als Leutnant verkleidet, und sagte, in Russland gäbe es jetzt etwas, das Bolschewiken hieße. Die Leute an meinem Tisch waren wenig froh, denn es waren zwei Polen, einer hieß Kapri, der andre Theodorowicz. Jaja, so geht es; und Emil würde ihn jetzt als einen armen Scheich bezeichnen, wenn er noch könnte.

Seid umarmt! Euer
Alexander

63 *Alexander Lernet-Holenia an Alice Zuckmayer*

Dans mons Château Fort de Vienne, ce 18. juin 1965
Ich freue mich von ganzem Herzen, lieber Jobs, dass Du uns so gute
Nachrichten von Zuck geben kannst. Krank sein und genesen ist doch
eine viel vernünftigere Beschäftigung als dischten und mit der Drecksau
Günther Grass konkurrieren. Auch beeile mich schon jetzt, Euch zur
vierzigjährigen Wiederkehr Eurer zweifellos schon vorweggenommen
gewesenen erotischen Vereinigung gratulieren zu können, und Eva
schliesst sich diesen Gratulationen herzlich an. Vergesst nicht, uns umgehend nach St. Wolfgang zu verständigen, wenn Zuck in Wiessee de-
poniert worden ist, wo der Führer seine Minister zwar nicht persönlich
ernannt, aber persönlich erschossen hat. Wir würden diese Mitteilung
zur Veranlassung eines Besuches nehmen, vorausgesetzt dass wir dann
auch entsprechend geehrt werden. Seid umarmt! Ich habe ausnahmsweise entsetzlich gearbeitet und kann Euch nur raten: tut das nicht
auch, es ist vollkommen sinnlos. Auf bald!
Eure
Eva und Alexander
(ab 26. Juni wieder in St. Wolfgang.)

64 *Carl Zuckmayer an Alexander Lernet-Holenia*

Zürich, 24. Juli 1965
Mein ganz eminent liebenswerter und liebwerter Alexander, –
Jetzt kann ich Dir schon selbst, mit eigner Pfote, für Deine lieben Grüsse
und Eure guten Wünsche danken, – sie mögen nicht weniger geschickt
haben als 100 cm³ Penicillin. Aus dem Spittel bin ich entlassen, – geschriwwe hab ich dort »nichts und niemals Briefe«, – nur gedöst oder,
durch Gymnastik, Freiübungen, tägliches Aufstehen, sowie grosszügige
Verdauung an der Heilung mitgearbeitet. Es ist grossartig, dass man
jetzt nach einer solchen Operation nicht mehr wie ein gewickelter
Säuschling herumliegen muss, sondern vom ersten Tag ab, auch wenns
weh tut, sich bewegen kann. Jetzt habe ich eine Narbe vom Bauch über
die Flanke bis fast zur Wirbelsäule, als wäre da ein osmanischer
Krummsäbel durchgefegt, und darunter, wie man mich versichert, eine
intakte Niere, von der das Ge-Zyste (welches bei längerem Wachstum
hätte ans Leben gehen können) abgeschält ist und die nach der Aus-
heilung funktionieren wird wie bisher: dh. hauptsächlich alkoholische
Getränke resorbieren, im schönen Wettstreit mit der gut durchtrainier-

ten Leber. Gewisse kleine Nachwehen gibt es noch zu bestehen, derzeit abends höhere Temperatur, aber man wird schon dahinter kommen, wo die herkommt, die Ärzte müssen ja auch etwas zu tun haben. Ab 5. Juli gehe ich auf etwa 3 Wochen nach Bad Wiessee – vielleicht könnt Ihr einmal rüberkommen? Falls Ihr jetzt am Abersee seid. Der Eva alles Liebe und Dir, Euch beiden, Dank und herzliche Umarmung!

Dein Zuck

P.S. Unsere in zwei Tagen nunmehr 40jährige Ehe war natürlich übereilt, deshalb hat sie auch so gut gehalten, – ich glaube, gute Entschlüsse kommen nur überstürzt oder nie zustande. Wie gut dieser war, hat mir der standhafte Jobs in diesen letzten Wochen bewiesen.

65 *Alexander Lernet-Holenia an Carl Zuckmayer*

Wien, 10. November 1965

Mein guter Zuck,

Deinen so freundlichen Brief vom 8. hujus habe hier in meinem château fort de Vienne erhalten. Sei sehr bedankt für Deine gütigen Worte. Erinnerst Du Dich noch meiner Besprechung der »Fastnachtsbeichte«? So ähnlich, formal nicht mehr so ganz ins Lot gebracht (auch die Kathedrale von Chartres, wie ich ehrenhalber erwähnen will, ist's ja nicht mehr) scheint mir auch die »Weiße Dame«. Aber ei! was hawwe wir denn doch immer noch für Perlen eingeschträut!

Du guter Zuck, der Gedanke, zu meinem Siebzigsten (wie sich das ausnimmt!) etwas zu publizieren erfüllt mich mit was wenigem an Unruhe. Ein sogenannter Omnibus, wie Du ihn vorschlägst, wirft denn doch zu viel aus seinen Fenstern und tut es ab auf immer. Aut Caesar, aut Wokura, wie man hier sagt, oder mit andern Worten: Besser eines ganz, als von allem zu wenig! Ich könnte mir denken, dass man etwa *alle* Gedichte oder *alle* Novellen brächte, doch nur im Einvernehmen mit Zsolnay, etwa als Gemeinschaftsproduktion, sonst sagt der H. W. Polak, der eifersüchtig ist wie der Gott des alten Bundes, etwan: »Nein«, um mich nicht ordinärer auszudrücken. – Vorläufig bin in keiner leichten Lage, da der dichtbrauige Gottfried von mir ein übergewichtig Bronze-Haupt angefertigt, mit dem man nicht recht weiss wohin. O diese jungen Künstler, insonderheit die Bildhauer! – Ich enjoyte es immensely, Euch wiedergesehen zu haben. Seid umarmt! Dein

Alexander

66 *Carl Zuckmayer an Alexander Lernet-Holenia*

Saas-Fee, 13. November 1965

Mein bester Alexander,

Du hast vollständig recht, das mit der Astrologie war eine Schnapsidee von mir, sie kam mir so plötzlich, weil ich halt die eingeschträute Perle so liebe. Aber sie sollen einfach und ohne Umschweife eine Gesamtausgabe von Deinem Werk machen, Szolnay oder Fischer oder alle beid miteinander, wie sich das gehört: Lyrik, Prosa, Theater, und da die Herstellung von Büchern, seit es die Automation und die neuen Setzmaschinen gibt, bedeutend länger dauert als früher, sollten die Herrn jetzt schon dran denken. Übrigens steht auch von mir ein solcher Bronzekopf in Gottfrieds Studio herum, ich habe unsre beiden im Frühling zueinander gedreht, so dass sie nachts miteinander Limericks oder Wirtinnenverse austauschen können, wozu das Haupt Thomas Manns süffisant lächeln und Werfel, wie ein Harzer Roller im Bass, geisterhafte Arien trillern kann. Es ist dort schon fast wie in Madame Tussaud's Kabinett, nur fehlen die Lustmörder. Ich habe dem Jobs die »Weisse Dame« aufs Nachtkästchen gelegt, obwohl sie natürlich sehr enttäuscht sein wird, dass darinnen keine Schnellbegattung vorkommt, selbst die nackte Dame wird nur über Juwelen ausgefragt, statt dass da ein bischen mit den Füssen getrappelt wird. What a shame!

Mein Lieber, schreibe nie Deine Memoiren, Du kannst Dir nicht vorstellen, was für eine sündhafte Arbeit das ist! Nur ein Ochse kann sich auf sowas einlassen, – denn welche Kuh hat sich schon selbst gemolken!

Sei gegrüsst und lass es Dir wohl ergehen!

Von Herzen

Dein Zuck

All the best to Eve.

67 *Alexander Lernet-Holenia an Carl Zuckmayer*

Wien, 15. November 1965

Du guter Zuck

In Deinem dunklen Drange, ich danke Dir vielmalen, wie man bei Euch sagt, für Deinen so freundlichen Brief. Die Sache ist allerdings diese, dass Du, der Du auf den Höhen der Menschheit wandelst, Dir dieselbe – nämlich die Sache – falsch vorstellst. Niemals werden der mit bläulichen Brauen winkende Nicht-Kronide Bermann und der dito nicht ganz arische Polak von Zsolnay sich a) überhaupt und b) auf eine noch so ausgewählte Gesamtausgabe von mir einigen; und – was das bis zu einem gewissen Grade Ausschlaggebende ist –: auch ich selbst würde sie c) so wenig wollen wie der Kaiser Franz Joseph all den Unfug gewollt hat, den er selbst angerichtet. Denn ich vermag Dir kaum mit der notwendigen Eindringlichkeit zu sagen, wie unlieb mir die Literatur geworden ist. Ich mag sie einfach nicht mehr und überlasse die Palme, die ich nie besass, gerne dem Fäkalien-Schreiber Grass, dem man sie letzten Endes nicht geben wird. Das G'schriwwene, mein Zuck, ist eines honnete homme letzten Endes ja doch immer noch weit weniger würdig als Schulden, falsche Wechsel, ja sogar als – und das will viel heissen – die Hineinlegung seiner Verlage. Kurzum, ich ersticke sozusagen unter den 23 oder 25 – oder wie viele es sein mögen – Buchstaben des Alphabets, mit den sich das Vielmillionenfache an Unfug stiften lässt. Ich habe mich, ob man mir's glaubt oder nicht, wieder dazu bekannt, ein Privatmann sein zu wollen, und ich würde lieber stehlen gehen, als mir als Literat – relativ ehrlich – mein Geld zu verdienen.

Wie das enden soll? Hoffentlich gut, und zwar durch die Inflation, welche die Schulden, die ich mache und machen werde, zunichte machen wird.

Per saldo also: das Äusserste, zu dem ich mich verstünde, wäre eine Art von Gesamtausgabe der Gedichte, aber daran denken jene Schurken ja ohnedies in keinem Falle. Gehe also nie zu deinem Ferscht, auch nicht zu deinem literarischen, wenn du nicht gerufen werscht, sonst kannst Du bloss a) den Text, b) die Fahnen und c) den Umbruch verbessern auch nicht; und kaufen tut's überdies keiner.

Heute wurde im Unterrichtsministerium in meiner Anwesenheit Csokor samt Felix Braun prytanisch gespeist, es war gemütlich makaber oder – wie Csokor sagen würde – etwas verhältnismässig Heiteres vom Totenbett. Glaub mir: wie man rechtzeitig aus dem männlichen Geschlecht austreten soll, so soll man auch rechtzeitig aus der Literatur austreten; was wir, halb und halb, eh schon getan haben. Wir wissen's nur noch nicht.

Eva und ich, wir umarmen Euch alle.
Dein
Alexander

68 Carl Zuckmayer an Alexander Lernet-Holenia

Saas-Fee, 19. November 1965

Cher maître –
ich rede Dich so an, weil ich mit einem demgemässen Anlieschen an
Dich schreibe. Du hast, ich glaube im Jahr 1937, ein Gedischd geschriwwe, das mir damals, nicht nur ›als solches‹, einen besonderen
Eindruck gemacht hat. Es hiess: Die Weissagung des Teiresias. Ich lebte
nämlich damals noch in der trottelhaften Vorstellung dahin, dass wir
immer so weiter in der henndorfer Wiesmühl herumsumpern würden
und Herr Hirsch auf dem Obersalzberg fortgesetzt auf der Stelle treten
und es sich damit genug sein lassen, dass das sinnlos und anstrengend
ist. Kein Mensch mit noch so vernünftigen Argumenten konnte mich
davon überzeugen, dass das ›unabhängige Österreich‹ mit seine Hahne-
schwänz nicht ewig dauern werde, selbst der Kellner Franz im Café
Bazar, ein Höchstintelligenzler, der mir um diese Zeit riet, die Wiesmühl rechtzeitig an zwei schwule aber pfundschwere Engländer zu verkaufen, die einen abgelegenen Ort für ihre Exerzitien suchten, (er wollte
nur 10 Prozent), erhielt von mir nur sein gewohntes Trinkgeld und ein
überlegenes Lächeln. Aber als ich diese Weissagung des Teiresias las, in
der, meiner Erinnerung nach, ein Birnbaum wie bei uns über den Zaun
hing, wusste ich, mit einem Schlag, dass das alles Unsinn war und ich
bereits eigentlich garnicht mehr da. Da hast Du die Macht der Poesie, –
ein Leitartikel oder eine Fernsehreportage kann da nicht mit. Bei diesem Gedicht habe ich zum ersten Mal der Emigration ins entzündete
Auge geschaut, und schliesslich hat mich bei der Rückkehr auch noch
der Hund Lexl (ausser einigen anderen) erkannt, indem er zittrig mit
dem Schwanz wedelte, was er aber bei jedem tat, denn er stand schon
mit drei Pfoten im Grabe und wollte Frieden.

To make a long story short: ich hatte die meisten Deiner Gedichte, in
früheren Ausgaben, die ich dann in der Wiesmühl wiederfand, oder in
Neudrucken. Jetzt kann ich nur noch einen Faksimile-Druck vom Jahre
49 finden, mir wert und lieb, da er besonders schöne Gedichte in Deiner Handschrift enthält, nicht aber die Weissagung. Die anderen Bände
sind fort, aber natürlich, wie jene Brille des Rabbi, nicht fortgeloffen
sondern fortgenommen, und ich habe meinen Schwiegersohn im Verdacht, der ein solcher Büchernarr ist, dass er beim Anblick seltener Exemplare jede Hemmung verliert (aber sag ihm das nicht, vielleicht tu
ich ihm unrecht und es war ein anderer). Jedoch – ich möchte dieses
Gedicht in meinen, sonst so diskreten Erinnerungen zitieren, und ich
weiss keinen anderen, der mir dazu verhelfen kann: entweder indem

Du mich wissen lässt, ob es eine derzeit käufliche Gedichtsammlung von Dir gibt, (und wo erschienen), in der es enthalten ist, oder indem Du mir es, damit Du Dir nicht die Mühe des Abschreibens machen musst, leihweise sendest, ich lasse es dann hier kopieren und schicks Dir zurück. Verzeih diese Belästigung, aber es liegt mir überhaupt viel daran, das Gedicht wieder zu besitzen.

Ob wir nun aus dem männlichen Geschlecht und aus der Literatur ausscheiden sollen oder schon ausgeschieden sind, bleibe dahingestellt, was das Geschlecht anlangt, so sagen Fachleute, dass die männliche Potenz keine Altersgrenzen habe – aber Fachleute sind natürlich nicht kompetent, man müsste Damen fragen und die würden uns höflich belüschen. Und mit der Literatur ist es für mich so, dass ich leider nichts anderes gelernt habe, um meine Lebsucht zu fristen, allerdings auch meine Verleger kräftig hochzunehmen, aber von Zeit zu Zeit müssen sie dann doch was verlegen. Mit dem Schuldenmachen war ich in der Jugend flotter, aber wer weiss, wozu man sich noch entwickelt.

Ich wär Dir dankbar, wenn Du mir mit dem ›Teiresias‹ helfen könntest, Dir wird man ihn ja noch nicht genommen haben.

Sei umarmt,
Dein Old Zuck
Und mille choses für Eva

69 *Alexander Lernet-Holenia an Carl Zuckmayer*

Begleiteter Begleiter von Henndorf und Berlin nach Wolfgang war's nicht weiter als von Saas-Fee nach Wien.
Den 22. November 1965
Alexander

70 *Alexander Lernet-Holenia an Carl Zuckmayer*

Wien, 24. November 1965
Mein guter Zuck,
nach Empfang Deines sehr Geschätzten habe mich beeilt, die »Goldene Horde« (in zweiter Auflage allerdings und mannigfalt verändert) an Dich gelangen zu lassen. Sie enthält den »Teiresias«. Vom übrigen ist dies und das erträglich, das meiste nicht viel wert; und eigentlich ist auch der »Teiresias« nur aus thematischen Gründen lesenswert. Die Ausführung des Themas ist nicht besser und nicht schlechter als sonst.

Aber das Thema hat's in sich. Ja wenn man aufrichtig ist, muss man sich gestehen, dass eigentlich immer nur das Thema den Erfolg macht und so gut wie nie die Gestalt, die man ihm zu geben imstande ist. Ich denke noch oft an die Tage zwischen Weihnachten und Sylverster 1936, als ich Euch besuchte und Ihr – nämlich Du und Jowes – mich zur Bahn nach Kraiwiesen brachtet. (Die Bahn gibt's längst nicht mehr.) Wir gingen über Dreieichen. (Wenn ich nun auf der Autobahn dort vorüberfliesche, blick' ich jedesmal nach Dreieichen.) Damals aber hatte ich das Gefühl, ich würde nie wieder nach Henndorf kommen. Ich bin auch nie wieder nach Henndorf gekommen, nur setzte die Periode des Nie-wieder-nach-Henndorf-Kommens nicht schon damals, sondern erst ein Jahr später ein. Jeder Dischder oder »vates« hat recht, nur eins vermag er nicht rischtisch vorauszusagen: den Zeitpunkt. Auch ich irrte um ein Jahr. Aber nach Ablauf dieses Jahrs, wo ich noch einmal in Henndorf war, bin ich in der Tat nie wieder in Henndorf gewesen – bis heute nicht.

Ich weiss nicht, ob Du mir die Auszeichnung erwiesen hast, in das Buch, das ich Dir geschenkt habe, die »Weiße Dame«, hineinzusehen. Darin kommt auch eine Passage über Odysseus vor. Sie führt das Teiresias-Thema weiter aus. Sie handelt, mein lieber Zuck, von unserer beider Situation, nämlich davon, dass der nach Ithaka heimgekehrte Odysseus sich nach der Zeit zurückzusehnen beginnt, wo er noch nicht nach Ithaka heimgekehrt war: nach der Zeit seiner Abenteuer, die nun bei Dir mehr, bei mir, meiner ganzen Veranlagung zufolge, noch etwas weniger weit zurückliegt. Er sehnte sich »nach den Fernen« zurück; und schließlich – so heisst es dort –, da er nicht mehr zu den Fernen kam, kamen die Fernen zu ihm – oder um mich etwas weniger verschmockt auszudrücken: aus dem Meere, zu dem er immer wieder sehnsuchtsvoll hinabging, stieg eines schönen Tages sein und der Kirke schiffbrüchiger Sohn Telegonos, der »Ferngezeugte«, und erschlug ihn.

Dies ist, mein lieber Zuck, nichts weiter als das alte Motiv, dass der alte Chef der Menschenhorde von dem kommenden, dem jungen Chef der Menschenhorde, seiner Herrschaft beraubt und erschlagen wird. Bei uns aber handelt sich's nicht mehr darum, bei uns kommt es nur noch auf die falsche Deutung an, die wir diesem Mythos gegeben haben: werden die Fernen, zu denen wir nicht mehr kommen können, zu uns kommen oder nicht? Vielleicht ist im Schlusse des »Abdias« von Stifter, der nie eine nennenswerte Reise unternommen hatte, noch eine Ahnung von diesen Dingen enthalten.

Sehr seltsam ist in diesem Zusammenhang das folgende: es gab einmal einen Erzherzog Wilhelm, den ich – so seltsam es klingt – bei Stefan

Zweig, dem »Scheissbein«, wie er von der Familie Jannings genannt worden war, kennengelernt habe. Dieser Wilhelm Habsbourg-Lorraine, Archiduc d'Autriche, wie er sich in das Gästebuch des Scheißbeines einschrieb, war im ersten Kriege, in welchem nicht nur Du bei der Artillerie warst, sondern auch der Bundeskanzler Erhard, wenngleich weit niederen Ranges, bei der Artillerie gewesen ist – dieser Wilhelm also war dazu ausersehen gewesen, als Sohn des Erzherzogs Karl Stephan, der zum König von Polen bestimmt war, Großfürst der Ukraina zu werden. Aber dann wurde nichts draus, und er glaubte die Sache längst vergessen. Die Russen aber vergaßen sie nicht, und als sie im Jahre 1947 oder 48 Wien besetzt hatten, warnte man ihn, in den Monaten, wo sie den I. Bezirk verwalteten, diesen Bezirk zu betreten. Er jedoch machte sich nichts draus, er betrat den I. Bezirk, und sie rollten ihn in einen Teppich, und weg war er. Nie mehr hat man von ihm wieder was gehört oder gesehen, denn zu ihm waren wirklich »die Fernen wiedergekommen«. Die Sache ist mir noch eine ganze Zeit nachgegangen, denn zufolge einer gewissen Verwicklung von Umständen war er eigentlich mein Halbbruder.

Eva und ich, wir grüßen Dich und den Jobs viele Male.

Dein

Alexander

71 *Alexander Lernet-Holenia an Carl Zuckmayer*

St. Wolfgang, 19. Juli 1966

Vor fünf Wochen, Ihr Guten, ist Ruth begraben worden, heute Gussy. Damit ist der wesentliche Teil der Familie J., leider leider, als ausgerottet zu betrachten. Aber so geht's. Hodie eis, cras nobis.

Wir hoffen, im Dezember nach Luzern kommen zu können. Seid inzwischen umarmt!

Eva und Alexander

72 *Alexander Lernet-Holenia an Carl Zuckmayer*

St. Wolfgang, 20. Oktober 1966

Ich freue mich herzlich, guter Zuck, daß Du – nach allerhand dramatischem Unfug Deiner Jugend- und Deiner mittleren Jahre – zur *wirklichen* Epik gefunden hast, wenngleich 'n büsken spät, wie Fontane. Doch lese ich das »Stück von Dir«, das keines ist, mit wirklicher Be-

wegtheit; und ich höre auch mit Vergnügen, daß man das Buch einen Bestseller nennen kann. Eva und ich, wir werden Dir auch behilflich sein, in der Schweiz in Deine Siebzigerjahre hineinzukommen, habe ich mich doch, wenigstens so weit möglich, bei Deinen Schicksalswenden stets eingefunden. Sei umarmt! Dein
Alexander

73 *Alexander Lernet-Holenia an Carl Zuckmayer*

St. Wolfgang, in Upper-Austria
Independence Day 1967 [27. Juli 1967]
Allen Dank, mein Zuck, für Deine so gütige Entschlossenheit, mich zu preisen. Aber ganz besonders beklage ich es, daß Du Dir hast beifallen lassen, ein Badezimmer aufzusuchen. Das kommt nun davon. Schon Deinen Kindern hat man ja, laut Deiner eigenen Aussage, durch Einbau eines Badezimmers in Henndorf die ganze Erotik heruntergewaschen; und überdies wäre auch noch die Wiesmühl fast eingestürzt. Ich nehme aber den Anlaß wahr, Dir zu Deiner Kalkfreiheit von Herzen zu gratulieren. Obwohl: Kalk kann ja auch sehr schön sein. Man braucht dann gleich eine so viel weniger ⟨große⟩ Verantwortung zu tragen.

Ist der jetzige Leiter von S. Fischer eigentlich ein Trottel oder nicht? Aber Du weißt doch: In dubio pro reo.

Nochmals Dank, Dir und der Squaw das Schönste von Deiner [recte: meiner] Squaw und mir; und Zsolnay schreibt Dir direkt.

Dein Alexander

74 *Alexander Lernet-Holenia an Carl Zuckmayer*

St. Wolfgang, 29. Juli 1967
Mein guter Zuck, ich gratuliere Dir herzlichst zu dem Umstande, daß Du mit dem Pour le Mérite in die Fußstapfen Voltaires getreten bist – was ist's nun mit dem dazugehörigen Kammerherrenschlüssel? Gebt nur dem Grass nicht den P.l.M., sonst nehme ich ihn nicht mehr.

Von Eva und mir das Schönste Dir und all den Deinen!
Dein
Alexander

75 *Carl Zuckmayer an Alexander Lernet-Holenia*

Saas-Fee, 10. August 1967

Sei bedankt, mein lieber Schwan,
für Deine Glückwünsche zum »Pour le Mérite«, den ich mir allerdings
nicht auf dem Feld der Ehre verdient sondern erschriwwe hab. Ich
glaube, der Grass ist da noch lange Schütze A. im zweiten Glied, – aber
wenn ich was zu sagen hätte, (und ich werde versuchen, es zu sagen),
würdest Du bald vor die Front gerufen!
     Da wir uns ja gegenseitig keine Christkindl-Überraschungen zu ma-
chen pflegen, schicke ich Dir hier eine Abschrift meines Versuchs, Dich
gebührend zu preisen. Ich hoffe, dass er Dich nicht enttäuscht. Natürlich wäre da noch viel mehr zu erwähnen gewesen, aber das sollte ja
keine Doktorarbeit werden, und dass Du weder ein Mystiker noch ein
Moralist bist, werden die Leut schon gemerkt haben. Ich habe bei der
Gelegenheit fast alle Deine Bücher wieder gelesen, Gott verhüte, dass
ich das je mit meinen eignen täte, – aber es war keine Arbeit, es war ein
Vergnügen, sogar ein hoher Genuss. Beim Schreiben einer »laudatio«
vergisst man dann die Hälfte dessen, was einem beim Lesen eingefallen
war.
     Übrigens habe ich den Polak mit einem l gebeten, festzustellen, ob es
wirklich das Jahr 1926 war, in dem Du den Kleistpreis gekriegt hast,
und ob ich den »Canzonair« richtig buchstabiert habe.
     Solltest Du Dich zu Deinem Fest verstecken wollen, um den Fackel-
zügen vor der Hofburg und den Schuhplattlern der St. Wolfganger aus-
zuweichen, so biete ich Euch meine Höhle im Gebirg der Vorzeitmen-
schen an. In meinem Keller gäbe es alles, dessen es zu einer stillen Feier
bedarf, sogar »Kanzlerwein«. Nämlich Dürnsteiner Edelgewächs, den
mir der treue Dr. Klaus geschenkt hat. Wir sind bis Anfang November
hier, Ihr wäret uns hochwillkommen!
     Dir und Eva von Jobs und mir die schönsten Grüsse!
     Dein Zuck

76 *Alexander Lernet-Holenia an Carl Zuckmayer*

St. Wolfgang, 16. August 1967

Innigsten Dank, Du guter Zuck, für Deine so schönen Ausführungen!
Hierüber nächstens mehr. Heute nur dies, und daß es an sich möglich
wäre, von Eurer gütigen Einladung nach Saas-Fee, so um den 21. Oktober, Gebrauch zu machen, wenn anders es mir gelingt, abzuwim-

meln, was man an Beschwernis für diese Zeit für mich in store hat.
Auch hierüber alsbald ein mehreres. – Seid umarmt von Eva, mir und
der umseitig über die Verhältnisse in Österreich tief trauernden Maria
Theresia.

77 *Alexander Lernet-Holenia an Carl Zuckmayer*

⟨Oktober 1967⟩

Dankbar für den in Aussicht gestellten Kosmos und die mich so ungemein ehrende Publikation in der Zürizietig umarme ich Euch im Geiste
und sende Euch, damit Ihr die Höhen, auf den⟨en⟩ Ihr zu wandeln habt,
nicht vergeßt, das heimische Marterhorn. Seid umarmt. Und auf den
Dezember in Wien.

Alexander und Eva

78 *Alexander Lernet-Holenia an Carl Zuckmayer*

Wien, 7. November 1967

Mein grosser roter Bruder,

C. J. Burckhardt und ein sicherer Franz Wittgenstein (Juddebub oder
Prinz?) haben mir zum Geburtstag gratuliert. Ich war mehrere Tage
voll damit ausgelastet, Burckhardts Adresse zu erforschen. Dies aber
ist, wie das meiste im Leben, erfolglos geblieben. So bitte ich denn
Dich, jene zwee beeden in meinem Namen meinen wärmsten Dank
wissen zu lassen. Möge Dich dies nicht in Abfassung Deiner Rede an
die Studenten beeinträchtigen! Und wenn auch: ich traue den Universitäten nicht, und auch alle Forschung dient vor allem dazu, bloss den
Unfug auf dieser Welt zu vermehren. Zudem brauchen wir keine Dok-
toren, sondern Hausknechte. Jener gibt's zu viele, dieser zu wenige.
Kurzum, die Hochschulen sind eigentlich »allzeyt bloss Mehrer« des
ohnedies schon im Übermasse vorhandenen Unsinns. Belüsche aber
trotzdem die Studenten und sage ihnen, sie seien sehr wichtig. Denn
wenn es sie nicht gäbe, wärst auch Du kein h.c. geworden.

Am 2. Dezember um 18 Uhr geben wir Euch einen Kacktehl.

Seid inzwischen umarmt!

Eure getreuen

Eva und Alexander

79 Alexander Lernet-Holenia an Carl Zuckmayer

Wien, 10. November 1967

Wie sehr danke ich Dir für den »Kosmos«, Du guter Zuck, die Menschheit kann sich beim lieben Gott nicht inniger dafür bedankt haben. Da sieht man wieder einmal, was man zuhaus für einen Pofel schreibt. Inzwischen war auch unser Jowes im Salzkammergut. Wir haben nicht einmal soviel von den alten Zeiten geredet, was immer ein Zeichen für verhältnismässige körperliche und geistige Rüstigkeit ist. Auch haben wir hier schon eine grosse Übung im Fernsehen, alle paar Tage kommen Leute mit schlangenartigen Kabeln und Scheinwerfern herein. Am Mittwoch halte ich im Palais Palffy einen Vortrag, aus welchem Anlasse ich den künftigen Unterrichtsminister und sein Sch—blatt, die »Presse«, beflegeln werde.

Auf bald hier am Orte also, Ihr Guten, und seid inzwischen umarmt von Eva und mir! Dein getreuer

Alexander

80 Carl Zuckmayer an Alexander Lernet-Holenia

Hotel Vier Jahreszeiten – Restaurant Walterspiel
Absender ist nicht das Hotel
sondern der alte Zuck,

München, 12. November 1967

Mein Teurer,

Die Adresse von Carl J. Burckhardt (mit ck und dt), (Titel: Minister Prof. Dr.) ist: *CH 1181 Vinzel, Vaud* la Bâtie.

Die von Franz Wittgenstein (seriöser Prinz, nicht einmal Gigolo) habe ich nicht hier, kann sie erst in Saas-Fee heraus suchen.

Inzwischen werden wir uns in Wien sehen, und dass Ihr uns am 2.12. eine Pahti geben wollt, ist ganz reizend.

Seid umarmt

Von Eurem Zuck

81 *Alexander Lernet-Holenia an Carl Zuckmayer*

Wien, 14. November 1967

Du guter Zuck,
ich habe den Auftrag erhalten, im Januar einen Sammelband, den Du
zwar gschriwwe, aber nicht selber gesammelt haben wirst, einzuleiten;
und ich will diese Einleitung mit den folgenden Worten beginnen:
»Carl Zuckmayer hatte das Glück, in einer Gegend geboren zu werden, die sich im Sinne des Komischen auswerten liess. Wäre er in Ost-
friesland geboren worden, so hätte er dieses Glück nicht gehabt.

Nach diesen einleitenden Worten ist es mir leider nicht mehr möglich, seinen Lesern mitzuteilen, *wo* er geboren worden ist. Die Bewoh-
ner von Nackenheim haben sich ohnedies schon darüber beschwert.«

Find'st Du, wie Du in einem Deiner Buchtitel sagen würdest, dies
richtig? Dein aufrichtiger
Alexander,
Eischentümer des Kosmos

82 *Carl Zuckmayer an Alexander Lernet-Holenia*

⟨Saas-Fee⟩, 27. November 1968

Mein lieber Alexander,
Ich wollte Dir nur mitteilen, dass wir in der Woche vom 1.-8. Dezember in Salzburg sein werden und im Goldenen Hirschen absteigen. Am
8. Dezember abends fahren wir nach Bern zurück.

Ich weiss nicht, ob Du um die Adventszeit in Wolfgang bist, oder
noch in Deiner Hofburg residierst.

Solltest Du nach Wolfgang fahren und einen Sprung nach Salzburg
hinüber tun, so würden wir uns natürlich unendlich über das Wiedersehen freuen.

Für heute nur in Eile, da ich auf Reisen bin. Alles Liebe und Herz-
liche Euch beiden von Jobs und mir
Dein alter
⟨Zuck⟩

83 Alexander Lernet-Holenia an Carl Zuckmayer

Wien, 1. Dezember 1968

Ich fürchte, Du guter Zuck, ich werde nicht nach Salzburg kommen können, weil sich Eva a) den Fuß gebrochen hat und weil ich b) hier Röntgen bestrahlt werde. Geschlagen wie Hiob habe ich dabei nicht einmal die Aussicht auf Schafe 7,000.– und Kamele 14,000.–, oder wie sonst die Zahl des Viehs war, die ihm der HErr zur Wiedergutmachung seiner Schwären zukommen ließ, welche er sich in vollkommen unhygienischer Weise mit einer Scherbe schabte. Denn die Mathematik GOttes ist nicht unsere.

Dir lieber Zuck, der Du, wie Du doch weißt, der Autor des letzten Bestsellers sein dürftest, den der Büchermarkt auf immer erlebt haben wird, geht es, hoff ich, wieder sehr gut. Auch danke ich Dich [!] sehr für all den Ruhm, den Du mir durch obengenannten Bestseller verschafft hast. Ich sehe uns schon beide auf einem gemeinsamen Denkmal wie Goethen und Schillern prangen.

Wenn das Dischden nur keine solche Plage wäre!

Dir und dem Jobse das Schönste von Even und mir! Dein getreuer Alexander

84 Carl Zuckmayer an Alexander Lernet-Holenia

Saas-Fee, Dreikönigstag [6. Januar] 1969

Mein lieber Alexander,

ich war sehr betrübt, im Dezember zu erfahren, dass Du wieder Bestrahlungen brauchtest, und dass Eva einen Unfall gehabt hatte. Bei dem sehr hübschen Santa-Klaus-Fest in Salzburg hast Du uns sehr gefehlt, und warst durch Waggerl höchst unvollkommen vertreten, aber nicht ersetzt. Sonst war das Volk der Tänzer und der Geischer fast vollzählig versammelt. Ich wuste nicht, ob Ihr zu Weihnachten in Vienna oder beim heiligen Gangwolf weilt, drum sende ich erst heute meine Neujahrswünsche. Mösche Dir im Jahr 1969 das Dischden im Schlafe gelingen, und wenn ich der Liebe Gott wäre, würden Dir auch gebratene Tauben, von den Knochen gelöst, in den Mund fliegen. Nun ist unser guter Csoki dahin, man ist versucht, ihn zu beneiden. Er hat bis zum Ende gern gelebt, einschliesslich aller Irrfahrten, und ist, wie wir von seiner Schwester hörten, wirklich sanft entschlafen – was will man mehr. Allerdings wissen wir nicht, was der Tod ist, und müssen es abwarten. Inzwischen gilt es, sich zwischen Depression und Euphorie aufs beste durchzuschaukeln. Von Natur aus neige ich mehr zur Euphorie. Aber sie stellt sich manchmal erst gegen Abend ein, mit dem first fortifying drink.

Jobs hat eine böse Zeit hinter sich, Halswirbelsyndrom mit Nervenentzündung, 6 Wochen schon, furchtbar schmerzhaft, jetzt etwas besser. Aber ab morgen sind wir bis 1. Mai in Bern, wo sie gründliche Behandlung haben wird. Adresse: 3000 Bern, Silvahof, Jubiläumstrasse 97, Tel: 031 – 43 15 31. Solltet Ihr in die Schweiz kommen, macht bitte eine déroute nach Bern. In diesem Silvahof gibt's nicht nur komplette appartements, sondern auch Hotelzimmer. Nicht uffjefordert – injeladen. Im Mai hoffe ich nach Wien zu kommen. Falls der Flieder blüht.

Von Herzen der Eure,
und Dein alter Zuck

85 *Alexander Lernet-Holenia an Carl Zuckmayer*

Wien, 13. Januar 1969

Bester Zuck,

wir sind mehr als betrübt, zu erfahren, dass es dem Jobse so schlecht gegangen ist. Da sieht man wieder, dass es mit den Wirbeln nur dann einen Sinn hat, wenn sie der Cohn-Bendit, der Gummischuh hat, anrichtet. Aber der streng goische Jobs hat das natürlich nicht vertragen.

Und wenn wir schon von denen Krankheiten reden: Bei mir haben die Bestrahlungen durchaus genützt, und der Dreck ist weg.

Hingegen hatte sich Eva das Beinchen gebrochen und mußte im Gips umherwanken, aber auch das ist schon wieder vorbei, und nun hat sie nur noch eine Art Wickel.

Da wir nun also, wie sich herausstellt, beide ziemliche Lades (Leiden) auszustehen gehabt haben (wobei sich die Familien, wie der griechische Chor, im Singular, das heißt mit »Du« angeredet fühlen mögen), so danken wir Euch auch recht sehr für die mehr als gütige nicht bloß Uffforderung, sondern Inladung nach Bern; und Du wirst lachen, mon choux, es ist im Aprile gar nicht so ganz unmöglich, daß wir wirklich auf 24 Stunden Euch zur Last fallen, was wir umso hemmungsloser tun würden, als ich Dir Gelegenheit gegeben habe, durch wiederholte ehrende Erwähnung meiner bescheidenen Person einen Bestseller zu schreiben – vielleicht (was ich aber in bezug auf Deine eigene w. literarische Produktion *nicht* hoffe) sogar den letzten Bestseller überhaupt, wie beim allgemeinen Anwachsen ansonstiger Sch…e wohl zu befürchten sein möchte. (Goethe).

Sollte man den österr. Bundeskanzler Klaus nicht zum Santa-Klaus ernennen? Dann würde es vielleicht den Sozis, die nach ihm kommen werden, leichter sein, den von ihm hinterlassen habenden Augias-Saustall wieder in Ordnung zu bringen.

Ich befasse mich inzwischen weit weniger mit dem Dischden als vielmehr damit, das Gedischdete zu verhökern.

Morgen muß ich auf den Zentralfriedhof, da wird sich, mit Csokorn, ein Leichenzug nahen, der Sarg und Totenbahre tragen wird, usw. Auch der Otto, vulgo Habsburg, hat kondoliert. Doch was nutzt das alles, ihm selber geht's nicht mehr zum besten, ja sogar auch ich zittere davor, Präsident des Korps der Rache, nämlich des Öst. Penclubs, werden zu müssen; und ich war doch, wie Emil zu sagen pflegte, so glücklich gewesen! Dieser Mortimer starb allen sehr ungelegen.

Seid umarmt von Eva und mir! Enker
Alexander

86 *Carl Zuckmayer an Alexander Lernet-Holenia*

Bern, 7. April 1969

Mein lieber Alexander,
mit Besorgnis haben wir erfahren, dass Du mit Deiner Pétroleuse Bruch gemacht hast, – aber man versichert uns aus Wien, Du seist glimpflich davongekommen. Bitte lass uns wissen, wie es Dir geht. Du kannst ja dem PEN-Club nicht antun, so rasch einen zweiten austriakischen Präsidenten zu verlieren. Du bist als solcher zur würdigen Begehung Deines 80. Geburtstags verpflichtet. Leider können wir jetzt nicht nach Wien kommen, da Jobs immer noch mit ⟨der⟩ Bandscheibe laboriert und bei einem Wunderdoktor in München traitiert werden muss, aber vom 16.-20. Mai werden wir in Salzburg (im Hirschen) sein. Ob ihr dann wohl in Wolfgang seid?

Vor allem: werde, sei und bleibe gesund. Dir und Eva alles Herzliche
Dein Old Zuck

87 *Alexander Lernet-Holenia an Carl Zuckmayer*

Wien, 10. April 1969

Mein grosser roter Bruder,
sei viele Male für Dein wertes Schreiben bedankt. Die ganze Geschichte ist mir mehr oder weniger zu recht passiert, denn wie sagte doch schon

Preussens Friedrich (76)?: Man soll an nichts glauben, wovon man sich nicht persönlich überzeugt hat. Auch ich hätte also nicht daran glauben sollen, dass der linke Vorderreifen eigentlich neu und nicht schon seit vierzehn Monaten mit einem kaputten Hinterreifen vertauscht war und schliesslich doch platzte. Doch darf man's nicht weitersagen, anders hängt man mir noch was an.

Wir freuen uns sehr auf Deinen und des bis dahin hoffentlich schon geheilten Jobsen Salzburger Aufenthalt. Bin sehr froh, dass er das nicht schon seinerzeit hatte, denn wie hätte er sonst bei den Schnellbegattungen gejault!

Merkwürdig, dass ich kurz vorher das beigefügte Gedischt g'schriwwe hatte! Ei, was bin isch dadurch, und durch den Unfall überhaupt, berühmter geworden als durch meine Sämtlischen Werke!

Wir umarmen Euch!

Alexander

88 *Carl Zuckmayer an Alexander Lernet-Holenia*

München, 12. Mai 1969

Lieber Alexander,

wir fanden hier bei unserer Ankunft Eure Grüsse, aber den Besuch in Salzburg muß ich leider aufgeben. Jobs steckt hier in einer Halswirbelbehandlung, bei der man sie wahrhaftig an den Haxen hochzieht und auf den Kopf stellt, um das Rückgrat zu strecken. Davon muss sie sich dann ausruhen, und kann sich derzeit weder eine Bahn- noch eine Autofahrt leisten. Und mir sind einige berufliche Lästigkeiten und unerwünschte Leut dazwischen gekommen. Am 20. Mai muss ich wieder in Zürich sein. Aber hättet Ihr vielleicht Lust und Zeit, uns am Sonntag 18. hier zu besuchen? Dann wäre Übernachtung angebracht, damit wir uns dem gemeinsamen Genuss geistiger Getränke hingeben können, (injeladen, nich uffjefordert). Solltest Du kommen können, so bitte ich Dich, mein Alexander, vorher Deine Vorderreifen zu untersuchen, und nach Möglichkeit nicht von Gottfried Benn zu träumen. Wie wär's einmal mit Gottfried B. Fischer? Der wird Dir bestimmt keinen nach Norden verlaufenden Hohlweg zeigen!

Sei umarmt

von Deinem Zuck

89 *Carl Zuckmayer an Alexander Lernet-Holenia*

München, 18. Mai 1969

Mein lieber Alexander,
ich musste für einen Akt hinüber in den Horváth, so kann ich nicht zu
Deinem Empfang den Generalmarsch blasen, bin aber kurz nach halb
neun wieder im Hotel. Wenn Du Deine Räume bezogen und Dir die
Hände gewaschen hast, wozu es Dich nach einer Bahnfahrt vielleicht
drängt, bin ich schon wieder da. Falls Dich inzwischen schon hungert
und dürstet, begib Dich bitte an den für mich reservierten Tisch im
Restaurant, solltest Du nicht zunächst die dämmerigen Gefilde der Bar
vorziehen. Der nächste Puff, den ich kenne, ist in Salzburg, Ecke Kai-
gasse. Der Weg wäre zu mühsam im Vergleich zu den dort gebotenen
Abschreckungen. Da ich als geborener Rheinhesse und ungelernter
Österreicher Genuss und Verschwendung als die sichersten Anlagen
betrachte, bitte ich Dich, unter dem ärmlichen Zeltdach dieser bescheidenen Karawanserei und für die hier gebotenen kärglichen Mahlzeiten
mein Gast sein zu wollen.
   A tout' à l'heure!
   Dein Zuck

Jobs kommt etwas später aus dem Theater und wird sich Dir nach sieben tiefen Verneigungen zur Schnellbegattung darbieten.

90 *Alexander Lernet-Holenia an Carl Zuckmayer*

St. Wolfgang, 9. September 1969

Mein lieber guter Zuck,
heut nachts habe wieder einen auf Dich bzw. auf eines Deiner Werke be-
züglichen Traum gehabt, und beeile ich mich, Dir denselben mitzuteilen.
   Du hattest, mein Lieber, ein Stück g'schriwwe, das unter lauter Ne-
gern spielte; und eben fand eine Probe davon statt. Im Vordergrund, an
der Rampe, war die lebensgroße, graugekleidete Puppe eines näm-
lichen Negers schräg, daß heißt zu einem Winkel von etwa 45 Graden,
gegen einen Negerspieß, einen sog. Anagai, der ebenfalls einen Winkel
von 45 Graden zum Boden bildete, in der Weise angelehnt, daß der
Spieß, der eine zweiflügelige Eisenspitze hatte, genau auf das Astloch
des Negers zielte; und zwar standen die Flügel der Lanzenspitze senk-
recht zum Boden. Aus irgendeinem Grunde aber, den ich nicht näher
anzusehen vermag, drehte ich den Spieß so weit herum, daß die Flügel

nur noch von der Seite her zu sehen waren, das heißt: die Drehung betrug 90 Grad, und praktisch waren die Flügel nun verschwunden.

In diesem Augenblicke ging auch das Licht aus, nur alles schrie: »Heh!« Des Umstandes, daß das Licht mit der Stellung der Lanzenspitze zusammenhing, war ich zwar keinesfalls vermutend gewesen, nun aber wußte ich's mit einem Male für sicher; und ich drehte den Spieß wieder zurück; worauf auch das Licht zurückkehrte.

Wie ich denn solche Dummheiten mit dem Spieße treiben könne! Fuhr mich alle Welt an; und ich, gleichsam um mich noch weiter zu gewissern, drehe den Spieß um 90 Grad wieder zu Seite, dann wieder zurück, dann wieder zur Seite wie einen Lichtschalter alten Stils und immerzu ging dabei das Licht aus und an, aus und an, was mich, da es die Leute ärgerte, ungemein amüsierte; und überhaupt fand ich das alles dermaßen lächerlich, daß ich infolge meines eigenen schallenden Lachens erwachte.

Freud, der, wie Du doch weißt, eine Sau war, würde mich auf das hier sogleich für einen Homosexuellen halten. Aber ich will's nicht recht glauben; und so berichte ich's denn Dir, denn bis zu einem gewissen Grade bist Du, wenn Du solche Stücke schreibst, schuld an der Geschichte. Laß mich also mit einigen Zeilen des Frankfurter Geheimrats schließen oder sind sie von der Linzerin Willemer? :

»Also träum't ich. Morgenröte
Blitzt' ins Auge durch den Baum.
Sag Poete, sag Prophete
Was bedeutet dieser Traum?«
Dein getreuer
Alexander

91 *Alexander Lernet-Holenia an Carl Zuckmayer*

Menton, Côte d'Azur, Hôtel Aiglon, 18. September 1969
Liebster Zuck und bester Jobs,
in diesem Hôtel haben wir ein paar Tage ausgehalten und häufig von Ihnen beiden gesprochen und uns gefreut, dass wir ~~einander~~ Sie kennen- und wiedersehen dürfen. *(Habe den Napoléon nie leiden können, er hatte nicht Euren goldenen Humor.)* Viele herzliche Wünsche und Gedanken.
Erica und Andri
Euer lieber Alexander

PS PS NB Von mir verdeutlicht! Wann nächste Schnellbegattung?

92 *Carl Zuckmayer an Alexander Lernet-Holenia*

Saas-Fee, 12. Oktober 1969

Mein lieber Alexander,
ich habe zwar kein Stück geschriwwe, in dem nur Neescher vorkommen, und werde mich vorläufig wohl hüten, überhaupt eines zu schreiben, nur um dasselbe dann verreissen und einbalsamieren zu lassen.
Macht Euern Dreck alleene. Aber wir haben vor einigen Abenden Deine
43jährige Komödie »Ollapotrida« im Fernsehen genossen, und fanden
sie so frisch, amüsant und treffend wie am ersten Tage, – eher durch die
Zeit etwas besser, weil weniger beiläufig geworden, auch recht gut
gespielt, die Aufführung konnte trotz der Erinnerung an Forster und
Moser bestehen, und die Weiber waren sogar besser als damals. An die
damaligen wirst Du Dich auch kaum erinnern, zumal Du vermutlich,
wie sich das für einen jüngeren Dramatiker gehört, mit der einen oder
anderen geschlafen haben dürftest. However, – ich finde es sehr ehren-
voll, dass Du mich oder meine illusionären Produkte in Deine Träume
einbeziehst, die sich durch ausserordentliche physikalisch-mathemati-
sche Genauigkeit auszeichnen. Aber den homo könnte Dir selbst die
alte Sau, der Doktor Fraid, wie Egon Friedell ihn mit Abneigung pro-
noncierte, nicht anhängen, höchstens den homo ludens. Ich nehme an,
Ihr seid in diesen überaus wohlgeratenen Herbsttagen, – hier sind sie
das, – noch in Wolfgang. Wir haben eine höchst erquickliche Reise hinter uns, guckten in Innsbruck die Ausstellung über Maximilian an, der
garnicht der letzte Ritter war, stiegen nach einer Schwitzkur im tro-
pischen Meran im Hotel Elefanten zu Brixen ab, dann hatte ich eine
Lesung in Stockholm, wo man mich feierte, als sei ich der auferstan-
dene nordische Anakreon, Carl Michael B. Jetzt bleiben wir bis 15. Jänner hier oben, dann wieder in Bern, Silvahof – vielleicht kommen wir
im Mai nach Wien. Da oder dort sollte man und wird man sich wieder
einmal in die Arme fallen. Von Herzen grüßt Dich
    Dein alter Zuck

93 *Carl Zuckmayer an Alexander Lernet-Holenia*

Saas-Fee, 25. November 1969

Mein lieber Alexander,
Du hast ein neues Buch geschriwwe, möge es ein Optimalseller werden,
verkauft, vertaschenbucht, verfilmt, verfernseht, der Titel klingt dar-

nach, Hexen, sogar die alte Baubo auf ihrem Mutterschwein, sieht man gern. Würdest Du Deinen Verlag, ich nehme an Zsolnay, veranlassen, mir ein Exemplar davon zu schicken, und ich wäre wie Jobs delektiert, wenn Du mit Deiner schönen Hand Deinen werten Namenszug hineinschreiben wolltest. Novarum rerum cupidus, wie ich es bin, möchte ich das Buch sogar lesen.

Ich hoffe, es geht Dir gut, und Du springst morgens in verdrieslicher Munterkeit oder umgekehrt übers Seil.

Grüsse Eva, sei umarmt
von Deinem Zuck

94 *Alexander Lernet-Holenia an Carl Zuckmayer*

Wien, 28. November 1969

Bester Zuck,

Du weist ja: läßt man Freiexemplare versenden, so ist's nicht anders, als würfe man sie ins Clo und ließe sie hinunter, denn nie wieder hört man von ihnen. Hingegen melden sich alsbald die empörten Freunde und fragen an, wann sie denn endlich das neue Buch bekämen. Gott weiß, was die Verlage treiben, was auf der Post vor sich geht, und dergleichen mehr. Auf alle Fälle aber ist mir Deine Urgenz besonders lieb, denn ich stelle mir vor, daß sich die Geschichte von den Hexen auch schon in den Höhen über 1800 herumgesprochen hat, ja gar ein Erkletterer des Matterhorns sich überm Anstieg derart in das spannende Buch vertieft hat, daß er abgestürzt ist. Bei dieser Gelegenheit fällt mir übrigens die Geschichte vom Schweizer Bergführer ein, der zuerst hinter, das heißt unter einem hübschen Mädchen durch einen Kamin geklettert ist, bis er sie dann oben vergewaltigt und sich mit den Worten entschuldigt: »Nicht aus Luscht habe ich es getan, sondern weil es mich sonst beim Weitersteigen gestört hätte.«

Doch so oder anders, ich habe Dich in meiner Widmung meinen Harmodios genannt und mich als Dein Aristogeiton unterschrieben, weil der Zweck des Buches eine Art von Tyrannenmord ist, mag der Tyrann auch nur das Würstchen in Pöcking sein. Aber in diesem Lande hier hat er dennoch mehr schleichende Anhänger als man meinen sollte. Dies ist auch der Grund aus welchem hinten eine lächerliche genaue Deduktion meiner Herkunft zu lesen ist. Zweck dieses Nachweises ist es, daß man mich nur ja nicht für einen Habsburger halte. Denn die bezaubernde Oberschicht dieses Sch…landes hätte natürlich nichts lieber, als mir vorhalten zu können, ich pudle mich zu unrecht als solcher auf. Kurzum, da es dem armen Kaiser Karl gelungen ist, auf Befehl seiner Zita seine eigenen Kronjuwelen zu stehlen, so sei damit auch nicht hinter dem (oder wie die Ungarn sagen würden »hintä däm«) Berge gehalten. Übrigens war ich vor kurzem in Ödenburg, das Land dort hat noch immer nicht alles von seinem Charme verloren. Nur: Wehe, wenn man's mit einem Ungarn oder einer Ungarin zu tun kriegt! Dann glaubt man hinterher immer, es hätte einen ein Pferd geschlagen.

Du weißt, ich bin nicht eitel, aber brummtest Du mir den Pour le Mérite auf, so weiß ich hier einige, die vor Wut der Schlag träfe. Gott habe sie schon jetzt selig, ja respektive sogar hochselig!

Wir umarmen Euch. Dein getreuer
Alexander

95 *Alexander Lernet-Holenia an Carl Zuckmayer*

Wien, 25. Januar 1970

Mein lieber Zuck,
ich hoffe, daß Dir die beigelegte Seite aus dem Schpieschel, die ich für Dich habe kopieren lassen, Vergnügen bereitet. Sie ist, aufmerksam gelesen, ein Querschnitt durch den deutschen Geist und charakterisiert ihn vor allem dadurch, dass etwas, das unten als Bestseller No. 1 steht, nämlich Hagelstanges »Altherrensommer«, oben, in der Erwähnung meiner bescheidenen Hervorbringung »Die Hexen«, schon als Schlagwort auftaucht; denn ich sei, sagt der Autor der Besprechung, von »altherrenhafter Räsonnierbereitschaft«. Jener Hagelstange hat uns sein Buch geschickt, und wir haben darüber geschrien vor Lachen. Es charakterisiert sich zum Beispiel dadurch, dass Hagelstange fremde Sprachen verwenden will, sie aber nicht kann. So etwa will er sagen: »Kehren Sie um!« was er mit »Versez! Versez!« übersetzt, und das heisst bekanntlich: »Schenken Sie ein!« Nichtsdestoweniger sagt Krolow von jenem, er sei ein »Weltmann«. Aber derlei stört die Deutschen, welche der unten zu lesenden Bestsellerliste zum Durchbruch verholfen haben, im mindesten nicht. Per saldo: Wenn No. 1 der Hagelstange, No. 3 der Habe und No. 5 der Grass ist, so kann man nur sagen, dass sie sich ihren Dreck alleine schreiben sollen. Ich wollte noch einen Roman herausgeben, habe aber das, was von ihm vorhanden war, nach längerem Nachdenken wieder aufgelöst. Nur ein Sachbuch dürfte, wenn überhaupt, noch aus mir herauszustemmen sein, und Verträge mit gut zahlenden Zeitschriften. Wieso Dein »Stück von mir« doch noch so blendend ging, weiss Gott, der die Gemüter der Deutschen erleuchtet haben muss, anders hätten

sie's durchfallen lassen, dass es nur so gerauscht hätte. Aber freuen wir
uns über den Erfolg und analysieren wir ihn nicht weiter.

Wann sieht man Euch hier in Wien? Seid umarmt von Eva und mir!
Dein getreuer
Alexander

96 *Carl Zuckmayer an Alexander Lernet-Holenia*

Bern, 31. Januar 1970

Mein treffflicher Alexander,
ich habe Dein gemmologisch-genealogisches œuvre-aux-sorcières nicht
nur nicht im Clo heruntergelassen, was sich schon wegen der Verstop-
fungsgefahr für die Röhren verbieten würde, sondern mit unverminder-
ter Lust an Deiner Diktion, an dem Temperament Deiner Ausfälligkei-
ten und Attacken, und nicht ohne leises Schaudern gelesen: erfuhr ich
doch daraus, dass jene früher einmal verbrennungswürdigen Damen
nackte Füss hawwe, und zwar faltenlose, wie aus Wachs, Porzellan
oder gar Plastik, also ein durchaus unerotisches Gesindel, von dem
auch noch eine am Ende Dein alter Ego, welchem Du Deine verbrecherischen Gelüste, das Erzhaus zu melken, unterschoben hast, irrtümlich
heiratet, da sie nämlich garkeine Hexe ist, sondern nur mitmelken will,
und sich schließlich mit einem Noville begnügt, statt auf einen Lernonö
zu warten. Du siehst, ich habe gründlicher und mit mehr Pläsier gelesen, als der Blooges (mainzerisch für Knülch) vom Schpieschel, dem
es nur darauf ankam, sich bei den Ungewaschenen, unter denen er
wohl schon seinen künftigen Chefredakteur vermutet, ein Alibi zu verschaffen. Auch hast Du, von den gefälschten Kronschätzen abgesehen,
auch den Sprachschatz unseres alten Emil der Verewigung gewürdigt,
was ich mit Vergnügen quittierte. Wo sonst in der deutschen Literatur,
von Walther bis hinauf zu Peter Handke, werden schon schiefe Stöße
gemacht? Übrigens hatte ich selbst einmal eine, allerdings höchst indirekte, Berührung mit einem Stück dieser Kronschätze, welche Dich
amüsieren dürfte, davon aber lieber mündlich, sonst wird dieser
Schrieb ein Roman. Wir wollen in der *zweiten Maihälfte*, ich denke
vom 16. bis zum 26., nach Wien kommen, dann seid Ihr ja wohl noch
dort? Seit dem 20. Jänner bis zum 1. Mai hausen wir wieder in Bern,
Silvahof, und Anfang Juni muss ich endlich in den sauren Apfel beißen,
den mir der Ordenskanzler des Pour le Mérite seit drei Jahren anbietet,
nämlich bei der Kapiteltagung in Bonn einen Vortrag halten. Bei der
Gelegenheit können die Mitglieder Vorschläge zu Neuwahlen einbrin-

gen, und ich werde da in alter Mannentreue meine Lanze für Dich ein-
legen. Ende Juli kommen wir dann nach Salzburg, – ich war so leichtsinnig, dem sympathischen Klaus, als er mir das österreichische Ehren-
zeichen umhängte, die Eröffnungsrede zum 50. Jubiläum der Festspiele
zu versprechen, und muss sie nun halten, – selbst wenn schon der rote
Kreisky auf seinem Thron sitzen sollte.

Das Buch von Hagelstange habe ich auch bekommen, aber bislang
nicht gelesen. In Mainz gab es einen gewissen Jean-Pierre Peterson, angeblich Däne mit französischer Mutter, der den (gewaschenen) Jugendlichen der Mainzer Hohdwollé – dazu rechneten sich außer den Fabri-
kanten und Weinhändlern auch die reiche Judde – auf französisch
Tanzstunde gab. Er war ein kleiner Mann mit meliertem Spitzbart, der,
um größer zu wirken, immer auf den Spitzen seiner Lackhalbschuhe
stand. Ich erinnere mich genau, wie er bei der ›Quadrille‹, es war im Winter 1913/14 kommandierte: »Changez – Croissez – Traversez – eeeeet –
Versez encore!« Es klang sehr mainzerisch. Aber ob der ›Weltmann‹
noch eine solche Tanzstunde erlebt hat, scheint mir zweifelhaft.
T'embrasse, weltmännisch.

⟨Dein Zuck⟩

97 Carl Zuckmayer an Alexander Lernet-Holenia

Bern, 10. Februar 1970

Das ist das typische für alte Hexenmeister: in Bern zu sitzen, und
gleichzeitig in Amerika zu sein, – (woselbst ich aber, wenn ich dort
wäre, Besseres zu tun wüsste, als ein Stück, das schon immer schlecht
war, noch einmal zu verschlechtern.)

Treffen wir uns also gelegentlich wieder in der Tobelbar!
Dein getreuer
Zuck

98 Alexander Lernet-Holenia an Carl Zuckmayer

Wien, 12. Februar 1970

Mein lieber Tobelhocker,
Dein so freundlicher Brief vom 10. erreicht mich nach dreien Tagen, an
denen mich ein Vairös zwang, mehr draussen als drinnen zu sein, ja als
es so dünn von mir ging, dass ich nachts davon aufwachte, dass ich im
Begriff war, herin herauszugehen; so dass mich eine (übrigens recht

hübsche) Landsmännin von Dir wiederholt mit den Worten anrief: »Häscht Du Dich schon usg'schisse?« Aber so seid Ihr eben, bin ich doch überzeugt, dass Ihr auch in taktvoller Weise den armen Karl den Kühnen, als er im Hause des Georg Marquis aufgebahrt lag, gefragt habt, ob er sich endlich usg'schisse hätte und Euch nicht mehr belästigen würde. Übrigens hat sich jetzt im Rahmen meiner fortwährenden Krawalle mit dem Schwachkopf in Pöcking herausgestellt, dass auch ich selber mit Eurem Belästiger (siehe oben) ebenso nahe verwandt bin wie jener Esel am Starnbergersee, sogar der »Schpieschel« und einige Illustrierte und sonstige Scheisspapierblätter haben diesem Umstande Ausdruck verliehen, was mich sehr ärgert, obwohl ich nun wie der ungekrönte Kaiser von Österreich umhergehe. Es ist merkwürdig: Ein echter Erzherzog ist garnichts mehr, ein halber, wie etwa der dumme Max Hohenberg und seine Nachkommenschaft, gilt, beziehungsweise galten alles. Aber das Vlies hängt mir trotzdem weder zum Halso [!] noch zum Hosentore heraus wie dem Bruder jenes Franz Joseph und der Assunta, die auf einem Fahrrade und mit einem Lodenmantel als Nonne aus der Spanischen Revolution in der Starhemberggasse anlangte, wo Albrecht Joseph mit der armen Irmi Pollak ein Verhältnis hatte und der Franz Joseph in einem Gange hinter den Zimmern umherging und jeden fragte, der ihn dabei störte: »Was machen S' denn in mei'm Gangl?« Tempi passati, tabula rosa! (Übrigens habe ich mich in »tuba rosa« verschrieben, sollte dies meine baldige Versammlung zu den obengenannten Abnormalen bedeuten?)

Knapp vor meiner Dauerniederkunft habe ich noch rasch einen Prozess gegen einen Neonazi verloren, den ich geohrfeigt habe, was mich S 1,000.– (tusig) gekostet hat. Aber ich bin sie gerne losgeworden, denn mein Verteidiger hat bei dieser Gelegenheit erklärt, es sei eine Ehre und keine Schande von mir geohrfeigt oder, wie man hier sagt, a'g'flaschnet zu werden. Der A'g'flaschnete hiess Glücksmann, hat sich aber in Glüxmann umgetauft, was darauf schliessen lässt, dass er, wenngleich Nazi, ursprünglich ein Juddebub war (mit Gummischuh). Ein weiterer, mit Hitler-Schnurrbart, empfing auch eine, etwas früher, so dass er an einen Zaun flog, wer hätte gedacht, dass ich auf meine alten Tage so wenig Ruhe haben würde! Beide hatten sich in meine Verkehrsbelange eingemischt. Der zweite behauptete überdies, er habe es nicht länger mit anhören können, wie ich den Fahrer eines deutschen Wagens so sehr beschimpft hätte. Denn hier glaubt unsere Schweinsbevölkerung, der Du gottlob nur zwei Tage angehört hast, jeder Deutsche *müsse* immer noch ein Nazi sein, während doch viel eher jeder Österreicher (siehe Hitler selbst) einer sein muss.

Seid umarmt! Auch von Eva, die ich für gar keine Germanin, sondern viel eher für eine Wendin, Kassubin oder Obotritin halte, das Schönste!

Wann krische ich den Pour-le-Mérite, und wann krischt Du den Nobel-Preis – denn wie der grosse Dischter Hans Müller so schön sagte: »Ludwisch, du bist der gröss're von uns beiden!«

Dein getreuer
Alexander

99 *Carl Zuckmayer an Alexander Lernet-Holenia*

Vevey, 6. April 1970

Mein lieber Alexander,
kannst Du mir mitteilen, wer dieses Frl. McNamara ist, der ich, statt sie auf andere Art zu beglücken, über den Glauben geschriwwe hawwe soll? Mir ist nichts dergleichen erinnerlich. Sollte sie dafür geeignet und greifbar sein, so beglücke Du sie jedenfalls auf andere Art, zwischen zwei Galoppaden.

Auf Wiedersehen Ende Mai in Wien!
Dir und Eva alles Herzliche
Von Jobs und Deinem
Zuck

100 *Carl Zuckmayer an Alexander Lernet-Holenia*

Wien, 18. Mai 1970

Mein lieber Alexander,
ich hatte ganz vergessen, dass wir gerade an Pfingsten in Wien eintreffen, und dass da die Herrschaften mit ihrer Dienerschaft und Gepäckwagen auf ihre Landgüter reisen.

Bei Deiner Hofburgnummer gibt es keine Antwort. Ich nehme also an, Du bist jener oben erwähnten Gepflogenheit treu geblieben.

Sollte dem so sein, so schwinge Dich auf Dein Fahrrad und kehre zurück, in magnis itiaeribus! Wir sind nur hier bis zum 26., und in den letzten Tagen ab 23. ballt sichs zusammen, da kommen die Gleissners her und Klaus, the good looser, – schön wärs Euch vorher zu umarmen, ich wäre sogar zu einer gleichgeschlechtlichen Schnellbegattung bereit, – der ersten meines Lebens.

Wenns oben nicht soll sein, sehn wir uns sommers in und oder Salz-

burg Henndorf Wolfgang. Arm in Arm mit Dir, Herr Präsident, in den Jedermann, Arm in Arm ins Höllenbräu. Dir und Eva alles Liebe
    Euer Zuck

101 *Alexander Lernet-Holenia an Carl Zuckmayer*

4. August 1970

Mein lieber Zuck, im Nachhange zur Andeutung Deiner Pläne, wie Du sie uns gestern gemacht hast, möchte ich nicht verfehlen, Dich auf die Ursachen hinzuweisen, aus denen Du in den letzten Jahren mit gewissen Dingen Erfolg, mit andern Dingen Misserfolg gehabt hast. Wir alle verdanken ja in dieser unserer oberflächlichen Zeit unsere Erfolge immer nur der Aktualität des Themas, nicht mehr der Geschicklichkeit, mit der wir's ausführen. Das schönste Beispiel hiefür hast Du, lieber Zuck, selbst mit dem »Hauptmann von Köpenick« dafür geliefert: Es war dies ein Einfall ohnegleichen zu einer Zeit, als man übergenug vom wilhelminischen Deutschland und vom Krieg hatte; und es gibt keinen klassischeren Bruch der Ausführung als in diesem Stücke, insoferne nämlich, als zwei Akte lang die Geschichte eines Waffenrocks aufgerollt wird, der dann im dritten Akt überhaupt nicht mehr vorkommt. Aber das Thema trug das Stück über dieses geradezu groteske dramaturgische Versagen triumphierend hinweg. Hingegen freuten Deine sogenannten Strumpfhosenstücke niemanden, mochten sie auch noch so gut aufgebaut sein wie etwa dasjenige, das von der Mama des Don Juan de Austria handelt. Ich erinnere mich noch sehr genau des Nachmittags, an dem wir den »Kometen« erörterten – ich habe Dich seither immer wieder angefleht, ihn zu schreiben. Du aber wolltest etwas auf's Theater bringen, das mit demselben überhaupt kaum zu tun hat, nämlich »Dischtungen«, und dafür hat Dich Gott, wahrscheinlich mit Recht, gestraft. Hingegen schlugen auch Deine Memoiren vor allem deshalb ein, *weil sie die Leute etwas angingen*; wohingegen die Leute auf denjenigen schissen, der in Amerika so viel Gold fand.

Wenn ich mich recht erinnere, fand der Kometenrummel im Jahre 1909 statt. Dieses Jahr kannst und darfst Du natürlich nicht wieder auf die Bühne wälzen – »wälzen« deshalb, weil Deine Stücke allermeist zu lang sind und daher auch meist so schlecht wie möglich eingestrichen werden. (Denk an den Fortinbras!) Es hat aber unsere eigene Zeit wunderbar gefährliche, geradezu kosmische Aktualitäten, die in das Kometenthema hineinspielen können, weswegen das Kometenthema *un-*

bedingt interessieren wird, macht sich doch alles immerzu vor den Atombomben in die Hosen. Kurzum, ich bitte Dich, schreibe den Kometen als Gegenstück zum »Weinberg«, jedenfalls aber jetzt und im gleichen Milieu, Dein Besuch in Deiner Heimat muss Dich doch von der immer noch vorhandenen höchsten Aktualität des deutschen Kleinbürgertums überzeugt haben.

Du hast gestern auch eine sehr gefährliche Andeutung in betreff Handkes und jenes Grazers gemacht, dessen Namen ich vergessen habe. Diese beiden sind nämlich nicht etwa durch einen alten Könner in den Schatten zu stellen, sondern *sie sind überhaupt nicht da.* Sie zur Kenntnis zu nehmen bedeutet schon, ihnen aufzusitzen. Es gibt keine Gegenwart des Theaters, es gibt nur *immerwährendes* Theater.

Ich bin sehr gerne bereit, liebster Zuck, Dir auch weiterhin zur Seite zu stehen und alle Fortschritte, die Deine Arbeit machen wird, mit Dir, Seite um Seite, zu erörtern. Aber Du darfst das neue Stück eben nicht auf ein falsches Geleise stellen. Ich würde mich unendlich freuen, wenn es Dir gelänge, nicht nur jene beiden nicht mehr genannt sein sollenden Astlöcher von vorhin an die Wand zu spielen, sondern unsere ganze völlig lächerlich gewordene Literatur. Dies aber kannst Du nur mit etwas, das Du eben kannst: nicht mit einem Experiment also, sondern mit dem experimentlosesten Verfahren, mit dem gleichsam altmodischesten Stück überhaupt. Rette dadurch unsere Generation, mein lieber Zuck! Es ist Deine Pflicht.

Vor allem aber bitte ich Dich, »not to put the pen to paper«, bevor ich Dir allen Unfug, den Du zweifellos doch immer wieder planen wirst, ausgeredet habe. Es ist ein altes Gesetz: Wenn Menschen Unsinn begehen, verheimlichen sie ihn zuerst, und dann führen sie ihn blitzschnell aus. Tu das nicht, mein Zuck! Du würdest es dereinst vor dem Richterstuhl unserer Generation zu verantworten haben. –

Nochmals Dank für den gestrigen Abend, und seid beide, Du und Jobs, umarmt von Eva und mir!

Dein getreuer
Alexander

102 *Alexander Lernet-Holenia an Carl Zuckmayer*

Sankt Wolfgang, 6. August 1970

Mein lieber Zuck,
ein »Rattenfänger von Hameln« wäre auch nicht übel. Ich hatte mir einst einen erdacht. Es ist ein älterer Mensch unserer Gegenwart, der

zwar die Jugend auf Abwege bringen, sie aber nicht für seine eigenen Zwecke verführen kann.

Wir umarmen Euch. Morgen fahren wir zum Kapsreiter.

Dein getreuer
Alexander

103 *Carl Zuckmayer an Alexander Lernet-Holenia*

Saas-Fee, 28. August 1970

Mein sehr lieber Alexander,
Ei was hast Du mir für einen guten, freundschaftlichen und äusserst beherzigenswerten Brief geschriwwe, und ich gesengte Sau habe noch nicht respondiert. In Wahrheit bin ich aber, obzwar gesengt, gar keine Sau, denn ich habe Dir, geisdisch, schon viele Male geantwortet – und gedankt, aber leiblich, praktisch, bin ich einfach nicht dazu gekommen. Kaum waren wir hier oben und hatten noch nicht verschnauft, da näherte sich, mit zwei Kriminellen sprich Sicherheitsbeamten, zwei Chauffeuren und zwei Autos der deutsche Bundespräsident Heinemann, stieg zwar im Hotel Allalin ab, blieb jedoch statt zwei Tagen deren fünf, und verspeiste bei uns alles, was die koschere Küche nur bieten kann, trank auch ganz tüchtig, und hat sich hier überhaupt, obwohl er evangelischer Pastor war und heute als Défroque in den dicht geschlossenen Reihen der SPD steht, höchst königlich bewährt. In die noch warmen Betten, die er mit seiner Frau beschlafen hatte, legte sich am Tag seiner Abreise der General (a.D.) Speidel mit der seinen, ein alter Freund von mir – seit 1932 –, der in Paris zwischen 1940 und 1945 zweihundert entartete Maler deutschen Pinsels als Gefreite auf die französischen Leinwände loslies, wodurch auch diese entarteten, – die Festivitäten gingen also weiter und den Burgunderflaschen in meinem Keller wurden mit fiktiven Bajonetten die Hälse abgeschlagen, dass das spritzte. (Dazu gesellte sich noch jener bei Lausanne lebende Gisevius, und blieb bis zum bittern Ende.) Ausserdem waren inzwischen zwei Bischöfe hier, der von Mainz und noch dazu der von Augsburg, welche, wenn sie nicht gerade Hochtouren machten, predigten oder Messe lasen, bei mir ganz lustig pokulierten und sich so liberal aufführten, als hätte der Pabst nie die Pille verboten. In der Begleitung des Mainzers war ein Kölner Chirurg mit einer fast schönen, mindestens aber aa'reeschenden Frau. Du siehst, ich war voll beschäftigt.

Ich kam also auch noch nicht dazu, denjenigen Unfug zu machen, dessen Du mich, nicht ganz ohne Grund, für fähig hältst. As a matter of fact, ich wäre dessen fähig, ich bin es schon jewesen, obwohl ich mich nur eines Strumpfhosenstückes (der Blomberg) entsinnen kann, denn der Bellman trägt Rokoko. Aber ich bin inzwischen auch, noch vor dem Gold- und Silberschweisser in Colorado, mit einem ›zeitnahen‹ Stoff durchgefallen, vermutlich weil ich ihn als ›tragische Dischdung‹ verkassemadduckelt habe statt einfach als Theaterstück. Es liegt nicht am Stoff allein, es liegt in hohem Masse am Glück, (»de erste Fordernis der Feldherrnjabe, nich von mir, hat Napolibum jesagt«, spricht mein oller, immer noch tantièmeträchtiger Voigt, Willem). Selbst der geriebenste Spieler kann eigentlich kaum mehr als dreimal in einem Leben die Band sprengen, und mir ist das zu meinem höchsten Erstaunen (jedesmal), bereits viermal gelungen, mit dem Weinberg, dem Köpenick, dem General und dem ›Stück von mir‹. Schon aus diesem statistischen Grund mach ich mir nicht die geringste Illusion über die Möglichkeit, noch einmal ›Durchschlagendes‹ hervorbringen zu können, denn die Zeitabstände zwischen den genannten Durchschlägen wurden von Mal zu Mal grösser. Doch will ich, desungeachtet, wenn überhaupt, ein *gutes Theaterstück* schreiben, nichts anderes und nix à la mode, also den immer möglichen Fehlschlag nicht geradezu herausfordern oder herbeidischden, und dazu gehört natürlich die richtige Stoffwahl. Du siehst, Deine Warnung fiel auf fruchtbaren und bereits vorgepflügten Boden. Wenn mein Wortschwall neulich, durch die Freude unseres Zusammenseins entfesselt, anders klang, so kann ich nur mit den Rheinhessen sagen: was geb ich uff mei schlecht Geschwätz von gestern! Du hast vollkommen recht, es gibt nur immerwährendes Theater, kein neues, kein altes. Und Du hast ebenso recht damit, dass irgendwelche den ›gegenwärtigen‹ Ton angebenden Astlöcher garnicht da sind, sobald man selber ans Stückeschreiben denkt. Als ich den Köpenick schrieb, war der damals von unten herauf wie später von oben herab den Ton angebende Brecht für mich nicht da. Und hätte ich damals aus diesem Stoff das von der Mode verlangte ›Zeitstück‹ gemacht, also die ›beissende messerscharfe Satire‹ mit kabarettistischem Einschlag, so würde heute, ja schon längst, kein Hahn mehr darnach krähen. Er kräht aber, und zwar gegen die Presse, die das als Opas Theater bezeichnet; immer wieder wird das Stück gespielt (ausser in Österreich) und immer vor ausverkauften Häusern, (in der nächsten Saison z.B. in Frankfurt und auf einer Tourneé mit Werner Hinz), – warum? *Nur* weil ich aus dem Stoff ein ›deutsches Märchen‹ gemacht hatte und eben nicht die gesellschaftskritische messerscharfe Enthüllung des Wilhelminischen Zeitalters. Das will sagen: die Stoffwahl muss, im günstigen Fall, eine trouvaille sein, (auch dies wieder Glückssache), die Dramaturgie oder

Machart handwerklich sicher, und man muss selber Spass daran und dabei haben, das erzeugt dann den Tonfall und unter Umständen manchmal das ›Mitreissende‹. Übrigens bist Du im Irrtum mit der Dramaturgie des Köpenick: jene Uniform, deren Geschichte zwei Akte lang erzählt wird, spielt im dritten die Hauptrolle, indem er damit beginnt, dass eben diese Uniform, vom Voigt Willem beim Kleiderjuden gekauft und dann bei seinem Streich getragen und sogar als Stückschluss noch einmal im Spiegel gezeigt wird. Dies nebenbei. Aber was soll mir heute der Kometenspass, nach dem auch der Jowes schreit? Der bestand doch, beim Erscheinen des Halleyschen Kometen im Jahre 1911, darin, dass die Leut wieder einmal wie im 13. Jahrhundert an den Weltuntergang glaubten, die Kirchen die ganze Nacht hindurch überfüllt waren, die Dienstmädchen die Nacht hindurch beteten oder sich rasch nochmal vögeln liessen, sodass Halleysche Bankerte entstanden, die Polizisten und Schutzmänner nicht merkten was die Einbrecher trieben weil sie zum Himmel guckten, und die Rationalisten, die darüber grinsten, es insgeheim auch mit der Angst zu tun kriegten – wie soll man sowas zeigen, wenn man eben nicht, wovor Du mit Recht warnst, jene Zeit mit den langen Röcken und den Straussenfederhüten undsoweiter noch einmal auf die Bühne wälzt? Heute hat man bewusst und garnicht ›abergläubisch‹ Angst vor Atom- oder Wasserstoffbomben, keineswegs vorm Jüngsten Gericht oder Tag, sondern vor der Überbevölkerung, das ist alles nicht komisch, und ein heutiges Dienstmädchen, wo es ein solches noch gibt, würde sich eine Marihuana-Zigarette anzünden. Die letzte komische oder kosmische Angst war die vor den Marsmenschen und den Unidentified Objects, und die wurde von amerikanischen Stückeschreibern oder Fernsehautoren bis zur Erschöpfung durchgefingert. Auch hat Christopher Fry ein sehr hübsches Astronomenstück geschrieben, ›Venus Observed‹. Jene Grundsituation, dass ein Spassvogel oder Apokalyptiker einen ganzen Ort in einen Ausnahmezustand versetzt, primitive panische Angst vorm Weltuntergang, in dem sich dann Menschliches enthüllt, ist nicht mehr gegeben. Es gäbe einen echten Komödienstoff, das sind ›Die Astronauten‹ in ihrem privaten Verhalten, ihren Infantilitäten, ihren Familien oder Weibern und ihrer Vergottung, – aber das könnte nur ein mit dem Milieu und dieser besonderen Realität vertrauter Amerikaner schreiben oder ein Russe, der es nicht darf. Ein heutiger Gogol könnte sogar einen falschen, einen Köpenikker Astronauten schreiben. Ich persönlich bin seit der nuklearen Defloration des Mondes kosmisch desinteressiert. Ich glaube, an einem Kometenschweif könnte ich mir nur die Finger verbrennen. »Let's speak about atomic energy«, sagt ein Mann an einer bar in New York,

»do you know ...« – »Do you know something about shit?« unterbricht ein anderer an der Bar, – »Can you explain why is a goat's shit
like a plate?« – »No, I can't«, sagt der erste. – »So you want to talk
about atomic energy and don't know anything about shit!«

Also die atomic energy lasse ich aus, möchte aber auch versuchen,
keinen shit zu machen. Und ich verspreche Dir, den Unsinn, den ich
vorhaben sollte, nicht so lange zu verheimlichen, bis ich ihn ganz rasch
und plötzlich ausgeführt habe, sondern meinen älteren roten Bruder,
wie der Indianer aus Höflichkeit auch den jüngeren nennt, vorher um
Rat zu fragen. Ausserdem schreib ich zunächst eine Erzählung.

Bei uns herbstelt es, und es stehen nur noch zwei Besuche ins Haus.
Um den 10. September leeren sich dann hier die Hotels, die meisten
Geschäfte schliessen, die schöne schläfrige ›Nachsaison‹ breitet sich
aus. Ich nehme an, dass Du diese in St. Wolfgang verträumst, und hoffe
bei guter Gesundheit und Laune.

Sei umarmt! Dir und Eva alles Beste und Herzlichste,
Dein getreuer Zuck

104 *Alexander Lernet-Holenia an Carl Zuckmayer*

Wien, 4. September 1970
Bester Zuck, Deinen so lieben und ausführlichen, in St. Wolfgang erhalten habenden Brief habe mir hierher nach Wien, wo mich aber nur
bis Sonntag aufhalte, durchsagen lassen. Die Sache mit dem »Kometen« macht mir mehr und mehr Sorgen. Du darfst nämlich nicht vergessen, dass sich zwar alle Welt vor den Atombomben weit mehr als
vor Kometen fürchtet, dass man sich aber *eben deshalb* auf den Standpunkt stellen wird, Du wolltest mit dem »Kometen« nicht eine anti-
quierte Sache auf die Bühne wälzen, sondern Du spieltest damit auf die
Atombomben an. Zwar deckt sich ein Raketenbeschuss nicht mit einem
völligen Weltuntergang. Dennoch wird man beides gleichsetzen. Kurzum, das Wesentliche, die Aufregung in der kleinbürgerlichen Welt von
Nackenheim, wird vom Fortschreiten der Zeit nicht tangiert, und das
Thema ist ewig. Denn aktuell ist nicht das, was aktuell *ist*, sondern was
man für aktuell *hält*. Das wird auch auf alles Unaktuelle aufgepfropft.
»So war's« wird also der Nackenheimer beim Ansehen des »Kometen«
sagen, »und so wird's sein.« Auch Deine Memoiren waren ja eigentlich
ganz unaktuell, aber gerade diese Unaktualitäten gingen dem stets
Überaktuellen des deutschen Wesens mitten ins Herz. Denn mögen in
unsern Sommerfrischen auch im Juli und August noch so viele moderne

Unfüge, Festspiele, Seemusiken, Wasserskikonkurrenzen und dergleichen geboten werden, denken tun die ländlichen Spiessbürger bei alledem ja doch nur an den Ball des Wintersportvereins im Februar.

Kurzum, guter Zuck, weiche vom Pfade Deiner sinnlosen Bedenken ab und versuche nicht etwa eine Raketenmannschaft zu besingen, die auf dem Monde mainzerisch redet und sich abohrfeigt, weil sich erst dort gesprächsweise herausstellt, dass der eine von der Mannschaft mit der Frau des andern von der Mannschaft in Nackenheim ein Verhältnis hatte. Das wäre ja gewiss auch ganz komisch, aber *nicht* so ewig wie der »Komet«. Lass alle Gedanken an das Aktuelle fahren. Das Aktuelle ist dasjenige, was auch im Unaktuellen aktuell ist, etwa wie in einem Herzmanowsky-Stück der Kämmerer der Leanor von Poitou ins Zelt tritt und sagt: »Frau Königin, draussen ist ein fremder Ritter, das muss ein Ungar sein, denn er trägt gelbe Schuh zum Panzer.« Wage Dich also weder mit Strumpfhosen noch mit Aktualitäten (in Anführungszeichen) vor mein Antlitz, sonst ist der ganze Aufwand schmählich vertan; und vor allem denke nicht an Deine verdammten Dischtungen! Denn wenn man dran denkt, wird schon, wie bei andern Gelegenheiten, nichts draus.

Dies wünscht Dir Dein treuer Freund
Alexander

105 *Alexander Lernet-Holenia an Carl Zuckmayer*

Salzburg, 15. November 1970

Ich war heute im Garten, guter Zuck, dort schneite es – jetzt wird's Dir aber hoffentlich auch in Saas-Fee ⟨gefallen,⟩ weil genug herunterschneien.

Seid umarmt! Dein
Alexander

106 *Carl Zuckmayer an Alexander Lernet-Holenia*

St. Gallen, 27. Mai 1971

Mein lieber Alexander,
nicht Vernunft oder bessere Einsicht, sondern nur gewisse Unbilden haben mich in diesem Winter und Frühjahr daran gehindert, eine Dischtung zu schreiben. So werde ich mich denn doch zur Komödie bekehren. Kann also bis jetzt noch mit reinem Gewissen vor Dein An-

gesicht treten. Dies aber wird noch eine Weile dauern. Ich habe eine Staroperation (Cataract, rechtes Auge) hinter mir, muss mich erst allmählich an eine Kontaktlinse gewöhnen, – vorläufig ist mein Weltbild noch unklar und verschwommen, wie das eines Neu-Hegelianers. Nichtsdestotrotz fliegen wir morgen nach Berlin, um dort allerlei Unfug zu treiben, von dort nach London, weil Jobs noch nicht die englische Köpenick-Aufführung gesehen hat, welche genau 40 Jahre und 4 Tage nach der Berliner Uraufführung einen phantastischen Erfolg bei den Briten hatte. Von dorten weiter nach Helsinki, um 3 Wochen mit finnländischen Freunden im Land der tausend Seen zu vertrödeln. Erst Anfang Juli hoffe ich wieder daheim in Saas-Fee zu sein, habe dann von Reisen die Neese pleng, und werde dies Jahr mein Geld nicht im »Goldenen Hirschen« hinauswerfen, – aber vielleicht im Herbst, Spätherbst, nach Wien kommen. Sollte ich inzwischen dennoch eine Dischdung geschrieben haben, erwarte ich gefasst Dein Strafgericht.

Sei umarmt, Dir und Eva alles Beste und Schönste,
in Herzlichkeit
Dein alter Zuck

107 *Alexander Lernet-Holenia an Carl Zuckmayer*

Wien, 30. Mai 1971

Lieber guter Zuck,
mein grosser roter Bruder,
was Du mir in Deinem so freundlichen Briefe schriebst, habe leider schon aus der Photokopie gekannt, die Gustav, der Sohn Kapsreiter, von Deinem Brief an seinen armen Vater machen liess. Nun wohl, so hast Du wenigstens die Augenoperation gut überstanden. Aber um wieviel lieber hätt' ich, statt Dir die Hosen für eine Dischtung strammzuziehen, dieselbe in Kauf genommen! Ich weiss nicht, ich weiss nicht, mir gefällt's auf einmal nicht mehr allzu gut auf der Welt: Was vor fünfzig Jahren noch lustig war, ist jetzt, ohne dass was Neues dazugekommen wäre, nur noch eine abgedroschene, langhaarige, verlauste Blödheit; und ich glaube nicht, dass ich bloss unserer Jahre wegen so böse urteile. Denn ich fürchte, dass von der Öde unserer Zeit ein grauer Schatten auch auf unsere Vergangenheit fällt, die uns einst so schön geschienen. Auch die sogenannte Neoromantik, die sich nun anbahnt, mag zwar unserem Bankkonto nützen, aber für ganz echt können wir sie so wenig halten wie jeden andern new old look auch. Nun, Du Guter, ich freue mich, dass Du, wenn schon nicht mehr mit dem Hufe,

wenigstens noch mit der Feder scharrst. Ich selbst möchte lieber bei meinen Freunden die Bilder von der Wand stehlen und versetzen, als die verdammten Kiele, welche die Gans im Popo stecken hat, noch einmal zur Hand nehmen. In Zürich kommt im Herbst ein Buch von mir heraus, das, wie ich bei jedem Buch hoffe, mein letztes sein wird, und Filmleute wollen zwei Romane, in olden times g'schriwwe, von mir kaufen – hoffentlich reicht das bis zu meinem Hintritt.

Sonst geht's mir aber ganz gut. Nur das Dischden kann ich nicht mehr leiden. Schade, dass Ihr alles auf den Herbst verschoben habt – ich meine Eure Fahrt hierher. Ich fahre ziemlich viel mit dem Wagen herum und führe Prozesse. Die Leute abzuohrfeigen, was mir das liebste ist, kommt mich à la longue zu teuer zu stehen; und für den Fall, dass einer erfolgreich zurückhaut, habe ein geschliffenes Messer in der Tasche.

Seid umarmt von Even und mir!

Euer getreuer

Alexander

108 *Alexander Lernet-Holenia an Carl Zuckmayer*

St. Wolfgang, 17. Juli 1971

Guter Zuck, wie freue ich mich, den Gazetten zu entnehmen, daß Du einen »Rattenfänger« schreiben willst. Denn auch ich wollte einen solchen verfertigen, und da Du's tust, brauche nun ich's nicht mehr zu tun. Hatten wir nicht einmal darüber gesprochen? (Sei unbesorgt, ich bin kein Kortner.) Hameln ist eine uralte Stadt inmitten einer Industrie-Umgebung; und da hätte, bei mir, im Herbst ein Rattenfänger, in irgend einer kleinen Funktion, hinkommen und im Frühjahr wieder gehen sollen. Er verführt alle jungen Leute dazu, daß sie's mit einander treiben – nur als er selbst sich in ein junges Mädchen verliebt, wird nichts draus, weil er ein zu alter Esel ist. Nun denn, mein Zuck, mit Mut in die Courage!

Das schönste Euch allen von Eva und mir! Dein

Alexander

109 Carl Zuckmayer an Alexander Lernet-Holenia

Saas-Fee, 7. November 1971

Mein sehr lieber und grösserer weisser Bruder, Chief of the wolf-gang and Hapsburg-hunter, – am Vorabend einer Reise (in die herbstlichen Weinberge und -schänken bei Nackenheim), von der ich erst vorgestern zurück kam, erhielt ich die »Geheimnisse« mit Deiner lieben Widmung. Ich konnte sie nicht mitnehmen, und bin also immer noch von der Neugier auf diese geplagt, welche ich aber nun bald zu befriedigen gedenke.

Seriously: beim Hineinriechen reizt mich der erste Teil, die frühe Geschichte, die »gefiederte Schlange« und Dein Aspern-Gedicht mehr als die Skandale der späteren Zeit. Inzwischen trocknen die Skalpe der letzten Hapsburgs, nach denen in New York ein Restaurant bekannt war, in dem man Salonbeuschel bekam, bereits in Deinem Wigwam.

Von uns ist leidigerweise vor allem Klinisches zu berichten. Ich selbst komme zwar jetzt mit meiner Augenkontaktlinse ganz gut aus und muss nur von Zeit zu Zeit zur Kontrolle in die Bärenhöhle des Hl. Gallus, (übrigens kann man dort in der Stiftsbibliothek, wenn man den H. H. Bibliothekar kennt, die Urschrift des Nibelungenlieds in die Hand nehmen, in welcher tatsächlich steht: »Er wuschs in Burgunder« – aber der arme Jobs hatte jetzt wegen Sehstörungen eine sehr angreifende Behandlung – 12 Injektionen in den Augapfel – durchzumachen, – und morgen geht Winnetou, einer notwendigen Operation wegen, in die gynäkologische Klinik in Sierre. Sonst samma gsund.

Ich rattenfängere, leider mit mancherlei Unterbrechungen, vor mich hin, und sehe mit leichtem Schauder meinem 75. Geburtstag entgegen, über den die Publizität viel zu viel Geräusch macht. Auch soll am 9. Jänner 72 in Amriswil, Thurgau, einem Schweizer Kulturschutzpark, ein Fest veranstaltet werden, zu dem Du, mit Gemahlin, eine offizielle Einladung erhältst. Es soll da, wie Carl Burckhardt erzählt, immer sehr nett sein, und wenn man die Reden überstanden hat, findet in einem wunderschönen alten Wasserschloss ein Weinfest statt. Ob Ihr Lust hättet, zu kommen? Lege mich Eva zu Füssen, und sei umarmt

von Deinem Zuck

110 *Carl Zuckmayer an Alexander Lernet-Holenia*

Saas-Fee, 26. Januar 1972

Mein liebenswerter Alexander,
wir hatten gehofft, Euch in Amriswil umarmen zu könne, es war dort
ein grosser Zirkus, Galaveranstaltung, und Du standest auf der Liste
der Geladenen. However: sei bedankt! und im Mai kommen wir zu
einem ausführlichen Besuch nach Wien. Beschäftige Dich bitte inzwischen damit, die Ohren steif zu halten.

Ich hoffe, Du bist gesund, und vom Watschen austeilen nicht zu sehr
erschöpft.

Mit Handküssen an Eva und grossem Salut, –
Dein submissest ergebener
Old Zuck

111 *Alexander Lernet-Holenia an Carl Zuckmayer*

Wien, 3. April 1972

Guter Zuck,
besten Dank für Deine Veröffentlichung meines Rezepts in betreff
nackter Mädchen! Schreckliche Vorstellung allerdings, daß diejenige,
von der Du schreibst, jetzt auch schon zwischen sechzig und siebzig
sein muß ...

Bitte verständige mich *jetzt schon genau*, wann Ihr in Wien seid, weil
wir Euch dann wieder einen kleinen Kacktäl geben wollen.

Wir umarmen Euch!
Dein wohlaffektionierter
Alexander

112 *Alexander Lernet-Holenia an Carl Zuckmayer*

Wien, 11. April 1972

Guter Zuck,
nur wenige können sich des Umstands rühmen, dass ihre Briefe gleich
gedruckt an ihre Freunde gehen. Zu diesen wenigen gehöre aber, wie
Du merkst, auch ich.

Ich danke Dir sehr für die Zusendung Deines Neuesten. Derlei kleine
Büchelchen haben doch immer einen eigenen Charme, mehr zumindest

als die unappetitlich fetten, die aber von den Buchhändlern viel lieber in die Hand genommen werden als – mit Respekt – die dünnen. Auch ich habe ein solches dünnes Buch geschrieben, gebe es aber nicht heraus, damit sich die Leute erst in ein oder zwei Jahren wundern, wie geistvoll ich geblieben bin. Ich kann Dir überdies garnicht sagen, wie zuwider mir das Schreiben geworden und dies eigentlich auch schon seit – mit Respekt – langem ist.

So, genug der Sauereien, wir freuen uns sehr, dass Du bald nach Wien kommst. Wann wird dies aber, genau, der Fall sein.

Wir umarmen Euch!

Dein

Alexander

113 *Carl Zuckmayer an Alexander Lernet-Holenia*

Saas-Fee, 14. April 1972

Mein trefflicher Alexander,

ei was hast Du mir für ein charmante offene Brief geschriwwe! Sei bedankt. Dulc'et decorum ,st, der Gedanke, von Dir einmal benachruft zu werden. Es könnte aber auch umgekehrt kommen. Wenn Einer von uns stirbt, zieh ich nach Wiesbaden, pflegte mein Grossvater zu sagen. Aber dann zog er zuerst auf den Kirchhof. Im Grunde aber ist es piepewurschtejal, wer wen überlebt, nur von meiner Frau verlange und erwarte ich das, ohne Widerrede. Ich will schliesslich im Alter nicht in Versuchung kommen, noch einmal irgendeine dumme Gans zu heiraten. Dabei fällt mir Stefan Zweig ein, der allerdings mit lächerlichen Sechzig, den Giftbecher schwang. Glücklicherweise bist Du nicht beleidigt, dass ich ihn, wie ich gerade feststelle, bei der Aufzählung der Grossen Dir vorausgestellt habe, das geht nach dem Geburtsjahr, und ausserdem habe ich, wie ich sehe, vorsichtshalber einen Gedankenstrich zwischen ihn und Dich gesetzt. Denn wenn Du beleidigt wärest, so würdest Du ja nicht, wie andere, Briefe schreiben, sondern von Deiner bekannten Freigebigkeit im Abwatschen Gebrauch machen, und ich würde nicht zurückschlagen, da mir bekannt ist, dass Du für solche Fälle ein Stilett und ein Terzerol auf Dir trägst. Wenn man Erinnerungen schreibt, – ich hoffe, dies war meine unwiderruflich letzte, – bleiben die beleidigten nicht aus. Schon bekam ich einen erbitterten Brief der Massary-Tochter, dessen dritter Mann, es wäre ein Fressen für Nestroy, den Namen Lustig trägt, – weil ich ihren ersten, Bruno Frank, auf der Henndorfer Ehrentafel vergass. Nach dem »Stück von mir« passierte mir allerhand ähnliches, z.B. von Torberg, den ich aber erst in einer Zeit näher kennen lernte, die in dem Buch garnicht mehr vorkommt usw. Widmen wir uns lieber der näheren Zukunft. Wir werden vom 15. (abends) bis 26. Mai (morgens) in Wien sein, Sacher, und am 19. kriege ich von der Stadt Wien, für die ich nie etwas getan habe, ausser einmal aus ihr zu fliehen, den Ehrenring angesteckt. Auch soll in diesen Tagen der »Köpenick« wieder im Burgtheater sein. Es ist ausserordentlich reizend von Dir, für uns eine Cacktehlpahtie geben zu wollen, aber ist eine solche nicht eher sowohl kostspielig als strapaziös? Ich fände ein oder mehrere gemeinsame Hock's, wie man in der Schweiz sagt, entre nous, eigentlich erfreulicher.

Mais – cher Maître – c'est à Votre disposition.

Womit ich mich gehorsamst abmelden zu dürfen bitte.

Dein herzlich getreuer

Zuck

114 *Alexander Lernet-Holenia an Carl Zuckmayer*

Wien, 17. April 1972

Guter Zuck,

vielleicht freut Dich diese scheniale Rede. Janko wollte auch Kritik.

Hier hat uns Gott schon durch ein kleines Erdbeben sein Missfallen wegen der beabsichtigten Heiligsprechung des – dem Herrn sei Dank! – letzten Kaisers ausgedrückt.

Dein

Alexander

115 *Alexander Lernet-Holenia an Carl Zuckmayer*

Wien, 8. Juli 1972

Mein lieber Zuck,

es tut mir aufrichtig leid, daß Dein Bruder gestorben ist. Irre ich, oder habe ich ihn wirklich einmal gesehen? Nur hatte ich nicht gedacht, daß er um so vieles älter war als Du.

Was hilft's, guter Zuck, that's the way of all flesh, auch der unsre.

Dein getreuer

Alexander

116 *Alexander Lernet-Holenia an Carl Zuckmayer*

Sankt Wolfgang, 2. August 1972

Mein großer, roter Bruder,

wie aus dem beigelegten Schreiben hervorgeht, wendet sich ein gewisser Professor Wolfgang von Pfaundler (ein netter Mensch) an uns beide und bittet jeden von uns, ihm 10 (zehn) Zeilen für einen Klappentext zu schreiben, wofür er uns sage und schreibe S 5,000,– (fünftausend) pro Mann und Nase zahlt. Also: eine Namenssache.

Die Seiten 1-32 des Buchs sende ich gleichzeitig an Dich.

Da ich derzeit, der Geschäftstüchtigkeit meiner Verleger zufolge, am Hungertuch nage, bitte ich Dich, diese 10 Zeilen auf Basis der 32 Seiten zu schreiben, sonst nimmt jener Pfaundler meine 10 Zeilen vielleicht auch nicht. Oder noch besser, schreibe 15 (fünfzehn) Zeilen, und ich will das auch tun.

Wehe Dir, wenn Du also versagst!

Dir und den Deinen das Schönste von Eva und mir!

Ohne mehr für heute

bin ich

Dein getreuer

Old Death

1 Beilage

117 *Alexander Lernet-Holenia an Carl Zuckmayer*

Salzburg, 8. August 1972

Verlange wegen Beleidigung meines Hundes Exemplar für mich und Cinderella, mit Widmung

Eva

Empört über die Verwendung des Bildes unseres Cariru Cinderl grüßen wir Euch herzlichst. Hat Zuck schon *eine* Zeile vom »Rattenfänger« geschrieben? Ich glaube eher nicht …

Herzlichst, Eva und Alexander

Beigabe zu Nr. 117

118 *Carl Zuckmayer an Alexander Lernet-Holenia*

Zürich, Hotel Neues Schloss, 9. August 1972

Old Scalper,
Dein Pfeilschuss traf mich in diesem steinernen Wigwam, wo ich vor Hitze not a damn single word geschweige denn eine Zeile herausbringen könnte. Doch reiten wir am Samstag 12. back home to the mountins [!], woselbst ich die 32 Totenschwüre des Prof. Pfaundler vorfinden werde.

Versichere diesem, dass er nächste Woche den Klappentext bekommt, obwohl that son of a bitch meinen an allen Lagerfeuern beräucherten Namen mit ai schreibt.

Inzwischen bitte ich den Grossen Geist, viele Biber in Deine Fallen zu schicken.

As always
Dein roter Halbbruder
Apanatschka

119 *Carl Zuckmayer an Alexander Lernet-Holenia*

Saas-Fee, 20. August 1972

Mein gutester Alexander,

ei was hab ich für Zeile geschriwwe, – und zwar, wenn man die blinden Rotten mitzählt, sogar 20! Da ich nur den Anfang des Buchs kenne, musste ich natürlich schwafeln, aber das kann ad lib. gestrichen werden.

Ich sende gleichzeitig ein Exemplar dieser Zeilen an den Prof. Pfaundler, und gebe ihm mein Bankkonto an. Nun aber unter uns und unter Freunden: (da Du schon vom Hungertuch schreibst), – sollte es Dir momentan angenehm sein, so lasse ich diese 5000, (die meinen), gerne an Dich überweisen, natürlich ganz unter uns und hinter dem Rücken des Herrn Pfaundler. – da ich ja dieselben derzeit doch nicht mit Dir im Sacher oder im Goldenen Hirschen verjubeln kann. Denn etwas anderes würde ich damit doch nicht tun.

Ums Ver- oder überhaupt -jubeln ist mir derzeit nicht zumute. Ich habe seit Wochen mit einer lästigen Nierenbeckeninfektion zu tun, – und konnte der Sistierung in einer Klinik nur dadurch entgehen, dass ich schwor, mich daheim wie in einer solchen zu benehmen, worüber Jobs wacht, doch hat die Untersuchung in Zürich ergeben, dass organisch-anatomisch keine Macke ist, also keine Operation zu befürchten, – nur Schonung und Askese, wozu ich garkein Talent habe.

Ich füge ein Porträt des bekannten Waldspechtes Pinkus (nicht Pinkas) bei, in der Hoffnung, dass es bald bei Dir klopfen möge.

Dir und Eva alles Erdenkliche

Von Deinem

Alten Gletscherfloh

120 *Alexander Lernet-Holenia an Carl Zuckmayer*

Sankt Wolfgang, 25. August 1972

Siehst Du, liebster Zuck, daran merkt man erst, was für ein Freund Du bist! Aber so arg ist's wirklich nicht, es war bloß so, daß ich den Brief an Dich in den Tagen geschrieben habe, wo mein genialer Verleger im Begriff war, den Verkauf des »Standarten«-Films zu vergogeln. Jetzt aber scheints mit dem Verkauf doch zu klappen, und so war das alles nichts als eine Probe auf Deine große, große Freundschaft.

Wende das Geld bitte auf Deine Diät mit den feinsten Sachen an, und wenn Du Dich nicht hältst, kriegst Du von mir außerdem noch einen

Nierenhaken, den zu erteilen ich gelernt habe, nämlich wenn ich grade im Clinch bin.

Pinkus wird natürlich eingerahmt.

Pfaundler telegraphierte mir, er sei ganz entzückt von Deinem Text. Das Buch ist fertig und der Umschlag wird jetzt gedruckt.

Natürlich kriege ich ja auch *meine* S 5000.– Nur deshalb, weil ich Dich zu Deinem Beitrag gekeilt habe; und nur damit Du schreibst, schrieb ich vom Hungertuch.

Wir lesen immerzu »das Scheusal« mit Cinderellas Portrait. Es ist ganz köstlich.

Wir umarmen Euch, und wehe Dir, wenn Du Dich nicht hältst! Mit Grass und Böll allein ist das Geschäft unmöglich fortzuführen.

Eva und Alexander

121 *Carl Zuckmayer an Alexander Lernet-Holenia*

Saas-Fee, 16. Oktober 1972

Mein lieber Alexander,
singen wollte ich für Dich, als Trobador von Nackenheim, nicht Trimberg, auftreten, – nix war's. Das phäakische Fernsehen wäre gern zu mir gekommen, – aber ich lag im Spital, oder hing dort wie ein nasses Handtuch herum, – viereinhalb Wochen lang, (denn jene Infektion, vom Nierenbecken ausgehend, hatte sich über die ganze Wasserleitung verbreitet, und jetzt versuche ich mich von den Antibioticis, welche man gegen die Viren angesetzt hatte wie Fuchs, Reineke, gegen Wolf oder umgekehrt), allmählich zu erholen. Bitte lass Dich in Deinem 76. und allen kommenden Jahren niemals mit Viren ein, versuchs lieber nochmal mit einer Virgo, aber dann mit einer gebrauchten, – und bleib gesund. Ich wünsche Dir unzählige Romanverfilmungen, mit arbeitslosem Einkommen, dem einzig menschenwürdigen. Und ich wünsche Euch beiden schöne Festtage, einschliesslich eines essbaren Buffet-Lunchs beim Bundeskanzler, mit viel Spass und ohne jeglichen Ärger, die Leut sins nit wert.

Sei umarmt!
Dein Zuck
Samt seinem Scheusal

122 *Alexander Lernet-Holenia an Carl Zuckmayer*

Wien, 1. November 1972

Siehst Du, guter Zuck, wenn man ein nobler Mensch ist und seinem verhungernden Kameraden ein ganzes Honorar schenken will, so giebt einem der liebe Gott zu Lohne den Preis von Juddebube Heine (mit Gummischuh), und der noble Hunger, der das Honorar nicht genommen hat, bekommt vom lieben Gott (vielleicht) einen Verkauf der Fernsehrechte der »Standarte« geschenkt, der auch nicht von Pappe ist. Wir freuen uns sehr, und die Schweden, die laut Gussy, vor Genuß lauter verstunkener Auerhähne etwas aus dem Halse stinken, wie wir aus dem A...e, sollen uns, samt ihren Böll, mit dem ich mir einen Krakehl angefangen habe, in demselben, nämlich im Böll, lecken!

»Mer krische ihn ja doch net«, hast Du mir längst seherisch gesagt, nämlich den Nobelpreis.

Wehe, wenn Du nicht sehr bald wieder gesund wirst! Neue sofortige Vollzugsmeldung möchten gebeten haben
in treuer Freundschaft
Eva und Alexander

P.S. Der Verfasserin des »Scheusal« und demselben (anderen) gleichfalls das Schönste!
PSPS. Wir sind raus aus dem Sch-PEN! Hurrah!

123 *Alexander und Eva Lernet-Holenia an Carl Zuckmayer*

[Undatiert]

Es hat genützt, er hat geklopft, habe die »Standarte« verscheppert.
Euer getreuer
Alexander Pinkus, der Waldspecht.

Beigabe zu Nr. 123

124 *Alexander und Eva Lernet-Holenia an Carl Zuckmayer*

Wien, 17. Januar 1973

Mein guter Zuck,

mit grösstem Vergnügen habe Deinen Heine in Gummischuhen gelesen, und auch Eva beglückwünscht Dich sehr dazu. Auch Jobs ist auf
die Bestseller-, sprich Verbrecherliste geraten, worüber wir uns höchst
gefreut haben. Hingegen bitten wir Dich, uns den Regisseur Deines
Portraits zu nennen, und zwar mit Namen und Adresse, damit wir dem
Kerl einen explosiven Brief schicken können, die Untalentiertheit dieser
piefkalischen Fernsehbestie ist geradezu bodenlos. Man kann Dich
aber wirklich keinen Moment alleinlassen, sonst passiert gleich was.

Ohne mehr für heute,
Deine getreuen
Eva und Alexander

125 *Alexander Lernet-Holenia an Carl Zuckmayer*

Wien, 25. Februar 1973

Liebste Freunde,

aufrichtigst danke ich Euch für das Schreiben, welches der Jobs der Winnetou diktiert hat. Wir freuen uns natürlich, dass es mit Euch wieder bergaufgeht. Aber es muss doch eher peinvoll gewesen sein. Nun, per saldo haltet Ihr Euch wieder einmal woanders auf als im lieblichen Saas-Fee, und das ist recht so.

Wir sind am Donnerstag bei Eurem hiesigen Betreuer Jents. Gestern feierte Podhajsky seinen fünfundsiebzigsten Geburtstag, und bei dieser Gelegenheit sah ich allerhand Leute wieder, welche in einer Art von Schrumpfungsprozeß begriffen sind wie der Dollar. Ich kann übrigens nicht glauben, dass hinter dieser Dollarschrumpfung nicht die USA selber stäken. Es ist ja gewiss möglich, dass sich die Vereinigten Staaten mit ihrer Stützung der Welt und allem möglichen Unfug, den sie auch sonst noch gestiftet, verausgabt haben. Aber ich glaube, es wäre doch übertrieben, zu sagen, dass man drüben nicht genau vorausgewusst hätte, was geschieht. Die amerikanische Industrie hat nach dem Ende des Krieges in Vietnam, oder nach dem, was man dort ein Ende nennt, für ihre Weiterbeschäftigung gesorgt; und wie sich in Asien ein paar tausend GIs für die Kriegsindustrie haben totschießen lassen und wie die Welt geglaubt hat, es geschähe für die Demokratie, so verlieren jetzt 200 Millionen Menschen ihre Dollars und glauben, das sei die Folge, dass man Europa gerettet habe. Unbegreiflich ist nur, dass alle Welt schon weiss, dass es nichts gibt, was nicht manipuliert würde, und dass es sozusagen im Ernstfall, niemand glaubt. Hierüber sollte einmal eine große Publikation verfaßt oder ein gewaltiges Stück geschrieben werden, aber erstens wäre das gar nicht so einfach, und zweitens würde es dennoch nicht geglaubt werden.

Ich, jedenfalls, lasse mir von allem, was offiziell getan oder propagiert wird, grundsätzlich nichts mehr vormachen, und so bin ich denn auch mit einem großen Theatercoup als Präsident des Österreichischen Penclubs zurückgetreten, als der schwedische Sch... Olof Palme, ein Narr wie jeder andre, via Nobelpreis Einfluß auf die deutsche Politik nehmen wollte. An sich war das ein völlig belangloser Vorgang, aber die deutsche Rechte hatte die Gelegenheit wahrgenommen, sich bodenlos darüber zu freuen und mich zu einer Art von Nationalhelden a. G. (als Gast) zu stempeln. Dabei war's das Merkwürdige, dass dennoch ein großer Teil der Rechten gegen mich war, zum Beispiel die linken

Angestellten von Axel Springer. Diese seine »untern Organe« sind, wie überall bei der Rechten, eine halbe Bolschewikenbande.

Vortrefflich ist bei der ganzen Sache nur, dass man sich in Deutschland in betreff der Stützung der FDP vermanipuliert hat und dass der Brandt nun alles eher kann als das, was er möchte, sonst springen ihm die alten Nazis sofort aus der Koalition aus und gehen zur Opposition. Glaubt aber nur ja nicht, dass ich mich immerzu mit solchen Dingen befasse, ich studiere sie bloß, um daraus das ewige Genasführtwerden aller Menschen abzuleiten.

Im übrigen habe ich unendlich viel mit lauter Krimskrams zu tun gehabt, so etwa einem Prozeß, den ich bis zum Verwaltungsgerichtshof getrieben und gewonnen habe, mit dem Druck von drei alten Theaterstücken, mit Kleiderkäufen, Zeitungsartikelchen und dergleichen. Ja ich habe sogar eine Komödie geschrieben, die unter einem Pseudonym herauskommen soll, und mit dergleichen. Jetzt aber habe ich das meiste hinter mich gebracht und daher auch Zeit gefunden, Euch diesen Brief zu schreiben, den ich jetzt aber, mit allen guten Wünschen für Euch und Winnetou schließe. Seid umarmt von Eva und mir!
Alexander

126 *Alexander Lernet-Holenia an Carl Zuckmayer*

Wien, 16. März 1973

Mein guter Zuck,
was sagst Du dazu, daß die treuste Braut des Krieges doch mehr sein Gewehr ist, vermutlich weil man mit dem Ladestock (Putzstock) so schwer in den Lauf hineinkommt. Wie geht es Euch? Euer getreuer
Alexander

127 *Alexander Lernet-Holenia an Carl Zuckmayer*

Wien, 14. November 1973

Bester Zuck,
sipping thoughtfully my glass of Porto, wie es in den englischen Kriminalromanen vom lordly butler heisst, wenn er in der pantry steht, habe ich Deinen lieben Brief gelesen. Ich freue mich sehr, wieder ein Lebenszeichen von Euch bekommen zu haben, und auch Quisda war nicht minder besorgt als ich. Wir atmen auf, weil Eure Reparatur Fortschritte macht. Übrigens behauptet der Hofrat-Oberst, dass die Henndorfer

viel größere Gauner sind, als Du in Deinen stilistischen Hervorbringungen zugibst. Aber *so* große Gauner wie die Wolfganger sind sie sicher nicht.

Inzwischen hat hier Dein Freund Kreisky erklärt, dass er kein Juddebub mehr ist, und gestern, auf einem Empfang seines Erzfeindes Bacher, haben der Oberrabbiner und ich die Hände darüber gerungen.

In Wahrheit aber: Warum hat jener artvergessene Ehrenaraber die zwei Palästinenser entwischen lassen, wenn nun das Benzin trotzdem teuer wird!

Es ist doch unglaublich, was so ein Lackel, der nie gedient hat, für einen Krieg entfesseln konnte!

Ich freue mich, mein Zuck, dass Du den Rattenfänger zuende schreiben wirst. Wenn er gedruckt wird, könntest Du ihn mir widmen. Denn ich bilde mir ein, Dich auf die Idee gebracht zu haben. Aber zum Unterschied vom alten Kohn, der Dir die Sache mit dem Waffenrock hineingerannt hat, der im letzten Akt gar nicht mehr vorkommt, verlange ich nichts dafür. »Ungarischer Kavalier nimmt kein Geld.«

Eben wird die englische Hochzeit übertragen. Mit der Kavallerie ist's nichts mehr: die Pferde schlagen mit den Köpfen und fallen aus dem Trab in den Galopp. Nun ja, allzu oft werden wir dergleichen, fürcht' ich nicht mehr sehen.

Eva und ich, wir umarmen Euch!

Dein getreuer

Alexander

128 *Carl Zuckmayer an Alexander Lernet-Holenia*

Saas-Fee, 10. Mai 1974

Carissime! Venerabile! Nobilissime!

Mea maxima culpa. Aber um eben jenen Rattenfänger nicht zu verpatzen, habe ich mich um alles andere, vor allem Briefschreiben, gedrückt. Jetzt bin ich kurz vorm Abschluss, ich denke, Ende Mai werde ich diesen Huckauf abgeworfen haben. Dann schreibe ich ausführlich. Bitte mich für heute gehorsamst empfehlen zu dürfen. Wie geht's Euch? Ist Evas gebrochener Fuss wieder geheult? Wann wechselt Ihr an den Abersee?

Wir sind in der zweiten Augusthälfte in Salzburg, wollen zu Euch kommen.

Seid von uns beiden umarmt!

Euer Old Zuck

129 *Alexander Lernet-Holenia an Carl Zuckmayer*

Telegramm
22. August ⟨1974⟩

stueck typisches grandioses festspiel für das grosse haus in salzburg
anraten es dringend
    eva alexander

130 *Alexander Lernet-Holenia an Carl Zuckmayer*

⟨Ende August 1974⟩

Mein lieber Zuck, heute ist endlich das Stück angekommen und wir
haben's gleich gelesen. Das ist doch endlich *das* Stück, das die Leute in
Salzburg als Ersatz für den Jedermann schon so lange suchen; aber im
Freien geht's nicht, so müßte man's im *Großen* Festspielhaus spielen.
Sehr wichtig ist sehr viele Musik, sodaß das Ganze quasi wie eine Oper
mit Parlando-Stellen wirken würde. Wir haben Dir in diesem Sinne
telegraphiert. Also sch...e auf die Zürcher! Jedenfalls schlage unsern
guten Rat nicht in den Wind. Alle Vorbereitungen sind ja durch die
Preisverleihung, bzw. Rückgabe schon getroffen. Dein
    Alexander

131 *Alexander Lernet-Holenia an Carl Zuckmayer*

Wien, [undatiert]

Ich habe München mit Euch besonders genossen. Besonders schön
wars, wie der Jobs mit einer rosa Rose am Bahnhof auf eine Dame zu-
ging, welche sagte: »Gehen Sie weg, Sie schwule S...u!« bzw.: sich's
auch bloß dachte. Auch Eva grüßt viele Male. Seid umarmt!
    Euer Alexander

132 *Alexander Lernet-Holenia an Carl Zuckmayer*

[undatiert]

Ei, Dei sonnbeglänzte Wiesmühl! Alles Gute für's Neue Jahr!
    Dein Alexander
    Alle guten Wünsche aus der Wiesmühle!
    Ihr
    Hanns Kwisda

133 *Eva Lernet-Holenia an Alice und Carl Zuckmayer*

Wien, 18. November 1976

Meine Lieben,

das Buch war eine ungeheure Freude für mich, und ich danke sehr!
Eigentlich hatte ich gedacht, daß ich garnichts mehr von Euch hören
würde, da ich auf meinen ausführlichen Brief nie mehr etwas gehört
habe. Es war weniger ein Brief, eher ein Bericht über Alexanders letzte
Tage.

Den Sommer habe ich teils in Wolfgang und in Deutschland verbracht.

Im September starb das alte Hündchen, es war sehr arg! Aber ich
habe mir sofort ein neues kommen lassen, was Winnetou sehr begrüsst
hat.

Morgen kommen Stephanie und Angetrauter zu mir, sie sind ein
paar Tage in Wien. Man bemüht sich wirklich rührend, mir die erste
Zeit hier in Wien überbrücken zu helfen, komischerweise war Wolfgang leichter.

Wann werde ich Euch wohl einmal wiedersehen?

Seid herzlichst gegrüßt und umarmt von

Eurer Eva

Kommentar

Biographische Angaben zu Personen wurden nur bei einer Erwähnung durch einen der Korrespondenzpartner recherchiert und sind dann im Kommentar zur ersten Nennung im Briefwechsel notiert. Sofern diese Personen mehrfach erwähnt werden, verweisen halbfett gesetzte Seitenzahlen im Register auf diese Kommentarpassagen. Verwendete Abkürzungen: Anm. = Anmerkung; ALH = Alexander Lernet-Holenia; CZ = Carl Zuckmayer; DLA = Deutsches Literaturarchiv Marbach; hs. = handschriftlich; masch. = maschinenschriftlich; StuLb Wien = Stadt- und Landesbibliothek Wien.

1 Hs. Brief, Original im DLA, Nachlaß CZ.

St. Wolfgang] Ort am Wolfgangsee im österr. Salzkammergut.

Karli] ALHs Hund, den er von CZ geschenkt bekommen hat.

Joseph] Albrecht Joseph (1901-1991) war 1922/23 während CZs Kieler Dramaturgenzeit als Regisseur an den Vereinigten Städtischen Theatern in Kiel beschäftigt und wurde CZs wichtigster Berater bei der Stoffwahl und Konzeption aller seiner bis 1938 entstandenen Dramen, Erzählungen und Filmskripte. 1933 emigrierte Joseph nach Österreich, wo er zeitweilig in einem Blockhaus auf dem Grundstück von CZs Domizil in Henndorf (siehe S. 139, Anm. zu *Mayers Gasthof*) wohnte. Nach dem »Anschluß« Österreichs 1938 floh er wie CZ in die USA, wo er sich zunächst mit Gelegenheitsjobs durchschlug, schließlich aber ein erfolgreicher Cutter wurde und über viele Jahre die Westernserie *Gunsmoke* (dt.: *Rauchende Colts*) betreute. Neben seiner Autobiographie *Ein Tisch bei Romanoff's* (Joseph 1991) hat Joseph ein CZ-Portrait verfaßt, das in der Übersetzung von Rüdiger Völckers auf deutsch erschienen ist (Joseph 1993). In beiden Veröffentlichungen äußert sich Joseph außerordentlich kritisch über CZ. – ALH lernte er Ende der 1920er Jahre kennen, nachdem er mit Rudolf Hartung verabredet hatte, am Renaissancetheater ALHs *Österreichische Komödie* zu inszenieren. Über seine Bekanntschaft mit ALH in der Zeit nach Hitlers »Machtergreifung« schreibt er: »Auch Lernet-Holenia sah ich in Wien häufig. Seine ›Österreichische Komödie‹, die ich so gern inszeniert hätte, konnte nicht aufgeführt werden, weil Hartung das Renaissancetheater aufgeben mußte. Aber wir blieben in Kontakt und schrieben einander. Nun, da ich in Wien war, verbrachten wir fast jeden zweiten Abend zusammen. Lernet hatte eine feste Tageseinteilung: Wenn eine Frau ihm gefiel, lud er sie zum Mittagessen ein, ging dann mit ihr in seine Wohnung in der Argentinierstraße und legte sich mit ihr ins Bett. Kurz nach fünf nachmittags hatte die Dame die Wohnung zu verlassen, denn um sechs kam regelmäßig Lernets offizielle Freundin, Olga Leitner, die in einem Modegeschäft am Graben arbeitete und zunächst müde und schlecht gelaunt war, weshalb sie einigen Gläschen Cognac zusprach. Lernet saß an einem ovalen, mit grünem Tuch bespannten Spieltisch, ein Bein über das andere geschlagen, und schrieb an einem seiner Romane, immer auf blaues Briefpapier. In seiner Wohnung stand kein Schreibtisch. Er murrte wie ein alter Ehemann, weil Ollie zuviel trank, aber sie kümmerte sich nicht darum, und es war nicht ernst gemeint. Um diese Stunde erschien dann auch ich, und wir plauderten über Lernets Arbeit und Pläne, gingen essen und oft ins Kino. Einmal besuchten wir ein Konzert. Nach einem Stück von Beethoven sagte Lernet zu mir, leise den Kopf schüttelnd: ›A recht a zorniger Mensch.‹ Dann setzten wir uns auf einen kleinen Schlaftrunk in ein Café, oft das des ›Imperial‹, wo Lernet Bekannte traf, und kurz nach elf trennte man sich und ging schlafen« (Joseph 1991, S. 171).

Buch] Nicht ermittelt.

Kleon] Athenischer Politiker und Heerführer (gest. 422). Thukydides beschreibt ihn als skrupellosen Demagogen.

2 Hs. Brief, Original in Privatbesitz. Auf die Rückseite hat CZ mit rotem Buntstift notiert: »Ein charmanter Brief von Alexej (Fürst Kotschubei), – *vor* meiner berliner Reise [im November 1935] geschrieben. – Der Brief Deines Autowildlings übrigens ist charmant u. wurde vom Jobs [d.i. Alice Zuckmayer] voll gewürdigt. Die Sache ist damit erledigt. Wir sprechen uns noch darüber, sagt Prof. Unrat« (siehe Dirscherl/Nickel 2000, S. 75 und 84).

Thallern] Dorf in Niederösterreich.

3. März 34] Unter die Datumszeile ist, vermutlich von CZ, notiert worden: »(Wien, Anfang November 35)«. Das ist deshalb eine plausiblere Datierung, weil der im Brief erwähnte Beginn von CZs Roman *Salwàre oder Die Magdalena von Bozen* erst im November 1935 publiziert wurde (siehe unten, Anm. zu ›*Magdalena von Bozen*‹).

Bermann] Als 1934 der Ullstein-Verlag, in dem von 1925 an alle Bücher von CZ erschienen waren, durch die Cautio GmbH des nationalsozialistischen Strohmanns Max Winkler übernommen wurde, wechselte CZ zum S. Fischer Verlag, den von 1932 an Brigitte (1905-1991) und Gottfried Bermann Fischer (1897-1995) leiteten. Als erstes Buch CZs bei S. Fischer kam Ende September 1934 seine Erzählung *Eine Liebesgeschichte* heraus. Ende 1935 emigrierte Bermann Fischer mit einem Teil des Verlags nach Wien, nach der Annexion Österreichs 1938 nach Stockholm; den andern Teil des Verlags führte Peter Suhrkamp in Berlin weiter (siehe dazu: Friedrich Pfäfflin / Ingrid Kußmaul, *S. Fischer, Verlag. Von der Gründung bis zur Rückkehr aus dem Exil*, Marbach 1986, S. 437-464). Nachdem im Dezember 1935 die Veröffentlichung von CZs Roman *Salwàre oder Die Magdalena von Bozen* in Deutschland verboten wurde, erschienen alle weiteren Bücher von CZ zunächst in Bermann Fischers Exilverlag. Die nach der Emigration in die USA geschriebene Autobiographie *Second Wind* kam 1940 in New York im Verlag Doubleday & Doran und 1941 in London im Verlag George G. Harrap heraus. 1940 schloß CZ noch Verträge über zwei Bücher, die jedoch nie fertig wurden, mit dem Verleger Alfred Harcourt. Nach dem Zweiten Weltkrieg erschienen mit wenigen Ausnahmen alle Bücher CZs wieder im Verlag von Bermann Fischer. – ALH war 1926 »durch die Vermittlung Hugo von Hofmannsthals, der seine Gedichte schätzte, mit seinem Stück ›Ollapotrida‹« Autor des S. Fischer Verlags geworden (Bermann Fischer 1971, S. 51). »Welche Charakterstärke hinter seiner scheinbaren Lässigkeit steckte«, so Gottfried Bermann Fischer, »hat er in den Jahren des Nazismus bewiesen [...] (ebd., S. 52). Während des ›Dritten Reichs‹ wurden ALHs Werke von Peter Suhrkamp betreut. Nach dem Zweiten Weltkrieg erschienen folgende Werke im Bermann-Fischer Verlag, Stockholm: *Germanien* (1946), *Mars im Widder* (1947), *Spanische Komödie* (1948). Beim Zerwürfnis von Bermann Fischer und Peter Suhrkamp, das 1950 zur Gründung des Suhrkamp Verlags und zur Neugründung des S. Fischer Verlags in Frankfurt am Main führte, blieb ALH zunächst Autor des S. Fischer Verlags, Bermann Fischer verlegte aber nur noch zwei seiner Texte: den Roman *Die Inseln unter dem Winde* (1952) und das Theaterstück *Radetzky* (1956). Differenzen im Vorfeld der Publikation von *Die Inseln unter dem Winde* führten zur beruflichen Trennung; das persönlich freundschaftliche Verhältnis blieb davon unberührt (siehe dazu Roček 1997, S. 289-296). ALH wurde nun Autor des Paul Zsolnay Verlags in Wien.

›*Maltravers*‹] ALHs Roman *Die Auferstehung des Maltravers* ist nicht im S. Fischer Verlag erschienen, sondern im Herbert Reichner Verlag (Wien, Leipzig, Zürich 1936). »Ich bin«, heißt es dazu in einem Brief ALHs an Annie Lifezis, »dem Verlag Fischer draufgekommen, daß er den ›Maltravers‹ nicht etwa deshalb nicht bringen wollte, weil er zu unmoralisch wäre; sondern er wollte ihn deshalb nicht herausbringen, weil er ihn für zu schlecht hält. Es ist, ehrlich und aufrichtig, sein Standpunkt, dass ich, bei Abfassung dieses Buches, an einer Art Verblödung gelitten haben müsse. Da habe ich aber ein freundliches Schreiben an ihn gerichtet. Potz Blitz! wie die Schlingel von Bedienten sagen würden. Ein bißchen, in Gottes Namen, arbeite ich das Zeug noch um. Dann aber, heraus damit!« (zit. nach Blaser/Müller 1998, S. 23) Die von ALH vorgenommenen Änderungen erschienen dem S. Fischer Verlag jedoch nicht als ausreichend.

Erzählung] Erst 1936 wurden wieder zwei Erzählungen veröffentlicht: *Der Herr von Paris* (später: *Brakenbourg oder Der Herr von Paris*) im Herbert Reichner Verlag, *Der Baron Bagge* bei S. Fischer.

Liebesgeschichte] CZs Erzählung *Eine Liebesgeschichte* erschien in drei Fortsetzungen in Ullsteins *Berliner Illustrirter Zeitung* am 26. Februar, 12. und 19. März 1933 und kam dann im Herbst 1934, nachdem CZ den von den Nationalsozialisten übernommenen Ullstein-Verlag verlassen mußte, als Buch im S. Fischer Verlag heraus.

›*Magdalena von Bozen*‹] Gemeint ist der Roman *Salwàre oder Die Magdalena von Bozen*, von dem unter dem Titel *Die Magdalena von Bozen. Eingang des Romans* ein erster Auszug veröffentlicht wurde (*Neue Rundschau*, Jg. 46, 1935, H. 2, November, S. 484-520). Die Publikation des Buchs bei S. Fischer in Berlin wurde im Dezember 1935 verboten. Es kam daraufhin 1936 im Wiener Exilverlag von Gottfried Bermann Fischer heraus.

Leopold Einöhrl] Ein »Nordbahnbeamter und Schriftsteller« namens Leo Einöhrl war in Wien 1919 Kandidat für die Demokratische Mittelstands-partei. Zusammen mit dem Operettentenor und Komponisten Ernst Arnold (1892-1962) schrieb er 1929 den Text zum »Wienerlied« *Wenn Johann Strauß heut' wieder käm'*.

3 Masch. Brief, Original in der StuLb Wien, Nachlaß ALH.

St. Niklaus] Ort in der Nähe von Zermatt im Oberwallis/Schweiz.

Stückes] Nicht ermittelt.

Jobs] D.i. CZs Ehefrau Alice (1901-1991), die 1926 in Berlin ein Medizin-studium begonnen hatte. Sie erhielt den Beinamen Jobs nach einer nicht be-standenen Prüfung in Anspielung auf die von Wilhelm Busch (1832-1908) illustrierte *Jobsiade* von Karl Arnold Kortum (1745-1824) mit den Versen: »Über diese Antwort des Kandidaten Jobses | Geschah allgemeines Schüt-teln des Kopfes.« Nach der »Machtergreifung« Hitlers brach Alice Zuck-mayer ihr Medizinstudium ab.

Eure enfants terribles] Nicht ermittelt.

zwei Töchern] Michaela Zuckmayer (geb. 1923), Alice Zuckmayers Tochter aus ihrer ersten Ehe mit dem kommunistischen Funktionär und späteren Linkssozialisten Karl Frank, und CZs und Alice Zuckmayers Tochter Maria Winnetou (geb. 1926).

Mucki] Ein altersblinder Hund, über den Alice Zuckmayer 1972 im S. Fischer Verlag das Buch *Das Scheusal. Geschichte einer sonderbaren Erbschaft* veröffentlicht hat.

Vevey-Chardonne] Nach seiner Flucht aus Österreich im März 1938 fand CZ bei Françoise (1910-1980) und Pierre Pelot (1906-1964) Unterkunft, die im waadtländischen Chardonne sur Vevey das Hotel Bellevue betrieben. Dort wohnte CZ auch öfter nach dem Zweiten Weltkrieg. Von 1954 an besaß er gegenüber dem Hotel ein Châlet, bis er 1957 beschloß, sich in Saas-Fee nie-derzulassen.

Elslein] Gemeint ist vermutlich die Baronin Elisabeth von Sterneck (1903-1960), ALHs langjährige Lebensgefährtin.

4 Masch. Brief, Original in der StuLb Wien, Nachlaß ALH.

Saas-Fee] Gebirgsort in der Schweiz (Oberwallis), in dem CZ 1957 das Châlet »Vogelweid« kaufte und sich niederließ. In den Jahren davor, erstmals

1938, zog er sich des öfteren zum Wandern und zum Arbeiten nach Saas-Fee zurück und wohnte dann stets bei dem Bergführer Alfred Supersaxo.

Stück] Nicht ermittelt.

grosse Erzählung] Gemeint ist die ursprünglich als Filmmanuskript geschriebene Erzählung *Herr über Leben und Tod*, die 1938 in Stockholm im Verlag von Gottfried Bermann Fischer als Buch erschienen ist.

ausführliche Schrift] Der autobiographische Essay *Pro Domo* erschien 1938 im Verlag von Gottfried Bermann Fischer in Stockholm in der Schriftenreihe *Ausblicke* als Doppelband.

dem Uli] Ulrich Becher (1910-1990) studierte Rechtswissenschaften und Graphik bei George Grosz. Mit seinem 1932 erschienenen Romandebüt *Männer machen Fehler* war er der jüngste Autor, dessen Werk von den Nationalsozialisten öffentlich verbrannt wurde. Becher emigrierte 1933 nach Wien, 1938 in die Schweiz und 1941 über Spanien nach Brasilien. 1944 zog er nach New York und kehrte 1948 nach Deutschland zurück.

Dana] Dana Becher (1909-1992), Tochter Alexander Roda Rodas, seit 1933 verheiratet mit Ulrich Becher.

Gattin] Eva Vollbach, von 1941 an ALHs Lebensgefährtin, die er 1945 heiratete.

5 Hs. Brief, Original im DLA, Nachlaß CZ. Mit hs. Notiz CZs: »Erhalten an Bord S.S. »Zaandam«, vor Abfahrt am 26. Juni 1939« (recte: 25. Mai 1939).

⟨*Ende Mai 1939*⟩] Am 25. Mai 1939 emigrierte CZ mit seiner Frau, der Tochter Winnetou und dem Hund Mucki in die USA. Alice Zuckmayers Tochter Michaela besuchte zunächst weiterhin ein Internat in England und folgte der Familie erst nach Bekanntwerden des Hitler-Stalin-Pakts im August 1939.

Brieferl] Dieser Brief ist verschollen.

gelungen] Gemeint ist wahrscheinlich der Erfolg des Stückes *Glastüren*, das am 14. Februar 1939 am Theater in der Josefstadt uraufgeführt wurde. Zum Presseecho siehe Pott 1972, S. 181-185.

»Seh aufsteigen ... frisch ergrünend ...«] Aus der *Völuspa*, dem Eröffnungsgedicht der Edda.

ein Gedicht] Rainer Maria Rilke, *Sonette an Orpheus*, Tl. 1, IX.

Rosen Korpe] Nicht ermittelt.

6 Hs. Postkarte, Original im DLA, Nachlaß CZ.

Dein Brief] Dieser Brief ist verschollen.

Hirschfeld] Gemeint ist CZs Freund Kurt Hirschfeld (1902-1964), der in den 1920er Jahren Mitarbeiter des *Berliner Börsen-Couriers*, von 1929-1933 Dramaturg am Hessischen Landestheater in Darmstadt war. Er emigrierte 1933 in die Schweiz und arbeitete bis 1935 als Dramaturg am Zürcher

Schauspielhaus. 1935 ging er als Korrespondent der *Neuen Zürcher Zeitung* nach Moskau, kehrte 1938 in die Schweiz zurück und arbeitete erneut als Dramaturg am Zürcher Schauspielhaus. 1946 wurde er dessen Vizedirektor, 1961 Direktor und künstlerischer Leiter.

Dein dämliches Stück] *Des Teufels General*, uraufgeführt am 14. Dezember 1946 am Schauspielhaus Zürich, Regie: Heinz Hilpert.

ein vorzügliches von mir] ALHs 1927 uraufgeführtes Stück *Saul* wurde am Zürcher Schauspielhaus neuinszeniert, Premiere am 27. Juni 1946.

Thornton] Der amerikanische Schriftsteller Thornton Wilder (1897-1975) wurde 1927 durch seinen Roman *Die Brücke von San Luis Rey*, der mit dem Pulitzer-Preis ausgezeichnet wurde, bekannt. CZ lernte Wilder, der neben Romanen auch Theaterstücke schrieb, in seiner Zeit in Henndorf bei Salzburg kennen, in der sich die Literatur-, Musik- und Theaterszene nach Salzburger Konzerten von Bruno Walter oder Arturo Toscanini bei Max Reinhardt traf.

Rudolph] Rudolf Joseph (1904-1998). CZ lernte den Kunsthändler und Bruder seines Freundes Albrecht Joseph 1922 kennen. »Als er mich traf«, so Rudolf Joseph, »achtzehn Jahre alt und sogar jünger aussehend, rief er aus: ›Das ist kein Kunsthändler, das ist ein Möwchen!‹ Erklärt wurde dies von ihm als eine Mainzer Redensart für einen jungen, sorgenfreien Menschen« (Joseph 1996, S. 125). 1925-1927 war er Dramaturg an den Bühnen des Berliner Saltenburg-Konzerns. Nach eigenen Angaben setzte er in dieser Position die Uraufführung des *Fröhlichen Weinbergs* 1925 am Theater am Schiffbauerdamm gegen viele Widerstände durch, wofür er jedoch von CZ später keine Anerkennung erfahren habe (Joseph 1994, S. 46-48). Von 1927 bis 1930 war er stellvertretender Direktor am Renaissance-Theater und führte von 1931 an den Vertrieb des Drei Masken Verlags. 1933 emigrierte er nach Paris, später nach Italien, und kam 1939 in die USA, wo er zunächst als Filmproduzent und dann als Leiter des Brooks Institute of Photography in Santa Barbara arbeitete. 1957 kehrte er nach Europa zurück und war von 1961 bis 1973 Leiter des Münchner Filmmuseums.

das Vieh Sarre] Nicht ermittelt.

letzter Brief ... von der Überfahrt] Nicht überliefert.

Emil] Emil Jannings (1884-1950) spielte 1930 die Hauptrolle in dem Film *Der Blaue Engel*, dessen Drehbuch CZ mitverfaßt hat (siehe Tucholsky 2005, S. 311 und 698). Damit begann eine enge Freundschaft zwischen CZ, Jannings und dessen Ehefrau, der Schauspielerin, Chansonnière und Sängerin Gussy Holl (1888-1966). Jannings sollte die Titelrolle in dem von CZ projektierten Drama *Eduard VII.* übernehmen und bat deshalb seinen langjährigen Freund Kurt Tucholsky, in England für CZ zu recherchieren (siehe Gerold-Tucholsky 1962, S. 216 und 534). Die Arbeiten an diesem Stück hat CZ jedoch im Spätsommer 1932 abgebrochen. Als CZ nach der »Machtergreifung« Hitlers Aufführungsverbot erhielt, setzte sich Jannings vergeblich für seine Rehabilitierung ein. Zu Jannings' Rolle im nationalsozialistischen Deutschland äußerte sich CZ 1943 ausführlich gegenüber dem amerikanischen Geheimdienst »Office of Strategic Services« (CZ, *Geheimreport*,

S. 136-145 und 153-155). – Auch ALH, mit seinem Domizil in St. Wolfgang wie CZ quasi Jannings Nachbar, war eng mit ihm befreundet: »Er gehörte«, attestierte er ihm in seinem Nachruf, »zu den wirklich großen Schauspielern, die nicht mit der Gegenwart geizen müssen. Denn sie überdauern das Zeitliche. Er war einer jener wenigen, die Zeit hatten; und indem er sie sich nahm, ward sein Werk von Dauer. [...] Das Liebenswürdige seiner Gebärden, das schwerfällig Souveräne seiner Haltung ist dahin, der gemessene Klang seiner Stimme ist verhallt. Aber mit den andern Geistern der großen Schauspieler, deren Ruhm kein Ende nimmt, wird er, in unserer Erinnerung an eine der glorreichsten Epochen des Theaters, auch weiterhin die Bühnen beherrschen und neben jedem stehen, der sich an seinen Rollen versucht« (*Nachruf auf Emil Jannings*, in: *Die Erzählung. Zeitschrift für Freunde guter Literatur* [Konstanz], Jg. 4, 1950, H. 3, S. 43).

Thomas Mann] »Wahrscheinlich«, äußerte sich ALH zur in der unmittelbaren Nachkriegszeit heftig umstrittenen Frage der Rückkehr Thomas Manns, »wären die Vorteile für die Deutschen unbedeutend«, Mann aber ginge zweifellos der »verhältnismäßigen Ruhe von Santa Monica« verlustig (*Der Fall Thomas Mann*, in: *Der Turm*, Jg. 1, 1945/46, S. 172). Schloß damals die politische Reserve ALHs auch eine literarische ein, fragte er doch, ob Mann »jetzt noch zu den Gebenden« gehöre, so war ALH sich 1955 in seinem Nachruf auf Mann sicher: »Dieser Autor, der fast bis zuletzt durchaus nicht für einen Dichter gelten wollte, ist wahrscheinlich der größte Schriftsteller unseres Zeitalters gewesen« (*Forum*, Jg. 2, 1955, Nr. 2, S. 315). – Zu CZ und Thomas Mann siehe den Beitrag von Jochen Strobel in diesem Band, S. 189-254.

7 Ms. Briefabschrift, Original im DLA, Nachlaß CZ.

kurze Nachricht] Nicht überliefert.
»General«] Siehe S. 130, Anm. zu *Dein dämliches Stück.*
das Original] Gemeint ist Ernst Udet.
die Josephs] Albrecht und Rudolf Joseph.

8 Hs. Brief, Original im DLA, Nachlaß CZ.

»Weissagung des Teiresias«] Erstdruck im *Neuen Wiener Journal* vom 3. Dezember 1931, aufgenommen in den Band *Die goldene Horde. Gedichte und Szenen* (Wien, Leipzig, Zürich: Herbert Reichner Verlag 1935), jetzt in: Lernet-Holenia 1989, S. 338 f. Welchen Eindruck dieses Gedicht »etwa ein Jahr vor unserer Auswanderung« auf CZ gemacht hat, schildert er in seiner Autobiographie zu Beginn des Abschnitts, der *Abschied und Wiederkehr* überschrieben ist (S. 539 f.).

›*Teufels General*‹] Siehe S. 130, Anm. zu *Dein dämliches Stück.*

Hauptmann von Köpenick] Zwischen 1947 und 1975 wurde *Der Hauptmann von Köpenick* 3084 Mal aufgeführt.

Wilder] Siehe S. 130, Anm. zu *Thornton*.

»Melusine«] Mit der Melusinen-Sage hatte sich CZ bereits 1920 beschäftigt und später mehrfach das Thema wieder aufgegriffen, unter anderem im *Vermonter Roman* (siehe CZ, *Vermonter Roman*, S. 204). Den Plan zu einer selbständigen Arbeit hat er jedoch nicht realisiert (siehe CZ, *Der Hauptmann von Köpenick*, S. 255-267 und 273-277).

9 Hs. Brief, Original im DLA, Nachlaß CZ.

Brief an die Dorsch] Nicht überliefert.

»Neide der Götter«] Schiller, *Ring des Polykrates*: »Mir grauet vor der Götter Neide, | Des Lebens ungemischte Freude | Ward keinem Irdischen zu Teil.«

Eurem Hofe] Gemeint ist CZs Farm in Vermont, die er von 1941 bis 1945 bewirtschaftete.

Emil] Siehe S. 130, Anm. zu *Emil*.

Jobs] Siehe S. 128, Anm. zu *Jobs*.

Josephs] Albrecht und Rudolf Joseph.

Brief vom 5. März] Nicht überliefert.

10 Hs. Brief, Original in Privatbesitz.

Jowes] Albrecht Joseph.

Film-Novelle] Nicht ermittelt.

Lande der Phäaken] In der Homers Odyssee ein überaus gastfreundliches Land.

Eines ist bereits erschienen, zwei weitere erscheinen im Juni] Insgesamt sind 1946 fünf Titel ALHs in deutschsprachigen Verlagen erschienen: *Die goldene Horde*, neue, um zwei Gedichte erweiterte Ausgabe, Hamburg: Hans Dulk; *Die Trophäe*, 2 Bde., Zürich: Pegasus; *Germanien*, Berlin: Suhrkamp; *Spangenberg*, Wien: Bellaria; *Der siebenundzwanzigste November*, Wien: Amandus Edition.

»Des Deubels General«] Siehe S. 130, Anm. zu *Dein dämliches Stück*.

An Jowes] Dieser Brief ist nicht überliefert.

11 Hs. Brief, Original in Privatbesitz.

Premiere] Siehe S. 130, Anm. zu *ein vorzügliches von mir*.

Clavigo] Die Premiere fand am 16. Mai 1946 am Schauspielhaus Zürich statt. Regie führte Wolfgang Heinz. Als Darsteller haben u.a. Bernhard Wicki, Ernst Ginsberg und Agnes Fink mitgewirkt.

12 Hs. Brief, Original im DLA, Nachlaß CZ.

Emil-Passus im »Teufelsgeneral«] In einem Brief vom 8. August 1948 an Karl
Heinrich Ruppel (Nachlaß Dr. Jürgen-Dieter Waidelich, Privatbesitz) erklärte CZ, er habe »alle Bühnen gebeten, die Stellen mit Jannings (erster
Akt)« zu streichen: »Der alte Sünder Emil soll seine Rechnung mit Himmel
und Hölle allein abmachen.« In der Buchausgabe ließ er diese Passage jedoch auch später unverändert.

13 Hs. Brief, Original im DLA, Nachlaß CZ.

Jobs] Siehe S. 128, Anm. zu *Jobs.*
Stück, das in Holland spielen soll] Einer der vielen Stückpläne CZs, die nicht
realisiert wurden.
Halperins] Der »tapfere Schweizer Sozialist« (CZ, *Als wär's ein Stück von mir*,
S. 73) Josef Halperin (1891-1963) gehörte zu CZs Heidelberger Freundes-
kreis. Bis 1932 war er als Berliner Korrespondent der *Neuen Zürcher Zei-
tung* tätig und lernte in dieser Zeit auch ALH kennen. Danach arbeitete er
als Sekretär für den Schweizerischen Gewerkschaftsbund und unterstützte
von 1935 bis 1939 die kommunistische Volksfrontstrategie. Aus Anlaß von
ALHs 50. Geburtstag veröffentlichte Halperin eine luzide Studie über ALHs
Œuvre in: *Die Neue Rundschau*, Jg. 58, 1947, H. 8, S. 456-465.
Josef] Albrecht Joseph.

14 Hs. Brief, Original im DLA, Nachlaß CZ.

Feier in Salzburg] Nicht ermittelt.
Jallingern] Emil Jannings und Gussy Holl.
Jedermann] 1946 wurde erstmals nach 1937 Hofmannsthals *Jedermann* wieder auf dem Domplatz in Salzburg aufgeführt und seitdem alljährlich wiederholt. 1947 führte Helene Thimig Regie, die Titelrolle spielte Attila Hörbiger. Aufführungen fanden am 27. Juli, 3., 10., 15., 17., 24. und 31. August
statt.

15 Hs. Brief, Original im DLA, Nachlaß CZ.

Aussprüche des Papageien von Belsito] Nicht ermittelt.
l. Brief] Nicht überliefert.
Flock] Flock war der Name eines von zwei Springer-Spaniels, den CZ von Stefan Zweig geschenkt bekommen hat.
zum Jahre 48 Stellung zu nehmen] Gemeint sind die Feierlichkeiten zur Erinnerung an die Revolution 1848 (22. Februar 1848: Ausbruch der Revolution
in Paris; 13. März: erster Aufstand in Wien; 18. März: Aufstand in Berlin).

Turgenjews Ausspruch] Nicht ermittelt.
La seule excuse pour Dieu c'est qu'il n'existe pas ...] (frz.) Die einzige Entschuldigung für Gott ist, daß er nicht existiert. Nietzsche zitiert diesen »besten Atheisten-Witz« in *Ecce homo* am Ende von Abschnitt 3.
Margot Korf] Nicht ermittelt.

16 Hs. Brief, Original im DLA, Nachlaß CZ.

»räumt's ...Unordnung nicht leiden«] Nicht ermittelt.
»Ich glaube ... bearbeitet.«] Gemeint sind ALHs Drehbuch zu dem Film *Am
 klingenden Ufer* (siehe unten, Anm. zu *Unterkircher*) sowie CZs Novelle
 Nach dem Sturm, die in seinem Nachlaß nur als Filmexposé überliefert ist,
 nach einem Drehbuch von Peter Wyrsch unter der Regie von Gustav Ucicky
 verfilmt wurde und 1950 in die Kinos kam. Die Entstehungsgeschichte des
 Films schildert detailliert Sannwald 2001, S. 462-478.
zwei Österreicher] CZ wurde am 7. Februar 1938 die österr. Staatsbürgerschaft zuerkannt. Wie Christian Strasser ermittelt hat, legte CZ den Bürger-
 schaftseid wegen der Annexion Österreichs durch das Deutsche Reich nicht
 mehr ab, so daß ihm sein neuer Paß nicht ausgehändigt werden konnte. Er
 wurde vom Salzburger Polizeipräsidium mit dem Vermerk »bei Erhebung
 sofort zu verhaften« aufbewahrt (Strasser 1996, S. 207).
Unterkircher] Hans Unterkircher (1895-1971) war Schauspieler, Filmregis-
 seur und -produzent. 1949 hat er nach einem Drehbuch von ALH den Film
 An klingenden Ufern produziert und auch die Regie geführt.
Gessner] Die österr. Schauspielerin Adrienne Gessner (1896-1987) spielte
 1933 in CZs *Kakadu Kakada* die Frau Katzenellenbogen (Premiere am 20.
 September 1933 am Theater in der Josefstadt in Wien). Sie emigrierte 1938
 mit ihrem Ehemann Ernst Lothar in die Schweiz, dann nach Paris, 1939 in
 die USA. 1945 kehrte sie nach Wien zurück. 1947 wirkte sie nochmals an
 der Aufführung eines Stücks von CZ mit: In seiner Bearbeitung von John
 van Drutens *I Remember Mama* (dt.: *Die Unvergeßliche*) spielte sie die
 Aunt Trina (Premiere am 18. September 1947 am Schauspielhaus Zürich,
 Regie: Wilfried Seyferth).
beigelegte Notiz] Nicht überliefert.
Vogel ... Wachtel] Nicht ermittelt.
Bettauer] Der in Baden bei Wien geborene Journalist Hugo Bettauer (1872-
 1925) war von 1904 an Reporter der *Deutschen Zeitung* in New York und
 schrieb Fortsetzungsromane für Einwanderer. 1910 kehrte er nach Wien zurück und verfaßte bis 1924 eine Reihe von Kriminalromanen. 1924 wurde
 er Mitherausgeber von *Sie und Er. Wochenschrift für Lebenskunst und Erotik*, die wegen Sittengefährdung beschlagnahmt wurde. Das deswegen ange-
 strengte Gerichtsverfahren endete zwar mit einem Freispruch für Bettauer,
 er wurde aber anschließend in seiner Redaktion von einem fanatischen
 Nationalsozialisten ermordet.

17 Hs. Brief, Durchschlag im DLA, Nachlaß CZ.

Dein Film ... dem meinigen] Siehe S. 134, Anm. zu »*Ich glaube ... bearbeitet.*«
Harell] Die (Film-)Schauspielerin Marte Harell (eigentl. Marte Schömig;
   1907-1996).
Reichswasserleiche] Spottname für die schwedische Schauspielerin Kristina
   Söderbaum (1912-2001) die während der NS-Zeit in Deutschland an Fil-
   men mitwirkte, in denen sie sich zur Rettung ihrer weiblichen Ehre durch
   Ertränken das Leben nahm (u.a. *Jud Süß*, 1940).
Zahn] Ernst Zahn (1867-1952) war Sohn eines Schweizer Hoteliers, veröf-
   fentlichte zahlreiche Romane und Erzählungen, mit denen er hohe Auflagen
   erzielte, und galt lange Zeit als prototypischer Schweizer Heimatdichter.

18 Hs. Brief, Original im DLA, Nachlaß CZ.

zwei Besprechungen] Nicht überliefert.
›*General*‹] Siehe S. 130, Anm. zu *Dein dämliches Stück.*
Savonarolapredigt] Gemeint ist ALHs *Germanien* (Berlin: Suhrkamp 1946).
›*Barbara Blomberg*‹] Mit der Arbeit an seinem Drama *Barbara Blomberg* hat
   CZ am 22. Februar 1945 begonnen. Am 30. April 1949 wurde es unter der
   Regie von Heinz Hilpert am Deutschen Theater Konstanz uraufgeführt. Die
   Buchausgabe erschien Anfang 1949 im S. Fischer Verlag.

19 Hs. Brief, Original im DLA, Nachlaß CZ.

Ronco-Liede] Nicht überliefert.
Besprechung] Nicht überliefert.
›*Parforce*‹] ALH, *Parforce. Komödie*, Berlin: S. Fischer 1928; Uraufführung
   am 31. Dezember 1928 am Düsseldorfer Schauspielhaus; Neuinszenierung
   am 5. Oktober 1948 an den Wiener Kammerspielen. Auszüge aus den Kritiken zu dieser Einstudierung finden sich bei Pott 1972, S. 173 f.
Frau v. Blomberg] Siehe oben, Anm. zu ›*Barbara Blomberg*‹.
beide kaltgestellt] ALH spielt auf Skandale während der NS-Zeit an: Am 4. Februar 1938, vier Jahre nach dem Erscheinen von CZs *Liebesgeschichte*,
   wurde der aus politischen Gründen erzwungene Abschied von Generalfeld-
   marschall Werner von Blomberg im Februar 1938 öffentlich damit begründet, daß er untragbar geworden sei, weil seine 34 Jahre jüngere Frau vor
   ihrer Ehe für Aktaufnahmen Modell gestanden habe. Der zweite Skandal
   betraf den Oberbefehlshaber des Heeres Generaloberst Werner Freiherr von
   Fritsch, der zusammen mit Blomberg entlassen wurde, weil ihn der Gelegen-
   heitsarbeiter Otto Schmidt einer homosexuellen Beziehung bezichtigte.
   Fritsch wurde am 18. März 1938 jedoch freigesprochen; er sei mit dem Rittmeister Achim von Fritsch verwechselt worden. Beide Demissionen wurden
   offenkundig deshalb von Hitler angestrebt, um selbst den Oberbefehl über
   die gesamte Wehrmacht zu übernehmen.

20 Hs. Brief, Original im DLA, Nachlaß CZ.

gesammelten Dischtungen] CZ, *Gedichte*, Amsterdam: Bermann-Fischer
1948.
›*Altern*‹] CZs ALH gewidmetes Gedicht *Das Altern* wurde erstmals veröffentlicht in *Die Neue Rundschau* (Stockholm), Jg. 58, 1947, H. 8, S. 390 f., dann
aufgenommen in den zweiten Band der *Gesammelten Werke: Gedichte
1916-1948* (Amsterdam: Bermann-Fischer 1948), S. 116 f.; jetzt in: CZ,
Abschied und Wiederkehr, S. 150 f.
Rede auf die Brüder Grimm] CZ, *Die Brüder Grimm. Ein deutscher Beitrag
zur Humanität*, Frankfurt am Main: Suhrkamp 1948.
Frau des gleichnamigen GFM *Kegel*] ALH meint CZs Drama *Barbara Blomberg*, siehe S. 135, Anm. zu ›*Barbara Blomberg*‹.
Selbstgespräch] Die Beilage ist nicht überliefert.

21 Hs. Brief, Original im DLA, Nachlaß CZ.

daß der Proppen durch ist] CZ erlitt Ende 1948 einen Herzinfarkt.
Gedicht] Siehe oben, Anm. zu ›*Altern*‹.
Papageienfeuilleton] Nicht ermittelt.
Blomberg] Siehe S. 135, Anm. zu ›*Barbara Blomberg*‹.
Emil] Emil Jannings.
Ruth] Die von Jannings adoptierte Tochter seiner dritten Ehefrau Gussy Holl.
dem »brauenschönen«, wie Pindar sagt] Nicht ermittelt.
der »Saint-Germain«] ALH, *Der Graf von Saint-Germain*, Zürich: Morgar-
ten-Verlag Conzett & Huber 1948. CZ hat diesen Roman in der Zeitschrift
Die Erzählung in der Rubrik »Bücher, die Sie schenken möchten« neben
Ernst Jüngers *Strahlungen*, Horst Langes *Leuchtkugeln*, Gedichten von Elisabeth Langgässer und Bruno E. Werners *Die Galeere* empfohlen: »Wer eine
elegante Damenerzählung erwartet, wird sich wundern. Dieses ebenso reale
wie phantastische Werk stößt ins Metaphysische vor und vermittelt den
Schauer poetischer Weisheit, wie etwa Eichendorffs ›Ahnung und Gegenwart‹. Höhepunkte: ein Ritt durch eine vollständig gegenwärtige Vorzeitland-
schaft, ein Gedicht von Theophile Gautier über die Schönheit der ungeschrie-
benen Dichtungen (das gar nicht von Gautier ist, sondern von Lernet) – ein
von aristokratischen Zöglingen eines Jesuitenstiftes im nächtlichen Schlafsaal
aufgeführtes Pontius-Pilatus-Spiel, in dem das Phänomen des Glaubens, wie
durch einen Türspalt in die verbotene Kammer, belichtet wird.«

22 Hs. Brief, Original im DLA, Nachlaß CZ.

Euer Telegramm] Nicht überliefert.
Hamen] In der Fischerei Bezeichnung für sackartige Netze zum Fisch- und
Garnelenfang.

Berliner Illustrierte] Im Ullstein Verlag von 1891 an erschienene Wochenzeitung. Dort erschien 1933 der Vorabdruck von CZs *Eine Liebesgeschichte*,
1934 der von ALHs Roman *Die Standarte* (unter dem Titel *Das Leben für
Maria Isabella*).

meine neuesten Dischtungen] ALH, *Das Feuer. Gedichte*, Wien: Erasmus Verlag 1949.

Goethe-Hymne] Gemeint ist ALHs Hymne zum feierlichen Staatsakt Österreichs für Johann Wolfgang von Goethe am 28. August 1949, abgedruckt
in: ebd., S. 71-81, jetzt in: Lernet-Holenia 1989, S. 530-535.

Mell] Max Mell (1882-1971) war Autor volksnaher, heimatverbundener,
christlicher Dramen und Legendenspiele. Zusammen mit CZ und René
Schickele wurde er 1929 mit dem (nur ein einziges Mal verliehenen) Preis
der Heidelberger Festspiele ausgezeichnet (siehe CZ, *Als wär's ein Stück von
mir*, S. 512). Eine kurze Einschätzung seiner politischen Haltung in der NS-
Zeit findet sich in CZs *Geheimreport* (S. 101 f.). Mells Verhältnis zu ALH
war nicht spannungsfrei. Er habe »schon 1923 bei Hofmannsthal gegen
Lernet-Holenia intrigiert und es als Mitredakteur der ›Neuen Deutschen
Beiträge‹ verabsäumt […], ein Gedicht Lernet-Holenias an Hofmannsthal
zur Einsicht weiterzuleiten (Roček 1997, S. 267).

Einem] Gottfried von Einem, *Hymnus* (op. 12.), Uraufführung am 31. März
1951 in Wien.

›*Verlobten*‹] Alessandro Manzoni, *Die Verlobten*, Deutsch von ALH, Nachwort von Guiseppe Zoppi, Zürich: Manesse [1950] (Manesse Bibliothek
der Weltliteratur).

Buschla] Rufname von Claire Halperin, der Ehefrau des Schweizer Radikalso-
zialisten Josef Halperin.

23 Hs. Brief, Original in Privatbesitz.

Brief aus dem Arlbergexpreß] Nicht überliefert.

Romans] Nicht ermittelt.

»Quick«] 1948-1992 im Münchner Bauer-Verlag erschienene Illustrierte.

Schnellbegattung] ALH war für Seitensprünge bekannt, die sich aber nie zu
einem regelrechten Verhältnis auswuchsen. CZ nannte ALH daher spaßhaft
einen »Schnellbegatter«, was alsbald ein Ritual von Alice Zuckmayer und
ALH zur Folge hatte: Wenn beide sich sahen, zogen sie sich kurz zurück, um
mit hoher Frequenz kräftig auf den Boden zu trampeln.

Berliner Illustrierten] Siehe oben, Anm. zu *Berliner Illustrierte*.

Facsimile-Band] Gemeint ist der als Faksimile des Manuskripts gedruckte Gedichtband *Das Feuer* (Wien: Erasmus Verlag 1949).

Blomberg … in Düsseldorf] Die Düsseldorfer Premiere von *Barbara Blomberg* fand am 4. Mai 1949 mit Marianne Hoppe in der Titelrolle am Neuen
Theater unter der Regie von Hans Schalla statt.

Schweizer Ergebnisse] Die Zürcher Inszenierung von *Barbara Blomberg* mit

Käthe Gold in der Titelrolle fand am 5. Mai 1949 am Schauspielhaus statt.
Regie führte Oskar Wälterlin.

in Wien] Die Wiener Erstaufführung von *Barbara Blomberg* am Theater in
der Josefstadt fand am 20. September 1949 in Anwesenheit CZs statt. Regie
führte Rudolf Steinböck, Paula Wessely spielte die Titelrolle, Attila Hörbiger den Anthony Ratcliff.

24 Hs. Brief, Original im DLA, Nachlaß CZ.

Smýrna Rhodós Kolophón] Drei der sieben Städte, die darum stritten, der
Geburtsort Homers zu sein. Hier wird darauf angespielt, daß Alice Herdan-
Zuckmayers 1949 erschienenes Buch *Die Farm in den grünen Bergen* paral-
lel im Hamburger Verlag J. P. Toth und im Zürcher Europa-Verlag erschie-
nen ist. 1956 übernahm G. B. Fischer den Titel, von dem bis heute, eine
Ausgabe im Fischer Taschenbuch Verlag mitgerechnet, rund eine halbe Mil-
lion Exemplare verkauft wurden.
Brief] Vermutlich Nr. 23.
Cornel's Village] Oberstdorf.

25 Masch. Brief, Durchschlag im DLA, Nachlaß CZ.

letzte Antigone] Nachdem CZ tatsächlich bei den Salzburger Festspielen die
letzte Aufführung von Carl Orffs *Antigonae* gesehen hatte, schrieb er an
seine Sekretärin Hella Jacobowski: »Salzburg war grandios, der Orff für
mich – obwohl sich viel drüber diskutieren lässt – ein ganz starker Eindruck, enorm faszinierend, ein gross angelegter Versuch, voll Talent, voll
Ausdruckskräften, eine prachtvolle Inszenierung. Und ich habe mit der
Festspielleitung abgemacht, auch mit dem Kultusminister in Wien, dass ich
nächst Jahr meine Thebaische Legion mit Orff als grosses neues Festspiel
mache, dh, vielleicht erst nächst Jahr schreiben und übernächst Jahr heraus-
bringe. Bin mit Orff in festem Kontakt, werde ihn auf der Rückreise von
Wien wieder in München besuchen« (Brief vom 10. September 1949 im
DLA, Nachlaß CZ).
Blomberg mit der Wessely] Siehe oben, Anm. zu *in Wien*.

26 Hs. Brief, Original im DLA, Nachlaß CZ.

Emil] Emil Jannings.

27 Masch. Brief, Durchschlag im DLA, Nachlaß CZ.

Emils Tod] Emil Jannings war am 2. Januar 1950 in Strobl am Wolfgangsee
gestorben.

meinem Buch] AHZs erstes Buch, in dem sie die Emigrationszeit auf der
Backwoods-Farm in Vermont schildert, erschien unter dem Titel *Die
Farm in den grünen Bergen* (siehe S. 138, Anm. zu *Smyrna Rhodós Kolo-
phón*).

sein Stück] *Der Gesang im Feuerofen*, Uraufführung am 3. November 1950
am Deutschen Theater Göttingen, Regie: Heinz Hilpert.

28 Hs. Brief, Original im DLA, Nachlaß CZ.

Emils Tod] Siehe S. 138, Anm. zu *Emils Tod*.
beigelegte Feuilleton] Nicht überliefert.
Rübenschwein Welti] Gemeint ist wohl der Schweizer Schriftsteller Albert
Jakob Welti (1894-1965); sein Nachruf auf Emil Jannings konnte nicht er-
mittelt werden.
Buches] Siehe oben, Anm. zu *meinem Buch*.
Stück] Siehe oben, Anm. zu *sein Stück*.
»Die grauen Blumen«] Eine Erzählung dieses Titels von ALH konnte nicht er-
mittelt werden.

29 Hs. Brief, Original im DLA, Nachlaß CZ.

Geschichte] Gemeint ist die Erzählung *Der Weichselzopf*, die später ein Kapitel in Alice Zuckmayers Buch *Das Kästchen* über ihre Wiener Kindheits-
erlebnisse wurde (Frankfurt am Main: S. Fischer 1962).

30 Hs. Brief, Original im DLA, Nachlaß CZ.

»Langen Wege«] CZ, *Die langen Wege. Ein Stück Rechenschaft*, Frankfurt
am Main: S. Fischer 1952; jetzt in CZ, *Die langen Wege. Betrachtungen*,
Frankfurt am Main 1996, S. 255-330.
Schafberg] Berg bei Salzburg.
Zifanken] Name eines Bergs bei Henndorf.
Schuschniggzeit] Gemeint ist die Regierungszeit des österr. Bundeskanzlers
Kurt von Schuschnigg (1897-1977) vom 29. Juli 1934 bis zum »Anschluß«
Österreichs am 12. März 1938.
Mayers Gasthof] Mit Carl Mayr (1875-1942), dem Besitzer des Gasthofs
Bräu in Henndorf, war CZ eng befreundet (siehe CZ, *Als wär's ein Stück
von mir*, S. 13-15, 25). Von ihm hatte CZ 1926 die »Wiesmühl«, bis 1938
CZs Domizil in Henndorf bei Salzburg, gekauft.
»wie Du doch weißt«] Nicht ermittelt.
Waggerl] Der österr. Schriftsteller Karl Heinrich Waggerl (1897-1973) wurde
1936 Mitglied des ›Bundes der deutschen Schriftsteller Österreichs‹, 1938

beteiligte er sich mit einem Beitrag an dessen *Bekenntnisbuch* und verfaßte
Werbesprüche für die dem »Anschluß« folgende »Volksabstimmung« (siehe
Amann 1988, S. 220). Im selben Jahr trat er der NSDAP bei. Von 1940 bis
1942 war er Bürgermeister seiner Heimatgemeinde Wagrein. Noch 1944
bekannte er sich in einer Rede im Salzburger Festspielhaus öffentlich zu Hitler. Nach Kriegsende stritt er eine Mitgliedschaft in der NSDAP dennoch
entschieden ab (siehe ebd.). Trotz einer Reihe öffentlicher Vorwürfe konnte
Waggerl nach dem Zweiten Weltkrieg nahtlos an die Erfolge der vorangegangenen Jahre anknüpfen. Von 1953 an gehörte er mit CZ zur Jury des
Charles-Veillon-Preises. Gegenüber Carl Jacob Burckhardt äußerte CZ am
10. Februar 1969, nachdem sein Schwiegersohn Michael Guttenbrunner
ihn auf problematische Äußerungen Waggerls aus der NS-Zeit hingewiesen
hatte: »Für Verbrechen und Morde sollte es gewiss keine Verjährung geben.
Aber die Fehlhaltung eines Literaten, die über 20 Jahre zurückliegt und in
einer Zeit vielfacher politischer Kurzschlüsse geschah, sollte man vielleicht
doch als ›verjährt‹ betrachten. Wenn man es weiss, wirft es einen Schatten
auf seinen Charakter, – wenn man es nicht weiss, bleibt er halt ein ›treuer
Österreicher‹, – der er ja heute auch ist, – und für das Verlegen seiner heutigen Produktion hat es wohl keine Bedeutung. Vielleicht hat er sich wegen
dieser damaligen Äusserungen einmal vor sich selbst geschämt, – und damit
sollte mans genug sein lassen« (zitiert nach: *Zuckmayer-Jahrbuch*, Bd. 3,
2000, S. 112 f.). Siehe CZs Portrait Waggerls im *Geheimreport* (S. 87).
Auch ALH trug Waggerl dessen politischen Verirrungen nicht nach: »Ich
wollte«, schrieb er ihm in einem Brief vom 12. Mai 1949, den er später als
Glückwunschartikel zu Waggerls siebzigstem Geburtstag veröffentlichte, »ich
könnte so entzückende Enten, die auf dem Badewasser schwimmen, schnit-
zen wie Du und Truhen bemalen und Silhouetten schneiden – dann hätte ich
weitaus weniger Unsinn geschrieben« (*Zu Waggerls Siebziger*, in: *Kurier*
[Wien] vom 12. Dezember 1967).

o quae mutatio rerum!] (lat.) Oh welcher Wandel der Dinge!

Michi] Michaela Zuckmayer (geb. 1923), Alice Zuckmayers Tochter aus ihrer
ersten Ehe mit dem kommunistischen Funktionär und späteren Linkssozialisten Karl Frank.

Patentanwalt] Michaela Zuckmayer, Alice Zuckmayers Tochter aus ihrer ersten Ehe mit Karl Frank, heiratete am 21. August 1950 Harold Weston
(1912-1994).

31 Hs. Brief, Original in Privatbesitz.

Hinscheiden Eurer Mutter] CZs Mutter war am 29. August 1954 gestorben.

32 Hs. Brief, Original im DLA, Nachlaß CZ.

neusten Kinder Deiner Muse] Alice Herdan-Zuckmayers Buch ›Die Farm in
   den grünen Bergen‹ (siehe S. 138, Anm. zu *Smyrna Rhodós Kolophón*).
Steyrsberg] Recte: Steyersberg.
Buckligen Welt] Region in Niederösterreich.
»Das Finanzamt«] Drama nach ALHs gleichnamigen Roman (Wien-Ham-
   burg: Paul Zsolnay 1955), Uraufführung am 28. September 1969 am Wie-
   ner Volkstheater.
Verwechslung der Abschriften] Nicht ermittelt.
Dubrović] Milan Dubrovic (1903-1994) war 1953 bis 1961 Chefredakteur
   der Wiener Tageszeitung *Die Presse.*
Vuoze] (mhdt.) Fuß.
Bild] Nicht überliefert.

33 Hs. Brief, Original in Privatbesitz.

Du gehst so stille durch die Abendwolken hin] In verschiedenen Textvarian-
   ten, darunter auch einer von Karl Wilhelm Ferdinand Enslin (1819-1875),
   seit Anfang des 19. Jahrhunderts bekanntes Volkslied.
kleine Rede über den Zuck] Nicht ermittelt.
Feuilleton] Nicht überliefert.
Schnellbegatter] Siehe S. 137, Anm. zu *Schnellbegattung.*

34 Hs. Brief, Original in Privatbesitz.

Baden-Baden] CZ feierte am 27. Dezember 1956 seinen 60. Geburtstag in
   Baden-Baden.
Schnellbegattung] Siehe S. 137, Anm. zu *Schnellbegattung.*
»Wir sehn ... genug] »Wir sehn uns am letzten Kreuzweg, Peer; | Und dann
   wird sich zeigen, – ich sage nicht mehr« (Ibsen, *Peer Gynt,* 5. Akt).

35 Hs. Brief, Original in der StuLb Wien, Nachlaß ALH.

Geburtstagsschrieb] Siehe Nr. 34.
Papa Heuss] Der Schriftsteller und Politiker Theodor Heuss (1884-1963) war
   1905-1912 Redakteur der von Friedrich Naumann herausgegebenen Zeitschrift *Die Hilfe,* 1930-1933 als Liberaler Mitglied des Reichstags, nach
   dem Zweiten Weltkrieg Mitbegründer der FDP und 1949-1959 Bundespräsident. Zur von 1946 an bestehenden Freundschaft zwischen CZ und
   Theodor Heuss siehe: CZ, *Ein Tag in der Villa Hammerschmidt* und *Das
   Gesicht des Theodor Heuss. (Versuch einer Bleistiftskizze.) Geschrieben zu
   seinem siebzigsten Geburtstag, 1953,* beide Texte in: CZ, *Aufruf zum*

Leben, S. 237-242 sowie Theodor Heuss, *Geleitwort*, in: *Fülle der Zeit.
Carl Zuckmayer und sein Werk*, Frankfurt am Main: S. Fischer 1956),
S. 9-12.

Burckhardt] Nach der Uraufführung von *Des Teufels General* am 14. Dezember 1946 im Zürcher Schauspielhaus hatten sich CZ und Carl Jacob
Burckhardt kennengelernt. Doch erst von 1956 an, nachdem CZ Burckhardt ein Exemplar seines Stück *Das kalte Licht* geschenkt hatte, begann
ein reger, zunächst brieflicher Austausch, der bald in eine Altersfreundschaft
mündete, die CZ als eine »der reichsten, schönsten und fruchtbarsten Beziehungen meines Lebens« bezeichnete (*Ein voller Erdentag. Betrachtungen*,
Frankfurt am Main 1997, S. 223-229, hier: S. 224 f.). Siehe auch den Briefwechsel zwischen CZ und Burckhardt im *Zuckmayer-Jahrbuch*, Bd. 3, 2000,
S. 9-243.

A fool is a fool is a fool] Nach dem »Rose is a rose is a rose is a rose« in dem
Gedicht *Sacred Emily* (1913), das Gertrude Stein (1874-1946) 1922 in ihrem Buch *Geography and Plays* veröffentlichte.

36 Hs. Postkarte (Abb.: Weinhaus Winkel, Einrichtung aus dem 16. Jahrhundert), Original in Privatbesitz.

Bee's Town und Cornel's Village] Gemeint sind Immenstadt und Oberstdorf.

37 Hs. Brief, Original im DLA, Nachlaß CZ.

Ehrendoktor] 1956 wurde CZ der Ehrendoktor des Dartmouth College in
Hanover N.H., USA verliehen.

»Eunuchen«] Das Stück wurde erstmals veröffentlicht im *Jahrbuch zur Literatur der Weimarer Republik*, Jg. 3, 1997, S. 47-99.

Brief von Dir] Das Rundschreiben lautete: »Als einer der langjährigen Autoren des S. Fischer Verlags und seit einer noch längeren Zeit mit Dr. Gottfried
Bermann-Fischer durch persönliche Freundschaft verbunden, ist es mir ein
herzliches Anliegen, ihm zu seinem in Bälde bevorstehenden 60. Geburtstag
eine Freude zu bereiten. Ich glaube, dass man ihn mit nichts so sehr erfreuen
könnte wie mit einer reichhaltigen Sammlung möglichst persönlich gehalte-
ner Glückwunsch-Äusserungen seiner Autoren. Ich bin überzeugt, dass es
auch Ihnen ein Bedürfnis ist, sich daran zu beteiligen, und möchte Sie hier-
durch auf's herzlichste dazu einladen. | Mit verbindlichen Grüssen | Ihr sehr
ergebener«. Die Glückwunschbotschaften u.a. von Ilse Aichinger, Gerty von
Hofmannsthal, Erich von Kahler, Annette Kolb, ALH, Katia Mann, Joachim Maass, Heinrich Schnitzler, Herbert Steiner, Friedrich Torberg, Bruno
Walter und Alma Mahler-Werfel wurden Bermann Fischer in einer mit grünem Leder bezogenen Kassette zu seinem Geburtstag überreicht. Sie befindet sich heute im Deutschen Literaturarchiv Marbach.

Olga] Olga Leitner, ALHs langjährige »offizielle Freundin (Roček 1997, S. 179).

grauenhaften Konflikt] In der von Melvin J. Lasky und Helmut Jaeserich in Berlin herausgegebenen Zeitschrift *Der Monat* hatte ALH im Februarheft 1957 (Jg. 9, H. 101, S. 33-37) als fünften und letzten Beitrag in der Reihe *Europäische Aristokratie* den Aufsatz *Adel und Gesellschaft in Österreich* beigesteuert. Im April- und im Maiheft erschienen dazu einige kritische, auf Details Bezug nehmende Leserbriefe. Welcher Art in diesem Fall die Konflikte mit dem »österreichischen Adel«, in erste Linie also mit Otto von Habsburg, waren, konnte nicht ermittelt werden.

dokumentarisch nachgewiesen] ALH kokettierte immer wieder mit der (unzutreffenden) Behauptung, er sei ein illegitimer Sohn des Erzherzogs Karl Stephan (1866-1933). Siehe dazu Alexander Dreihann-Holenia, *Alexander Lernet-Holenia: Herkunft, Kindheit und Jugend*, in: Eicher/Gruber 1999, S. 17-37.

Bürgercanaille] Das Wort findet sich weder in *Kabale und Liebe* noch in einem anderen Stück Schillers.

38 Hs. Brief, Original in der StuLb Wien, Nachlaß ALH.

»Jallingern«] Emil Jannings und Gussy Holl.

»Österreichische Komödie«] Uraufführung am Theater in der Josefstadt in Wien am 28. Januar 1927.

»Ollapotrida«] Uraufführung am Frankfurter Schauspielhaus am 11. Dezember 1926.

»Saul«] Uraufführung am Reußischen Theater in Gera am 22. Mai 1927.

Baron Bagge] *Der Baron Bagge* [Erzählung], Berlin: S. Fischer 1936.

Pilatusspiel im Schlafsaal der Klosterschüler] In *Der Graf von Saint Germain* [Roman], Zürich: Morgarten 1948.

»Die beiden Sizilien«] *Beide Sizilien* [Roman], Berlin: Suhrkamp 1942.

»Luna«] *Der Graf Luna* [Roman], Wien, Hamburg: Paul Zsolnay 1955.

Vierzeiler] C.Z. für A.L-H., in: *Forum*, Jg. 4, 1957, H. 47, November, S. 410: »Alexander, Dein Wort und Dein Vers hat hymnisch vollendet, | Was des Messias' Meister in deutscher Sprache begonnen. | Hat sich der Stern Deines Lebens zum dämmernden Westen gewendet, | Bleibt Deine Sprache ein Spiegel sich ewig erhebender Sonnen.«

»Forum«] Dort erschien CZs Brief (bis »fruchten mögen«) in derselben Ausgabe und auf derselben Seite wie das Gedicht *C.Z. für A.L-H.*

Schnellbegattung] Siehe S. 137, Anm. zu *Schnellbegattung*.

39 Hs. Brief, Original in Privatbesitz.

Du gehst ... verlassen bin] Siehe S. 141, Anm. zu *Du gehst so stille durch die Abendwolken hin.*

Minkus] Léon Minkus (1826-1917), österr. Ballettkomponist tschechischer oder polnischer Herkunft.

Wolf] Nicht ermittelt.

Kowet] (jidd.) Ehre.

Grandes Jorasses ... Dent du Géant] Berge von über 4.000 m, die zur Mont-blanc-Gruppe gehören.

40 Hs. Brief, Original im DLA, Nachlaß CZ.

»*wâfen*«] Eigentl. (mhdt.) wâfenâ: Not-, Hilfs-, Wehe- und Drohruf.

Kapsreiter] Gustav Kapsreiter jun. (1894-1971), Schwager des ehemaligen Wiesmühlenbesitzers Carl Mayr, war mit CZ seit dessen Henndorfer Zeit befreundet. Er habe – so CZ in seiner Autobiographie – »ein Leben lang Wirtschaftsführung, Politik und Wohlhabenheit mit enthusiastischem Kunstverstand« vereint (siehe CZ, *Als wär's ein Stück von mir*, S. 67; siehe auch CZ, *Henndorfer Pastorale*, Salzburg: Residenz 1972, S. 51-53; jetzt in: CZ, *Die Fastnachtsbeichte*, S. 311-362).

Drimmel] Heinrich Drimmel (1912-1991), österr. Politiker (ÖVP), 1954-1964 österr. Bundesminister für Unterricht. Er setzte sich 1958 dafür ein, daß CZ die österr. Staatsbürgerschaft zuerkannt wurde.

B. F.] Bermann Fischer.

Hürsche] Gemeint ist der Kunsthistoriker Rudolf Hirsch (1905-1996), der 1950-1963 Verlagsleiter des S. Fischer Verlags und Herausgeber der Zeitschrift *Die Neue Rundschau* war.

Schiller'sche] Die Deutsche Schillergesellschaft lud CZ ein, am 10. November 1959 die Festrede zum 200. Geburtstag von Friedrich Schiller zu halten. »Erst ein langes ausführliches Gespräch mit [...] Carl Burckhardt, mit dem mich eine herzliche Freundschaft verbindet, vor einigen Tagen, machte mir Mut zu diesem Wagnis« – so CZ in seinem Brief vom 2. Dezember 1958 an die Deutsche Schillergesellschaft (zit. nach Nickel/Weiß 1996, S. 450). Sie erschien unter dem Titel *Ein Weg zu Schiller* auch als Buchausgabe im S. Fischer Verlag (jetzt in: CZ, *Ein voller Erdentag*, S. 9-81).

Fastnachtsbeichte] CZ, *Die Fastnachtsbeichte. Eine Erzählung*, Frankfurt am Main: S. Fischer 1959.

41 Hs. Briefkarte, Original im DLA, Nachlaß CZ.

Brieferl] Dieser Brief ist verschollen.

gegen Békessy János aufzutreten] ALH meint den Schriftsteller Hans Habe (1911-1977), der ihn verklagt hatte. Darüber berichtete ausführlich das »Nachrichtenmagazin« *Der Spiegel* in seiner Ausgabe vom 15. Juli 1959 unter der Überschrift *Habes Klage* (Jg. 13, Nr. 29, S. 51-53): »Daß der Schriftsteller Hans Habe [...] den Proportionen seiner Erscheinung niemals durch ein Mieder nachhelfe, haben zwei Anwälte in München dem dortigen Amtsgericht schriftlich versichert. Das nicht getragene Mieder gehört zu den Argumenten eines Strafantrags, den der 48jährige Habe, eigentlich János Békessy, durch seine Rechtsanwälte einreichen ließ. […] Nun hat Lernet-Holenia, der nicht nur in der Wiener Hofburg wohnt, sondern auch – gleich seinem Kontrahenten Habe – im österreichischen Prominentenort Sankt Wolfgang ein Haus besitzt, nie öffentlich behauptet, daß Hans Habe sich in ein Korsett zu zwängen pflege. Wohl aber hat der zuweilen als »allerletzter Österreicher« apostrophierte Erzähler Lernet-Holenia eine Kurzgeschichte drucken lassen, deren Held, ein Romancier namens Hans Wolfgang von Weheim, bei seinen Freunden im Verdacht steht, zu festlichen Gelegenheiten ein Mieder anzutun. Lernet-Holenias Kurzgeschichtenheld Hans Wolfgang von Weheim speist gern ausgezeichnet und legt großen Wert auf sein Äußeres. Den üppigen Lebensunterhalt für sich, die fünfte Gattin und die hinreißend kochende Schwiegermutter verdient der Held der Kurzgeschichte ›Die Weheims‹ durch Abfassen von Illustrierten-Romanen. Weheims aus Preßburg stammende Frau, so berichtet Lernet-Holenia seinen Lesern, spielt für das häusliche Glück nur eine Nebenrolle. Denn Hans Wolfgang von Weheim, Bruder eines berühmten Dirigenten, ist weniger ihren Reizen als den Filets ergeben, die seine Schwiegermutter zubereitet. Diese Filets setzen ihn auch instand, wahrhaft volkstümliche Prosa zu erstellen. Angesichts seines Fortsetzungswerks ›Die Prima Ballerina‹ meinen die zuständigen Redakteure: ›Wer hätte gedacht, daß aus diesem Schreiberling noch ein solcher Balzac werden würde!‹ Alexander Lernet-Holenias Geschichte ›Die Weheims‹ war Mitte April in der Sonntagsbeilage der Zeitung ›Neues Österreich‹ [am 19. April 1959] erschienen. Um plausibel zu machen, daß die Veröffentlichung dieser Geschichte den Tatbestand der Strafgesetzbuch-Paragraphen 185 ff (Beleidigung) erfülle, haben die Anwälte Hans Habes dem Münchner Amtsgericht einige Eröffnungen gemacht, die sowohl Lernet-Holenias Kurzgeschichten-Helden Hans Wolfgang von Weheim, Verfasser des Buches ›Die Prima Ballerina‹, wie auch den Mandanten Hans Habe betreffen: Hans Habe veröffentlicht unter dem Pseudonym Hans Wolfgang Illustrierten-Romane mit Titeln wie ›Ich habe immer noch Zeit für Dich‹. Gegenwärtig erscheint in der Illustrierten ›Revue‹ ein Habe-Roman unter dem Pseudonym Hans Wolfgang mit dem Titel ›Die Primadonna‹. In diesem Roman figuriert ein Dirigent namens Walter von Weheim. Lernet-Holenias Illustrierten-Erzähler Hans Wolfgang von Weheim ist Bruder eines Dirigenten Walter von Weheim. Der Strafantrag weist weiter darauf hin, daß Habes gegenwärtige Frau – wie Frau von Weheim in Lernet-Holenias Kurzgeschichte – aus Preßburg stamme und daß die Schwiegermutter mit dem Ehepaar zusammenlebe. Der Strafantrag erwähnt nicht, daß Habe, nach Berechnungen durch Experten, schon seine sechste Ehegefährtin ernährt, daß sich Lernet-Holenia also, falls er wirklich auf den Kläger anspielt, verzählt hat.« Vorausgegangen war bereits Hans Habes Veröffentlichung des Artikels *Wer andern in den Kochtopf guckt … Mit*

unveröffentlichten Originalbriefen von Alexander Lernet-Holenia in der zweimal monatlich im Münchner Kurt Desch Verlag erscheinenden Zeitung *Die Kultur. Eine unabhängige Zeitung mit internationalen Beiträgen* (Jg. 7, Nr. 122 vom 15. Mai 1959), in dem er ALH vorwarf, ihn »unablässig«, »seit Jahr und Tag« in Zeitungsartikeln in Form von »verhüllten Pöbeleien« anzugreifen und zu beleidigen, ihn z.B. »deutschlernenden Ungarn« nenne. Mit der Erzählung *Die Weheims* sei nun ein Punkt erreicht, an dem er, auch wegen des Drängens von Freunden, nicht mehr schweigen könne. Ja, er habe sogar »einen Augenblick lang« erwogen, ALH »zu züchtigen, wie man es in einem solchen Fall eben tun müßte«. Doch er sei davon abgekommen, »denn der kindische Mann ist über sechzig, ›terrible‹ zwar, doch ein recht zahnloses ›enfant‹: die Konsequenzen eines so ungleichen Faustkampfes wären nicht abzusehen gewesen«. – Nachdem Habe gegen ALH Klage erhoben hatte, reichte dieser Gegenklage ein. »Als aber Habe«, so die Münchener *Abendzeitung* in ihrem Bericht vom 31. Dezember 1959, »die Widerklage Lernet-Holenias in einer Weise zerpflückte, von der Lernet-Holenia selbst zugeben mußte, dieser Vortrag Habes vor Gericht sei eine der größten Leistungen Habes gewesen, nahm Lernet-Holenia auf dringendes Anraten des Vorsitzenden seine ehrenkränkenden Erklärungen mit dem Ausdruck des Bedauerns zurück und sicherte zu, in Zukunft alles zu vermeiden, was den Rechtsfrieden zwischen den beiden Schriftstellern stören könnte« (zit. nach Roček 1997, S. 331).
erwartet Winnetou ihren Tag der Explosion] Die Geburt ihrer Tochter; siehe unten, Anm. zu *das Kind*.

42 Hs. Postkarte (Abb.: Paul Gauguin: Vahine no te tiare), Original in Privatbesitz.

das Kind] Katharina Guttenbrunner, CZs Enkelin (geb. am 10. Januar 1960).

43 Hs. Photopostkarte (Abb.: Rakoczybrunnen-Trinkhalle, Bad Kissingen), Original im DLA Marbach, Nachlaß CZ.

werde ein Kriminalstück schreiben] Diesen Plan hat ALH nicht verwirklicht – wenn es überhaupt ein ernsthaftes Vorhaben war. In den 1960er Jahren hat ALH nur noch zwei Stücke geschrieben, die beide nie aufgeführt wurden: *Die Thronprätendenten* (1965) und *Die Hexe von Endor* (1968).

44 Hs. Photopostkarte (Landschaftsaufnahme), Original im DLA, Nachlaß CZ.

Camaiore] Bei Gottfried und Brigitte Bermann Fischer. Gottfried Bermann Fischer schrieb dazu am 26. Oktober 1960 an CZ: »Eben waren Lernet-Hole-

nia und Eva für einen Tag zu Besuch bei uns. Ich war überrascht und erfreut, wie gut er aussieht und wie unverändert er in seiner Vitalität und in
seinem Humor ist« (Zuckmayer/Bermann Fischer 2004, Bd. 1, S. 611).
Pomona] Römische Göttin der Früchte und Gärten.

45 Hs. Postkarte, Original im DLA Marbach, Nachlaß CZ.

Jobsens] Siehe S. 127, Anm. zu *Jobs*.
Brief] Dieser Brief ist nicht überliefert.

46 Hs. Brief, Original im DLA, Nachlaß CZ.

Dischtungen] ALH bezieht sich auf CZ, Gesammelte Werke, 4 Bde., Frankfurt
am Main: S. Fischer 1960.
Jobs] Siehe S. 127, Anm. zu Jobs.
aufs lieblichste schrieb] Dieser Brief ist nicht überliefert.
Familie Rohan] Traditionsreiches Geschlecht des frz. Hochadels.
Emil] Emil Jannings.
Euer offspring] CZs Tochter Winnetou.
Stück] Nicht ermittelt.
Buttlarn] Nicht ermittelt.
Friedmann] Nicht ermittelt.
Pollacks aus St. Wolfgang] Nicht ermittelt.
»Halsband der Königin«] Erstausgabe: Wien-Hamburg: Paul Zsolnay 1962;
1965 als Fischer-Taschenbuch Nr. 640 erschienen.

47 Hs. Brief, Original im DLA Marbach, Nachlaß CZ.

beigelegte Notiz] Nicht überliefert.

48 Hs. Postkarte, Original im DLA Marbach, Nachlaß CZ.

Prix Veillon] Der Schweizer Industrielle Charles Veillon (1900-1971) aus Lau-
sanne stiftete 1947 einen jährlich zu vergebenden »Prix Charles Veillon« für
den französischen Roman, 1948 für den italienischen einen »Premio Charles
Veillon«. 1953 ließ er den »Charles-Veillon-Preis für den deutschsprachigen
Roman« folgen. Seit 1963 wurde ein weiterer Preis für die rätoromanische
Kultur in der Schweiz ausgeschrieben. Die Preisverleihung fand jeweils im
späten Frühjahr statt. Die deutsche Jury setzte sich unter dem Vorsitz von
Carl Jacob Burckhardt zusammen aus Werner Bergengruen, Albrecht Goes,
Max Rychner, Karl Schmid, Karl Heinrich Waggerl, Werner Weber und CZ.

In einer Ersatzwahl wurden 1965 für verstorbene und zurückgetretene Mitglieder Friedhelm Kemp, Numa Tétaz und Max Wehrli in diese Kommission aufgenommen. – Mit dem Prix Veillon wurde ALH nicht ausgezeichnet.

49 Masch. Brief, Durchschlag im DLA, Nachlaß CZ.

Prix Veillon] Siehe S. 147, Anm. zu *Prix Veillon.*

50 Hs. Postkarte, Original in Privatbesitz. Hs. Notiz auf einem masch. Brief des Sekretariats des Charles Veillon-Preises (»Wir freuen uns, Ihnen den Empfang Ihres für den Charles Veillon-Preis in 3 Exemplaren eingereichten Romans [vermutlich: *Das Halsband der Königin*, siehe S. 147, Anm. zu »Halsband der Königin«] zu bestätigen. Ihre Anmeldung haben wir Eingetragen.«), Original im DLA Marbach, Nachlaß CZ.

51 Hs. Postkarte, Original in Privatbesitz.

das Stück] ALH bezieht sich auf die Uraufführung von CZs *Die Uhr schlägt eins* am 14. Oktober 1961 am Burgtheater Wien (Regie: Heinz Hilpert).
Emil] Emil Jannings.
Guttenbrunners] CZs und AHZs Tochter Maria Winnetou Zuckmayer war seit 1959 mit dem österr. Schriftsteller Michael Guttenbrunner (geb. 1919) verheiratet.

52 Masch. Brief, Original im DLA Marbach, Nachlaß CZ.

Deiner letzten werten Hervorbringung] *Die Uhr schlägt eins. Ein historisches Drama aus der Gegenwart*, Frankfurt am Main: S. Fischer 1961.
Aufführung] Siehe oben, Anm. zu *das Stück.*
Mann mit der Facialis] Heinz Hilpert. CZ und Hilpert (1890-1967) hatten sich im Januar 1924 bei der deutschen Erstaufführung von Eugene O'Neills Drama *Kaiser Jones* an dem von Berthold Viertel geleiteten Kollektivtheater *Die Truppe* kennengelernt. 1925 führte Hilpert erstmals bei einem Stück von CZ Regie, als er *Pankraz erwacht oder die Hinterwäldler* an der Jungen Bühne des Deutschen Theaters Berlin inszenierte. Damit begann eine lebenslange Freundschaft. Sie bearbeiteten 1931 gemeinsam Ernest Hemingways Roman *A Farewell to Arms* (dt.: *In einem anderen Land*) für die Bühne. Hilpert inszenierte insgesamt neun Uraufführungen von Stücken CZs, von ALH dagegen lediglich die Uraufführung der zweiaktigen Fassung von *Ollapotrida* (Premiere am 14. Dezember 1926 an den Kammerspielen des Deutschen Theaters Berlin). Siehe zu Hilpert von CZ: *Festrede zu Heinz Hil-*

perts siebzigstem Geburtstag (in: Zuckmayer, *Aufruf zum Leben*, S. 145-162), *Heinz Hilpert zum 75. Geburtstag* (in: *Frankfurter Allgemeine Zeitung* vom 1. März 1965), *Heinz Hilpert* (in: *Die Zeit* [Hamburg] vom 1. Dezember 1967) sowie Dillmann 1990.

ehelich erworbenen Buchbinderin] Hilpert war seit 1947 mit Annelies (genannt: Nuschka) Heuser verheiratet.

Alexander von Rosenthorpe] Anspielung auf das tragische Ende von Michael Rosenthorpe, des Protagonisten in ALHs Roman *Ein Traum in Rot* (Berlin: S. Fischer 1939).

Schmöle] Otto Schmöle (1890-1968), Schauspieler; 1920-1924 am Burgtheater, 1925/26 an den Reinhardt-Bühnen, 1926-1938 am Volkstheater und am Theater in der Josefstadt in Wien, danach bis 1967 erneut am Burgtheater. Bei der Uraufführung von *Die Uhr schlägt eins* spielte er den Corporal Schnebeli.

Pollak] Irma Pollak (gest. 1943), von 1934 bis zu seiner Emigration in die USA Lebensgefährtin von Albrecht Joseph. »Aber nach manchen leichteren Affären«, berichtet Joseph in seiner Autobiographie, »kam dann Irma. Von ihr weiß ich, daß sie mich wirklich gern gehabt hat, um ein pathetischeres Wort zu vermeiden. Sie war Marta Bäumers Schwester, und durch Marta war sie auf mich vorbereitet. Ich ging ein paar Mal zu ihr zum Tee und dachte mir weiter nichts dabei. Irma war als Konzertpianistin ausgebildet, spielte Mozart sehr schön, hatte aber die Karriere aufgegeben, um als junge Frau den Konsul Heinz Pollak zu heiraten, der Ungar und Weinhändler war. Die Ehe war kinderlos und wurde sehr bald zur Formalität. Aber Pollak verdiente genug Geld, um seine Frau in bescheidenem Luxus leben zu lassen. Sie war, verglichen mit Marta, unscheinbar. Marta sah aus wie einem Modejournal entstiegen und benahm sich entsprechend. Irma war weitaus kleiner, etwas dicklich, hatte aber Martas wundervolle Haut, ihr goldenes Haar und die leuchtenden Augen. Sie war viel gescheiter als Marta, allerdings auf einer völlig prosaischen Ebene, was der Unterhaltung mit ihr ziemlich enge Schranken setzte. Lernet und Zuckmayer mochten sie nicht« (Joseph 1991, S. 173).

Ämil] Emil Jannings.

53 Hs. Briefkarte, Original in der StuLb Wien, Nachlaß ALH.

mattgefeiert] CZ war am 27. Dezember 1961 65 Jahre alt geworden.

»Naundorff«] ALH, *Naundorff* [Biographie des preuß. Abenteurers Karl-Wilhelm Naundorff (um 1787-1845)], Wien-Hamburg: Paul Zsolnay 1961. ALH hatte CZ das Buch mit der handschriftlichen Widmung »Hals und Beinbruch! | Alexander | Wien, d. 29. Sept. 1961« geschickt (Privatbesitz).

54 Hs. Brief, Original im DLA Marbach, Nachlaß CZ.

Deine Fragen] Nicht überliefert.

Chotek] Sophie Reichsgräfin von Chotek (1868-1914; ab 1909 Herzogin von
   Hohenberg) war Hofdame der Erzherzogin Isabella von Croy (1856-1931)
   und ab 1900 in morganatischer (nicht ebenbürtiger) Ehe mit Erzherzog
   Franz Ferdinand (1863-1914) vermählt. 1914 fiel sie mit ihrem Ehemann
   jenem Attentat zum Opfer, das den Ersten Weltkrieg auslöste.

Max Hohenberg] Maximilian von Hohenberg (1902-1962) war der älteste
   Sohn von Sophie von Chotek und Franz Ferdinand. Wegen der morganati-
   schen Ehe seiner Eltern war er von der Thronfolge ausgeschlossen.

Schwarzenberg] Name eines fränkischen und böhmischen Adelsgeschlechts,
   das 1172 erstmals urkundlich erwähnt wurde (Erhebung in den Grafen-
   stand: 1599; Erhebung in den Fürstenstand: 1670).

Sulkowski] 1753 erhob Kaiserin Maria Theresia Bielitz zum Fürstentum,
   1754 zum Herzogtum mit Herzog Alexander Josef von Sulkowski (1695-
   1762).

55 Hs. Brief, Original im DLA, Nachlaß CZ.

Großschlachtschiffe] Im Zuge ihrer Recherchen für ihr 1962 veröffentlichtes
   Buch *Das Kästchen* führte Alice Zuckmayer umfangreiche Recherchen
   durch, unter anderem zu Großschlachtschiffen.

56 Hs. Postkarte, Original im DLA Marbach, Nachlaß CZ.

Saas-Fee] CZ hielt sich zu dieser Zeit in Stockholm auf, wohin ihm die Karte
   nachgeschickt wurde.

57 Hs. Bildpostkarte (»Die Watzmannsage«), Original im DLA Marbach,
   Nachlaß CZ.

58 Hs. Postkarte, Original im DLA Marbach, Nachlaß CZ.

Kästchen] Siehe S. 139, Anm. zu *Geschichte*.

Mainzer Broschürchen] *Mainz unsere ewige Stadt*, in: *Der Literat. Zeitschrift
   für Literatur und Kunst*, Jg. 5, Nr. 4 vom 12. April 1962, S. 37-39, verändert wieder unter dem Titel *Vineta – ewige Stadt. Eine Huldigung an Mainz*,
   in: Wolfgang Haut (Hrsg.), *Mainz. Gesicht einer Stadt*, Mainz: Grünewald-
   Verlag 1962, S. 5-17 (Deutsch, Englisch, Französisch); verändert unter dem
   Titel *Mainz, versunkene Stadt* auch in: *Atlas*, Berlin: Wagenbach 1965,
   S. 211-220; jetzt in: CZ, *Die langen Wege*, S. 28-36.

»*Kranichtanz*«] CZs Einakter *Kranichtanz* wurde in der *Neuen Rundschau*,
Jg. 72, 1961, H. 4, S. 794-811, veröffentlicht, aber erst am 8. Januar 1967
aus Anlaß des 70. Geburtstages von CZ unter der Regie von Leopold Lindtberg am Schauspielhaus Zürich uraufgeführt.

59 Hs. Brief, Original im DLA Marbach, Nachlaß CZ.

allerhand Geistiges von Euch geben werdet] Am 18. November 1962 hielt CZ
im Wiener Burgtheater seine Festrede zum 100. Geburtstag von Gerhart
Hauptmann, die er zuvor, am 15. November 1962, in Köln im Gürzenich
gehalten hatte und am 25. November 1962 im Schauspielhaus Zürich, am
27. November 1962 im Stadttheater Luzern und am 27. Januar 1963 in
Brig wiederholte. Sie erschien unter dem Titel *Ein voller Erdentag. Zu Gerhart Hauptmanns hundertstem Geburtstag* im Herbst 1962 auch als Broschüre im S. Fischer Verlag (jetzt in: CZ, *Ein voller Erdentag*, S. 147-179).

60 Hs. Brief, Original im Privatbesitz.

eine Zahl von Dramatikern und Übersetzern tagte] Nicht ermittelt.
Jowes] Albrecht Joseph.
genus irritabile vatum] (lat.) Das reizbare Geschlecht (Horaz, *Epistulae*).

61 Masch. Brief, Original im DLA, Nachlaß CZ.

Bodensee reitet] Nach Gustav Schwabs Ballade *Der Reiter und der Bodensee*,
der eine Sage zugrunde liegt.
Csokor] Der österr. Schriftsteller Franz Theodor Csokor (1885-1969) gehörte
zu ALHs und CZs engstem Freundeskreis in den Jahren bis zur Annexion
Österreichs durch das Deutsche Reich. Siehe CZ, *Rede an einen Freund. Franz
Theodor Csokor zum 80. Geburtstag*, in: *Forum* (Wien), Jg. 12, H. 142, Oktober 1965, S. 459-462; CZ, *Der Freund Franz Theodor Csokor. Auszüge
aus einer Tischrede*, in: *Süddeutsche Zeitung* (München) vom 9. Januar
1969.
Quel changement de décoration] (frz.) Sinngemäß: Welcher Wechsel der Ausstattung.

62 Hs. Postkarte, Original im DLA, Nachlaß CZ.

Welz] Nicht ermittelt.
Billinger] CZ war mit dem österr. Schriftsteller Richard Billinger (1893-1965)
in den 1920er Jahren befreundet, beobachtete seine schriftstellerische Ent-

wicklung jedoch mit zunehmender Skepsis. So schrieb er in einem Brief vom 11. Oktober 1932 an Albrecht Joseph über Billingers Drama *Das Verlöbnis*: »Ich hab alle wichtigen Kritiken des ›Verlöbnisses‹ gelesen. Merde du roi. Wie Du immer sagst: das dem Billinger im Vorjahr zu reichlich Gegebene [gemeint ist die Auszeichnung Billingers mit dem Kleist-Preis im Januar 1932], das Über-Lob, wird ihm hier in übertriebener Weise rasch wieder abgenommen. Oder aber, – unter uns, – sollte der Schwindel schon auffliegen? Sollte man schon *merken*, dass man genasführt wird? Ich hab dem Billinger-Rausch noch 2-3 Jahre gegeben! Und er hat, bei all seiner Unfähigkeit, ein Stück zu machen, *Dichterischeres* [*von Alice Zuckmayer gestrichen*: als Horváth, der auch kein Stück machen kann] – wem sage ich das?!« In seinem Dossier für den amerikanischen Geheimdienst OSS ordnete CZ Billinger 1943 in die Rubrik »Nazis, Anschmeißer, Nutznießer, Kreaturen« ein (siehe Zuckmayer, *Geheimreport*, S. 69-72). 1976 bekundete er allerdings, Billinger gehöre seiner Ansicht nach als Schriftsteller »zu Unrecht zu den Vergessenen« (siehe CZ, *Aufruf zum Leben*, S. 107).

Sprissel] Sitzstange in einem Vogelkäfig.

Demel] Berühmteste Konditorei Wiens.

Emil] Emil Jannings.

63　Masch. Postkarte, Original im DLA Marbach, Nachlaß CZ.

Jobs] Siehe S. 128, Anm. zu *Jobs*.

Grass] Am 30. September 1964 notierte sich CZ in seinen Taschenkalender: »[...] [gedruckt:] 17 [mit Bleistift:] 30 *Grass* [mit Kugelschreiber:] Lesung! | [mit Kugelschreiber:] Enzensberger [...].« An diesem Tag kam es zum ersten Treffen von Günter Grass (geb. 1927) und CZ, das vermutlich noch nicht dazu diente, um über CZs Beteiligung an der von Grass initiierten Wahlkampagne für die SPD zu sprechen, die CZ später, in einem Brief vom 1. Juli 1969 an Grass, ablehnte (siehe *Zuckmayer-Jahrbuch*, Bd. 3, S. 205 f.).

Wiessee ... erschossen hat] In Anwesenheit von Joseph Goebbels ließ Hitler den SA-Stabschef Ernst Röhm und dessen Anhänger am 30. Juni 1934 in Bad Wiessee verhaften. Ermordet wurde Röhm am Tag darauf von SS-Unterführern im Münchener Gefängnis Stadelheim.

64　Hs. Brief, Original in der StuLb Wien, Nachlaß ALH.

Ab 5. Juli] Recte: Ab 5. August.

65　Masch. Postkarte, Original im DLA, Nachlaß CZ.

Besprechung der »Fastnachtsbeichte«] ALH, *Die schöne Disharmonie. Anmerkungen zu Carl Zuckmayers Fastnachtsbeichte*, in: *Forvm* (Wien), Jg. 7,

1960, S. 66 f. Die Rezension hat folgenden Wortlaut: »Mit allen ihren Vorzügen, doch auch mit jeder ihrer Schwächen kennzeichnet Zuckmayers ›Fastnachtsbeichte‹ die Schöpfungen großer, insonderheit nicht mehr junger Autoren so sehr, daß aus der Disharmonie in diesem *einen* Werk recht eigentlich auf die Bedeutung einer ganzen, nach Ansicht mancher Leute schon zum Untergang bestimmten Generation von Dichtern zu schließen sein möchte. Zuckmayers ›*Liebesgeschichte*‹, sein ›*Schinderhannes*‹, sein ›*Hauptmann von Köpenick*‹ waren geglückt schlechthin. Die ›*Fastnachtsbeichte*‹ ist in Wirklichkeit gewiß nicht das, was man ›in sich vollendet‹ nennt. Doch ist sie mehr als ein Vollkommenes. Denn durch eben die ihr eigene Art von Unvollkommenheit verrät sie die Bedeutung ihres Urhebers auf viel eindringlichere Weise als seine besser geglückten Werke. | Was an künstlerischen Schöpfungen, wie auch an Hervorbringungen der Natur, über gewisse äußere und innere Dimensionen hinausgeht, läßt ja eigentliche Harmonie so gut wie stets vermissen; und ohne daß wir gleich das Übergroße beschwören wollten, stellen wir fest, daß selbst griechische Bildwerke nur noch dann in sich geschlossen sind, wenn sich ihre Verfertiger etwa bei den Figuren, die wir noch in unseren Sammlungen zu sehen gewohnt sind, ihre Ziele nicht *allzu* weit gesteckt haben. Gewisse untergegangene Statuen aber, wie zum Beispiel die riesenhafte Pallas des Phidias oder gar sein goldelfenbeinerner Zeus *müssen* – wie wir schon aus den wenigen noch auf uns gekommenen Beschreibungen und Nachbildungen schließen können – jedes innere Gleichgewicht verloren haben; und deswegen sind sie auch nicht von Dauer gewesen. Denn wahrscheinlich haben die Götter gefürchtet, daß die Maßlosigkeit dieser Schöpfungen auch ihre eigene Schöpfung aus dem Gleichgewicht bringen könne, und haben sie darum auch sehr bald wieder in ihre Elemente, in Gold und Elfenbein, in Erz und Stein aufgelöst. Überladen mit Attributen, wie sie, als hochoffizielle Kultstatuen, zu sein hatten, Blitze, Niken und Waffen in der Hand, gepanzert mit der Ägis vor der Brust oder mit dem Haupt der Medusa im Schilde, gerieten sie ja schon von selber so sehr aus dem Gleichmaß, daß sie in der Tat nicht wirklich weiterwähren konnten. Auch die heiligen Bäume unserer eigenen Vorfahren, diese Welteschen und Welteichen mit ihren ungeheuren Stämmen und den aus den riesigen Ästen aufsprossenden Nebenstämmen und den hinabsinkenden Luftwurzeln, mit den Quellen, die zu ihren Füßen entsprangen und aus denen Zaubertiere tranken, sowie mit den mythischen Völkerschaften von Zwergen und andern Fabelwesen, die in ihrem Schatten wohnten, lösten sich, vor Größe, ins Formlose auf; und die mittelalterlichen, im Laufe langer Jahrhunderte entstandenen Kathedralen mit all ihren Längs- und Querschiffen, ihren Türmen und Krypten, ihrem waldartigen Zackenbewuchs, ihren Wimpergen und Koterforts, ihren Uhren und Fensterrosen gerieten ganz ebenso ins Amorphe – gibt es ein besseres Beispiel dafür als Chartres mit seiner zweiten, kleineren Kirche hinter sich? Als habe die Kathedrale, vor Übermaß, ein Junges geboren? Die Ähnlichkeit dieser sich ins Gestaltlose auflösenden Gotteshäuser mit den sich gleichfalls auflösenden Gottesbäu-

men springt ins Auge. Und literarische und musikalische Kunstwerke? Der
›Faust‹, vor allem mit seinem zweiten Teile – gerät er, formal, nicht außer
Rand und Band? Strömt die Epik des Romans von den Karamasows nicht
ins Uferlose, und tritt in die Neunte Symphonie nicht mit einem Male, unge-
rufen und alles zersprengend, der Chor? Nur die Italiener mit ihrem unglaublichen Sinn für Formen, Dante vor allem und Michelangelo und Thomas von Aquin, waren noch imstande, das Übergroße, das Grenzenlose im
Zaume zu halten. | Doch wollen wir uns, indem wir bloß einen schmalen
Band besprechen, nicht weiter an die Betrachtung des Äußersten verlieren.
Alles mit Ruhe betrachtet genüge es also zu sagen, daß nicht nur das Große,
sondern auch das Größere dazu neigt, seinen Rahmen zu sprengen; und darum hebt die ›Fastnachtsbeichte‹ aus der Flut von Büchern, die nicht wüßten,
mit welchem Inhalt sie ihren Umfang sprengen sollten, sich schon zufolge
des Umstandes hervor, daß sie durch ihre – wenn man so sagen darf – *schöne
Disharmonie* die bescheidenen zweihundertzwanzig Seiten, aus denen sie
besteht, um ein Vielfaches überschreitet. | Die Handlung des Buches scheint
freilich bloß ein vielfältig, ja fast überreich zusammengeschmiedeter Krimi-
nalplot zu sein. Doch steht dazu wiederum in sonderbarem Gegensatz, daß
die Ereignisse schwach anlaufen, obwohl schon auf der dritten Seite ein
Mord geschehen ist. Aber dieser Mord wird nicht eigentlich ›gebracht‹, wie
man gewerbsmäßig sagen würde; und wenngleich das ganze Buch darauf
aufgebaut ist, läßt ihn der Autor verpuffen. Marco Page, Simenon, John P.
Marquand, oder wie sonst die Bursche alle heißen, hätten sich gehütet, ihn
dermaßen zu verpulvern. Denn sie hätten nichts gehabt als diesen kostbaren
Mord, und ihre ganzen Bücher hätten von nichts andrem gehandelt als von
der Suche nach dem Mörder. Gott allein mag wissen, warum die Leser in
aller Welt immerzu auf der Suche nach Mördern sind, die sie nichts ange-
hen. Aber sie sind dennoch darauf aus, sie aufzustöbern, und in der Tat lautet
sogar der Klappentext von Zuckmayers eigenem Buche: ›In der Abenddäm-
merung des Fastnachtssamstags 1913 wird ein Unbekannter in Dragoner-
uniform im Mainzer Dom erdolcht. Wer ist sein Mörder? Wo liegen die
Motive für diese Bluttat? Während des turbulenten Treibens der Mainzer
Fastnacht versucht der Staatsanwalt diese mysteriösen Fragen zu klären. Im
Morgengrauen des Aschermittwochs finden nicht nur Mummenschanz und
Maskenspiel des Narrenvolkes ihr nüchternes Ende; die Demaskierung reißt
mehr vom Gesicht als nur die spielerisch aufgesetzte Maske: der Ermordete
hat die Betroffenen zur ›Fastnachtsbeichte‹ gezwungen, sein Tod sie dazu
geführt, vor sich selbst, ihren Mitmenschen und Gott ihre Schuld zu be-
kennen.‹ | Es ist unmöglich, von der Trivialität dieses Klappentextes nicht
gelangweilt und von Carl Zuckmayer nicht trotzdem gefesselt zu werden,
obwohl seine Schilderung der Fastnacht so meisterhaft ist, daß sie in eine
Kriminalgeschichte so wenig paßt, als hätten sich die schon erwähnten
Herrn Simenon, John P. Marquand und Marco Page plötzlich entschlossen,
lyrische Stellen in ihre Räubergeschichten einfließen zu lassen. Genau *zwischen* den beiden Extremen, dem Lyrismus und dem Kriminalroman, steht

aber Zuckmayers Schilderung der Vorverhandlung über den Mordfall. Sie
ist so vortrefflich, daß sie auch im ›Köpenick‹ stehen könnte. Und dann
wird der Dialog auf einmal sogar ganz mainzerisch. ›Mir hawwe e paae
hundert italienische Chaussee-Arbeiter in der Stadt‹, sagt der Polizeikom-
missär, ›für die neu Chaussee nach Zahlbach und Bretzenheim. Die kann ma
nit alle vernehme – noch dazu an Fassenacht!‹ Worauf sich, als seien's Stich-
wörter gewesen, das Ergreifende vollzieht, daß auch der Text des Autors
selber, der erzählende Text zwischen den Dialogen, Dialektanflüge zu zeigen
beginnt. Er wird durch und durch ein deutscher Dialekt. Er wird mehr als
hochdeutsch, denn das Hochdeutsche des Autors entwickelt sich durch diesen Dialekt, der sein eigener ist, weiter, und seine Sprache ist, wie jede echte
Sprache, nicht mehr ins Schriftdeutsche zurückzuübersetzen – sie wird ge-
nialisch. Es tauchen Wendungen auf wie ›… daß man sich in dem enormen
Lärm aus Musik, Tanzgespräch und bloßen Stimmen nur noch schreiend,
wie Turmschwalben oder Dohlenvögel, verständigen konnte‹; oder ins
großartig Uferlose gehende Vergleiche: ›Voll dankbarer Zuversicht strich sie
ihm mit der Hand über die breiten Schultern wie über ein großes, fest ange-
wachsenes und von der Sonne durchwärmtes Stück Fels mit Moosen, Farn
und einem Haselstrauch, an dem man ausruhen und unter dem man Schutz
suchen kann …‹ | Wenn aber der Stil die Handlung schon um (sagen wir)
eine Oktave überhöht, so überhöht das Dénouement den Stil um eine weitere
Oktave. Denn der Täter, der leidige ›Mörder‹ – da uns, mögen wir uns am
Anfang auch noch so sehr geweigert haben, ihn zu suchen, am Ende ja doch
nichts andres übrigbleibt, als ihn zu finden – gehört im Grunde nur halb
unserer Welt an. Zur andern Hälfte nämlich gehört er schon in den Bereich
der Fabelwesen, welche auch andre ›disharmonische Kunstwerke‹ bevöl-
kern, die Kathedralen vor allem in Gestalt von fratzenhaften Wasserspeiern
oder von obszönen Nickermännchen und Dämonen, die unter dem Gewichte
der Wölbungen aus den Säulenkapitellen hervorquellen, und die heiligen
Bäume als Zwergen- und Albengeschlechter, als Nornen und Lindwürmer.
Es handelt sich bei dem auf den letzten Seiten des Buches neu eingeführten
un- oder übernatürlichen Geschöpf um eine Mischung aus Knabe und
Hund, um einen dichtbehaarten Tiermenschen, wie er vorzeiten in Heil-
brunn bei Salzburg aufgestöbert worden sein soll, wo der Autor denn auch
noch seine aus einem gelblichen Steine herausgehauene Nachbildung er-
blickt haben mag; so daß er sich etwa, über dem Entwurfe des Werkes, der
Gestalt erinnert hätte. Des Wesens Mutter war, als sie mit dem Kinde
schwanger gegangen, von Hunden verfolgt worden, hatte sich in sie versehen und den Tiermenschen geboren. ›Sie soll‹ – so erzählt seine menschliche
Halbschwester – ›mit den großen und wilden Hunden vom Hofe gehetzt
worden sein, die man dort im Zwinger hielt. Sie war damals schon schweren Leibes, und die Hunde rissen ihr das Kleid vom Leib und die Haut in
Fetzen. Sie gebar dann in einer Höhle und starb dabei. Das Kind fand man
lebend, es hatte die Gestalt eines kleinen Hundes … Es hatte auch den Spür-
sinn eines Hundes, konnte verlorene Dinge wiederfinden, die selbst dem

sorgsamsten Suchen eines anderen entgangen waren – und auch Menschen ...‹ Und später sagt sie: ›Da gab Lolfo‹ (der Tiermensch) ›plötzlich Laut – ich kann es nicht anders ausdrücken.‹ Und schließlich: ›Ich versuchte, ihn zurückzupfeifen ...‹ | So schließt sich der Kreis, der alle wahren Kunstwerke in sich faßt. Auch in der ›Fastnachtsbeichte‹ gehen das Menschliche, das Tierische und das Dämonische ineinander über.«

»Weiße Dame«] ALH, *Die weiße Dame* [Roman], Wien-Hamburg: Paul Zsolnay 1965.

Aut Caesar, aut Wokura] (lat.) Entweder Cäsar oder Wokura.

dichtbrauige Gottfried] Gottfried Bermann Fischer.

übergewichtiges Bronze-Haupt] Abgebildet in: Roček 1997, S. 333.

66 Hs. Brief, Original in der StuLb Wien, Nachlaß ALH.

Ein solcher Bronzekopf] Abgebildet in: Nickel/Weiß 1996, S. 354.

67 Masch. Brief, Original im DLA, Nachlaß CZ.

In Deinem dunklen Drange] »Ein guter Mensch in seinem dunklen Drange ist sich des rechten Weges wohl bewußt« (Goethe, *Faust. Erster Teil*, Vers 328 f.).

Braun] Der österr. Schriftsteller Felix Braun (1885-1973) mußte 1939 wegen seiner jüdischen Herkunft nach London emigrieren. 1951 kehrte er nach Wien zurück. Bereits 1947 würdigte Braun ALH aus Anlaß von dessen fünfzigstem Geburtstag als »den größten lyrischen Dichter, den unser musisches Land seit Georg Trakl zum Gesang aufgerufen« (*Für Alexander Lernet-Holenia zum fünfzigsten Geburtstag*, in: *das silberboot*, Jg. 3, 1947, H. 7, S. 341. »Dieser Dichter«, so ALH in seinem Nachruf auf Braun, »war zweifellos einer der Großen, nicht nur unter uns Österreichern, sondern auch unter den Deutschen, ja er hat noch voll und ganz zu jener Generation gehört, welche, literarisch, Deutschland so sehr beherrscht hat, daß man darüber sogar zu vergessen geneigt war, wie österreichisch sie gewesen ist. Es war aber freilich sein Unglück, daß er nach seinen Höhepunkten als Lyriker – und was er sonst geschrieben hat, kommt für seine Bedeutung nur wenig in Frage – jahrzehntelang gleichsam erlosch und mehr oder weniger vergessen wurde« (*Das war wirklich Österreich. Zum Tode von Felix Braun*, in: *Rheinischer Merkur* [Köln] vom 7. Dezember 1973). Zum Briefwechsel zwischen ALH und Braun siehe Daviau 1999, S. 51-55.

prytanisch] Nach (gr.-lat.) Prytane: Mitglied der regierenden Behörde in altgriechischen Staaten.

68 Masch. Brief, Original in der StuLb Wien, Nachlaß ALH, Durchschlag im DLA, Nachlaß CZ.

Die Weissagung des Teiresias] Siehe S. 132, Anm. zu »*Weissagung des Teiresias*«.

Herr Hirsch] Siehe S. 144, Anm. zu *Hürsche*.

Faksimile-Druck vom Jahre 49] Siehe S. 137, Anm. zu *Facsimile-Band*.

69 Hs. Brief, Original in Privatbesitz.

70 Masch. Brief, Original in Privatbesitz.

»*Goldene Horde (in zweiter Auflage ... verändert)*] *Die goldene Horde*, neue, um zwei Gedichte erweiterte Ausgabe, Hamburg: Hans Dulk 1946.

»*Teiresias*«] Siehe S. 132, Anm. zu »*Weissagung des Teiresias*«.

Jowes] Albrecht Joseph.

vates] *Poeta vates*: der sehende Dichter, der aus höherer Inspiration schöpfende Dichter; im Gegensatz zum Poeta doctus.

»*Weiße Dame*«] Siehe S. 156, Anm. zu »*Weiße Dame*«.

»*Passage über Odysseus*«] Ebd., S. 92-94.

Erzherzog Wilhelm] Der älteste Sohn des Erzherzogs Karl Stephan (1866-1933), der im Ersten Weltkrieg neben seinem Vater als aussichtsreicher Thronfolger in Polen galt, war nicht Wilhelm (1895-1954), Erzherzog von Österreich-Teschen, sondern Karl Albrecht Nikolaus Leo Gratianus von Österreich (später: *Karl Albrecht Habsburg-Lothringen*, ab 1919 *Karol Olbracht Habsburg-Lotaryski*, ab 1949 *Karl Prinz von Habsburg-Altenburg*; 1888-1951).

Bundeskanzler Erhard] Ludwig Erhard (1897-1977), 1963-1966 Kanzler der Bundesrepublik Deutschland, war 1916-1918 Artillerist im Ersten Weltkrieg und wurde 1918 bei Ypern schwer verwundet.

Mein Halbbruder] Siehe S. 143, Anm. zu *dokumentarisch nachgewiesen*.

71 Hs. Postkarte, Original in Privatbesitz.

Ruth] Siehe S. 136, Anm. zu *Ruth*.

Gussy] Siehe S. 130, Anm. zu *Emil*.

Hodie eis, cras nobis] (lat.) Heute sie, morgen wir.

72 Hs. Postkarte, Original in Privatbesitz.

»Stück von Dir«] CZ, *Als wär's ein Stück von mir. Erinnerungen*, Frankfurt am Main: S. Fischer 1966.

73 Hs. Postkarte, Original im DLA Marbach, Nachlaß CZ.

Independence day] Am 27. Juli 1955 war der Österreichische Staatsvertrag in Kraft getreten, mit dem Österreich wieder ein souveräner Staat wurde.

Deine so gütige Entschlossenheit, mich zu preisen] CZs Artikel *Ritter und Träumer*, zuerst erschienen in: *Die Furche*, Nr. 41 vom 14. Oktober 1967, S. 9-10, dann unter dem Titel *Alexander Lernet-Holenia. Zum 70. Geburtstag* erneut in der *Neuen Zürcher Zeitung* vom 20. Oktober 1967, unter dem Titel *Die Siegel des Dichters* aufgenommen in: *Alexander Lernet-Holenia. Festschrift zum 70. Geburtstag des Dichters*, Wien, Hamburg 1967, S. 7-13. Diesem Beitrag gab CZ später den Titel *Für Alexander Lernet-Holenia. Zu seinem fünfundsiebzigsten Geburtstag am 21. Oktober 1972* und veröffentlichte ihn in seinem Buch *Aufruf zum Leben. Porträts und Zeugnisse aus bewegten Zeiten* (Frankfurt am Main: S. Fischer 1976, S. 185-193; in der Ausgabe im Rahmen der Gesammelten Werke in Einzelbänden von 1997: S. 182-190).

jetzige Leiter von S. Fischer] Gemeint ist Klaus Harpprecht (geb. 1927). Er war zunächst Amerikakorrespondent des Zweiten Deutschen Fernsehens in Washington, dann von 1966 bis 1968 Geschäftsführer des S. Fischer Verlags. Von 1969 bis 1971 leitete er als geschäftsführender Redakteur die Zeitschrift *Der Monat*. Von 1972 bis 1974 war er Berater von Bundeskanzler Willy Brandt für Internationale Fragen, danach Sonderkorrespondent in den USA. Seit 1982 lebt Harpprecht als freier Schriftsteller in Südfrankreich.

Zsolnay schreibt Dir direkt] Es handelt sich um ein Dankschreiben für CZs Beitrag zu ALHs 70. Geburtstag von Hans W. Polak, seit 1961 Geschäftsführer des Zsolnay Verlags in Wien, vom 23. August 1967 (überliefert im DLA, Nachlaß CZ).

74 Hs. Postkarte, Original in Privatbesitz.

Pour le Mérite] Am 1. Juni 1967 war CZ zum Mitglied des *Ordens Pour le Mérite für Wissenschaften und Künste* gewählt worden.

75 Hs. Brief, Original in der StuLb Wien, Nachlaß ALH.

»Pour le Mérite«] Siehe oben, Anm. zu *Pour le Mérite.*

meines Versuchs, Dich gebührend zu preisen] Siehe oben, Anm. zu *Deine so gütige Entschlossenheit, mich zu preisen.*

Kleistpreis] 1926 hatte Bernhard Diebold 1.000 Mark des mit 1.500 Mark dotierten Kleist-Preises ALH für die *Österreichische Komödie*, *Ollapotrida* und *Demetrius* zugesprochen; mit 500 Mark wurde Alfred Neumanns Roman *Der Teufel* ausgezeichnet.

den »Canzonair«] ALH, *Kanzonnair* [Gedichte], Leipzig: Insel 1923.

Deinem Fest] Zu ALHs 70. Geburtstag.

Dr. Klaus] Josef Klaus (1910-2001), österr. Politiker (ÖVP), 1949-1961 Landeshauptmann von Salzburg, 1961/62 Finanzminister, 1964-1970 Bundeskanzler.

76 Hs. Bildpostkarte, Original im DLA, Nachlaß CZ.

21. Oktober] Unter dem Datum des 21. Oktober 1967 hat CZ in seinen Taschenkalender notiert: »19 Uhr 30: Lernet anrufen«. Das ist im Zeitraum vom 1. Oktober bis 1. November 1967 die einzige Erwähnung. Zu einem Besuch scheint es also nicht gekommen zu sein.

77 Hs. Postkarte, Original im DLA, Nachlaß CZ.

Publikation in der Zürizietig] Siehe S. 158, Anm. zu *Deine so gütige Entschlossenheit, mich zu preisen.*

78 Masch. Postkarte, Original im DLA, Nachlaß CZ.

Wittgenstein] Franz Prinz zu Sayn-Wittgenstein (geb. 1910), Landeskonservator in München, befreundet mit Carl Jacob Burckhardt, veröffentlichte u.a. *Schlösser in Bayern* (München: C. H. Beck 1954).

Deiner Rede an die Studenten] Am 23. November 1967 wurde CZ zum Ehrenbürger der Universität Heidelberg ernannt. Seine Rede *Scholar zwischen gestern und morgen* erschien zuerst in der Zeitschrift *Die Neue Rundschau*, Jg. 79, 1968, H. 1, S. 1-15; jetzt in: CZ, *Die langen Wege. Betrachtungen*, Frankfurt am Main 1996, S. 135-156.

»allzeyt bloss Mehrer«] Nicht ermittelt.

79 Masch. Brief, Original im DLA Marbach, Nachlaß CZ.

den »Kosmos«] Nicht ermittelt.

Jowes] Albrecht Joseph.

Vortrag] Am 14. November 1967 fand im großen Saal des Palais Palffy in Wien eine Festveranstaltung aus Anlaß des 70. Geburtstags von ALH statt. Im Vorfeld war sein allenthalben, u.a. von W. E. Süskind in der *Süddeut-*

schen Zeitung (München) vom 29./30. Juli 1967, gelobtes Buch *Pilatus. Ein Komplex* (Wien-Hamburg: Paul Zsolnay 1967) in der Wiener Tageszeitung *Die Presse* verrissen worden. ALH sei längst »der Atem zu einem großen Werk […] ausgegangen«, hieß es dort, »er begnüge sich nur mehr mit »enervierenden Posen« (ile, *Pontius Pilatus bei Patisserien*, 16./17. September 1967). ALH nahm auf diese Kritik in seiner Ansprache am 14. November Bezug: »Die Rezensentin der ›Presse‹ will ihre Leser glauben machen, ich sei verkalkt. Dazu kann ich nur sagen: das stimmt. Aber, wovon sich die Dame selbst hat überzeugen können, Gott sei Dank nur im Kopf« (zit. nach Roček 1997, S. 344). Am Tag darauf fand am selben Ort auf Einladung der Österreichischen Gesellschaft für Literatur eine weitere Veranstaltung mit ALH statt, in der er ebenfalls nicht mit Invektiven sparte: »Der Dichter kam und las«, hieß es im »C. W.« gezeichneten Bericht der Wiener *Kronen-Zeitung* vom 18. November 1967. »Doch, dies erkannte man bald, nicht aus ›Pilatus‹, denn, so sagte man sich, wie kommt der Chefredakteur einer Wiener Tageszeitung ins Credo? Und jenem galt die scharfe Attacke. […] Besonders kränkte es den Dichter, daß ›ihm der Atem zu einem großen Werk längst ausgegangen‹ sei. Genügend Atem hingegen hatte Lernet, um den anwesenden Kulturchef der Zeitung anzubrüllen. Die Erwartung, daß bei diesem für einen literarischen Grandseigneur ungewöhnlichen Ausbruch das ins rechte Auge geklemmte Monokel fallen werde, erfüllte sich nicht. Das runde Glas war vielmehr der einzig ruhende Pol in Lernets aufgeführtem Gesicht.«
den künftigen Unterrichtsminister] Unterrichtsminister in der ersten Regierung Josef Klaus' war seit 1964 der ÖVP-Politiker Theodor Piffl-Perčevic (1911-1994). Auch nach den Neuwahlen im März 1966, die Klaus für sich entscheiden konnte, blieb er im Amt (bis 1969).

80 Hs. Brief, Original in der StuLb Wien, Nachlaß ALH.

81 Masch. Postkarte, Original im DLA, Nachlaß CZ.
Sammelband] Nicht erschienen.

82 Masch. Brief, Durchschlag im DLA, Nachlaß CZ.

83 Hs. Postkarte, Original im DLA, Nachlaß CZ.
Bestseller] Gemeint ist CZs 1966 veröffentlichte Autobiographie *Als wär's ein Stück von mir.*
gemeinsamen Denkmal wie Goethen und Schillern] 1857 in Weimar von Ernst Rietschel errichtet.

84 Hs. Brief, Original in der StuLb Wien, Nachlaß ALH.

Csoki] Franz Theodor Csokor.

85 Masch. Brief, Original in Privatbesitz.

Cohn-Bendit] Daniel Cohn-Bendit (geb. 1945) beteiligte sich nach dem Attentat auf Rudi Dutschke am 11. April 1968 an den studentischen Mai-Unruhen in Paris, bei denen die Boulevard-Presse zu ihrer Berichterstattung ihn als prominenten Anführer darstellte. Danach wurde ihm zeitweilig eine Rück-reise von Deutschland nach Frankreich verweigert.
Bestseller] Siehe S. 160, Anm. zu *Bestseller*.
Otto, vulgo Habsburg] 1912 geborener, ältester Sohn von Erzherzog Carl (nachmalig Kaiser Karl I.) und Prinzessin Zita von Bourbon-Parma.
Penclubs] Siehe unten, Anm. zu *Präsidenten zu verlieren*.
Emil] Emil Jannings.
Mortimer] Anspielung auf ALHs Roman *Ich war Jack Mortimer* (Berlin: S. Fischer 1933).

86 Hs. Brief, Original in der StuLb Wien, Nachlaß ALH.

Präsidenten zu verlieren] Am 5. Januar 1969 war der Lyriker, Dramatiker und Essayist Franz Theodor Csokor an den Folgen einer Kreislaufattacke gestor-ben. Zu seinem Nachfolger als Präsident des österr. PEN-Clubs wurde am 24. Januar 1969 in einer Vorstandssitzung ALH gewählt. Unter der Über-schrift *Poeten, Essayisten, Novellisten. Marginalien des neuen Pen-Club-Präsidenten* erklärte ALH in einem am 31. Januar 1969 in der Wiener Tageszeitung *Die Presse* erschienenen Beitrag, welchen Sinn und welche Aufgaben diese Schriftstellervereinigung in seinen Augen habe: »[...] die Hauptaufgabe seiner Mitglieder ist und bleibt das Verfassen möglichst gül-tiger Werke: und je gültiger diese Werke sind, desto mehr wirken sie schon aus sich selbst, in künstlerischem, kulturellem und humanitärem Sinne, und desto eher erübrigen sie das rein theoretische Verfassen von Protesten gegen die unhumanen, unkulturellen Schwächen einer wie immer gearteten und wo immer situierten Mitwelt. [...] Wer nicht durch seine Werke wirkt, der wirkt auch nicht durch seine Proteste; und das ›J'accuse‹ des Emile Zola ist nur durch die Berühmtheit seines Verfassers so berühmt geworden, *nicht durch die Ungerechtigkeit Frankreichs gegen jenen Herrn Dreyfus*. Zudem ist stets zu bedenken, gegen wen man seine Proteste richtet. Der Verfasser dieser Zeilen ist ein alter Soldat. Er hat zwar meist nur einen Zug und bloß ausnahmsweise eine Schwadron kommandiert, er hat aber doch so viel Ein-sicht in das Militärische, daß er sich nicht vorstellen kann, der russische Generalstab oder das Pentagon könnten durch Äußerungen von Künstlern zu beeinflussen sein. Künstler vermögen nur auf ganz andere Weise auf das

Militär einzuwirken – etwa wie Moltke durch das Künstlerische des deutschen Schrifttums so beeinflußt war, daß er sich ebensowohl mit der Feder wie mit dem Degen versuchte; und in der Tat war auch sein Stil nicht weniger bedeutungsvoll, als es seine Siege waren.«

87 Masch. Brief, Original im DLA Marbach, Nachlaß CZ.

ganze Geschichte] Siehe Brief Nr. 86.
geheilten Jobsen] Siehe S. 127, Anm. zu *Jobs.*
Schnellbegattungen] Siehe S. 137, Anm. zu *Schnellbegattung.*
Gedicht] Die Beilage bildete ein auf den 19. Februar 1969 datiertes Typoskript von ALHs Gedicht *Termine* (ALH, *Das lyrische Gesamtwerk*, S. 614). Es erschien erstmals unter dem Titel *Der Termin* in der Zeitschrift *Forvm*, Jg. 16, 1969, H. 184 (April), S. 280.

88 Hs. Brief, Original in der StuLb Wien, Nachlaß ALH.

Vorderreifen zu untersuchen] Siehe Brief Nr. 86.
nicht von Gottfried Benn zu träumen] CZ bezieht sich auf das Gedicht *Termine,* das ihm ALH zugeschickt hatte (siehe S. 162, Anm. zu *Gedicht*). – Das Verhalten von Gottfried Benn (1886-1956) in der NS-Zeit hat CZ in seinem *Geheimreport* scharfsinnig analysiert (S. 74-77); siehe dazu Ehrke-Rotermund 2000. – ALH sei, wie Roman Roček leider ohne Quellenangabe mitteilt, von Benn »bereits Ende der Zwanzigerjahre behandelt worden« (Roček 1997), was unwahrscheinlich ist, denn Benn schrieb seinem Freund F. W. Oelze am 11. April 1942, er habe mit ALH in schriftlicher Verbindung gestanden, nun besuche ALH ihn »manchmal«, und diese »persönliche Bekanntschaft« sei »keine unmittelbare Enttäuschung« gewesen (Benn 1979, S. 311); offenbar haben sich beide vorher tatsächlich nur brieflich ausgetauscht. Der erste von 19 Briefen ALHs an Benn, die in dessen Nachlaß im Deutschen Literaturarchiv Marbach überliefert sind, stammt aus dem Jahr 1933, der letzte aus Benns Todesjahr. Eine Kontroverse zwischen beiden, die in Form von Offenen Briefen Ende 1952 in der *Neuen Zeitung* ausgetragen wurde, erschien 1953 unter dem Titel *Monologische Kunst –?* als Broschüre im Limes Verlag; siehe zum Verhältnis der beiden Autoren auch Görner 2004.
Der wird Dir bestimmt keinen nach Norden verlaufenden Hohlweg zeigen] CZ bezieht sich erneut auf ALHs Gedicht *Termine.*

89 Hs. Brief, Original in der StuLb Wien, Nachlaß ALH.

in den Horváth] Am 5. Mai 1969 fand an den Münchner Kammerspielen die Premiere von Horváths *Kasimir und Karoline* statt. Regie führte Otto Schenk. – CZ und Ödön von Horváth (1901-1938) hatten sich im Januar 1929 in der Kantine der Berliner Volksbühne kennengelernt und Freundschaft geschlossen. CZ stellte die Verbindung zum Ullstein Verlag her, von dem Horváth 1929 einen Vertrag über seine gesamte schriftstellerische Produktion mit einer Laufzeit von zwölf Monaten erhielt. Horváth besuchte CZ, der ihn 1931 zusammen mit Erik Reger mit dem Kleist-Preis ausgezeichnet hat, häufig in Henndorf, wo er im Juli 1936 die Dramen *Figaro läßt sich scheiden, Don Juan kommt aus dem Krieg* und den Roman *Jugend ohne Gott* abschloß. Nachdem er 1938 in Paris bei einem Gewitter vom herabbrechenden Ast eines Baumes erschlagen worden war, hielt CZ auf der Trauerfeier eine Gedenkrede (siehe CZ, *Aufruf zum Leben*, S. 211-216). – Auch ALH war »eine ganze Zeit« mit Horváth befreundet. »Ich traf ihn aber«, erklärte er in einem Text mit dem Titel *Erinnerungen an Ödön Horváth*, »nur selten anderswo als in einem Restaurant in der Rauhensteingasse in Wien [...]« (in: *Stillere Heimat. Literarisches Jahrbuch*, Linz 1963, S. 5-9, hier S. 5), was natürlich nicht stimmt, denn er traf ihn auch des öfteren auch bei CZ in Henndorf.

A tout' à l'heure!] (frz.) Auf bald.

Schnellbegattung] Siehe S. 137, Anm. zu *Schnellbegattung.*

90 Hs. Brief. Original in Privatbesitz.

»Also träum't ich … Traum?«] Goethe, *Westöstlicher Divan*, Buch Suleika.

91 Hs. Postkarte, Original im DLA, Nachlaß CZ. Nur die kursiv gesetzten Passagen stammen von ALH.

Napoléon] Napoleon ließ in Menton zur besseren Versorgung seiner italienischen Truppen eine Art Umgehungsstraße, den Quai Bonaparte, errichten.

Erica und Andri] Der Bündner Dichter Andri Peer (1921-1985) und seine Ehefrau.

92 Hs. Brief, Original in der StuLb Wien, Nachlaß ALH.

Macht Euern Dreck alleene] Der Ausspruch wird Sachsens letztem König, Friedrich August III., zugeschrieben.

»Ollapotrida«] Siehe S. 143, Anm. zu *»Ollapotrida«.*

im Fernsehen] Ollapotrida wurde 1966 u.a. mit Ernst Stankovsky, Erika Pluhar, Christiane Hörbiger und Fritz Muliar für das Fernsehen verfilmt. Regie führte Wolfgang Glück.

Forster] Rudolf Forster (1884-1968) spielte bei der Berliner Erstaufführung des Stücks unter der Regie von Heinz Hilpert (siehe S. 148, Anm. zu *Mann mit der Facialis*).

Moser] Wann Hans Moser (1880-1964), der von 1926 an zum Ensemble des Deutschen Theaters in Berlin gehörte, eine Rolle in *Ollapotrida* gespielt hat, konnte nicht ermittelt werden.

Friedell] Egon Friedell (1878-1938) war von 1919 bis 1922 Theaterkritiker des Wiener Boulevardblatts *Die Stunde* und von 1924 bis 1927 am Theater in der Josefstadt engagiert. Gemeinsam mit Alfred Polgar verfaßte er zahlreiche Parodien und Sketche. Sein Hauptwerk ist seine dreibändige *Kulturgeschichte der Neuzeit* (1927-1931). CZ kannte Friedell seit seiner Zeit als Dramaturg am Deutschen Theater Berlin.

Ausstellung über Maximilian] Veranstaltet vom Landesmuseum Ferdinandeum wurde im Landeskundlichen Museum Innsbruck vom 1. Juni bis zum 5. Oktober 1969 die Ausstellung *Maximilian I.* gezeigt. CZ besuchte sie mit seiner Frau am 3. September 1969.

Lesung in Stockholm] Im Rahmen der internationalen Tagung »Deutsche Literatur der Flüchtlinge aus dem Dritten Reich und ihre Hintergründe«, die vom 19. bis 21. September 1969 in Stockholm stattfand, las CZ am 19. September 1969, vermutlich aus seiner Autobiographie.

Carl Michael B.] Den schwedischen Vaganten und Sänger Carl Michael Bellman machte CZ 1938 zur Hauptfigur seines Dramas *Bellman*, das zunächst am Theater in der Josefstadt in Wien unter der Regie von Ernst Lothar mit Attila Hörbiger und Paula Wessely in den Hauptrollen uraufgeführt werden sollte. Nach dem »Anschluß« Österreichs wurde es jedoch vom Spielplan gestrichen. Daraufhin fand die Uraufführung am 17. November 1938 unter der Regie von Leopold Lindtberg am Schauspielhaus Zürich statt.

93 Hs. Brief, Original in Privatbesitz.

neues Buch] ALH, *Die Hexen*, Wien: Paul Zsolnay 1969.
Novarum rerum cupidus] (lat.) Neuer Dinge begierig (Cäsar, *De bello Gallico*).

94 Masch. Brief, Original in Privatbesitz.

Urgenz] (lat.) Mahnung.
Harmodios ... Aristogeiton] Tyrannenmörder in der Antike.
Würstchen in Pöcking] Gemeint ist Otto von Habsburg, der seit 1954 in Pöcking am Starnberger See lebt (siehe S. 161, Anm. zu *Otto, vulgo Habsburg*).

95 Masch. Brief. Original in Privatbesitz.

Seite aus dem Schpieschel] Bei der nicht überlieferten Kopie handelte es sich um eine Ablichtung der Seite 132 des »Nachrichtenmagazins« *Der Spiegel* vom 19. Januar 1970 (Jg. 24, Nr. 4). Dort findet sich eine Besprechung von ALHs Roman *Die Hexen* (Wien: Zsolnay 1969), unter der die »wöchentlich im Auftrag des SPIEGEL« vom Institut für Demoskopie in Allensbach ermittelte Liste der Bestseller abgedruckt war: »1. Hagelstange: Altherrensommer. Hoffmann und Campe; 19,80 Mark. 2. Updike: Ehepaare. Rowohlt; 26 Mark. 3. Habe: Das Netz. Walter; 24 Mark. 4. Puzo: Der Pate. Molden; 25 Mark. 5. Grass: Örtlich betäubt. Luchterhand; 19,50 Mark.« Die Besprechung von ALHs Roman hat folgenden Wortlaut: »Auf Seite 131 dieses sonderbaren Romans wird mit de Gaulle gerechtet, der sich als ›der Financier gewisser Habsburger‹ bewährt habe: ›Einem Menschen, der Kanada wieder französisch machen wollte, war ja schließlich jede Phantasterei zuzutrauen ... Aber zu Ende des Jahres 1968, als sich der Zusammenbruch der tschechischen und rumänischen Aufstände bereits deutlich abzeichnete, als der Franc vertan war, und als sich erwies, daß die Habsburger keine Zugkraft mehr hatten, sperrte ihnen Charles de Gaulle die Mittel.‹ | Dieser Ausbruch ist nicht gespielt: Lernet-Holenia, 72, der Legende nach selbst ein illegitimer Habsburger, läßt den alten Hader mit dem Herrscher-, wenn nicht Vaterhaus noch einmal schäumen – und viel wilder als in früheren Romanen. | Auch andere Eigenheiten des österreichischen Autors scheinen für diesen trüben Extrakt weiter verdichtet worden zu sein: der Hang zur Magie, zur Genealogie und zur Juwelenkunde, vor allem aber die altherrenhafte Räsonierbereitschaft und Gedankenflucht: | ›Endlich aber fand ich in Frankfurt die Memoiren doch noch, obwohl sich dort sonst bloß, aus dem Anlaß der alljährlichen Buchmesse, ungewaschene Hochschüler mit gewaschenen Angehörigen der Polizei, die es wahrscheinlich mit Recht, vorzogen, akademisch nicht gebildet zu sein, tagelang herumschlugen.‹«

Krolow ... »Weltmann«] Nicht ermittelt.

96 Masch. Brief, Original in Privatbesitz.

œuvre-aux-socières] CZ meint ALHs Roman *Die Hexen* (siehe S. 164, Anm. zu *neues Buch*).

Noville] Der Ich-Erzähler in *Die Hexen*.

Vortrag] CZ griff auf einen Text zurück, den er 1948 bei Suhrkamp veröffentlicht hatte: *Die Brüder Grimm. Ein deutscher Beitrag zur Humanität*, abgedruckt in: *Orden Pour le Mérite für Wissenschaften und Künste. Reden und Gedenkworte*, Bd. 10, 1970/71, Heidelberg: Lambert Schneider 1973, S. 57-78.

Eröffnungsrede] Die Salzburger Festspiele wurden am 26. Juli eröffnet. CZs Rede ist in der Broschüre *Über die musische Bestimmung des Menschen. Rede zur Eröffnung der Salzburger Festspiele 1970*, hrsg. von Max Kaindl-

Hönig veröffentlicht worden, Übersetzungen: Richard Rickett (Englisch), Martha Eissler (Französisch), Salzburg: Festungsverlag 1970, (Salzburger Festreden; 7).

Kreisky] Bruno Kreisky (1911-1990), österr. Politiker (SPÖ), 1970-1983 Bundeskanzler.

Jean-Pierre Peterson] Nicht ermittelt.

T'embrasse] (frz.) Ich umarme Dich.

97 Hs. Brief, Original in der StuLb Wien, Nachlaß ALH.

gleichzeitig in Amerika] Nicht ermittelt.

Tobelbar] Nicht ermittelt.

98 Masch. Brief, Original in Privatbesitz.

Schwachkopf in Pöcking] Otto von Habsburg (siehe S. 164, Anm. zu *Würstchen in Pöcking*).

Schpieschel] Siehe S. 165, Anm. zu *Seite aus dem Schpieschel*.

Irmi Pollak] Recte: Irma Pollak.

verschrieben] Eine mit Hilfe von Tipp-Ex ausgeführte Korrektur.

Prozess gegen einen Neonazi] Das Urteil war am 9. Februar 1970 verkündet worden.

Müller] Hans Müller (1882-1950), Bruder des Regisseurs Ernst Lothar, war vor allem Dramatiker, Novellist sowie Verfasser von Libretti (u.a. *Im Weißen Rößl*) und Drehbüchern. In der Weimarer Republik war er Chefdramaturg der Ufa und ging 1928 als einer der ersten europäischen Drehbuchautoren nach Hollywood. Zu Beginn der 1930er Jahre ließ er sich in der Schweiz nieder.

99 Hs. Brief, Original in der StuLb Wien, Nachlaß ALH.

Frl. McNamara] Nicht ermittelt.

100 Hs. Brief, Original in der StuLb Wien, Nachlaß ALH.

Gleissners] Heinrich Gleissner (1893-1984) war österr. Politiker (christlich-sozial, nach dem Zweiten Weltkrieg: ÖVP), 1934-1938 Landeshauptmann von Oberösterreich. Wurde nach der Annexion Österreichs durch das Deutsche Reich u.a. in den Konzentrationslagern Dachau und Buchenwald inhaftiert. 1945 wurde er erneut zum Landeshauptmann von Oberösterreich wiedergewählt. Im Mai 1971 trat er im Alter von 78 Jahren von diesem Amt zurück.

Klaus, the good looser] Bei den Wahlen am 1. März 1970 wurde die SPÖ stärkste Partei und bildete nach 7 Wochen ein Minderheitskabinett unter Duldung der FPÖ. Bruno Kreisky löste Josef Klaus als Bundeskanzler ab; Klaus trat auch von seinem Amt als ÖVP-Vorsitzender zurück.

Schnellbegattung] Siehe S. 137, Anm. zu *Schnellbegattung*.

101 Hs. Brief, Original in Privatbesitz.

»Hauptmann von Köpenick«] Siehe S. 132, Anm. zu *Hauptmann von Köpe-nick*.

das von der Mama des Don Juan de Austria handelt] Gemeint ist CZs Drama *Barbara Blomberg*, siehe S. 135, Anm. zu ›*Barbara Blomberg*‹.

»Kometen«] Schon 1938 arbeitete CZ an einem Lustspiel über den Halley-schen Kometen. In seinem Nachlaß ist der Beginn des Stücks, das aus drei Akten und drei Vorspielen bestehen sollte, erhalten.

denjenigen ... der in Amerika so viel Gold fand] Gemeint ist CZs Stück *Das Leben des Horace A. W. Tabor*, das am 18. November 1964 am Schauspiel-haus Zürich uraufgeführt wurde.

Fortinbras] Rolle in Shakespeares *Hamlet*: worauf ALH Bezug nimmt, konnte nicht ermittelt werden.

»Weinberg«] CZs erstes Erfolgsstück, das am 22. Dezember 1925 am Theater am Schiffbauerdamm in Berlin uraufgeführt wurde.

Handkes] Peter Handke (geb. 1942) hatte 1966 mit dem »Sprechstück« *Publi-kumsbeschimpfung*, das die Erwartungshaltungen der Zuschauer brüs-kierte, einen Sensationserfolg erzielt. In *Kaspar* (1968) thematisierte er Sprache als Mittel zu Dressur und Unterdrückung. Sprachkonventionen, Klischees und Gestik verdecken – wie der Einakter *Der Ritt über den Bodensee* (1971) zeigte – die Wirklichkeit und machen aus Menschen zwanghaft reagierende Automaten. Mit seinen handlungslosen frühen Stük-ken distanzierte sich Handke von der aktuellen, politisch engagierten Lite-ratur nach dem Vorbild Bertolt Brechts. Während ALH sie kompromißlos ablehnte, gestand CZ gegenüber Tankred Dorst immerhin: »Für Handkes Theater bin ich nicht zuständig, das liegt an mir, – seine letzten zwei Prosa-bücher [*Der kurze Brief zum langen Abschied* und *Wunschloses Unglück*, beide 1972)] haben mir grossen Eindruck gemacht« (Zuckmayer/Dorst 2002, S. 48).

jenes Grazers ... dessen Namen ich vergessen habe] Wahrscheinlich Wolfgang Bauer (1941-2005), der mit seinem 1968 in Hannover uraufgeführten Stück *Magic Afternoon* einen Sensationserfolg erzielte.

102 Masch. Postkarte, Original in Privatbesitz.

»Rattenfänger von Hameln«] Der *Rattenfänger* lautete der Titel des letzten, am Zürcher Schauspielhaus mit drei Premieren am 22., 23. und 24. Februar

1975 uraufgeführten Theaterstücks von CZ (Regie: Leopold Lindtberg, Musik: Gottfried von Einem, Titelrolle: Helmut Lohner). Bereits im Mai 1965 erschien in zahlreichen deutschen Tageszeitungen eine u.a. von der Deutschen Presseagentur verbreitete Meldung, daß CZ am 12. Mai 1965 bei einem Besuch in Hameln erklärt habe, ein Rattenfänger-Stück schreiben zu wollen. 1971 war dieser Plan einigen Zeitungen, darunter dem *St. Galler Tagblatt* am 5. August 1971, erneut eine Notiz wert. Seit 1972 war die Uraufführung bei den Salzburger Festspielen 1974 geplant. Sie wurde dann, wie u.a. der *Mannheimer Morgen* am 31. Juli 1973 berichtete, auf 1975 verschoben, weil das Stück noch nicht fertig sei. Am 2. Juli 1974 teilte CZ Josef Kaut, dem Präsidenten der Festspiele, jedoch mit, er sei »[...] in langen, ausführlichen Gesprächen« vom Verlag und »befreundete[n] Theaterleuten« davon überzeugt worden, »dass es für dieses Werk und seine immerhin mögliche Theaterlaufbahn richtiger wäre, ihm zunächst einmal einen Start im Rahmen eines normalen Theaterspielplans zu geben, um es nicht von vornherein als einen Sonderfall, ein spezifisches ›Festspiel‹ abzugrenzen« (DLA, Nachlaß CZ). »Daß wir das Stück nachspielen«, erklärte Josef Kaut in einem Brief vom 10. Juli 1974 Stefanie Hunzinger, der Leiterin der Theaterabteilung im S. Fischer Verlag, »kommt für uns nicht in Frage. Wenn dem Verlag eine Uraufführung bei den Salzburger Festspielen nicht wert ist, ein Jahr lang zu warten, können auch wir darauf verzichten.«

103 Masch. Brief, Original in der StuLb Wien, Nachlaß ALH, Durchschlag im DLA, Nachlaß CZ.

Heinemann] Gustav Heinemann (1899-1976) war von 1969 bis 1974 Präsident der Bundesrepublik Deutschland.

Speidel] Der promovierte Historiker und Berufssoldat Hans Speidel (1897-1984), war 1939-1944 Generalstabsoffizier und vom 1. April bis 5. September 1944 Leiter des Generalstabes der Heeresgruppe B in Frankreich. Er wußte von den Attentatsplänen gegen Hitler und wurde nach dem 20. Juli 1944 verhaftet. Nach dem Zweiten Weltkrieg avancierte Speidel zum militärischen Berater von Konrad Adenauer, war führend an den Verhandlungen über die Europäische Verteidigungsgemeinschaft und über den Beitritt der Bundesrepublik Deutschland zur NATO beteiligt. 1955 wurde er Leiter der Abteilung Gesamtstreitkräfte im Bundesverteidigungsministerium, 1957-1963 war er Oberbefehlshaber der NATO-Landstreitkräfte in Mitteleuropa. CZ und Speidel lernten sich am 15. November 1932 bei der Feier zum 70. Geburtstag von Gerhart Hauptmann in Berlin kennen, wo sie Tischnachbarn waren (siehe Hans Speidel, *Unsere erste Begegnung*, in: *Festschrift für Carl Zuckmayer zu seinem 80. Geburtstag am 27. Dezember 1976*, hrsg. von der Landeshauptstadt Mainz und der Carl-Zuckmayer-Gesellschaft e.V., Mainz 1976, S. 97 f.). Nach einem ersten Briefwechsel 1948 führte beide Zuckmayers Bearbeitung von Hauptmanns Drama *Herbert*

Engelmann 1952 erneut zusammen (siehe *Erinnerung an Carl Zuckmayer,* in: *Blätter der Carl-Zuckmayer-Gesellschaft,* Jg. 6, 1980, H. 2, S. 100-106), was Auftakt zu einer anhaltenden Verbindung war.

Gisevius] Hans Bernd Gisevius (1904-1974) schloß sich während des ›Dritten Reichs‹ dem Widerstand an und hielt Verbindung zu Allen Dulles, dem Leiter des amerikanischen Geheimdienstes ›Office of Strategic Services‹ in Bern. 1944 konnte er sich nach dem Scheitern des Attentats vom 20. Juli dem Zugriff der Gestapo entziehen und floh Anfang 1945 in die Schweiz. Gisevius lebte 1964-1974 am Genfersee.

Blomberg] Siehe S. 135, Anm. zu ›*Barbara Blomberg*‹.

Bellman] Siehe S. 164, Anm. zu *Carl Michael B.*

Gold- und Silberschweisser in Colorado] Siehe S. 167, Anm. zu *denjenigen ... der in Amerika so viel Gold fand.*

»de erste Fordernis ... jesagt«] Recte: »Glück is de erste Fordernis der Feldherrngabe, hat Napoljon jesagt« (*Der Hauptmann von Köpenick,* III. Akt, 21. Szene).

Weinberg] Siehe S. 167, Anm. zu »*Weinberg*«.

Köpenick] Siehe S. 132, Anm. zu *Hauptmann von Köpenick.*

General] Siehe S. 130, Anm. zu *Dein dämliches Stück.*

›Stück von mir‹] Siehe S. 158, Anm. zu »*Stück von Dir*«.

in Frankfurt] Am Schauspielhaus, Premiere: 19. September 1970, Regie: Reinhold K. Olszewski. Die Hauptrolle spielte Josef Offenbach.

Tourneé mit Werner Hinz] Der im Januar 1971 begonnenen Gastspielreise lag eine Inszenierung am Berliner Schiller-Theater zugrunde, Regie: Helge Thoma.

Jowes] Albrecht Joseph.

Christopher Fry ... ›Venus Observed‹] Uraufführung am 18. Januar 1950 am St. James Theatre in London; deutsche Erstaufführung am 12. April 1951 am Schloßparktheater in Berlin.

Erzählung] Dieser Plan wurde nicht verwirklicht.

104 Masch. Brief, Original im DLA, Nachlaß CZ.

Die Sache mit dem »Kometen«] Siehe S. 167, Anm. zu »*Kometen*«.
»Frau Königin ... Panzer.«] Nicht ermittelt.

105 Hs. Brief, Original im DLA, Nachlaß CZ.

106 Original in der StuLb Wien, Nachlaß ALH.

englische Köpenick-Aufführung] Die Premiere von *The Captain of Köpenick,* eine Bearbeitung des *Hauptmanns von Köpenick* von John Mortimer, fand am 9. März 1971 am National Theatre in London statt (Direktion: Laurence

Olivier). Regie führte Frank Dunlop, die Hauptrolle spielte Paul Scofield. Die Deutsche Presse-Agentur berichtete von einem »ungewöhnlich lang andauernden Beifallssturm« und entsprechend positiven Reaktionen der englischen Presse (siehe die Meldung in der *Frankfurter Allgemeinen Zeitung* vom 12. März 1971). Die Übersetzung erschien auch als Buchausgabe: CZ, *The Captain of Köpenick. An Adaption for the National Theatre London by John Mortimer*, London: Methuen 1971.

107 Masch. Brief, Original in Privatbesitz.

Brief] Nicht überliefert.
Vater] Nicht ermittelt.
In Zürich kommt im Herbst ein Buch von mir heraus] *Die Geheimnisse des Hauses Österreich. Roman einer Dynastie*, Zürich: Flamberg Verlag 1971.
Filmleute wollen zwei Romane] Nicht gemeint ist sicher der Spielfilm *Wie bitte werde ich ein Held?* (Drehbuch: Claude Brulé, Bernard Borderie, Francis Cosne; Regie: Bernard Borderie), denn der kam noch im selben Jahr in die Kinos. Danach wurden nur noch zwei Bücher ALHs verfilmt: 1976 der Roman *Die Standarte* (Drehbuch: Herbert Asmodi, Regie: Ottokar Runze) und 1980 unter dem Titel *Land, das meine Sprache spricht* die Novelle *Der zwanzigste Juli* (Drehbuch und Regie: Michael Kehlmann).

108 Hs. Postkarte, Original im DLA, Nachlaß CZ.

»Rattenfänger«] Siehe S. 167, Anm. zu »*Rattenfänger von Hameln*«.
Kortner] CZ lernte den Schauspieler und Regisseur Fritz Kortner (1892-1970) 1920 bei den Proben zu Leopold Jessners Inszenierung von Shakespeares *Richard III.* am Staatlichen Schauspielhaus Berlin kennen und schloß bald mit ihm Freundschaft. An der Aufführung von *Pankraz erwacht oder Die Hinterwäldler* beteiligte sich Kortner nicht, er spielte 1929 eine der beiden Hauptrollen in Erwin Piscators Inszenierung von CZs *Rivalen.* 1930 gab er die stoffliche Anregung zu CZs Erfolgsstück *Der Hauptmann von Köpenick* und wurde dafür zeitweilig an den Tantiemen beteiligt. Im amerikanischen Exil schrieben beide gemeinsam das Zeitstück *Somewhere in France.* 1946 half Kortner CZ bei der Umarbeitung der 1938 entstandenen Erzählung *Herr über Leben und Tod* für die mexikanische Filmindustrie. Nach dem Zweiten Weltkrieg kam es zu Differenzen, weil Kortner erneut an den Tantiemen zum *Hauptmann von Köpenick* beteiligt werden wollte, was zu einem Schlagabtausch in den Autobiographien von Kortner und CZ führte (Kortner 1959, S. 463 f.; CZ, *Als wär's ein Stück von mir*, S. 513; zusammenfassend: Nickel/Weiß 1996, S. 186-188). Zum Verhältnis zwischen Kortner und CZ zu Beginn der 1920er Jahre siehe CZ, *Persönliche Notizen über Fritz Kortner*, in: Heinz Ludwigg (Hrsg.), *Fritz Kortner*, Berlin: Eigenbrödler 1928, S. 42-44.

109 Hs. Brief, Original in der StuLb Wien, Nachlaß ALH.

»*Geheimnisse*«] *Die Geheimnisse des Hauses Österreich. Roman einer Dynastie*, Zürich: Flamberg Verlag 1971.

Widmung] Nicht überliefert.

110 Hs. Brief, Original in der StuLb Wien, Nachlaß ALH.

Amriswil] Dort richtete Dino Larese – Lehrer in Amriswil seit 1936 und Gründer eines Vereins für Literatur, Kunst und Wissenschaft – am 9. Januar 1972 die Feier zum 75. Geburtstag von CZ aus. Bundespräsident Gustav Heinemann, Bundesrat Hans-Peter Tschudi und Emil Staiger hielten Ansprachen. Heinemanns Rede wurde auszugsweise abgedruckt in den *Blättern der Carl-Zuckmayer-Gesellschaft* (Jg. 1, 1975, H. 1, S. 6 f.), die von Staiger unter der Überschrift *Carl Zuckmayer. Eine Rede* in der *Neuen Zürcher Zeitung* am 16. Januar 1972 (Fernausgabe).

111 Hs. Brief, Original im DLA, Nachlaß CZ.

Deine Veröffentlichung meines Rezepts in betreff nackter Mädchen] In seiner *Henndorfer Pastorale* berichtete CZ, wie er eines Morgens unvermutet an seinem Henndorfer Badesteg auf ein nacktes Mädchen traf. »Mein Freund Alexander Lernet-Holenia hätte genau gewußt, was der Kavalier in einer solchen Situation sagt oder tut. In seinem Bootshaus saßen öfters nackte Damen. Ich wußte es nicht, – und ich sagte schließlich das Primitivste, das mir über die Lippen kam, nämlich: »Darf man hier auch baden?« (CZ, *Die Fastnachtsbeichte*, S. 353).

112 Hs. Brief, Original in der StuLb Wien, Nachlaß ALH, Kopie im DLA, Nachlaß CZ.

Neuesten] CZ, *Henndorfer Pastorale. Mit Zeichnungen von Clemens Holzmeister*, Salzburg: Residenz 1972 (jetzt in: CZ, *Die Fastnachtsbeichte*, S.311-362).

113 Hs. Brief, Original in der StuLb Wien, Nachlaß ALH, Kopie im DLA, Nachlaß CZ.

offene Brief] ALH, *Henndorfer Pastorale [Leserbrief]*, in: *Die Presse* (Wien) vom 11. April 1972. Dieser als Leserbrief veröffentlichte Beitrag hat folgenden, vom wenig später von ALH in der *Frankfurter Allgemeinen Zeitung* mitgeteilten Text abweichenden (siehe S. 174, Anm. zu *Rede*), Wortlaut:

»Mein guter Zuck, ich kann's und will's nicht leugnen, daß ich Deine auf Henndorf bezüglichen Memoiren nicht ohne eine gewisse Bewegtheit zu lesen pflege. Auch fällt mir, weil Du mein Radfahren erwähntest, ein, daß ich damals ungefähr dort, wo jetzt die Thalgauer Straße unter der Autobahn hindurchführt, auf den sogenannten ›Sieger von Luzk‹, den Joseph Ferdinand, zu treffen pflegte, der mit einem weißen Bart und in einem weißen Horch aus Salzburg nach Mondsee zurückfuhr, um in die Arme seiner ›Rosa Habsburg‹ zu sinken. Übrigens pflegten damals noch die feinsten Literaten radzufahren, so etwa Hofmannsthal, der, mit noch jemandem anders, durch den sogenannten Staudachwald in Zinkenbach kam und dort auf Felix Braun stieß, der auf einer Bank saß; worauf er fragte: ›Was tun Sie denn da, Doktor Braun?‹; und Braun erwiderte: ›Ich schreibe ein Gedicht.‹ – ›Also schreiben Sie's nur ruhig weiter‹, sagte Hofmannsthal gnädig und fuhr davon. | Ich danke Dir auch sehr, guter Zuck, daß Du mich unter die Titanen eingereiht hast, schreibst Du doch: »Auch die Großen der Epoche lernten Henndorf kennen. Gerhart Hauptmann ... Thomas Mann ... Stefan Zweig ...‹, und nun stockte mir das Herz, aber da schriebst Du auch schon: ›Lernet-Holenia kam auf einem Fahrrad ...‹ Ich danke Dir, guter Zuck! Dieses Fahrrad hatte mir meine Mutter im Juni 1914 bei einem gewissen Curjel gekauft, denn damals waren unsere Equipagen längst beim Teufel, doch überstand es zwei Weltkriege besser als alle Pferde, und erst nach dem zweiten Krieg wurde es uns vom kommunistischen Schornsteinfeger von Sankt Wolfgang, nicht dem eingesessenen Hausbesitzer, sondern seinem Gehilfen, der dann dafür auch prompt eingekastelt wurde, gestohlen ... der Fremdenverkehr tut eben keinem Ort gut. Gott sei bedankt, daß der in Henndorf denn doch nicht so blüht wie in Sankt Wolfgang ... | Nie vergesse ich auch ein Krippenspiel, das Ihr in Henndorf aufführtet, es war zu Weihnachten 1936, und in Eurer Müllerstube zogen sich die mitwirkenden Henndorfer Kinder als Engel an ... Der Duft, den sie hinterließen, war infernalisch; und dann gingen wir, Du und ich und Albrecht Joseph, genannt Jowes, über Dreieichen zu Fuß zur Lokalbahn. Ich weiß noch, daß ich zu Euch sagte: ›Ich habe das Gefühl, es war das letzte Mal.‹ Aber Propheten irren in betreff der Zeit, immer, das Malheur, das sie voraussehen, tritt zwar ein, aber später, und ich war dann doch noch einmal, schon ›zu Wagen‹, wie Pindar von den Königen zu Syrakus sagen würde, bei Euch. Doch kam das Malheur dann wirklich, nämlich ein Jahr später. Aber was ist ein Jahr! Ein Augenblinzeln vor Gott, wenn anders Gott augenblinzeln würde, doch bin ich's nicht gewiß. Ist aber auch egal, wir ›seynd alte Esels‹, wie Friedrich der Große gesagt hätte, ich will das ausdrücklich hierhersetzen, damit die heutige Jugend nicht glaubt, es sei ihr das selber eingefallen. | Treib's aber dennoch eine Zeitlang weiter, mein guter Zuck, bis Dir Ernst Deutsch, das Gespenst unter der Kastanie, als der Tod im ›Jedermann‹ die Feder aus der Hand schlägt; und wenn einer von uns beiden wirklich sterben sollte, statt daß Du unsterblich wirst, so will ich Dir auch einen schönen Nachruf schreiben, obwohl Du mir den Pour le mérite, der die Österreicher bodenlos ärgern

würde, noch immer nicht verschafft hast, wie Du mir's in Aussicht stelltest.
| Sei umarmt | Dein Alexander Lernet-Holenia, Wien, I.«

erbitterten Brief der Massary-Tochter] Liesl Frank (1904-1979), Tochter der
Operettendiva Fritzi Massary (1882-1969) und Ehefrau des Schriftstellers
Bruno Frank.

Bruno Frank] Bruno Frank (1887-1945) lebte bis 1933 als freier Schriftsteller
in München. CZ lernte ihn spätestens zu Beginn der 1930er Jahre kennen.
1933 machte er nach seiner Flucht aus Deutschland als erstes bei CZ in
Henndorf Station. Er emigrierte dann über England in die USA, wo es in
Hollywood ein Wiedersehen mit CZ gab.

Lustig] Jan Lustig (1902-1979) zog 1924 nach Berlin, wo er unter dem Namen Hanns G. Lustig als Journalist arbeitete, u.a. als Feuilletonredakteur
der bei Ullstein erscheinenden Zeitung *Tempo*. Er befreundete sich mit Billy
Wilder, dem er nach Hollywood folgte, wo er als Drehbuchautor erfolgreich
war. Nach dem Zweiten Weltkrieg kehrte er nach Deutschland zurück und
heiratete Liesl Frank.

Torberg] Kontakte zwischen CZ und dem Schriftsteller Friedrich Torberg
(1908-1979) gab es vermutlich seit Mitte der zwanziger Jahre (die überlieferte Korrespondenz setzt allerdings erst 1939 ein). Weil Torberg trotz der
langjährigen Verbindung in CZs Autobiographie nicht ein einziges Mal erwähnt wird, kam es 1966 zum Eklat: Torberg kündigte die Freundschaft
auf (siehe *Zuckmayer-Jahrbuch*, Bd. 1, 1998, S. 9). – ALH war Mitherausgeber der von Torberg 1954 gegründeten Zeitschrift *Forum*. In einem Brief
an Torbergs Nachfolger Günther Nenning behauptete ALH, er sei von Torberg »einer gewissen Unverläßlichkeit wegen, so streng gehalten« worden,
»daß es mir durchaus nicht ohne weiteres möglich war, meine Ansichten
auch wirklich in das ›Forum‹ hineinzuschreiben« (*Schwierigkeiten mit dem
»Schwierigen«*, in *Neues Forvm* [Wien], Jg. 14, 1967, Nr. 164/165, S. 652).
Dessen ungeachtete schrieb er aus Anlaß von Torbergs 65. Geburtstag eine
Hommage: »So ist denn nun auch dieser Stellvertreter Herzmanovsky-Or-
landos auf Erden, dieser elastische Fünfundsechziger sozusagen pensionsreif
genug geworden, um ›in die Renten‹ gehen zu können, und wenn man ihn
jetzt fragen würde, was er eigentlich den ganzen Tag treibe, so würde er bestimmt antworten: erstens treibe er's nicht den ganzen Tag, sondern, wie es
sich für einen älteren Herrn gezieme, nur bei Nacht, und zweitens ›verdeut-
sche‹ er sich dann, neben Erledigung von allerhand kleineren Geschäften für
den Penclub, den Kishon; so daß eigentlich nicht nur er selbst ein Jubiläum
feiert, sondern daß auch die obengenannten beiden andern jubilieren. Denn
dies ist das Wesentliche: Was wären Herzmanovsky [dessen *Gesammelte
Werke* Torberg 1957-1963 in vier Bänden herausgegeben hat] und Kishon
ohne Torberg! Er steht für eine ganze Gruppe bearbeiteter, übersetzter oder
sonstwie zugänglich gemachter Autoren, er werkt nicht nur für die noch
Lebenden, sondern auch für die schon Toten weiter, er widmet ihnen praktisch sein Leben, und die Zeiten, wo er noch für sich allein gestanden hatte,
sind längst vorbei. Er ist sozusagen der Autor von größter, geistiger Gesel-

ligkeit, er sitzt auch, wenn er nachts in seinem Hause in Breitenfurt ganz allein tätig ist, quasi in einem von Fragen und Gegenfragen nur so schwirrenden Kaffeehaus, er, der wahrlich nicht so bald vergessen sein wird, steht für eine ganze untergegangene Generation, er ist, wenn auch allein, nie allein, er ist die wieder zum Leben erweckte, kostbare Vergangenheit unserer Literatur, er ist der ewige Jugendstil Österreichs. | Die eigentliche Vollendung seines einstigen Alleingangs hat Torberg allerdings nicht einmal so sehr in seinen Romanen, etwa im ›Schüler Gerber‹ und in ›Hier bin ich, mein Vater‹, er hat sie in seinem unvergleichlichen Gedicht ›Sehnsucht nach Alt-Aussee‹ erreicht, das er während des Krieges in Hollywood geschrieben hat« (*Auch zu Hause ist er im Kaffeehaus. Für Friedrich Torberg zum 65. Geburtstag*, in: *Die Presse* [Wien], vom 15./16. September 1973).

»Köpenick« wieder im Burgtheater] Die Premiere dieser Inszenierung, die 73 Vorstellungen erlebte, fand am 20. Dezember 1971 statt. Regie führte Hans Schweikart, die Titelrolle spielte Werner Hinz).

114 Masch. Brief, Original im DLA, Nachlaß CZ.

Rede] ALH hatte CZ vermutlich seine *Fernsehrede auf Zuckmayer* vorab geschickt, die am 5. Mai vom Österreichischen Fernsehen gesendet und am selben Tag im Feuilleton der *Frankfurter Allgemeinen Zeitung* veröffentlicht wurde. Sie hat folgenden Wortlaut: »Meine Damen und Herren, laut Nationalhymne ist Österreich bekanntlich die Heimat großer Söhne, und das Volk ist für das Schöne begnadet. Manche unter uns haben aber leider auch einen weniger schönen Hang zu anonymen Briefen und Anrufen. Auch in unseren Zeitungen werden Angriffe aller Art, vor allem aber literarisch-politischer Natur meist nur mit Paragraphen oder überhaupt nicht gezeichnet, und je sozial höher der Angreifer steht, desto lieber ist es ihm, im Dunkel zu bleiben, statt in das ordinäre Licht der Öffentlichkeit zu treten. So empfing ich denn auch, weil ich meinem Bedauern Ausdruck gegeben hatte, daß der Demel [siehe S. 152, Anm. zu *Demel*] in deutsche Hände übergeht [ALH, *Behaglich ist mir nicht. Prominente Gäste zum Verkauf ›ihres‹ Demels*, in: *Kurier* (Wien) vom 10. März 1972], vielleicht vor dem Vermittler dieses Geschäfts, telephonisch den anonymen Rat, Zuckerbäcker zu werden und nicht Schriftsteller zu bleiben, und gar als ich einen Dankesbrief an Zuckmayer in der ›Presse‹ abdrucken ließ, weil er mir sein neuestes Buch, das ›Henndorfer Pastorale‹, geschickt hatte, einen anonymen Anruf eines Herrn aus den besten Ständen, der sich, mit der schon etwas zittrigen Stimme höheren Alters, so ordinär ausdrückte, daß ich ihn blitzschnell, bevor er wieder auflegen konnte, einen Feigling von größter Unanständigkeit nennen mußte. ›Heimat bist du großer Söhne ...‹ | Der Brief an Zuckmayer lautete: | ›Mein guter Zuck, ich lese Deine Henndorfer Memoiren nicht ohne eine gewisse Bewegtheit. Zwar hast Du sie, laut Widmung an mich, ›binnen drei Wochen pflichtgemäß hingeknallt‹, aber gerade daß Du sie nicht ganz ernst-

genommen hast, ist ja das echt Österreichische daran, obwohl Du, als ein
gebürtiger Mainzer, eigentlich nur einen Tag ein Österreicher warst, nämlich jenen Tag lang, an dem Dich Schuschnigg zum Österreicher gemacht
hatte. Denn am nächsten Tag kam schon Hitler, und da warst Du's gleich
nicht mehr.‹ | Sehr komisch das, aber ich kann mich hier nicht weiter dar-
über auslassen, wer weiß, was ich sonst wieder für anonyme Anrufe bekom-
me! ›Ich will Dir also lieber dafür danken, daß Du meine Radfahrten von
St. Wolfgang nach Henndorf so rühmend erwähnst [CZ, *Henndorfer Pastorale*, in: CZ, *Die Fastnachtsbeichte*, S. 326]. Allerhand freundliche Erinnerungen knüpfen sich daran, zum Beispiel, daß ich auf diesen Fahrten oft
dem Erzherzog Joseph Ferdinand begegnete, dem sogenannten ›Sieger von
Luzk‹, wie ich ihn nannte, weil wir, im Anschluß an diesen Sieg, bei Korytniza dermaßen rannten, daß die Tapferkeitsmedaillen der andern nur so
schepperten – ich selbst hatte damals noch keine und bekam auch später
nichts Sonderliches.‹ – Aber ich muß mich schon wieder unterbrechen, sonst
dreht man auch meine Heldentaten ab, wie vor kurzem die des braven Soldaten Schwejk, und eine reizvolle junge Dame sagte lächelnd: Meine Damen
und Herren, nichts geht gleich weiter, und am wenigsten gingen die zwan-
zigtausend weiter, die in der Bienenhofschneise von Korytniza und anderswo
liegengeblieben waren. | »Wir sind jetzt alte Haudegen, lieber Zuck, aber
damals waren wir noch junge Haudegen, und deswegen freute es mich auch
jedesmal, wenn ich Joseph Ferdinand sah, hatte er doch damals schon, wie
wir, den Degen in den Winkel gestellt, und wenn ich ihm begegnete, so war
er, mit seinem weißen Bart und in einem weißen Horch, auf dem Wege von
Salzburg nach Mondsee zu seiner Rosa Kaltenbrunner, die später als Rosa
Habsburg in die Geschichte des Erzhauses eingehen sollte.‹ | ›Doch so oder
anders, lieber Zuck, jetzt sind wir nun einmal keine Soldaten mehr, sondern
wir haben den Degen mit der Feder vertauscht, wenn wir's vielleicht auch
nicht allzugern getan haben. Aber von irgend etwas muß unser Schornstein
roochen, und allzusehr brauchen wir uns nicht einmal zu schämen, wenn
man's unseren Hervorbringungen anmerkt, daß der Schornstein davon
roochen muß. Wir müssen sie deswegen nicht gleich ins Feuer werfen, auch
wenn wir's am liebsten täten, denn Selbstkritik ist unsere einzige Waffe in
diesem Zeitalter so genialer junger Autoren geblieben, obwohl die jungen
Autoren von heute gleichfalls nicht mehr gar so jung sind und wir an ihrer
Stelle, wenn wir weitergedient hätten, längst schon Hauptleute, Oberstleut-
nants und möglicherweise sogar Generale wären, die ganze Strafkompanien
von jungen Dichtern zusammenstellen, ihnen die Haare, vorne schön und
hinten praktisch, scheren und sie – nämlich die Dichter, nicht die Haare –
auf dem Koppelschloß kehrtmachen lassen könnten.‹ | Aber ich merke, meine
Damen und Herren, ich muß mich schon wieder unterbrechen, sonst ruft
mich mein alter Freund Nenning, Herausgeber des Neuen Forums und Chef
aller Wehrdienstverweigerer, anonym an und macht mich zum bunten
Hund. | Ich fahre fort: | ›Daß mich der alte Offizier mit der zittrigen Stimme
auch seinerseits anonym angerufen hat, kommt mir also nicht einmal so

ungelegen, ja ich darf Dich sogar auf Wunsch des Leiters dieser Sendung
auch ein wenig kritisieren, denn nichts ist stinklangweiliger als ein Buch,
das überhaupt nur gelobt wird. Das kommt mir dann immer so vor wie ein
mit dem Prädikat ›Besonders wertvoll‹ ausgezeichneter Film, in den dann
höchstens noch die Leute in Kötzschenbroda gehen. Gestatte mir also, Dir
schließlich auch noch hineinzuschreiben, daß Du Dein Werk manchmal mit
geradezu sträflichem militärischem Leichtsinn abgefaßt hast, besonders
wenn Du von den nackten Mädchen auf Deinen und meinen Badestegen
sprichst. Es ist dann, als hättest Du Dich so beeilt, um nur rasch zum
Abendessen zu kommen, bestens zu speisen und Dich tüchtig zu beträufeln,
denn Du weißt ja: Wenn der Soldat gegessen und getrunken hat, verlangt er
nach dem Weibe.« | Aber nun, meine Damen und Herren, muß ich wirklich
schließen. | Ich bin also, mein lieber Zuck, in aller Aufrichtigkeit; zumindest
soweit sie in Österreich noch gestattet ist, | Dein getreuer Alexander.«

Janko] Gemeint ist Janko von Musulin (1916-1978), der von 1958 an für den
S. Fischer Verlag zunächst als Lektor für Politik und Geschichte, von 1963
bis 1965 als Geschäftsführer tätig war. Danach wechselte er in die Ge-
schäftsleitung des Fritz Molden Verlags in Wien und arbeitete als Journalist
u.a. für den ORF. »Bei meiner Buchsendung am 9. Mai«, schrieb er am
14. Mai 1972 an CZ, »haben wir ›Henndorfer Pastorale‹ eingehend gewürdigt. Von Rezensenten war die Wahl zwischen Thomas Bernhard, einer der
wenigen jüngeren Autoren, die mit ihren älteren Kollegen etwas Vernünf-
tiges anzufangen wissen, u. Lernet-Holenia – beide sind ja in Ihrem Werk erwähnt. Thomas Bernhard war krank, er hat sich bei der Fällung eines Baumes am steilen Hang verletzt – alles muß eben gelernt werden – u. konnte
nicht. So blieb Lernet-Holenia übrig, der sich seiner Aufgabe mit soldati-
scher Brillanz entledigt hat. Dann gab es noch Bilder von Henndorf, dem
Bürgermeister, Böllerschüsse u.a.m.«

Erdbeben] Die *Frankfurter Allgemeine Zeitung* meldete am 17. April 1972:
»Wien, 16. April. Große Teile Österreichs wurden am Sonntag um 11.10 Uhr
von einem Erdbeben erschüttert, dessen Stärke den Grad sechs der zwölftei-
ligen Mercalli-Skala erreichte. Um 12.05 Uhr setzte im Wiener Raum noch
ein leichteres Nachbeben ein. Das Hauptbeben war in Wien derart stark,
daß viele Schornsteine einstürzten, Mauerteile auf die Straße fielen und par-
kende Autos beschädigten, an zahlreichen Häusern Mauerrisse entstanden,
der Telefonverkehr in einzelnen Stadtgebieten unterbrochen wurde und Ver-
kehrsampeln ausfielen. In anderen Gebieten des Landes kam es zu Strom-
ausfall. [...]«

Heiligsprechung des ... letzten Kaisers] Kaiser Karl I. von Österreich wurde –
als erste Kaiser überhaupt – erst 2004 selig gesprochen.

115 Hs. Brief, Original im DLA, Nachlaß CZ.

Dein Bruder gestorben] Eduard Zuckmayer (1890-1972), Bruder von CZ. Er
studierte 1908/09 Jura an den Universitäten München, Berlin und Bonn,

dann Musik und Musikwissenschaft in München, Berlin und Köln. 1914/15 war er Kapellmeister in Mainz. Nach dem Kriegsdienst 1915-1918 lebte er als freier Pianist und Komponist in Frankfurt am Main. 1924 übernahm er die Leitung einer Klavierklasse an der Musikschule in Mainz und gründete die »Gesellschaft für Neue Musik«, der er bis 1925 vorstand. Danach wurde er Lehrer an der Freien Schulgemeinde »Schule am Meer« auf der ostfriesischen Insel Juist. Nach deren Auflösung durch die Nationalsozialisten 1934 wechselte er an die Odenwaldschule bei Heppenheim. Durch Vermittlung von Paul Hindemith emigrierte er 1936 nach Ankara, wo er bis 1938 als Musiklehrer tätig war. 1938 wurde er mit der Leitung einer an das türkische Staatskonservatorium »Gazi Egitim Enstütüsü« in Ankara angegliederten Schule zur Ausbildung von Musiklehrern für die türkischen Mittelschulen beauftragt. »Ich habe«, so Eduard Zuckmayer in einem 1945 verfaßten Lebenslauf, »diese Anstalt von den ersten Anfängen an aufgebaut, ihren Lehr- und Arbeitsplan entworfen und die Ausbildung der Studierenden zum grössten und wesentlichen Teil selbst getragen. Daneben habe ich in den Symphoniekonzerten des Staatsorchesters sowie den zahlreichen Radiokonzerten als Solist und Kammermusikspieler eine umfangreiche pianistische Tätigkeit entfaltet. Ende August 1944 wurde ich in Kirsehir interniert.« Nach dem Zweiten Weltkrieg nahm Eduard Zuckmayer seine Lehrtätigkeit in Ankara wieder auf; nach Deutschland kehrte er nur zu gelegentlichen Besuchen zurück.

116 Hs. Brief, Original im DLA, Nachlaß CZ, Kopie in Privatbesitz.

Klappentext] Wolfgang Pfaundlers Brief vom 27. Juli 1972 ist in CZs Nachlaß überliefert. Sowohl ALH als auch CZ schrieben die gewünschten Zeilen für Pfaundlers Buch *Die schönsten Bilder von Innsbruck 1500-1822. Mit zeitgenössischen Schilderungen und Dokumenten*, hrsg. von der Sparkasse Innsbruck, Innsbruck: Wagner 1972. ALHs Klappentext lautet: »Die Verunreinigung unserer Umwelt ist nicht Neues, ja sie dürfte, wie auf Seite 20 dieses Buches zu lesen ist, schon zu Maximilians, ›des letzten Ritters‹, Zeiten nicht mehr neu gewesen sein. Aber auch mit der Verschmutzung der Literatur durch unsere sogenannten ›progressiven‹ Autoren ist es bereits so weit gekommen, daß sich ein Buch wie das vorliegende schon, wenngleich im besten Sinne, als rückständig bezeichnen läßt. Denn in dieser köstlichen Zusammenstellung von Dokumenten aus der Vergangenheit gibt es nichts, das nicht völlig solide und präzis redigiert ist ...« Der Klappentext von CZ hat folgenden Wortlaut: »Wer im Jahr 1969 die Maximilian-Ausstellung im Innsbrucker Zeughaus gesehen hat, für den bedeutet das Anfangskapitel dieses Buchs ein unschätzbares Geschenk, das alles damals dort Gebotene erst in die volle Lebendigkeit ruft. In dieser Schilderung eines Kammerherrn aus dem Gefolge Philipps des Schönen, als er seinen Vater Maximilian I. in Innsbruck besucht, tritt eine Zeit und eine Welt, nämlich die österreichisch-

burgundische Renaissance, mit solcher Sinnenhaftigkeit zutage, als sei man
in den Höfen, Kirchen, Gassen, Kneipen, sogar im ›gemain Frauenhaus‹,
dem anstößigsten Ort der Tyroler Hauptstadt, ein- und ausgegangen. Was
für ein Bogen von der bedeutenden europäischen Hausmacht zur nach-na-
poleonischen, bürgerlich-nationalen Staatsökonomie – gespiegelt im Gesicht
und in den Zügen einer einzigen Stadt, die trotz allen Wandels im Grunde
unveränderlich bleiben! Es ist ein hohes Vergnügen, dieses Buch mit seinem
makellosen Druck und seinen wunderbaren Bildreproduktionen zur Hand
zu nehmen.«

117 Hs. Postkarte, Original in Privatbesitz.

Verwendung des Bildes unseres Cariru Cinderl] Der Umschlag der Buchaus-
gabe von *Das Scheusal* zeigte den in diesem Buch portraitierten Hund Mucki.
Für Werbezwecke wurde die wiedergegebene Abbildung verwendet, die mit
Mucki nicht die geringste Ähnlichkeit hat.

»Rattenfänger«] Siehe S. 167, Anm. zu *»Rattenfänger von Hameln«*.

118 Hs. Brief, Original in der StuLb Wien, Nachlaß ALH, Kopie in Privatbesitz.

119 Hs. Brief, Original in der StuLb Wien, Nachlaß ALH, Kopie im DLA,
Nachlaß CZ.

Porträt des bekannten Waldspechtes Pinkus] Nicht überliefert.

Pinkas] Wohl eine Anspielung auf den Schweizer Theater-, Film- und Fernseh-
schauspieler Pinkas Braun (geb. 1923), der auch als Übersetzer (vor allem
Edward Albees) bekannt wurde. Er war mit Gisela Bermann Fischer, der
Tochter von Gottfried und Brigitte Bermann Fischer verheiratet.

120 Hs. Brief, Original in Privatbesitz.

Verkauf des »Standarten«-Films] Siehe S. 170, Anm. zu *Filmleute wollen zwei
Romane*.

»das Scheusal« mit Cinderellas Portrait] Siehe S. 178, Anm. zu *Verwendung
des Bildes unseres Cariru Cinderl*.

121 Hs. Brief, Original in der StuLb Wien, Nachlaß ALH, Kopie im DLA,
Nachlaß CZ.

singen wollte ich für Dich] Aus Anlaß des 75. Geburtstags von ALH.

Trimberg] Vermutlich eine Anspielung auf Friedrich Torbergs 1972 erschienenen Roman *Süßkind von Trimberg.*

Buffet-Lunchs beim Bundeskanzler] Am 23. Oktober 1972 fand auf Einladung des österr. Bundeskanzlers Bruno Kreisky hin ein Festessen für ALH im Wiener Palais Dietrichstein aus Anlaß von dessen 75. Geburtstag statt. CZ war neben Hilde Spiel, Manés Sperber und anderen eingeladen, nahm an der Feier aber nicht teil.

122 Hs. Brief, Original in Privatbesitz.

Böll] ALH trat am 20. Oktober 1972 als Präsident des österr. PEN zurück. »Er begründete diesen Schritt damit«, hieß es im Bericht der Wiener Tageszeitung *Die Presse* vom 21./22. Oktober 1972, »daß es ihm in Anbetracht seiner politischen und sozialen Überzeugungen von der Pflicht eines Literaten nicht möglich sei, weiterhin Präsident einer der Sektionen des PEN-Club zu bleiben, nachdem Heinrich Böll zum Präsidenten des Internationalen PEN gewählt und außerdem mit dem Literaturnobelpreis ausgezeichnet worden sei. Lernet-Holenia schlägt abschließend Hilde Spiel zu seiner Nachfolgerin vor.« Im Bericht der *Presse* hieß es weiter, ALH habe »ohnehin die Absicht gehabt, sich von der Funktion eines Präsidenten des Österreichischen PEN zurückzuziehen und benütze nun diesen Anlaß, um seinen Schritt zu verwirklichen.« Er hoffe, »daß sich auch andere seinem Protest anschließen würden« und vertrat die Auffassung, »daß Heinrich Böll als Präsident des Internationalen PEN nicht das Recht gehabt habe, sich zugunsten der ›verbrecherischen Baader-Meinhof-Bande‹ einzusetzen. [Das hatte Böll am 10. Januar 1972 in einem Beitrag für den *Spiegel* (Jg. 26, Nr. 2, S. 54-57) unter der Überschrift *Will Ulrike Gnade oder freies Geleit?* getan, in dem er sich auf einen Artikel der *Bild-Zeitung* vom 23. Dezember 1971 bezog, dem er »Volksverhetzung« vorwarf.] Dies sei für ihn eine rätselhafte Haltung gewesen«. In der Wiener Tageszeitung *Kurier* vom 21. Oktober 1972 kommentierte Kurt Kahl den Schritt ALHs: »Man wird diesen Austritt des Kavalleristen Lernet-Holenia wohl jenen Eigenwilligkeiten zuzählen müssen, die seit jeher drohen, den Blick auf das Werk dieses Autors zu verstellen. Um dieses allein aber geht es, wenn man seiner zum heutigen 75. Geburtstag gedenkt.« An Carl Jacob Burckhardt berichtete CZ am 27. Oktober 1972: »[...] mein Freund Lernet-Holenia [...] verlangt meine Stellungnahme gegen Böll als Nobelpreisträger, (mir gefällt er auch nicht mit dieser Aureole, nicht wegen seiner politischen Entgleisungen, aber ich finde ihn, trotz einiger Jugendwerke und des irländischen Tagebuchs, als Erscheinung zu unbedeutend, als Schriftsteller schulmeisterlich, seinen letzten Roman, »bestseller« [Heinrich Böll, *Gruppenbild mit Dame*, Köln: Kiepenheuer & Witsch 1971], konnte ich nicht herunterwürgen), – doch können sie mich *alle* nicht aus der isolation herauslocken, die ich nicht als splendid empfinde, sondern als meine einzige Möglichkeit der Selbstbewahrung. Vielleicht sogar Selbsterhaltung.« Bereits 1968 hatte CZ sich unter dem Titel *Gerechtig-keit durch Liebe* öffentlich über seine Einschätzung des Böllschen Werks geäußert: »Er ist wohl unter den Schriftstellern seiner Generation [...] nicht der Wortgewandteste, Fülligste oder Brillanteste. Aber mir scheint, daß seine Sprache, auch seine Erzählweise, die reinste, sauberste und eindrücklichste in der neueren deutschen Literatur ist« (in: Marcel Reich-Ranicki [Hrsg.], *In Sachen Böll*, Köln: Kiepenheuer & Witsch 1968, S. 67-71).

123 Hs. Brief, Original in Privatbesitz.

»Standarte« verscheppert] Siehe S. 178, Anm. zu *Verkauf des »Standarten«-Films.*

124 Masch. Postkarte, Original im DLA, Nachlaß CZ.

Heine in Gummischuhen] CZ schrieb 1972 die Rede *»Heinrich Heine ... und ich«* als Dank zur Verleihung des in diesem Jahr erstmals vergebenen Hein-rich-Heine-Preises der Stadt Düsseldorf (vorher: Immermann-Preis). Die Umbenennung sollte die vom Senat der Universität Düsseldorf abgelehnte Namensgebung der Hochschule nach Heinrich Heine kompensieren, für die sich CZ 1969 zusammen mit Theodor W. Adorno, Ilse Aichinger, Erich Kästner, Golo Mann, Martin Walser, Wolfgang Weyrauch, Benno von Wiese u.a. öffentlich eingesetzt hatte. CZ war bei der Festveranstaltung am 13. De-zember 1972 nicht anwesend. In seiner Vertretung nahm sein Freund Kurt Bittel (1907-1991), Professor für Archäologie und Kanzler des Ordens Pour le Mérite für Wissenschaften und Künste, den Preis entgegen und verlas eine fünfzehnminütige Kurzfassung von CZs Text, die (zum Verdruß der Düssel-dorfer Stadtväter) mit geringfügigen Kürzungen von Rudolf Walter Leon-hardt in der Hamburger Wochenzeitung *Die Zeit* vom 15. Dezember 1972 veröffentlicht wurde (dann auch als Sonderdruck, hrsg. vom Kulturamt der Landeshauptstadt Düsseldorf im Dezember 1972; jetzt in: CZ, *Aufruf zum Leben*, S. 303-317). Die Verleihung des Preises an CZ war äußerst umstrit-ten. Siehe dazu: Rudolf Walter Leonhardt, *Der Heine-Preis – eine traurige Geschichte*, in: *Zuckmayer-Jahrbuch*, Bd. 2, S. 549-555.

Jobs] Siehe S. 127, Anm. zu *Jobs.*

auf die Bestseller-. Sprich Verbrecherliste geraten] Alice Herdan-Zuckmayers Buch *Das Scheusal* stand vom 9. Oktober 1972 bis zum 14. Mai 1973, 32 Wochen (mit einer Unterbrechung am 1. Januar 1973), auf der Bestseller-liste des *Spiegels*. Die beste Plazierung erreichte es am 18. Dezember 1972 mit Platz 2.

Regisseur Deines Portaits] Nicht ermittelt.

125 Masch. Brief, Original in Privatbesitz.

Schreiben] Nicht überliefert.

hiesigen Betreuer Jents] Elmer J. Jents, Facharzt für Hals-, Nasen- und Ohren-
krankheiten in Wien.

Podhaijsky] Alois Podhajsky (1898-1973) war Reiter und Offizier in der
österr. Armee und Leiter der Spanischen Hofreitschule in Wien.

Palme] Der schwedische Sozialdemokrat Olof Palme (1927-1986) war von
1969 bis 1976 und von 1982 bis 1986 Premierminister Schwedens.

Theaterstücken] ALH, *Konservatives Theater*, Wien: Österreichische Verlagsanstalt 1973.

126 Hs. Karte, Original im DLA, Nachlaß CZ.

127 Masch. Brief, Original in Privatbesitz.

lordly butler] Figur in englischen Kriminalromanen; trinkt Rotwein.

Quisda] Gemeint ist Hanns Kwisda, Ehemann von Emilie Kwisda, die 1970
die »Wiesmühl« (siehe S. 139, Anm. zu *Mayers Gasthof*) kaufte.

Bacher] Gerd Bacher (geb. 1925), war von 1967 bis 1974 Generalintendant
des ORF und wurde dann auf Betreiben von Bruno Kreisky abgelöst. Anschließend, nach einer nur wenige Wochen dauernden Tätigkeit als Chefredakteur der Wiener Tageszeitung *Kurier*, wurde er Medienberater des
CDU-Kanzlerkandidaten Helmut Kohl. Von 1978 bis 1986 und von 1990
bis 1994 war er erneut Generalintendant des ORF.

Kohn] Gemeint ist Fritz Kortner.

128 Hs. Brief, Original in der StuLb Wien, Nachlaß ALH, Kopie im DLA,
Nachlaß CZ.

Rattenfänger] Siehe S. 167, Anm. zu »*Rattenfänger von Hameln*«.

129 Telegramm, Original im DLA, Nachlaß CZ.

stueck] Siehe S. 167, Anm. zu »*Rattenfänger von Hameln*«.

130 Hs. Brief, Original im DLA, Nachlaß CZ.

das Stück] CZs *Der Rattenfänger*; siehe S. 167, Anm. zu »*Rattenfänger von
Hameln*«.

Jedermann] Siehe S. 133, Anm. zu *Jedermann*.

131 Hs. Postkarte (Abb.: Wien, Michaelerplatz), Original im DLA, Nachlaß CZ.

132 Hs. Postkarte (mit Federzeichnung der Wiesmühl in Henndorf [siehe S. 139, Anm. zu *Mayers Gasthof*]), Original im DLA, Nachlaß CZ.

133 Hs. Brief, Original im DLA, Nachlaß CZ.

das Buch] Vermutlich: CZ, *Aufruf zum Leben. Porträts und Zeugnisse aus bewegten Zeiten*, Frankfurt am Main: S. Fischer 1976.

ausführlichen Brief] Nicht überliefert. Auf dem erhaltenen Briefumschlag ist von Alice Zuckmayer notiert: »Welcher Brief?« Darunter von CZ: »Nie gesehen!!«

Stephanie und Angetrauter] Vermutlich Stefanie Hunzinger (geb. 1911), bis 1979 Leiterin der Theaterabteilung im S. Fischer Verlag, und ihr Ehemann, der Regisseur Ludwig Cremer (1909-1982).

Literatur

Amann 1988: Klaus Amann, *Der »Anschluß« der österreichischen Schriftsteller an das Dritte Reich*, Frankfurt am Main 1988.

Barrière/Eicher/Müller 2001: Hélène Barrière / Thomas Eicher / Manfred Müller (Hrsg.), *Personalbibliographie Alexander Lernet-Holenia*, Oberhausen 2001.

Barrière/Eicher/Müller 2004: Hélène Barrière / Thomas Eicher / Manfred Müller (Hrsg.), *Schuld-Komplexe. Das Werk Alexander Lernet-Holenias im Nachkriegskontext*, Oberhausen 2004.

Benn 1979: Gottfried Benn, *Briefe an F. W. Oelze 1932-1945*, Frankfurt am Main 1979.

Blaser/Müller 1997: Patrice Blaser / Manfred Müller (Hrsg.), *Wiener Schauplätze in Leben und Werk Alexander Lernet-Holenias*, Wien 1997.

Blaser/Müller 1998: Patrice Blaser / Manfred Müller (Hrsg.), *Alexander Lernet-Holenia 1897-1976*, Wien 1998.

Bermann Fischer 1971: Gottfried Bermann Fischer, *Bedroht – Bewahrt. Weg eines Verlegers*, Frankfurt am Main 1971.

Daviau 1999: Donald G. Daviau, *Alexander Lernet-Holenia in seinen Briefen*, in: Eicher/Gruber 1999, S. 39-63.

Davidis/Fischer/Nickel/Raitz 1995: Michael Davidis / Bernhard Fischer / Gunther Nickel / Brigitte Raitz, *Konstellationen. Literatur um 1955*, Marbach 1995.

Dillmann 1990: Michael Dillmann, Heinz Hilpert. Leben und Werk, Berlin 1990.

Dirscherl/Nickel 2000: Luise Dirscherl / Gunther Nickel (Hrsg.), *Der blaue Engel. Die Drehbuchentwürfe*, St. Ingbert 2000.

Ehrke-Rotermund 2002: Heidrun Ehrke-Rotermund, *»Ein Vertreter hohen Geistes«, moralisch disqualifiziert? Gottfried Benn im Urteil Zuckmayers*, in: *Zuckmayer-Jahrbuch*, Bd. 5, 2002, S. 389-401.

Eicher 2000: Thomas Eicher (Hrsg.), *Im Zwischenreich des Alexander Lernet-Holenia*, Oberhausen 2000.

Eicher/Gruber 1999: Thomas Eicher / Bettina Gruber (Hrsg.), *Alexander Lernet-Holenia. Poesie auf dem Boulevard*, Köln, Weimar, Wien 1999.

Görner 2004: Rüdiger Görner, *»Die Bruchflächen funkeln lassen«. Über Gottfried Benns »Erwiderung an Alexander Lernet-Holenia«*, in: Barrière / Eicher / Müller 2004, S. 133-146.

Helmich 1989: Bernhard Helmich, *Händel-Fest und »Spiel der 10.000«. Der Regisseur Hanns Niedecken-Gebhard*, Frankfurt am Main, Bern, New York, Paris 1989.

Hübel/Müller 1997: Thomas Hübel / Manfred Müller (Hrsg.), *Alexander Lernet-Holenia. Die Lust an der Ungleichzeitigkeit*, Wien 1997.

Hübel/Müller/Sommer: Thomas Hübel / Manfred Müller / Gerald Sommer (Hrsg.), *Alexander Lernet-Holenia. Resignation und Rebellion. »Bin ich denn wirklich, was ihr einst wart?«* *Beiträge des Wiener Symposions zum 100. Geburtstag des Dichters*, Riverside (Calif.) 2005.

Joseph 1991: Albrecht Joseph, *Ein Tisch bei Romanoff's. Vom expressionistischen Theater zur Westernserie*, Mönchengladbach 1991.

Joseph 1993: Albrecht Joseph, *Portraits I. Carl Zuckmayer. Bruno Frank*, Aachen 1993.

Joseph 1996: Rudolph S. Joseph, *Farbe für das Selbstporträt in Gips. Carl Zuckmayer in jungen und mittleren Jahren – Eine Erinnerung*, in: *Juni. Magazin für Literatur und Politik*, Jg. 10, 1996, H. 25, S. 125-132.

Kortner 1959: Fritz Kortner, *Aller Tage Abend*, München 1959.

Lernet-Holenia 1989: Alexander Lernet-Holenia, *Das lyrische Gesamtwerk*, hrsg. von Roman Roček, Wien, Darmstadt 1989.

Lernet-Holenia/Benn 1953: *Monologische Kunst –? Ein Briefwechsel zwischen Alexander Lernet-Holenia und Gottfried Benn*, Wiesbaden 1953.

Mayer 2005: Franziska Mayer, *Wunscherfüllungen. Erzählstrategien im Prosawerk Alexander Lernet-Holenias*, Köln, Weimar, Wien 2005.

Müller 2005: Manfred Müller, *Ein Versuch, Staatsdichter zu sein*, in: Thomas Hübel / Manfred Müller / Gerald Sommer, *Alexander Lernet-Holenia. Resignation und Rebellion. »Bin ich denn wirklich, was ihr einst wart?«* *Beiträge des Wiener Symposions zum 100. Geburtstag des Dichters*, Riverside (Calif.) 2005, S. 219-237.

Müller-Widmer 1980: Franziska Müller-Widmer, *Alexander Lernet-Holenia. Grundzüge seines Prosa-Werkes, dargestellt am Roman »Mars im Widder«*, Bonn 1980.

Nickel 2002: Gunther Nickel, *Des Teufels Publizist – ein »höchst komplizierter und fast tragischer Fall«. Friedrich Sieburg, Carl Zuckmayer und der Nationalsozialismus*, in: *Zuckmayer-Jahrbuch*, Bd. 5, 2002, S. 247-295.

Nickel/Weiß 1996: Gunther Nickel / Ulrike Weiß, *Carl Zuckmayer 1896-1977. »Ich wollte nur Theater machen«*, Marbach 1996 (Marbacher Kataloge 49).

Pott 1972: Peter Pott, *Alexander Lernet-Holenia. Gestalt, Dramatisches Werk und Bühnengeschichte*, Wien 1972.

Roček 1997: Roman Roček, *Die neun Leben des Alexander Lernet-Holenia. Eine Biographie*, Wien, Köln, Weimar 1997.

Sannwald 2001: Daniela Sannwald, *Die Beschwörung der Heimat. Carl Zuckmayer und Gustav Ucicky*, in: *Zuckmayer-Jahrbuch*, Bd. 4, 2001, S. 437-478.

Strasser 1996: Christian Strasser, *Carl Zuckmayer. Deutsche Künstler im Salzburger Exil 1933-1938*, Wien, Köln, Weimar 1996.

Tucholsky 2005: Kurt Tucholsky, *Gesamtausgabe, Bd. 19: Briefe 1928-1932*, Reinbek 2005.

Zuckmayer, *Abschied und Wiederkehr*: Carl Zuckmayer, Abschied und Wiederkehr. Gedichte, Frankfurt am Main 1997.

Zuckmayer, *Als wär's ein Stück von mir*: Carl Zuckmayer, Als wär's ein Stück von mir. Horen der Freundschaft, Frankfurt am Main 1997.

Zuckmayer, *Aufruf zum Leben*: Carl Zuckmayer, Aufruf zum Leben. Porträts und Zeugnisse aus bewegten Zeiten, Frankfurt am Main 1995.

Zuckmayer, *Deutschlandbericht*: Carl Zuckmayer, *Deutschlandbericht für das Kriegsministerium der Vereinigten Staaten von Amerika*, hrsg. von Gunther Nickel, Johanna Schrön und Hans Wagener, Göttingen 2004.

Zuckmayer, *Die Fastnachtsbeichte*: Carl Zuckmayer, *Die Fastnachtsbeichte. Erzählungen 1938-1972*, Frankfurt am Main 1996.

Zuckmayer, *Geheimreport*: Carl Zuckmayer, *Geheimreport*, hrsg. von Gunther Nickel und Johanna Schrön, Göttingen 2002.

Zuckmayer, *Der Hauptmann von Köpenick*: Carl Zuckmayer, *Der Hauptmann von Köpenick. Theaterstücke 1929-1937*, Frankfurt am Main 1995

Zuckmayer, *Die langen Wege*: Carl Zuckmayer, *Die langen Wege. Betrachtungen*, Frankfurt am Main 1996.

Zuckmayer, *Vermonter Roman*: Carl Zuckmayer, *Vermonter Roman*, Frankfurt am Main 1996.

Zuckmayer, *Ein voller Erdentag*: Carl Zuckmayer, *Ein voller Erdentag. Betrachtungen*, Frankfurt am Main 1997.

Zuckmayer/Bermann Fischer 2004: Carl Zuckmayer / Gottfried Bermann Fischer, *Briefwechsel*, hrsg. von Irene Nawrocka, Göttingen 2004.

Zuckmayer/Burckhardt 2000: Carl Zuckmayer / Carl Jacob Burckhardt, *Briefwechsel*, ediert, eingeleitet und kommentiert von Claudia Mertz-Rychner und Gunther Nickel, St. Ingbert 2000, S. 9-243.

Zuckmayer/Dorst 2005: »*Ich bange um die Eiszeit ›als wärs ein Stück von mir‹. Der Briefwechsel zwischen Carl Zuckmayer und Tankred Dorst*, ediert, eingeleitet und kommentiert von Heidrun Ehrke-Rotermund, in: *Zuckmayer-Jahrbuch*, Bd. 5, 2002, S. 9-73.

Zuckmayer/Seidel 2003: Carl Zuckmayer / Annemarie Seidel, *Briefwechsel*, hrsg. von Gunther Nickel, Göttingen 2003.

Aufsätze

Jochen Strobel

»Schöne Gedichte« – »Mäßige Schriftstellerei«

Thomas Mann und Carl Zuckmayer

Zum 50. Geburtstag erhält Thomas Mann ein Glückwunschschreiben von einem achtundzwanzigjährigen Nachwuchsdramatiker, der seinen ersten großen Erfolg noch vor sich hat. Über den kürzlich erschienenen Bestseller *Der Zauberberg* heißt es darin: »[D]as Werk des ›Fünfzigjährigen‹, das an Gründlichkeit der Form und des Inhalts kein Beispiel in der gegenwärtigen deutschen Prosaliteratur hat, ist voll von lebendigem Leben und innerem Feuer, rührt *an den Kern* der Dinge, die uns brennend am Herzen liegen, ist ganz und gar ein Buch für junge Menschen, die es weiter und reicher macht.«[1] Es scheint, hier hätte sich mit dem gut zwei Jahrzehnte jüngeren Carl Zuckmayer ein dankbarer Leser und Schüler Thomas Manns zu Wort gemeldet. Wenige Wochen später jedoch, im Juli und August 1925, entsteht, zunächst als Nebenprodukt vom Autor nicht sonderlich hochgeschätzt, im Haus eines Freundes am Wannsee das Lustspiel *Der fröhliche Weinberg*, vielleicht *das* Erfolgsstück der Weimarer Republik.[2] Der vom Expressionismus der unmittelbaren Nachkriegszeit geprägte Zuckmayer gewinnt damit erst recht Konturen, die sich nicht gerade durch eine geistige Nachbarschaft zu dem Verfasser des *Zauberberg* und künftigem Nobelpreisträger auszeichnen. Begegnungen gibt es gleichwohl – schon vor 1933, und es ist dann die gemeinsame Erfahrung des Exils, das jenseits der literarischen Differenzen zu Annäherungen führt. Kennzeichnend sind dann aber die ebenfalls in der Emigration geschärften, konträren Positionen zu Deutschland und seinem ›Schicksal‹ nach 1945, wenngleich es nicht an gemeinsamen Voraussetzungen fehlt, beruht doch die Konfrontation beide Male auf einem mythischen Verständnis von ›Deutschland‹ als *dem* transzendentalen Signifikat des 19. und weithin noch des 20. Jahrhunderts. Doch während Thomas Mann nach 1933 zunehmend auf dem Mythologem eines *einzigen* Deutschland beharrte, in dem ›Gut‹ und ›Böse‹ gleichermaßen zu verorten seien und in dem auch der Nationalsozialismus in fataler Konsequenz seinen Platz be-

---

1 Vgl. Anhang, Dokument 1. Laut Thomas-Mann-Archiv (künftig: TMA) handelt es sich um einen Redetext.
2 Vgl. Gunther Nickel / Ulrike Weiß, *Carl Zuckmayer 1896-1977. »Ich wollte nur Theater machen«*, Marbach am Neckar 1996, S. 89-101.

hauptet, unterscheidet Zuckmayer und mit ihm wohl ein Großteil der
deutschen Emigranten wie erst recht der Bevölkerung des Deutschen
Reichs zwischen einem ›bösen‹ und einem ›guten‹, ›anderen‹ Deutschland;³ letzteres erwies sich als schon älteres, aber bequem anschluß-
fähiges Denkmuster.⁴ Der Konflikt entlädt sich 1944 in einem Stellver-
treter-Briefwechsel zwischen Zuckmayer und Erika Mann; Zuckmayer
ist zu Mäßigung aufgefordert, denn er hat *auch* Thomas Mann die
Möglichkeit zur Flucht in die USA zu verdanken. Die eigentlich zu erwartenden kritischen Worte zwischen beiden dürften daher nie gefallen
sein. Viel zu sagen hatten sie sich wohl ohnehin nicht; darauf deuten
die Unterschiede in den Prägungen der Autoren wie in den Entwürfe
der Œuvres hin; dies belegen Notizen in Manns Tagebüchern oder
Briefe Zuckmayers. Nach einer biographischen Spurensuche (I) wird
sich dieser Beitrag zunächst mit den poetologischen Unvereinbarkeiten
auf dem Gebiet des Dramas und des Theaters befassen (II), um dann
die schon skizzierten Deutschlandbilder in den Blick zu nehmen (III)
und schließlich vergleichend den mythopoetischen und mythenkriti-
schen Charakter zweier fast gleichzeitig entstandener literarischer Texte
zu beleuchten, die nach ihrem Erscheinen nicht nur in Deutschland
kontrovers diskutiert wurden und die als paradigmatische Literarisie-
rungen ›Deutschlands‹ durch zwei Emigranten zur Zeit der deutschen
Niederlage von 1945 gelesen werden können: *Des Teufels General* und
Doktor Faustus. (IV) Der Anhang enthält den Briefwechsel zwischen
Thomas Mann und Carl Zuckmayer, soweit er heute nachweisbar ist;
erschlossene, heute aber verschollene Briefe sowie Manns Affidavit für
Zuckmayer und zwei Zeitungsartikel sind ebenfalls dokumentiert.⁵

3 Zuckmayer »was always able to distinguish between the actions of the
   National Socialist regime and the Germans as a whole« (Margot Finke,
   Carl Zuckmayer's Germany, Frankfurt am Main 1990, S. III).
4 Vgl. den Aufsatz von Ulrich Fröschle, dessen Teilauswertung des immensen
   Materials die Wirkmächtigkeit des Konzeptschlagwortes ahnen läßt: *Das
   andere Deutschland. Zur Topik der Ermächtigung*, in: Gunther Nickel
   (Hrsg.), *Literarische und politische Deutschlandkonzepte 1938-1949*
   (Zuckmayer-Jahrbuch 7), Göttingen 2004, S. 47-85.
5 Für Hinweise und Materialien danke ich Gunther Nickel und Ulrich
   Fröschle.

I. Stationen

Der junge Zuckmayer lernt Thomas Mann als Leser kennen: einige von dessen frühen Novellen sind ihm Vorbild für erste eigene Produktionen,[6] er liest *Buddenbrooks*.[7] Jahrzehnte später, anläßlich von Manns 100. Geburtstag, bekennt er sich euphorisch zu dessen frühester Prosa:

> Wenn ich gefragt werde, zu welcher Zeit meines Lebens mich Thomas Manns Schaffen am stärksten beeindruckt, beeinflußt, ja geradezu umgewühlt hat, so sage ich ohne weiteres: zwischen 13 und 16, und zwar durch ein Buch, das ich aus dem verschlossenen Bücherschrank meiner Eltern (ich kannte das Schlüsselversteck) nahm und merkwürdigerweise heute wieder in der gleichen Ausgabe besitze: ›Der kleine Herr Friedemann‹, Novellen, Berlin 1898.[8]

Der junge Leser schätzt das Durchschauen der »Erbarmungslosigkeit des Lebens«, Manns »distanzierte Ironie«, schließlich »[e]inen realistischen Scharfblick, ins Musische gesteigert«.[9]

In seiner Autobiographie, also aus der Distanz von über fünf Jahrzehnten, berichtet Zuckmayer, er habe Thomas Mann 1914 als Mitunterzeichner eines Manifests deutscher Intellektueller zugunsten des Krieges wahrgenommen: »Thomas Mann gehörte einem Gremium deutscher Gelehrter und Schriftsteller an, das eine harte Absage an die Intellektuellen des ›Westens‹ und ein rückhaltloses Bekenntnis zum nationalen Krieg publizierte.«[10] Damit dürfte der kaiserfreundliche Aufruf von 93 deutschen Gelehrten und Künstlern unter dem Titel *An die Kulturwelt!* gemeint sein[11] – an dem sich Mann allerdings gar nicht beteiligt hat, wenngleich er mit Aufsätzen wie *Gedanken im Kriege* seinen Beitrag zur Kriegsbegeisterung der Deutschen durchaus leistet. Irrtüm-

---

6 Vgl. Carl Zuckmayer, *Als wär's ein Stück von mir. Horen der Freundschaft*, Frankfurt am Main 1997, S. 201.

7 Vgl. Carl Zuckmayer, *Pro domo*, in: Carl Zuckmayer, *Die langen Wege. Betrachtungen*, Frankfurt am Main 1996, S. 69-132, hier: S. 84.

8 Carl Zuckmayer: [o. T.], in: *Thomas Mann. Wirkung und Gegenwart. Aus Anlaß des hundertsten Geburtstages am 6. Juni 1975 hrsg. vom S. Fischer Verlag*, Frankfurt am Main 1975, S. 65 f., hier: S. 65.

9 Ebd., S. 66.

10 Zuckmayer, *Pro domo*, a.a.O. (Anm. 7), S. 238.

11 Vgl. Jürgen von Ungern-Sternberg: *Wissenschaftler*, in: Gerhard Hirschfeld u.a. (Hrsg.), *Enzyklopädie Erster Weltkrieg*, Paderborn u.a. 2003, S. 169-176; daneben zu Wortlaut und Unterzeichnerkreis vgl. http://lexikon.freenet.de/An_die_Kulturwelt (9. August 2005).

lich erinnert Zuckmayer also einen Ausbruch aus der deutschen Innerlichkeit mit einem eruptiven politischen Bekenntnis, das er mit der beinahe gesamten deutschen Öffentlichkeit teilt.

Im wichtigsten Text jener Jahre aber, im Großessay *Betrachtungen eines Unpolitischen*, formuliert Mann eine Absage an den von Kurt Hiller mitgetragenen Expressionismus, womit bereits die wichtigste Differenz zu Zuckmayer benannt ist, sind dessen Anfänge als Autor um 1918 herum doch durch den Expressionismus und seine Folgen für das deutsche Theater bestimmt; zu seinen Freunden in diesen Jahren zählt Bertolt Brecht; als Prosaautor tritt er hingegen noch kaum in Erscheinung. Bei einem längeren Aufenthalt in München lernt er 1923 durch Pamela Wedekind Erika und Klaus Mann kennen, wird allerdings nicht in deren Elternhaus eingeführt.[12] Mit Thomas Mann kommt er nach einer Lesung in Mainz ins Gespräch, als er durch *Der fröhliche Weinberg* bereits berühmt – und in seiner Heimat berüchtigt ist, wie Mann dies ähnlich durch die Lübecker als junger Autor von *Buddenbrooks* erfahren mußte.[13]

Gemeinsamkeiten zeichnen sich in den späten Jahren der Weimarer Republik verhalten ab, denkt man etwa an politische Aufrufe, die von beiden Autoren unterzeichnet werden: Unter einem »Wahlaufruf an die Partei der Nichtwähler« vor der Septemberwahl des Jahres 1930 finden sich zwar Prominente unterschiedlichster politischer Couleur, aber verschiedene andere Aktivitäten in diesen Jahren gestatten es, bei Mann wie Zuckmayer Sympathien für die gemäßigte, prorepublikanische Linke festzustellen.[14] So tritt Zuckmayer 1932 der »Eisernen Front«

---

12 Vgl. Zuckmayer, *Als wär's ein Stück von mir*, a.a.O. (Anm. 6), S. 438f. – Klaus Mann, so überliefert Klaus Harpprecht, sei »nach einem nicht allzu geschmackvollen Aperçu des jungen Dramatikers und Lyrikers Carl Zuckmayer die Frucht einer Begegnung Thomas Manns mit Rainer Maria Rilke im Englischen Garten« (Klaus Harpprecht, *Thomas Mann. Eine Biographie*, Reinbek 1995, S. 522).

13 Vgl. ebd., S. 487 f. – Es könnte der 18. Januar 1926 gewesen sein; an diesem Tag las Mann in Mainz *Unordnung und frühes Leid*, eine von Zuckmayer mehrfach erwähnte Novelle. *Der fröhliche Weinberg* war soeben, am 22. Dezember 1925 in Berlin, einen Tag später noch einmal in Frankfurt uraufgeführt worden (vgl. Gert Heine / Paul Schommer, *Thomas-Mann-Chronik*, Frankfurt am Main 2004, S. 161, sowie: Nickel/Weiß, *Zuckmayer*, a.a.O. [Anm. 2], S. 95). Danach ist bis zum Ende des Jahrzehnts kein weiterer Aufenthalt Manns in Mainz überliefert.

14 Vgl. *Thomas Mann, Beteiligung an politischen Aufrufen und anderen kollektiven Publikationen. Eine Bibliographie*, bearb. von Georg Potempa,

bei, dem Aktionsbündnis aus SPD, Gewerkschaften und »Reichsbanner«,[15] Mann agiert als Wahlkampfredner für die SPD. Doch sieht sich Zuckmayer auf verlorenem Posten und darin durchaus in einer Situation, die der Thomas Manns gleicht:

> Es scheint völlig hoffnungslos, gegen die Rechtser aufzukommen, wir haben links weder Waffen noch zuverlässige Leute [...]. Das Ganze ist ein Versagen des Marxismus, sonst nichts, und wir müssen es ausbaden. [...] Daneben stehen die Sozialdemokraten, die jetzt Thomas Mann gewonnen, aber die Arbeiterschaft verloren haben, und kauen an den Nägeln. Zum Kotzen. Genug davon.[16]

Beide beteiligen sich im Februar 1931 auch an einer Antwort auf ein Manifest französischer Intellektueller, in dem diese sich gegen Auswüchse des Nationalismus und für die Verständigung zwischen Deutschland und Frankreich ausgesprochen hatten.[17] Eine Reihe solcher Unterschriftenaktionen mit Beteiligung beider Autoren, die sich noch weiter ergänzen ließe, endet 1933. Bekanntlich bleiben beide, auch wenn sich Zuckmayer fast ausschließlich in Österreich aufhält und Mann in die Schweiz emigriert, noch jahrelang auf dem deutschen Buchmarkt präsent, wenngleich der Erfolgsautor Zuckmayer, zu einem Verlagswechsel gezwungen, Ullstein verläßt und zu S. Fischer wechselt, seit 1934 also seine Werke im selben Verlag wie Thomas Mann veröffentlicht; beide verbindet bald auch eine Freundschaft mit Gottfried Bermann Fischer.[18] Auch kommt es nun, im Exil, häufiger zu Begegnungen zwischen Mann und Zuckmayer; man besucht und bekompli-

Morsum 1988, S. 67 f., sowie: Nickel/Weiß, *Carl Zuckmayer 1896-1971,* a.a.O. (Anm. 2), S. 216 ff.

15 Vgl. ebd., S. 222.

16 Carl Zuckmayer an Albrecht Joseph am 11. Dezember 1930. Zitiert nach: Gunther Nickel, »*Des Teufels General*« *und die Historisierung des Nationalsozialismus,* in: Ders. (Hrsg.), *Carl Zuckmayer und die Medien. Beiträge zu einem internationalen Symposion* (Zuckmayer-Jahrbuch 4 [2001]), Band 2, S. 577-612, hier: S. 600.

17 Vgl. Potempa, *Thomas Mann,* a.a.O. (Anm. 14), S. 75 ff.

18 Zu Zuckmayers Exil vgl. Richard Albrecht, *Carl Zuckmayer im Exil, 1933-1946,* in: *Internationales Archiv für Sozialgeschichte der deutschen Literatur,* Jg. 14, 1989, S. 165-202; daneben: Christian Strasser, *Carl Zuckmayer. Deutsche Künstler im Salzburger Exil 1933-1938,* Wien u.a. 1996. Zu Thomas Mann vgl. zuletzt: Angelika Abel, *Thomas Mann im Exil. Zum zeitgeschichtlichen Hintergrund der Emigration,* München 2003.

mentiert einander; so überliefert in Thomas Manns Tagebuch unter dem 6. September 1934:

> Zum Thee C. *Zuckmaier* [sic], dessen »[Katharina] Knie« hier ge-spielt wird, mit Frau und Mutter. Herzliches über den Joseph, der in London ein großer Erfolg sein soll, wo die [Elisabeth] Bergner ihn in zahlreichen Exemplaren verschenkt haben und englisch und deutsch daraus zitieren soll.[19]

Im August 1935 erwidern Manns den Besuch bei Zuckmayers in Henn-dorf bei Salzburg, und auch 1936 begegnet man einander offenbar in freundschaftlicher Runde in Zürich und in Wien.[20]

Mann befaßt sich auch mit Texten Zuckmayers: Den *Hauptmann von Köpenick* hatte er 1931 gesehen – den *Weinberg* kennt er gewiß auch –, die Novelle *Die Affenhochzeit* hatte er durch den Autor erhal-ten und gelesen;[21] nun, im September 1934, liest er »mit Vergnügen und Achtung« in Zuckmayers neuem Stück ›Der Schelm von Ber-gen‹.«[22] Doch hält das Stück auf der Bühne nicht, was die Lektüre ver-sprochen hat. Unter dem 2. Februar 1935 notiert er anläßlich des Be-suchs einer Aufführung im Zürcher Schauspielhaus in sein Tagebuch: »Überflüssige Poesie, wenig bezaubernd dargestellt.«[23] Als in der *Neu-en Rundschau* im August 1935 Zuckmayers *Danksagung an den Bach* erscheint, notiert Mann: »Schöne Gedichte von Zuckmayer«.[24] Dies bleiben Gelegenheitsäußerungen, momentanen Leseeindrücken ge-schuldet, bezeichnend für ein mäßiges Interesse Manns an Zuckmayers Texten. Der für Zuckmayer wichtige Essay *Pro domo*, 1938 in Ber-mann Fischers Buchreihe »Ausblicke« erschienen wie auch zuvor Tho-mas Manns *Freud und die Zukunft*, eine Arbeit, in der Zuckmayer Re-chenschaft über sein Verhältnis zu Deutschland ablegt, provoziert nur ein lakonisch-ablehnendes Urteil: »›Pro domo‹ von Zuckmayer, mäßige

---

19 Thomas Mann, *Tagebücher 1918-1921 und 1933-1955*, hrsg. von Peter de Mendelssohn und Inge Jens, 10 Bände, Frankfurt am Main 1977-1995. Künftig zitiert als »Mann, *Tagebücher*«, mit den Jahreszahlen des jeweili-gen Bandes und der Seitenzahl sowie ggf. dem Datum; hier: Mann, *Tagebü-cher*, a.a.O., 33/34, S. 523 (6. September 1934).

20 Vgl. jeweils Thomas Manns Tagebücher: ebd., 35/36, S. 165 (26. und 27. August 1935), S. 256 (12. Februar 1936) sowie S. 315 f. (14. Juni 1936).

21 Vgl. im Anhang die Dokumente 2 und 3.

22 Mann, *Tagebücher*, a.a.O., (Anm. 19), 33/34, S. 530 (24. September 1934).

23 Ebd., 35/36, S. 27 (2. Februar 1935).

24 Ebd., 35/36, S. 158 (13. August 1935).

Schriftstellerei.«[25] Es kommt auch im Exil nicht zu eigentlicher Kooperation zwischen beiden. Als Thomas Mann begonnen hat, sich politisch als Stimme der deutschen Emigration zu verstehen und zu bekennen und die allerdings recht gemäßigte Zeitschrift *Maß und Wert* mitherausgibt, läßt er auch Zuckmayer um einen Beitrag bitten,[26] allerdings ohne Erfolg,[27] obgleich durchaus Interesse bei Zuckmayer besteht.[28]

Dieser, über dessen spätere Thomas-Mann-Lektüren wir wenig Anhaltspunkte besitzen,[29] besitzt zumindest genügend Selbstbewußtsein, um sich mit Mann zu vergleichen und sich im Einzelfall ähnlich als Sprachrohr der deutschen Emigranten zu begreifen.[30] Dies spricht aus einer Äußerung gegenüber Bermann Fischer, der 1938 eine »Sammlung von Briefen aus der deutschen Emigration« plant:

25 Ebd., 37-39, S. 365 (25. Februar 1939).
26 Vgl. das Regest von Thomas Manns Brief an Franz Theodor Csokor vom 29. Juli 1937: »Bestellt Grüße an Carl Zuckmayer: auch er möge ein paar Gedichte oder eine Erzählung an die Zeitschrift [Maß und Wert] schicken« (*Die Briefe Thomas Manns. Regesten und Register*, bearb. und hrsg. unter Mitwirkung des Thomas-Mann-Archivs der Eidgenössischen Technischen Hochschule Zürich von Hans Bürgin und Hans-Otto Mayer, 5 Bände, Frankfurt am Main 1976-1987, Reg. 37/134.
27 Vgl. *Maß und Wert. Zürich 1937-1940. Bibliographie einer Zeitschrift*, bearb. von Volker Riedel, Berlin/Weimar 1973.
28 In Briefen an Gottfried Bermann Fischer schlägt er kurz nacheinander *Pro domo* sowie die Erzählung *Herr über Leben und Tod* zum Vorabdruck in *Maß und Wert* vor. Vgl. Zuckmayers Briefe vom 26. Mai und vom 14. Juli 1938, in: Carl Zuckmayer / Gottfried Bermann Fischer, *Briefwechsel*, hrsg. von Irene Nawrocka, Band 1, Göttingen 2004, S. 40-46, hier: S. 45, und S. 58 f.
29 Am 7. März schreibt Zuckmayer an Brigitte und Gottfried Bermann Fischer über den Roman *Joseph, der Ernährer*: »Vielen Dank für die Sendung des Thomas Mann – habe schon gierig zu lesen begonnen« (ebd., S. 224-226, hier: S. 225).
30 Anekdotisch wird der Glaube an die Rangfolge unter den Exilanten dort befestigt, wo Zuckmayer von der Trauerfeier für den Freund Horváth 1938 in Paris berichtet, die zu einem Forum der Rede für alle bedeutenden Anwesenden gerät; als alphabetisch Letzter besetzt Zuckmayer eine prominente Position: »Es hatten sich schon bei unserer Ankunft die verquertesten Gespräche abgewickelt, wobei es um die Reihenfolge der Grabredner ging: denn außer den von der Familie ausdrücklich dazu aufgeforderten, das waren Werfel, Mehring und ich, wollten alle zu Wort kommen, die fanden, bei einer solchen Gelegenheit gehört werden zu müssen. Es war eine beträchtliche Menge, und unter ihnen ging es darum, wer wem den Vortritt

[I]ch würde gern, wenn die Sammlung Format bekommt, Ihnen ein
Vorwort, eine Einleitung dazu schreiben. Obwohl der Name und die
Person Thomas Mann's mehr Gewicht und Publizität hat, halte ich
mich für geeignet und sogar berufen dazu, schon aus Generations-
gründen. Mindestens möchte ich einen mitformenden Teil daran
haben, denn es ist eine ganz grosse Verantwortung, dass hier jeder
Ton richtig sein wird.[31]

Laut Christian Strasser sollten Mann und Zuckmayer gemeinschaftlich
eine Textauswahl treffen; ein Teil des Ertrages sei dem »Zentralkomi-
tee für Emigrantenhilfe in London« zugedacht gewesen.[32] Das Projekt
kommt nicht zustande; doch zumindest in der wechselvollen, aber erfolgreichen Geschichte des S. Fischer Verlags nach 1933 avancieren die
beiden Bestsellerautoren Mann und Zuckmayer zu führenden Gestalten.[33] Die geplante Briefanthologie stünde, wäre sie realisiert worden,
neben Walter Benjamins Unternehmung *Deutsche Briefe* sicher als ein-
zigartiges einheitsstiftendes, raumzeitliche Distanz überwindendes Dokument der deutschen Emigration da.

Die nationalsozialistische Annexionspolitik, die im März 1938 in
Österreich beginnt, zwingt Zuckmayer, der schon seit 1926 in seinem
Henndorfer Haus lebt, ebenso wie Mann, der sich seit 1933 bei Zürich
aufhält, zum Verlassen Europas. Thomas Mann ist privilegiert, reagiert
auf eine Einladung nach Princeton und hat dort bald eine mit kaum
nennenswerten Belastungen verbundene Professur inne; Zuckmayer
bedarf zunächst der Fürsprache, um überhaupt eine Einreisebewilli-
gung in die USA zu erhalten. Wenn er auch im deutschsprachigen Raum
als Bühnenautor prominent ist – in den USA ist er zwar kein Unbekannter, aber kein berühmter Autor vom Schlage des Nobelpreisträgers

zu lassen hatte oder wen wer zu beleidigen fürchtete, wenn er zuerst redete.
Ich schlug alphabetische Reihenfolge vor – für mich am günstigsten, weil
ich dann zuletzt kam, denn ein Zweig, Stefan oder Arnold, war nicht anwesend« (Zuckmayer, *Als wär's ein Stück von mir*, a.a.O. [Anm. 6], S. 132f.).

31 Zuckmayer an Gottfried Bermann Fischer am 28. Januar 1939, in: Zuck-
    mayer/Bermann Fischer, *Briefwechsel*, a.a.O. (Anm. 28), S. 66.
32 Strasser, *Carl Zuckmayer*, a.a.O. (Anm. 18), S. 248.
33 Dies bezeugt auch beider (neben Werfels und einiger anderer Autoren) Be-
    teiligung an Gesprächen über Bermann Fischers Verlagspläne in New York.
    Obwohl der Verleger sich im US-Exil befand, agierte sein Verlag weiter von
    Stockholm aus. Mit Fritz Landshoff gründete er dort bald die L. B. Fischer
    Publishing Corporation (vgl. Mann, *Tagebücher*, a.a.O., [Anm. 19], 40-43,
    S. 173 und 178 [1. und 13. November 1940]).

Mann. Immerhin erhält er Unterstützung durch die mit ihm seit Jahren befreundete, in den USA einflußreiche und mit dem Präsidenten Roosevelt bekannte Journalistin Dorothy Thompson. Auf eine Bitte Zuckmayers hin stellt ihm auch Thomas Mann zur Vorlage beim amerikanischen Konsulat in Havanna ein Empfehlungsschreiben aus, in dem er ihm sehr weitgehenden Respekt zollt.[34]

Zuckmayer stößt auf Schwierigkeiten,[35] erhält aber schließlich die Einreiseerlaubnis; ebenso wie Thomas Mann gelingt es ihm schließlich amerikanischer Staatsbürger zu werden. Kurzzeitig arbeitet Zuckmayer als Drehbuchautor für Warners Brothers; erneut bemüht sich Thomas Mann, allerdings vergeblich, um eine Vertragsverlängerung für ihn, für Döblin und für Heinrich Mann.[36] Begegnungen sind im amerikanischen Exil jedoch, mit Ausnahme des kurzzeitigen gemeinsamen deutschlandpolitischen Engagements 1943, selten.[37] Der symbolischen Hegemonie Manns und seiner Familie über die deutschsprachige Emigration ist sich Zuckmayer selbstverständlich bewußt. In einem Brief von 1939, in dem er den Mitarbeiterkreis an Willi Münzenbergs Exil-Zeitschrift *Die Zukunft* charakterisiert, eröffnet Thomas Mann eine eigene Kategorie; es seien: »Mitarbeiter aus der ganzen deutschen Opposition gegen die Nazi's von rechts bis links, Thomasmänner, Katholiken und Protestanten«.[38] Als Subtext ist dieses Wissen um eine Meinungsführerschaft der ›Mann Family‹ auch aus dem im Auftrag des amerikanischen Geheim-

34 Vgl. Anhang, Nr. 14. Für die Genehmigung zum Abdruck des Briefs danke ich dem Thomas-Mann-Archiv, Zürich, und der S. Fischer Verlag GmbH, Frankfurt am Main. Für die Überlassung der Druckvorlage danke ich der Thomas-Mann-Sammlung der Universitätsbibliothek Düsseldorf, namentlich Frau Vera Tscheschlok.

35 Über die zuständigen Mitarbeiter New Yorker Behörden schreibt Zuckmayer: »Solchen Leuten machten die Empfehlungen, die ich von Thomas Mann bis Hemingway, von Dorothy Thompson bis Marlene Dietrich, von Thornton Wilder bis Einstein zur Verfügung hatte, keinen Eindruck; die meisten, mit Ausnahme der Dietrich, waren ihnen unbekannt (Zuckmayer, *Als wär's ein Stück von mir*, a.a.O. [Anm. 6], S. 571). – Dietrichs Empfehlungsschreiben in: Nickel/Weiß, *Carl Zuckmayer*, a.a.O. (Anm. 2), S. 277.

36 Vgl. Willi Jasper, *Der Bruder. Heinrich Mann. Eine Biographie*, Frankfurt am Main 1994, S. 310 ff.

37 Vgl. dazu weiter unten Abschnitt III.

38 Carl Zuckmayer an Friedrich Torberg am 1. Februar 1939, zitiert nach: Nickel/Weiß, *Zuckmayer*, a.a.O. (Anm. 2), S. 267.

diensts »Office of Strategic Services« 1943/44 verfaßten *Geheimreport* herauszulesen.[39]

Der Nachkriegserfolg von *Des Teufels General* bestätigt den hohen Rang des Autors Zuckmayer in den deutschsprachigen Ländern. Für ihn bindet sich daran eine Rangfolge unter den erfolgreichen S. Fischer-Autoren, die ihn selbst mit an der Spitze sieht. 1948, nun schon von Saas Fee aus – Thomas Mann kehrt erst 1952 in die Schweiz zurück –, beklagt sich Zuckmayer angesichts eines geplanten Gedichtbandes bei seinem Verleger über das »recht triste[] Los« seiner Bücher: »Ich bin nämlich, ausser den Berühmtheiten wie Thomas Mann oder vielleicht Werfel, einer Deiner wenigen Autoren der hier in der Schweiz ein weiteres Publikum und mehr Namen hat, als die meisten Autoren.« Und weiter, über seine Gedichte: »Th. Mann hielt immer viel davon, nur wird seine Familie ihm sagen, ich sei ein Militarist …«[40]

Anläßlich des 70. Geburtstages Thomas Manns hat Zuckmayer einen Auftritt, der den Unterschied der Temperamente nur allzu deutlich belegt:

> Den Höhepunkt meiner Erinnerung an das Haus in Connecticut [von Gottfried und Brigitte Bermann Fischer] […] – den Höhepunkt in diesem Reigen von seligen und unseligen Geistern bildet die Feier des 70. Geburtstags von Thomas Mann […]. An diesem Abend, ich bin jetzt wieder beim 6. Juni 1945, machte ich keine besonders glückliche Figur. Die Gratulationscour für den Emigrarchen zog sich ziemlich lange hin, es wurde sehr schöne Kammermusik für ihn gemacht, auch die Fischertöchter trugen zur musikalischen und deklamatorischen Unterhaltung bei, das dauerte alles seine Zeit, und

---

39 Vgl. dort eine Anmerkung zu dem als Opportunisten gebrandmarkten Ernst Glaeser: »Dabei spielte er sich aber immer noch […] als den gesinnungsfesten Emigranten und Antinazi auf und suchte den Anschluss an die, im Fall er hätte Emigrant bleiben müssen, wichtigen Kreise, die Mann-Family usw., intensiv aufrecht zu erhalten« (Carl Zuckmayer, *Geheimreport*, hrsg. von Gunther Nickel und Johanna Schrön, Göttingen 2002, S. 78). Und zu der in Deutschland verbliebenen Tilly Wedekind: »Der Bannfluch der Familie Mann, die sie lieber Beide in der Emigration verhungern sähen als die Brosamen von Gründgens' Tische zu essen, sollte sie nicht zu hart treffen und in Absolution mit leichter Busse (knappe 5 Vaterunser) umgewandelt werden« (ebd., S. 122).

40 Zuckmayer an Gottfried Berman Fischer am 3. August 1948, in: Zuckmayer/Bermann Fischer, *Briefwechsel*, a.a.O. (Anm. 28), Bd. 1, S. 358-360, hier: S. 358 f.

so hatte ich mich vorzeitig betrunken, was sich ja eigentlich erst für den inoffiziellen Teil gehört hätte. Als ich nun selber drankam, dem Jubilanten noch etwas darzubieten – ich hatte versprochen, einige meiner zu Gitarre von mir selbst vertonten Gedichte vorzutragen, – wurde ich dem Ehepaar Mann, das auf zwei nebeneinandergestellten Sesseln thronte, direkt und nahe gegenüber gesetzt, er war wohl schon etwas ermüdet, und Frau Katia, der vermutlich meine Alkoholisierung nicht entgangen war, schaute mich so streng und inquisitorisch an, daß ich nun einfach nicht mehr konnte, ich war gelähmt wie ein Kaninchen unterm Schlangenblick, die Verse und Strophen, zu denen man den leisen, gelassenen Volkslied-Ton braucht, fielen aus, ich hatte auch plötzlich die Texte vergessen, machte also nur einen fürchterlichen Lärm auf der Gitarre, brüllte mit penetranter Lautstärke eine alte Jugendsünde, genannt ›Die Cognac-Vögel‹, herunter, benutzte dann die Gitarre noch ein wenig als Schlagzeug und hörte auf. Thomas klopfte mir mit nachsichtigem Lachen auf die Schulter, aber alle, vor allem ich, waren froh, daß es vorbei war und man sich auf das kalte Buffet stürzen konnte.[41]

In seinem Tagebuch vermerkt der so Gefeierte lakonisch: »Zuckmayers Gesänge, nicht sehr gut.«[42] Es mag sich dabei um die letzte Begegnung handeln.[43] Zuckmayers poetisches Geschenk an Mann, ein Gedichtzyklus *Kleine Sprüche aus der Sprachverbannung*, der im Sonderheft der *Neuen Rundschau* veröffentlicht wurde, scheint sich ein wenig über die Kanonisierung des Älteren lustig zu machen: »Welch ein Glück noch, daß man seinen Mann / Im Stockholmer Urtext lesen kann –!«[44]

41 Carl Zuckmayer, *Erinnerungen an ein Maison de Rendez-Vous*, in: Carl Zuckmayer, *Ein voller Erdentag. Betrachtungen*, Frankfurt am Main 1997, S. 216-222, hier: S. 220-222. – Zu jener Abendgesellschaft vgl. auch die Memoiren Gottfried Bermann Fischers, *Bedroht – bewahrt. Der Weg eines Verlegers*, Frankfurt am Main 1967, S. 212.

42 Mann, *Tagebücher*, a.a.O. (Anm. 19), Tb. 44-46, S. 215 (13. Juni 1945).

43 Belustigt notiert Thomas Mann am 7. Juli 1950 in seinem Tagebuch die Information, die er durch den Zürcher Kellner Franz Westermayer erhält: »Er glaubte mir berichten zu sollen, daß ›der Zuckmaier da ist‹« (ebd., Tb. 49/50, S. 210 f.). – Ansonsten wird Zuckmayer in den späten Tagebüchern kaum mehr erwähnt.

44 Carl Zuckmayer, *Kleine Sprüche aus der Sprachverbannung*, in: Carl Zuckmayer, *Abschied und Wiederkehr. Gedichte 1917-1976*, Frankfurt am Main 1997, S. 199 f., hier: S. 199.

II. »*Vorrang des Dramas*«?

Zuckmayers dramatischer Produktion, mithin also seinem Hauptwerk, wird in der Regel eine Verwurzelung in der Moderne bestritten. Damit ist weniger sein dramatischer, bei Publikum und Kritik allerdings als defizitär bewerteter Erstling *Kreuzweg* gemeint, der zweifellos vom Expressionismus beeinflußt ist,[45] sondern vor allem seine erfolgreichen Volksstücke und Komödien, die man etwa in Konkurrenz zu den zeitgleich entstandenen Stücken Marieluise Fleißers und Ödön von Horváths und zum epischen Theater Brechts lesen müßte. Und dies betrifft analog ein ›aristotelisches‹ Drama wie *Des Teufels General*, das neben dem Theater Becketts in den fünfziger Jahren anachronistisch wirkte.[46] ›Volk‹ versteht Zuckmayer in seinen Volksstücken »nicht gesellschaftlich, sondern in erster Linie als nationale und regionale Kategorie«; das »Volksstückhafte« etwa im *Schinderhannes* hat man »in der landschaftlichen Bindung wie auch in der vitalen Hauptfigur« gesehen.[47] Dies ist aber auch die Ausgangsposition für die Bewertung seines dramatischen Œuvres durch den Kollegen Thomas Mann, der das Theater nicht sonderlich schätzte, und schon gar nicht das populäre – wenngleich er in Wagnerscher Manier eine neue ›Volkstümlichkeit‹ des deutschen Theaters forderte.

Eine frühe Begegnung zwischen Mann und Zuckmayer findet anläßlich der Eröffnung der »Heidelberger Festspiele« am 20. Juli 1929 statt,[48] zu deren Preisträgern Zuckmayer gehört und denen er für die nur vier Jahre ihres Bestehens – 1929 ist bereits das letzte – aus dem Abstand von Jahrzehnten »modernistischen Qualitätscharakter« zubilligte.[49]

In seiner *Rede über das Theater* äußert sich der Festredner Mann zunächst sehr positiv über den Zustand des deutschen Theaters, beson-

---

45 Vgl. Nickel/Weiß, *Carl Zuckmayer*, a.a.O. (Anm. 2), S. 47-52.

46 Vgl. Volker Wehdekings kritischen Aufsatz: *Mythologisches Ungewitter. Carl Zuckmayers problematisches Exildrama »Des Teufels General«*, in: Manfred Durzak (Hrsg.), *Die deutsche Exilliteratur 1933-1945*, Stuttgart 1973, S. 509-519.

47 Hugo Aust / Peter Haida / Jürgen Hein, *Volksstück. Vom Hanswurstspiel zum sozialen Drama der Gegenwart*, München 1989, S. 280 f.

48 Vgl. Heine/Schommer, *Thomas-Mann-Chronik*, a.a.O. (Anm. 13), S. 203.

49 Zuckmayer, *Als wär's ein Stück von mir*, a.a.O. (Anm. 6), S. 511. – Vgl. Oliver Fink, *Theater auf dem Schloß. Zur Geschichte der Heidelberger Festspiele*, Heidelberg 1997, vor allem S. 30 ff. zu Zuckmayer, S. 39 ff. zu Mann als Festredner.

ders hinsichtlich des anwesenden Nestors dieses Theaters, des inzwischen vierundsechzigjährigen Gerhart Hauptmann, zu dem Thomas Mann seit langem eine herzliche Rivalität pflegt:
»Man klagt heute viel, das Theater habe die Fühlung mit dem Volke
verloren. Mir scheint, diese Fühlung ist hergestellt, sobald man Hauptmann spielt.« Die einstigen Skandalstücke seien heute »Volksstücke
[…] in des Wortes edelster Bedeutung«.[50] Dieses Lob darf man getrost
als captatio benevolentiae lesen, zieht sich doch der Redner bald auf
einen Mannschen Topos der Unberufenheit des Romanciers zurück,
gültig über das Theater zu urteilen, auch wenn das Theater eine »Her-
zensangelegenheit der geistigen Nation« sei, wie er im Anklang an den
soeben verstorbenen Hofmannsthal formuliert. Thomas Manns dramatischer Kanon umfaßt das große Welttheater von Shakespeare bis
Ibsen – von den Zeitgenossen läßt er nur die älteren, Hauptmann und
Hofmannsthal gelten,[51] doch gewiß nicht die Generation der Expres-
sionisten, mit denen Zuckmayer groß wurde, von dessen Altersgenossen
wie Brecht ganz zu schweigen. Erst gegen Ende der Rede holt Mann – im
Angesicht der preisgekrönten Dramatiker Schickele, Mell und Zuckmayer – in gewundenen Sätzen zu der These aus, nicht nur das »Verlangen des Kulturkonservatismus nach der Tragödie«[52] sei anachronistisch, sondern der Primat des Theaters stehe überhaupt in Frage:

> Daß unsere Zeit, diese Zeit des Überganges, der Analyse, der Auflö-
> sung überständig-lebenswidrig gewordener Formen […], daß diese
> Zeit danach angetan sei, das Theater großen Stils, das Drama als
> Kult- und Weiheakt, die Tragödie hervorzubringen, darf man freilich
> bezweifeln. Man mag der Überzeugung sein, daß ihr künstlerisch-re-
> präsentativer Ausdruck weit eher der Roman ist, daß diesem der
> zeitliche Vorrang vor dem Drama gebührt und daß Versuche und
> Ansätze des Theaters, sich unter den heutigen geistigen Umständen
> zu synthetischer Würde, zum Volksheiligtum zu erheben, verurteilt
> sind, fromme Velleität zu bleiben.[53]

50 Thomas Mann, *Rede über das Theater. Zur Eröffnung der Heidelberger
Festspiele 1929*, in: Thomas Mann, *Gesammelte Werke in dreizehn Bänden*, Frankfurt am Main 1960/1974, zehnter Band, S. 281-298, hier:
S. 281 f. (Diese Ausgabe wird künftig zitiert mit der Sigle »GW« und der
Bandzahl in römischen Ziffern.)
51 Vgl. ebd., S. 286 f.
52 Ebd., S. 296.
53 Ebd., S. 296 f.

Als Medium der Wiederherstellung einer »theatralische[n] Gemeinschaft«, als »festlich-gemeinschaftsbildende Macht«[54] immerhin ist
ihm das Theater noch legitim. Demgemäß bezeichnet Mann die Heidelberger Veranstaltung – um gewissermaßen eine Entweihung des Wag-
nerschen Paradigmas zu verhindern – nicht als Festspiele, sondern
harmlos als »theatralisches Sommerfest«.[55]

Doch wiederholt und bekräftigt er hier seine Grundthese von der
Modernität und Zeitgemäßheit der ›Literatur‹ und damit des Romans,
hingegen vom Unzeitgemäßen der dramatischen Kunst und der Insti-
tution des Theaters, die er in einem *Versuch über das Theater* bereits
1907 ausgeführt hatte und in Vorarbeiten zu dem gescheiterten Essay
Geist und Kunst zu bündeln versucht hatte.[56] Im *Versuch* heißt es
schlicht, vom »Vorrang des Dramas« zu sprechen, sei heute »eine *An-
maßung*, um es herauszusagen, und die ästhetischen Gründe, mit denen
er verteidigt wird, sind akademisches Gerümpel«.[57] Den Kronzeugen
Richard Wagner rettet er dabei als »theatralische[n] Epiker«[58], er sei
also nicht etwa Dramatiker. Viel deutlicher als in der Rede von 1929
erlaubt sich der junge Thomas Mann das Urteil: »Der Roman ist genauer, vollständiger, wissender, gewissenhafter, tiefer, als das Drama.«[59] Die durchaus als erstrebenswert gesehene Volksnähe des Theaters spricht aber gerade nicht für dieses, denn: »Es ist eine Kunst für die
Menge ...«[60] Oder: »Weit entfernt, irgend etwas Höchstes und Letztes
zu geben, ist das Theater vielmehr die naivste, kindlichste, populärste
Art von Kunst, die sich denken läßt.«[61] Wenn aber das Theater für den
Modernen überhaupt noch in Frage kommt, dann als Spielwiese des
Ironikers, der sich der Reproduktion des Naiven gerade verweigert:
»der kritische Artist *spielt* mit der Naivität des Theaters« – hier ist an
die intellektualisierend-kritische Brechung des Volkstümlichen im
Werk des Adrian Leverkühn zu denken.

54 Ebd., S. 298.
55 Ebd., S. 281.
56 Die Notizen zu *Geist und Kunst* sind, kommentiert von Hans Wysling, abgedruckt in: Paul Scherrer / Hans Wysling, *Quellenkritische Studien zum
   Werk Thomas Manns*, Bern/München 1967 (Thomas-Mann-Studien I).
57 Thomas Mann, *Versuch über das Theater,* in: Thomas Mann, *Essays*, hrsg.
   von Hermann Kurzke und Stephan Stachorski, Bd. 1, Frankfurt am Main
   1993, S. 53-93, hier: S. 57.
58 Ebd., S. 57.
59 Ebd., S. 59.
60 Ebd.
61 Ebd., S. 65. (Dort auch das folgende Zitat.)

Dem steht Zuckmayers Verständnis von Drama und Poesie diametral gegenüber. Da er sich nur selten dazu äußerte, konnte Hans Wagener das ›metaphysische‹ und ›dichterische‹ Theater des Nicht-Theoretikers Zuckmayer poetologisch nur mühsam rekonstruieren.[62] Doch mag, bereits im Vorgriff auf den nächsten Abschnitt, ein Beispiel für eine recht naiv-volkstümliche Lektüre romantischer Texte genügen. Zuckmayers Neigung zum Volkhaften im Drama entspricht die Favorisierung scheinbar naiver Gattungen einer von ›Kunstpoesie‹ streng zu scheidenden ›Naturpoesie‹, wozu er Märchen und Epos rechnet. Der 1948 erschienene Essay *Die Brüder Grimm. Ein deutscher Beitrag zur Humanität* kündet von dem Unternehmen einer kanonisierenden Trennung zwischen intellektualer Romantik – wie sie der von Zuckmayer genannte August Wilhelm Schlegel oder auch der bei ihm ungenannte Clemens Brentano vertritt –, der zitathaften Verarbeitung gegebener vormoderner Texte in der modernen Textur – wie sie ein Adrian Leverkühn zudem noch musikalisch umsetzt –, und der bloßen Verschriftung »unmittelbarer« Volkspoesie, an die Zuckmayer noch glaubt: »Chthonisch-tellurisches Erinnern und Ahnen bildet die Tiefenschicht von Mythen, Sagen, Märchen.«[63] Ein durch Thomas Mann ambivalent bewertetes Stück wie *Der Schelm von Bergen* hat sich mit seinem künstlichen Mittelalter allerdings von einem derart naiven Verständnis von volkstümlicher Dramatik weit entfernt, möglicherweise gegen den Willen des Autors.

Die grundlegenden Differenzen in der Bewertung von Drama und Theater treten noch einmal in Manns und Zuckmayers Schiller-Reden von 1955 und 1959 hervor; beide Redner treten als Repräsentanten der deutschen Literatur ihrer Zeit auf. Nur vier Jahre nach Manns aufsehenerregender Festrede mußte eine vergleichbare Inszenierung das Prestige des nun im Mittelpunkt stehenden Zuckmayer erhöhen. Diese Aussicht dürfte für Zuckmayer Grund genug gewesen sein, das anfängliche Zögern vor der Rolle des Schiller-Festredners zu unterdrücken, obgleich sich ja Schiller in seiner Verdammung Bürgers ausgerechnet

62 Hans Wagener, *Von metaphysischem und dichterischem Theater: Zuckmayers Dramentheorie*, in: Harro Kieser (Hrsg.), *Carl Zuckmayer. Materialien zu Leben und Werk*, Frankfurt am Main 1986, S. 136-146.

63 Carl Zuckmayer, *Die Brüder Grimm. Ein deutscher Beitrag zur Humanität*, in: Carl Zuckmayer, *Aufruf zum Leben. Porträts und Zeugnisse aus bewegten Zeiten*, Frankfurt am Main 1995 (Gesammelte Werke in Einzelbänden), S. 243-288, hier: S. 266.

gegen eine kalkulierte ›Volkspoesie‹ ausgesprochen hatte.[64] Beiden Reden gemeinsam ist eine Auseinandersetzung mit den ›nationalen‹ Antei-
len Schillers, die Zuckmayer im Sinne einer Ablehnung von Vereinnahm-
barkeit nicht sehen will, während Mann den sublimen Nationalismus
Schillers sogar hervorkehrt, um ihn ins Positive zu wenden und ihn geradezu als Voraussetzung eines gesamtdeutschen Schiller-Festes in Weimar *und* in Frankfurt zu rechtfertigen.[65] Gemeinsam ist auch das Lob
des zähen Geistesarbeiters Schiller, des Leistungsethikers, wie ihn Thomas Mann bereits fünfzig Jahre früher in seiner Novelle *Schwere Stunde*
entworfen hatte. Doch während der Dramatiker Zuckmayer – bei aller
Distanz – »die wachsende Bewunderung für seine beispiellose Meisterschaft im theatralischen Handwerk, für die Größe und die Bedeutung
seiner dramatischen Gegenstände«[66] bekundet, bewundert Thomas
Mann an Schiller immer wieder, was allem Künstlertum gemeinsam sei,
das »*Kindliche*, die edelmütige Naivität«, das »Künstlerkind, das in
aller Welt nichts Höheres weiß als das *Spiel*«.[67] Noch in ihren Schiller-
Reden – die Thomas Manns erlangte vielleicht nicht ganz zu Recht den
Nimbus des Besonderen, da Letzten[68] – setzen die beiden Autoren also
recht unterschiedliche Akzente.

III. Zweimal Deutschland:
Thomas Mann und Carl Zuckmayer im Exil

Thomas Manns Repräsentantenstatus in der Emigration ist ein Ge-
meinplatz.[69] Nicht vergessen werden darf dabei, daß Mann diese Rolle
gleichermaßen ›automatisch‹ zufiel, er sie wohl auch anstrebte – und

64 Zu den Entstehungsumständen von Zuckmayers Rede vgl. Nickel/Weiß,
   Carl Zuckmayer, a.a.O. (Anm. 2), S. 449ff.
65 Vgl. Carl Zuckmayer, *Ein Weg zu Schiller*, in: Zuckmayer, *Ein voller Erdentag*, a.a.O. (Anm. 41), S. 9-81; Thomas Mann, *Versuch über Schiller*,
   in: GW IX, S. 870-951, hier vgl. S. 923 und S. 950. – Zu Manns Rede im
   Rahmen der Schiller-Feiern 1955 vgl. Stefan Matuschek, *Das Ende der Nationalfigur. Schiller-Feiern der fünfziger Jahre in Ost und West*, in: *Weimarer Beiträge* 51, 2005, S. 165-187.
66 Zuckmayer, *Ein Weg zu Schiller*, a.a.O. (Anm. 65), S. 13.
67 Mann, *Versuch über Schiller*, a.a.O. (Anm. 65), S. 875 f.
68 Der *Versuch über Schiller* ist Manns letzter umfangreicher Text und zugleich wohl der letzte Redebeitrag, der Schiller als ›Nationalfigur‹ noch zu
   retten wußte. – Zur Emphase des ›Letzten‹ bei Thomas Mann vgl. Rüdiger
   Görner, *Thomas Mann. Der Zauber des Letzten*, Düsseldorf 2005.
69 Vgl. zuletzt: Abel, *Thomas Mann im Exil*, a.a.O. (Anm. 18).

daß er doch immer wieder Signale der Zurückweisung einer solchen Rolle aussandte. Das bedeutete mitunter diejenigen Mitemigranten vor den Kopf zu stoßen, die sich Mann zum Vorbild erkoren hatten. Nach Jahren des Schweigens in politicis hatte sich Thomas Mann im Disput mit dem Schweizer Journalisten Eduard Korrodi 1936 dazu herbeigelassen, dem öffentlichen Druck nachzugeben und sich gleichsam mit den anderen Emigranten gemein zu machen, zunächst mit allen unvermeidlichen Nachteilen, deren erster die Ausbürgerung aus Deutschland und damit der Verlust der reichsdeutschen Leser- und Käuferschaft war. Obgleich noch immer, in der Schweiz wie später in den USA, privilegiert und gut situiert, verhielt Mann sich damit solidarisch mit denjenigen, die in der Emigration um ihr Auskommen zu bangen hatten. Dies trug ihm die Bekräftigung einer Leitbildfunktion ein, die er für den in den zwanziger Jahren auf Bühnenerfolg spekulierenden Zuckmayer anscheinend längst gehabt hatte, zumindest laut dessen Beteuerung. Am 21. Dezember 1938 bekräftigt er dies brieflich: »Sie bedeuten heute für uns Jüngere, in der Welt Versprengte, eine Mitte, einen festen Halt, einen zentralen Ort der Sammlung, wie er seit 1933 gefehlt hat.«[70] Dieser bemerkenswerte Satz erinnert etwa an Klaus Manns Zeitschriftentitel von 1933/34 *Die Sammlung* – ein Organ, an dem mitzuwirken sich Thomas Mann damals geweigert hatte. Inzwischen hatte er Farbe bekannt, hatte bei seiner Ankunft in New York sogar den berühmt gewordenen Satz »Wo ich bin, ist Deutschland« geäußert, ungeachtet aller Schwierigkeiten der Identifikation mit der nationalen Mythologie der Deutschen mit ihrem nur scheinbar unpolitischen Charakter.[71] Natürlich ging es nun nicht mehr um ästhetische Differenzen,

---

[70] Vgl. Anhang, Dokument 11. – Ähnlich heißt es in einem Zeitungsbeitrag Zuckmayers anläßlich von Manns 65. Geburtstag: »Dass man, inmitten des apokalyptischen Getöses, an so etwas wie überdauernden, unzerstörbaren Wert, an den Sinn der Meisterschaft, an die Größe des menschlichen Geistes glauben kann und an diesem Glauben allein eine bodenlos gewordene Existenz immer wieder stärken und befestigen – das danken wir Ihrem Beispiel« (*Unser Dank. [Beitrag zum 65. Geburtstag von Thomas Mann]*, in: *Neue Volks-Zeitung* [New York] vom 1. Juni 1940).

[71] Vgl. zu dem Zitat den Text *Tagebuchblätter. Anfang April 1938. Beverly Hills, Californien*, in: Thomas Mann, *Essays*, hrsg. von Hermann Kurzke und Stephan Stachorski, Bd. 4, Frankfurt am Main 1995, S. 439-445, hier: S. 440, sowie dazu den Kommentar S. 432 ff. – Zum folgenden vgl. generell: Jochen Strobel, *Entzauberung der Nation. Die Repräsentation Deutschlands im Werk Thomas Manns*, Dresden 2000, vor allem S. 177-187 (zu

sondern um Überlebenshilfe. Nicht zufällig wurden die einzigen Briefe
von Belang zwischen den beiden Autoren jetzt getauscht, in der
Schwellensituation zwischen europäischem und amerikanischem Exil,
in der Übergangsphase zwischen nationalsozialistischer Annexionspolitik und der Entfesselung des Zweiten Weltkrieges. Thomas Manns
solidarisches Handeln kann aber die wesentliche Differenz im Deutschlandbild der beiden nicht verdecken. Will Zuckmayer »aufs schärfste
und klarste die Trennung des wahren Deutschtums vom Hitlertum
durch[]führen und sie zum kämpferischen Ziel […] erheben«, so zweifelt Mann längst schon an der Möglichkeit einer solchen Unterscheidung. Als ihm im Frühjahr 1933 bewußt wird, daß eine Rückkehr nach
Deutschland auf längere Sicht nicht möglich ist, beginnt er, der in den
vergangenen Jahren seine einst in den *Betrachtungen eines Unpoliti-*
schen gebündelten Bekenntnisse zu einem mythisch-zeitlosen Deutschland pragmatisch auf den jeweiligen Tagesbedarf umgestellt hatte, in
seinem Tagebuch nun wiederum von einer Metaphysik der Nation aus-
zugehen. Die Frage, ob der Nationalsozialismus und der von ihm getragene gegenwärtige deutsche Staat in der Kontinuität dieses mythischen
Deutschland liege oder schlicht ›undeutsch‹ sei, beantwortet er zwar
nicht ganz eindeutig, doch integriert er immer wieder resignativ den
Nationalsozialismus in eine nationale Mythologie der historisch ober-
flächlich bleibenden Varianten des Immergleichen: die Lust der Deutschen am ›großen Mann‹, am Autoritären und Männerbündischen läßt
sich noch am untauglichen »Viertelskünstler« Hitler wiederfinden.
Dies alles läuft bei Thomas Mann auf ein doppelgleisiges Agieren hinaus: zum einen geht die produktive Auseinandersetzung mit jenem mythischen Deutschlandbild, dessen Kontinuität der traditionsbewußte
deutsche Autor nicht zu entgehen vermag, vor allem in den großen Er-
zähltexten wie *Lotte in Weimar* und *Doktor Faustus* weiter. Daneben
aber steht eine mitunter wohl geradezu von Abscheu getragene Distanzierung von Deutschland, das im Laufe des Zweiten Weltkriegs immer
mehr zu der *einen*, nicht in ›Gut‹ und ›Böse‹ differenzierbaren Mythe
›Deutschland‹ wird. Dies führt konsequenterweise dazu, daß Mann
unter dem Vorzeichen dieser Leitmythe 1945 auch keine innere Emigration anerkennen kann, doch auch *die* Emigranten hätten aus seiner
Sicht ihre Glaubwürdigkeit verwirkt, solange sie sich im Bekenntnis zu
einem besseren Deutschland versammelten oder gar indem sie auf den

Essays und Tagebuchaufzeichnungen Manns 1933-1939). – Grundlegend
dazu: Wulf Wülfing / Karin Bruns / Rolf Parr, *Historische Mythologie der*
Deutschen, München 1991.

gegenwärtigen oder einen künftigen deutschen Staat schielten. Die generelle Skepsis gegenüber Insititutionalisierungen, die eine Nähe zu Kulturnation oder gar Staatsnation nicht scheuen, machte es Thomas Mann schwer, einen durchaus ›modernen‹ Widerspruch zu überbrükken, den er in seinen Texten immer wieder behandelt, den nämlich zwischen dem Repräsentanten und dem Objekt seiner Repräsentation. Ungeachtet des gerne geübten Rollenspiels des Repräsentanten nach außen hin stellt sich die Frage nach dem Verhältnis dieses Signifikanten zu einem transzendentalen Signifikat ›Deutschland‹ immer wieder aufs neue, und ein auf Nietzsche zurückgehender Topos in Thomas Manns Texten versucht paradox ›Darstellen‹, ›Vertreten‹ und – ›Distanzieren‹ (bei Nietzsche: »sich entdeutschen«[72]) zu kontaminieren.

In den USA 1938 angekommen, wird Mann zeitweilig Mitglied in der »American Guild for German Cultural Freedom«, die sich zum Zweck gesetzt hat, exilierten deutschen Künstlern und Wissenschaftlern Rückhalt zu bieten, er ist zeitweilig Ehrenpräsident der »German American Writers Association«;[73] er ist 1940 Mitbegründer des »Emergency Rescue Committee«, das deutschen Emigranten die Einreise in die USA erleichtern will, und er setzt sich vielfach für deutsche Emigranten ein. Im Tagebuch vermerkt er wohlwollend: »Klaus bemerkt, die Emigranten gleichen einer Nation, die mich als ihren Gesandten

---

72 Vgl. Friedrich Nietzsche, *Menschliches, Allzumenschliches*, Zweiter Band, in: Friedrich Nietzsche, *Werke. Kritische Gesamtausgabe*, hrsg. von Giorgio Colli und Mazzino Montinari, Abt. 4, Bd. 3, Berlin 1967, S. 147 f.: »Gut deutsch sein heißt sich entdeutschen. [...] Erwägt man zum Beispiel was Alles schon deutsch gewesen ist, so wird man die theoretische Frage: was ist deutsch? sofort durch die Gegenfrage verbessern: ›was ist jetzt deutsch?‹ – und jeder gute Deutsche wird sie practisch, gerade durch Ueberwindung seiner deutschen Eigenschaften, lösen. [...] Der also, welcher den Deutschen wohl will, mag für seinen Theil zusehen, wie er immer mehr aus dem, was deutsch ist, hinauswachse. Die Wendung zum Undeutschen ist deshalb immer das Kennzeichen der Tüchtigen unseres Volkes gewesen.«

73 Vgl. Abel, *Thomas Mann im Exil*, a.a.O. (Anm. 18), S. 149 ff. – Manns Tagebuch berichtet am 6. Juni 1940 (seinem 65. Geburtstag) von einer besonderen Ehrung durch die »German American Writers Association«: »Halbstündige Radio-Feier des Schutzverbandes, bei der Auernheimer, Bruckner, Zuckmayer, Schaber u.a. sprachen, schlecht verständlich, und für die auch Erika auf Platten gesprochen hatte« (Mann, *Tagebücher*, a.a.O. [Anm. 19], Tb. 40-43, S. 91). Zuckmayers Redetext dürfte mit dem in Anm. 70 zitierten Zeitungsbeitrag identisch sein.

betrachtet. Es scheint selbstverständlich, daß jeder sich an mich wendet.«[74]

Differenzen zwischen Jüngeren und Älteren bleiben nicht aus, wo es um symbolische Machtansprüche geht, die sich in der Programmatik dieser Gremien niederschlägt. Als 1940 der Plan zu einer »Gesellschaft für die Erhaltung und Bewahrung der europäischen Literatur in Amerika« gefaßt wird, schreibt Zuckmayer an seinen Freund Albrecht Joseph:

> Leider haben Tommy Mann und Werfel bei der Formulierung der geistigen Grundsätze und Glaubensartikel dieser Gesellschaft die erste Geige gespielt und dadurch kam so etwas verzweifelt Museales und vorgestrig Salbungsvolles hinein, was mir furchtbar unlebendig und past, past erscheint.[75]

Zuckmayer hatte, wie bereits bemerkt, sein Bekenntnis zu Deutschland unter den Bedingungen des Exils in der 1938 publizierten Schrift *Pro domo* abgelegt, aus der ein von Thomas Mann gewiß nicht mehr geteilter Optimismus spricht; die Gemeinsamkeit besteht im Glauben an ein überzeitliches deutsches ›Wesen‹, das aber, laut Zuckmayer in der Gegenwart eine lediglich temporäre Verdunklung erfahren hat:

> Die Schrift gipfelt in der Erkenntnis, daß es ein weltbürgerlich aufgeschlossenes, freiheitliches, geistig und menschlich verantwortliches Deutschtum auch heute noch gibt, welches nach der unerschütterlichen Überzeugung des Autors, in einer näheren oder ferneren Zukunft, das Wesen und die Haltung Deutschlands wieder bestimmen wird.[76]

Der über weite Strecken autobiographische Text leitet den eigenen Glauben an Deutschland vom Erlebnis des (Ersten) Weltkrieges her, revidiert aber zwei wesentliche Irrtümer jenes Nationalismus, die damalige Fiktion eines Kampfes für den deutschen ›Geist‹ sowie die ab 1914 erstmals voll ausgeprägte Mythe des Todes für das Vaterland.[77] Biogra-

---

74 Mann, *Tagebücher*, a.a.O. (Anm. 19), Tb. 40-43, S. 117 (14. Juli 1940).
75 Carl Zuckmayer an Albrecht Joseph am 12. November 1940, zitiert nach Hans Wageners Einleitung zu: *Alice und Carl Zuckmayer – Alma und Franz Werfel: Briefwechsel*, in: *Zuckmayer-Jahrbuch* 6 (2003): *Carl Zuckmayer, Briefe an Hans Schiebelhuth 1921-1936 und andere Beiträge zur Zuckmayer-Forschung*, S. 89-105, hier: S. 92.
76 Zuckmayer, *Pro domo*, a.a.O. (Anm. 7), S. 69.
77 Vgl. ebd., S. 91 ff. – Zur Todesmetaphysik siehe Abschnitt IV.

phie und Werk deutet Zuckmayer dabei im Sinn eines Lernprozesses: nicht mehr, wie 1914/18, die Liebe zu Deutschland als Todesmetaphysik steht im Zentrum, sondern im Sinn »eines vollen Menschenlebens fürs Vaterland und für die Welt«[78] gelte es weiterzuleben. Mit der Nennung Herders, Lessings und Goethes schließt Zuckmayer an ein Deutschtum als Weltbürgertum an und kann so auch aus dem Exil sein dramatisches Schaffen verteidigen, in dessen Mittelpunkt bis dato »die Gestalt des Deutschen«[79] gestanden habe; das Drama aber bleibe »stets den metaphysischen Mächten voll verantwortlich«.[80] Und zu den ›deutschen‹ Gestalten gehöre noch der Kaiser in seinem *Schelm von Bergen*, einem Stück, das mit einem Rückgriff auf die Ständethematik der Politischen Romantik und ihrer Ausläufer in Verbindung zu bringen ist und das als Affirmation ständischer Ideologie, aber auch als Protest gegen gesellschaftliche Erstarrungstendenzen in Ständestaatsplänen des Austrofaschismus der dreißiger Jahre gelesen wurde.[81] Ist die hinter dem Stück wie hinter dem Essay stehende nationale Metaphysik überhaupt zeitgemäß? Es scheint zumindest, sie habe sich mit dem brutalen Ausgreifen des nationalsozialistischen Deutschland über seine Grenzen überlebt, und auch ein so überzeugter Deutscher wie Zuckmayer tue sich mit einem Eintreten für seine Heimat schwer.

Der chronologisch letzte und nach dieser Vorgeschichte fast mit Zwangsläufigkeit zu erwartende Berührungspunkt zwischen Mann und Zuckmayer im Exil betrifft die Bemühungen der deutsch-amerikanischen Emigranten, die alliierte Deutschlandpolitik in der Endphase des Zweiten Weltkrieges zu begleiten und mitzubeeinflussen.

Die Zuweisung eines Sonderstatus an die Emigranten im Sinne einer ›eigenen‹ Nation macht Thomas Mann, der 1944 die amerikanische Staatsbürgerschaft erwirbt, ein Engagement dort zum Problem, wo es um eine wie immer geartete Rückbindung an den deutschen Staat geht, namentlich um ein Konzept für einen Nachkriegsstaat. Mann, dem einerseits das Angebot einer führenden Rolle – bis hin zu dem Gedanken einer Reichspräsidentenschaft[82] – durchaus schmeichelte, hat sich

---

78 Ebd., S. 93.
79 Ebd., S. 119.
80 Ebd., S. 123.
81 Vgl. Gunther Nickel, »*Der Schelm von Bergen*« – *eine kritische Auseinandersetzung mit dem Austrofaschismus*, in: *Zuckmayer-Jahrbuch* 1 (1998), S. 215-231; sowie: Erwin Rotermund, *Zwischen Anpassung und Zeitkritik. Carl Zuckmayers Exildrama »Der Schelm von Bergen« und das ständestaatliche Denken um 1930*, in: ebd., S. 233-249.
82 Vgl. Harpprecht, *Thomas Mann*, a.a.O. (Anm. 12), S. 1350 f.

andererseits der Mitarbeit an einem »Free German Committee« nach
kurzfristiger Zusage dann doch verweigert. Seine zeitweilige Beteiligung
an der Resolution im Sommer 1943, die er bald als unerlaubte Einmi-
schung in die Belange der kriegsführenden Regierungen erachtete, die
scharfe Kontroverse mit Bertolt Brecht, die aus seinem Rückzug resultierte, schließlich das Zustandekommen eines »Council for a Democratic Germany« im Mai 1944 unter der Leitung des Theologen Paul
Tillich – alles dies ist wiederholt dargestellt worden, auch aus der Perspektive Zuckmayers,[83] der zusammen mit Dorothy Thompson an einer
dritten, unter Mitwirkung Thomas Manns im November 1943 noch
einmal besprochenen Fassung der Resolution mitarbeitete,[84] sich dann
aber interessanterweise fast zeitgleich mit Mann endgültig zurückzog.
Am 6. Dezember 1943 schreibt er an seine Frau, »dass das Thomas-
Mann-Komitee, dem ich Gottseidank keine Zeit und Arbeit mehr gewidmet sondern bei zeiten Ade gesagt habe, aufgeflogen ist und grosser
Krach und Thomas kalte Füsse bekommen hat undsoweiter«.[85] Von
einer wirklich breiten Beteiligung der Emigranten, wie Zuckmayer sie
sich gewünscht hatte, konnte nun nicht mehr die Rede sein. Die das
Engagement wohl tragende Hoffnung auf eine Selbstbefreiung Deutschlands vom Nationalsozialismus[86] – sie wäre der Beweis für die Existenz
eines ›anderen‹, ›besseren‹ Deutschland gewesen – dürfte brüchig geworden sein, vielleicht auch nur die Hoffnung auf eine gewisse Solida-
rität der Emigranten untereinander. Am 20. April 1944 stellt er Bermann

83 Vgl. Herbert Lehnert, *Bert Brecht und Thomas Mann im Streit über
   Deutschland*, in: John Spalek u.a. (Hrsg.), *Deutsche Exilliteratur seit 1933.*
   Band I. Teil 1, Bern/München 1976, S. 62-86. – Ursula Langkau-Alex u.a.
   (Hrsg.), *Was soll aus Deutschland werden? Der Council for a Democratic
   Germany in New York 1944-1945. Aufsätze und Dokumente*, Frankfurt
   am Main u.a. 1995. – Zu Zuckmayer vgl.: Gunther Nickel / Johanna
   Schrön, *Nachwort*, in: Zuckmayer, *Geheimreport*, a.a.O. (Anm. 39), S. 407-
   477, hier: S. 421-445.
84 Vgl. Manns Tagebucheintrag am 4. November 1943 (Mann, *Tagebücher*,
   a.a.O. [Anm. 19], Tb. 40-43, S. 646): »Von – 12 bis nach – 2 Konferenz
   von 10 Herren (Tillich, Zuckmayer, Hagen, Aufhäuser, Hertz etc.) in Sachen
   ›Free Germany‹. Glaubte anfangs, es nicht leisten zu können, hielt dann
   aber bis zu zweifelhaften Resultaten durch.«
85 Carl Zuckmayer an Alice Herdan-Zuckmayer am 6. Dezember 1943, zitiert nach: Nickel/Schrön, *Nachwort*, in: *Geheimreport*, a.a.O. (Anm. 39),
   S. 445.
86 So Zuckmayer in einem Entwurf für das »Free German Committee«: vgl.
   ebd., S. 430.

Fischer gegenüber fest: »Ich will in keine, wie immer geartete, politische Gruppierung der Emigration hinein, ich halte es für wahrscheinlich, daß unsereiner allein und auf seine, unabhängige Art viel mehr für die Zukunft tun kann«.[87] Aber auch danach lehnt Zuckmayer weiterhin eine pauschale Verurteilung der deutschen Bevölkerung ab.

Es sind aber nicht nur deutsche Emigranten, die diese Auffassung vertreten. Bedeutenden Einfluß auf die amerikanische Öffentlichkeit übt in diesem Sinn auch die Journalistin Dorothy Thompson aus, die seit Berliner Korrespondententagen, genauer: seit den Tagen des *Weinberg*-Erfolgs mit Zuckmayer befreundet ist.[88] Mit Thomas Mann ist sie seit dessen Amerikareise 1934 gut bekannt;[89] im selben Jahr wird sie aus Deutschland ausgewiesen. Thompsons Liebe zur deutschen Kultur bringt sie dazu, unter den deutschen Emigranten in den USA ein Netzwerk der Hilfsbereitschaft und der Artikulation von Interessen zu errichten, das auf den in Deutschland geknüpften Kontakten aufbaut und also die besten »Köpfe der Weimarer Republik«[90] zusammenführen will; sie wird zur institutionalisierenden Schaltstelle und markiert damit auch Gemeinsamkeiten und Unterschiede zwischen den in den USA ihre Interessen öffentlich vertretenden Autoren Mann und Zuckmayer. In den Jahren bis etwa 1940 fördert nicht nur Thompson Thomas Manns Renommee als Autor in Amerika, sondern begleitet auch seine temporären Mitgliedschaften in Gremien (der »American Guild« und des »Emergency Rescue Committee«) und regt 1938 das Anti-NS-Manifest *An die gesittete Welt* an, wie wir heute wissen.[91]

Doch die Übereinstimmung der Positionen weicht nach 1939 zunehmend Manns kritischer Distanz und damit der Verhärtung seiner einseitigen Vorstellung vom Deutschland der Gegenwart. Als nach der Konferenz von Teheran erste Pläne einer Aufteilung des Reiches durchsickern, notiert er in sein Tagebuch: »Dorothy Thompson über einen angeblich in Teheran beschlossenen Plan zur Zerteilung Deutschlands. Entrüstung, – die ich nicht teilen kann, obgleich ich nicht weiß, was in

87 Zitiert nach: Nickel/Weiß, *Carl Zuckmayer*, a.a.O. (Anm. 2), S. 298.

88 Vgl. Peter Kurth, *American Cassandra. The Life of Dorothy Thompson*, Boston u.a. 1990.

89 Vgl. Heine/Schommer, *Thomas-Mann-Chronik*, a.a.O. (Anm. 13), S. 269.

90 Kerstin Feller, *Dorothy Thompson im Spiegel der deutschen Emigration und Exilliteratur nach 1933. Quellenlage und kulturelle Leistung*, M.-A.-Arbeit München 2000 (Masch.), S. 68.

91 Vgl. dazu ebd., S. 78-86.

diesem Falle Weisheit ist.«[92] Zwischen Zuckmayer und Thompson besteht hingegen Einigkeit über das ›andere‹ Deutschland, auch als sie
durch die deutsche Propaganda bei Kriegsausbruch als Feindin Deutschlands gebrandmarkt wird:

> Sie kam – fast weinend – zu mir, den sie auch in der Emigration im-
> mer als einen unwandelbaren (meine Frau sagte: unverbesserlichen)
> Deutschen empfand: ›*Du* weißt es doch, daß ich Deutschland liebe!
> Daß ich nie gegen die Deutschen, nur gegen die Nazis war!‹ Ich wußte
> es. Und ich hatte in ihr, durch die ganze Kriegszeit hindurch, eine
> Verbündete im Verständnis für das andere Deutschland und seine
> Not.[93]

Thompsons und Zuckmayers Übereinstimmung wird nach Kriegsende
noch einmal greifbar in der Mitarbeit an einer von Karl Otto Paetel
herausgegebenen Dokumentation zum konservativen Widerstand unter dem nun schon kämpferisch anmutenden Titel *Deutsche innere
Emigration:*[94] Thompson trägt eine lange Einleitung bei, wohl einer der
ersten Versuche überhaupt, den Widerstand unter dem Nationalsozialismus darzustellen,[95] Zuckmayer beteiligt sich mit einem knappen Ge-
denkartikel zugunsten seines Freundes Carlo Mierendorff.[96]

Doch noch einmal zurück in die Schlußphase des Krieges: Zu einer
eigentlichen Kontroverse kommt es zwischen Mann und Zuckmayer
lediglich in der verhüllten Form eines »Brief-Duell[s] zwischen Zuckmayer und Erika«, das im Familienkreis aber durchaus diskutiert
wird.[97] Das Manifest des »Council for a Democratic Germany« – an
dem sich auch Zuckmayer nicht mehr beteiligt – fordert bei Erika
Mann eine, durch die deutsch-jüdische Emigrantenzeitschrift *Aufbau.*

92 Mann, *Tagebücher*, a.a.O. (Anm. 19), Tb. 44-46, S. 19 (9. Februar 1944).
93 Zuckmayer, *Als wär's ein Stück von mir*, a.a.O. (Anm. 6), S. 561. – Ein zuerst 1962 publiziertes Porträt Thompsons bestätigt diese Einigkeit im Urteil über Deutschland: Carl Zuckmayer, *Die Geschichte von Dorothy
   Thompson*, in: Zuckmayer, *Aufruf zum Leben*, a.a.O. (Anm. 63), S. 21-33.
94 *Deutsche innere Emigration. Anti-nationalsozialistische Zeugnisse aus
   Deutschland*, gesammelt und erläutert von Karl O. Paetel, mit Original-
   Beiträgen von Carl Zuckmayer und Dorothy Thompson, New York 1946. –
   Überraschend und befremdlich wirkt der Versuch einer Ehrenrettung Ernst
   Bertrams (S. 76 f.).
95 Dorothy Thompson, *Deutsche die Hitler bekämpften*, in: ebd., S. 9-28.
96 Carl Zuckmayer, *Dem Gedächtnis Haubachs und Mierendorffs*, in: ebd.,
   S. 105 f.
97 Mann, *Tagebücher*, a.a.O. (Anm. 19), Tb. 44-46 (16. Mai 1944), S. 56.

Reconstruction erbetene, ablehnende Reaktion heraus, die durchaus auch für diejenige ihres Vaters gelten darf, der sich angesichts zu befürchtender Anfeindungen zum Kriegsende hin öffentlich nur selten über Deutschlands mögliche Zukunft äußerte:[98]

> Gut denn: das Gebaren der ›Freien Deutschen‹ in diesem Lande mißbillige ich zutiefst, weil dem A und O ihrer Umtriebe, – ihrer These von der Verschiedenartigkeit der Nazis und der Deutschen – täglich von den Tatsachen aufs blutigste widersprochen wird. Bis zum Tage des Kriegsausbruches mochte man an ein ›anderes‹ Deutschland glauben, mochte sich einreden, daß eine Majorität ›guter‹, wenngleich verblüffend inaktiver Deutscher von den Nazis niedergehalten sei. Mir selbst waren derlei Vorstellungen nicht fremd, wiewohl an ihnen festzuhalten von Jahr zu Jahr schwieriger wurde. Als aber ein bis zu den Zähnen bewaffnetes Reich, weit davon entfernt, seine Waffen gegen seine ›Versklaver‹ zu erheben, über Europa hergefallen war, zerstob der Wunschtraum.[99]

Zuckmayers Antwort plädiert ideologiekritisch gegen die alte binäre Schematisierung der Völkerpsychologie:

> Völker sind aus Menschen zusammen gesetzt, und Menschen sind Geschöpfe, die beide Wesenspole, den des Guten, den des Bösen, in sich tragen. Eine prinzipielle Einteilung in ›gute‹ und ›böse‹ Völker, oder auch in die ›Guten‹ und die ›Bösen‹ innerhalb der Völker, ist sinnlos.[100]

Rechtfertigend zugunsten der Deutschen führt er die faktisch ja gescheiterte erste deutsche Demokratie ins Feld:

> Wenn aber jemand sagt, daß die deutsche Demokratie, der Wunsch und die Hoffnung weitester Volkskreise nach dem letzten Krieg, nur ein Trick oder ein Täuschungsmanöver war, so täuscht er sich selbst oder spricht die Unwahrheit.[101]

---

98 Vgl. Irmela von der Lühe, *Erika Mann. Eine Biographie*, Darmstadt 1993, S. 206 f.

99 Erika Mann, *Eine Ablehnung*, in: *Aufbau*, Jg. 10, H. 16 vom 21. April 1944, S. 7, zitiert nach: Erika Mann, *Briefe und Antworten*, Bd. 1: 1922-1950, hrsg. von Anna Zanco Prestel, München 1988, S. 189 f.

100 Carl Zuckmayer, *Offener Brief an Erika Mann*, in: *Aufbau*, Jg. 10, H. 19 vom 12.5.1944, zitiert nach: Mann, *Briefe und Antworten*, a.a.O. (Anm. 99), S. 191-194, hier: S. 191.

101 Ebd., S. 192.

Zuckmayer bekräftigt seine Verbundenheit mit dem deutschen Volk
und konstatiert eine »Mitverantwortung für die Schuld« bei allen Deutschen: »Denn wir haben alle, auch Ihr, nicht genug gegen das Übel [!]
getan, als Deutschland noch unser freier Kampfplatz war.«[102]

Erika Mann antwortet Zuckmayer in einem Ton, der von der einstigen Freundschaft nicht mehr viel erkennen läßt. In dem 1939 erschienenen, zusammen mit dem Bruder Klaus in englischer Sprache verfaßten Sammelwerk über das deutschsprachige Exil *Escape to Life* hatte
Zuckmayer immerhin noch als Weinkenner und Erfolgsdramatiker
figuriert, mit einem Lob versehen, das in seiner Zweideutigkeit dem
Namen Mann alle Ehre machte: »Sein Talent ist von einer saftigen Vitalität, nicht sehr differenziert, mit Möglichkeiten zum populär Wirksamen.«[103] Nun macht sie sich über »Deinen dichterischen Kommentar«[104] zur politischen Lage lustig und wendet noch einmal die Naivität
und verhohlene Regimefreundlichkeit des Manifests des »Council« gegen Zuckmayer, der ja wohlweislich nicht unterschrieben habe, wie
auch »die repräsentativsten Namen der Emigranten (Einstein, Werfel,
Bruno Walter, mein Vater – um nur vier zu nennen) nicht zufällig fehlen.«[105] Erika Manns Botschaft lautet: wer sich, aus wie hochherzigen
Beweggründen auch immer, dem mythischen Konstrukt eines ›anderen‹
Deutschland zuwendet, paktiert nolens volens mit politischen Forderungen, die denen des Deutschen Reiches selbst entsprechen oder ihnen
Vorschub leisten: »Es geht um Macht. Um die deutsche Schwerindu-
strie geht es, zum Beispiel, von der verhindert werden soll, daß sie auch
nur vorübergehend unter alliierte Kontrolle gerate.«[106] Die ethische
Pflicht zur Differenzierung statt zur Schwarzweißmalerei muß also aus
strategischen Gründen entfallen.

Diese Strategie schreibt Thomas Mann in der berühmt gewordenen,
programmatisch zu nennenden Rede *Deutschland und die Deutschen* –
vielleicht ein Pendant zu Zuckmayers *Pro domo* – fest, die er am
29. Mai 1945 in Washington erstmals hält und die auf deutsch bereits
im Oktober 1945 erscheint. Die darin ausgeführte nationale Geschichts-

---

102 Ebd., S. 192 und S. 193.
103 Erika und Klaus Mann, *Escape to Life. Deutsche Kultur im Exil*, Mün-
     chen, 2. Aufl., 1991, S. 155 f., Zitat S. 156.
104 Erika Mann, *Offene Antwort an Carl Zuckmayer*, in: *Aufbau*, Jg. 10,
     H. 19 vom 12.5.1944, zitiert nach: Mann, *Briefe und Antworten*, a.a.O.
     (Anm. 99), S. 194-197, hier: S. 194.
105 Ebd., S. 195.
106 Ebd., S. 196.

mythologie scheint Motive aus *Doktor Faustus* zusammenzufassen, führt sie jedoch auch einer unterkomplexen Schematisierung zu, die auf dem einen, ewigen Deutschland beharrt, die jüngere deutsche Geschichte auf die Mythe des dialektischen Umschlags reduziert und dabei als nomen agentis die Personifikation des Bösen ins Spiel bringt:[107] »Eines mag diese Geschichte uns zu Gemüte führen: daß es nicht zwei Deutschland gibt, ein böses und ein gutes, sondern nur eines, dem sein Bestes durch Teufelslist zum Bösen ausschlug.«[108]

Zuckmayer indessen erhält neue Gelegenheit zu einem differenzierten Blick auf Deutschland, der mit seinen Pflichten und Interessen als amerikanischer Staatsbürger durchaus konvergiert. Sein ›Deutschland‹ weicht zusätzlich in dem Maße von Thomas Manns mythischem Passepartout ab, wie er in engeren Kontakt zu den ›realen‹ Deutschen tritt. Schon der *Geheimreport* verzichtet auf einen Schematismus von ›Zustimmung versus Ablehnung‹, sondern räumt bei der Bewertung der in Deutschland verbliebenen Künstler – auch aus Unsicherheit aufgrund dürftiger Informationen – Unsicherheiten und Zwischengrößen ein: Menschliche Einzelfälle werden durch Zuckmayer einer individuellen Betrachtung und Bewertung unterzogen, ja, die endgültige Bewertung unterbleibt mitunter. Die selbstgewählte ›Einteilung‹ nimmt zumindest den Differenzierungsgrad der späteren Entnazifizierungsklassen an.[109] Im Gegensatz zu Thomas Manns 1945 skandalisierter Pauschalverurteilung aller im Reich verbliebenen Künstler in seinem Offenen Brief an Walter von Molo *Warum ich nicht nach Deutschland zurückgehe*[110] zieht Zuckmayer von den USA aus beispielsweise die Möglichkeit in Erwägung, der in Deutschland lebende Maler und Bühnenbildner Ernst Schütte mache »in Deutschland Schwereres durch [...] als die Meisten, die draußen geblieben sind«.[111]

Erstaunlicherweise begleitet die Thomas-Mann-Forschung bis heute Bemühungen anderer Emigranten, mit der deutschen Bevölkerung nach 1945 zumindest Fühlung aufzunehmen, mit Häme und meint da-

---

107 Vgl. dazu: Strobel, *Entzauberung der Nation. Die Repräsentation Deutschlands im Werk Thomas Manns*, a.a.O. (Anm. 71), S. 287-292.

108 Thomas Mann, *Deutschland und die Deutschen*, in: Thomas Mann, *Essays*, hrsg. von Hermann Kurzke und Stephan Stachorski. Band 5, Frankfurt am Main 1996, S. 260-281, hier: S. 279.

109 Vgl. Zuckmayer, *Geheimreport*, a.a.O. (Anm. 39), S. 13.

110 Vgl. Thomas Mann, *Essays*, hrsg. von Hermann Kurzke und Stephan Stachorski, Bd. 6, Frankfurt am Main 1997, S. 33-42.

111 Zuckmayer, *Geheimreport*, a.a.O. (Anm. 39), S. 14.

mit Thomas Manns doch als verhärtet zu charakterisierende Haltung
zu den Deutschen zu rechtfertigen:

> Die meisten Schriftsteller, die die Deutschen umzuerziehen versucht
> haben, sind gescheitert und haben das Land nach kürzerer oder länge-
> rer Zeit wieder verlassen, wie Alfred Döblin oder Carl Zuckmayer,
> und diese hatten bei weitem nicht so viel Haß auf sich gezogen wie
> Thomas Mann.[112]

Zunächst zeigt sich Zuckmayer voller Verständnis für Manns Plädoyer
gegen eine Rückkehr, zumindest scheint die zugrunde liegende Erfahrung als gemeinsame formulierbar zu sein. Er selbst hat bereits bei
Kriegsausbruch eine *Elegie von Abschied und Wiederkehr* verfaßt und
nimmt darin eine künftige, durch Mann gleichermaßen befürchtete
Alteritätserfahrung vorweg: »Ich weiß, ich werde alles wiedersehen /
Und nichts mehr finden, was ich einst verlassen.«[113] Nach Kriegsende
schreibt er darüber an Bermann Fischer:

> Es entstand im Jahr 39 – in den ersten Monaten unserer amerikani-
> schen Zeit – als noch keine Bombe auf Deutschland gefallen war –
> und es kommt mir heute vor wie etwa eine lyrische Version von Th.
> Manns Brief, in dem er das Emigrations-Schicksal und seine Stellung
> zum ›Zurückgehen‹ erklärte.[114]

Zuckmayers frühes und intensives Wiedersehen mit dem kriegszerstör-
ten Deutschland im November 1946 – Thomas Mann meidet das Land
bis 1949 – steht »im Zeichen einer – durch die jahrelange Existenz auf
getrennten Ufern nicht veränderten – ungebrochenen, lückenlosen
Gemeinschaft«.[115] Tatsächlich glaubt Zuckmayer trotz des Mißlingens
einer Befreiung Deutschlands durch deutschen Widerstand gegen die
Nationalsozialisten an einen kathartischen Prozeß. Nach dem Nürn-
berger Tribunal schreibt er an seine Frau nach Amerika recht vertrau-
ensselig:

> Das wahre Gericht hat im Innern des Deutschen Volks stattgefun-
> den, auch wenn ihm die Macht zu seiner Durchführung nicht mehr
> gegeben war. Dafür zeugt es jetzt, in Anerkennung der Schuld und

112 Hermann Kurzke, *Thomas Mann. Das Leben als Kunstwerk. Eine Biographie*, München 1999, S. 531 f.
113 Zuckmayer, *Abschied und Wiederkehr*, a.a.O. (Anm. 44), S. 201.
114 Zuckmayer an Brigitte Bermann Fischer am 1. Januar 1946, in: Zuck-
mayer/Bermann Fischer, *Briefwechsel*, a.a.O. (Anm. 28), S. 282.
115 Zuckmayer, *Als wär's ein Stück von mir*, a.a.O. (Anm. 6), S. 641.

Sühne seiner Verführer, um damit sich von allem Vergangenen endgültig zu lösen und Schluss zu machen mit falschen Träumen und
Täuschungen, und um eine neue Weltstunde zu beginnen.[116]

Ob diese Einschätzung zutraf, bleibe dahingestellt; doch schließt sich
Zuckmayer einer deutschen Gedächtnisstrategie an, die die Emigran-
tenrede vom ›einen‹ Deutschland bald vergessen läßt,[117] dem Andenken des deutschen Widerstands nämlich. Den Freund Carlo Mierendorff, der Kontakt zu Widerstandsgruppen hatte und 1943 bei einem
Luftangriff ums Leben kam, nennt Zuckmayer in einer im März 1944
in New York gehaltenen, im Oktober 1945 bei Suhrkamp in Berlin als
Broschüre veröffentlichten Rede das »Symbol eines Volkes, an dessen
fruchtbaren Kern und dessen Wiedergeburt wir unerschütterlich glauben«.[118] Die Freunde aus dem Widerstand – ihnen widmet er sein Erfolgsdrama *Des Teufels General* – sind ihm exemplarische Deutsche.[119]
Der bis vor kurzem unveröffentlichte *Deutschlandbericht* verrät etwas über die Herkunft von Zuckmayers deutschlandfreundlichen Haltung, beruht dieser Text doch sichtlich auf der »Geschichte von Menschen, wie ich sie gesehen habe, wie sie mitten in unserer zivilisierten
Welt im Winter 1946/47 lebten und starben«,[120] und vermittelt damit
authentische, den Beobachter Zuckmayer wie den Leser zu Empathie
einladende Fallgeschichten. Der Text macht deutlich, daß Zuckmayer
ganz im Gegensatz zu Mann, dem Repräsentanten und Meister des
Monologs – er hatte Ende 1945 die Reihe seiner Rundfunkreden *Deut-*

---

116 Carl Zuckmayer an Alice Herdan-Zuckmayer im Oktober 1946, zitiert
   nach: der Einleitung zu: Carl Zuckmayer, *Deutschlandbericht für das
   Kriegsministerium der Vereinigten Staaten von Amerika*, hrsg. von Gunther Nickel / Johanna Schrön / Hans Wagener, Göttingen 2004, S. 7-49,
   hier: S. 14.
117 Dagmar Barnouw weist allerdings zurecht darauf hin, daß die »Ein-
   Deutschland-Theorie« oder auch Kollektivschuldthese in jüngerer Vergangenheit mit einer gewissen Selbstverständlichkeit gepflegt wird (vgl.
   Dagmar Barnouw, *Gespenster statt Geschichte. Kollektivschuld und Erinnerung*, in: *Zur Diskussion: Zuckmayers »Geheimreport«* (Zuckmayer-Jahrbuch 5 [2002]), S. 77-125.
118 Carl Zuckmayer, *Carlo Mierendorff. Porträt eines deutschen Sozialisten*,
   in: Zuckmayer, *Aufruf zum Leben*, a.a.O. (Anm. 63), S. 39-63, hier:
   S. 40.
119 Vgl. die Einleitung zu Zuckmayers *Deutschlandbericht*, a.a.O. (Anm. 116),
   S. 56.
120 Zuckmayer, *Deutschlandbericht*, a.a.O. (Anm. 116), S. 70f.

sche Hörer!, die die Deutschen zu politischem Umdenken bewegen
wollten, abgebrochen[121] –, eine dialogische Natur ist, die eine Fremd-
heitserfahrung in der Begegnung auch mit jungen, durch die NS-Ideo-
logie sehr stark infiltrierten Deutschen zugunsten von Austausch und
Annäherung verhindert. Die Rede ist vom Kennenlernen des wirklichen Lebens der Deutschen – eine Unterlassungssünde amerikanischer Besatzungspolitik, der auch heftige Kritik Zuckmayers zuteil
wird –, von nächtelangen Diskussionen und spontanen Debatten, etwa
bei einem Schulbesuch:

> Ich bereitete keine Rede vor – ich hielt es für besser, alles dem
> Augenblick zu überlassen, der Atmosphäre, dem Widerhall, den ich
> finden würde. [...] Wirkliche Demokratie ist etwas, worüber man
> nicht theoretisch diskutieren, sondern was man *leben* sollte.[122]

Eine deutliche Distanzierung gegenüber Thomas Mann, der sich einem
Besuch in Deutschland bis dahin verweigert, darf dabei nicht fehlen; sie
ist hier auch der Ausdruck eines Generationswechsels unter den herausragenden deutschsprachigen Autoren, der sich während der NS-Zeit
vollzogen hat:

> Ich sagte, daß ich nur für mich selbst sprechen könne, nicht für an-
> dere Schriftsteller. ›Außerdem‹, sagte ich, ›vergessen Sie bitte nicht,
> daß Thomas Mann heute ein ziemlich alter Mann ist.‹ Das rief ent-
> gegen meiner Absicht einige Heiterkeit hervor.[123]

Zuckmayer zählt nach 1945 zusammen mit Thomas Mann zu den
Emigranten ersten Ranges, deren mögliche Rückkehr nach Deutschland diskutiert wird. In einer durch die US-Militärregierung 1947 in
Auftrag gegebenen Umfrage unter deutschen Intellektuellen werden als
mögliche Rückkehrer an erster und zweiter Stelle ausgerechnet Mann
und Zuckmayer genannt.[124] Manns erklärt paradoxale Haltung einer
›Repräsentation‹ Deutschlands vom Ausland aus, wie er sie in seiner
letzten Rundfunkrede vom 8. November 1945 verkündet, ist aus deutscher Sicht kaum nachvollziehbar: »Man gönne mir *mein Weltdeutsch-*

---

121 Vgl. Strobel, *Entzauberung der Nation. Die Repräsentation Deutsch-
    lands im Werk Thomas Manns*, a.a.O. (Anm. 71), S. 225-235.
122 Ebd., S. 121; zu Zuckmayers Streitkultur im Nachkriegsdeutschland vgl.
    auch Nickel/Weiß, *Carl Zuckmayer*, a.a.O. (Anm. 2), S. 344 ff.
123 Ebd., S. 127.
124 Vgl. Jost Hermand / Wigand Lange, »*Wollt ihr Thomas Mann wiederha-
    ben?« Deutschland und die Emigranten*, Hamburg 1999.

tum, das mir in der Seele schon natürlich, als ich noch zu Hause war, und den vorgeschobenen Posten deutscher Kultur, den ich noch einige Lebensjahre mit Anstand zu halten suchen werde.«[125]

Die Unzufriedenheit der deutschlandkritischen Emigrantenpartei um Thomas Mann mit Zuckmayers Haltung scheint um 1947 notorisch zu sein. An seine Frau berichtet Zuckmayer unter Berufung auf ›Tutti‹ Bermann, Gottfried Bermann Fischers Frau,

> es ginge doch eigentlich nicht weiter, dass ›alle‹ so entsetzt und empört seien über meine Haltung Deutschland gegenüber. Wer sind diese ›Alle‹? Zum grössten Teil die Emigranz – was egal wäre, aber es zieht weitere Kreise [...]. Die Feindschaft gegen mich kommt zum Teil aus der Mann-Ecke, _ der alte Thomas selber wäre nicht so aber er steht ganz unter dem Einfluss des clan, der ausser sich war dass ich nach Deutschland ›durfte‹.[126]

Zu seiner Deutschlandfreundlichkeit kommt wohl erschwerend noch hinzu, daß Zuckmayer die Wiederkehr des Nationalsozialismus 1947 »als Resultat einer verfehlten Besatzungspolitik – durchaus für gegeben« hält.[127] Verfehlt heißt hier: zu hart, zuwenig auf eine Erziehung der Deutschen zu Freiheit und Demokratie setzend. In dieser Diagnose steckt noch einmal eine Gemeinsamkeit mit Mann: auch er befürchtet, allerdings erst mit dem Ausbruch des ›Kalten Krieges‹ 1948/49, eine »Renazification« in Deutschland und zwar ebenfalls aufgrund einer verfehlten, die Remilitarisierung befördernden Besatzungspolitik; nur ist ihm diese zu milde und nachlässig.[128] Annäherungen zwischen Mann und Zuckmayer finden also faktisch nicht mehr statt; die ohnehin fragile Beziehung wird spätestens in den Kriegsjahren zum Opfer divergierender deutschlandpolitischer Einstellungen. Und noch Zuckmayers letztes Wort über Thomas Mann, ein Nachruf, versichert seine Leser jenes einen »unteilbaren Deutschland [...], zu dem wir alle gehören«.[129]

125 Vgl. GW XIII, S. 743-747, hier: S. 747.
126 Carl Zuckmayer an Alice Herdan-Zuckmayer am 16.5.1947, zitiert nach: Nickel u.a., *Einleitung*, in: Zuckmayer, *Deutschlandbericht*, a.a.O. (Anm. 116), S. 24.
127 Ebd., S. 39.
128 Vgl. die Dokumente in: Strobel, *Entzauberung der Nation. Die Repräsentation Deutschlands im Werk Thomas Manns*, a.a.O. (Anm. 71), S. 293.
129 Vgl. den vollständigen Text im Anhang, Nr. 19.

IV. Der Teufel in Palestrina – und in Berlin:
Doktor Faustus und Des Teufels General

Beide Texte entstehen wesentlich in der Endphase der nationalsozialistischen Herrschaft über Deutschland, beide ›verarbeiten‹ die Beziehung ihrer Autoren zu ›Deutschland‹. Zuckmayer bemerkt: »Aber ich
lebte mit dem Stück, ich lebte mit Deutschland. Und als der Krieg zu
Ende ging, war auch das Stück vollendet.«[130] Die Entstehungszeit
reicht vom Dezember 1942 bis zum Frühjahr 1945; *Doktor Faustus*
entsteht zwischen März 1943 und Januar 1947. Manns Roman eröffnet neben der Biographie des Protagonisten Leverkühn noch mindestens zwei Zeitebenen, die den Text mit der historischen Entwicklung
verschränken: der Erzähler Zeitblom schreibt zwischen dem Frühjahr
1943 und dem Kriegsende 1945; der Autor Thomas Mann hat in dem
bald nachgeschobenen Bericht *Die Entstehung des Doktor Faustus*
›seine‹ Ebene der Entstehungszeit des Romans, »die Geschichte des
›Faustus‹, eingebettet wie sie ist in den Drang und Tumult der äußeren
Ereignisse«[131], dem Leser noch zusätzlich an die Hand gegeben, womit
die durch Zuckmayer angedeuteten Korrespondenzen für Thomas
Mann ganz ähnlich gelten. Im übrigen handelt es sich um die Glanz-
lichter der Nachkriegsproduktion aus dem Hause S. Fischer.[132]
    Beiden Texten ist die Fiktionalisierung eines mythischen Deutsch-
landbildes gemeinsam, beide Male ist der ›Teufel‹ mehr als eine beliebige
Reminiszenz; er ist vielmehr eine in seinen Attributen zumindest zwei-
deutige und in Figurationen präsente Gestalt. Mann und Zuckmayer
führen fast zur gleichen Zeit in ihre entstehenden literarischen Projekte
die Mythe des ›Teufels‹ ein und kehren damit, ungeachtet anderslau-
tender Bekenntnisse, auf dem Spielfeld der Fiktion zumindest auf den
ersten Blick zum bipolaren Deutschlandbild aus ›Gut‹ und ›Böse‹ zurück, ohne eigentlich eine allegorisierende Deutung zuzulassen, die der
Leser auf das gegenwärtige Deutschland münzen könnte. Damit ist nicht
gesagt, daß in der langen Rezeptionsgeschichte nicht ausgerechnet solche trivialisierenden Lesarten überwiegen mochten. Unterschiede zwischen beiden Texten bestehen aber darin, wie diese Mythe veranschaulicht und funktionalisiert ist. Für beide gilt aber, daß das alte bipolare
Weltbild, das den Teufel zu einer eindeutigen Figur macht, sich nicht in
die Gegenwart retten lassen – sowenig sich ›Gut‹ und ›Böse‹ im deut-

130 Zuckmayer, *Als wär's ein Stück von mir*, a.a.O. (Anm. 6), S. 624.
131 Thomas Mann, *Die Entstehung des Doktor Faustus*, in: GW XI, S. 145-
    301, hier: S. 148.
132 Vgl. Bermann Fischer, *Bedroht – bewahrt*, a.a.O. (Anm. 41), S. 283.

schen Wesen eindeutig trennen läßt: Eine Personifikation des Bösen kann also nicht mehr eindeutigen symbolischen oder allegorischen Stellenwert annehmen; sie kann hingegen auf ein Changieren von Zuordnungen verweisen, etwa mit dem romantischen Doppelgängermotiv, mit dem Thomas Manns Teufel in Palestrina spielt. Die Fiktionalisierung komplexer zeitgeschichtlicher Abläufe mittels mythisch-allegorischer Kategorien ist jedoch um 1945 ein omnipräsentes Verfahren, um Kontingenzen des täglichen Lebens in vertraute Ordnungsraster zu überführen. Damit ist nicht nur die Literatur um 1945 angesprochen – von in Deutschland selbst entstandenen Texten wären wahlweise Hermann Kasacks Roman *Die Stadt hinter dem Strom* oder Wolfgang Borcherts Erfolgsdrama und -hörspiel *Draußen vor der Tür* zu nennen, Texte, die auf die expressionistische Tradition zurückgreifen –, sondern etwa auch der journalistische Sprachgebrauch, wie beispielsweise Thomas Manns Arbeitsmaterial für seine Rundfunkansprachen an die deutschen Hörer zwischen 1940 und 1945 belegt: Allenthalben ist in der US-Presse im Hinblick auf Deutschland von Schuld und Sühne, Versöhnung und Gnade, Verhängnis und Untergang die Rede.[133] Es ist also deutlich, daß mythische Konzepte des Nationalen (und der Tagespolitik) in Literatur- und Alltagssprache auf allen Seiten im Schwange sind – keineswegs nur in der nationalsozialistischen Propaganda. Vielmehr besteht zu dieser Zeit die Gefahr einer Ununterscheidbarkeit in diesem Punkt. Auf die »dämonisierende Folie« hat bereits vor längerer Zeit Volker Wehdeking kritisch hingewiesen.[134] Aus der Sicht der siebziger Jahre verständlich ist eine Bewertung, die auch durch die Literatur lieber »konkret geschichtliche, rationale Einsichten« vermittelt bekommen will als »dämonologisch-irrationale Deutungen der nationalsozialistischen Herrschaft«.[135] Daß alle ›Parteien‹ mit denselben Mythen arbeiten, wurde damals als besonderes Skandalon empfunden; der heutige Leser fühlt sich daran erinnert, daß eine in der Studentenbewegung großgewordene Generation von Literaturwissenschaftlern bei aller Sensibilität für ideologiekritische Verfahren ihre eigenen my-

---

133 Vgl. Strobel, *Entzauberung der Nation. Die Repräsentation Deutschlands im Werk Thomas Manns*, a.a.O. (Anm. 71), S. 229.

134 Wehdeking, *Mythologisches Ungewitter*, a.a.O. (Anm. 46), S. 511.

135 Erwin Rotermund, *Zur Vergangenheitsbewältigung im deutschen Nachkriegsdrama: Zuckmayer, Borchert, Frisch*, in: Erwin Rotermund, *Artistik und Engagement. Aufsätze zur deutschen Literatur*, Würzburg 1994, S. 214-222, hier: S. 216 (zuerst 1976).

thischen Schematisierungen erzeugte und sich mit politisch induzierten Abwertungen recht leicht tat.

Des Teufels General ist bereits vor seiner Karriere als erfolgreichstes deutsches Drama der Nachkriegszeit umstritten: Zuckmayers Freundschaft mit Albrecht Joseph – der übrigens 1943 kurzzeitig Sekretär Thomas Manns wird[136] – zerbricht unter anderem an der vermeintlich »militaristischen Richtung« des Stückes, an Zuckmayers angeblicher »Billigung des Krieges und seine[r] Bewunderung für den Kämpfer«.[137]

Zuckmayer sucht nach einer Bestätigung der Zwei-Deutschland-These anhand eines besonders riskanten Exempels; er fragt nach den Bedingungen der Vereinbarkeit von menschlicher Integrität und Liebe zu Deutschland (›Gut‹) mit dem Dienst für das NS-Regime (›Böse‹) und scheint in der zumindest im ersten Akt draufgängerisch à la Schinderhannes gezeichneten Harras-Figur eine erfolgreiche Gratwanderung zu unternehmen, denn die immer schon in Harras angelegte Distanz zu den Nazis wächst im Verlauf der Handlung. Harras ist also kein Nationalsozialist, vielmehr als Techniker und als »eine Art Künstler« (40)[138] – übrigens auch als typisch »melancholisch[er]« (48) Deutscher – zwangsläufig in seine Position geraten: »man ist dabei – und man hat keine Wahl« (40). Oberster Wert ist ein vielleicht schon verlorenes Deutschland: »Ich glaube manchmal, Harras – unser Deutschland – das wir geliebt haben – das ist dahin« (38). Harras' Trinkspruch lautet: »Auf das Deutschland, in dem er [der Wein] gewachsen ist. Das echte. Das unvergängliche« (59). Mit einem ›ewigen‹, durch das gegenwärtige Regime nicht belangbaren Deutschland wird also immer noch gerechnet. Deutschtum als Weltbürgertum vertritt Harras in seinem Lob auf den Rhein: »Weil sich die Völker dort vermischt haben. […] Vom Rhein – das heißt: vom Abendland« (67). Gleichermaßen präsent ist der Zweifel an der Integrität Deutschlands angesichts einer Reihenbildung des Kriegshelden Eilers, die deutsche Kultur und deutsches Verbrechen in Beziehung zu setzen versucht: »Guernica – Coventry – und Matthias Claudius. Wie geht das nur zusammen« (46).

---

136 Vgl. Heine/Schommer, *Thomas-Mann-Chronik*, a.a.O. (Anm. 13), S. 394.

137 Albrecht Joseph, *Portraits I. Carl Zuckmayer. Bruno Frank*, Aachen 1993, S. 43 und S. 43 f.

138 Zitiert wird künftig mit Seitenzahl in runden Klammern im Text nach: Carl Zuckmayer, *Des Teufels General*, in: Zuckmayer, *Des Teufels General. Theaterstücke 1947-1949*, Frankfurt am Main ⁴2003 (Gesammelte Werke in Einzelbänden), S. 7-158.

Das durch die Szenerie des Bacchanals im ersten Akt beherrschte Stück – die weiteren Akte fallen demgegenüber an Eindrücklichkeit weit ab – führt auch gleich zu Beginn jene Diskursordnung ein, die die eingeforderte Integrität des höchsten Wertes ›Deutschland‹ zu garantieren scheint, jedenfalls solange ein allgemeiner Konsens unter den älteren und den jüngeren Kriegern besteht, die das Symposion (in Damenbegleitung) bestreiten. Es handelt sich um das Fronterlebnis des Ersten Weltkriegs, das die hier Versammelten und namentlich auch Harras geprägt hat: »Wir sind nämlich Frontkameraden, von 14 bis 18 – [...] Das war noch 'n Krieg« (23). Harras' Kamerad Pfundtmayer sieht im Zweiten Weltkrieg die langersehnte Wiederholung des idealisierten ›gerechten‹ Krieges von 1914/18: »Prost, alter Landsknecht. Die Hauptsach is, daß mir noch dabei san. I hab mir immer gewünscht, daß's noch amal losgeht. Lang genug hamer eh warten müssen« (26). Auch in Harras' Selbstverständnis besteht eine Kontinuität im Dienst am Vaterland bis zum gegenwärtigen Tag: »[E]in Nazi bin ich nie gewesen. [...] Immer nur ein Flieger. [...] Ich hab auch nirgend eingeheiratet, nie aus der Parteikasse gelebt, keinen Juden bestohlen und mir kein Schloß in der Uckermark gebaut« (27).

Damit spielt Harras auf seine Komplementärfigur an, die in Zuckmayers Stück höchste Präsenz gewinnt, obgleich oder gerade weil sie niemals auftritt: Auf Hermann Göring trifft alles das zu, was Harras brüsk von sich weist, Göring ist es auch, der mit dem Gut Carinhall ein ›Schloß‹ in der Uckermark besitzt.[139] Der »Herr Reichsmarschall« (32) befindet sich bald schon im Nebenzimmer und lädt »die Herren und Damen von der Staffel Eilers« zu sich ein. Göring, *die* Fliegerlegende des Ersten Weltkriegs, inszeniert gleichsam diese Szene vom Nebenzimmer aus, so daß Harras empört fragen muß: »Wer hat hier eigentlich eingeladen – der Specklöwe oder ich?« (47) Es ist, dies muß kritisch angemerkt werden, die im nationalsozialistischen Deutschland verbreitete, popularitätsfördernde Mythe vom ›menschlichen‹ Göring,[140] die es begünstigt, daß dieser zur mythisch präsenten Figur werden kann – jederzeit könnte er selbst die Szene betreten – und dabei zu einer höchst zweideutigen, insofern eben Göring jenes einstige Heldentum, von dem der jetzige Techniker und Schreibtischtäter Harras zehrt, ebenfalls nicht abgesprochen werden kann. Die Grauzonen des ›Menschlichen‹

139 Vgl. http://www.bunker-ig.de/intro/start/bunker/alte_bunker/carinhall/ body_carinhall.html (9. August 2005).

140 So Schmidt-Lausitz: »Der Herr Reichsmarschall hat einen gesunden Sinn für nationalen Witz und deutschen Volksmund« (54).

wie des Heldenhaften erschweren die Bewertung der – abgesehen von der nationalsozialistischen Gesinnung – eben doch wieder vergleichbaren, einander nicht nur räumlich nahen Figuren Harras und Göring im ersten Akt. Eindeutig hingegen ist die Geringschätzung Hitlers – dem mythische Größe also gerade nicht zugebilligt wird und der, Neurotiker, als der er abgetan wird, auch nicht mit dem ›Teufel‹ gleichzusetzen ist: »Die Jungfrau von Orleans mit Schweißfüßen. Zum Kotzen« (36). Nur scheinbar ist der ›Teufel‹ des Titels mit Adolf Hitler identisch.[141]

In Zuckmayers Œuvre spielt der »Deutungskampf« um den Ersten Weltkrieg und das Kriegserlebnis der Generation von 1914 eine nicht unbedeutende Rolle, wie Ulrich Fröschle zeigen konnte.[142] Der Ansatzpunkt Zuckmayers für sein Wissen um, oder vielleicht besser: seinen Glauben an das ›andere‹ Deutschland ist das Kriegserlebnis und – in einer Kontinuität kriegerischer Tugenden – der militärische Widerstand im Zweiten Weltkrieg. Auch Zuckmayers programmatischer Essay *Pro domo* von 1938 zeugt davon, indem er die nationale Begeisterung, das Gemeinschaftserlebnis vom August 1914 – im Gegensatz zum Nationalismus und zur Propaganda von 1938 – als prägende Erfahrung benennt.[143] Das Skandalon von Zuckmayers Stück (und vermutlich auch das Skandalon für den Autor) dürfte nun darin bestehen, daß Harras wie auch der abwesend-anwesende Göring diesem ›authentischen‹ nationalen Erleben entstammen – und insofern gleiche Folgerungen daraus gezogen haben, als sie nun im Jahr 1941 in prominenter Position immer noch auf derselben Seite kämpfen.

Doch Harras ist eben kein Nationalsozialist. Zuckmayer hat ihm im Zuge seines Gesinnungswandels lebensfreundlichere Äußerungen in den Mund gelegt: So hat er sich von der schon 1914/18 gängigen Ideologisierung des Todes fürs Vaterland[144] – ebenso wie Zuckmayer in *Pro*

---

141 In der zeitgenössischen Kritik hingegen blieb ebendiese Identifikation unausgesprochen, wurde aber offenbar als selbstverständlich erachtet (vgl. Katrin Weingran, *»Des Teufels General« in der Diskussion. Zur Rezeption von Carl Zuckmayers Theaterstück nach 1945*, Marburg 2004, S. 57; vgl. auch Hans Wageners Forschungsbericht: *Carl Zuckmayer Criticism: Tracing Endangered Fame*, Columbia/S. C. 1995, S. 83-104).

142 Ulrich Fröschle, *Die ›Front der Unzerstörten‹ und der ›Pazifismus‹. Die politischen Wendungen des Weltkriegserlebnisses beim ›Pazifisten‹ Carl Zuckmayer und beim ›Frontschriftsteller‹ Ernst Jünger*, in: *Zuckmayer-Jahrbuch*, Bd. 2, 1999, S. 307-360.

143 Zuckmayer, *Pro domo*, a.a.O. (Anm. 7), S. 83 ff.

144 Vgl. George L. Mosse, *Gefallen für das Vaterland. Nationales Heldentum und namenloses Sterben*, Stuttgart 1993.

domo – verabschiedet und ruft dem jungen Leutnant Hartmann zu: »Du sollst überleben, hörst Du?« (69) Im zweiten Akt spricht er sich gegen den »Todesrausch« der Deutschen aus – für die er nur noch eine Liebe »[b]is zum Haß« aufbringen kann (119).

Harras ist als »des Teufels General« eine stets mythisch besetzte Figur, die zwischen ›Gut‹ und ›Böse‹ oszilliert. Sein abschließendes Bekenntnis: »Wer auf Erden des Teufels General wurde und ihm die Bahn gebombt hat – der muß ihm auch Quartier in der Hölle machen« (157) weist ihm jedoch noch einmal eine Rolle als ›Komplize‹ des Oberbefehlshabers der Luftwaffe zu, dessen Quartiermeister Harras ist und an dessen Heimstatt ja der erste Akt spielt, scheinbar an einem paradiesischen Ort der Entspannung nach dem Kampf, tatsächlich in der Hölle (»Höllenmaschine«: 9), einer technisierten Hölle, wie das Abhörszenario (das Harras nicht verborgen bleibt) signalisiert. Andererseits zitiert Pützchens Einladung zur Komplizenschaft die Szene der Versuchung Christi durch den Teufel, macht Harras also zu einer Erlöserfigur – als die er durch die Ablehnung dieser Versuchung und – nach einigem Zögern[145] – sein letztendliches Selbstopfer[146] (das dem Saboteur Oderbruch das Leben rettet) gegen Ende noch einmal gesehen werden kann. Die mythische Referenz schwankt also zwischen den Extremen und es steht ohnehin längst nicht fest, wer eigentlich der Teufel sei. Diese instabilen Bedeutungszuweisungen – zusammen mit dem kurzzeitigen Ausbrechen Harras' aus seiner Rolle[147] – machen aber die Modernität des Stückes aus, das in der Tat kein Lehrstück ist und keine Schwarzweißmalerei betreibt. Und stellen sich Indizien auf den Teufel ein, dann gilt doch, daß er die Gestalt wechselt, die Maske wechselt, sich in sein Gegenbild zu verkehren versteht. Dies trifft auch auf den Saboteur Oderbruch zu, der durch die Interpreten mitunter in allzu große Nähe zu den in der Widmung des Stückes genannten Personen gerückt

---

145 »Wer *bin ich denn* –?! Bin ich denn mehr als ein Mensch? Kann ich mehr wissen – mehr tun – mehr leiden als ein Mensch? Ich bin doch – ich bin doch kein Gott!« (147)
146 Zum »Opfertod« vgl. Dirk Niefanger, *Die Dramatisierung der ›Stunde Null‹. Die frühen Nachkriegsstücke von Borchert, Weisenborn und Zuckmayer*, in: Walter Erhart / Dirk Niefanger (Hrsg.), *Zwei Wendezeiten. Blicke auf die deutsche Literatur 1945 und 1989*, Tübingen 1997, S. 47-70, hier: S. 65.
147 Hierauf verweist Wehdeking, *Mythologisches Ungewitter*, a.a.O. (Anm. 46), S. 516.

wird.[148] Zweifellos ist er eine ambivalente Figur, kein eigentlicher
Mann des Widerstandes, sondern als Saboteur ein Mörder seiner Kameraden. Die Widmung, als Paratext ein Wink des Autors mit dem
Zaunpfahl, muß sich keineswegs bruchlos auf den Text selbst beziehen
lassen, und gewiß nicht auf die Figur Oderbruch. Denn dieser vereinigt
auf sich diabolische Züge: Seine ›graue‹ Unauffälligkeit, das kaum
sichtbare Hinken, das Bekenntnis zu einer Existenz der Maskenhaftig-
keit (»Das wäre zuviel Maske«: 130) – das sind ›klassische‹ Züge des
Teufels[149] – obgleich doch von seinem Tun die ›Rettung‹ kommen soll.
Freilich gesteht auch er, ähnlich wie Harras, in seiner bekenntnishaften
Rede seine Mitschuld, seine Mitkomplizenschaft ein: »Als unser Staat
zum Teufel ging, wurde ich Staatsangestellter. So ging es Tausenden in
Hitlers Reich. Es ist die Laufbahn eines der Seinen« (153). Und Franz
Schüppen bemerkt in seiner Deutung des Stückes: »Es ist kein Regie-
fehler, wenn Harras in dem Dunkel, in dem er seine NS-Mörder oder
den Teufel vermutet, Oderbruch findet, der [...] ein wenig hinkt.«[150]
    Harras' Selbstmord besticht durch seine Ausdeutbarkeit; der Gene-
ral bleibt eine schillernde Figur, die sich, je nach Blickwinkel, zum Mär-
tyrer oder zum Erlöser aufschwingt, die sich weigert, Oderbruchs Weg

---

148 Vgl. Niefanger, *Die Dramatisierung der ›Stunde Null‹*, a.a.O. (Anm. 146),
    S. 66, sowie: Nickel, *»Des Teufels General« und die Historisierung des
    Nationalsozialismus*, a.a.O. (Anm. 16), S. 588; dort aber auch zu der am-
    bivalenten Gestalt Oderbruch, die Zuckmayer »fluchbeladen und schuld-
    verstrickt« nannte: »Aber was heißt das? Wollte Zuckmayer nun etwa
    auch seine Freunde von einst verurteilen, denen das Stück zugeeignet ist?
    Das ist, nach allem, was er über den Widerstand geschrieben hat, kaum
    anzunehmen« (ebd., S. 589). Nickel weist auch darauf hin, daß Oder-
    bruchs Schuld am Tod von Kameraden sowohl in der überarbeiteten Dra-
    menfassung als auch in der Filmfassung abgeschwächt (vgl. ebd., S. 593.) –
    und die Gestalt Oderbruchs damit zur Vorbildlichkeit hin geglättet wurde.
149 Vgl. generell: Luther Link, *Der Teufel. Eine Maske ohne Gesicht*, Mün-
    chen 1997. – Sodann vgl.: Lucie Pfaff, *The Devil in Thomas Mann's
    »Doktor Faustus« and Paul Valéry's »Mon Faust«*, Bern u.a. 1976, S. 16.
150 Franz Schüppen, *Der Blick vom anderen Ufer. Staatsbegräbnis und
    Staatsbegründung in Zuckmayers Tragödie »Des Teufels General«*, in:
    Blätter der Carl-Zuckmayer-Gesellschaft, Jg. 18, 1997, S. 77-99, hier:
    S. 86. Schüppen bemerkt ferner die Nähe zu *Doktor Faustus*. In beiden
    Texten gehe es um eine Apokalypse des NS-Regimes, »in der politische
    Eindeutigkeiten nicht genügen« (ebd., S. 87 f.). Er folgert: »Im Umkreis
    der Rollfelder und der technischen Büros vollzieht sich eine Tragödie, die
    alle Akteure betrifft« (ebd., S. 88).

zu gehen und damit eindeutig Partei zu ergreifen, die sich widerstands-
los für die Propagandamaschinerie ausnutzen läßt, für das »Staatsbegräbnis« (158) nämlich, das sich Harras durch die gewählte Todesart
gleichsam sichert. Er ordnet sich jener Todesmetaphysik ein und unter,
die er Leutnant Hartmann gegenüber noch geleugnet hatte, die die im
ersten Akt benannte Kontinuität des Kriegserlebnisses von 1914 her
endlich bestätigt und die jetzt durch die NS-Propaganda genutzt werden kann. Dieser ›Heldentod‹ Harras' zeigt, wie schwer es ist, sich einer
fast verwirrenden Vielzahl mythisierender Referenzen zu entledigen
oder wenigstens den nationalsozialistisch vereinnahmten Mythenkom-
plex zu meiden. Die Mythe des Kriegserlebnisses und des nationalen
Heldentums, das im Tod fürs Vaterland gipfelt, erfährt im Ersten Weltkrieg ihre volle Ausprägung und wird durch die Nationalsozialisten
aufgegriffen.[151] Ein wesentliches Kennzeichen der nationalsozialistischen Ästhetisierung der Politik ist aber vor allem der ursprünglich auf
die ›Blutzeugen‹ von 1923 gemünzte Totenkult, eine lebensfeindliche
Verklärung des Todes.[152] Der Suizid als Opfertod muß 1945 nicht zuletzt im Kontext des Mythisierungsversuches von Hitlers Selbstmord
(und dem vieler seiner gläubigen Nachfolger) als ehrenvoller Handlung
und damit als Bedingung von Unsterblichkeit gesehen werden – ein allerdings kläglich gescheiterter Versuch.[153] Und er steht, insofern Harras'
historisches Vorbild Ernst Udet heißt, auch in einer schon Ende des
19. Jahrhunderts begründeten und bis heute nicht abreißenden Tradition
der nationalen Totenfeier, eben des ›Staatsbegräbnisses‹, das nach 1933
auch eine Selbstfeier der NS-Propaganda war. Die im Fall Udet vor-

---

151 Vgl. erneut Mosse, *Gefallen fürs Vaterland*, a.a.O. (Anm. 144).

152 Vgl. Joachim Fest, *Hitler. Eine Biographie*, Frankfurt am Main u.a. 1987,
S. 699. – Peter Reichel, *Der schöne Schein des Dritten Reiches. Faszination
und Gewalt des Faschismus*, München/Wien 1992, S. 219 ff. – Sodann
das Kapitel *Hitler, Heroes and »Heldentod«: The Myth of Death in
World War II*, in: Jay W. Baird, *To Die for Germany. Heroes in the Nazi
Pantheon*, Bloomington u.a. 1990, S. 202-242. Am Anfang von Bairds
Buch steht das Kapitel *Myth of Langemarck*: S. 1 ff. – Saul Friedländer,
Kitsch und Tod. Der Widerschein des Nazismus, Frankfurt am Main
1999. – Diesen Komplex ironisiert Pfundtmayer, der damit zur Demontage
des Führermythos beiträgt, die allerdings rekurrent ist: »Und wammer's
recht bedenkt – i war immer in der Partei – schon beim Blutmarsch am
Odeonplatz, im Jahr 23, gleich links hinterm Führer hab i in der Pfützn
gelegn« (27).

153 Vgl. Sabine Behrenbeck, *Der Kult um die toten Helden. Nationalsozialistische Mythen, Rituale, Symbole*, Vierow 1996, S. 580 ff.

gegebene Umcodierung des Selbstmordes zu einem Unfalltod konnte
eine quasi-Rehabilitierung im staatlichen Totenritual herbeiführen.[154]
Indem aber Zuckmayers Stück den Suizid als Opfertod glorifiziert, ihm
mit der Rettung Oderbruchs also eine Motivation hinzuerfindet, die
Udet nicht hatte, ist Harras' Ende perfekt legitimiert: vom Ehrenstand-
punkt des Offizierscodex her ist die Selbsttötung als heroischer Akt
(nicht als Akt der Schwäche wie bei Udet) erlaubt – Zuckmayers Stück
transfiguriert also Udets ruhmloses Ende zu einer Heldentat. Diese
Überhöhung des Selbstmordes erstaunt angesichts der Tatsache, daß
Zuckmayer vom Freitod Stefan Zweigs 1942 sehr negativ betroffen
war und sich veranlaßt sah, einen *Aufruf zum Leben* zu verfassen.[155]
Gleichwohl bewegt sich Zuckmayer im deutschen Mythenkonti-
nuum, und die Sammelpublikation von *Des Teufels General* zusammen
mit *Der Hauptmann von Köpenick* und *Schinderhannes* als *Die Deutschen Dramen* im Jahr 1947 darf nicht verwundern.[156] Die beiden früheren Stücke präfigurieren das spätere in je eigener Weise: Nimmt der
Köpenick die Uniform als nationale Mythe ins Visier, so ist schon der
Protagonist des *Schinderhannes* als spezifisch deutscher Rebell an der
unentscheidbaren Grenze zwischen ›Gut‹ und ›Böse‹ angesiedelt, wird
der Charismatiker als Teufel wie als Heilsbringer eingeführt, um zeitweilig als Führerfigur in einer bauernkriegsartigen Aufstandsbewegung
zu figurieren – und den Heldentod vor 15.000 Zuschauern zu sterben.
Zuckmayer beharrt darauf, den ersten Akt von *Des Teufels General*
Ende Januar 1943 fertiggestellt zu haben, unmittelbar *vor* der Kapitulation der 6. Armee in Stalingrad:

> In einer eiskalten Nacht, Ende Januar 1943, las ich meiner Frau den
> ersten Akt und den Entwurf des gesamten Stückes vor. [...] Die Ka-
> tastrophe von Stalingrad war damals im Gang, aber noch nicht be-
> kannt, sie entschied sich erst Anfang Februar.[157]

Diese Datierung ist verständlich, geriete das Stück doch sonst in allzu
große Nähe zu einer Sternstunde der NS-Todesmetaphysik, in der die
Hauptrolle ausgerechnet Hermann Göring hatte, der ›Regisseur‹ in be-
sagtem ersten Akt vom Nebenzimmer aus. Eine von Göring zum zehn-

---

154 Vgl. Volker Ackermann, *Nationale Totenfeiern in Deutschland von Wilhelm I. bis Franz Josef Strauß. Eine Studie zur politischen Semiotik*, Stuttgart 1990, passim, zu Udet S. 172 f.
155 Vgl. Wehdeking, *Mythologisches Ungewitter*, a.a.O. (Anm. 46), S. 515.
156 Vgl. Nickel/Weiß, *Carl Zuckmayer*, a.a.O. (Anm. 2), S. 360f.
157 Zuckmayer, *Als wär's ein Stück von mir*, a.a.O. (Anm. 6), S. 623.

ten Jahrestag der NS-Machtergreifung und gleichzeitig anläßlich des
Untergangs Stalingrads gehaltene Rede schwelgt in Drohungen an den
Feind und zugleich in einem Götterdämmerungsszenario, das eine ein-
schneidende Niederlage zur Mobilisierung der Bevölkerung zu instru-
mentalisieren versucht, von den kurz vor der Kapitulation stehenden
Soldaten der 6. Armee in Stalingrad aber mitangehört und als eigene
Totenrede empfunden wird.[158] Dabei ist zu beachten, daß Görings
Stern nach den Niederlagen der Luftwaffe in England 1940 längst ge-
sunken und dieser Auftritt in der fortgeschrittenen Phase des Krieges
einigermaßen singulär zu nennen ist.

Göring verleiht der Schlacht um Stalingrad und dem damit verbundenen Tod vieler Tausender deutscher Soldaten einen nur noch mit den
großen abendländischen Mythen von heroischem Untergang vergleichbaren Rang; das Bild vom gemütlichen Reichsmarschall verkehrt sich
dabei in dasjenige eines rücksichtslosen Anwalts der Dämonisierung
menschlichen Leids:

> Wir kennen ein gewaltiges Heldenlied von einem Kampf ohneglei-
> chen, es heißt ›Der Kampf der Nibelungen‹. Auch sie standen in
> einer Halle voll Feuer und Brand, löschten den Durst mit dem eige-
> nen Blut, aber sie kämpften bis zum letzten. Ein solcher Kampf tobt
> heute dort [in Stalingrad], und noch in tausend Jahren wird jeder
> Deutsche mit heiligem Schauer von diesem Kampf in Ehrfurcht spre-
> chen und sich erinnern, daß dort trotz allem Deutschlands Sieg ent-
> schieden worden ist. [...] Dieses Heldentum, dieses Opfer ist ver-
> pflichtend für das ganze Volk. [...] Es ist letzten Endes, das mag hart
> klingen, ja für den Soldaten gleichgültig, ob er bei Stalingrad, bei
> Rschew oder in der Wüste Afrikas oder oben im Eise Norwegens
> kämpft und fällt. Wenn er sein Opfer bringt, ist es gleich groß. Er
> bringt es für das Leben seines Volkes wie einst die dreihundert Män-
> ner des Leonidas. [...] Das Gesetz befahl auch ihnen, zu sterben, da-
> mit die Rasse weiter siegen und leben konnte. [...] [D]ie dreihundert
> Männer wichen und wankten nicht, sie kämpften und kämpften einen

---

158 Vgl. Bernd Ulrich, *Stalingrad*, in: Etienne François / Hagen Schulze
(Hrsg.), *Deutsche Erinnerungsorte*, Bd. II, München. 2. Aufl., 2002,
S. 332-348, zu Görings Rede S. 336: »Göring bemühte von den 300 Spar-
tanern am Thermopylenpaß bis zum Kampf der Nibelungen und Goten
eine ganze Ahnengalerie von ›Heroenkämpfen‹. Und es hat den Anschein,
als mußte die historische Legitimierung des Mythos proportional zur
winzigen Verlorenheit der Teilkessel wachsen.«

aussichtslosen Kampf, aussichtslos aber nicht in seiner Bedeutung. Schließlich fiel der letzte Mann.[159]

Die Bezugnahme auf diese Rede ist keineswegs weit hergeholt; denn die Göring-Rede war natürlich auch in den USA bekannt. Thomas Manns Rundfunkrede *Deutsche Hörer!* vom 23. Februar 1943 legt Zeugnis davon ab. Es heißt darin u.a.:

> Die wirre Botschaft, die Hitler zum zehnten Jahrestag der Machtergreifung verlesen ließ, ist voll von erpresserischen Warnungen [...]. Den Nazis steht es an, die Gesellschaftsfähigen zu spielen und durch Göring mit dem Zaunpfahl winken zu lassen, ebenso dick wie er selbst.[160]

Doch neben dem Appell an den Feind steht die Durchhalteparole an die »Kameraden«, an die die Rede eigentlich gerichtet ist und die sie auf den Tod für das Vaterland und für »die Rasse« einschwören will. Zuckmayers Datierung der Vollendung seines ersten Aktes ist, unabhängig von ihrer Genauigkeit, der Akt einer Entzerrung zweier Deutschland-Mythen der Todesverklärung: der des Fronterlebnisses im Ersten Weltkrieg und der Mythe Stalingrads (des »Erinnerungsortes«, wie man aus heutiger Sicht sagen könnte), die Selbstaufopferung deutscher Soldaten noch im Untergang, von der ein General Harras noch nicht allzu weit entfernt ist. Das Beharren des Verfassers auf einer Trennung beider Mythenkomplexe fällt hinter die Einführung des Quasi-Doppelgängers Göring ›im Hinterzimmer‹, das teichoskopisch im Stück präsent ist, zurück; eine vergleichbare Engführung hatte Thomas Mann 1938 mit seinem Essay *Bruder Hitler* vorgenommen, der das ›Ich‹ Thomas Mann und den ›Rivalen‹ Hitler, den politischen Repräsentanten Deutschlands unter den Aspekten des Deutschtums und des Künstlertums experimentell verglichen hatte – und dies in dem Mann seit langem zur Verfügung stehenden binären Deutungsraster des Brüderlichen. Harras und Göring – das wäre Zuckmayers komplementäres Bruderpaar des deutschen Heldentums.

Zu *Des Teufels General* liegt ausnahmsweise eine veröffentlichte, wenngleich deutungsbedürftige Aussage Thomas Manns vor, der, man müßte ergänzen: selbstverständlich, mit dem Stück nicht einverstanden war. Der Interviewer der *Göttinger Universitäts-Zeitung* überliefert:

---

159 *Völkischer Beobachter (Berliner Ausgabe)* vom 2. Februar 1943, S. 3 f.
160 GW XI, S. 1066.

Mann fand es [das Drama] nicht voller wahrer Gesinnung. Man rühme es Zuckmayer nach, daß er nicht schwarz-weiß zeichne: doch in diesem Drama laufe das auf eine sträfliche Anschauungslosigkeit hinaus. Er sei (wie ich) dagegen, daß man das Stück schon jetzt in Deutschland aufführe. In der Schweiz sei es mit sehr geteilter Meinung aufgenommen worden.[161]

Manns Kritik betrifft wohl die kaum hinreichend motivierte Wandlung Harras', die ihn zum Selbstopfer zugunsten Oderbruchs bewegt, jedenfalls aber die schwer vermittelbare Vieldeutigkeit von Harras' Persönlichkeit zwischen Eigenwilligkeit und Mitläufertum.

Mythenschwanger ist aber gleichermaßen Thomas Manns Roman *Doktor Faustus*.[162] Auch die Entstehungsgeschichte dieses Romans läßt sich mit ›Stalingrad‹ in Verbindung bringen. Im März 1943 vollendet Thomas Mann seinen innerhalb einer Spanne von sechzehn Jahren entstandenen Josephsroman und macht sich an das lange Zeit gehegte Faust-Projekt.[163] Der komplizierte Roman nähert sich u.a. den alten Vorstellungen von nationaler Apokalypse und nationaler Wiedergeburt Deutschlands an – in der Erzählerrede wie etwa auch mit der Leverkühn-Komposition *Apocalipsis cum figuris* –, und er tut dies bald nachdem Mann in einer seiner Rundfunkreden, um die Zeit des Endkampfes um Stalingrad herum, die Untergangsphantasien der Nationalsozialisten geradezu gerügt, ihnen also die Dignität ihrer Geschichtsmythologie rundweg bestritten hatte:

> Die Nazis fangen an, sich mit ihrem Untergang zu beschäftigen, sie sind dabei, ihn sich und allen auszumalen, und zwar in glühenden Farben. [...] Aber was denken sich diese apokalyptischen Lausbuben, daß sie glauben, ihr Ende müsse eine Götterdämmerung sein?[164]

161 Thomas Mann, *Interview mit der Göttinger Universitäts-Zeitung am 24.10.1947*, in: Volkmar Hansen / Gert Heine (Hrsg.), *Frage und Antwort. Interviews mit Thomas Mann 1909-1955*, Hamburg 1983, S. 283-286, hier: S. 285. – Zur Diskussion des Themas ›Schwarzweißmalerei‹ in der zeitgenössischen Kritik vgl. Weingran, *»Des Teufels General« in der Diskussion*, a.a.O. (Anm. 141), S. 37.

162 Zum folgenden vgl. Strobel, *Entzauberung der Nation. Die Repräsentation Deutschlands im Werk Thomas Manns*, a.a.O. (Anm. 71), S. 237-264.

163 Am 14. März 1943 heißt es im Tagebuch: »Räumte alles Joseph-Material, Bilder, Exzerpte u. Notizen, verpackt bei Seite. [...] Dann Durchsicht alter Papiere nach Material für ›Dr. Faust‹« (Mann, *Tagebücher*, a.a.O. [Anm. 19], Tb. 40-43, S. 549).

164 GW XI, S. 1063 f.

Neben einer Reihe von Figuren mit teuflischen Zügen tritt im XXV., die
Mitte der Romankonstruktion bildenden Kapitel der leibhaftige Teufel
selbst auf. Bereits die frühe Kritik hat sich daran abgearbeitet. Hatte
nämlich der Teufel bereits in der Romantik als satirisch zu verstehende
Allegorie des Philisters fungiert, seinen metaphysischen Rang also ein-
gebüßt,[165] so kehrt dieser in der Moderne zurück, wenngleich nicht als
ernsthafte Evaluation des christlichen Weltbildes. So betont Erich Kahler
den säkularisierenden, da modernisierenden Effekt einer Konstellation
von Faust-Figur und ›Teufel‹, bei der die Unterscheidung zwischen beiden nicht mehr möglich ist: Der Auftritt des Teufels ist lesbar als Phan-
tasieprodukt bzw. schriftstellerisches Produkt des Protagonisten Leverkühn; nicht der Erzähler Zeitblom beobachtet diesen Auftritt, er zitiert
lediglich Leverkühns Niederschrift eines Erlebnisses, das diesem selbst
nicht geheuer ist. Eine »Zweideutigkeit des Lebens« ist für Kahler ein
säkulares Phänomen.[166] Diese säkulare und säkularisierte Zweideutigkeit verurteilt der katholische Publizist Hans Egon Holthusen aufs
schärfste. Das metaphysisch entleerte Zitat von Iwan Karamasows
Teufelsgespräch belege, daß bei Thomas Mann die Idee des Ewigen
fehle.[167] Holthusen moniert also eine Literarisierung des Teufels, die
gerade das Moderne von Manns Roman mitbedingt, die Unentscheid-
barkeit seiner materialisierten oder nur imaginären Existenz, die Vielfalt und das Zitathafte seiner Erscheinung,[168] das Doppelgängerhafte,
das ihm bei der Begegnung mit Leverkühn innewohnt, womit das
›Böse‹ gerade auch als das Eigene, das gerade nicht von außen Einge-
brochene markiert wird. Leverkühns Teufel, der mehrfach die Gestalt
wechselt, ist sein Doppelgänger, das von ihm abgespaltene Andere, das
ihm nun zur Deutung seiner selbst verhilft, unter den widersprüchlichen Bedingungen einer Leverkühn ureigenen strengen Rationalität
zusammen mit einer bereitwillig angeeigneten Irrationalität. Manns
Roman lädt zu einer allegorischen Lektüre ein, ohne diese konsequent

165 Vgl. Johannes Barth, *Der höllische Philister. Die Darstellung des Teufels
      in Dichtungen der deutschen Romantik*, Trier 1993.
166 Vgl. Erich Kahler, *Säkularisierung des Teufels. Thomas Manns Faust*, in:
      Erich Kahler, *Die Verantwortung des Geistes. Gesammelte Aufsätze*,
      Frankfurt am Main 1952, S. 143-162, hier: S. 157 f. und S. 161.
167 Vgl. Hans Egon Holthusen, *Die Welt ohne Transzendenz. Eine Studie zu
      Thomas Manns »Dr. Faustus« und seinen Nebenschriften*, Hamburg,
      2. Aufl., 1954, S. 21 und S. 24.
168 Vgl. Pfaff, *The Devil in Thomas Mann's »Doktor Faustus« and Paul
      Valéry's »Mon Faust«*, a.a.O. (Anm. 149), S. 14 und S. 42.

und eindeutig zu stützen, denn jederzeit bleibt dem Binnenerzähler
Leverkühn, dem Rahmenerzähler Zeitblom und auch dem Leser bewußt, was Zeitblom der Episode vorausschickt: »Ein Dialog? Ist es in
Wahrheit ein solcher? Ich müßte wahnsinnig sein, es zu glauben.«[169]
Hatte der Teufel »eine wesentliche Rolle [gespielt] bei dem Bemühen,
der Idee des Bösen identifizierbare Züge zu verleihen«, so kann er im
20. Jahrhundert nur noch als »Verwandlungskünstler« auftreten, als
»ein Meister der Tarnung«.[170] Der Kontext, in dem dieser Glaube wiederum möglich erscheint, ist die Ästhetisierung und Mythisierung der
Politik, die Manns wie Zuckmayers Text vorausgingen und die zu einer
modernen Anverwandlung traditioneller Denkfiguren herausforderten.
Dies meint bei Thomas Mann einen narratologischen Kunstgriff, bei
Carl Zuckmayer sind es wechselhafte Referenzierungen des ›Bösen‹ bei
unterschiedlichen Personen des Dramas. Der Roman hat allerdings
mehr Möglichkeiten, ein geschlossenes System deutscher Repräsentanz
oder gar eine mythisch-allegorische Geschichte Deutschlands zu ver-
weigern; er lenkt das Augenmerk des Lesers weniger auf diese Referenzen als z.B. auf die Vermittlungsinstanz des jeweiligen Erzählers und
auf dessen Verläßlichkeit. Beide fiktionale Texte lassen eine Annäherung ihrer Autoren zumindest hinsichtlich ihrer Strategien einer Fiktionalisierung des metaphysischen Anteils der Debatte um Deutschlands
Gegenwart und Zukunft erkennen. Was nach Jahrzehnten als unzuläs-
sige Unschärfe oder gar Verklärung erscheinen muß, bewegt sich
schlicht im Diskurs der Zeit, ob nun literarische oder nicht-literarische
Texte betrachtet werden. Indem Zuckmayer und Mann eine längst
nicht mehr glaubwürdige Personifikation des Bösen auftreten lassen
oder zumindest die Frage evozieren, wer als eine solche verstanden
werden könne, führen sie die metaphysische Überhöhung politischer
Fragen, wie sie im 20. wie im 21. Jahrhundert gang und gäbe ist, ad
absurdum und lenken das Augenmerk auf Konstruktionsprinzipien
und Genealogien. Dazu gehört auch das Projektionspotential auf beide
Protagonisten: der bewunderte ›Held‹ Harras ist das, was seine Umwelt
(und schließlich die Propaganda) aus ihm macht, Adrian Leverkühn
wird gesehen durch die Brille eines anpassungsfähigen deutschen Bil-
dungsbürgers. Nicht zu beantworten ist hingegen meines Erachtens die
Frage, wie weit die empirischen Autoren Thomas Mann und Carl
Zuckmayer sich über ihre Verfahren bewußt waren, partizipierten sie

169 Thomas Mann, *Doktor Faustus*, in: GW VI, S. 295.
170 Peter Stanford, *Der Teufel. Eine Biographie*, Frankfurt am Main, Leipzig
    2000, S. 31, 318 und 323.

selbst doch als Kinder ihrer Zeit immer schon an den kurrenten Mythen um Deutschland. Die Eindeutigkeiten der publizistischen Äußerungen beider finden sich in ihren literarischen Texten jedenfalls nicht,
eindeutige Schuldzuweisungen lassen sich aus *Des Teufels General* gerade nicht entnehmen.[171] Beide Texte fingieren nachdrücklich mehr als
ein Deutschland, aber auch mehr als die ›zwei‹ Deutschlands, die sich
wohlwollende Emigranten vorstellen konnten.

Auch wenn sich Mann und Zuckmayer wohl nicht viel zu sagen hatten, sorgte vor allem das beiden gemeinsame Exil dafür, daß die nicht
sehr zahlreichen Begegnungen offenbar freundlich verliefen, die Ver-
schiedenheit der Positionen aber keine weiteren Annäherungen zuließ.
Der von seinem deutschen Publikum gerühmte Zuckmayer durfte sich
vielmehr spätestens seit dem Erfolg von *Des Teufels General* zurecht
als einflußreicher Rivale Manns verstehen. In der Nachkriegszeit, dafür
gibt es Indizien, wurden beide in (West-) Deutschland als auf ihrem jeweiligen Gebiet führende Autoren wahrgenommen,[172] nach dem Tod
Thomas Manns und, ein Jahr später, Gottfried Benns avancierte Zuckmayer »zu *dem* Repräsentanten der deutschen Literatur«.[173] Damit hatte
sich auch eine alte Rivalität überlebt.

---

171 Vgl. Barnouw, *Gespenster statt Geschichte*, a.a.O. (Anm. 117), S. 118.
172 Vgl. exemplarisch einen Auszug aus dem Artikel *Der Rundfunk und die
Prominenten* von Karl Ude (*Süddeutsche Zeitung* vom 13. Oktober 1952,
zitiert nach: Hans-Ulrich Wagner, »*Ich brauche keine Worte darüber zu
verlieren, wie wertvoll uns Ihre Zusage wäre*«. *Carl Zuckmayer und der
Rundfunk nach dem Ende des Zweiten Weltkrieges*, in: *Carl Zuckmayer
und die Medien*, a.a.O. [Anm. 16], S. 657-692, hier: S. 684.): »Wer heute
ein Konzert veranstalten will, will Furtwängler als Dirigenten […], wer einen
Dichter am Vortragspult braucht, telegraphiert an Thomas Mann, und
wer ein gutes Hörspiel haben möchte, wendet sich zunächst einmal an
Zuckmayer. Nichts gegen die Prominenten, aber alles gegen einen Betrieb,
der Starkult mit Kulturpflege verwechselt.«
173 Nickel/Weiß, *Carl Zuckmayer*, a.a.O. (Anm. 2), S. 445.

Dokumentarischer Anhang

1 Zuckmayer an Thomas Mann

o.D., zum 6. Juni 1925

Für Thomas Mann.
Als die »Betrachtungen eines Unpolitischen« erschienen, in einer Zeit, die junge Menschen zu überstürztem Pathos verleiten musste, war man rasch bereit, den Dichter, vor dessen bannendem Gesicht, hinreissender Meisterschaft, aufwühlendem Ernst Bewunderung und Ehrfurcht blieb, als »überaltert« und »zeitfremd« abzutun.

Als im letzten Herbst der »Zauberberg« erschien, war eine Spanne verstrichen, die in harter Zucht Strohfeuer gelöscht und Aufschreie gedämpft hatte, um nur noch leben zu lassen, was sich im Werk und im Wesen als echt und kernhaft beweisen kann.

Und es erweist sich: das Werk des »Fünfzigjährigen«, das an Gründlichkeit der Form und des Inhalts kein Beispiel in der gegenwärtigen deutschen Prosaliteratur hat, ist voll von lebendigem Leben und innerem Feuer, rührt *an den Kern* der Dinge, die uns brennend am Herzen liegen, ist ganz und gar ein Buch für junge Menschen, die es weiter und reicher macht.

Es enthält so viel geistigen Mut, so viel Wahrheitsschau und so viel Führertum (in dieser führerlosen Zeit), dass es mit Glaube, Liebe, Hoffnung zu Thomas Mann und seinem weiteren Schaffen erfüllt.

Es beglückt mich, dies heute aussprechen zu dürfen.
Carl Zuckmayer.

Original: TMA

Erläuterungen:
»Betrachtungen eines Unpolitischen« ... »zeitfremd«] Thomas Manns Großessay entstand von 1915 bis 1918, erschien aber Ende 1918 in einer gänzlich veränderten politischen Situation, die das Buch außer bei einem konservativen Publikum anachronistisch wirken ließen, nicht zuletzt auch aufgrund seiner Ablehnung des literarischen Expressionismus.

im letzten Herbst der »Zauberberg«] Manns Roman erschien im November
   1924.
das Werk des »Fünfzigjährigen«] Es handelt sich um ein Glückwunschschreiben Zuckmayers zu Thomas Manns 50. Geburtstag am 6. Juni 1925.

2 *Thomas Mann an Zuckmayer*

o.D., ca. 27. März 1931.

Vgl. Carl Zuckmayer: Als wär's ein Stück von mir. Horen der Freundschaft. Frankfurt/Main: S. Fischer 1997 (Gesammelte Werke in Einzelbänden), S. 518:
»Seit Gogols ›Revisor‹ die beste Komödie der Weltliteratur«, hieß es in
einem spontanen Brief von Thomas Mann, den er mir nach dem Besuch der Aufführung geschrieben hatte.

Original: verschollen.

Erläuterung:
Besuch der Aufführung] Die Uraufführung der Komödie hatte am 5. März
   1931 am Deutschen Theater, Berlin, stattgefunden. Am 19. März 1931 bat
   Thomas Mann brieflich die Gattin seines Verlegers, Hedwig Fischer, u.a.
   darum, ihm einige Karten für den »Hauptmann« zu besorgen (vgl. Reg. 31/
   35). Am 25. März 1931 fuhr Mann nach Berlin, am 27. März 1931 hielt er
   in der Preußischen Akademie der Künste eine Rede anläßlich des 60. Geburtstages seines Bruders Heinrich (vgl. Thomas-Mann-Chronik, S. 223).

3 *Thomas Mann an Zuckmayer*

Dr. Thomas Mann
München, den 24.V.32
Poschingerstr. 1

Lieber Herr Zuckmayer
nehmen Sie herzlichen Dank für die Zueignung Ihrer lustig-charakter-
vollen Novelle! Sie hat mir sehr gefallen wie überhaupt Ihr Talent mir
gefällt, dem ich weiterhin unbefangene und unbeirrte Entfaltung wünsche.
   Ihr ergebener
   Thomas Mann

Original: DLA

Erläuterung:

Novelle] 1932 erschien die Novelle *Die Affenhochzeit* bei Propyläen in Berlin.

4 *Thomas Mann an Zuckmayer*

26. September 1934.

Vgl. Tb. 33/34, S. 531 (26. September 1934):
Schrieb Briefe an Zuckmayer, Zarek u.a.

Original: verschollen.

5 *Zuckmayer an Thomas Mann*

Für Thomas Mann
zum 6. Juni 1935.

Am gleichen Tag, an dem Sie Ihr Fest begehen, – hochverehrter und herzlich geliebter Thomas Mann, – am gleichen Tag, – nur ein paar Jahre früher, – ist meine Mutter geboren. Wir feierten diesen Tag immer mit einer schönen und festlichen Freudigkeit.

Wie beglückend ist es, den Gedanken an Sie, und an die Wiederkehr Ihres Lebensbeginns, in die Bedeutung dieses Tages, dankbar und andächtig, einschliessen zu dürfen!

Gemeinsam mit Allen, die sich dem Geist und der Sprache verantwortlich fühlen, glaube ich mich berechtigt, in Ihnen, – wie in dem »Manne, der aus Ur kam«, – heimliche Vaterschaft zu verehren.

Den persönlichen Kategorien von Stil, Temperament und Ausdrucksform übergeordnet, schenkten Sie uns in Ihrer Gestalt und Haltung das Beste und Einzige, was fortwirkend zwischen Zeit- und Menschenaltern die Bindung schafft: Beispiel und Vorbild.

Das Vorbild eines Charakters, – das Beispiel eines unbeirrbaren Geistes.

Der Charakter des Schriftstellers kennzeichnet sich in der Treue zu seinem Werk, zur Wahrhaftigkeit seines Schauens und Schaffens. In Ihrer Anschauung und Darstellung des Lebens, in Ihrem grossen, bleibenden

Dichterwerk, – aber auch in jeder Äusserung Ihres persönlichen, welt-
verbundenen Daseins, offenbart sich diese Treue, die kein leichtes
Göttergeschenk, sondern eine immer wieder zu erkämpfende Selbstbehauptung ist, – wie in keiner anderen Erscheinung, die uns lebendig
entgegentritt.

Man kann – Sie wissen das – Dank nicht in Worten abstatten, – und
man kann einem Leben das in die Regionen der überzeitlichen Grösse
wuchs, nicht »Glück« wünschen.

Lassen Sie mich daher die eigensüchtige und vertrauensvolle Form
des dankbaren Wunsches wählen: Bleiben Sie uns erhalten, – lange
Zeit, – und schenken Sie uns, – den zu beschenken wir nicht reich genug sind, – immer wieder das edle und strenge Vorbild, das scharfsich-
tige und grossherzige Beispiel Ihres Wirkens!

Henndorf, im Frühjahr 1935
Carl Zuckmayer

Original: TMA

Erläuterung:
Manne, der aus Ur kam] Gemeint ist Abraham, der erste Stammvater des Vol-
    kes Israel; Zuckmayer spielt auf Manns Tetralogie *Joseph und seine Brüder*
    an, deren zweiter Band *Der junge Joseph* 1934 erschienen war.

6 *Zuckmayer mit Familie an Thomas Mann*

Telegramm Henndorf 6. Juni 1935

dr thomas mann
kuesnacht am zuerichsee

wir gruessen sie in herzlichster verehrung und mit allen guten wuen-
schen ihr karl zuckmayr mit frau und eltern zuckmayr

Original: TMA

7 *Zuckmayer an Thomas Mann*

Vor dem 23. Juli 1935.

Tb. 35/36, S. 148 (23. Juli 1935):
Zuschriften von Prof. Löwenstein und Zuckmaier [sic].

Original: verschollen.

8 *Zuckmayer an Thomas Mann*

Vor dem 11. Dezember 1937.

Tb. 37-39, S. 141 (11. Dezember 1937):
Las nach Tisch Briefe (von Kozák, Zuckmayer u.a.)

Original: verschollen.

9 *Zuckmayer an Thomas Mann*

Ca. Anfang August 1938.

Erschließbar aus Manns Antwort: s. Nr. 10

Original: verschollen.

10 *Thomas Mann an Zuckmayer*

Dr. Thomas Mann
Küsnacht-Zürich
Schiedhaldenstrasse 33
9.VIII.38

Lieber Herr Zuckmayer:
Auf meinen Dank, den herzlichen Dank für Ihre liebe und schöne Sendung möchte ich Sie keineswegs warten lassen, nicht so lange, wie es leider dauern würde, bis ich Ihr Stück gelesen habe. Sie sind im Wallis,

wir hatten auch große Lust, und zwar zu einer Badekur, dorthin zu kommen, können es aber nicht, weil es hier vor der Übersiedlung nach Princeton so viele Geschäfte gibt, dass wir nicht abkömmlich sind. Dazu habe ich meine Vorlesungen für die Universität, zunächst eine über den Faust, vorzubereiten, und dazu bedarf es der Studien, sodass ich zu freier Lektüre nicht komme. Auch Ihr Stück also wird leider warten müssen, bis ich auf dem Schiff bin. Das wird die richtige Zeit dafür sein, und ich freue mich auf die Stunden im Deckstuhl mit Ihrem Buch.

Sie schreiben vom »Hauptmann von Köpenick« und rufen mir das ganze Entzücken wieder herauf, das ich damals bei der glänzenden Berlicher [!] Aufführung empfunden habe. Wie schön wäre es, wenn sich das Stück nach New York verpflanzen liesse. Für den Augenblick überschätzen Sie meine dortigen Verbindungen, besonders mit dem Theater. Ich kenne bei näherer Überlegung eigentlich keine Seele unter Direktoren oder Schauspielern. Das hindert nicht, dass ich mir vornehme, die Rede dort auf den Hauptmann zu bringen, denn persönlich bin ich überzeugt, dass er in Amerika starke Wirkung tun könnte. Vielleicht wende ich mich am besten an Hübsch, der das Stück schon kennt, und frage ihn, welche Schritte man unternehmen könnte, um ein Theater dafür zu gewinnen.

Es ist ein Jammer um Ihr schönes Henndorfer Haus, wo auch wir so frohe Stunden verbracht haben. Die Vorgänge, die auch diesen Verlust mit sich gebracht haben, waren für uns ein solcher Choc, dass wir eigentlich nicht dachten, Europa überhaupt noch wiederzusehen. Sein Gutes hat dieser Choc aber doch gehabt, denn die Widerstandskräfte gegen das politische Verbrechertum, dem man nur allzu lange Duldung erwies, hat er entschieden verstärkt. Man merkt das gerade in der Schweiz sehr stark.

Grüssen Sie Ihre liebe Frau und nehmen Sie auch von der meinen und von mir die besten Wünsche für Ihr Wohlergehen und für Ihre Arbeit!

Ihr sehr ergebener
Thomas Mann

Original: DLA

Erläuterungen:
im Wallis] Nach dem ›Anschluß‹ Österreichs an das Deutsche Reich floh Zuckmayer mit seiner Familie in die Schweiz und fand eine Zufluchtsstätte in Chardonne, unweit des Genfer Sees; im Juni/Juli 1938 hielt er sich in St. Niklaus im Wallis auf.

vor der Übersiedlung nach Princeton] Nach vier Amerikareisen seit 1934 er-
folgte im September 1938 die fünfte, die zu einem dauernden Aufenthalt in
den USA führen sollte.

meine Vorlesungen ... Faust] Mit Unterstützung von Agnes E. Meyer hatte
Mann an der Universität Princeton eine Stelle als »Lecturer in the Humani-
ties« gefunden. Die erste Vorlesung wurde unter dem Titel *Aus dem Prince-
toner Kolleg über Faust* (dann: *Über Goethe's ›Faust‹*) erstmals 1939 in der
von Mann mit herausgegebenen Zürcher Zeitschrift *Maß und Wert* publiziert.

Ihr Stück] Gemeint ist wahrscheinlich *Bellman*.

auf dem Schiff] Thomas Mann reiste mit seiner Frau Katia und der jüngsten
Tochter Elisabeth auf dem Dampfer »Nieuwe Amsterdam« vom 17. bis
zum 24. September 1938 von Boulogne nach New York.

bei der glänzenden Berlicher [!] Aufführung] Vgl. S. 236, Anm. zu *Besuch der
Aufführung*.

Hübsch] Benjamin W. Huebsch (1873-1964), Gründer und Leiter des New
Yorker Verlages B. W. Huebsch, der vor allem deutschsprachige Literatur
verlegte, aber auch Joyce und D. H. Lawrence für die USA entdeckte. Aus
diesem Verlag ging 1925 Viking Press hervor; als Vizepräsident setzte sich
Huebsch für die deutsche Exilliteratur ein, er war der Verleger Lion Feuchtwangers und Franz Werfels. Huebsch lernte bereits bei einem Besuch in
Küsnacht/Zürich 1935 Thomas Mann kennen; am 28. Dezember 1938 erwähnt Mann in seinem Tagebuch ein Telefonat mit ihm (vgl. Tb. 37-39,
S. 338).

Vorgänge ... haben] Der ›Anschluß‹ Österreichs an das Deutsche Reich war
am 15. März 1938 vollzogen worden. Im Laufe des Jahres wurde durch die
NS-Propaganda zunehmend die »Sudetenkrise« beschworen, die Behauptung der Benachteiligung der Sudetendeutschen in der Tschechoslowakei,
ein Druckmittel, das die Annexion Böhmens und Mährens nach der Münchner Konferenz vom September 1938 herbeiführte, mit der Zustimmung
auch der britischen und der französischen Regierung.

Europa ... wiederzusehen] Mann hielt sich von Februar bis Juli 1938 in den
USA auf und plante von dort aus eine nur kurzzeitige Rückkehr in die
Schweiz zum Zweck der Haushaltauflösung.

Widerstandskräfte ... Schweiz] In Manns Tagebuch heißt es z.B. unter dem
10. Juli 1938: »Das anständige Verhalten der Schweiz gegen österr. Flüchtlinge« (Tb. 37-39, S. 253). Am 19. August 1938, auf dem Höhepunkt der
»Sudetenkrise« wieder zurück in der Schweiz, schreibt er: »Das Für und
Wider des Krieges, dessen Ausbruch auch auf der Redaktion der N.Z.Z.
jetzt geglaubt werden soll.«

11 *Zuckmayer an Thomas Mann*

[Chardonne?]
21. Dezember 1938

Hochverehrter Herr Thomas Mann,
eben las ich Ihre Schrift »Dieser Friede«, und ich bin ganz hingerissen
von der Klarheit und der Kraft und dem jugendlichen Feuer Ihrer Worte. Wie wohl tut es, wenn man, wie ich, gerade aus England kommt
und von dem sonderbaren Dämmer, unter dessen Schutz dort der
Durchschnitt die Entscheidungsstunde übertünchen zu können glaubt,
bedrückt wurde, – die helle Deutlichkeit Ihrer Sprache zu vernehmen,
deren kämpferischer Zugriff doch vielleicht manchem Gutgläubigen
die Binde von den Augen reissen wird. Ach, sagten mir manche Leute
dort, unser Chamberlain wusste genau was er tat, warum soll er mit
einem Regime erst Krieg führen, das sowieso in einiger Zeit zu Grunde
gehen wird, – und sie sind wohl sogar naiv genug, daran zu glauben,
während man gleichzeitig dieses Regime stützt. Andere wieder sagen
ganz einfach, England sei ungenügend gerüstet gewesen, und bei der
nächsten, unvermeidlichen Krise stehe es ganz anders da. Aber warum
hat es zwischen Mai und September nicht gerüstet, oder nicht genug?
Dabei ist die allgemeine Stimmung doch so, dass man in einem öffentlichen Lokal oder einer Gesellschaft besser nicht deutsch spricht. Es
scheint mir ganz undurchsichtig, was da jetzt eigentlich gespielt wird.
Die Cityleute lassen Herrn Schacht abblitzen, und betonen gleichzeitig
in ihrer Presse, dass das keineswegs etwa aus humanitären Gründen
geschehe, was man ohne weiteres glaubt, sondern nur wegen mangelnder Sicherheiten. Vielleicht sehen sie morgen wieder mehr Sicherheiten
im deutschen Geschäft, und finanzieren Hitlers Rüstung aufs neue. Desto wichtiger, desto unerlässlicher scheint es mir bei all dieser Verwor-
renheit, dass der primitive und klare Standpunkt: Recht gegen Unrecht,
hoher Sinn gegen Niedertracht, immer deutlicher von Allen, die sich
äußern können, immer deutlicher, immer verpflichtender und gültiger
aufgerichtet wird, – Sie tun dies mit Ihren Schriften. Sie bedeuten heute
für uns Jüngere, in die Welt Versprengte, eine Mitte, einen festen Halt,
einen zentralen Ort der Sammlung, wie er seit 1933 gefehlt hat.
So ist es mir von grösster Bedeutung, meine eignen Versucher, zu
Sammlung und Klärung beizutragen, Ihnen vorzulegen. Meine Schrift
»Pro Domo«, die Ihnen vom Bermann-Verlag zugeschickt wurde, soll
nur ein Anfang sein und erstrebt nichts Anderes, als zunächst den eignen Standort aufzuweisen, – und das unveränderliche Bestehen eines
Deutschtums zu proklamieren, welches mit Weltbürgertum im edelsten

Sinne gleichzusetzen ist. Ich ar⟨beite⟩ an der Fortsetzung, sie heisst
»Summa«, in Analogie zu jener »Summe wider die Heiden«, und versucht aufs schärfste und klarste die Trennung des wahren Deutschtums
vom Hitlertum durchzuführen und sie zum kämpferischen Ziel zu erheben. Ich plane bereits eine dritte Schrift – bis Frühjahr hoffe ich beide
herauszubringen – die heissen soll: »Was dann?!« – und den Versuch
machen wird, positive und fassbare Ideale für ein neues, von Hitler befreites Deutschland, aufzustellen.

Denn, wie auch das diplomatisch politische Seilziehen in Europa
weitergehen mag, – die Entscheidung, ob der Triumphzug der Inferiorität fortschreitet oder ob ihm ein Ziel gesetzt wird, kann nur in
Deutschland fallen. Nur die Befreiung Deutschlands kann zu einem
sittlich und geistig erneuerten und gefestigten Europa führen. Und ich
weiss, wie sehr man in allen Schichten des deutschen Volkes, selbst in
einem Teile der übel versuchten Jugend, das Gleiche ersehnt und erwartet. Es scheint mir ein verderblicher Wahnsinn, wenn jetzt in der Welt
der Abscheu gegen Hitler in einen dummen und schlagworthaften
Deutschenhass, in eine neue Verfemung alles Deutschen, umkippen
sollte. Ich kann die Bitterkeit jedes einzelnen, der vertrieben wurde,
verstehen, aber ich bin selbst ein Vertriebener und weiss, dass Verbitterung keine hinreichende Waffe ist.

Ich bin überzeugt, Sie werden meinen Standpunkt ohne Weiteres verstehen und billigen, und ich hoffe, ihn auch in meinen Schriften unmissverständlich genug zum Ausdruck bringen zu können.

Darf ich noch eine persönliche Bitte hinzufügen?

Dr. Horch ist derzeit in New York, er arbeitet dort auch für unsren
Verlag, und er versucht, mit einigen Freunden zusammen, mir eine
Möglichkeit der Einreise nach Amerika zu verschaffen, – denn hier hat
man keinen Boden mehr, weder im Sinne des Kampfs noch der eignen
Existenz. Würden Sie so gütig sein, ihn einmal zu empfangen, wenn
Ihre Zeit das erlaubt, er möchte Sie in einigen Punkten um Rat fragen. –

Dann ist da noch eine andere Sache, die mir sehr am Herzen liegt. Sie
kennen das ausgezeichnete Ensemble des züricher Schauspielhauses.
Man hat dort im November meinen ›Bellman‹ uraufgeführt, und ich
habe mit diesen ganz famosen Leuten aufs beste zusammengearbeitet.
Die haben nun mit Recht den Eindruck, dass die deutsche Schweiz ein
sehr wackliger Boden für sie geworden ist oder wenigstens jederzeit
werden kann, und möchten ihre heut einzig dastehende Ensemblekunst
erhalten und in die Welt tragen. Wir denken dabei an die Möglichkeit
eines deutschsprachigen Ensemblegastspiels während der New Yorker
Weltausstellung. Wenn das irgendwelche Aussichten hätte, würde ich

für das Ensemble der besten dortigen Schauspieler ein neues, längst
entworfenes Lustspiel (das unsren brennendsten Fragen von der
menschlichen Seite her ganz dicht auf den Leib rückt!) vollenden. Vielleicht würden wir auch den Hauptmann von Köpenick neu einstudie-
ren, und dann wäre an eine starke und lebendige Klassikeraufführung
zu denken. Glauben Sie, dass man eine solche Idee verwirklichen könnte, und würden Sie diese Unternehmung durch Ihre persönliche Empfehlung, die von allergrößtem Wert wäre, unterstützen?

Es handelt sich hier weniger um einen privaten, als um einen künstlerischen Existenzkampf, um den letzten Bestand unseres deutschen
Theaters, und damit auch bis zu einem gewissen Grad der Dramatik.

Ich bitte Sie, meine Anliegen wohlwollend aufzunehmen und nicht
als Störung zu empfinden, – und danke Ihnen nochmals für alle Bestär-
kung und Ermutigung, die von jedem Ihrer Worte und von Ihrem Dasein ausgeht.

Mit allen guten und besten Wünschen für Sie und die Ihren, für Ihre
Arbeit und Ihr Leben

begrüsse ich Sie

als Ihr stets und herzlich ergebener

Carl Zuckmayer

Original: TMA; undatierter Durchschlag im DLA

Erläuterungen:
»Dieser Friede«] Der im Oktober 1938 als Vorwort für den Essay-Band »Achtung, Europa!« entstandene Essay »Die Höhe des Augenblicks« wurde noch
   bis Ende des Jahres als Broschüre auf Deutsch (»Dieser Friede«) und auf
   Englisch (»This Peace«) je zehntausendmal verkauft. Die unter dem Eindruck des Münchner Abkommens formulierte scharfe Absage an die britische
   Appeasement-Politik argumentiert mit dem Unzeitgemäßen des demokratischen Grundsatzes der Nichteinmischung in die Belange fremder Staaten.
   Die westlichen Demokratien hätten die Tschechoslowakei, deren Staatsbürger Mann seit 1936 war, der nationalsozialistischen Annexionspolitik aus-
   geliefert.
gerade aus England kommt] In seiner Autobiographie *Als wär's ein Stück von
   mir* berichtet Zuckmayer, daß er 1938 von der Schweiz aus wiederholt »auf
   Arbeitssuche« nach Paris, Amsterdam und London gefahren sei. In London
   war er für Alexander Korda als Drehbuchautor tätig.
Chamberlain] Arthur Neville Chamberlain (1869-1940), konservativer briti-
   scher Politiker, 1937-1940 Premierminister, begegnete der deutschen, italienischen und japanischen Außenpolitik der späten dreißiger Jahre durch eine
   auf Zeitgewinn und damit Aufrüstung zielende Politik des »Appeasement«;
   er wurde im Mai 1940 durch Winston Churchill abgelöst.

Cityleute lassen Herrn Schacht abblitzen] Hjalmar Schacht (1877-1970), Bankier, 1923 als Reichswährungskommissar wesentlich zur Beendigung der Hyperinflation beitragend, 1924-1930 Reichsbankpräsident, dann Annäherung an die NSDAP, der er Kontakte zur Großindustrie vermittelte; 1933-1939 erneut Reichsbankpräsident, 1934-1937 Reichswirtschaftsminister, zunehmender Gegensatz zu Hitler aufgrund der im Rahmen des Vierjahresplans angestrebten wirtschaftlichen Autarkie, die durch hohe Staatsverschuldung erkauft werden sollte. Im Dezember 1938 war Schacht zu Verhandlungen nach London geschickt worden, in denen Pläne der deutschen Regierung über eine Einwanderung von insgesamt 400.000 Juden in Drittländer unterbreitet wurden; der größte Teil des Vermögens der Vertriebenen sollte dem Deutschen Reich zufließen. Angesichts des Zynismus dieses Planes wie auch des Desinteresses der potentiellen Zielländer an jüdischen Einwanderern verliefen die Gespräche ergebnislos; Proteste gegenüber der deutschen Haltung unterblieben allerdings ebenso.

»Pro Domo«] Nach seiner Flucht in die Schweiz setzte sich Zuckmayer in dem umfangreichen Essay *Pro domo* erstmals grundsätzlich mit seinem Verhältnis zu Deutschland auseinander. Er zeichnet einen Bewußtwerdungsprozeß nach, der sich vom militanten Nationalismus des Ersten Weltkrieges bis zum Glauben an ein unvergängliches weltbürgerliches Deutschland erstreckt. 1938 wurde er in einer Auflage von 2.000 Exemplaren in der Schriftenreihe *Ausblicke* im Bermann-Fischer Verlag, Stockholm, veröffentlicht.

»Summa«] Nicht realisiert.

»Summe wider die Heiden»] Thomas von Aquin (1225-1274) verfaßte neben seiner *Summe theologica* (1267-1273) auch eine *Summe contra gentiles* (1269-1289), eine *Summe wider die Heiden*. Vgl. den Brief Zuckmayers an Dorothy Thompson vom 19. Dezember 1938, in dem er die beiliegende Schrift *Pro domo* näher charakterisiert: »[S]ie ist als Anfang gedacht, sie will zunächst nur eine Basis aufweisen: wie ein Deutscher und ›Mischling‹ sich heute zum Geschehen in seinem Land und zur Welt, zu ihrer Anschauung und Gestaltung, grundsätzlich einstellen kann" (zitiert nach Nickel/Weiß, S. 266).

»Was dann?!«] Nicht realisiert.

Dr. Horch ... für unsren Verlag] Der Dramaturg und Schriftsteller Franz Horch (1901-1951) war an den Wiener Kammerspielen tätig, dann abwechselnd in Wien und Berlin, u.a. an Max Reinhardts Deutschem Theater. Er emigrierte 1933 nach Wien und war dort Lektor des Paul Zsolnay Verlages. Er war ein Freund Zuckmayers aus Henndorfer Tagen. Gemeint ist der gemeinsame Verlag Bermann Fischer. Horch hatte in Stockholm 1938 den Verleger kennengelernt, wie Zuckmayer in seiner Autobiographie berichtet (*Als wär's ein Stück von mir*, S. 548 f.). Horch, der mittlerweile in die USA gegangen war und in New York eine »literarische Agentur» betrieb – er arbeitete u.a. für Franz Werfel, Thomas Mann und Upton Sinclair –, empfing Zuckmayer und seine Familie bei deren Ankunft in New York.

mit einigen Freunden] Hier ist vor allem an Dorothy Thompson und an Benjamin W. Huebsch zu denken.

Züricher ... ›Bellman‹] Zuckmayers Stück *Bellman* wurde am 17. November
    1938 am Schauspielhaus Zürich unter der Regie von Leopold Lindtberg ur-
    aufgeführt.
New Yorker Weltausstellung] Sie fand 1939 statt.
ein neues, längst entworfenes Lustspiel] Nicht ermittelt.

12 Thomas Mann an Zuckmayer

Princeton
12. Januar 1939

Lieber Herr Zuckmayer: Mit Ihrem lieben interessanten Brief haben Sie
mir eine Freude gemacht. Es tut mir wirklich wohl, dass Sie ›Dieser
Friede‹ mit Gefühlen der Genugtuung gelesen haben. Für mich war es
eine solche Notwendigkeit, hier in den ersten Tagen mir die quälende
Enttäuschung der letzten September-Woche von der Seele zu schreiben,
dass ich glauben muss, damit weit verbreiteten Gefühlen Sprache gelie-
hen zu haben. Das Bewusstsein davon, welches Spiel in jenen Tagen
gespielt worden ist, hat sich zweifellos seitdem verstärkt, aber ob es
genügen wird, das Fortschreiten des Unheils und die Fascisierung Europas aufzuhalten, ist recht ungewiss. Wenn man hört, dass selbst hier
Leute wie Senator Borah sich dahin äussern, man dürfe das spanische
Embargo nicht aufheben, weil sonst Europa kommunistisch werden
müsse, so möchte man verzweifeln, dass sich die Demokratieen überhaupt noch zu irgendwelchem Widerstand gegen ihre Mörder aufzu-
raffen vermögen. | Ihren Schriften, die zur Sammlung und Klärung bei-
tragen sollen, sehe ich mit grossem Interessen entgegen. ›Pro domo‹ ist
noch nicht eingetroffen, aber ich hoffe, es ist unterwegs. | Von Dr.
Horch habe ich noch nichts gehört. Selbstverständlich soll er uns will-
kommen sein, sobald er sich meldet. | Sie wussten nicht, als Sie mir vom
Zürcher Schauspielhaus schrieben, wie viel ich mich mit dieser Sache
schon beschäftigt habe. Ich kann die Gefühle der Künstler nur zu wohl
verstehen, denn wenn auch alle Zeichen dafür sprechen, dass die Stimmung in der Schweiz sich seit München und schon seit Österreich ausserordentlich versteift hat, so muss man sich doch fragen, ob das kleine
Land auf die Dauer dem überstarken Druck wird Widerstand leisten
können. Ich habe mich viel umgehört und auch mit Erika das Problem
besprochen, aber die Aussichten, die nötigen Mittel zur Finanzierung
des Gastspieles zu bekommen, sind offenbar gering, und sehr gross
sind meine Hoffnungen also nicht, dass ein Unternehmen, das ich

selbst so aufrichtig begrüssen würde, zustande kommen kann. Ich habe
es in Zürich wissen lassen, und bitte auch Sie, es mir zu glauben, dass
ich alles, was in meinen Kräften steht, tun werde, um dem Gedanken
hier den Boden zu bereiten. Die Abende im Zürcher Schauspielhaus
gehören zu den Dingen, die ich hier wirklich vermisse, und besonders,
dass wir Ihren Bellman nicht sehen konnten, ist uns ein Kummer. Ihr
für das Schauspielhaus entworfenes Lustspiel sollten Sie unter allen
Umständen und unabhängig von dem amerikanischen Gastspiel ausführen. Die freie künstlerische Arbeit ist das Einzige, was uns seelisch
gesund erhalten kann. Ich bin froh, auch wieder einmal das Politische
abgetan zu haben und zu meinem Lotte-Roman zurückkehren zu kön-
nen. | Leben Sie recht wohl! Man wird sich schon einmal wiedersehen,
sei es hier, sei es, dass wir im Sommer die Schweiz besuchen können,
wie es unser Wunsch ist. | Ihr freundschaftlich ergebener | Thomas
Mann

Original: DLA

Erläuterungen:
Enttäuschung der letzten September-Woche] Vom 22. bis zum 24.9. hatte Neville Chamberlain bereits zum zweiten Mal mit Hitler über die »Sudenten-
frage« konferiert. Am 26. September versicherte Hitler in einer Rede im
Berliner Sportpalast, die Abtretung des Sudetenlandes sei seine letzte terri-
toriale Revisionsforderung in Europa. Am 29. September wurde im Rahmen der »Münchener Konferenz« zwischen Hitler, Mussolini, Chamberlain
und dem französischen Ministerpräsidenten Daladier die Abtretung der sudetendeutschen Gebiete an das Deutsche Reich beschlossen. Am 1. Oktober
begann der Einmarsch deutscher Truppen.
Senator Borah] William Edgar Borah (1865-1940), seit 1907 Senator, Gegner
Franklin D. Roosevelts.
das spanische Embargo] Zwischen 1935 und 1939 beschloß der US-Kongreß
in der Absicht, die USA aus den europäischen Konflikten herauszuhalten,
mehrere »Neutrality Acts«. Am 8. Januar 1937 wurde der »Neutrality Act«
auf ein Waffenembargo gegenüber Spanien infolge des Bürgerkrieges dort
ausgedehnt. Indirekt wurde damit ein Sieg der Faschisten begünstigt – in der
Hoffnung auf ein starkes Gegengewicht zum Kommunismus.
Ich habe mich viel umgehört ... Ich habe es in Zürich wissen lassen] Nicht ermittelt.
das Politische abgetan ... Lotte-Roman] Mann hatte in den zurückliegenden
Wochen an dem Vortragstext *Das Problem der Freiheit* (*The Problem of
Freedom*) für eine Lesetournee durch die USA im März/April gearbeitet und
schrieb nun am siebenten Kapitel von *Lotte in Weimar* weiter.
wir im Sommer die Schweiz besuchen können] Der geplante Europabesuch
fand vom 6. Juni bis zum 19. September 1939, war also vom Kriegs-

ausbruch überschattet. Ein Aufenthalt in Zürich dauerte vom 6. bis zum 18. August.

13 *Carl Zuckmayer an Thomas Mann*

New York, 10. November 1939

Sehr verehrter, lieber Herr Thomas Mann,
darf ich Sie herzlich bitten, mir einen sehr grossen Gefallen zu tun? Ich stehe nämlich im Begriff, meine endgültige Einwanderung in die U.S.A. zu vollziehen, samt Familie, – Sie wissen, was das bedeutet. Ich muss zu diesem Zweck nächste Woche nach Cuba fahren, um von dort wieder herein zu kommen, und zwar in meiner jüngsten Eigenschaft als Professor der Theaterkunde und der dramaturgischen Wissenschaft. Ich habe einen Lecture-Auftrag hier von der New School for social research bekommen, und meine erste lecture in einem durch rheinhessischen accent geförderten Englisch bereits gehalten – Nun brauche ich für den Consul in Cuba noch einige Empfehlungsbriefe, die mich dort identifizieren, und ich wäre Ihnen überaus dankbar, wenn Sie mir ein paar Zeilen (auf englisch) dafür geben könnten.

Der Brief muss adressiert sein an den Consul General of America, Havanna, Cuba. Und ausser eine Kundgebung über Ihre Wertschätzung meiner schriftstellerischen Leistungen (pardon! – Sie kennen den Zweck!), – muss vor allem darin stehen, dass ich mir als lecturer und Professor an der *Reinhardt-Schule* in Berlin und Wien einen Namen gemacht und grosse Lehr-Erfolge gehabt hätte. Das ist die Hauptsache, denn darauf ist meine ganze Einwanderung aufgebaut.

Ich hoffe es wird Ihnen nicht allzuviel Mühe machen, – und Sie erweisen mir damit einen unschätzbaren Dienst, für den ich Ihnen im Voraus allen Dank sage. Würden Sie so lieb sein, den Brief mit Couvert an mich hierher senden: Adresse: Park Crescent Hotel, Riverside Drive 87th Street, New York City.

Ich hoffe sehr, Sie und Ihre Familie bald einmal wiederzusehen, – es wäre so schön, Sie einmal lang und gründlich sprechen zu können. Erica traf ich in Hollywood.

Seien Sie herzlichst gegrüsst
von Ihrem
Carl Zuckmayer

Original: Privatbesitz

Erläuterungen:

Professor der ... dramaturgischen Wissenschaft ... New School for social research] Alvin Johnson, Direktor der New Yorker »New School for social research«, stellte Zuckmayer im Sommer 1939 als Lehrer ein. Zusammen mit Erwin Piscator wirkte er in dessen »Dramatic Workshop«, ohne mit dieser Tätigkeit wirklich zufrieden zu sein.

Reinhardt-Schule] An der Max-Reinhardt-Schule in Wien hatte Zuckmayer 1935-1938 Seminare über Dramaturgie und Theatergeschichte gehalten.

Erica ... in Hollywood] Klaus Manns Tagebuch berichtet von der Ankunft seiner Schwester Erika in Beverly Hills am 13. Oktober 1939; gemeinsam mit den Eltern hatte sie sich den Sommer über in Europa aufgehalten (Klaus Mann, *Tagebücher 1938-1939*, Reinbek 1995, S. 137). Zusammen mit ihrem Bruder Klaus vollendete sie nun in Kalifornien bis Mitte November das gemeinsame Buchprojekt »The Other Germany« (vgl. Nicole Schaenzler, *Klaus Mann. Eine Biographie*, Berlin 2001, S. 428).

14 Brief Thomas Manns an den US-Generalkonsul von Havanna vom 15. November 1939

Thomas Mann
65 Stockton Street
Princeton, N. J.
November 15, 1939

Consul General
United States of America,
Havanna, Cuba.

Dear Sir,

May I say a word on behalf of Mr. Carl Zuckmayer who is coming to Cuba these days, in order to obtain his immigration permit? Undoubtedly the name of this excellent author is familiar to you; however, if my testimony could be of any use as additional material for the official procedure, I should be only too happy. For with the entire educated Germany I think Carl Zuckmayer is one of the most interesting dramatists of the younger generation. He is, moreover, a highly gifted poet. As to his educational faculties in the field of stage craft and theatrical art, Mr. Zuckmayer has taught with marked success at the famed Max Reinhardt schools in Berlin and Vienna. I underline this fact, because Mr. Zuckmayer's plans for the future go in the same direction: I just have learned with pleasure that the NEW SCHOOL FOR SOCIAL RE-

SEARCH in New York City has created for him a position as a lecturer and Professor of history and art of stage. It is in his interest as well as in the institute's that Mr. Zuckmayer's application for permanent residence in the United States may not encounter any difficulties.

For this reason, Sir, I have ventured to address myself to you.

Very sincerely,

Thomas Mann

15 *Thomas Mann an Zuckmayer*

Princeton, N.J.
13.XI.39

Lieber Herr Zuckmayer,

ich habe sogleich nach Ihrem Wunsche gehandelt und, da ich selbst nicht gut englisch schreibe, auf deutsch einen Brief an den Consul in Havanna diktiert, den mein Sekretär jetzt englisch fertigstellt und Ihnen so rasch wie möglich zugehen lassen wird.

Viel Glück, gute Reise und auf Wiedersehen bald einmal!

Ihr

Thomas Mann

Original: DLA

Erläuterungen:

einen Brief] Der Brief ist weiter oben abgedruckt.

mein Sekretär] Hans Meisel (1900-1991), deutscher Schriftsteller und Journalist, seit 1934 im Exil; er arbeitete als Lektor für Bermann Fischer, war Sekretär Thomas Manns 1938-1940 in Princeton, anschließend College-Lehrer und von 1945 bis 1970 Professor für Politische Wissenschaften an der Universität von Ann Arbor, Michigan.

16 *Unser Dank.*
[Beitrag zum 65. Geburtstag von Thomas Mann] in der
Neuen Volks-Zeitung (New York) vom 1. Juni 1940

Es hält schwer, die rechten Worte für einen Glückwunsch zu finden, in einem Augenblick, der für uns und für die ganze Welt, für Gegenwart und Zukunft, unausdenkbares Unglück zu bedeuten scheint.

Desto stärker und echter ist er Wunsch, Ihnen, hochverehrter, lieber Thomas Mann, Dank zu sagen. Sie haben Anspruch auf Dank und Verehrung wie kaum ein anderer in dieser Zeit. Ihr Leben und Werk gehört zu den wenigen großen Beispielen, die – trotz allem – den Funken der Hoffnung, des Vertrauens und der Tapferkeit in unseren Herzen schüren und wach halten. Vom Glanz der Sterne, die unserer Jugend leuchteten, vom flackernden Geisterlicht jener Erscheinungen, die, beunruhigend, faszinierend, aufrüttelnd, unsere frühen Träume besuchten, ist nicht viel geblieben.

Das meiste zerstob schon im letzten Krieg, den wir jugendlichen Mitkämpfer für »den letzten« hielten.

Genährt mit den verführerischen Tränken der Phantasie, fanden wir uns einer unbarmherzigen Wirklichkeit gegenübergestellt, deren physische Härte und seelische Verfinsterung nur durch eine Kraft zu überwinden und zu bestehen ist: die des schöpferischen Geistes.

Der Ihre ging und wies den entscheidenden Weg: über das artistisch Bezaubernde, künstlerisch Beglückende hinaus zur Weltverantwortlichkeit. Gesinnung ohne Talent – wie sie uns oft begegnet – bleibt trotz allen guten Willens hilflos und unbedeutend. Talent ohne Gesinnung ist das Erbärmlichste und Niedrigste auf der Welt. Dauernder Wert aber kann nur dort erstehen, wo ein großer Charakter die persönlichen Gaben eines Menschen aus Gültigkeit zur Bedeutung erhebt.

Dass man, inmitten des apokalyptischen Getöses, an so etwas wie überdauernden, unzerstörbaren Wert, an den Sinn der Meisterschaft, an die Größe des menschlichen Geistes glauben kann und an diesem Glauben allein eine bodenlos gewordene Existenz immer wieder stärken und befestigen – das danken wir Ihrem Beispiel.

Dank, Treue und Verbundenheit sind eines.

17 Zuckmayer an Thomas Mann

New York, 6. Juni 1940
Thomas Mann
65 Stockton St Princeton NJ

My Best to you for Today and Always
Carl Zuckmayer.

Original: TMA

18 Thomas Mann an Zuckmayer

Princeton, N.J.
65 Stockton Street
10. Juni 1940
Herrn Carl Zuckmayer
66 West 12th Street
New York City

Lieber Herr Zuckmayer,
Haben Sie herzlichen Dank für Ihre lieben Wünsche. Sie zählen in diesem Jahr des Unglücks doppelt, und ich kann sie nur mit dem Wunsch erwidern: bewahren Sie sich die Kraft weiterzuarbeiten. Auf die Dauer wird die Welt das jetzt triumphierende Unwesen nicht dulden.
Von Bermann habe ich Nachricht, dass er unmittelbar vor der Abreise nach den USA steht. Die Fahrt soll über Sibirien gehen.
Mit freundlichem Gruss
Ihr Thomas Mann

Original: DLA

Erläuterung:
Bermann ... Sibirien] Am 22. Juni 1940 verließ Gottfried Bermann Fischer Stockholm und reiste über die UdSSR per Flugzeug, Bahn und Pazifik-Dampfer nach Los Angeles.

19 Carl Zuckmayer an Thomas Mann

Stillachhaus
Oberstdorf / Allgäu
26. Juli 1949

Sehr verehrter Herr Dr. Mann!
Leider war ich durch Krankheit verhindert, Ihrer Vorlesung in Zürich oder Ihrem Vortrag in Frankfurt beiwohnen zu können, aber es ist mir ein Bedürfnis, Ihnen und Ihrer Frau Gemahlin zu sagen, wie sehr wir, meine Frau und ich, bestürzt und betroffen waren, als wir am Vorabend Ihrer europäischen Reise die Nachricht vom Tod Ihres Sohnes Klaus lesen mussten, und wie sehr wir sein Schicksal, besonders auch für Sie Beide und für Ihre anderen Kinder beklagen. Es ist, so scheint es mir, ausser dem persönlichen, wohl auch das Verhängnis einer Generation und einer Zeit, das ihn zum Opfer nahm, – und als ich »Unord-

nung und frühes Leid« wieder aufschlug, schien mir die vertraute und geliebte Erzählung von einer prophetischen, fast möchte ich sagen, einer heiligen Wehmut durchdrungen. Erlauben Sie mir, Ihnen zu sagen, dass wir in diesen Tagen, in denen Sie manches Erschütternde aus Erinnerung und Gegenwart berühren mag, in Ernst und in Ehrfurcht an Sie denken.

Mit sehr ergebenen Grüssen
Ihr Carl Zuckmayer

Original: DLA

Erläuterungen:

Vorlesung in Zürich] Der Vortrag *Goethe und die Demokratie* am 4. Juni im Zürcher Schauspielhaus.

Vortrag in Frankfurt] Am 25. Juli hielt Thomas Mann seine *Ansprache im Goethejahr 1949*, die er wenige Tage später in Weimar wiederholte – zum Entsetzen der westdeutschen Presse.

Ihrer europäischen Reise] Diese Reise begann mit dem Abflug aus New York am 10. Mai und umfaßte bis zum 5. August Stationen in Großbritannien, Schweden, Dänemark, der Schweiz, Deutschland und den Niederlanden.

Tod Ihres Sohnes Klaus] Klaus Mann hatte am 21. Mai in Cannes Selbstmord begangen.

Unordnung und frühes Leid] Thomas Manns Novelle von 1925 trägt autobiographische Züge und kann als Porträt seiner Familie gelten; Zuckmayer dürfte in Ingrid und Bert, den ältesten Kindern des Professors Cornelius, Klaus und Erika Mann zur Zeit des Kennenlernens wiedererkannt haben.

20 Carl Zuckmayer: *Abschied von Thomas Mann*
(in: Die Welt *[Hamburg] vom 15. August 1955, S. 1)*

An diesem Sarg verstummt die Meinung des Tages. Ein Leben hat sich erfüllt, das nur einem einzigen Inhalt gewidmet war: dem Werk deutscher Sprache, dem Fortbestand europäischen Geistes.

Sein Frühwerk bedeutete den Abgesang eines reichen und kühnen Jahrhunderts, mächtig an Erbgut und geprägten Werten, mächtiger noch an aufrührender, umschmelzender Gedankenglut. Seine späte Schöpfung nähert sich den ewigen Bezirken des Mythos, der dämmernden Urgeschichte und den geheiligten Wandelspuren der Menschheit. Am Ende schimmert, einem bestirnten Nachthimmel gleich, die kostbare, milde Heiterkeit der menschlichen Göttergabe, des ausgeklärten [!] Humors. Dazwischen lag, wie in jedem erfüllten Leben, Arbeit und

Mühe, Glück und Leid. Dazwischen lag Abschied und Wiederkehr, Verlust und Neugewinn der Heimat.

Man trägt, so heißt es, sein Vaterland an den Schuhsohlen mit. Thomas Mann trug es wie eine Last unter dem Herzen, als müsse er es neu gebären. Schmerzlich, oft bis zur Unerträglichkeit, war das Ringen des Dichters in der Verbannung um das geprüfte, das erschütterte, das zerrissene Deutschland. Sein Gedächtnis und das Geschenk seines großen Werkes sind nun der dauernde Besitz jenes unteilbaren Deutschland geworden, zu dem wir alle gehören, heute und immer, unter welchen Himmeln auch unsere Häuser stehn.

Horst Claus

Erfahrungen mit einer vernachlässigten Zunft

Carl Zuckmayer, Robert Graves, Josef von Sternberg
und das Drehbuch zu Alexander Kordas Filmprojekt
I, Claudius *(1936/37)*[1]

Am 22. Februar 1965 bittet der BBC-Produzent William G. (»Bill«)
Duncalf Carl Zuckmayer um Mitarbeit an einem Dokumentarfilm *The
Epic That Never Was*, der von den Hintergründen des Abbruchs eines
der bis dahin ambitioniertesten Projekte der britischen Filmgeschichte
handeln sollte: der Verfilmung des in der ersten Hälfte der dreißiger
Jahre des vorigen Jahrhunderts erschienenen, zweibändigen Erfolgs-
romans *I, Claudius* von Robert Graves:

Dear Mr. Zuckmayer,
We are investigating the possibility of producing a television docu-
mentary programme about one of Alexander Korda's unfinished
Films »I Claudius« which we believe you were connected with.
I am writing therefore to ask if you would be prepared to talk to us
about your side of the »Epic That Never Was«. We would be very

1   Die Recherchen zu diesem Artikel wurden teilweise durch ein Stipendium
    der British Academy ermöglicht. Für Hinweise, Informationen und Hilfe
    bei der Beschaffung von Unterlagen und Materialien danke ich Andrew
    Luff von London Films (insbesondere für die Erlaubnis, das Bildmaterial
    abdrucken zu dürfen), Janet Moat und ihren Kollegen vom bfi Special Col-
    lections Department, Erin O'Neil vom BBC Written Archives Centre in
    Reading, sowie Wolfgang Jung und Gunther Nickel für die Beschaffung
    von Materialien, die mir in England nicht zugänglich waren. *Last but not
    least* gilt mein Dank Elaine Burrows, Kevin Gough-Yates und John Oliver,
    die mir mit ihren umfassenden Kenntnissen bei der Zusammenstellung der
    filmographischen Informationen zu *I, Claudius* behilflich waren. Die Bil-
    der aus den überlieferten Filmmaterialien wurden mit freundlicher Geneh-
    migung von London Films einer Videokopie des Dokumentarfilms *The
    Epic That Never Was*, die Werkaufnahmen aus den Denham Studios einer
    Videokopie des London-Films *A Day at Denham* entnommen. Wenn nicht
    anders angegeben, beziehen sich alle Verweise auf Dokumente und Briefe
    von und an Zuckmayer auf Unterlagen in Carl Zuckmayers Nachlaß im
    Deutschen Literaturarchiv Marbach.

glad to visit you in Switzerland as soon as might be convenient to you.[2]

Zuckmayer ist von dem Projekt über das »Filmepos, das es nie gab«, »very excited« und teilt Duncalf telefonisch mit, er hätte das *Claudius*-Skript gemeinsam mit Josef von Sternberg verfaßt.[3] Was weiter gesagt wurde, ist nicht bekannt, war aber für Duncalf interessant genug, um seine Vorgesetzten zu bitten, das Projekt zu einem abendfüllenden Programm von anderthalb Stunden ausbauen zu dürfen. Zuckmayer bestätigt und ergänzt seine telefonischen Aussagen in einem nicht überlieferten Brief, in dem er ausführlich auf seine Mitarbeit und Rolle als Skriptautor des »Claudius«-Films eingeht. Duncalf hakt nach:

Many thanks indeed for your interesting letter. It is extremely kind of you to take so much trouble on our behalf. It is much appreciated. At the risk of troubling you, there are a few points on which I would like further information:

1. I have in my possession a Scenario by Graves, dated October 1936 of »Claudius the God«, Part II. Did you work from this? And was there a Part I by Graves, also in Scenario form of »I Claudius«? As you tell me it was Korda's original intention to make two full-length pictures, it would be reasonable to assume that having himself written the Part II Scenario, Graves would have also prepared one for Part I. Or did you work entirely fresh from the two books? I can't fit Graves' Scenario into the scheme of things. Further complicating matters is your statement that you went to work on scripting in the Spring of 1936, whereas Graves['] Scenario is dated October of that year. Très compliqué!

2. Presumably, before January 1937, when you and Sternberg began to condense the two Parts into one, you had prepared two full length scripts, one for each part?

[...]

I would be very grateful if you could clear up the mystery surrounding your and Graves['] work. I look forward to enlightenment from you![4]

Zuckmayers Antwort ist – wie sein erstes Schreiben – nicht erhalten. In der weiteren Produktions-Korrespondenz wird er nur noch ein einziges

2 William G. Duncalf an Carl Zuckmayer, 22.2.1965. BBC Written Archives Centre, Akte T14/2003/1 *The Epic that Never Was* 1965-1986.
3 Memorandum von Duncalf, 5. März 1965. Ebd.
4 William Duncalf an Zuckmayer, 19. März 1965. Ebd.

Mal Ende März 1965 als einer von vielen erwähnt, mit denen Duncalf ein Interview erwägt. Doch das BBC-Team hat Zuckmayer nie besucht oder befragt. Der Enthusiasmus, mit dem Duncalf ursprünglich auf die offensichtlich informativen Aussagen des Dramatikers reagiert hat, ist schnell verflogen. Seine überraschte Frage, wie denn das von Robert Graves verfaßte Szenarium vom Oktober 1936 und Zuckmayers Aussage, er hätte an dem Skript bereits im Frühjahr des Jahres gearbeitet, unter einen Hut zu bringen seien, lassen vermuten, daß die Erinnerungen des ihm bis dahin unbekannten deutschen Dramatikers sich nicht mit denen anderer Personen deckten und somit nicht in sein Programmkonzept paßten.

Duncalfs Zusatz »Très compliqué!« weist darüber hinaus auf ein allgemeineres Problem hin – die Rolle des von Filmfans und der Filmwissenschaft meist stiefmütterlich behandelten Drehbuchautors, und die Tatsache, daß besonders bei kommerziellen und teuren Großproduktionen mehrere Autoren ihre jeweiligen Spezialkenntnisse einbringen. Duncalf unterhält sein Publikum damit, daß er im Stil des Fernsehdokumentarfilms seiner Zeit an der *I, Claudius*-Produktion beteiligt gewesene Publikumslieblinge wie Merle Oberon, Flora Robson und Emlyn Williams sowie den Regisseur Josef von Sternberg ihre persönlichen Erinnerungen an die an Auseinandersetzungen reiche Geschichte des spektakulären Abbruchs einer »Big Budget«-Bestseller-Verfilmung erzählen läßt. Gleichzeitig setzt er auf die Neugier der Zuschauer, indem er erstmals die gelungensten Takes des etwa 2 $^1/_2$ Stunden langen, überlieferten Nitro-Filmmaterials einem breiten Publikum zugänglich macht. Eine besondere Attraktion ist die Darstellung der Titelrolle durch den in England damals enorm populären, drei Jahre zuvor verstorbenen britischen Hollywood-Star und Charakterschauspieler Charles Laughton, der verschiedentlich für den Abbruch der Dreharbeiten verantwortlich gemacht wird. An den im Hintergrund arbeitenden Drehbuchautoren ist Duncalf kaum interessiert. Zuckmayer wird nicht erwähnt. Robert Graves kommt hauptsächlich als Autor der überaus erfolgreichen Vorlage zu Wort, nicht weil er eine der Drehbuchfassungen geschrieben hat (die aber immerhin erwähnt wird). Der Produzent scheint sich nicht einmal die Mühe gemacht zu haben, das in seinem Schreiben an Zuckmayer erwähnte, angeblich von Graves stammende Szenarium mit den von ihm gesichteten Filmrollen zu vergleichen, sonst hätte er gemerkt, daß die Dialoge, die er da in Händen hält, nur wenig mit dem zu tun haben, was an Tonmaterial überliefert ist.

Doch Duncalf ist nicht allein, wenn er die Arbeit der Drehbuchautoren links liegen läßt. Von den zahlreichen, mehr oder weniger ausführ-

A SPECIAL BBC TELEVISION DOCUMENTARY RECOUNTING **ALEXANDER KORDA'S** 1937
UNFINISHED EPIC PRODUCTION OF **I CLAUDIUS**, DIRECTED BY **JOSEPH VON STERNBERG**,
AND BASED UPON THE NOVELS BY **ROBERT GRAVES**.

CHARLES
LAUGHTON
as Claudius

MERLE
OBERON
a Messalina

EMLYN
WILLIAMS
as Caligula

FLORA
ROBSON
as Livia

LONDON FILMS PRESENT A BBC TELEVISION PRODUCTION

THE EPIC THAT NEVER WAS

WITH
CHARLES LAUGHTON · MERLE OBERON · EMLYN WILLIAMS · FLORA ROBSON
PRODUCED BY **BILL DUNCALF** · NARRATED BY **DIRK BOGARDE**

lichen Darstellungen der *I, Claudius*-Produktionsgeschichte bemüht sich nur eine, die Hintergründe der Entstehung des Skripts zu beleuchten. Dem Literaturwissenschaftler John Woodrow Presley standen für seine sorgfältige Untersuchung allerdings nur zwei der zahlreichen zwischen März 1936 und Februar 1937 entstandenen, häufig stark von einander abweichenden Szenarien zur Verfügung. Die von ihm erworbenen Skripts *Claudius/Combined* und *X Script* stammen aus dem Besitz des Kostümbildners John Armstrong und sind der Endphase der Drehbuchentwicklung zuzuordnen. Exemplare von beiden befinden sich ebenfalls in den Special Collections des British Film Institutes. Als ausgewiesener Kenner der Arbeiten von Robert Graves interessiert Presley sich verständlicherweise vor allem für dessen Einflüsse auf das Drehbuch und dessen Umsetzung.[5] Für ihn (wie für die Graves-Literatur allgemein) ist Zuckmayers Mitarbeit ebenso von sekundärer Bedeutung, wie die Tatsache, daß im Lauf der Zeit außer Zuckmayer und Sternberg mindestens vier weitere Autoren und eine Übersetzerin mit dem Skript beschäftigt waren. Der folgende Beitrag bemüht sich um eine vollständigere Darstellung des Entwicklungsprozesses der *I, Claudius*-Szenarien. Beginnend mit der Entstehung der Vorlage wird versucht, die vielschichtigen Beziehungen zwischen den überlieferten Materialien hervorzuheben und mögliche Gründe für Eingriffe und Veränderungen zu benennen. Daß dabei auf Spekulationen nicht ganz verzichtet werden kann, liegt an den Materiallücken und mangelnden Informationen darüber, wann, wer und warum die verschiedenen Autoren zur Mitarbeit herangezogen wurden.

I. *I, Claudius* – Die Vorgeschichte

Der Gedanke, ein Buch über den römischen Kaiser Claudius (Regierungszeit: 41 bis 54 nach Christus) zu schreiben, taucht in Robert Graves' Tagebuchaufzeichnungen erstmals Anfang September 1929 auf. Nach der Lektüre der biographischen Claudius-Darstellungen von Suetonius und Tacitus kommt er zu dem Schluß, der Nachfolger Caligulas and Vorgänger Neros sei entgegen herkömmlicher Darstellungen alles andere als ein willensschwacher, von seiner Frau Messalina beherrschter, stotternder Trottel gewesen. Vielmehr habe er als überzeugter Gegner des Caesarentums sein negatives Image geschickt genutzt, um sich als idealistischer Verfechter des republikanischen Gedankens für die Inter-

---

5 John Woodrow Presley, *Claudius. The Scripts* in: *Literature/Film Quarterly*, Vol. 27, Nr. 3, 1999, S. 167-172.

essen und Rechte des Volkes einzusetzen. Da Claudius neben historischen Schriften eine (allerdings nicht erhaltene) Autobiographie geschrieben hat, entschließt Graves sich, diese nachzuliefern. So entsteht nach
extensiven Quellenstudien zwischen 1932 und 1934 ein monumentales
Panorama römischen Lebens unter den Caesaren Tiberius, Caligula
und Claudius, das besonders die Dekadenz, Intrigen und mörderischen
Machtkämpfe der Herrschenden mit fantasievoll-atemberaubender
(möglicherweise auf Graves' Großonkel, den Historiker Leopold von
Ranke zurückzuführender) Detailtreue aus der Sicht des ersten Drittels
des 20. Jahrhunderts darstellt.

Wie für den Dramatiker Zuckmayer das Schreiben von Filmszena-
rien ist für Graves, den die Literaturgeschichte zu den bedeutendsten
englischsprachigen Dichtern des 20. Jahrhunderts zählt, das Abfassen
bewußt kommerziell ausgerichteter Bücher eine lästige Angelegenheit,
die gemacht werden muß, um zu überleben und Freiraum zu schaffen
für die eigentliche Lebensaufgabe – das Schreiben von Gedichten und
die kritische Auseinandersetzung mit der Dichtkunst.[6] Ähnlich wie
Zuckmayer, den das Aufführungsverbot seiner Stücke in Deutschland
nach 1933 zwingt, für den kommerziellen Filmbetrieb arbeiten zu müssen, schreibt Graves seinen zweiteiligen *Claudius*-Roman vor allem aus
Geldnot, in die er und seine damalige Lebensgefährtin, die amerikanische Schriftstellerin Laura Riding, durch den Kauf eines Grundstücks
in Graves' Wahlheimat, der spanischen Mittelmeerinsel Mallorca, geraten sind. Von vornherein setzt er auf einen breiten Leserkreis – mit
Erfolg: *I, Claudius* und dessen Nachfolger *Claudius the God* haben bei
ihrem Erscheinen im Mai[7] bzw. November 1934 dermaßen großen Er-

---

6 Graves über seine Gründe, aus denen heraus er die *Claudius*-Bücher geschrieben hat: »... *Claudius* wasn't written as a work of art ... but as a
   money-maker. It was fun to write, in parts, and it is (faintly) critical, in
   parts of the failure of historians to make the most of their stuff, and is very
   pointedly, in style, *underwritten*, as a criticism of the failure of novelists to
   hold their readers' attention with rhetorical *overwriting*. But it claims no
   more than readability. My only real work is now, and has always been,
   poems« (Robert Graves an Basil Liddell Hart, 18. Juni 1935, in: Paul O'Prey
   [Hrsg.], *In Broken Images – Selected Letters of Robert Graves 1914-1946*,
   London, Melbourne, Sidney 1982, S. 254).
7 Der erste Teil erlebt seine dritte Auflage bereits am Ende seines Erschei-
   nungsmonats, im Oktober 1935 seine neunte. Die Tantiemeneinnahmen
   aus der deutschen Ausgabe, an die Graves allerdings nur auf Umwegen gelangt, belaufen sich bis April 1935 auf 16.800 Mark. Bis März 1937 betra-

folg, daß Englands erfolgreichster Filmproduzent Alexander Korda
Ende des Jahres die Rechte an dem Stoff für £ 4000 erwirbt. Als ehe-
mals in Budapest, Wien, Berlin, Hollywood und Paris tätiger Regisseur
ist der aus Ungarn stammende Produzent bestens mit der internationalen Filmszene vertraut. Um der Konkurrenz aus Hollywood mit seiner
Produktionsfirma London Films von Europa aus Paroli bieten zu können, setzt er auf die Herstellung von Filmen für den internationalen
Markt und plant in dem nordwestlich von London gelegenen Ort Denham den Bau des modernsten Filmstudios des alten Kontinents. Ein Jahr
zuvor hatte er mit der Kostüm- und Historienbiographie *The Private
Life of Henry VIII* den ersten britischen transatlantischen Filmhit ge-
landet und den Darsteller der Titelrolle Charles Laughton zum internationalen Star gemacht. Jetzt will und muß er nachziehen. Obgleich vom
Ansatz und von der Erzählperspektive her völlig anders als Kordas
wohlwollend-sympathisches und unterhaltendes Portrait der Affären
des englischen Monarchen aus der Schlüssellochperspektive, scheint
ihm Graves' schriftstellerischer Publikumserfolg einen weiteren historischen Stoff vor spektakulärem Hintergrund mit einer Paraderolle für
den bei ihm unter Vertrag stehenden Laughton zu bieten. Außerdem
dürfte er beim Kauf der Filmrechte nicht zuletzt auch an Merle Oberon
als Darstellerin der weiblichen Hauptrolle (Claudius' Frau Messalina)
gedacht haben. Korda ist ihr Entdecker und dabei, sie ebenfalls zum
Star aufzubauen. 1939 wird er sie heiraten.

Ursprünglich ist Graves selbst als Drehbuchautor vorgesehen. Im
Februar 1935 teilt er Freunden mit, er werde das Szenarium in Zusammenarbeit mit Korda schreiben. Geplant ist, daß Korda ihm ein Hand-
lungsgerüst vorgibt, das Graves mit Details ausfüllt und Korda später
auf »schlank trimmt«. Die Handlung soll in Caligulas Regierungszeit
beginnen und über Neros Adoption durch Claudius bis zu Claudius'
Tod führen. Der Gedanke, diese Arbeit leisten zu müssen, langweilt
Graves, doch er hält sie für notwendig; denn sollte der Film ein Erfolg
werden, hat Korda ihm in Aussicht gestellt, einen weiteren Streifen
über den jüdischen Herrscher Herodes Agrippina zu drehen, für dessen
Hauptrolle sich Conrad Veidt interessiert.[8] Diese für den zweiten Teil

---

gen seine Gesamteinnahmen aus *Claudius* £ 8.500. Vgl. Martin Seymour-
Smith, *Robert Graves – His Life and Work*, London, Melbourne, Sidney
1982, S. 232, 250, 287.

8   »Soon I shall be working on the film-scenario with Korda. He will supply
the proposed skeleton and I will fatten it out and he will then slim it.
(Charles Laughton will be Claudius.) It will start under Caligula and will

seines Romans wichtige Figur ist Graves besonders sympathisch. Daß
sie zum Thema eines eigenen Films werden könnte, scheint zumindest
ein Grund dafür zu sein, daß sie (abgesehen davon, daß sie den filmischen Rahmen eines *Claudius*-Films sprengen würde) von vornherein
in keiner der überlieferten *Claudius*-Szenarien berücksichtigt wurde.
Doch aus der Skript-Zusammenarbeit wird nichts. Als Korda Graves
bittet, zu Besprechungen über das *Claudius*-Projekt nach London zu
kommen, lehnt dieser ab. Er hat Mallorca seit vier Jahren nicht verlassen, und der Gedanke, sich auch nur für kurze Zeit in London aufhal-
ten zu müssen, ist ihm (im Gegensatz zu Zuckmayer, der jeden London-
Besuch in vollen Zügen genießt) ein Alptraum. Auch Korda, der extra
auf die spanische Insel reist, kann ihn nicht umstimmen. Graves' Vertrag mit dem Produzenten stipuliert ausdrücklich, daß er im Zusammenhang mit seiner Arbeit am Szenarium sein Domizil zu keinem Zeitpunkt zu verlassen braucht.[9] Als Kompromiß einigen sich beide
schließlich darauf, daß Graves für eine Anzahlung von £ 5.000 eine
stark vereinfachte, einbändige Zusammenfassung beider Romane mit
dem Titel *The Fool of Rome* anfertigt, die im Medienverbund mit dem
Film herauskommen soll. Als durchtriebener Showman will Korda Erfolg und Publicity um *I, Claudius* und *Claudius the God* voll aus-
schlachten. Weil er ein breites Publikum ansprechen will, reduziert er
das außerordentlich personenreiche und in der Darstellung der Ver-
wandtschaftsbeziehungen komplexe Original mit seiner überwältigenden Fülle an Details auf eine leicht eingängige Fassung.

Graves spielt angesichts der zu erwartenden Tantiemen mit und konzentriert sich im April und Mai 1935 voll und ganz auf das Schreiben
dieser »Volksausgabe«. Daß er sich gleichzeitig ganz von der Dreh-
buchmitarbeit zurückzieht, nicht einmal mit ihr beginnt, dürfte teilweise
am Erfolg der *Claudius*-Bücher liegen. Teilweise könnten auch Meinungsverschiedenheiten mit Korda eine Rolle spielen, der ihn als Sze-
naristen für einen Film über den Mitte Mai bei einem Motorradunfall
ums Leben gekommenen britischen Agenten T. E. Lawrence (»Lawrence von Arabien«) einsetzen will.[10] Graves war mit Lawrence be-

go on to the adoption of Nero and Claudius's death. A bore, but necessary.
It will be kept as historical as possible.« (Robert Graves an Julie und
Tom Matthews, 10. Februar 1935, in: O'Prey, *In Broken Images*, a.a.O.
[Anm. 6], S. 242).

9 Robert Graves an Edward March, 12. Mai 1935, in: ebd., S. 244.

10 Robert Graves an Basil Liddell Hart, ohne Datum, laut zusammenfassen-
dem Kommentar von Paul O'Prey, ebd., S. 250.

freundet gewesen und hatte 1927 eine einschlägige Biographie des Vor-
kämpfers für die Unabhängigkeit der Araber veröffentlicht. Doch auch
daraus wird nichts. Als Korda Graves Anfang November nochmals um
Mitarbeit an dem Lawrence-Film bittet und sogar bereit ist, seinen für
die Regie vorgesehenen Bruder Zoltan zu Gesprächen nach Mallorca
zu schicken, wenn Graves nicht nach London kommen wolle, reagiert
dieser mit einem Telegramm, in dem er eine England-Reise seinerseits
sowie Zoltan Kordas Besuch bei sich selbst strikt ablehnt.[11] Die schroff
formulierte Absage dürfte darauf zurückzuführen sein, daß Korda statt
des von Graves bevorzugten Lawrence-Biographen Basil Liddell Hart
den Schriftsteller Siegfried Sassoon als Skript-Mitarbeiter verpflichtet
hat. Diesen hatte Graves schon Anfang Juli nach Veröffentlichung von
dessen Engagement in der *Times* in einem Schreiben an Liddell Hart
eindeutig als unqualifiziert abgelehnt: »I do know Siegfried Sassoon,
better than most, and the film is doomed if Siegfried is let loose on
it.«[12] Neben seinem legendären Charme und seiner Großzügigkeit (denen auch Zuckmayer entgegen besseren Wissens zunächst verfällt)
gehört es zu Kordas Stärken, daß er sich durch derlei grundsätzliche
Meinungsverschiedenheiten nicht abhalten läßt, im Interesse seiner
Projekte immer wieder an Leute heranzutreten, die er wegen ihrer Pro-
fessionalität achtet und als für die Verwirklichung seiner Pläne am besten geeignet identifiziert hat – selbst wenn sie seine Kontaktaufnah-
men, wie in diesem Fall, eindeutig ablehnen.

Graves' Telegramm, in dem er nochmals unmißverständlich betont,
er stünde für den Lawrence-Film nicht zur Verfügung, solange Sassoon
nicht durch Liddell Hart ersetzt werde, fällt in die Zeit, in der Zuckmayer erstmals von Kordas *Claudius*-Filmplänen erfährt. Anfang
Dezember 1935 teilt er seinem Freund Albrecht Joseph mit, London
Films hätte *I, Claudius* als einen von zwei möglichen Stoffen für einen
Laughton-Film erworben, allerdings scheine man »jetzt nicht mehr
sonderlich entzückt zu sein. ... Wenn sie was besseres kriegen können,
sind sie froh darüber.«[13] Warum Korda und seine Leute von dem Stoff
nicht mehr begeistert sind, ist dem Schreiben ebenso wenig zu entnehmen wie die Quelle dieser Information. Möglicherweise ist der Grund
in der selbstbewußt-eigenwilligen Art zu suchen, mit der Graves sich
gegen die Vereinnahmung seiner Person durch die Filmleute stellt. Die

11 Ebd., S. 364, Fußnote 37.
12 Nachsatz vom 3. Juli 1935 zum Brief von Robert Graves an Basil Liddell
    Hart, 27. Juni 1935, in: ebd., S. 258.
13 Zuckmayer an Albrecht Joseph, Henndorf, 7. Dezember 1935.

ihm aus dem Verkauf der *Claudius*-Romane zufließenden Tantiemen
befreien ihn von dem Druck, für London Films arbeiten zu müssen,
und erlauben ihm, sich wieder auf die Arbeiten zu konzentrieren, die
ihn wirklich interessieren (z.B. ein gemeinsam mit Basil Liddell Hart zu
schreibendes Buch über T. E. Lawrence). Zuckmayer dagegen ist zunehmend auf Drehbuch-Aufträge der Filmindustrie angewiesen.[14] Um
mit einer Vorschußzahlung seitens London Films im November verbundene vertragliche Verpflichtungen zu erfüllen, sucht er Ende 1935
nach filmisch wirksamen Themen, die er Korda im neuen Jahr persönlich vorlegen will. Unter anderem bringt ihn die Erinnerung an einen
früheren Vorschlag des Produzenten, eine Story zu dem bekannten Ge-
mälde *Der lachende Kavalier* von Frans Hals zu entwickeln, auf den
Gedanken, ein Szenarium für einen biographischen Film über einen
anderen niederländischen Maler des 17. Jahrhunderts zu schreiben –
Rembrandt van Rijn. Zweieinhalb Monate später reist er nach London
und liest das Treatment mit ausgearbeiteten Dialogen am 15. Februar
1936 einem exklusiven Kreis von London Films derzeitigen künstlerischen Mitarbeitern vor, unter denen sich Kordas väterlicher Freund
und wichtigster Drehbuchautor Lajos Biró und der aus Deutschland
vertriebene ehemalige Star-Produzent der Ufa Erich Pommer befinden.
Korda ist begeistert – und erleichtert; denn drei Tage zuvor ist nach fast
einjähriger Planung London Films speziell für Charles Laughton entwickelte Verfilmung von Edmond Rostands neuromantischem Drama
Cyrano de Bergerac geplatzt und man sucht verzweifelt nach einem
kurzfristig zu realisierenden Ersatzstoff für den Star. Im Anschluß an
die Lesung erklärt er Zuckmayer gegenüber »sofort, daß dieser Film
auf alle Fälle angenommen sei und daß er darüber hinaus große An-
gebote zu machen habe«. Zusätzlich ruft er ihn »im Claridges' und wo
er geht und steht [...] als den ersten und einzigen großen Dichter des
Films« aus.[15] Ein in einer für Korda nicht untypischen Showman-
Manier innerhalb von »zehn Minuten« aufgesetzter »*toller* Vertrag«
verpflichtet Zuckmayer, für »*enormes* Geld« die Drehbücher für drei
Filme zu schreiben, von denen »das dritte [...] *vielleicht* die Geschichte
des Kaiser Claudius, nach dem Buch von Graves, sein [wird], – aber

---

14 Für eine ausführlichere Darstellung von Zuckmayers Beziehungen zur britischen Filmindustrie – insbesondere zu Korda – und der Produktionsgeschichte des *Claudius*-Films vgl. Horst Claus, *Zuckmayers Arbeiten für
   den Film in London 1934 bis 1939* in: *Zuckmayer-Jahrbuch*, Bd. 4/1,
   2001, S. 341-411.
15 Zuckmayer an Albrecht Joseph, [London], 19. Februar 1936.

darüber werden wir uns noch einigen«.[16] Was der Produzent von dem Dramatiker erwartet, erinnert an dessen großzügige, mündliche Vereinbarungen mit Graves: »Korda sagte, er will mich prinzipiell mit Ausarbeitungen [des *Rembrandt*-Drehbuchs] nicht quälen – ich solle den Wurf – den Bau – die Grundgestalt eines Films machen, soviel Einfälle geben als ich zu einem Stoff hätte, – und dann an neues gehen.«[17] Kurze Zeit später rückt das *Claudius*-Projekt vom dritten auf den zweiten Platz.

II. Zuckmayers Szenarien

Im Vertrauen auf Kordas Versprechungen, ihn weltweit als führenden Drehbuchautor herauszustellen, arbeitet Zuckmayer entgegen ursprünglichen Absichten nach seiner Rückkehr aus England in seiner Wiener Wohnung zehn Stunden am Tag an der Ausarbeitung des *Rembrandt*-Szenariums. »Ich müßte das dem Vertrag nach eigentlich nicht«, schreibt er am 19. März an Albrecht Joseph, »aber mir liegt an dem Film so viel, daß ich es freiwillig mache, damit kein Fachmann mehr genommen werden muß. Ich habe Korda versprochen, es in eine Form zu bringen, aus der er selbst mit einem erstklassigen englischen Übersetzer das Drehbuch machen kann, nur mit Biro, ohne besonders zugezogenen ›Filmautor‹. Angeblich soll der Film Anfang Mai ins Studio. Ich jedenfalls werde bis Samstag damit fertig, und arbeite bereits am Aufbau des Claudius-Stoffes.«[18] Für die Vorarbeiten zieht er den mit ihm befreundeten ehemaligen Reinhardt-Dramaturgen und Leiter der Filmabteilung des Wiener Zsolnay-Verlags Franz Horch heran, der für ihn relevante Passagen aus Theodor Mommsens Mitte des 19. Jahrhunderts erschienener *Römischer Geschichte* und den Kaiser-Biographien des römischen Schriftstellers Sueton »studiert u. excerpiert«. Er selbst hat sich mit den *Claudius*-Büchern bereits während seines Aufenthalts in London beschäftigt, wo ihm »in einem glücklichen Moment der gleichzeitige dichterische *und* architektonische Grundeinfall [gekommen war], – *wie* man diesen Stoffkoloß anpacken, formen und gliedern könne, daraus baute sich rasch ein ausgesprochen sturmfestes Gerüst, und ich habe mit der Sache nur noch Spaß, (glaube ich), und keine Probleme mehr«.[19] Ende März steht der Rohentwurf, und Zuck-

16 Ebd.
17 Ebd.
18 Zuckmayer an Albrecht Joseph, Wien, 19. März 1936.
19 Ebd.

mayer plant, sich im Anschluß an einen 14-tägigen London-Aufenthalt
zur Klärung noch offen stehender Fragen zu *Rembrandt* ab Ende April
voll und ganz auf *Claudius* zu konzentrieren, für den zu dem Zeitpunkt
King Vidor als Regisseur vorgesehen ist.[20] Doch so reibungslos läuft in
der Filmindustrie selten ein Projekt ab – schon gar nicht bei Korda.

Franz Horchs Exzerpte aus etablierten historischen Werken und
Quellen sind nicht überliefert. Wenn überhaupt, dürften sie Zuckmayer
hauptsächlich als Informations- und Hintergrundmaterial gedient haben, um eine lebendigere und klarere Vorstellung von Leben und Sitten
im Römischen Reich des ersten Jahrhunderts zu bekommen. Obgleich
er sich in zwei der fünf in seinem Nachlaß überlieferten, maschinenschriftlichen »Film-Entwürfen« ausdrücklich auf »Ranke-Graves, Sueton, Mommsen, Friedländer« als Quellen beruft, zeigt ein Vergleich
mit den *Claudius*-Romanen nichts, was nicht auch bei Graves zu finden ist (der sich allerdings vor der Niederschrift intensiv mit den historischen Hintergründen seines Projekts auseinandergesetzt hat). Handschriftliche »Claudius Entwurfblätter«, in denen er die Hauptcharaktere
Claudius und Messalina detailliert analisiert,[21] und eine maschinenschriftliche Zusammenstellung »Claudius während der Regierung Caligulas«[22] belegen, wie gründlich Zuckmayer sich mit seiner Vorlage beschäftigt hat. Erstere bilden den Ausgangspunkt seiner Interpretation
der Protagonisten. Letztere listet auf zehn Seiten die wichtigsten Ereignisse und Schlüsselzitate in der Reihenfolge auf, in der sie in Graves'
Romanen erscheinen (in der deutschen Übersetzung die Seiten 146 bis
201).[23] Die durchweg undatierten »Entwürfe« und die »Zusammenstellung« sind mit Sicherheit parallel zur Ausarbeitung des *Rembrandt*-
Szenariums in der zweiten Hälfte Februar bzw. Anfang März 1936 entstanden. Die ernsthafte Beschäftigung mit dem Drehbuch beginnt nach
Fertigstellung eines ersten Rohentwurfs (Ende März) im Anschluß an
einen zweiwöchigen London-Aufenthalt Ende April.[24] In den Szenarien
enthaltene historische Ungenauigkeiten und Absurditäten, über die

20 Zuckmayer an Albrecht Joseph, Henndorf, 27. März 1936.
21 Nachlaß-Signatur 86.1209.
22 Nachlaß-Signatur 95.1.440.
23 Die für diese Untersuchung verwendeten Romanausgaben sind: Robert
   Graves, *The Claudius Novels*, London 1999, und Robert von Ranke Graves, *Ich, Claudius, Kaiser und Gott*, aus dem Englischen unter Mitarbeit
   des Autors von Hans Rothe, Lizenzausgabe München 1947.
24 Die Zeitangaben beruhen auf Hinweisen aus Zuckmayers Briefen an
   Albrecht Joseph, Wien, 19. März 1936 und Henndorf, 27. März 1936.

Graves sich Mitte Oktober bei Korda beschwert, deuten an, daß alle Drehbuchfassungen vor dem 15. Oktober 1936 entstanden sind. Mit Hilfe eines Übersetzungsfragments, das sich als Weiterentwicklung einer Szene aus den überlieferten Szenarien entpuppt, läßt sich dieser Termin noch um einen Monat, auf den 11. September 1936, vorverlegen.

Entsprechend Kordas ursprünglichem Konzept, die *Claudius*-Autobiographie als zwei abendfüllende Filme herauszubringen,[25] weist Zuckmayers ältester erhaltener »Film-Entwurf« zwei Teile auf. Diese Fassung – hier einfachheitshalber »A« genannt – enthält als einzige seiner überlieferten Entwürfe die gesamte Handlung beider Filme. Die anderen vier (»B« bis »E«) beschränken sich inhaltlich entweder auf den ersten (»B«, »C«, »E«) oder auf den ersten und die Hälfte des zweiten Teils (»D«). Die Reihenfolge des Entstehens der teilweise unvollständigen Dokumente läßt sich anhand von Übernahmen handschriftlicher Änderungen in die maschinenschriftlichen Manuskripte rekonstruieren.

»A« (Signatur: HS 86.1208/1) besteht aus 27 (Teil 1) bzw. 69 (Teil 2) Sequenzen, weist frühe handschriftliche Korrekturen auf und enthält eingelegte, maschinenschriftliche Neufassungen.

»B« (Signatur: 95.1.440) ist eine Durchschlagskopie des ersten Teils (27 Sequenzen) der Fassung »A«. Sie enthält größtenteils die gleichen handschriftlichen Korrekturen. Nur gelegentlich sind unwesendliche Abweichungen zu verzeichnen.

»C« (Signatur: HS 95.1.439) ist eine maschinenschriftliche Fassung (27 Sequenzen) unter Berücksichtigung der in »A« und »B« vorgenommenen Änderungen, mit zusätzlichen handschriftlichen Strichen und Korrekturen.

»D« (Signatur: HS 86.1208/2) ist eine Durchschlagskopie von »C« mit weiteren Korrekturen. Durch Zusammenführung der beiden ursprünglichen Teile unter Auflösung der separaten Numerierung des zweiten Teils erhöht sich die Zahl der Sequenzen auf 46. Der handschriftliche Zusatz »Erster Teil« auf der ersten Seite zeigt, daß, trotz der Durchnumerierung, immer noch die Herstellung zweier Filme vorgesehen ist. Verglichen mit »A« ist das Skript

25 William Duncalf an Zuckmayer, 19. März 1965. BBC WAC Akte T14/ 2003/1 *The Epic that Never Was* 1965-1986.

unvollständig und endet mit Claudius' Abschied von Messalina vor seinem Feldzug nach Großbritannien. Das Dokument enthält handschriftliche Änderungen – die wichtigste: Zuckmayer streicht die bis dahin verwendete Charakterisierung »Film-Entwurf von Carl Zuckmayer« und ersetzt sie durch »Ein Film von Carl Zuck-mayer«.

»E« (Signatur: HS 95.1.441) ist die letzte überlieferte, eindeutig nur auf Zuckmayer zurückgehende Fassung. Es handelt sich um eine maschinenschriftliche Reinschrift aller in »A« bis »D« vorgenom-menen, handschriftlichen Änderungen. Das Deckblatt trägt den Titel »Claudius III«. Der Inhalt des Skripts beschränkt sich auf das gleiche Geschehen wie in den 27 Sequenzen des ersten Teils der Fassung »A«. Der Hinweis »Erster Teil« legt nahe, daß das Projekt zu diesem Zeitpunkt immer noch auf zwei Filme angelegt war.

Mit wenigen, unwesentlichen Abweichungen wird der Handlungs-ablauf der 27 Sequenzen des ersten Teils in allen fünf Dokumenten bei-behalten. Die leichten Änderungen sind ausschließlich auf die Not-wendigkeit zurückzuführen, das in der ersten Drehbuchfassung zusammengetragene Material zu straffen. Im zweiten Teil bestehen zwischen Fassung »A« und den überlieferten Sequenzen der Fassung »D« größere Unterschiede, die sich bei näherem Hinsehen allerdings für die Entwicklung der Handlung und das Gesamtkonzept des Films als irrelevant erweisen. Sie dienen wie die im ersten Teil hauptsächlich dazu, den Fluß der Handlung zu fördern; andere lassen sich damit be-gründen, daß sie die Szenenabfolge abwechslungsreicher erscheinen lassen, Redundanzen abbauen und verbale, eher ins Theater gehörende Aussagen filmischer umsetzen sollen.

So beginnt Teil zwei der Fassung »A« mit einer Nachtansicht des Kaiserpalastes, hinter dessen einzig erleuchteten Fenster Claudius in seinem Arbeitszimmer persönliche Gedanken zu der ihm auferlegten Bürde der Kaiserwürde festhält. Dabei murmelt er die Wörter, die er schreibt, vor sich hin. Sein Vertrauter Vitellius betritt den Raum und meldet, die bestellten Feldherren sowie der Ernährungsminister seien zu Besprechungen erschienen. Daraus entwickelt sich ein längeres Ge-spräch über die allgemeine Situation im Staat, in dessen Verlauf Vitel-lius Claudius vor seinen Gegnern warnt. In den folgenden beiden Se-quenzen werden zunächst in einem Gespräch die unterschiedlichen Einstellungen der wartenden Militärs und des Ministers Claudius ge-genüber verdeutlicht; anschließend demonstriert eine verbale Ausein-

andersetzung zwischen korrupten Händlern und der Palastwache, daß
es nicht mehr möglich ist, durch Bestechung an den Kaiser heranzu-
kommen. Ehe die Handlung zu der für diesen Teil wichtigen Strategie-
planung des Feldzugs gegen Britannien kommt, sind sechseinhalb Ma-
nuskriptseiten nötig.[26] Fassung »D« schafft das mit anderthalb Seiten:
Nachdem ein kurzer Rolltitel den Zuschauer an das Ende des ersten
Films und die Entschlossenheit des neuen Kaisers, die Verhältnisse in
Rom neu zu ordnen, erinnert hat, werden ihm sofort die Auswirkungen
der Machtübernahme durch Claudius deutlich vor Augen geführt, indem das Gold von abgerissenen Statuen seines Vorgängers Caligula
unter begeisterten Rufen der Bevölkerung eingeschmolzen wird. Ein
Wortwechsel während der Ablösung der Palastwache verweist in der
nächsten, kurzen Sequenz auf Claudius' im ersten Teil geschlossene
Ehe mit der schönen Messalina und bereitet die sich unmittelbar anschließende vor, in der Claudius und seine Militärs den Feldzug gegen
Britannien planen.[27]

Wie stark Zuckmayer anfänglich Theatertraditionen verhaftet ist,
zeigt der Vergleich einer Sequenz, die Claudius als dem Volk eng verbundenen, gütigen und wohlmeinenden Reformator vorstellt, der klein-
liche Streitereien auf dem Forum und juristische Auseinandersetzungen
vor Gericht mit salomonischen Urteilssprüchen schlichtet und gleichzeitig auf Dummheit und Korruption unter den Beteiligten hinweist.[28]
In Fassung »A« erfindet er dafür drei Fälle, deren Inhalt sich eher an
(zu dem Zeitpunkt noch nicht flüssig funktionierenden) dramaturgischen Notwendigkeiten orientiert. In Fassung »D« ersetzt er die drei
Fälle durch eine bei Graves nur kurz in vier Sätzen erwähnte Gerichtsverhandlung,[29] in der Claudius von vornherein selbst den Vorsitz führt
und einen Erbschaftsstreit zwischen einer reichen Witwe und ihrem
verarmten Sohn verhandelt.[30]

II.2 Handlungsablauf des Zuckmayer-Szenariums

Im Gegensatz zu der assoziativen Erzähltechnik der Romanvorlage,
entwickelt Zuckmayer eine durchgehende Handlung, wie sie das breite
Kinopublikum vom klassischen narrativen Film erwartet. Ausgangs-

26 Zuckmayer, Fassung »A«, Teil II, Sequenzen 1-6, S. 62-68.
27 Zuckmayer, Fassung »D«, Sequenzen 29-32, S. 68 f.
28 Zuckmayer, Fassung »A«, Teil II, Sequenz 17, S. 98-106.
29 Zuckmayer, Fassung »D«, S. 211.
30 Zuckmayer, Fassung »D«, Sequenz 44, S. 94-99.

punkt sind die Ereignisse um die von Caligula erzwungene Ehe zwischen Claudius und Messalina, die im englischen Original erst kurz vor
Ende des ersten Buchs erscheinen (und in der deutschen Übertragung
knapp zwei Seiten einnehmen). Zuckmayer baut sie zu einer tragisch
endenden Liebesgeschichte aus, in die er die Bemühungen des Kaisers
Claudius um die Wiederherstellung seines Ideals von einem fairen und
gerechten republikanischen römischen Staat implementiert. Die folgende
Inhaltsangabe übernimmt bei der zusammenfassenden Darstellung der
einzelnen Sequenzen zunächst Zuckmayers Numerierung der Fassung
»D« (d.h. die des aktuellsten der von ihm verfaßten Drehbücher), ab
der Stelle, an der diese abbricht (Beginn des Britannien-Feldzugs), die
der Fassung »A«, in der beide Teile als in sich vollständige Filme einzeln durchnumeriert sind.

Teil 1:
(1-2) Der Film beginnt mit einem den historischen Kontext des Geschehens erläuternden Rolltitel, der vor dem Hintergrund von Ruinen und
Palästen auf dem Palatin abläuft. Letztere verwandeln sich in den Tempel des Augustus, in dem das Volk sich aus Anlaß der Feier des Todes-
tags des Kaisers Augustus versammelt.
(3) Ein verarmter Soldat, begleitet von Frau und Kindern, vergleicht die
große, freie Zeit unter Augustus mit dem moralisch-sittlichen Verfall
Roms und der Unterdrückung des Volkes unter den Nachfolgern des
Augustus. Aus Angst vor Spitzeln bittet seine Frau ihn, zu schweigen.
Der schwammige Eunuch Posides fordert Soldaten auf, den Mann zu
verhaften. Der versucht, seinen Verfolgern zu entkommen.
(4) Unterstützt von seinem Leibarzt Xenophon und seinem alten Lehrer
Athenodorus bereitet der (trotz seiner Zugehörigkeit zur kaiserlichen
Familie) überzeugte Republikaner Claudius sich in einem Seitenraum
des Tempels widerstrebend auf das Blutopfer vor, das er als Inhaber des
(ihm von seiner Großmutter Livia aus Bosheit aufgezwungenen) Amts
als Priester des Augustus durchzuführen hat. Claudius ist seit seiner
Geburt verwachsen, hinkt, stottert und gilt als geistig zurückgeblieben.
In Wirklichkeit dienen ihm seine körperlichen Schwächen als Tarnung.
Als verachteter Sproß des Kaiserhauses hält er sich im Hintergrund und
beschäftigt sich vornehmlich mit der römischen Geschichte. Claudius
kann kein Blut sehen, und lehnt es ab, Menschen zu Göttern zu erheben. Sein Freund Vitellius verspricht ihm, dem Opfertier den Todesstoß
zu geben, Claudius brauche nur die Blutschale zu halten.
(5) Tempel-Einzug in einer Sänfte von Livia, der Witwe des Augustus,
und ihres Enkels Caligula (dem moralisch wie sittlich heruntergekom-

menen, zynisch-brutalen Sohn von Claudius' älterem Bruder Germanicus). Caligula freut sich gehässig darauf, daß sein linkischer Onkel sich einmal mehr zum Gespött der Römer machen wird. Seine Großmutter verlangt, er solle auf ein Rendezvous mit einer 13-jährigen Ausländerin verzichten und statt dessen mit ihr und Claudius zu Abend speisen. – Claudius führt die Opferzeremonie durch.

Livia und ihre Vertrauten vor der Opferzeremonie

*Livia, Claudius' und Caligulas
Großmutter*

Livia wartet auf ihre Enkel

Thrassyllus, Livias Sterndeuter

(6) Abendessen bei Livia. Neben Claudius und Caligula nimmt daran auch Livias alte Vertraute und Freundin Urgulania teil. Claudius ist

nervös. Dies ist das erste Mal, daß Livia ihn zum Essen eingeladen hat. Außerdem fürchtet er, die Speisen könnten vergiftet sein. Livia erklärt, Claudius stelle sich nur dumm, in Wirklichkeit sei er der »letzte anständige Mensch« in Rom, auf den man sich verlassen könne. Herrschen aber bedeute, rücksichtslos sein zu müssen. Caligula sei – und darauf ist dieser stolz – ein Schweinehund, dem man jede Schlechtigkeit zutrauen könne; bereits mit sieben Jahren habe er gemordet. Er werde deshalb auch der nächste Kaiser werden, da man ein Reich, wie das von ihrer Familie aufgebaute, nicht mit Güte und Weisheit, sondern nur mit Gewalt und skrupelloser Selbstsucht beherrschen könne. – Nachdem Livia Urgulania und Caligula fortgeschickt hat, verlangt sie (da es keinen Menschen gebe, der sie liebe), daß Claudius ihr nach ihrem Tod die Münze für den Fuhrmann des Todes unter die Zunge legt. Später solle er dafür sorgen, daß sie zur Göttin erhoben wird; denn Götter könnten nicht für Untaten – von denen sie zahllose begangen habe – bestraft werden. Er verspricht es unter der Bedingung, daß sie ihm sagt, wer von seinen Freunden und Verwandten ermordet wurde. Sie erzählt ihm, nur sein Vater Drusus sei eines natürlichen Todes gestorben, sein Bruder Germanicus von dessen Sohn Caligula umgebracht worden, alle anderen habe sie selbst ins Jenseits befördert.

(7) Caligula, der nach Livias Tod zum Kaiser ausgerufen wurde, läßt mit großem Pomp die Statue des Augustus durch ein von Posides finanziertes goldenes Standbild von sich selbst ersetzen. Seine Willkür bekommt diesmal besonders der Komödiant Apelles zu spüren, den er zu Tode peitschen läßt, nachdem dieser durch besonders lautes Lachen aufgefallen war, weil der Konsul Asiaticus nicht so gut wiehern konnte, wie Caligulas ebenfalls in den Rang eines Konsuls erhobenes Pferd Incitatus.

Caligulas Auftritt vor dem Senat

Caligula fordert vom Senat neue Gelder für die Armee

Caligula »belohnt« den Senat:
»I now honor this noble house
by appointing Incitatus, the
greatest racehorse in the Empire,
a member of the Senate!«

Caligula: »Are the married
taxed? No? Tax them – tax the
single! Tax those with the child-
ren and tax those that have
none! Tax those who ride – and
tax those who go on foot! ...«

Senator Asiaticus entsetzt über
den Auftritt von Incitatus

Asiaticus, ein Gegner des
Claudius, bei einer Rede im
Senat

*Senator Vitellius setzt sich
im Senat für seinen
Freund Claudius ein*

(8) Senatsversammlung, die allerdings nur noch Formsache ist und nichts mehr zu entscheiden hat. Caligulas »Schoßhündchen« Sentinus beantragt in einer vorbereiteten Rede, Caligula zum Gott zu erklären. Claudius, der mit seinem sich über das Verhalten der Senatoren ärgernden Freund Vitellius ebenfalls anwesend ist, versucht bei dieser Gelegenheit, auch Livia zur Gottheit erheben zu lassen, da Götter nur von Göttern abstammen könnten. Das darauf einsetzende Gelächter wird durch Caligulas Auftritt unterbrochen, der die Beschaffung weiterer Gelder fordert. Auf Posides' Hinweis, es lasse sich in ganz Rom kein einziges Goldstück mehr auftreiben, verlangt Caligula, die Goldmünzen in den Mündern der Toten einzusammeln. Man solle in der Kaisergruft anfangen. Der Antrag wird angenommen – nur Claudius gelingt es, sich nicht an der Abstimmung zu beteiligen, indem er vorgibt zu schlafen. – Beim Verlassen des Saales macht Vitellius seinem Ärger darüber Luft, daß Claudius wieder mal zum Gespött aller Anwesenden gemacht wurde. Der aber erklärt, er habe von Kind auf gelernt, den Trottel zu spielen und nur so überlebt.

(9) Unter Aufsicht des Posides, der in Caligulas Auftrag Geld eintreibt, entfernen zwei Sklaven in der Kaisergruft die Münzen aus den Mündern der Toten. Einem graut davor, dies auch bei Livia tun zu müssen.

(10) In der Bibliothek seines Landhauses diskutiert Claudius mit Freunden – unter ihnen Vitellius und Xenophon – über den von Caligula initiierten Terror. Ebenfalls zugegen ist die ehemalige Hetäre Calpurnia, die in ihn verliebt ist und seinen Haushalt führt. Caligula würde Reiche teilweise nur hinrichten lassen, um ihr Vermögen beschlagnahmen zu können. Selbst das Sexualleben ehrsamer bürgerlicher Ehen werde jetzt besteuert. Als Vitellius andeutet, Claudius könne als Führerfigur das Volk von dem Terror befreien, weist der den Gedanken als überzeugter Republikaner weit von sich. – Die Gardeoffiziere Cassius und Lupus erscheinen, um Claudius auf Befehl Caligulas nach Rom zu holen.

(11) Auf den Stufen des Palatins schenkt Claudius Cassius seine letzten Sesterzen, damit sie nicht in Caligulas Hände fallen.

Offizier Cassius holt Claudius aus dem Gefängnis

Claudius wartet in einer Gefängniszelle auf seine Aburteilung

Offizier Cassius holt Claudius zum Verhör ab

(12) Neben Claudius sind ebenfalls Caligulas Speichellecker Sentius und Posides in die »Halle der Gerechtigkeit« gebracht worden. Mit dem Schlimmsten rechnend beschuldigen sie einander des Hochverrats. Caligula tritt in einem fantastischen Kostüm mit einer aus jungen Tänzerinnen bestehenden Ballettgruppe auf. Da sich Cassius und Lupus als Dienst tuende Offiziere bei seinem Erscheinen nicht vor ihm auf den Boden werfen, rastet er aus. Mit wutverzerrten Gesichtern folgen die Offiziere seinem Befehl, den Saal zu verlassen. Scheinbar tief ergriffen bewundert Claudius Caligula als Gott. Dieser läßt daraufhin die bildhübsche, jungfräuliche Messalina als Tänzerin auftreten. Claudius ist von ihrer Erscheinung überwältigt.
(13) Im Verlauf des sich an Messalinas Auftritt anschließenden Gelages kommt Caligula auf den »tollen Witz«, den scheinbar vertrottelten Krüppel Claudius mit Messalina zu verheiraten. Posides soll für eine anständige Mitgift sorgen.

*Caligula kommt auf den Gedanken,
Messalina und Claudius zu vermählen*

Messalina

Claudius

»Isn't she fantastically
beautiful?«

»Fantastically beautiful!«

»Just as you, my dear uncle, are fantastically ugly. – What do ...

... you think of him, Messalina?«

(14) Auf den Stufen zum Palatin berichtet Claudius Vitellius benommen von seiner Begegnung mit Messalina.

(15) Posides und Messalinas Mutter Domitia schachern um die Mitgift.

(16) In ihrem Zimmer nehmen Messalina und ihr Jugendfreund Appius Silanus tränenreich Abschied voneinander, während ihre Mutter vor der Tür auf das Verschwinden des jungen Mannes drängt. Messalina läßt sich Appius' Dolch geben.

(17) Im Palast werden Messalina und Claudius nach der Hochzeitsfeier von angetrunkenen, schadenfreudigen Gästen ins Brautgemach geführt. Zu Messalinas Überraschung versucht Claudius nicht, sich ihr zu nähern, zeigt Verständnis für ihre Lage, spricht davon, ihr Griechisch – die Sprache der Lyrik – beibringen zu wollen und trägt ihr die »Carmina« des Catull vor. Als er durch einen unglücklichen Zufall Messalinas Dolch entdeckt (den diese inzwischen nicht mehr einzusetzen gedenkt), sind beide entsetzt, kommen einander aber in einem anschließenden Gespräch näher.

(18) Im Hof des Palasts plant die Wache unter dem Kommando der von Caligula beleidigten Offiziere Cassius und Lupus die Ermordung

des Tyrannen. – Auf dem Wege zu Zirkusspielen vermißt Caligula Claudius unter den Zuschauern und will ihm »nächstens mal auf die Bude rücken«.

(19) Im Bibliotheksraum des Palasts gratuliert Claudius Messalina zu ihren Griechischkenntnissen. Als nächstes müßten sie eine Sprache sprechen, wenn nötig erfinden, die in Rom keiner versteht. Claudius: »Die Sprache der Liebe?« – Messalina: »Die Sprache des Vertrauens.«

(20) Die in den Thermen auf Caligula wartenden Verschwörer müssen ihre Pläne ändern, da der Kaiser nicht kommt.

(21) Von Lustknaben umringt wird Caligula auf dem Weg in seinen Palast in einer Pinienallee ermordet.

(22) Bewaffnete Soldaten ziehen mordend durch den Palast. Unter ihren Opfern befindet sich auch Caligulas Schwester Caesonia.

(23) In der Bibliothek entdecken sie Claudius hinter einer Tapetenwand. Ein Soldat erinnert sich daran, daß er ihm mal ein Trinkgeld gegeben hat. Statt Claudius ebenfalls umzubringen, schleppen sie ihn mit sich fort.

(24) Im Hof des Palastes streiten die Soldaten um Caligulas Nachfolge. Claudius, der immer noch mit seinem Tod rechnet und darum bittet, Messalina zu schonen, wird gegen seinen Willen vom Kommandanten der Wache zum neuen Kaiser ausgerufen, weil er meint, der körperliche und anscheinend auch geistige Schwächling sei leicht manipulierbar.

(25) Im Senat herrscht Chaos. Ehemalige Günstlinge entdecken plötzlich republikanische Gefühle in sich. Der Offizier Cassius tritt ein und informiert die Versammlung, Claudius sei der neue Kaiser.

Offizier Octavius (bei Zuckmayer: Cassius)
ruft Claudius zum Kaiser aus

Offizier Octavius präsentiert
Claudius dem Senat ...

*... und erhebt ihn im Namen
der Armee (und unter Protest
mehrerer Senatoren) zum Kaiser*

(26) In Messalinas Zimmer bittet Claudius seine Frau um Rat. Wenn er die Kaiserwürde nicht annimmt, fürchtet er für ihr Leben. Als Messalina verspricht, ihn bei seiner schweren Aufgabe zu unterstützen, nimmt er die seiner politischen Überzeugung widersprechende Position an, da andernfalls Bürgerkrieg droht.

(27) Auf dem Platz vor dem Palast werden die Truppen auf Claudius eingeschworen. Claudius dankt ihnen. Als erste Amtshandlung verurteilt er die Anführer der Mordtat an Caligula Cassius und Lupus zum Tode. Die beiden Offiziere erkennen den Spruch im Interesse der neuen Staatsordnung als gerecht an. Claudius »senkt den Kopf«.

Teil 2:

(28) Der zweite Teil beginnt in der letzten überlieferten Fassung »D« mit einem Titel, der verdeutlicht, daß Claudius entgegen der Erwartungen der Königsmacher, die ihre eigenen Machtgelüste durchzusetzen hofften, sich als Politiker erweist, der seinen Prinzipien treu bleibt: Er will die Republik wieder einführen, die Mißstände seiner Vorgänger beseitigen – und all dies ohne Anwendung von Gewalt.

(29-31) Unter dem Jubel der Massen werden die goldenen Statuen von Caligula abgerissen und eingeschmolzen. – Zwei Posten der Palastwache unterhalten sich beim Wachwechsel über den Arbeitseifer des Kaisers, dessen schöne Frau und darüber, daß bald ein Feldzug gegen die Briten stattfinden werde.

(32) In seinem Arbeitszimmer bespricht Claudius in Gegenwart seiner vertrauten Freunde, dem Senator Vitellius und dem Kommandanten der Palastwache Justus, die Strategie des bevorstehenden Feldzugs gegen die Britannier. Dabei macht er den für den Krieg zuständigen Feldherrn Plautius auf die Probleme aufmerksam, die Caesar bereits mit diesen Barbaren gehabt habe. Der hält Caesars Berichte für veraltet, er selbst werde das Land allein mit Hilfe der in Gallien stationierten Trup-

pen erobern. Im Verlauf der Sitzung entwickelt Claudius ein aus einer Kette von Feuern bestehendes Telegrafensystem, mit dem er notfalls innerhalb von vier Stunden über das Kriegsgeschehen in Britannien unterrichtet werden könne. Vitellius wäre es lieber, der Kaiser würde den Krieg selbst führen.

(33) In der zu einem Konferenzraum umgestalteten, ehemaligen »Halle der Gerechtigkeit« finden scharfe Auseinandersetzung zwischen Claudius und den Getreidehändlern statt, die über die Reedereien den Import von Getreide und damit die Nahrungsmittelversorgung der Stadt kontrollieren. Erst hat er sie bis spät in die Nacht warten lassen, jetzt wirft er ihnen Wuchergewinne vor. Die Händler drohen mit einer Hungersnot indem sie sich ganz vom Geschäft zurückziehen, er reagiert mit der Ankündigung, einen Staatshafen bauen zu wollen, der Rom von ihren Lieferungen unabhängig machen werde.

(34) In ihrem Schlafzimmer spricht Messalina mit Posides, einem der reichsten Männer Roms, über die korrupten Getreidehändler. Zugegen ist ebenfalls ihre Mutter Domitia, die offensichtlich von ihren engen Verbindungen zu Posides profitiert. Posides hofft, mit Messalina ebenfalls ins Geschäft zu kommen. Die allerdings nutzt das Gespräch nur dazu, sich über herrschende Geschäftspraktiken zu informieren, damit sie Claudius beraten und helfen kann. Wie er, will sie in Rom Fairneß und Gerechtigkeit wieder herstellen. Als Claudius gemeldet wird, ziehen sich Posides und Domitia in einen Nebenraum zurück.

(35) Allein mit Posides erklärt Domitia, Messalina lebe und schlafe seit Monaten von Claudius getrennt. Ihre Tochter hätte im Leben etwas verpasst, hätte Angst vor dem Leben – wohl auch vor sich selbst. Posides will dafür sorgen, daß Messalinas ehemaliger, unter Caligula verbannter Jugendfreund Appius auf die Liste derer gesetzt wird, die auf Grund einer Amnestie wieder nach Rom geholt werden sollen.

(36-37) Unterdessen gibt Messalina Claudius Ratschläge, wie man die profitgierigen Händler zu fassen kriegen könnte. Claudius solle sie nicht bekämpfen, sondern zu Ministern bestellen und ihnen ihre Geschäfte gegen entsprechend hohe Summen als Monopole anbieten – allerdings nur für kurz befristete Zeiträume, damit er die Kontrolle über sie nicht verliere. Claudius ist begeistert. Als er sie bittet, wieder zu ihm zurückzukehren, weicht sie aus, sie habe seit der Geburt ihres Kindes ihre alte Stärke noch nicht wiedererlangt. – Auf dem Rückweg zu seinen Gemächern bleibt Claudius vor Livias Standbild stehen und erklärt, glücklich zu sein.

(38) Reitschule. Angesichts des bevorstehenden Feldzugs gegen die Briten lernt Claudius reiten. Messalina beglückwünscht ihn zu seinen

Fortschritten. Ehe Claudius zu einer Gerichtsverhandlung eilt, erinnert Vitellius ihn daran, die von Caligula verbannten Patriziersöhne würden heute zurück erwartet. Beim Verlesen des Namens Appius Silanus zuckt Messalina zusammen, erfüllt dann aber doch die Bitte ihres vielbeschäftigten Mannes, die Begrüßung der jungen Männer zu übernehmen.

(39-43) Verschiedene Räumlichkeiten im Palast. Messalina erwägt, angesichts der Rückkehr ihres ehemaligen Verlobten besonders attraktiv aufzutreten, verzichtet dann aber darauf, für den Empfang besonderen Schmuck anzulegen. – In einem Vorraum reagieren die jungen Männer unterschiedlich auf die Einzelgespräche mit ihr. Einer ist begeistert, einem anderen ist sie unheimlich, sie sei zwar klug, behandle Menschen aber wie Luft. – Als Appius den Raum betritt, umarmt und küsst sie ihn leidenschaftlich. Endlich sei sie aus ihrem Schlaf erwacht. Doch Appius entzieht sich ihr plötzlich, sie hätte sich seinerzeit für Claudius entschieden und sei nun die Kaiserin. Nachdem er sich formell und steif verabschiedet hat, befiehlt sie Justus, ihm eine Vertrauensstelle in der Palastwache zuzuweisen.

(44) In einer Gerichtsverhandlung auf dem Forum spricht Claudius im Erbschaftsstreit zwischen einer reichen Witwe und ihrem Sohn ein salomonisches Urteil. Anschließend gibt er 500 Sklaven die Freiheit.

(45) Messalina liegt apathisch auf ihrem Bett. Es ist Mittag. Domitia gesteht ihr, sie hätte aus Sorge um Glück und Gemütszustand ihrer Tochter, Appius' Rückkehr nach Rom betrieben. Messalina haßt sie, weil sie ihr damit Ruhe und Frieden genommen hat.

(46-47) Feierlichkeiten aus Anlaß der Eröffnung des Hafens von Ostia, dessen neue Speicher- und Schiffsanlagen es Claudius ermöglichen, Messalinas Plan zur Kontrolle der Geschäftemacher und Spekulanten in die Praxis umzusetzen. Messalina verhält sich distanziert. Während Claudius mit offiziellen Feierlichkeiten beschäftigt ist, versucht sie, Appius mit Liebeswerbungen zu umgarnen. Als der abweisend reagiert, kommt es zu handfesten Auseinandersetzungen zwischen beiden. In dem Moment lodert die Flamme des Notsignals der sich in Britannien in Gefahr befindenden Truppen auf. Claudius will sich sofort von Ostia aus nach Britannien einschiffen. Das Angebot der jungen Offiziere um Appius, ihn zu begleiten, lehnt er ab. Er brauche zuverlässige Leute in Rom. Zu diesen gehören Vitellius, der für die Verladung der Elefanten sorgen, und Justus, der Messalina nach Rom zurück begleiten soll. Bevor Claudius aufs Schiff geht, steckt er Messalina seinen Siegelring an den Finger. Sie soll während seiner Abwesenheit in seinem Namen regieren. Ihre Bitte, sie mitzunehmen, lehnt er ebenso ab, wie

ihren Wunsch, ihm den Ring zurückzugeben. Claudius: »Du mußt hier
bleiben, Messalina. Du mußt den Ring tragen. Wem sonst sollte ich ihn –
vertrauen?« Messalina »starrt auf den Ring, der an ihrem Finger
blitzt«. Kurz vor Ablegen der Schiffe begeht Appius Selbstmord. Auf
Befehl des Kaisers soll er als erstes Opfer des Krieges mit allen militärischen Ehren beigesetzt werden.

(Ab hier Numerierung der Fassung »A«)
(26-29) Im Verlauf einer stürmischen Kanal-Überfahrt bittet Claudius
die Götter um Hilfe. Nach der Landung hält er sofort Kriegsrat mit
Plautius. Um seine Truppen nicht opfern zu müssen, widerspricht er
dabei den Militärexperten und besteht darauf, seine Strategie durchzusetzen. Fernes Elefanten-Trompeten kündigt die Ankunft der römischen Schiffe unter Vitellius an, dem Claudius sofort entgegeneilt. Er ist
dankbar, daß er endlich wieder neben sich einen Menschen hat, der wie
er selbst über keinerlei Kriegserfahrung verfügt.
(30-38) Am Morgen vor der Schlacht fühlt Claudius sich wie im
Traum. Gleichzeitig graust ihm vor dem Blutbad. Das Geschehen von
einem Hügel überwachend setzt er seine eigene Strategie gegen die des
besorgten Plautius durch. Der Einsatz von Männern auf Stelzen, nubi-
schen Kämpfern, Elefanten und Kamelen, vor deren Gestank die Pferde
der Gegner zurückschrecken, bringen den erhofften Sieg. Gefangene
Häuptlinge, die ihm vorgeführt werden, läßt Claudius frei. Vor allem
sehnt er sich, nach Rom und zu Messalina zurückzukehren. Die Feuer
auf den Bergspitzen vermelden dort den Sieg.
(39-41) Nach seinem Einzug ins aus Lehmhütten bestehende, regneri-
sche London verhindert Claudius in Cymbelines Burg, daß das ihm
dargebotene Menschenopfer einer Königstochter durchgeführt wird.
Er will das Mädchen Messalina als Geschenk mitbringen. Anschließend führt er am Kamin ein Gespräch mit Cymbeline, der die Ankunft
eines neuen Gottes voraussagt, aber nicht weiß, woran man ihn erkennt.
(42) In Rom kann ein sich im Bau befindlicher Triumphbogen für
Claudius nicht fertig gestellt werden, weil das nötige Geld von dem
unter Messalina zum Finanzminister erhobenen Narzissus verpraßt
wurde. Justus will die Arbeiter vorläufig aus seiner Regimentskasse be-
zahlen.
(43) Im Palast feiert Messalina mit ihren Liebhabern und römischen
Millionären eine Orgie. Justus meldet die Rückkehr der römischen
Schiffe und erklärt auf die Kaiserin bezogen, endlich würden Gerechtigkeit und Ordnung wieder hergestellt und die am Niedergang Roms

Schuldigen bestraft werden. Messalina läßt ihn daraufhin verhaften und unterschreibt auf Drängen ihres derzeitigen Geliebten Gaetius sein Todesurteil.

(44-47) Messalina empfängt den ihr entgegenfiebernden Claudius am Hafen mit einer inbrünstigen Umarmung. Aus Dankbarkeit für ihre Liebe und Treue soll sie die Staatsinsignien für den Rest ihres Lebens tragen. Schockiert nimmt Claudius die Nachricht von Justus' Tod zur Kenntnis. Beim offiziellen Empfang vor den Toren Roms stellt er überrascht fest, daß alle seine früheren Gegner hohe Staatsämter bekleiden und sich nun als seine Freunde präsentieren. Solch ein Wandel könne nur dem Talent einer Frau zu verdanken sein. Ein Triumphzug durch Rom schließt sich an.

(48-50) Hinweise auf den wahren Charakter von Messalinas Herrschaft mehren sich. Claudius' Freude über das Wiedersehen mit Freunden der Palastwache wird durch die ausgegebene Parole »Denk an Justus« getrübt. Messalina bittet ihn inständig, derartige Äußerungen zu ignorieren, Justus hätte machthungrig seinen und ihren Tod geplant. In der Kantine der Soldaten überhört Claudius ein Gespräch über eine treulose Frau. Im Gegensatz zu früher, als er sich nach Messalinas körperlicher Nähe sehnte, weicht er ihr nun aus. Vitellius ahnt die Wahrheit, will aber aus Rücksicht auf Claudius verhindern, daß er sie erfährt.

(51-53) Messalina versucht, die Beweise ihrer Terrorherrschaft verschwinden zu lassen. Gemeinsam mit Posides vernichtet sie inkriminierende Dokumente. Ihren gegenwärtigen Liebhaber, den Wachoffizier Gaetius (Justus' Nachfolger) schickt sie wütend fort, er sei nur eine Kreatur. Auch Claudius haßt sie. Seine stummen Blicke seien schlimmer als jede Folter. Gleichzeitig sucht sie verzweifelt nach Wertgegenständen, mit denen sie ihre enormen Schulden begleichen kann. Auf Anraten von Posides sucht und öffnet sie Livias Geheimfach mit dem Schlüssel, den sie der Toten abgenommen hat. Statt erhoffter Juwelen findet sie nur Giftfläschchen und wird von Todesangst ergriffen: »Nein! Ich will nicht sterben – –«. – Als Claudius sich im Staatsrat nach den während seiner Abwesenheit getätigten staatlichen Finanztransaktionen erkundigt, teilt Posides ihm mit, die dafür von Messalina berufenen Fachleute Hypocras und Narzissus seien am Morgen unter Krämpfen gestorben. – Später beruhigt Posides Messalina, die Becher der Männer seien für immer im Tiber verschwunden. Silius erscheint: Er habe letzte Nacht vor dessen Tod mit Narzissus gespielt und hoch gewonnen. Messalina solle den Schuldschein einlösen, den er von Narzissus erhaltenen habe. Fasziniert von Silius' Brutalität und Selbst-

sicherheit versucht Messalina, ihn zu verführen. Doch der besteht auf
seinem Geld und verläßt den Saal. Messalina fordert Posides auf, ihn
zurückzurufen und in ihre Gemächer zu schicken.

(54) Claudius besucht bei strömendem Regen Calpurnia in seinem ehemaligen Landhaus, das er ihr geschenkt hat. Es ist eine Reise in die Vergangenheit. Calpurnia kümmert sich liebevoll um ihn. Als er geht, weiß
er, daß er Messalina hinrichten lassen muß.

(55) In Messalinas Räumen. Sie ist Silius verfallen. Er will alle Macht
und reißt das ihr von Claudius übergebene Staatssiegel an sich. Claudius
(»Sein ganzes Wesen hat etwas unheimlich beherrschtes, Getriebenes,
fast Somnambules.«) hat dies unbemerkt beobachtet. Unter dem Vorwand, als Sieger über Britannien müsse er die Provinzstädte besuchen,
verabschiedet er sich von Messalina und bittet sie um die Staatsinsignien. Sie behauptet, sie nicht finden zu können. Sein Angebot, ihn zu
begleiten, lehnt sie ab. Silius ist entschlossen, Claudius' Abwesenheit zu
nutzen, um die Macht in Rom an sich zu reißen.

(56-65) Claudius ist nur zum Schein abgereist, um die Nutznießer von
Messalinas Misswirtschaft überführen und bestrafen zu können. In
einem Zelt an einer Landstraße in der Campagne wartet er gemeinsam
mit den sich um ihn sorgenden Freunden Xenophon und Vitellius auf
Gaetius und die Soldaten der Palastwache, mit denen er das Nest der
Schmarotzer und Profiteure ausräumen will. Für ihn ist es ein bitterer Feldzug als der gegen Britannien. Zur Beruhigung läßt er sich von
Xenophon ein starkes Schlafmittel geben. – Währenddessen feiert Messalina in den lukullischen Gärten eine letzte, große Orgie. Silius verkündet, er werde Claudius am nächsten Tag verhaften lassen und selbst
herrschen. Der Starschauspieler Mnester trägt eine beißende Parodie
auf Claudius vor. – Gemeinsam mit der Palastwache unter der Führung
von Gaetius und Vitellius kehrt Claudius wie ein Toter in einer Sänfte
nach Rom zurück. Lautlos nähern sich seine Truppen dem Stadttor,
dringen zu den lukullischen Gärten vor und nehmen die Feiernden fest.
Dabei fließt viel Blut. Später verurteilt Claudius teilnahmslos in einem
Standgerichtverfahren jeden Vorgeführten (darunter Silius) wegen
Hochverrats zum Tode. Das Abschlachten gipfelt in einer Wahnsinns-
vision, in der Claudius, mit seinen Vorfahren konfrontiert wird und
unter anderem der Herrschaftsauffassung seiner zur Göttin erhobenen
Großmutter Livia zustimmt.

(66-68) In dem Schlafzimmer, in dem er seine erste Nacht mit Messalina verbracht hat, läßt Claudius sich von seinem Sklaven das gleiche
Gedicht vorlesen, das er seinerzeit Messalina vorgetragen hat. Nachdem er eingeschlafen ist, nimmt Vitellius ihm vorsichtig das Staatssigel

vom Hals, um Messalinas Todesurteil in Kraft zu setzen. Ein Sklave bringt Messalina das Dokument und den Dolch, mit dem sie einst Claudius ermorden wollte. Ihre Mutter redet ihr zu, stark zu sein. Da sie nicht imstande ist, Selbstmord zu begehen, gibt Vitellius seinen Soldaten verächtlich ein Zeichen, sie zu erstechen.

(69) Epilog. Freier Platz vor dem Augustustempel, der jetzt mit Claudius-Statuen übersät ist. Claudius' letzte Frau Agripinella und ihr Sohn Nero warten auf Claudius und den Beginn eines von den Britanniern geforderten Opferfestes. Nero langweilt sich und würde gern gehen. Als zwei Christen hereingebracht werden, wird er munter. Er würde lieber sie statt der vorgesehenen zwölf Stiere opfern. Da erscheint Claudius. Die beiden Gefangenen – einer ist Simon Petrus – sind nicht bereit, vor ihm zu knien. Diese Ehre gebühre nur ihrem unsichtbaren Gott, dessen Wahrheit laute »Liebe deinen Gott wie dich selbst.« Claudius ordnet ihre Freilassung an. Dann wendet er sich mit traurig-versteinertem Gesicht der Opferzeremonie zu.

II.3 Zuckmayers Szenarium und die Roman-Vorlage

Graves' Romane gehen weit über ein Portrait des von seiner Ernennung zum Kaiser im Jahre 42 bis zu seiner Ermordung im Jahre 61 regierenden Kaisers Claudius und dessen Beziehungen zu seiner Frau Messalina hinaus. Sein Ansatz ist der eines ironisch-satirischen Chronisten. Beginnend mit der Kindheit des Herrschers präsentiert er ein breites Panorama einer aus vielen Einzelportraits bestehenden, komplexen Familiengeschichte der Kaiserdynastie im Kontext der Römischen Geschichte (einschließlich sämtlicher Eroberungsfeldzüge in Frankreich, Germanien, Großbritannien usw.) und des von Korruption, Exzessen, Mord und Totschlag geprägten Lebens im alten Rom. Zuckmayers erste schwierige Aufgabe besteht darin, aus der Überfülle des angebotenen Materials eine Handlung um die Figur des Claudius zu entwickeln, die (an zunächst zwei Filmabenden) der Reputation dieses »Stoffkolosses« gerecht wird und gleichzeitig einem Massenpublikum eine eingängige, nicht zu komplizierte, spannende Handlung bietet. Dabei hilft ihm, daß er nicht von dem voluminösen, beim ersten Anlesen mit scheinbaren Nebensächlichkeiten und historischen Informationen überfrachtet wirkenden Original ausgeht, sondern (mangels englischer Sprachkenntnisse) von der deutschen Übersetzung durch den bekannten Shakespeare-Übersetzer Hans Rothe. Dieser hatte in Zusammenarbeit mit Graves die beiden Originalromane für die deutsche Ausgabe bereits zu einem Band zusammengefaßt und auf etwa die Hälfte des ursprünglichen Texts zusammengestrichen.[31] Die erwähnte zehnseitige Übersicht »Claudius während der Regierung Caligulas« besteht zum überwiegenden Teil aus direkten Zitaten aus dieser Übertragung, auf denen insbesondere die Handlung des ersten Filmteils aufgebaut ist. Zusätzlich zu bereits beim Maschineschreiben unterstrichenen Schlüsselthemen und -situationen (Claudius – »einer der überzeugtesten römischen Republikaner«; Caligula »war vor aller Welt Jupiter, der Göttervater des Olymp«) identifizieren nachträgliche handschriftliche Anstreichungen für den späteren Film wichtige Charaktere (Cassius Caesara, den Organisator des Mordanschlags auf Caligula; Claudius' treue Haushälterin Calpurnia) und Handlungselemente (Reaktion auf die Festnahme des Claudius, sowie dessen Zusammentreffen und gemeinsames Warten mit zwei Konsuln in der »Halle der Gerechtigkeit«; die Entdeckung des Claudius hinter einer Tapetenwand durch mordende Soldateska nach dem Mord an Caligula; Messalinas Einfluß auf Claudius' Entscheidung, den Kaisertitel doch anzunehmen).

Der handschriftliche Zusatz »Anfang!« neben der folgenden Passage legt nahe, daß Zuckmayer zunächst daran dachte, in Anlehnung an die aus der Ich-Perspektive erzählende Vorlage, Claudius zu Beginn des Films als herausragenden Chronisten der römischen Geschichte vorzustellen, der distanziert über seine Zeit charakterisierende, historische Ereignisse berichtet:

> Claudius hinkt in sein kleines Lesezimmer, sinkt in einen Stuhl. Büsten von Herodot, Polybius, Asinius Pollio und Thukydides sehen ihn an, als ob sie ihm sagten, der wahre Historiker erhebt sich über die politischen Missstände der Zeit.[32]

31 »Durch die Straffung der deutschen Ausgabe versuche ich die eigentliche Geschichte des Claudius noch klarer und wirksamer zu geben. Das Buch wird nicht nur handlicher, sondern es wird, wie ich hoffe, dem deutschen Leser auch willkommener sein« (Robert Graves, *Vorwort zur deutschen Ausgabe*, in: Graves, *Ich, Claudius, Kaiser und Gott*, a.a.O. [Anm. 23], S. 6). Zum Vergleich: Die in dem Dokument zusammengetragenen Informationen verteilen sich in der – besonders im Vergleich zur deutschen Ausgabe – extrem kleingedruckten englischen Penguin-Paperback-Ausgabe (London 1999) auf fast 130 (von 721) Seiten (S. 277-405), während sie in der deutschen Fassung auf 55 (von 345) Seiten (S. 146-201) zu finden sind.

32 Carl Zuckmayer, »Claudius während der Regierung Caligulas« Ref. 95.1.440. Graves, *Ich, Claudius, Kaiser und Gott*, a.a.O. (Anm. 23), S. 173.

Korda jedoch erwartet ein Szenarium für einen auf Spektakel ausgerichteten, geschichtlichen Monumentalfilm. So wird der Grundgedanke von Graves, den Historiker Claudius als Autor hervorzuheben, früh aufgegeben, dessen Tätigkeit als Geschichtsschreiber nur am Rande erwähnt, und durch eine konventionelle, teilweise auf melodramatischen Versatzstücken beruhende Handlung ersetzt. Hinweise dafür, wie der entscheidende »dichterische *und* architektonische Grundeinfall« aussah, der Zuckmayer den Einstieg in die Arbeit erleichterte, liefern die Sequenzen, Charaktere und Motive, auf denen er seine Handlung aufbaut.

Ausgangspunkt scheint der Wunsch gewesen zu sein, Messalinas Wandel zur sich rücksichtslos auslebenden Despotin psychologisch zu motivieren. Graves ist an einer solchen Erklärung nicht interessiert, sondern setzt das historisch überlieferte Bild der Messalina als gegeben voraus. Ihr Egoismus und Machtstreben ist in seinen Romanen von vornherein fester Bestandteil ihres Charakters, obgleich der Chronist Claudius dies zunächst nicht deutlich ausspricht. Bei Graves ist Messalina die 15-jährige Tochter eines »alten Kupplers«, die mit Claudius verheiratet wird, weil Caligula selbst an »unreifen Frauen« nicht mehr interessiert ist. Der Gedanke einer Ehe zwischen einem häßlichen, alten Krüppel und einer bildschönen Jungfrau entspringt hier nicht einer plötzlichen, auf Caligulas sadistische Veranlagung zurück zu führenden Eingebung, über die dieser samt seinem Gefolge in prustendes Lachen verfällt. Vielmehr bringt ihn seine sich verbessernde Laune auf den Gedanken. Bei Graves hat Messalina denn auch gegen die Ehe mit Claudius nichts einzuwenden, sondern »war froh, dem Caligula entronnen zu sein, und war sich sehr schnell über die Vorteile einer Ehe mit mir klar geworden. Daher verhielt sie sich gegen mich so, daß ich überzeugt war, sie liebe mich nicht weniger als ich sie«. Zusätzlich entwickelt sie wegen des geringen Altersunterschieds ein »herzliches Verhältnis« zu Antonia, Claudius' knapp zehnjähriger Tochter aus zweiter Ehe.[33] Obgleich Zuckmayers Messalina gelegentlich andeutet, Angst vor sich selbst zu haben, wird ihre Entwicklung zur sexuell zügellosen Furie, die mit den kapitalistischen Ausbeutern und Gegnern des Claudius kollaboriert und ihrem sie abgöttisch liebenden und ihr rückhaltlos vertrauenden Mann Hörner aufsetzt, durch enttäuschte Jugendliebe und die ihr aufgezwungene Ehe erklärt. Messalina liebt, als sie Claudius auf Befehl Caligulas heiraten muß, ihren Jugendfreund und Verlobten Appius Silanus. Der wird, um die Hochzeit mit Claudius nicht zu stören, von Caligula in die Verbannung geschickt. Als er später auf

---

33 Graves, *Ich, Claudius, Kaiser und Gott,* a.a.O. (Anm. 23), S. 168-169.

Grund einer Amnestie des Kaisers Claudius nach Rom zurückgeholt
wird, entsagt Appius aus Ehrgefühl und Achtung vor Claudius seiner
Liebe trotz der zwischen ihm und Messalina immer noch bestehenden,
tiefen emotionalen Bindungen. Auf ihre Versuche, ihn dennoch unter
Hinweis auf ihre kaiserliche Macht weiterhin an sich zu binden, reagiert er mit Selbstmord. In Fassung »A« spricht sie zuvor (im Verlauf
eines kurzen Alleinseins mit Appius während der Feiern zur Eröffnung
des Hafens von Ostia) deutlich den Grund für ihren Entschluß aus, sich
(praktisch in Umkehrung ihres bis dahin gezeigten Charakters) von
nun an rücksichtslos auszuleben:

> APPIUS: Man hat zu wählen. Glück – oder Ehre.
>
> MESSALINA: (auflachend) Ehre!! (ihr Gesicht erstarrt – ihre Stimme
> wird hart und kalt) Ihr habt mich beraubt, betrogen – um Jugend,
> Glück, Leben – ihr gebt mir Worte dafür – [handschriftlich gestri-
> chen: Pflicht, Ehre, Vertrauen] – ich spucke sie aus meinem Mund.
> Ich werde mir nehmen, was man mir gestohlen hat. Ich werde ler-
> nen zu hassen – wenn ich nicht lieben darf. Ich werde mich rächen –
> will mich rächen – an Dir – an ihm – an Allen!![34]

Als Claudius kurz darauf vor Antritt des Feldzugs nach Britannien die
in Rom zurück bleibenden Soldaten auf Messalina einschwört, »reisst
Appius sein kurzes Schwert aus dem Gürtel, – stösst es sich in die Brust –
bricht lautlos zusammen«.[35] Zuckmayer erkennt im Verlauf der Beschäftigung mit dem Szenarium, daß dieser Dialog, ebenso wie der im
Kontext dieser Zeremonie stattfindende Selbstmord, eher ins Melo-
dram des 19. als in eine Literaturverfilmung des 20. Jahrhunderts gehört, und läßt beide in Fassung »D« fort. (Die Sequenz, die zeigt, wo
und wie Appius sich umbringt, fehlt in diesem, zwei Seiten später ab-
brechenden Manuskript.)

Bei Graves gibt es weder eine Jugendliebe Messalinas noch einen
Verlobten. Appius Silanus ist bei ihm eine leicht zu überlesende Rand-
figur. Er ist fünf Jahre älter als Claudius (»aber … sah trotzdem noch
besonders gut aus«), keineswegs in sie verliebt und verdankt seine
Rückkehr nach Rom auch nicht einer Amnestie des Claudius. Die Idee,
ihn zu ihrer großen Liebe zu machen, entnimmt Zuckmayer einem Ne-
bensatz, in dem es heißt, Messalina hätte ihn »aus Spanien nur kommen lassen, weil sie ihn als ganz junges Mädchen angeschwärmt hatte

34 Zuckmayer, Fassung »A«, S. 118.
35 Ebd., S. 120.

und er sich damals nicht um sie kümmerte«.[36] Die Begründung ihres Charakterwandels aus enttäuschter Liebe verstärkt Zuckmayer zusätzlich, indem er – wiederum abweichend von Graves – Messalina Claudius zunächst als Frau und Partnerin zur Seite stellt, die ihren Mann in seinen Bemühungen unterstützt, den korrupten römischen Staat in eine gerechtere Gesellschaft mit sozialem Gewissen auf republikanischer Basis zu verwandeln. Auch in der Vorlage versteht Claudius nichts von Wirtschaft und Gelddingen. Seine Entscheidungen wirken sich jedoch positiv auf die Entwicklung Roms aus, weil er aus Naivität und Unkenntnis ökonomischer Zusammenhänge Entscheidungen trifft, die den Interessen der mit den Kapitalisten zusammen arbeitenden Messalina zuwiderlaufen. Um die Preise hoch zu halten und ihre eigenen Taschen zu füllen, schlägt sie zum Beispiel vor, wenige Monopole auf Zeit zu vergeben; er dagegen beginnt, so viele Lizenzen auszuteilen, daß die Nahrungsmittelpreise sinken, und wundert sich, daß Messalina mit Irritation reagiert, sobald er mit ihr die Frage der Monopole diskutieren will.[37]

Zusätzlich zu dem von ihm eingeführten, sich aus der erzwungenen Hochzeit ergebenden Liebe-Ehre-Konflikt verwendet Zuckmayer ein Motiv von Graves, das er (im Gegensatz zum distanziert-sachlich berichtenden Original) im Sinne des Melodrams des 19. Jahrhunderts aus Livias Angewohnheit heraus entwickelt, sich ihrer Gegner und ihrer nicht in ihre Machtpläne passenden Verwandten mit Hilfe von Gift zu entledigen (welches in einem später von Messalina aufzuspürenden, geheimen Versteck aufbewahrt wird). Zur Gruppe altmodischer Theatereffekte gehören ebenfalls die von ihm erfundenen beiden Sequenzen, in denen im ersten Teil zwei Sklaven auf Caligulas Befehl hin den in der Kaisergruft liegenden Toten die Goldmünzen aus den Mündern stehlen und Claudius diese im zweiten Teil im Rahmen seiner Reformbemühungen in Begleitung Messalinas den Mumien eigenhändig wieder unter die Zungen legt (wobei Messalina heimlich den an einem Kettchen um Livias Hals befestigten Giftschränkchenschlüssel an sich nimmt). Zuckmayer hat in diesem Fall wohl selbst gemerkt, daß derartige Effekte eher ins Grand Guignol als in eine *I, Claudius*-Verfilmung passen, und die sich auf Gruften und Gift beziehenden Sequenzen in Fassung »D« gestrichen.

Abgesehen von den erwähnten melodramatischen Passagen wählt Zuckmayer aus der Fülle des von Graves angebotenen Materials gezielt

36 Graves, *Ich, Claudius, Kaiser und Gott*, a.a.O. (Anm. 23), S. 317-318.
37 Ebd., S. 250-253.

Elemente, die sich filmisch und dramatisch wirkungsvoll umsetzen lassen. Dabei greift er nur auf wenige der 38 Kapitel der deutschen Übersetzung zurück.[38] Die für die Entwicklung der Handlung wichtigsten entnimmt er folgenden Abschnitten:

Kapitel

18: Livias Einladung an Claudius (durch einen Brief!) und gemeinsames Geburtstags(!)essen mit ihm, Caligula und Urgulania, sowie Livias und Claudius' Gespräch unter vier Augen über den bevorstehenden Tod und die Göttlich-Sprechung der Livia.

22: Claudius' Verhaftung und Überführung in die »Halle der Gerechtigkeit«. Messalinas Tanz und ihre Vermählung mit Claudius auf Befehl Caligulas, sowie Mord an Caligula. Claudius wird per Akklamation von den Soldaten zum Kaiser ernannt.

24: Verurteilung der Caligula-Mörder Cassius und Lupus zum Tode durch Claudius.

25: Claudius führt bei Gerichtsverhandlungen selbst den Vorsitz und erläßt eine Amnestie für die von Caligula Verbannten.

27: Ausbau des Hafens von Ostia.

29: Messalina berät Claudius in Geldangelegenheiten.

30: Studium von Caesars Kriegstaktiken, Aufbruch nach Britannien, Gebet im Sturm.

31: Schlacht gegen und Sieg über die Britannier.

32: Rückkehr, Begrüßung durch Messalina und Triumphzug in Rom.

35: Calpurnia klärt Claudius über Messalinas wahres Verhalten während seiner Abwesenheit auf.

36: Verhaftung der Gegner des Claudius, Gefangennahme und Hinrichtung der Messalina.

Häufig entwickelt Zuckmayer Schlüsselsequenzen aus Aussagen, die im Gesamtkontext der Vorlage kaum auffallen. Als Claudius' Schiff auf der Fahrt nach Britannien in Seenot gerät, beschreibt er bei Graves sein Verhalten mit knappen Sätzen: »Ich betete laut zu jedem unserer Götter. Von den Matrosen hörte ich später, sie hätten niemals in ihrem Leben jemanden so herrlich beten gehört. Sie hätten neue Hoffnung daraus geschöpft.«[39] Zuckmayer regt dies zu einem 21-zeiligen Stoßgebet und einer Sequenz an, in der durch den sich im Bug des sturmgepeitschten Schiffs festklammernden Claudius nicht nur die Gefahren

---

38 Die beiden Teile des Originals bestehen aus 34 bzw. 32 Kapiteln.
39 Graves, *Ich, Claudius, Kaiser und Gott*, a.a.O. (Anm. 23), S. 261.

der Überfahrt hautnah vermittelt werden, sondern auch die persönlichen Sorgen des Kaisers um das Schicksal seiner Soldaten im bevorstehenden Krieg und seine Erkenntnis, selbst nur ein schwacher Mensch zu sein.[40] Der Reiz der Romane besteht darin, daß Graves ein riesiges, aus Einzelereignissen und zahllosen Personen bestehendes Mosaik anbietet, dessen Steinchen jedes für sich das Interesse des Lesers fesseln können, dessen mitreißende Wucht sich aber erst durch die Summe aller Partikel entlädt. Zuckmayer dagegen konzentriert sich als Dramatiker auf die Entwicklung zweier Hauptthemen: (1) den Konflikt des Claudius, als überzeugter Republikaner und Gegner menschlicher Anmaßungen gegenüber den Göttern die Rolle des Kaisers übernehmen zu müssen (und damit in die Fußstapfen seiner sich gottgleich präsentierenden Vorgänger zu treten) und (2) Claudius' Liebe zu Messalina, deren Wandel zur sich rücksichtslos auslebenden, herrschsüchtigen Kaiserin er entweder nicht sehen will oder nicht sehen kann.

II.4 Zuckmayers und Graves' Claudius

Daß Zuckmayers Auffassung von der Titelfigur sich nicht unbedingt mit der von Graves deckt, deutet eine frühe, handschriftliche Bemerkung in den »Entwurfsblättern« an, in der er bezweifelt, daß Claudius tatsächlich so naiv ist, aus blinder Liebe zu Messalina die ihm von ihr vorgespielte Unschuld und Keuschheit zu glauben und ihre unbändige Herrschsucht, ihre rücksichtslos egoistische Geschäftstüchtigkeit sowie ihr ausschweifendes Sexualleben erst kurz vor Schluß zu durchschauen:

> Bei Cl[audius] aber ist es so, dass er nicht, wie Graves es darstellt, völlig ahnungslos bleibt und blind gegen *alle* sich immer mehr häufenden Merkmale ihres Verrats, – also nicht die peinliche Rolle des gekrönten u[nd] gehörnten, des idiotischen Hahnreis spielt, die mit seiner jetzigen Würde und Bedeutung nicht zu vereinbaren wäre, – sondern dass er glaubt, *bedingungslos* glaubt, solange es menschenmöglich ist zu glauben, – aber langsam, unabänderlich, Punkt für Punkt, in unbarmherziger Klarheit zu sehen beginnt. Und nun wird *er*, – im Zug dieser furchtbaren Spannungen, die sich aus der Erkenntnis ergeben, – der grössere Heuchler, der bessere Schauspieler, der vollendetere Darsteller.[41]

40 Zuckmayer, Fassung »A«, S. 122.
41 Carl Zuckmayer, »Claudius Entwurfblätter« Ref. 86.1209.

Zuckmayer ignoriert völlig, daß Claudius bei Graves in seinem Bestre-
ben, als Kaiser Fairneß, Demokratie und Ordnung wiederherzustellen,
Fehler macht, dies rückblickend eingesteht und aus ihnen lernt. So verläßt Claudius, weil ihn der Hunger plagt, im Original eine bereits sechs
Stunden dauernde Gerichtsverhandlung gegen einen Freigelassenen,
der das Testament seines Herrn nach dessen Tod zu seinen Gunsten verändert hat. Auf die Frage des weiterhin verhandelnden Richters nach
der Höhe des Strafmaßes empfiehlt er beim Hinausgehen »Die Höchststrafe«. Nach seiner Rückkehr muß er feststellen, daß diese unbedacht
gegebene Empfehlung »höchst grausam« war, denn inzwischen wurde
nach unter Caligula eingeführtem Recht die Höchststrafe für derartige
Vergehen vollzogen, die – was Claudius nicht wußte – das Abhacken
beider Hände vorsah.[42] Bei Zuckmayer trifft Claudius dagegen immer
die richtigen Entscheidungen – zunächst, weil er sich an Messalinas
Ratschläge hält, später, weil er seinem ausgeprägten Sinn für gesunden
Menschenverstand und soziale Gerechtigkeit folgt. Sein einziger Fehler
ist, daß er aus unerschütterlicher Liebe zu seiner Frau deren Charakter-
wandel nicht wahrnimmt und schließlich gezwungen ist, Entscheidungen treffen zu müssen, die seinen idealistischen Vorstellungen von einer
besseren Welt zuwider laufen. Am Ende veranlaßt ihn die Erkenntnis,
an den Gegebenheiten der Realität gescheitert zu sein, die ihm von seiner Umwelt aufgezwungene Rolle als (allerdings wohlwollender) Kaiser zu akzeptieren. Daß in seinem verkrüppelten, kränklichen Körper
eine »schöne Seele« steckt, verstärkt zusätzlich den Eindruck einer tra-
gischen Figur.

   Graves zeichnet Claudius dagegen als über den Dingen stehenden,
die Realitäten akzeptierenden Autobiographen, der von Anfang an gegenüber dem, was er berichtet, eine distanzierte, leicht ironische Haltung einnimmt:

I Tiberius Claudius Drusus Nero Germanicus This-that-and-the-
other (for I shall not trouble you yet with all my titles) who was
once, and not so long ago either, known to my friends and relatives
and associates as ›Claudius the Idiot‹, or ›That Claudius‹, or ›Claudius the Stammerer‹, or ›Clau-Clau-Claudius‹ or at best ›Poor Uncle
Claudius‹, am now about to write this strange history of my life;
starting with my earliest childhood and continuing year by year until
I reach the fateful point of change where, some eight years ago, at
the age of fifty-one, I suddenly found myself caught in what I may

42 Graves, *Ich, Claudius, Kaiser und Gott*, a.a.O. (Anm. 23), S. 211 f.

call the ›golden predicament‹ from which I have never since become disentangled.[43]

Die unprätentiöse, scheinbar leicht hingeworfene Erzählweise führt dazu, daß der Leser der Romane Claudius mit Sympathie und Achtung begegnet. Ob als Historiker oder Kaiser – niemals versucht Claudius, sich als bedeutenden Menschen herauszustellen. Selbst seine militärischen Erfolge in Britannien und der sich anschließende triumphale Empfang in Rom werden sachlich und nüchtern dargestellt. Claudius ist interessant und lebendig, weil er nicht versucht, seine Person, seine Entscheidungen oder Handlungsweisen langatmig zu rechtfertigen oder zu erklären. Er berichtet, sagt, was, wo und wie geschehen ist, und warum es (aus seiner Sicht!) so war. Der Leser kann sich sein eigenes Bild machen und bleibt damit am Geschehen interessiert und beteiligt. –

43 Robert Graves, *The Claudius Novels*, a.a.O. (Anm. 23), S. 5. Obgleich Rothes Übertragung zweifellos die Atmosphäre und den Geist des Originals wiedergibt, lassen sich hier einmal mehr die Nachteile aufzeigen, die sich daraus ergeben, daß Zuckmayer nicht vom englischen Original ausgeht; denn in der deutschen Ausgabe erscheint nur die Übersetzung der ersten viereinhalb Zeilen dieser Anfangspassage: »Ich, Tiberius Claudius Drusus Nero Germanicus und so weiter – denn ich will nicht durch die Aufzählung meiner Titel ermüden –, der ich vor nicht langer Zeit bei meinen Freunden und Verwandten und Mitarbeitern bekannt war als ›Claudius der Idiot‹ oder ›Claudius der Stotterer‹ oder ›Clau-Clau-Claudius‹ oder bestenfalls noch als der ›Gute Onkel Claudius‹, habe mich entschlossen, die seltsame Geschichte meines Lebens zu schreiben« (Graves, *Ich, Claudius, Kaiser und Gott*, a.a.O. [Anm. 23], S. 7). Mit dem Wegfall der Beschreibung des Projektumfangs nach dem Semikolon in der Originalfassung verschwindet auch ein bezeichnender Hinweis auf Claudius' Einstellung gegenüber der Inangriffnahme des Projekts seiner Autobiographie, an dessen Anfang jener »schicksalhafte Wendepunkt« steht, an dem er sich mit einem »goldenen Dilemma« konfrontiert sieht. Wie wenig ihm an seiner Position im Staate liegt, bringt er im Englischen durch »This-that-and-the-other« zum Ausdruck, dem im Deutschen eher ein »usw., usw.« entsprochen hätte. Ähnliches gilt für das Weglassen des Wortes »yet« in der Klammer »(for I shall not trouble you yet with all my titles)« – Claudius droht sozusagen dem Leser selbstironisch, irgendwann werde er ihn doch mit all dem Überflüssigen konfrontieren. Damit verschiebt sich unmerklich der Originalton des Buches und mit ihm Zuckmayers Einstieg in die Hauptfigur seines Filmprojekts. – Seine mangelnden Englischkenntnisse tragen zweifellos dazu bei, daß Zuckmayer (zumindest zu dieser Zeit) das Gefühl für englischen Humor und englisches *understatement* abgeht.

Zuckmayer geht bei der Entwicklung seines Drehbuchs anders vor (muß es wohl auch angesichts des Mediums, für das er schreibt, und dessen Publikumskreis) und versucht, Claudius naturalistisch-psychologisch zu gestalten. Seine Charakterisierung der Hauptfigur beginnt in den Entwurfblättern mit der in das spätere Drehbuch übernommenen, knappen Feststellung »Claudius ist altes Blut« und fährt dann fort:

> Das Erbe der römischen Ur-Adelsfamilie macht ihn ebenso sehr zum belasteten, hypersensiblen Herrenmenschen, wie zum Träger der nobelsten, höchsten, geistigen Römertradition. Er ist der letzte Vertreter eines republikanischen Ideals, das in Gerechtigkeit und Selbstlosigkeit die höchsten Tugenden des freien Menschen sieht. Religiosität ist ihm angeboren wie Schwächen oder Stärken der Konstitution. Die Götter sind für ihn Symbol der höchsten Verantwortlichkeit. Aber die Vergottung erscheint ihm als Frevel am heiligsten Besitz der Menschheit – ebenso wie die Knechtung und Vernichtung der persönlichen Würde.[44]

All dies steckt zweifellos in Claudius, vernachlässigt aber das, was den Reiz der von Graves entwickelten Persönlichkeit ausmacht – die entspannte, differenzierte Sichtweise, das Verständnis für menschliches Verhalten, die Einsichten in die eigenen Schwächen. Graves' Claudius würde derart bedeutungsschwangeres Vokabular kaum verwenden. Zuckmayers Notizen sind selbstverständlich nur für den internen Gebrauch bestimmt. Als Ausgangspunkt der Entwicklung der Hauptfigur seines Drehbuchs werfen sie dennoch die Frage auf, ob der Dramatiker der richtige Autor für die filmische Umsetzung gerade dieser Vorlage war. Möglicherweise liegt hier ein Grund dafür, warum für die Drehbuchentwicklung (was in der Branche keineswegs unüblich ist) weitere Autoren eingesetzt wurden, und warum außer *Rembrandt* keines der von ihm vorgeschlagenen bzw. bearbeiteten Drehbücher von Korda verwirklicht wurde.

III. Graves' Szenarium *Claudius the Fool*

Allem Anschein nach hat Robert Graves nur eine von Zuckmayers deutschsprachigen Drehbuchfassungen – und nur in einer englischen Übersetzung – zu Gesicht bekommen. Was die Filmleute aus seinen beiden Romanen machen, interessiert ihn nicht. London ist weit weg von Mallorca, und er ist froh, daß die Distanz ihm jeglichen Kontakt mit

44 Zuckmayer, Entwurfblätter 86.1209.

ihnen erspart. Dies ändert sich, als Mitte Juli 1936 mit dem Putsch gegen die Madrider Regierung der Spanische Bürgerkrieg seinen Anfang nimmt und Ende des Monats Mallorca erreicht. Am 2. August zwingen die politischen Entwicklungen Robert Graves und Laura Riding, die Insel zu verlassen. Über Barcelona, Marseilles und Paris kommend treffen beide sechs Tage später in England ein. Am 13. August besucht Graves Alexander Korda in den Denham-Studios, um mit ihm über die Verfilmung von *I, Claudius* zu sprechen. Korda inszeniert zu dem Zeitpunkt seinen *Rembrandt*-Film nach Zuckmayers Drehbuch, und Graves nimmt die Gelegenheit wahr, die Dreharbeiten einer Szene mit dem Darsteller der Titelrolle Charles Laughton und dessen Frau Elsa Lanchester zu beobachten. Anschließend unterhält er sich intensiv mit dem Star über die Rolle des Claudius.[45] Ein weiteres Gespräch zwischen Produzent und Schriftsteller in Denham ist für den 10. September belegt. Dabei geht es nicht nur um *Claudius*, sondern auch um die Möglichkeit, Laura Ridings historischen Roman *A Trojan Ending* (zu dem Graves die Autorin ermuntert hatte) zu verfilmen.[46] Graves scheint sich bei keinem dieser Meetings für das *Claudius*-Drehbuch interessiert zu haben.

Am 15. Oktober besucht er Denham in Begleitung des Archäologieprofessors Ian Richmond, der als historischer Berater für *Claudius* vorgesehen ist. Bei der Gelegenheit trifft er auch Zuckmayer und June Head, deren englische Übersetzung des Drehbuchs er anschließend mit nach Hause nimmt. Nach der Lektüre am nächsten Tag schreibt er Korda in einen wütenden Brief, in dem er ihm mitteilt, das Skript bestünde aus einer Aneinanderreihung historischer Absurditäten und sei absolut billiger Blödsinn.[47] Ihn ärgert, daß Claudius seinem Pferd ein Stück Zucker gibt und ein Gespräch mit König Cymbeline führt (der zum Zeitpunkt des britannischen Feldzugs längst tot war), daß die römischen Soldaten auf der Insel der Gefahr schwerer Erkältungen ausgesetzt werden (obgleich sie als ursprünglich am Rhein stationierte Truppen an die Wetterbedingungen gewöhnt waren) und als Hinweis auf das unangenehme, feuchte Klima Taschentücher zugeteilt bekommen.[48] Korda lädt Graves daraufhin am 18. Oktober zu sich ein, und

45 Richard Perceval Graves, *Robert Graves. The Years with Laura*, London 1990, S. 248 f. Die von dem Autor gemachten, hier verwendeten Datenangaben sind alle den Tagebüchern von Robert Graves entnommen.

46 Ebd., S. 251-252.

47 »absolutely cheap nonsense strung on historical absurdities« (ebd., S. 256).

48 Ebd., S. 256, 358.

beide sprechen fünf ein halb Stunden lang (einschließlich einer einstündigen Pause für ein Champagner-Abendessen) über die Probleme. Graves betont bei der Gelegenheit nochmals, wie schrecklich er das Skript findet und überredet Korda, es völlig umschreiben zu lassen. Diese Aufgabe erledigt er anschließend in kürzester Zeit selbst und präsentiert dem Produzenten fünf Tage später das Ergebnis. Der liest es gemeinsam mit einem Mitarbeiter noch am gleichen Abend und erklärt, es handle sich um eine brauchbare zweite Fassung, über die er aber erst einmal zehn Tage lang nachdenken müsse.[49]

Ein 82 Seiten langes, aus 30 »Scenes« bestehendes, maschinenschriftliches Szenarium »*Claudius the Fool* – Revised Scenario by Robert Graves«, das von seiner Anlage her den Stoff nicht in zwei Filme unterteilt, wurde im April 1987 dem British Film Institute von London Films übergeben. Allerdings trägt es nicht das Datum des in Graves' Tagebuch als Abgabetermin angegebenen 23., sondern das vom 24. Oktober 1936. Beigelegt ist ihm ein Blatt mit drei maschinenschriftlichen Anmerkungen, von denen eine eindeutig auf einen Hinweis von Korda reagiert, den dieser nach der Lektüre dieser Fassung gemacht hat.[50] Graves spricht in seinen Tagebüchern und in Bill Duncalfs Dokumentarfilm immer nur von *einem* Szenarium, für das er zwar Geld erhalten habe, das dann aber ungenutzt in den Firmen-Akten abgelegt worden sei.[51] Diese Sachlage steht teilweise im Widerspruch zu der oben zitierten Mitteilung von Duncalf an Zuckmayer vom Februar 1965, vor ihm läge ein Szenarium von Graves mit dem Titel *Claudius the God, Part II* und der Datumsangabe »October 1936«,[52] und der gleichzeitig ausgesprochenen Bitte um Klärung, ob es einen ersten Teil gegeben habe. Wenn Duncalfs Angaben stimmten, hätte Graves mehr als ein Szenarium verfaßt. Angesichts der Zeit, die ihm dafür zur Verfügung stand, ist das unwahrscheinlich. Für die Diskrepanz bieten sich hauptsächlich zwei Erklärungen an. Einmal könnte Graves sein Skript (wie Zuckmayer) zunächst als Zweiteiler verfaßt haben, der am Tag nach seinem

---

49 »Korda and one of his associates went over it, but would only ›pronounce ... it as a useful second stage‹, and agree to ›stew over it for 10 days‹« (ebd., S. 256).

50 William Duncalf Anm. 2. Robert Graves, *Claudius the Fool – Revised Scenario*, bfi Special Collections, Ref. S8736.

51 »... I was allowed, even given money, to write a script which I did, but of course, that was filed somewhere« (zit. nach dem Skript von *The Epic That Never Was*, S. 4. BBC WAC, Akte T14/2003/1).

52 William Duncalf an Zuckmayer, 19. März 1965 (ebd.).

Gespräch mit Korda von London Films' Dramaturgieabteilung in einer Abschrift zu einem Film zusammengefaßt wurde. Umgekehrt könnte die Produktionsplanung zu diesem Zeitpunkt immer noch von zwei Filmen ausgegangen sein, das (im British Film Institute überlieferte) Skript zur weiteren Bearbeitung kopiert und dabei in zwei Teile zerlegt worden sein, von denen der zweite 1965 noch erhalten und Gegenstand von Duncalfs Anfrage war. Allerdings ist es auch durchaus möglich, daß es nicht von Graves stammt, Duncalf von einer Annahme ausgeht bzw. sich geirrt hat – ebenso, wie Graves mit der Meinung falsch lag, sein Szenarium wäre sang- und klanglos in den Akten verschwunden: Die Gegenüberstellung der ab Oktober 1936 überlieferten Skripts deutet darauf hin, daß es zumindest den Anstoß für die Entwicklung eines zweiten Skripts gegeben hat, an dem bis Dezember des Jahres gearbeitet wurde.

Graves' Unzufriedenheit mit Zuckmayers Drehbuch ist Veröffentlichungen seiner Tagebuchnotizen und Briefe zu entnehmen und läßt sich auf zwei Gründe zurückführen. Ihn stören Geschichtsfehler und Sprachschwächen. Historische Präzision ist ihm wichtig, wie eine Anmerkung in seinem Szenarium zeigt, in der er ausdrücklich darauf hinweist, Professor Ian Richmond werde genaue Anweisungen geben, wie die Formationen bei einem Wachwechsel der berittenen römischen Palastwache ausgesehen haben: »Here Professor Ian Richmond will indicate proper formation. Might as well get it right.«[53] Von den vier, von ihm als »historische Absurditäten« empfundenen Beispielen gehen drei auf Zuckmayer zurück. In dessen Skript »D« beruhigt Claudius sein Pferd, das ihn in der Reithalle abgeworfen hat, mit einem »Zuckerbrocken«.[54] In Skript »A« führt Claudius nach seinem Sieg über die Briten mit Cymbeline in dessen Burg in London ein längeres Gespräch über die Existenz der Götter.[55] Nach der Landung in Britannien erwähnt der Text mehrmals das ungesunde Klima des Landes, und ein mit den einheimischen Sitten erfahrener Krieger bietet Claudius Gin als »das einzige Mittel gegen Erkältung«[56] an. Taschentücher gegen Schnupfen werden in dieser Fassung allerdings nicht ausgegeben. – Seine Verärgerung über den Umgang mit der englischen Sprache führt Graves selbst darauf zurück, daß Korda in seinem Unternehmen zahlreiche

---

53 Graves, *Claudius the Fool*, a.a.O. (Anm. 50), S. 38.
54 Zuckmayer, Fassung »D«, S. 86.
55 Zuckmayer, Fassung »A«, S. 136-138.
56 Ebd., S. 134.

298   *Horst Claus*

Ungarn und Flüchtlinge aus Nazi-Deutschland beschäftigt. In Duncalfs
Dokumentarfilm erklärt er dazu:

> Korda was a remarkably good chap. He was cynical, but he was
> real. His only failing was making himself a centre of ex-patriate
> Hungarians and really filling up the studios with Hungarians who
> were not altogether qualified for the jobs which he gave them – espe-
> cially in the English Department.
>
> [...]
>
> I was eventually shown a bit of some sort of script in which Caligula
> comes in and says »Our armies are revolting« which seems an odd
> piece of English. There was a lot of revolting in the script besides. I
> don't know who wrote it. A chap called Biro was somehow concer-
> ned, another Hungarian, and I was allowed, even given money, to
> write a script which I did, but of course, that was filed somewhere.[57]

Der aus Ungarn stammende ehemalige Journalist Lajos Biró ist Kordas
väterlicher Freund und gehört dem Direktorium von London Films an.
Als erfahrener Autor von Theaterstücken und Drehbüchern ist er für
die Skriptabteilung zuständig und Kordas Hauptstütze, was die Entwicklung und Bearbeitung von Szenarien betrifft. Das von Graves zi-
tierte Beispiel »Our armies are revolting« zeigt allerdings, daß langjährige (Stummfilm-) Erfahrungen in Hollywood nicht ausreichen, um
fragwürdige Übersetzungen zu verhindern. Bei Zuckmayer ist verschiedentlich von Soldaten oder unzufriedenen Römern die Rede, die re-
voltieren, was im Englischen eher dem Verb »to rebel« oder dem Adjek-
tiv »rebellious« entspricht, während »revolting« mit »abscheulich«,
»scheußlich« oder »widerlich« zu übersetzen wäre. Außer Zuckmayer,
Biró und der Übersetzerin June Head arbeiten zu verschiedenen Zeit-
punkten die Drehbuchautoren Lester Cohen, Curt Siodmak und Arthur Wimperis, sowie der Regisseur des Films Josef von Sternberg an
dem Drehbuch. Im Januar 1937 veranlaßt das bei London Films herrschende Sprach-Babel Graves zu der sarkastischen Bemerkung, das
Claudius-Skript mit seinen Permutationen ins und aus dem Deutschen,
Ungarischen und Englischen sei ein einziger, riesiger Witz und man
könne über die Art und Weise, wie verschiedene Großkopferten sich
abwechselnd daran versuchten, nur lachen. Filme seien ein Ausdruck
des Wahnsinns, seien aber »all right«, wenn sie ihn hin wieder am

---

57 Zitiert nach dem Skript von *The Epic That Never Was*, S. 3 – 4. BBC WAC,
   Akte T14/2003/1.

Goldregen beteiligten.[58] Wie charakteristisch das angeführte Beispiel ist, läßt sich nicht feststellen, da June Heads Übersetzungen von Zuckmayers erhaltenen *Claudius*-Skripten nicht überliefert sind. Ganz so katastrophal, wie dies in Darstellungen von der sich auf Tagebuchnotizen und Äußerungen von Graves beziehenden Graves-Forschung erscheint, können sie nicht gewesen sein; denn dessen Skript enthält überraschend viel Material, das wortwörtlich aus dem Deutschen stammt und von ihm in den wenigen Tagen, die ihm für sein Skript zur Verfügung standen, kaum selbst übersetzt worden sein dürfte.

Die Spurensuche nach direkten Übernahmen wird durch Änderungen erschwert, die Zuckmayer bei London-Aufenthalten im Laufe des Jahres an dem überlieferten Material vorgenommen hat, aber verschollen sind.[59] Dennoch gibt es genügend Passagen an denen sich die Übernahme ganzer Szenen durch Graves nachweisen läßt. Dazu gehören unter anderem der Streit zwischen den beiden Senatoren, die gemeinsam mit Claudius in der Halle der Gerechtigkeit auf Caligula warten, Claudius' Gespräch mit Vitellius über die Ereignisse der Nacht und seine bevorstehende Ehe mit Messalina, sowie die Sequenz der Hochzeitsnacht, in deren Verlauf Claudius das Messer entdeckt, mit dem Messalina ihn erstechen wollte. Eindeutig identifizierbar sind Übernahmen in den Fällen, in denen Graves Kürzungen in der deutschen Vorlage vorgenommen hat, die in späteren Drehbuch-Fassungen von anderen Be-

---

58 »The *Claudius* scenario is a great joke: Its permutations in and out of German, Hungarian and English as various big-shots take turns at it would make you laugh. I don't care personally. Von Sternberg has it in hand now. … Films are insane: if they occasionally drop gold in our hats as we pass, that's all right.« (Graves an Julie Matthews, 18. Januar 1937 in: O'Prey, *Broken Images,* a.a.O. [Anm. 6], S. 275).

59 Dies geht aus einem 13-seitigen Fragment einer von June Head am 11. September 1936 erstellten Übertragung zweier Szenen aus dem ersten Teil hervor, die weder in Zuckmayers erhaltenen Szenarien noch in späteren Fassungen zu finden sind. In Abänderung der 10. Szene des ersten Teils der im Text angeführten Inhaltsangabe findet dort die Verhaftung des Claudius nicht in seinem Landhaus, sondern im Senat statt, mit der Begründung, er hätte während einer Rede Caligulas geschlafen. In der kurz darauf folgenden 12. Szene wird Caligulas Tobsuchtsanfall vor Beginn des von ihm inszenierten Balletts statt durch die nicht niederknienden Soldaten zunächst dadurch ausgelöst, daß er die Halle der Gerechtigkeit als Probenraum für sein Ballett benutzen wollte, und nicht damit gerechnet hat, dort Claudius und die beiden Senatoren vorzufinden, die auf ihre Verurteilung warten. *Composite Script,* S. 20-30.

arbeitern wieder rückgängig gemacht wurden. Dies ist zum Beispiel in der Szene der stürmischen Überfahrt nach Britannien der Fall. Bei Graves steht das von Zuckmayer erfundene Gebet, mit dem Claudius die Hilfe der Götter erfleht, in wortwörtlicher Übersetzung des deutschen Texts, wurde von ihm allerdings leicht eingestrichen. In einem undatierten, jedoch mit Sicherheit nach dessen Drehbuch von Mitte Oktober entstandenen Fragment erscheint es dagegen wieder ungekürzt.

Die Praxis, auf bereits bestehendes Material zurückzugreifen, verwendet er auch dann, wenn er etwa das folgende Gespräch zwischen Livia, Claudius und Caligula aus seinen Romanen übernimmt:

> LIVIA: By the way, have you noticed that monster there? He's been keeping unusually quiet during the meal.
> CLAUDIUS: Which, grandmother? [Roman: Who, Grandmother?] [...]
> LIVIA: That nephew of yours.
> CLAUDIUS: Is he a monster?
> LIVIA: Don't pretend that you're a bigger fool than you are. [Roman: Don't pretend you don't know it.] You *are* a monster aren't you Caligula?
> CALIGULA: [...] Whatever you say great-grandmother.
> LIVIA: Well Claudius. That monster there your nephew, I'll tell you about him. [Nicht im Roman: When my son Tiberius dies,] *he's going to be the next Emperor.*[60]

Ähnlich kopiert er die Beschreibung von Claudius' triumphalen Einzug in Rom nach dem erfolgreichen Feldzug gegen Britannien aus dem zweiten Teil seines Romans, versieht sie aber mit dem Hinweis, sie sei für den Film abzuändern: »The following description occurs in ›Claudius the God‹ (It will of course have to be modified).«[61]

III.1 Graves' Szenarium und Zuckmayers Drehbuch

An der von Zuckmayer für den Film entwickelten Grundstruktur und der von ihm erfundenen Idee, enttäuschte Jugendliebe als entscheidenden Auslösefaktor für Messalinas rapiden Charakterumschwung in die Handlung einzubauen, hält Graves fest. Das vorgegebene Gerüst erleichtert es ihm, ökonomischer und souveräner mit der Fülle des Materials umzugehen (mit dem er als Autor der Romane besser als jeder an-

---

60 Graves, *The Claudius Novels*, a.a.O. (Anm. 23), S. 244. Graves, *Claudius the Fool*, a.a.O. (Anm. 50), S. 9.
61 Graves, *Claudius the Fool*, a.a.O. (Anm. 50), S. 69.

dere vertraut ist). Rein äußerlich zeigt sich dies darin, daß er die Zahl der Sequenzen (bei ihm »Scenes« genannt) um zwei Drittel von 90 auf 30 reduziert.[62] Gelegentlich greift er auf von Zuckmayer nicht verwendete Ideen der Vorlage zurück, ohne daß dies den bereits festgelegten Ablauf des Geschehens ändert.

Graves' Vorgehensweise bei der Stoffkomprimierung wird bereits an der Handhabung und Umarbeitung der Anfangssequenzen deutlich. Zuckmayer beginnt mit einem, in zwei Sequenzen angelegten, Panorama des Lebens in Rom unter Tiberius. Der Pomp, mit dem der Kaiser sich feiern läßt, wird ebenso deutlich, wie die Angst der Bevölkerung vor Spitzeln, mit deren Hilfe der Diktator freie Meinungsäußerungen unterdrückt. Claudius wird erst in der darauf folgenden Sequenz vorgestellt als unfreiwilliger Priester, der sich nervös und umständlich auf die ihm widerliche Opferzeremonie vorbereitet. Das Gespräch, das er dabei mit ihm nahe stehenden Freunden führt, charakterisiert seine Großmutter Livia, ihr Verhältnis zu ihm und die zentrale Rolle, die sie innerhalb ihrer Familie und im Staat spielt. In Sequenz 5 wird sie dann persönlich vorgestellt, wie sie Caligula wegen seines herablassend-ironischen Verhaltens gegenüber Claudius tadelt und beide für den Abend zu sich zum Essen bestellt.[63] Graves beginnt, indem er Claudius zunächst in der ihm teuren Umgebung seines Landsitzes in der Campagne vorstellt. Er wird von seiner Umwelt geliebt und geehrt, geht human mit seinen Sklaven um, haßt die Stadt, die er seit 18 Monaten nicht mehr betreten hat (eine Einstellung, die Graves' eigene Gefühle gegenüber Besuchen in London widerspiegelt). Eine Botschaft von Livia beordert Claudius nach Rom, wo er als Priester des zum Gott erhobenen Kaisers Augustus eine Opferzeremonie leiten soll. Ehe er geht, beruhigt er seine Haushälterin Calpurnia, sie müsse sich keine Sorgen machen, seine republikanische Einstellung sei schließlich kein Verbrechen. In Rom angekommen beobachtet er in der nächsten Sequenz, wie ein verängstigter Lederhändler abgeführt wird. Auf Anfrage erfährt er, daß dieser von einem Kollegen denunziert wurde, der ihn als Konkurrenz ausschalten wollte. Reaktionen von Senatoren und Soldaten, an denen Claudius auf dem Weg zum Tempel vorbeikommt, zeigen, daß sie ihn

---

62 Die Zahl 90 für Zuckmayer ergibt sich aus der Zahl der Sequenzen in Fassung »D« (wobei, die letzte, nicht numerierte im Hinblick auf Zuckmayers Praxis, einen eindeutigen Ortswechsel als Sequenzwechsel anzusehen, als 47 gezählt wurde) und der in dieser Fassung fehlenden Sequenzen des Schlußteils von Fassung »A«.

63 Zuckmayer, Fassung »D«, S. 1-7.

nicht ganz ernstnehmen, was dann in Sequenz 3 im Tempel selbst durch
andere Senatoren und Caligula drastisch vorgeführt wird, die ihm sein
Stirntuch wegnehmen und ihn als stark Körperbehinderten mühselig danach suchen lassen, bis die hinzutretende Livia alle zum Beginn der Opferzeremonie auffordert und Claudius zum Abendessen einlädt.[64]

Graves schafft es hier, auf gedrängtem Raum mit wenigen Strichen
die meisten der für Claudius und die Entwicklung der Handlung wichtigen Persönlichkeiten vorzustellen: Die ihm auf seinem Landsitz nahe
stehenden Menschen (Calpurnia und sein von ihm freigelassener Sekretär und Vertrauter, der Eunuch Posides), seine Gegner in der Stadt (die
Senatoren Sentius und Lepidus) und seine nächsten Verwandten (seine
Großmutter Livia und sein Neffe Caligula). In der Filmzeit, die Zuckmayer benötigt, um das Klima der Angst in Rom, Claudius' Unsicherheit als Opferpriester, und dessen Verhältnis zu Livia und Caligula auf
die Leinwand zu bringen, macht Graves (der auf die Opfervorbereitungen und damit auf Claudius' diesbezügliches Unbehagen verzichtet) die
Zuschauer zusätzlich mit der in beiden Lebensbereichen seines Protagonisten vorherrschenden, unterschiedlichen Atmosphäre vertraut
und stellt ihn als unerschrockenen Republikaner und Humanisten vor.
Graves' Bestrebungen, den Stoff stärker zu konzentrieren, sind ebenfalls in der anschließenden Sequenz des Abendessens bei Livia zu erkennen, die bei Zuckmayer zwölf, bei ihm aber nur gut fünf Manu-
skriptseiten umfaßt. Die Dialoge übernimmt er dem eignen Roman
teilweise wortwörtlich, kürzt jedoch drastisch, sobald sie ihm ab der
Stelle auszuufern scheinen, an der Livia Claudius das Versprechen ab-
nimmt, sie zur Göttin zu erheben. Wenn er Passagen des deutschen
Skripts übernimmt, streicht er ähnlich konsequent, selbst bei kurzen
Wortwechseln, wie im folgenden Fall, in dem Claudius nach der Landung in Britannien seinem Freund Vitellius (bei Graves: Posides) gegenüber seine Zufriedenheit darüber zum Ausdruck bringt, daß er keine
militärische Ausbildung genossen hat.

Zuckmayer:
CLAUDIUS: Sag, Vitellius, warst Du jemals früher Soldat?
VITELLIUS: Niemals Caeser.
CLAUDIUS: Hast Du auch nie einen Feldzug mitgemacht?
VITELLIUS: Keinen einzigen.
CLAUDIUS: Den Göttern sei Dank. Endlich ein Mensch, der kein
   Fachmann ist. Jetzt werden wir siegen.[65]

64 Graves, *Claudius the Fool*, a.a.O. (Anm. 50), S. 1-7.
65 Zuckmayer, Fassung »A«, S. 127.

GRAVES:

CLAUDIUS: Posides, were you ever a professional soldier?

POSIDES: No, Caesar!

CLAUDIUS: Thank God. That makes two of us.[66]

Im Rahmen seiner Bemühungen um ein schlankes, flüssiges Skript hat Graves die Zahl der auftretenden Charaktere reduziert. In Zuckmayers Besetzungsliste werden 39 Personen aufgeführt. Bei Graves, der auf eine derartige Aufstellung verzichtet, liegt die Zahl wirklicher Rollen unter 30. Er läßt bei Zuckmayer wichtige Charaktere weg, ändert ihre Namen, oder kombiniert ihre Charakteristika und Funktionen neu. Ferner sind die Loyalitäten seiner Figuren klarer definiert. Bei Graves zählen Calpurnia, Sekretär Posides, Arzt Xenophon und Senator Vitellius zu Claudius' Freunden und engsten Vertrauten. Sentius, Lepidus und Asiaticus sind schleimige Senatoren, die Caligula nach dem Maul reden, und Claudius' Gegner. Messalinas Jugendliebe heißt hier Valens (statt Appius), der neben Cassius zweite Mörder des Caligula nennt sich Sabinus (statt Lupus). Silius ist Messalinas letzter Liebhaber geblieben, hat aber als Senator und Großgrundbesitzer nicht den Ruf eines Spielers. Ebenfalls übernommen sind General Plautius (der Claudius' Kriegsstrategien in Britannien zunächst anzweifelt) und Messalinas Mutter Domitia, sowie Caligulas Schwestern. Zuckmayers schmieriger Intrigant und Kuppler Posides fällt fort, ebenso General Justus, dessen dramaturgische Funktionen als auf Claudius' Seite stehender Kommandant der Palastwache im 2. Teil Vitellius übernimmt (der im Gegensatz zu Justus von Messalinas »Freunden« nicht hingerichtet wird).

Bei der Entwicklung der ursprünglich für den ersten Teil des Films vorgesehenen Handlung (d.h. bis zu Claudius' Urteilsspruch über die Caligula-Mörder) folgt Graves Zuckmayers Vorgaben unter Auslassung von dessen Sequenzen 8, 9, 11, 15, 19, 22 und 23. (Unter anderem fallen damit fort: Die Senatssitzung, in der Caligula zum Gott erklärt wird und dieser die Erhebung neuer Steuern fordert; das Entfernen von Münzen aus den Mündern der Toten in der Kaisergruft; das Feilschen zwischen Posides und Messalinas Mutter um die Mitgift; und die leicht sentimentale, romantische Szene, in der die Erfolge des Griechischunterrichts demonstriert werden, den Claudius Messalina erteilt hat, und in der er ihr vorschlägt, sie müßten eine Sprache der Liebe erfinden. Obgleich konzentrierter, bleibt das Geschehen das gleiche wie bei Zuckmayer. Details ändern allerdings die Atmosphäre, wie ein Ver-

---

66 Graves, *Claudius the Fool*, a.a.O. (Anm. 50), S. 62-63.

gleich der abendlichen Sequenz zeigt, in der Claudius sich mit Freunden auf seinem Landsitz über die politische Lage im Land unterhält.[67]

III.2 Stimmungsunterschiede

Schon die Wahl der anwesenden Personen weist auf unterschiedliche Ansätze hin. Bei Zuckmayer sind außer Calpurnia (die die Gäste mit Landwein und Früchten bedient), Senator Vitellius (»ehemaliger Offizier ... Einfacher, schlichter Charakter. – Er ist dem jüngeren Claudius, dessen überlegenen Geist er abgöttisch bewundert und verehrt, bedingungslos ergeben.«[68]) und Arzt Xenophon Claudius' Lehrer Athenodorus und ein greiser Gelehrter namens Asinius Pollio zugegen, den Claudius im Verlauf des Gesprächs bittet, eine Passage über die Freiheit aus den Werken von dessen Freund Livius vorzulesen. Der auf historische Details achtende Graves dürfte beim Lesen dieser Namen in Verbindung mit dem des 17 n. Chr. verstorbenen römischen Historikers Titus Livius Magenschmerzen bekommen haben. (Athenodorus war einer der Bildhauer der berühmten Laokoon-Gruppe, Asinius Pollio Politiker und Schriftsteller, der unter anderen Vergil und Horaz gefördert hat.) In dieser Zusammensetzung signalisiert Zuckmayers Personenkreis von vornherein schwergewichtige Gespräche. Graves dagegen ist an einer unkomplizierten Diskussionsrunde interessiert. Bei ihm sitzen Claudius, Xenophon und Vitellius (soweit dies unter den politischen Gegebenheiten möglich ist) entspannt auf Sofas. Calpurnia strickt, und Posides kopiert beim Licht einer Laterne Manuskripte. Die Inhalte und Themen beider Gesprächsrunden sind zunächst die gleichen, werden aber bei Graves in schlichterer Form vorgetragen. Die Reaktion auf eine kurz eingeschobene Warnung, bei offenem Fenster nicht so laut zu reden, liest sich bei ihm so:

> CALPURNIA: Take care, my lord. The windows are open.
> CLAUDIUS: Leave them open. Let in the air. It's about the only clean thing left in this corrupt age.
> VITELLIUS: (slowly) I don't know. It's remarkable how much a people will stand![69]

---

67 Zuckmayer, Fassung »D«, S. 24-28; Graves, *Claudius the Fool*, a.a.O. (Anm. 50), S. 16-19.
68 Zuckmayer, Fassung »D«, Besetzungsliste.
69 Graves, *Claudius the Fool*, a.a.O. (Anm. 50), S. 17.

Bei Zuckmayer heißt es an der gleichen Stelle:

VITELLIUS: Sprecht nicht so laut. Die Fenster sind offen.
ASINIUS: Freilich sind sie offen. Wir werden uns die gute Nachtluft nicht von dem üblen Brodem der Zeitläufte verpesten lassen.
CLAUDIUS: Ich denke, mein Häuschen hat keinen Reiz für die Lauscher vom Sicherheitsdienst ... Ich bin ein Außenseiter.[70]

Nachdem beide Gruppen über die Exzesse von Caligulas Terrorherrschaft gesprochen haben, endet die Unterhaltung (ehe Cassius an die Tür klopft, um Claudius zu Caligula zu bringen) bei Graves damit, daß Claudius sich nach der Weinernte erkundigt und anschließend Calpurnia für die von ihr dabei geleistete Arbeit lobt. Da sie hofft, er würde in ihr mehr als nur eine gute Haushälterin sehen, bemüht sich Vitellius anschließend, die Wirkung des Faux-pas' seines Freundes zu mildern, indem er auf Calpurnias schöne Augen anstößt:

CLAUDIUS: Calpurnia, how did the vintage work out?
CALPURNIA: Not badly. About five hundred measures of wine.
CLAUDIUS: You're a good girl, Calpurnia.
(Calpurnia looks up, radiant)
About the best one I ever engaged. And *really* trustworthy.
(She looks disappointed. It is clear that she loves Claudius.)
Well, at least, we'll never starve here.
A toast – to honest poverty!
VITELLIUS: And the pretty eyes of Calpurnia.
(She looks gratefully at Vitellius. All drink, including Posides, who takes his cup from Calpurnia but continues writing his eyes still fixed on the task.
A loud knock.)[71]

Mit wenigen, einfachen Worten erweckt Graves hier die private Welt des Claudius zum Leben mit ihren herzlich-warmen Beziehungen, Freuden und kleinen Enttäuschungen, eine Welt, die im Gegensatz zu der in Rom gemütlich und vertraut wirkt. Das Gespräch der von Zuckmayer gezeichneten Gruppe entwickelt sich dagegen unter Einsatz bedeutungsschwangerer Phrasen wie »Kraft des Gedankens« und »Triumph der Wahrheit« zu Betrachtungen über die Freiheit, die in einer Art Rütli-Schwur gipfeln:

70 Zuckmayer, Fassung »D«, S. 24.
71 Graves, *Claudius the Fool*, a.a.O. (Anm. 50), S. 18.

VITELLIUS: (unbeirrt) Du! *Du* hast die Kraft des Geistes und des
   Gewissens! Ich bin nichts als ein Arm – ein Schwert – ein Schild
   vielleicht – (glühend) Aber mein Leben gehört Dir!
CLAUDIUS: Mir – ?
VITELLIUS: Ich glaube an Dich.
CLAUDIUS: (sehr ernst) Bewahr es der Zukunft, Vitellius. Bewahr es
   der wiederkehrenden Republik!
   (er hebt seinen Becher)
ATHENODORUS: Der wiederkehrenden Gerechtigkeit!
   (hebt den Becher)
ASINIUS: Der erwachenden Weisheit!
   (hebt den Becher)
XENOPHON: Der wieder geheiligten Menschenwürde!
   (hebt den Becher)
Claudius: Die Götter hören uns.
   (schüttet etwas Wein rückwärts über seine Schulter – die Andren
   folgen seinem Beispiel – dann trinken alle).
   Es pocht an der Tür.[72]

Calpurnia nimmt, obwohl anwesend, an diesem Ritual der durch Män-
nerfreundschaft zusammengeschweißten Runde nicht teil. Während sie
bei Graves gleichberechtigt dabei sitzt, strickt und am Gespräch beteiligt ist, besteht ihre Hauptfunktion bei Zuckmayer darin, den politisie-
renden und philosophierenden Herren Wein einzuschenken.

   Derlei Stimmungsunterschiede lassen sich an zahlreichen Kleinigkei-
ten beobachten. So geht es bei der von Graves dargestellten Palastwache weniger idealistisch und heldisch zu, wenn die Mörder des Caligula
Claudius' Urteilsspruch mit »anxiety and scorn«[73] (»ängstlicher Sorge«
und »Verachtung«) erwarten, während Cassius seinem frisch gekrön-
ten Kaiser im deutschen Skript »mit grossem Blick in das Antlitz«
schaut.[74] Als Caligula dem Senat sein in eine prunkvolle Toga gehülltes
Pferd Incitatus als neues Mitglied vorstellt, wird es im englischen Szenarium von Dienern begleitet, die ihm Wein in einem goldenen Eimer,
sowie Kuchen und Äpfel reichen.[75] Bei Zuckmayer bringt der Stallbur-
sche Schippe und Besen mit, mit denen er am Ende der Senatsszene die

72 Zuckmayer, Skript »D«, S. 27.
73 Graves, *Claudius the Fool*, a.a.O. (Anm. 50), S. 46.
74 Zuckmayer, Fassung »E«, S. 60.
75 Graves, *Claudius the Fool*, a.a.O. (Anm. 50), S. 31.

Pferdeäpfel beseitigt.[76] Der unterschiedliche kulturelle Hintergrund der Autoren macht sich bemerkbar, wenn es um Bezüge zur Gegenwart geht (auf die Zuckmayer praktisch verzichtet). Die Senatsrede, in der Claudius das Verschwinden der römischen Weinkneipen bedauert, könnte vom Inhalt – und von den Namen der Etablissements – her ebenso gut ein Aufruf zur Rettung der englischen Pub-Kultur sein:

> There has been a great falling off in the number of jug and bottle houses in the last few years. Why, five years ago, within a quarter of a mile of my house in the Palatine, there were at least fifteen – no, what am I saying? at least twenty-five jug-and-bottle houses, and now there aren't more than three or four. And they served good wine too. There was ›The Flask‹ and ›The Bacchus‹, and ›The Veteran‹, and ›The Two Brothers‹, and ›The Glory of Agrippina‹, and ›The Swan‹ ...[77]

Bei Graves sind jene Szenen, in denen Claudius sich für die ärmeren Bevölkerungskreise einsetzt, deutlich vom britischen Klassenbewußtsein und den Kämpfen der Arbeiterklasse des Landes in den frühen 1930er Jahren geprägt, wenn der Kapitalist Lepidus sich über Claudius mit den Worten beklagt: »He is so tiresomely fond of the working classes. Thinks more of them than of *us* I do believe«[78] und sein Kollege Silius ihm augenzwinkernd zustimmt: »Why pamper the working classes. Cold water, bread, beans, cabbage are good enough for the working classes.«[79] Graves' Claudius steht dem Volk erheblich näher als Zuckmayers, der eher ein mit den Armen sympathisierender aristokratischer Intellektueller ist, der sich aus privilegierter Position für die Interessen des Volkes einsetzt.

III.3 Graves' und Zuckmayers Messalina

Auch in dem ursprünglich als separater Film konzipierten zweiten Teil hält Graves sich an Zuckmayers Grundkonzept, kürzt dessen Material ebenso radikal wie im ersten und verschiebt die Schwerpunkte. Seine Entscheidung, den schmierigen Posides zu streichen (womit Zuck-

---

76 Zuckmayer, Fassung »D«, S. 22. Dieser in allen seiner Fassungen enthaltene Vorgang erschien Zuckmayer schließlich doch wohl zu vulgär und wurde von ihm in Skript »D« handschriftlich gestrichen.

77 Graves, *Claudius the Fool*, a.a.O. (Anm. 50), S. 49.

78 Ebd., S. 47.

79 Ebd., S. 49.

mayers Sequenzen 34, 35, 51, 52 und der Anfang von 53 wegfallen),
hat dramaturgisch Konsequenzen für die Entwicklung der Handlung
um Messalina und die Interpretation ihrer Rolle. Bei Zuckmayer fädelt
Posides (gemeinsam mit ihrer Mutter Domitia) die Rückkehr ihrer Jugendliebe Valens ein. Später hilft der schmierige Geschäftemacher ihr
beim Vernichten inkriminierender Dokumente und der Suche nach
Wertgegenständen, um ihre Schulden zu decken. Er ist es, der für sie
mit Hilfe von Livias Gift die Freunde des Claudius, die ihr gefährlich
werden können, beseitigt. Posides ist Kuppler und Versucher, dessen
Bemühungen, sie mit Schmuck zu ködern, Messalina zunächst wider-
steht. Zuckmayer dient er dazu, Messalinas Wandlung allmählich und
als inneren Kampf ihrer guten und schlechten Seiten darzustellen. Als
Posides versucht, über Messalina den sie abgöttisch liebenden Claudius
für die Sache der Großkapitalisten zu gewinnen, deutet Zuckmayer
erstmals ihre Geschäftstüchtigkeit und ihre Bereitschaft an, zum Erreichen ihrer Ziele auch vor illegalen Mitteln nicht zurückzuschrecken. In
diesem Fall mit positiven Ergebnissen; denn Claudius nutzt Urkunden
über die dunkle Vergangenheit und die dubiosen Geschäftspraktiken
seiner Gegner, die Messalina ihm mit Posides' Hilfe beschafft hat, um
seine Widersacher im Senat vor die Alternative zu stellen, für seine
Reformen zu stimmen oder sie öffentlich der Korruption anzuklagen.
Obgleich Messalina Claudius gegenüber von vornherein eine gewisse
körperliche Distanz wahrt, achtet und schätzt sie ihn wegen seiner »inneren Schönheit«, weil er Verständnis für sie aufbringt und sich –
wenngleich er ihre Nähe immer wieder sucht – ihr nicht aufdringt. In
gewissem Sinne liebt sie ihn sogar und hat ein Kind mit ihm. In seinem
Kampf gegen Korruption und für die Verbesserung der Lebensbedingungen der Masse steht sie zunächst voll auf seiner Seite und unterstützt ihn mit allen ihr zur Verfügung stehenden Mitteln. Bei Zuckmayer
ist sie es, die ihm die Kraft gibt, sich als Kaiser durchzusetzen; aus
Zuckmayers Perspektive wird Claudius in der Tat erst durch Messalina
zu einem richtigen Mann:

> CLAUDIUS: Du hast mir soviel Kraft gegeben, Messalina – – Ich kann
> schon alleine denken, und reden, und gehen – – wie ein richtiger
> Mann!! (er beugt sich zu ihr, nimmt sie in die Arme, – drängend, –
> werbend) Willst Du nicht wieder zu mir ziehn, Messalina – Seit
> das Kind da ist – hab ich Dich nicht mehr bei mir – Vielleicht wür-
> dest Du dann besser schlafen – Ich möchte Dich wieder an meiner
> Seite atmen hören – und lauschen darauf – – Komm zu mir – Mes-
> salina – (fast bettelnd) Komm zu mir – –

MESSALINA: (biegt den Kopf zurück – mit offenen Augen) Du mußt mir noch etwas Zeit lassen, Claudius – Ich fühle mich noch zu schwach –

CLAUDIUS: (sehr ungeschickt von ihr ablassend, verlegen, beschämt) Verzeih – ich war rücksichtslos – Ich werde Dich nicht mehr drängen –[80]

Ab diesem Gespräch, in dem sie ihm zuvor praktische wirtschafts- und finanzpolitische Ratschläge erteilt hat, vollzieht sich ihre Entwicklung zur libertinen, nur auf den eigenen Vorteil und das eigene Vergnügen ausgerichteten, herrschsüchtigen Kaiserin in Stufen. Die Ankündigung von Valens' Ankunft in Rom erregt sie. Ihre Enttäuschung und Wut über dessen Ablehnung ihres Liebeswerbens steigert sich, als ihre Mutter ihr gesteht, sie selbst und Posides hätten dessen Rückkehr betrieben. Valens' Selbstmord schließlich verändert und verhärtet sie völlig.

Im Gegensatz zu Zuckmayer gibt Graves von vornherein Hinweise auf Messalinas wahren Charakter und zukünftige Entwicklung. Als Claudius zögert, sich von den Soldaten zum Kaiser krönen zu lassen, denkt sie zu allererst an sich selbst, wenn sie ihn drängt: »For my sake, Claudius, do what they ask of you. For the sake of our unborn child. We'll all be murdered if you refuse. They've killed Caesonia. They're after you and me!«[81] Während die Soldaten auf Claudius eingeschworen werden, sitzt sie auf einem Stuhl »very proud and excited« neben ihm[82] und stößt ihn, da er vor sich hinstarrt und die Zeremonie nicht zur Kenntnis zu nehmen scheint, mit warnender Stimme an: »Claudius, acknowledge their salute!«[83] Bei Graves gibt es nach der ihnen aufgezwungenen Hochzeitsnacht keine vertraulichen Gespräche zwischen den so unterschiedlichen Eheleuten. Ihrer Mutter erklärt Messalina in ihrem ersten Auftritt nach der Kaiserkrönung, sie könne Claudius' Güte und Rücksichtnahme nicht ertragen, hasse ihn gar dafür: »O mother, I can't bear it. I don't know what I want. He gives me everything. He couldn't be more considerate. I ... I hate him.«[84] Im Innersten sei sie ein schlechter Mensch und sehne sich nach einem Mann, der sie beherrscht und ihr sagt, wo's lang geht; denn: »O for a man who was really a man! Someone to order me about instead of making a sort of goddess of me. I'm not good enough for that. You know, mother, I'm a

---

80 Zuckmayer, Fassung »D«, S. 83.
81 Graves, *Claudius the Fool*, a.a.O. (Anm. 50), S. 44.
82 Ebd., S. 45.
83 Ebd., S. 46.
84 Ebd., S. 50.

bad woman at heart. Only I've not got the courage to be bad.«[85] Als Claudius den Erbauern der Hafenanlage mit der Todesstrafe droht, wenn sie ihre Arbeit nicht zügig vorantreiben, lacht sie ihm ins Gesicht und erklärt sarkastisch: »Quite the tyrant now, Claudius, my dear.«[86]

IV. Drehbuchentwicklung bei London Films

Korda steht, als er Graves' Drehbuchfassung liest, bereits unter Zeitdruck. Sein Exklusivvertrag mit Charles Laughton läuft im April 1937 aus. Auseinandersetzungen mit dem komplexen und schwierigen Star während der gemeinsamen Arbeit an *Rembrandt* veranlassen ihn, Pläne, den *Claudius*-Film selbst zu inszenieren, fallen zu lassen und Mitarbeiter von außen zu engagieren. Zeitweilig denkt er dabei an William Cameron Menzies, der kurz zuvor den Science Fiction Film *Things to Come* (Kordas Antwort auf Fritz Langs *Metropolis*) gedreht hat. Sechs Tage nach der *Rembrandt*-Uraufführung in London meldet eine kurze Notiz in der *Times* am 12. November 1936, Korda hätte den Hollywood-Regisseur Josef von Sternberg für die Regie gewonnen. (Angeblich ist die Verbindung dadurch zustande gekommen, daß Marlene Dietrich Korda als Gegenleistung für den Erlaß einer ihr noch zustehenden Restgage veranlaßt haben soll, ihrem Entdecker angesichts seines sinkenden Filmruhms die Möglichkeit zu einem Come Back zu geben.[87]) In der Folgezeit dürfte auch der amerikanische Drehbuchautor Lester Cohen engagiert worden sein. Möglicherweise hat dieser (gemeinsam mit Curt Siodmak?) als bislang Unbeteiligter an der Weiterentwicklung des zweiten Skripts mitgewirkt, dessen Sequenzen im Gegensatz zu den Szenarien von Zuckmayer und Graves, nicht durchnummeriert oder durch Buchstaben gekennzeichnet sind, sondern durch Kameraeinstellungen und -bewegungen, sowie die bei Drehbüchern übliche Aufteilung, nach der die linke Hälfte einer Drehbuchseite technische Angaben enthält und die rechte die Dialoge. Die überlieferten Materialien zu der jetzt entstehenden Fassung unterscheiden sich auch stilistisch von den beiden bereits bestehenden. Die Charaktere – beson-

85 Ebd., S. 51.

86 Ebd., S. 52.

87 Unter dem Titel »Marlene and Joe Get Together« meldet *Film Weekly* am 14. November 1936, Dietrich und Sternberg hätten sich in der Vorwoche in London getroffen und beabsichtigten, drei Filme miteinander zu machen. Bei der Gelegenheit erklärte Sternberg, er wisse noch nicht ob einer davon in England gedreht werden würde.

ders Messalina – sind drastischer portraitiert, ihre Sprache ist deutlicher und direkter. Zur weiteren Entwicklung des *I Claudius*-Drehbuchs sind in den »Special Collections« des British Film Institutes in London die folgenden (überwiegend von »London Films« im April 1987 übergebenen) Drehbuchmaterialien zu finden:

1. *Composite Script* [meine Benennung], Signatur SNo 1000 meist undatiert (überwiegend vermutlich November bis Mitte Dezember, 1936) bestehend aus:
a. Skript-Synopsis, 7. Dezember 1936, 10 Seiten, 25 Sequenzen;
b. Übersetzung zweier Sequenzen durch June Head, 11. September 1936;
c. Sequenz J;
d. Handschriftlicher Übersetzung und Zusammenfassung von Sequenz J;
e. Seite 20 eines vervielfältigten, nicht überlieferten Skripts, die vermutlich zufällig in dieses Skript hineingeraten ist, da sie dem Inhalt nach aus einem späteren Skript stammt;
f. Undatiertes, maschinenschriftliches Originalskript (S. 39-67) der zweiten Hälfte des ursprünglich ersten Teils des Films (Darstellung der Terrorherrschaft des Caligula bis zur Verkündung des Todesurteils für dessen Mörder durch Claudius);
g. Durchschlagkopie eines nicht datierten, maschinenschriftlichen Skripts des Inhalts des ursprünglich zweiten Filmteils (S. 60-150, 152) mit handschriftlichen und maschinenschriftlichen Änderungen;
2. *Claudius. Second Script* (1), Signatur S 10834, 17. Dezember 1936, 39 Seiten (Inhalt des ursprünglich ersten Teils bis zum Gespräch zwischen Claudius und Messalina in der Hochzeitsnacht).
3. *Claudius. Second Script* (2), Signatur S 10835, wie S 10834 mit zahlreichen handschriftlichen Änderungen.
4. *Claudius. Combined Script*, Signatur S 7343, [30. Dezember 1936],[88] 78 Seiten (vollständige Fassung der beiden ursprünglichen Teile).
5. *Claudius*, Signatur S 8754, 27. Januar 1937, 54 Seiten (Handlung bis zur Abreise von Claudius nach Britannien).
6. *Final Script*, Signatur S 8753, 30. Januar 1937, 35 Seiten (Handlung bis zur Ernennung des Claudius zum Kaiser durch die Soldaten).
7. *X Script*, Signatur »Balcon Collection«, 3. Februar 1937, 69 Seiten (vollständige Fassung des von Sternberg verwendeten Drehbuchs).

---

88 Die auf diesem Exemplar fehlende Datierung beruht auf Angaben in John Woodrow Presleys Artikel (Vgl. Anm. 5).

Die unter dem Titel *Composite Script* erwähnten Fragmente sind Teil einer Zusammenstellung von Szenen aus sechs verschiedenen Skripten, deren vollständige Kopien nicht nachweisbar sind. Auf den ersten Blick scheint es sich um ein Sammelsurium von Überbleibseln zu handeln, die, da nirgendwo sonst unterzubringen, bei der Auflösung der London Film Unterlagen zusammengefaßt wurden. Bei näherer Betrachtung drängt sich jedoch der Verdacht auf, daß es sich hier um eine bewußte Zusammenstellung der Claudius-Handlung aus verschiedenen Skripten handelt. Mit Ausnahme der fragmentarischen ersten Hälfte des ursprünglich ersten Teils (in der entscheidende Szenen fehlen) gehen die Inhalte der schon äußerlich unterschiedlichen Skriptteile ineinander über. Nur die Synopsis und die Übersetzungsblätter von June Head sind undatiert. Das umfangreichste, in sich geschlossene Material besteht aus den Skripten 1.f und 1.g, die zur Entwicklungsphase des *Second Script* gehören und inhaltlich etwa dreiviertel der Filmhandlung umfassen. Die beiden *Claudius. Second Script*-Fragmente sind identisch. Das zweite (Signatur S 10835) stellt insofern eine Weiterentwicklung dar, als es mit zahlreichen handschriftlichen Veränderungen versehen ist. Diese Fassung dürfte Ende Dezember mit Zuckmayers Szenarium zum *Combined Script* vereinigt worden sein, das den Ausgangspunkt zur Entwicklung des später als Drehbuch benutzten *X Script* bildet, an dessen Ausarbeitung Josef von Sternberg wesentlich beteiligt war.

IV.1 *Claudius. Second Script*

Korda dürfte das auf den 17. Dezember datierte »Zweite Skript« ursprünglich als Ergebnis seiner Graves am 23. Oktober angekündigten 10-tägigen Überlegungen in Auftrag gegeben haben. Allem Anschein nach repräsentieren die beiden (maschinenschriftlichen) letzten Teile des *Composite Script* 1.f und 1.g Entwicklungsstufen des (vervielfältigten) *Second Script*. Ein direkter Vergleich dieser Materialien ist nicht möglich, da die beiden überlieferten Fragmente des letzteren an der Stelle abbrechen, an der die *Composite Script*-Materialien 1.f und 1.g beginnen. Äußeres Indiz dafür, daß beide dennoch der gleichen Entwicklungsstufe angehören, sind die detaillierten Angaben über Kameraeinstellungen und -fahrten, die in dieser Form nur hier (und nicht einmal im endgültigen *X Script*) zu finden sind.[89] Das vermutlich aus mehreren

---

89 Bei Graves gelegentlich zu findende Hinweise wie »A knocking on the door. Shot of Domitia, Messalinas mother, a handsome woman in the middle thirties, knocking. Domitia: ›You must go Valens.« A pause: no

Mitarbeitern bestehende Autorenteam setzt sich aus erfahrenen Leuten zusammen, die von vornherein in filmischen Kategorien denken. So werden die Szenen der Terrorherrschaft des Caligula durch eine rapide ablaufende Montagesequenz ersetzt, die in knappen Darstellungen die zum Mord des Tyrannen führende, brutale Ausbeutung und Unterdrückung der römischen Bevölkerung durch den Kaiser auf knappem Raum zusammenfaßt. Außerdem wird auf die Romanvorlage zurückgegriffen, wenn Claudius zum Beispiel gegen Ende des Films erklärt, er müsse sich um Unruhen im östlichen Teil des Römischen Reichs kümmern, die vermutlich auf Machtbestrebungen des (in den Szenarien von Zuckmayer und Graves nicht erwähnten) Herod Agrippa zurückzuführen seien.[90]

Ausgangspunkt der Arbeit ist eindeutig das Skript von Graves. Verschiedentlich erscheinen Aufforderungen an die Produktion, ihn zu konsultieren. In den Regieanmerkungen zu Livias Abendessen mit Caligula und Claudius heißt es »Slaves bring washing basins for the diners (if Mr. Graves agrees)«.[91] Dahinter steht das Bemühen, Graves' Korda gegenüber zum Ausdruck gebrachten Forderungen nach historischer Genauigkeit zu entsprechen. So ist Messalinas Anordnung im Verlauf des Empfangs der aus der Verbannung zurückkehrenden jungen Aristokraten »Macellus Fabius is appointed Lord Chamberlain to the Imperial Household« mit dem Zusatz versehen: »(Or: Commander of the Guard Cavalry or whatever Mr. Graves wants)«.[92] Am deutlichsten werden Graves' Einwände in der Sequenz des Feldzugs gegen die Britannier berücksichtigt. London wird hier bereits von den Römern kontrolliert, die Entscheidungsschlacht findet bei Colchester statt, und Claudius denkt – da der junge britannische König gefallen und dessen Bruder nach Wales geflüchtet ist – mit einem alten Druiden (statt mit Cymbeline) über die Existenz der Götter nach. Das, was gesagt wird, kommt allerdings von Zuckmayer.[93] Ebenso wird das Catull-Gedicht, mit dem Claudius in der Hochzeitsnacht Messalinas Achtung gewinnt, aus dem Deutschen ins Englische übersetzt, obgleich Graves die von Zuckmayer gewählte Passage aus den »Carmina« wohl nicht passend

answer[,] she knocks again. Camera switches back to the inside of the room« (*The Fool of Rome*, S. 29) können kaum als filmtechnische Hinweise angesehen werden.

90 *Composite Script*, S. 125 f.
91 *Second Script (2)*, S. 7.
92 *Composite Script*, S. 79.
93 Ebd., S. 102-103. Zuckmayer, Fassung »A«, S. 137 f.

erschien, da er in seinem Skript ausdrücklich bittet, bei der Abschrift
an der entsprechenden Stelle Platz für einen von ihm zu liefernden Text
zu lassen: »Here leave a gap for suitable Catullus quotation until I can
get the right one.«[94] Wer immer am *Second Script* und an den dazu gehörenden *Composite Script* Materialien arbeitet, kennt und verwendet
sowohl Zuckmayers Szenarium wie das von Graves. So heißt der Claudius treu ergebene General in den *Composite*-Unterlagen wieder wie
im Deutschen Justus und in der »Halle der Gerechtigkeit« zittern neben
Claudius die Senatoren Sentius und Posides statt, wie bei Graves (und
später wieder im *Second Script*), Sentius und Asiaticus ihrem Todesurteil entgegen. Andererseits wird der erstmals bei Graves auftauchende
Gedanke übernommen, den kurz vorm Einschlafen stehenden Claudius
während eines nach Messalinas Auftritt stattfindenden Gelages von
Caligula und seinen Gästen mit Dattelsteinen zu bewerfen.

Hinter derlei Äußerlichkeiten stehen einschneidende Verschiebungen. Die Dialoge werden in den zum *Second Script* gehörenden Fassungen knapper, direkter, deutlicher. Die Entwicklung einzelner Situationen erscheint konzentrierter, die Charaktere sind prägnanter. Dies gilt
insbesondere für Messalina, die, auf Graves' Interpretation der Figur
aufbauend, von vornherein entschlossener, rücksichtloser, egoistischer
auftritt und sich damit weit von Zuckmayers gelehriger Schülerin entfernt, die, von Claudius' Liebe zur Dichtkunst beeindruckt, Fremdspra-
chen erlernt und ihn (ehe sie sich zur rücksichtslosen Tyrannin mausert)
in seinen Bemühungen um eine fairere römische Gesellschaft unterstützt. Beispiele für diese Entwicklung lassen sich in kleinen Details
ebenso finden, wie in ganzen Szenen. Wenn Messalina Valens über ihre
Begegnung mit Caligula mit den Worten berichtet »… when he looked
at me I was shivering for fear that he might take me like a slave girl«
wird im *Second Script* ihre Angst vor einer Vergewaltigung durch den
Kaiser deutlich ausgesprochen. Später scheint den Autoren diese Formulierung zu direkt, und sie ändern sie nachträglich per Hand in »I
thought he was going to use me like a slave girl«.[95]

Nach ihrem Aufstieg zur Kaiserin läßt Messalina Caligulas Schwestern Lesbia und Agrippina warten, um sich wegen der Behandlung, die
sie früher durch sie erfahren hat, zu rächen. Dabei wird betont, daß sie,
was ihre Machtposition betrifft, in die Fußstapfen der verstorbenen
Livia getreten ist. Ihre Tendenz zum Sadismus und ihre Rachegefühle

---

94 Vgl. Graves, *Claudius the Fool*, a.a.O. (Anm. 50), S. 35. Fassung »D«,
   S. 47 f. *Second Script (2)*, S. 36 f.
95 *Second Script* (2), S. 30.

offenbart sie, als Valens erklärt, er wolle Rom verlassen, und sie ihm als Grund, dafür, daß ihr alle Macht im Staat übertragen wurde, angibt: »So that I can – – (with a touch of lust and sadism) – have you whipped – tortured – crucified – –?« Auf seinen Erklärungsversuch, er wolle sich der Gefahr eines Verhältnisses mit ihr entziehen, reagiert sie mit »You flatter yourself if you think my honour isn't safe with you. You will stay here because you are a servant in the Imperial household – *my* servant – and you will obey my orders.«[96] Ähnlich wie bei Graves werden die Orgien-Sequenzen mit Vermerken wie »the censor is the limit«[97] oder »In the garden there can be as much orgiastic revelry as the censor will allow«[98] versehen. Messalina lebt ihre sexuellen Begierden voll aus. Als ihr derzeitiger Liebhaber Polybius ihre Erwartungen nicht erfüllt, greift sie sich den Schauspieler Mnester, um mit ihm vor aller Augen zu demonstrieren, was sie von Polybius in punkto Sex erwartet. Gleichzeitig geht es ihr bei dieser Zurschaustellung darum, den weniger erfahrenen jungen Mann zu zwingen, seine Eifersucht zu unterdrücken. Später gipfelt ihr Verlangen in dem sadomasochistischen Wunsch an Silius: »You told me once that if you hit a woman, you would expect her to kiss your hand. Hit me! ... Trample on me, so that I can kiss your feet.«[99] Diese Charakterzüge sind bei Zuckmayer und Graves ebenfalls vorhanden, werden aber nicht so drastisch zum Ausdruck gebracht, selbst wenn Messalina an der entsprechenden Stelle bei Zuckmayer erklärt: »Auf Dich hab ich gehofft – auf Dich hab ich gewartet – Du bist der Mann, der Erste, der Einzige – für den ich nichts bin, nichts als eine Frau – – Dir will ich ganz gehören – Dir geb ich alles hin – Du sollst mein Herr sein – mein Kaiser – mein Gott!!«[100]

Die römische Welt der *Second Script*-Materialien präsentiert sich erheblich brutaler als bei Graves und Zuckmayer. Das Chaos, das dem Kaisermord an Caligula folgt, wird detailliert dargestellt, die Ermordung seiner Frau Caesonia nicht nur berichtet, sondern gezeigt. Aus Angst vor Messalinas Macht und Rache wagt hier niemand, Claudius über den wahren Charakter seiner Frau aufzuklären. In den beiden anderen Fassungen ist es die Sorge um dessen Gesundheit und das Bewußtsein, daß er auf Grund seiner rückhaltlosen Liebe zu seiner Frau sowieso niemandem glauben würde.

96 *Composite Script*, S. 85.
97 Ebd., S. 104.
98 Ebd., S. 134.
99 Ebd., S. 121.
100 Zuckmayer, Fassung »A«, S. 178.

Auch die Handlung ist im Verlauf der Skript-Entwicklung Veränderungen unterworfen. Die von Zuckmayer entwickelte große Linie bleibt allerdings weiterhin erhalten. Wie Graves, weichen die Autoren des *Second Script* im ersten Teil nur unwesentlich von dessen Vorgaben ab. Als für die weitere Skriptentwicklung wirkungsvollste Neuerung ernennt Caligula hier sein Pferd Incitatus vor den versammelten Senatsmitgliedern zum Mitglied des Hauses und zwingt die Anwesenden, es in seiner Sprache, d.h. mit Wiehern, zu begrüßen. Der zweite Teil wird dagegen noch radikaler bearbeitet als von Graves. Alle drei Fassungen scheinen daher starke Unterschiede aufzuweisen. In Wirklichkeit folgen sie jedoch Zuckmayers Grundideen in der von ihm vorgegebenen Abfolge: (1) Claudius' Kampf gegen Korruption und die Macht der Kapitalisten und seine Vorbereitungen für den Feldzug gegen Britannien; (2) Entwicklung des unter dem Einfluß ihrer Machtposition allmählich deutlicher zutage tretenden wahren Charakters der Messalina, deren respektvoll-distanzierte Zuneigung zu Claudius durch die Ablehnung ihrer Liebesbezeugungen durch Valens sowie dessen Selbstmord in Haß gegen ihren Mann umschlägt; (3) Claudius' Feldzug gegen Britannien; (4) Messalinas zügelloses Leben während der Abwesenheit ihres Mannes und ihre Zusammenarbeit mit dessen Gegnern; (5) Messalinas Versuch, ihrer Strafe zu entgehen, indem sie sich Silius hingibt und versucht, ihn zum Kaiser zu erheben; (6) Claudius' Rache an seinen Gegnern und sein innerer Kampf um die Unterschrift, die Messalinas Ende besiegelt.

Die Durchführung der Handlung unter Beibehaltung all dieser Themen und Motive bereitet dem Skriptdepartment von London Films eindeutig Schwierigkeiten, wie aus einem Abschnitt der dem *Composite Script* beigegebenen Synopsis vom 7. Dezember 1936 hervorgeht. Darin wird die Frage aufgeworfen, wie dem seine Frau über alles liebenden Claudius die Wahrheit über Messalinas Charakter und ihr Handeln während seiner Abwesenheit beigebracht werden soll:

Through incidents which have been discussed, Claudius, is made aware of the treachery and immorality of his wife, and the fact that she has destroyed everything which he has built up, and in a giant rage he becomes judge and executioner and orders the death not only of Messalina, but of all her friends and followers, and then, exhausted by this ordeal demands drugs from his friend and doctor, Xenophon, which put him to sleep. Messalina is found by a soldier who has been entrusted to kill her. Her mother pleads with her to take the honourable way out and commit suicide, but she is too

cowardly and instead pleads frantically for her life – the officer un-
mercifully kills her.[101]

Der Inhalt dieses Absatzes trifft auf sämtliche – auch die hier bislang
noch nicht behandelten – Szenarien zu. Die Unterschiede ergeben sich
aus den »incidents« (Begebenheiten) die von den am Skript Beteiligten
diskutiert, aber nicht schriftlich festgehalten wurden, und bei Zuckmayer, Graves und den *Second Script*-Materialien jeweils anders aus-
fallen. In der deutschen Fassung spürt Claudius nach seiner Rückkehr
und dem damit verbundenen Triumphzug selbst, daß Messalina ihn
betrügt, will dies aber nicht wahrhaben. Bemerkungen seiner Soldaten,
unbeabsichtigt überhörte Gespräche und der plötzliche Tod zweier für
die Wirtschaft Roms wichtiger Senatoren vor einer Anhörung durch
den Senat zwingen ihn jedoch, sich den Tatsachen zu stellen. Um sich
über seine nächsten Schritte klar zu werden, besucht er, psychisch stark
belastet, Calpurnia und atmet schweren Herzens noch einmal die Atmosphäre vergangener Zeiten ein. Anders als im Roman klärt sie ihn
nicht über Messalinas wahren Charakter auf; doch beide wissen beim
Abschied, was er jetzt tun muß, um die Ordnung im Staat wiederherzustellen. – Graves hält sich an seine Romanvorlage, in der Messalina den
Senator Silius unter dem Vorwand heiratet, Claudius das Leben retten
zu wollen, weil eine Prophezeiung vorausgesagt hätte, ihr Mann werde
innerhalb der nächsten zehn Tage sterben. In Wirklichkeit will sie ihrer
gerechten Strafe entgehen, indem sie Silius auf diesem Wege zum Kaiser
macht. Freunde und Vertraute veranlassen Calpurnia, der Claudius als
einzigem Menschen außer seiner Frau vertraut, ihn über den wahren
Grund der Hochzeit aufzuklären. Die Bestätigung zweier weiterer Vertrauter aus seinem Umkreis veranlaßt ihn schließlich zum Handeln.
Das Hauptproblem dieser Lösung hatte Korda bereits bei seinem Gespräch mit Graves im Oktober aufgezeigt: Calpurnia ist zuvor nur einmal am Anfang des Films aufgetreten, und das Publikum dürfte sie
inzwischen vergessen haben (besonders, wenn der Film in zwei Teilen
herauskommt):

Mr. Korda very rightly pointed out that the character of Calpurnia
might be forgotten by the audience between her appearance in Scene 6
(Claudius carried off to the Hall of Justice) and the scene towards
the end of the film when she warns Claudius against Messalina.[102]

---

101 *Composite Script*, Sequence 24, S. 10.
102 Nummer 2 der dem Skript beigelegten Anmerkungen von Graves.

Graves macht anschließend Vorschläge für zwei weitere Auftritte im
Verlauf der Filmhandlung, die allerdings von den Autoren des *Composite Script* nicht akzeptiert werden. Sie lassen Calpurnia fallen und
konstruieren statt dessen eine komplexe Intrige, in der Lesbia (eine der
Caligula-Schwestern) im Gegensatz zu ihrer Schwester Agrippina den
Mut aufbringt, im Rahmen eines Anhörungsverfahrens gegen Messalina auszusagen. Claudius jedoch glaubt ihr nicht und verbannt sie.
Erst als die Untreue-Beweise sich häufen und Agrippina ihn (aus Angst
vor Messalina) verschleiert aufsucht, um ihm ebenfalls die Wahrheit zu
sagen, ringt er sich dazu durch, gegen seine Frau und deren Verbündete
vorzugehen.

Die bereits von Graves gestraffte Handlung wird in den *Second
Script*-Materialien weiter konzentriert, durch Streichung sämtlicher
sich auf den Bau des Hafens von Ostia beziehender Szenen. Zuckmayer
dienen sie zur Darstellung der Auseinandersetzungen des Claudius mit
dem römischen Großkapital. Statt dessen wird Messalinas, ursprünglich erst am Ende des Geschehens wichtig werdender, letzter Liebhaber
Silius von Anfang an als Gegenspieler des Kaisers und Sprecher der
reichsten Männer Roms aufgebaut: »A group of senators round Silius.
Silius is obviously the head of this group: one of the richest amongst
them and certainly the most audacious. (Type: Basil Rathbone).«[103]
Der Hinweis auf den attraktiven und populären Sherlock-Holmes-Dar-
steller markiert Silius gleichzeitig als idealen Partner für Messalina, der
sowohl ihr Machtstreben als auch ihre sexuellen Bedürfnisse befriedigen kann. In Abwandlung des von Zuckmayer entwickelten Gedankens, daß Messalina Claudius bei der Bewältigung der Wirtschaftspro-
bleme hilft, lädt Claudius Silius und zwei weitere reiche Männer ein,
um sie in Gegenwart der amüsiert dabei sitzenden Messalina zu zwingen, ihre kapitalistischen Monopolpositionen aufzugeben. Silius' Wut
über die Erniedrigung vor Messalina vertiefen seinen Haß gegen den
Kaiser. Gleichzeitig unterstreicht die Sequenz Messalinas Hang zum Sa-
distischen und ihren Wunsch, andere beherrschen zu können.[104]

IV.2 *Claudius. Combined Script*

Die Zusammenführung der bisherigen Szenarien zum *Combined Script*
zwei Wochen nach Niederschrift des *Second Script* am vorletzten Tag
des Jahres erscheint zunächst als Rückschritt. Es enthält kaum Hinweise,

103 *Second Script*, S. 19.
104 *Composite Script*, S. 81-83.

daß es sich um ein Filmskript handelt. Über den Einsatz der Kamera wird nichts gesagt. Die Dialoge wechseln mit der Darstellung des Handlungsablaufs sowie gelegentlichen Beschreibungen der Charaktere, ihrer Reaktionen und Gefühle ab. Von Graves und den Bearbeitern des *Second Script* auf Wesentliches reduzierte Passagen sind wieder länger geworden. Vieles aus Zuckmayers Szenarien, das sie gestrichen hatten, taucht hier wieder auf. John Woodrow Presley ist zuzustimmen, wenn er klärt, dieses Skript erinnere ihn an ein Theaterstück und seine Lektüre sei ein ausgesprochenes Vergnügen.[105] Als Kenner und Liebhaber der Arbeiten des englischen Autors erliegt er jedoch der, wie er selbst erklärt, »Verlockung«, diese revidierte Fassung Graves zuzuschreiben. Ebenso falsch wäre es allerdings, hauptsächlich Zuckmayer für sie verantwortlich zu machen (obgleich ein detaillierterer Vergleich mehr Übereinstimmungen mit dessen Texten erkennen läßt). Beide Arbeiten verschmelzen inzwischen mit den Formulierungen der neu hinzu gekommen Bearbeiter, von denen neue Ideen und wirkungsvolle, in den bisherigen Szenarien nicht zu findende Dialog-Passagen stammen, wie die folgenden drei Text-Beispiele aus dem ersten Teil belegen, die im *Combined Script* gestrichen und durch neues Material ersetzt worden sind.

Als erstes fällt Claudius' Haushälterin Calpurnia weg. Der Kreis der Freunde ist auf den für Claudius als Sekretär arbeitenden Sklaven Narzissus und auf Xenophon beschränkt, den er aus Sorge über den Gesundheitszustand eines kürzlich geborenen Schweinchens hat rufen lassen. Ehe er sich mit dem Arzt über die politische Lage seit Caligulas Machtübernahme unterhält, besteht er darauf, daß das Tier die gleiche sorgfältige medizinische Behandlung wie ein Mensch erfährt. Ausgangspunkt dieser Szene ist der bei Graves erstmals auftretende Gedanke, Claudius in der landwirtschaftlichen Umgebung seiner außerhalb Roms liegenden Villa zu zeigen. Angeregt wurde sie vermutlich durch sarkastische Ausrufe im *Second Script*, mit denen die gaffende Menge sich bei Claudius' Ankunft vor dem Tempel des Augustus über dessen Gebrechen lustig macht: »Clau-Clau-Claudius! – How are the pigs in Capua?«[106] Überzeugender und deutlicher als in sämtlichen Szenen, in denen sich die früheren Skripts bemüht haben, Claudius' Menschlichkeit zu zeigen, werden hier dessen Fürsorge und Liebe zu allem, was lebt, vermittelt. Die Sequenz (in deren Rahmen Claudius zusätzlich auf die Nachricht der Machtübernahme durch Caligula Narzissus die Frei-

---

105 Presley, *Claudius. The Scripts*, a.a.O. (Anm. 5), S. 168.
106 *Second Script*, S. 3.

heit gibt) ist so wirkungsvoll, daß sie in den späteren Fassungen leicht ausgebaut und aus dem Schweinchen das kleinste und schwächste des gesamten Wurfs wird. Wenn es in der Endfassung als fast blind und von körperlichen Gebrechen gezeichnet beschrieben wird, sind die Parallelen zu Claudius' eigener Situation nicht mehr zu übersehen.[107]

Claudius' Fürsorge und Liebe zu allem, was lebt:
Xenophon überbringt eine beruhigende Nachricht aus Rom,
Claudius denkt darüber nach, reagiert und handelt.

Xenophon: »Claudius, bad news! ... Tiberius has been dead for a week. ...«

»Who's Emperor?«

»Caligula. – They say that he choked Tiberius to death with a pillow. ...«

107 X Script, S. 10.

Claudius ...

... denkt nach:

»Caligula ...

... Emperor?«

Was ist zu tun?

Xenophon: »His soldiers tear
people out of their homes in the
darkness of the night. We are
fortunate that we live in the
country, Claudius. ...«

Er weiß, was zu tun ist ...

*... und handelt trotz seiner
körperlichen Behinderungen.*

*»How long have you been my
slave, Narcissus?«*
»Nine years, Master.«
»You are free now ...«

Wie Calpurnia wird die Szene gestrichen, in der Claudius mit zwei sich
gegenseitig beschuldigenden Senatoren in der »Halle der Gerechtigkeit« auf seine Verurteilung durch Caligula wartet. Statt dessen führt
ihn die Wache aus seiner Gefängniszelle in den Vorraum zu Caligulas
Schlafzimmer, wo ihn dessen Frau Caesonia vor dem unberechenbaren
Gemütszustand ihres Mannes warnt. In einer effektvollen, neuen Sequenz voller schauspielerischer Möglichkeiten erlebt Claudius anschließend die letzte Phase von Caligulas Wandel zum Gott in Menschenge-
stalt. Vor und nach diesem Auftritt wird die Spannung geschickt durch
trockene Wortwechsel zwischen Claudius und dem kaiserlichen Arzt
Musa aufgelockert (Abbildungen S. 345-351).

*Caligulas Gemahlin Caesonia
(Leonora Corbett) warnt
Claudius vor ihrem Mann*

*Caligula präsentiert sich
Claudius als Gott*

In der Hochzeitsnachts-Sequenz verzichten die Bearbeiter schließlich darauf, zwischen Claudius und Messalina eine Lehrer-Schülerin Beziehung in Sachen Dichtkunst zu entwickeln. Ausgehend von Messalinas im *Second Script* Valens gegenüber ausgesprochener Sorge, Caligula wolle sie zu seiner Konkubine machen, dringt Caligula hier ins Hochzeitszimmer ein, um sie an sich zu reißen. Daraufhin richtet sie den Dolch, den sie ursprünglich für Claudius gedacht hatte, gegen den Kaiser. Claudius verhindert den Anschlag, woraufhin Caligula den Raum mit den Worten verläßt: »Well, well, uncle Cla-Cla-Claudius! – We've married a little wildcat! I think I shall leave you together after all!«[108]

Das *Combined Script* enthält Spuren sämtlicher bislang existierender Fassungen. Dabei wird das zuckmayersche Ausgangsmaterial, auf das die Bearbeiter zurückgreifen, nicht einfach übernommen, sondern verfeinert. Ein Beispiel für derlei Verflechtungen liefert im zweiten Teil die Szene der ersten Begegnung zwischen Messalina und ihrer Jugendliebe Valens nach dessen Rückkehr aus dem Exil. Bei Zuckmayer »zögert« Valens (er heißt hier Appius) beim Betreten des Raums, ...

> ... bleibt stehen. Seine Augen hängen an ihrem Gesicht.
> MESSALINA: (kommt hinter dem Schreibtisch vor – geht ein paar Schritte auf ihn zu. Dann bleibt sie stehen – ihre Blicke tauchen ineinander, ihr Gesicht nimmt allmählich den Ausdruck völliger Hingebung an – dann schliesst sie die Augen – hebt ihm ein wenig die Hände entgegen – ihre Lippen, fast unbewegt, halb geöffnet, flüstern)
> Komm – komm zu mir –
> APPIUS: (stürzt in ihre Arme. Sie umklammern einander lange wie besinnungslos)
> MESSALINA: (mit seinem Kopf in ihren beiden Händen) Bleib bei mir – geh nie wieder fort –[109]

In der neuen Fassung trifft der leidenschaftliche Gefühlsausbruch den Zuschauer stärker, weil er sorgfältiger vorbereitet wird. Gleichzeitig deutet Messalinas Verhalten zu Beginn der Szene bislang verborgene Charakterzüge an, die durch die neue Erfahrung ihrer Machtposition ausgelöst, gegen Ende der Szene in Enttäuschung und entschlossenes Handeln (sowie später in Haß) umschlagen, weil Valens seine Liebe zu ihr aus Loyalität Claudius gegenüber unterdrückt und die körperliche Nähe, nach der sie sich sehnt, plötzlich strikt ablehnt:

108 *Combined Script*, S. 31.
109 Zuckmayer, Fassung »A«, S. 91.

Messalina, very composed sits and waits for Valens to advance. She looks down at a paper that she has and reads, tenderly, with assumed dignity.

MESSALINA: My lord Valens Marcellus Fabius!

VALENS: August Lady!

MESSALINA: I am to investigate your case, Valens. But it seems to me that you know it. You were banished by Caligula because a woman you loved was taken away from you to be betrothed to someone she didn't love.

Valens looks at her, as Messalina, enjoying her power and expecting an outburst from him continues –

MESSALINA: You are entitled to be compensated – what compensation do you ask for your exile?

VALENS: I ask you, my lady Messalina, to permit me to depart again to any frontier of the Empire where there is fighting.

MESSALINA: Come here, Valens!

Valens stops within a few paces of her.

MESSALINA: (repeats) Come here, Valens!

As he walks to her, they embrace and cling together.

MESSALINA: Don't ever leave me again![110]

Bis zu Messalina's »Come here, Valens!« ist der Dialog neu, danach bei Zuckmayer, Graves und im *Combined Script* mit unwesentlichen Änderungen gleich, wobei Graves einen Wortwechsel fortläßt, der aus der Situation bereits klar wird – daß Messalina nun die Frau des Kaisers ist. Im *Combined Script* fällt andererseits ein Hinweis auf den in den beiden anderen Fassungen auf Messalinas Schreibtisch liegenden Dolch weg, mit dem sie in ihrer Hochzeitsnacht Claudius erstechen wollte. In diesem Szenarium war er gegen Caligula gerichtet und hat damit eine andere Bedeutung. Der auf Konzentration bedachte Graves beendet die Szene mit der Regieanweisung:

Valens looks at her gravely for a second, then he bows deeply and goes. Messalina is left alone, her breath coming in gasps. She grows gradually calmer, but her face seems to have undergone a subtle change; there is suppressed excitement, a wild, burning restless look in her eyes.[111]

Bei Zuckmayer, von dem der Grundgedanke hinter diesen Zeilen stammt, geht die Szene weiter:

---

110 *Combined Script*, S. 51.
111 Graves, *Claudius the Fool*, a.a.O. (Anm. 50), S. 55.

APPIUS: (hochaufgerichtet – schaut sie ernst an. Dann neigt er sich
   tief vor ihr – geht)
MESSALINA: (allein – schwer atmend. Allmählich wird sie ruhiger.
   Aber es ist, als habe sich ihr Gesicht von innen her verwandelt.
   Schliesslich bewegt sie eine Tischglocke – ruft – mit rauher Stimme)
   Justus!
JUSTUS: (tritt ein, steht abwartend)
MESSALINA: (nach einer Pause) Ich möchte, daß dieser junge Mann,
   der zuletzt hier war, eine Vertrauensstellung im Palast bekommt.
   Ich kenne ihn, von früher. Er ist ein zuverlässiger Mann.
JUSTUS: Er ist aus Spanien gut empfohlen. Mein Adjutant ist mit
   Plautius nach Britannien gegangen. Wenn die Kaiserin meint, daß
   er dazu geeignet ist –
MESSALINA: Er ist zuverlässig. Ich überlasse es Dir, ihn richtig zu be-
   schäftigen.
JUSTUS: (verneigt sich).[112]

Offensichtlich in Kenntnis der früheren Beziehung zwischen Messalina
und Valens will Justus hier seiner Kaiserin die Übernahme ihrer Jugendliebe in eine verantwortungsvolle Position erleichtern, indem er
ihr weitere Erklärungen zu ersparen sucht. Sie jedoch unterbricht seine
(ihr vermutlich unangenehmen) Bemühungen mit einer strikten Anordnung. Da eine solche »Konfliktsituation« an dieser Stelle irrelevant ist,
wird im *Combined Script* aus dem General eine (in dieser Situation
wahrscheinlichere) anonyme Ordonanz. Der Fokus liegt auf Messalinas durch das Wiedersehen mit Valens stark in Erregung geratenem
Gemütszustand. Und der tritt deutlicher zutage durch ihre Anordnung,
sie wünsche für heute niemanden mehr zu sehen, während sie sich
gleichzeitig in Widersprüche verwickelt, indem sie so tut, als könne sie
sich nicht an den Namen eines ihr seit langer Zeit bekannten Mannes
erinnern, für den ein Posten bei der Palastwache gefunden werden soll.
Die Gegenwart des unwichtigen, am Geschehen unbeteiligten Befehls-
empfängers, dient dazu, ihre inneren Wallungen stärker zum Ausdruck
bringen. Eine für die Gesamthandlung wichtige Figur wie Justus würde
hier nur vom Kern der Situation ablenken:

> … looking at her gravely for a second, [Valens] leaves her. Messa-
> lina, left alone, grows gradually more calm, but her face seems to
> have undergone a subtle change. There is suppressed excitement and
> a restless burning look in her eyes. She rings a bell and calls in a harsh
> voice to an official who comes in.

112 Zuckmayer, Fassung »D«, S. 92-93.

MESSALINA: I don't want to see anyone else today. And the young man who has just left – I've known him for a long time. His name is – er – (Making believe that she cannot remember his name)
OFFICIAL: Valens Marcellus Fabius!
MESSALINA: (controlling herself) The young man who has just left is to be given an appointment in the Palace Guard. Will you see to it.

The official bows and exits.[113]

In der später für die Dreharbeiten benutzten, letzten Fassung wird der Text des *Combined Script* unverändert übernommen. Mit einer Ausnahme: Messalinas letzter, an die Ordonanz gerichteter Satz lautet jetzt: »Please see to it.«[114] Damit wird aus dem ursprünglich kontrolliert ausgesprochenen, durch das Wort »will« bereits abgemilderten Befehl fast eine Bitte um Hilfe – ein weiterer Hinweis für die Bemühungen der beteiligten Autoren, die in Messalina aufeinanderprallenden, unterschiedlichen Gefühle möglichst deutlich herauszuarbeiten.

Diesem Wunsch nach Klarheit fallen mehrere der weitschweifigen Sequenzen zum Opfer, in denen Zuckmayer Claudius in möglichst vielen Lebensbereichen als treibende Kraft hinter der Erneuerung eines republikanischen, zum Wohle aller geführten Roms darstellt. Dabei hatte er ihn als Kämpfer gegen Korruption und Kapitalismus, siegreichen Feldherrn, Auftraggeber des Baus des Hafens von Ostia, sowie weisen Richter und Schlichter kleiner und großer Streitigkeiten portraitiert. Das *Combined Script* läßt die beiden letzten Wirkungsbereiche weg und konzentriert sich auf den sozial denkenden Staatsmann und den unmilitärischen Heerführer, der auf Grund seiner Geschichtskenntnisse und sorgfältiger Planung mit dem Kopf statt mit dem Schwert siegt. Gleichzeitig werden seine Gegner klarer herausgearbeitet und schärfer umrissen. Als Wortführer dieser Gruppe ist Silius von Anfang an sein stärkster Gegner. Die Intrige um die Rückkehr von Valens aus dem Exil, durch die Claudius an seiner schwächsten Stelle (seiner unerschütterlichen Liebe zu Messalina) getroffen und zu Fall gebracht werden soll, wird nicht mehr durch Messalinas Mutter und einen ihr hinterlistig schöne Augen machenden, schmierigen kapitalistischen Liebhaber in die Wege geleitet. Seinem Charakter und seinen Idealen entsprechend erläßt Claudius von sich aus die Amnestie. Silius und seine Anhänger nehmen sie erfreut zur Kenntnis, weil sie wissen, daß Valens zu den Heimkehrern gehören wird. Auf ähnlich direkte Weise wird die

113 *Combined Script*, S. 52.
114 *X Script*, S. 38.

Frage gelöst, wie Claudius nach seiner Rückkehr aus Britannien von der Untreue seiner Frau erfahren soll. Sein Sekretär Narzissus erklärt General Justus gegenüber, er werde es selbst tun. Wie und auf welche Weise er das macht, wird nicht gezeigt. Die dafür nötige Szene erübrigt sich angesichts der Härte, mit der Claudius später gegen seine Gegner und Messalina vorgeht. Wichtig ist, daß etwas Interessantes geschieht. Die Erklärung, wie es dazu kommt, ist angesichts der von der Leinwand ausgehenden Bildwirkung nicht unbedingt notwendig.

Der Konzentration auf das Wesentliche entsprechen Bestrebungen, bestehendes Material stärker zu verbinden und es durch knappere, inhaltlich in Kontrast zueinander stehende Szenen dramaturgisch und visuell abwechslungsreicher zu gestalten. Dementsprechend gibt es nach dem Sieg über die Britannier keine Kontakte zwischen Siegern und Besiegten. Der Feldzug endet nicht mit Dialogen, sondern mit Bildern vom brutalen Gemetzel der Schlacht, die den Sieg der Römer andeuten. Schnitt. In der Villa des Asiaticus wird ein Sieg anderer Art gefeiert: Die Millionäre um Sentius, genießen mit auserlesenen Speisen und Weinen die Rückkehr zu ihrem früheren, luxuriösen Lebensstil. Sentius singt ein von ihm selbst verfaßtes Spottlied auf Claudius. Messalina läßt sich wegen »Kopfschmerzen« entschuldigen. Schnitt. Arbeitszimmer des Claudius: Justus und Narcissus hoffen auf die Rückkehr des Kaisers und fragen sich, wie Claudius die Wahrheit über Messalina beigebracht werden soll. Schnitt. In einer heruntergekommenen Kaschemme schlimmster Art streiten ein Seemann und ein Ringkämpfer sich darum, mit wem von ihnen die inkognito anwesende Messalina die Nacht verbringen wird. Überblendung. Claudius erzählt Xenophon auf der Rückreise per Schiff von Britannien, wie sehr er sich nach Messalina sehnt. Überblendung. Justus will im Palast Messalina die bevorstehende Ankunft ihres Mannes melden. Ihm wird mitgeteilt, sie sei nicht daheim. In dem Moment kommt sie maskiert und verkleidet im Kreis der Millionäre von einer ihrer nächtlichen Exkursionen in die römische Unterwelt zurück. Alle sind betrunken, einige singen Sentius' Spottlied auf Claudius. Es folgt die Auseinandersetzung zwischen Messalina und Justus, die mit dessen Verhaftung endet. Auf das Todesurteil gegen ihn verzichtet das Skript; die Hinrichtung wird Claudius später nur mitgeteilt und damit begründet, der General hätte einen Umsturz geplant.

Die Autoren sind bestrebt, mit wirkungsvollen Bildern statt Dialogen zu erzählen. Deutlich wird dies an der Stelle, an der Claudius durch eine von Britannien nach Rom verlaufende Leuchtfeuerkette über die Schwierigkeiten der römischen Truppen auf der Insel unterrichtet wird und sich entschließt, selbst das Kommando dort zu übernehmen. Ur-

sprünglich war für diese Nachrichtenübermittlung nur eine Karte vorgesehen, auf der eine Flamme sich auf der kürzesten Verbindungstrecke
von Norden nach Süden bewegt. Im *Combined Script* wird daraus eine
rapide Sequenz kurzer Einstellungen, die das Entzünden und Weiterlei-
ten des Feuers an verschiedenen Orten und auf unterschiedliche Weise
vom Kanal über die Alpen in die Metropole auf dramatische Weise vermittelt. Weil die sechs konkreten Vorschläge, die sie unterbreiten, den
Autoren nicht ausreichen, schlagen sie vor: »Effects should be worked
out to show the run of these fire signals across the continent with difficulties due to wind and snow, and rain, if that can be done.«[115] Während diese Fassung das Visuelle auszubauen scheint, fällt auf, daß früher vorhandene, besonders für einen Historien- und Kostümfilm optisch
wirksame Szenen jetzt wegfallen, allen voran der spektakulär angelegte
Triumphzug, mit dem Rom den siegreichen Feldzug des Claudius feiert. Die Orgienszene am Schluß, in der Messalina, Silius und dessen
Anhänger im Garten des Palastes festgenommen und später zum Tode
verurteilt werden, verschwindet ebenso wie die Szene, in der Messalina
sich weigert, Selbstmord zu begehen, um ihr Leben bettelt und von
einem Soldaten erstochen wird. Derlei einschneidende Auslassungen
legen nahe, daß Ende Dezember 1936 nicht nur die beiden bestehenden
Skripts zusammengeführt wurden, sondern auch die Entscheidung fiel,
statt der ursprünglich vorgesehenen zwei Filme nur einen zu drehen.

IV.3 *X Script. Claudius.*

Der Zeitpunkt, zu dem Josef von Sternberg begonnen hat, am Skript
mitzuarbeiten, ist nicht bekannt. Die auf Zuckmayers Fassung beruhende Synopsis vom 7. Dezember dürfte als Ausgangspunkt der inten-
siven Inangriffnahme des Drehbuchs anzusehen sein. (Am gleichen Tag
vermerkt Graves in seinem Tagebuch die London Films-Ankündigung,
Sternberg werde die Regie übernehmen.)[116] Das *Second Script* vom
17. Dezember und die ihm verwandten Unterlagen weichen an entscheidenden Stellen stark von dem für die Dreharbeiten verwendeten
X Script ab, sodaß der Regisseur an ihm vermutlich nicht beteiligt war.
Am 13. Januar 1937 veröffentlicht *The Cinema* eine Notiz, Sternberg
habe in den Denham Studios ein Büro übernommen, von wo aus er den
Film vorbereite. Er überwache die Entwicklung der Bühnenbilder, Kostüme, Requisiten persönlich und sei mit der Ausarbeitung der letzten

---

115 Zuckmayer, Fassung »D«, S. 105-106. *Combined Script*, S. 53.
116 Graves, *Robert Graves. The Years with Laura*, a.a.O. (Anm. 45), S. 263.

Feinheiten des Skripts beschäftigt.[117] Aus Bill Duncalfs Rückfrage an
Zuckmayer geht hervor, daß der Dramatiker nach eigenen Angaben
den als Zweiteiler geplanten Film im Januar 1937 gemeinsam mit
Sternberg zu einem zusammengefaßt und die Dialoge bearbeitet hat.
Grundlage dafür dürfte das *Combined Script* vom 30. Dezember 1936
gewesen sein. Sternberg selbst spricht in seinen Memoiren von einem
»hektischen Endspurt vor den Dreharbeiten« und davon, daß er mit
den Aufnahmen beginnen mußte, ehe seine eigenen Vorbereitungen ab-
geschlossen waren. Als er sich mit dem (nach seiner Aussage von Zuckmayer und Lester Cohen geschriebenen) Skript beschäftigen mußte,
war er wegen einer kürzlich überstandenen Operation gesundheitlich
angeschlagen.[118]

London Film Studios und Werkstätten

London Film Studios in Denham

London Films Logo   *Arbeit an Dekorationen*
                                    zum Film

117 Zitiert in: John Baxter, *The Cinema of Josef von Sternberg*, London 1971,
     S. 137.
118 Josef von Sternberg, *Das Blau des Engels*, aus dem Englischen von Man-
     fred Ohl, München 1991, S. 214.

Arbeit an römischen Statuen in den London Film Studios

Den Druck, unter dem die Produktion spätestens ab Anfang 1937 stand, merkt man dem *X Script* vom 3. Februar nicht an. Ein Blick in die Fragmente der kurz zuvor entstandenen Skripts vom 27. und 30. Januar zeigt, wie intensiv die an der Endfassung Beteiligten sich mit dem Material bis in kleinste Details auseinandergesetzt haben. Das Szenarium vom 27. Januar trägt keine besondere Bezeichnung und wurde offensichtlich als »work in progress« verstanden. Das vom 30. Januar ist zwar mit *Final Script* überschrieben, wurde aber in den folgenden vier Tagen in einigen Details zum *X Script* umgearbeitet. Von seiner Anlage her folgt diese letzte Fassung nicht den üblichen Drehbuchpraktiken. Außer Hinweisen für Überblendungen am Ende einzelner Sequenzen, enthält es nur wenige filmtechnische Anmerkungen. Andererseits ist es so abgefaßt, daß der Leser kaum die eigene Fantasie bemühen muß, um das Geschehen vor seinem geistigen Auge wie einen Film ablaufen zu lassen. Dies ist der Feinarbeit an den Dialogen sowie wirkungsvollen Adjektiven und knappen Anmerkungen zu verdanken, deren Zahl mit fortschreitender Entwicklung des Szenariums zunimmt. So wurde das am Anfang des Films stattfindende abendliche Gespräch zwischen Claudius und seiner Großmutter von 36 Dialogteilen im *Combined Script* in der Fassung vom 27. Januar und *X Script* auf 20 reduziert, während gleichzeitig die Zahl der dazu gehörigen Regieanweisungen von 8 auf 11 und schließlich 18 steigt mit Anmerkungen wie »stuttering«, »frightened«, »breathing with difficulty«, »not comprehending« und »desperately«.[119] Je kürzer der Abstand zwischen einer neuen Bearbeitung und dem Drehbeginn, desto wahrscheinlicher ist, daß diese Zusätze hauptsächlich auf Sternberg zurückzuführen sind.

119 *X Script*, S. 7.

Die große Linie bleibt in allen drei Fassungen gleich. Änderungen im *X Script* sind Teil des »fine tuning« von Dialogen und von dramaturgisch wichtigen Details. Dabei wird gelegentlich auf das Skript vom 27. Januar und nicht auf das *Final Script* zurückgegriffen. Der von Graves angestrebte, die gesamte weitere Szenarienentwicklung beherrschende Konzentrationsprozeß wird intensiviert. Was ein nicht mit der römischen Geschichte oder italienischen Geographie vertrautes Publikum verwirren oder vom Hauptgeschehen ablenken könnte (wie die Aufzählung aller von Livia umgebrachten Mitglieder der Kaiserdynastie), fällt im Lauf des Januars fort. Andere Änderungen finden während der Arbeit am *X Script* statt. So wird aus der Aussage des Claudius »I am returning to Capua« (nach seinem Gespräch mit Livia) ein allgemeineres, im Kontext der Handlung knapperes und aussagekräftigeres »I'm returning home – my farm.«[120] Kürzeren Dialogpassagen stehen subtile Erweiterungen der Regieanweisungen gegenüber, die die psychologische Entwicklung insbesondere der Beziehung zwischen Messalina und Claudius vertiefen. Auch das Denken und Handeln der anderen Charaktere wird im Lauf der Arbeit lebendiger, deren Sprache realistischer und weniger konstruiert. Zuckmayers Mitarbeit schlägt sich in der Wiederaufnahme von im *Combined Script* fortgefallenen Sequenzen und Motiven aus seinen frühen Skripts nieder. So taucht im *X Script* eine Szene aus seiner ersten Fassung auf, in der sich die aus der Verbannung zurückgekehrten Exilanten in einem Vorzimmer in Gegenwart von Valens unterhalten, ehe sie von Messalina empfangen werden. Der Gesprächsinhalt ist insofern abgewandelt als diese Szene ursprünglich der des Empfangs folgte. Die Dialoge sind in diesem Fall nur beschrieben und noch nicht ausgearbeitet, was zeigt, daß die Entscheidung der Wiederaufnahme kurzfristig gefallen und auch das *X Script* nicht als unveränderbare Endfassung anzusehen ist. (Die detaillierte Inhaltsangabe dieser Szene wird von dem Zusatz »To be written« begleitet.)[121] Ähnlich greift das Skript vom 27. Januar eine ursprünglich von Zuckmayer entwickelte, aber später fallengelassene Situation wieder auf, in der der von seinen Pflichten und Aufgaben als Kaiser überlastete Claudius die inzwischen in einem anderen Palastflügel lebende Messalina bittet, wieder zu ihm zurückzuziehen. Wie in der alten wird in der neuen Fassung Messalinas Achtung vor dem Menschen Claudius betont, gleichzeitig aber ihre Zurückhaltung gegenüber seiner Sehnsucht

---

120 Script vom 27. Januar, S. 10. *X Script*, S. 9.
121 Zuckmayer, Fassung »A«, S. 97. *X Script*, S. 36.

nach körperlichem Kontakt mit ihr deutlicher herausgearbeitet.[122] Eine ironische Anmerkung von London Films' dramaturgischer Abteilung im *X Script* deutet an, daß bei der Arbeit an dieser Fassung die Hollywood-Leute dominiert haben. Auf unterschiedliche englische und amerikanische Schreibweisen des Wortes für »Gefängnis« anspielend heißt es in der Ortsbeschreibung der Szene, in der Claudius in seiner Zelle darauf wartet, Caligula vorgeführt zu werden: »GOAL. (For Americans: Jail)«.[123] Fast alle Zusätze und Änderungen betreffen die visuelle Umsetzung und die Charakterisierung der Hauptpersonen und dürften überwiegend Sternberg zuzuschreiben sein.

Zur Klärung des zeitlichen Ablaufs der Handlung enthält das Skript vom 27. Januar handschriftliche Zusätze, die dem Geschehen des ersten Teils bestimmte Jahreszeiten zuweisen. Danach spielt die Anfangssequenz vom Opfer im Tempel des Augustus bis zum abendlichen Gespräch, in dem Livia Claudius bittet, sie zur Göttin erheben zu lassen, im Winter. Claudius' Festnahme in seinem Landhaus, Caligulas Wandel zum Gott, Messalinas Tanz und ihre sich anschließende Vermählung mit Claudius sind ins Frühjahr verlegt. Der Mord an Caligula und Claudius' Ernennung zum Kaiser finden im Winter statt. In den überlieferten Filmmaterialien finden diese Überlegungen allerdings keinen Niederschlag. Um die Handlung zügiger ablaufen zu lassen, fällt Livias Abendessen mit Claudius und Caligula weg. Statt dessen wird Claudius in das Sterbezimmer seiner Großmutter gerufen, wo sie ihn anfleht, den Senat davon zu überzeugen, aus ihr eine Göttin zu machen.[124] Ebenfalls aus dramaturgischen Überlegungen heraus wird Messalina im *X Script* nicht erst (wie in den vorhergehenden Fassungen) als Tänzerin in Caligulas Ballett in die Handlung eingeführt, sondern tritt erstmals – ohne Hinweis auf ihre Person oder spätere Bedeutung – mit anderen jungen Römerinnen in der Tempel-Sequenz am Anfang auf. Dabei lacht sie über die Art und Weise, wie Caligula sich über Claudius lustig macht.[125] Ein weiterer, kurzer Auftritt ist an der Stelle eingefügt, an der Claudius aus seiner Gefängniszelle zu Caligula geführt wird. Diesmal lacht sie über ihn, weil er ungeschickt über seine Toga stolpert.[126] Auch

---

122 Zuckmayer, Fassung »D«, S. 82-83. *X Script*, S. 33-35.
123 *X Script*, S. 15.
124 Das ursprünglich während des Essens stattfindende und für dessen Charakterisierung wichtige Gespräch mit Caligula ist in die vorausgehenden Opfervorbereitungen verschoben worden.
125 *X Script*, S. 3.
126 Ebd. S. 15.

die Bedeutung des Vitellius als Claudius' Freund wird gegenüber dem
Combined Script von Anfang an stärker herausgestellt, indem er sich in
Senatssitzungen kritisch zu den großspurigen Schwafeleien äußert, mit
denen der aufgeblasene Senator und Claudius-Gegner Asiaticus sich
bei Caligula einzuschmeicheln sucht. Gleichzeitig erhält die gesamte
Gruppe der sich um Silius scharrenden Kapitalisten und Widersacher
des Claudius stärkere Konturen.

Bis zum letzten Moment unzufrieden sind die Bearbeiter mit der auf
Zuckmayer zurückgehenden melodramatischen Szene, in der Messalina vor der ihr aufgezwungenen Hochzeit von Valens Abschied nimmt,
dessen Dolch an sich reißt und von Domitia gedrängt wird, sich für die
Feierlichkeiten umzuziehen. In der Fassung vom 27. Januar ist die bereits im *Combined Script* stark reduzierte Rolle der Mutter ganz gestrichen. Statt dessen überbringt ein Offizier Valens den von Caligula ver-
anlaßten Befehl, er sei mit sofortiger Wirkung nach Ägypten versetzt.
Im *Final Script* spielt diese Szene nicht mehr wie bislang in Messalinas
Zimmer. Statt dessen sucht sie den Geliebten in seiner Offiziersunter-
kunft auf. In Anlehnung an den von ihr im *Second Script* entworfenen
Charakter demonstriert sie dabei bereits jetzt ihren starken Willen,
wenn sie den vor einem Mord zurückschreckenden Valens auffordert,
Caligula zu erstechen:

> VALENS: It *cannot* be! I'm going to the Emperor – I'll talk to him,
> plead with him, show him the wounds from five battles
> MESSALINA: (interrupting bitterly) *Five battles!* – *Words! Words!*
> *Words!* What do they mean to a *madman*? No! There's only one
> way out – *Kill* him!
> (Messalina takes the dagger from Valens' belt and offers it to him.)
> VALENS: Claudius?
> MESSALINA: (with bitter scorn) *Claudius*? Poor half-witted cripple –
> What has Claudius to do with it? *Caligula!*[127]

Obgleich sie ihn noch einmal zärtlich umarmt, bricht sie, über ihren
Geliebten enttäuscht, die Beziehung zu ihm entschlossen ab. Ein Offizier betritt den Raum mit der kaiserlichen Order, Valens habe sich sofort zum Hafen zu begeben, um in Iberien einen neuen Posten zu beziehen. – Die wirkungsvollste und eleganteste Lösung, dem Stereotypen
und Theatermäßigen dieser Szene zu entgehen, bietet das *X Script*, in
dem es zu keiner Begegnung der beiden Liebenden kommt. Valens erhält in seinem Quartier den strikten Befehl, sich umgehend nach Ägyp-

---

127 *Final Script*, S. 22.

ten zu begeben. Als Messalina vor der Kaserne eintrifft, wird ihr mitgeteilt, ihr Geliebter sei kurzfristig abkommandiert worden, Gründe dafür gäbe es nicht. Die drei verschiedenen Ausarbeitungen dieser Szene wirken sich unterschiedlich auf die weitere Entwicklung der Handlung aus. Das Skript vom 27. Januar folgt wortwörtlich dem *Combined Script*: Claudius verhindert Messalinas Absicht, den ins Brautgemach eindringenden Caligula zu erstechen, worauf dieser ihnen den Dolch verächtlich vor die Füße wirft und das Zimmer verläßt. Das *Final Script* orientiert sich an Zuckmayers ursprünglicher Lösung, bei der Messalina das Messer verstecken will, es aber fallen läßt und sie und Claudius im Verlauf eines Gesprächs zueinanderfinden (anders als bei Zuckmayer ist dabei weder von Dichtkunst noch vom Erlernen fremder Sprachen die Rede). Das *X Script* übernimmt wie die Fassung vom 27. Januar die Handlung des *Combined Scripts*, gibt sich aber nicht mit dem kaum zu Caligulas tyrannischem Charakter passenden, passiven Rückzug aus dem Hochzeitszimmer zufrieden. Statt dessen wird der Schluß der Szene erweitert und für eine (sich wieder Zuckmayers Vorstellungen nähernde) Demonstration der Kraft des Wortes und der Argumentationsfähigkeit des Claudius genutzt. Caligula bekommt einen Wutanfall und will, ehe er sie hinrichten läßt, Messalina in seine Gemächer zerren, um sie zu vergewaltigen. Claudius rettet die Situation, indem er die Eitelkeit des Kaisers geschickt nutzend ihn überzeugt, eine Sterbliche sei der Liebe eines Gottes nicht wert. Damit ergibt sich zusätzlich eine wirkungsvollere und überzeugendere Erklärung für Messalinas Wandel gegenüber dem ihr aufgezwungenen Ehemann!

Diese zunehmende Konzentration auf die psychologische Vertiefung der Charaktere und ihrer Motive läßt sich für die gesamte Skriptentwicklung beobachten. So beschreiben die Anmerkungen zu Messalinas Auftritt in Caligulas Ballett im *Combined Script* nur Äußerliches, wenn sie statt der Tänzerin den Inhalt ihrer Darbietung in den Vordergrund stellen.

> *CLOSE VIEW* – a black-eyed, black curled dancer appears heading a ballet based upon a legend of the Goddess of Dawn separating lovers who have been together all night whom she pulls half-nude out of a veiled bed.[128]

Daß Messalina als Göttin der Morgenröte halbnackte Liebende trennt, die gemeinsam die Nacht miteinander verbracht haben, sagt nichts über sie selbst, ihre Erscheinung oder ihr Talent als Tänzerin aus. Da-

---

128 *Combined Script*, S. 24. Skript vom 27. Januar, S. 19.

her ist im *Final Script* eine Verschiebung zu beobachten von dem, *was*
sie darstellt, zu dem, *wie* sie dies tut. Die allegorische Figur der Göttin
der Morgenröte ist nur noch Mittel zum Zweck. Wichtig ist die von
ihren Körperbewegungen ausgehende Ausstrahlung. Sich der Musik
hingebend geht sie vollständig in ihrem Tanz auf:

> A dark haired young girl appears in the ballet, representing the God-
> dess of Dawn. It is Messalina. She is so completely swayed by the
> music and spirit of the dance that she has entirely forgotten her sur-
> roundings, and she stands out from the rest as a poet and an ar-
> tist.[129]

Die Betonung des Künstlerischen und Dichterischen ihrer Darbietung
erinnert stark an die Art und Weise, auf die Zuckmayer die Beziehung
zwischen Claudius und Messalina darstellt. Im *X Script* fällt die Erwähnung der Göttin der Morgenröte weg. Statt dessen geht es um die
Sinnlichkeit und das innere Feuer der Tänzerin:

> MESSALINA appears, heading a ballet based upon an old legend.
> For the first time we see revealed before us in the expression of MES-
> SALINA during the dance her innate sensuality and the smouldering
> fire, which are features of her character.[130]

Die gleichen Verschiebungen wie bei der Entwicklung der zentralen
Rolle der Messalina lassen sich auch bei Nebenfiguren beobachten. Im
Combined Script beschreiben die Regieanmerkungen zwar zunächst
die Reaktion des gebannt auf die Tänzerin starrenden Claudius; doch
dann wird den anderen Anwesenden erheblich mehr Platz eingeräumt.
Mit Ausnahme des Kommentars zum Verhalten der Caesonia handelt
es sich um eine reine Personenaufzählung:

> With his eyes glued on her Claudius is watching the dancer. He sits
> at the left side of Caligula who has his arm around his wife Caeso-
> nia, who is watching him jealously, while behind him stand Halotus,
> the eunuch, and Musa, the doctor, as well as half a dozen slaves and
> attendants.[131]

Das *Final Script* verzichtet auf die Aufzählung der Anwesenden und
konzentriert sich statt dessen auf Messalinas Wirkung und die unterschiedlichen Reaktionen der Zuschauer:

129 *Final Script*, S. 18.
130 *X Script*, S. 19.
131 *Combined Script*, S. 24.

A group of the onlookers. So far they have been talking, but the beauty of Messalina silences them. Caesonia looks up, obviously jealous. And the men are raptly admiring her. Caligula himself looks at her for a second with great pleasure, then looks at the men who are looking at Messalina and then at Caesonia, out of the corner of his eye, to see how she is taking it, then he speaks.[132]

Es folgt ein Wortwechsel zwischen Caligula und seiner Frau. Die dabei deutlich werdenden, eifersüchtigen Spannungen zwischen ihnen entschärft Caligula, indem er Claudius nach seiner Meinung zu Messalinas Schönheit fragt. Der ist so fasziniert von ihr, daß er die Frage zunächst gar nicht zur Kenntnis nimmt: »Claudius is so rapt that he is unaware of being spoken to. Caligula looks at him quizzically.«[133] Die entsprechende Regieanmerkung im *X Script* verdeutlicht, wie Sternberg die in Claudius in diesem Moment dominierende innere Stimmung optisch umzusetzen versucht: »CLAUDIUS is watching her dance, – his eyes revealing how much her beauty means to him. He is recalled to his normal state of fear when he hears CALIGULA make a remark.« Kurz darauf betont das Skript nochmals die in Claudius aufeinander prallenden Gefühle, wenn Caligula sich direkt an ihn wendet: »Suddenly he [Caligula] turns to CLAUDIUS, who is startled out of his wits at being brought back into Caligula's attention.« Verstärkt wird dies durch eine der wenigen filmtechnischen Anmerkungen, die darauf hinweist, daß Messalinas Tanz in diesen Wortwechsel eingeschnitten ist: »We see Messalina dancing all through this, intercut with the above conversation.«[134]

V. *I, Claudius* – der Film

Die Dreharbeiten beginnen am 15. Februar 1937. Einen Monat später führt ein Autounfall von Merle Oberon zum Abbruch der Aufnahmen. Nach offiziellen Verlautbarungen machen Schnittwunden im Gesicht der Darstellerin der Messalina die Weiterarbeit unmöglich, außerdem sei bereits zu viel Material mit ihr gedreht worden, als daß sie ersetzt werden könne.[135] Über die Hintergründe haben sich Zeitzeugen, Filmhistoriker, Korda- und Laughton-Biographen mehr oder weniger ausführlich geäußert bzw. spekuliert. Obwohl Sternberg seinen Hauptdarsteller und Star in seinen Memoiren als »sehr intelligent, kultiviert«,

---

132 *Final Script*, S. 18.
133 Ebd., S. 18.
134 *X Script*, S. 19-19a.
135 Michael Korda, *Charmed Lives*, London 1979, S. 118.

eifrigen Leser und »Kunstsammler von ungewöhnlichem Urteilsvermö-
gen« beschreibt, weist er die Schuld dem »boshaften Teufel« Charles
Laughton zu. Dessen komplexes Innenleben und erfolglose Versuche,
mit Hilfe seiner sich an Lee Strassbergs »Method Acting« orientieren-
den Schauspielkunst, Zugang zum Charakter des Claudius zu finden,
hätten Spannungen bei allen Beteiligten ausgelöst, die am Ende zum
Stillstand der Dreharbeiten führten.[136] Für den Laughton-Biographen
Simon Callow, selbst ein erfolgreicher Schauspieler, ist der Grund bei
dem seiner Meinung nach unsensiblen, rücksichtslos autokratischen
Regisseur Sternberg zu suchen, der nicht in der Lage gewesen sei, dem
verzweifelt um die Interpretation seiner schwierigen Rolle kämpfenden
Schauspieler das nötige Verständnis entgegen zu bringen und ihn bei
der Suche nach dem entscheidenden Einstieg zu unterstützen.[137] Callow
ist einer Meinung mit seinem Kollegen Dirk Bogarde, der in Bill Duncalfs *Epic That Never Was* Laughtons Darstellung als Claudius eine
der größten schauspielerischen Leistungen der Filmgeschichte nennt.

　　Neben Laughton und Sternberg dürfte auch Merle Oberon die Entscheidung, das Projekt abzubrechen, beeinflußt haben. Charles Drazin
zeigt in seiner Korda-Biographie, daß sie keineswegs von ihrer Rolle
begeistert war. 1936/37 stand sie bei Korda und dem amerikanischen
Produzenten Sam Goldwyn unter Vertrag. Obgleich sie vorgezogen
hätte, in Hollywood zu bleiben, hatte Korda sie nach London zurück
beordert, wo sie seit Anfang November auf den Beginn der Dreharbeiten wartete. In einem Telegramm an Goldwyn erklärt sie am 8. Januar
1937, sie fühle sich miserabel und wolle den Film nicht machen, die
Rolle des »altmodischen Vamps« Messalina würde dem positiven
Image, das Goldwyn von ihr aufgebaut habe, zuwiderlaufen und ihrer
Karriere nur schaden.[138] Nach ihrem Unfall scheint Korda versucht zu
haben, sie durch Claudette Colbert zu ersetzen, die jedoch nicht frei
war. Der Regisseur Herbert Wilcox äußerte sich nach einem Besuch bei
Merle Oberon überrascht über die Geringfügigkeit ihrer Verletzungen:
Am Kopf hätte sie einen blauen Fleck, und ihr Fußgelenk sei leicht ver-
staucht.[139] Der Filmhistoriker John Baxter kam nach Sichtung des gesamten Filmmaterials auf Grund der wenigen überlieferten Szenen mit

---

136 Sternberg, *Das Blau des Engels*, a.a.O. (Anm. 118), S. 206-223.
137 Simon Callow, *Charles Laughton. A Difficult Actor*, London 1987,
　　S. 113.
138 Charles Drazin, *Korda. Britain's only Movie Mogul*, London 2002,
　　S. 184-185.
139 Callow, *Charles Laughton*, a.a.O. (Anm. 136), S. 121.

Merle Oberon zu dem Schluß, es hätte keinerlei Gründe gegeben, ihre Rolle nicht neu zu besetzen. In einer vergleichenden Analyse der Ausleuchtung sie betreffender Bildeinstellungen mit denen von Darstellerinnen in anderen Sternberg-Filmen, weist er zusätzlich darauf hin, ihre Leistung hätte den Regisseur schwerlich zufrieden stellen können, ihrem Gesichtsausdruck ermangele es an Bewegung, als Messalina hätte sie wohl kaum jemanden überzeugt.[140] Die beiden Szenen, in denen sie in Bill Duncalfs Dokumentarfilm als Messalina zu sehen ist, bestätigen diesen Eindruck. Was sie dort zeigt, widerspricht der Aussage des Regisseurs, die »bezaubernde Merle Oberon« sei die »ideale Besetzung« der Rolle gewesen.[141] Weder als verspielt oberflächliche, mit ihren Gespielinnen vorbeihuschende Figur, noch als Tänzerin, die es wagt, sich dem tyrannischen Caligula zu widersetzen, entspricht sie der im Skript entwickelten, erotisch aufreizenden, im Innern widersprüchlichen Messalina.

Die Schwierigkeiten, die insbesondere Sternberg und Laughton mit *I, Claudius* gehabt haben, tragen zur Verteuerung der Produktion bei. Im Endeffekt sind es finanzielle Überlegungen, die dem Projekt den Dolchstoß versetzen. Abgesehen von den meist durch Laughtons Probleme ausgelösten, ständigen Unterbrechungen der Dreharbeiten, geht auch Sternberg äußerst großzügig mit der zur Verfügung stehenden Zeit und den für die Ausstattung bereitgestellten Geldern um. Obgleich erst ein Drittel des Films abgedreht ist, geht das ursprünglich auf £ 120.000 angesetzte Produktionsbudget Mitte März 1937 mit bis dahin ausgegebenen £ 103.000 zur Neige. Angesichts der Finanzkrise, von der die britische Filmindustrie im allgemeinen und seine Denham Studios im besonderen zu dem Zeitpunkt betroffen sind, entscheidet Korda sich für Schadensbegrenzung und nutzt Oberons Autounfall, um eine bei Produktionsausfall fällige Versicherungssumme von £ 80.000 einzufordern. Anfang Juni spricht er bei einem Besuch von Graves in Denham davon, *I, Claudius* möglicherweise 1938 zu verfilmen – allerdings nicht mit Laughton, dessen Intellektualismus er bei der Gelegenheit bitter beklagt.[142] Doch daraus wird nichts. Das abgedrehte, von Josef von Sternberg im Verlauf der Dreharbeiten teilweise zu einer Arbeitskopie zusammengestellte, Material wird eingelagert

---

140 Baxter, *The Cinema of Josef von Sternberg*, a.a.O. (Anm. 117), S. 148.
141 Sternberg, *Das Blau des Engels*, a.a.O. (Anm. 118), S. 214.
142 Korda »complained bitterly of [Laughton] and his intellectualism. It was worse with Sternberg who did not humour him« (Seymour-Smith, *Robert Graves*, a.a.O. [Anm. 7], S. 292).

und erst nach Kordas Tod wieder gesichtet. Anlaß ist eine Hommage während der Filmfestspiele in Cannes, bei der in Anerkennung seiner Leistungen für die Filmindustrie eine fünfzehnminütige Zusammenstellung ausgesuchter Szenen des unvollendet gebliebenen Films gezeigt wird. Knapp zehn Jahre später schalten am 24. Dezember 1965 etwa 4.750.000 britische Zuschauer[143] ihren Fernseher ein, um Bill Duncalfs BBC-Produktion *The Epic That Never Was* anzusehen. Im Rahmen des 70 Minuten langen Dokumentarfilms werden fast 28 Minuten des überlieferten *I, Claudius*-Materials gezeigt. Dabei handelt es sich um sechs Schlüsselsequenzen aus dem ursprünglich ersten Teil des Films.

1. Ankunft von Livia, Caligula und Claudius vor dem Tempel des zum Gott erhobenen Augustus, dem aus Anlaß seines Todestages Opfer dargebracht werden sollen. Während Caligula einen Apfel essend selbstbewußt, die begeisterten Rufe der Bevölkerung lässig zur Kenntnis nehmend durch die Menge schreitet, würde der unbeholfen humpelnd seiner Sänfte entsteigende Claudius, über den sich alle lustig machen, lieber im Boden versinken. Livia tadelt Caligula, weil er seinen Onkel verspottet. Dann lädt sie beide zum Abendessen in ihren Palast.

X Script, Sequenz 8: Vergleich der Darstellung der Ankunft von Caligula und Claudius vor dem Tempel des Augustus

CALIGULA
Selbstbewusst arrogant unter dem Jubel des Volks: »Caligula! Caligula!«

CLAUDIUS
Vorsichtig, unbeholfen, zurückhaltend, den Volksspott über seine Behinderungen erduldend: »Uncle C-C-C-C-Claudius!«

143 Die Zahl beruht auf einer BBC-Zuschaueranalyse, nach der etwa 9,5 % der damaligen britischen Bevölkerung von 50.000.000 den Film gesehen

haben, wobei die Kontrollgruppe aus ca. 2.250 Zuschauern bestand. Information von Erin O'Neil, BBC Written Archives Centre.

Zum Flirt bereit　　　　　　*Spießrutenlauf (blickt hoch zu Messalina)*

2. Claudius auf seinem Landsitz. Sein Sklave Narzissus empfängt den dringend erwarteten Arzt Xenophon, den Claudius hat rufen lassen, weil er das Schwächste eines Wurfs Ferkel heilen soll. Xenophon teilt Claudius mit, Kaiser Tiberius sei von Caligula ermordet worden und rät ihm, zu fliehen. Kurz darauf erscheint der Offizier Cassius, um Claudius auf Befehl Caligulas nach Rom zu bringen. In Erwartung seiner Hinrichtung spricht Claudius Narzissus frei, ehe er dem Offizier folgt (Abbildungen S. 320-323).

3. Senatversammlung nach dem Tod des Kaisers Tiberius. Caligula unterbricht eine Steuer-Debatte zwischen dem kriecherischen Senator Asiaticus und dem ehrenhaften Vitellius mit neuen Geldforderungen, um seine Extravaganzen und das Militär zu finanzieren. Anschließend ernennt er sein Rennpferd Incitatus zum Senator (Abbildungen S. 272-274).

4. Claudius in seiner Gefängniszelle. Cassius tritt ein, um Claudius vor Caligula zu bringen. Laut X *Script* stolpert Claudius auf dem Weg dorthin über seine Toga, worüber die vorbei kommende Messalina lacht. Das überlieferte Filmmaterial zeigt, daß auch noch während der Dreharbeiten Veränderungen vorgenommen wurden; denn Claudius stolpert hier nicht, sondern ist, während er vor Caligulas Gemächern darauf wartet, vorgelassen zu werden, auf einer Bank eingenickt und wird vom Gelächter der vorbei kommenden Messalina und ihrer Freundinnen geweckt, die sich verspielt-arrogant über ihn lustig machen (Abbildungen S. 275).

X Script, Sequenz 22a: Messalina und ihre Gespielinnen kommen lachend an Claudius vorbei, der, während er auf eine Audienz mit Caligula wartet, eingenickt ist.

Im Vorzimmer zum Schlafzimmer des Kaisers warnt Caesonia Claudius vor Caligulas unberechenbarer Stimmung (Abbildung S. 323). Gleichzeitig bietet Caligulas arroganter Hofarzt Musa Claudius an, ihn gegen ein entsprechend hohes Honorar von seinen körperlichen Behinderungen zu heilen, was dieser unter Aufzählung seiner Krankheiten und Gebrechen dankend ablehnt.

X Script, Sequenz 23: Caligulas arroganter Modearzt Musa bietet Claudius seine Dienste an, während dieser ängstlich darauf wartet, von Caligula empfangen zu werden.

Modearzt Musa (Allan Jeayes):
»I think, I could cure that stutter of yours. Do you still limp?«

»I l-l-l-limp with my ...

... t-t-tongue and ...

... st-stutter with my legg.«

»Nature never …

… quite finished me.«

»I could cure that limb of yours, too.«,

I have a method of breaking bones in several places and resetting them.«

»For a thousand good pieces I could cure all your ills.«

»Thank you, doctor. I was b-born a b-b-b-battlefield of disease. ...

I also acquired with apparent ease infantile paralysis ...

... which shortened my left leg, ...

... and in the l-l-last few years after eating ...

... I have an appalling pain in the pit of my stomach.

But I shall be pleased ...

... to remain as I am, if ...

... if I get out of ...

... that *room there alive.*«

Cassius und Claudius betreten Caligulas Schlafzimmer. Caligula zwingt Cassius niederzuknien, anschließend schickt er den in seiner Ehre schwer gekränkten Offizier hinaus. Caligula erklärt, er sei als Gott neu geboren (Abbildung S. 323). Claudius geht geschickt auf den Größenwahn ein, worauf Caligula seine Hinrichtung auf den nächsten Tag verschiebt.

5. Saal im Palast nach Messalinas (anscheinend nicht überliefertem) Tanz. Caligula fragt Claudius, was er von Messalinas Schönheit hält (Abbildungen S. 276 f.). Dann beschließt er, trotz ihres Widerspruchs, sie sei bereits einem anderen versprochen, Claudius mit ihr zu verheiraten. Er solle durch die Hände einer schönen Frau sterben.

6. Im Senat (nach dem Mord an Caligula). Der Offizier Octavius lehnt jeglichen Widerstand der Senatoren gegen den Militär-Beschluss, Claudius zum Kaiser auszurufen, ab (Abbildungen S. 278 f.). Claudius gibt daraufhin seine eigenen Bedingungen bekannt, unter denen er trotz seiner republikanischen Einstellung bereit ist, die Kaiserwürde zu akzeptieren. Anschließend verurteilt er Caligulas Mörder zum Tode (Abbildungen S. 353 f.).

Das Filmmaterial belegt den entscheidenden Einfluß des Regisseurs auf das *X Script*, der darin seine konkreten Vorstellungen von der Endfassung des Films festgelegt und sie hier auf dessen Grundlage präzise umgesetzt hat. (Kaum spürbare Abweichungen wie die oben erwähnte Begegnung zwischen Claudius und Messalina bestärken dies insofern, als sie angestrebte Wirkungen nicht ändern, sondern vertiefen.) Dennoch wäre es falsch, Sternberg als Hauptautor dieses Skripts anzusehen. Die Story stammt von Robert Graves. Die (alles andere als leichte) Auswahl aus der von ihm angebotenen, überwältigenden Materialfülle hat Carl Zuckmayer getroffen, der zusätzlich die Liebesbeziehung zwischen Messalina und Valens erfunden hat. Außerdem enthalten die im Januar 1937 entstandenen Fassungen eindeutig Spuren seiner Zusammenarbeit mit Sternberg in dieser Phase, in Form von ursprünglich von ihm verfaßten, im Lauf der Drehbuchentwicklung eliminierten Gedanken und Dialogfragmenten, die hier wiederzuerkennen sind. Die von ihm entwickelte Grundstruktur sowie der Handlungsablauf sind trotz Änderungen bis zum Schluß beibehalten worden.

Obgleich Kürzungen an Zuckmayers Arbeiten vermutlich schon früher stattgefunden haben (seine erste Fassung enthält genug Material für drei Filme), deuten die überlieferten Unterlagen auf Robert Graves als den Auslöser radikalerer Streichungen. In seinem Szenarium übernimmt er weite Passagen des Dramatikers in der Übersetzung von June Head, greift auf die eigene Romanvorlage zurück, fügt aber auch neue Formulierungen der Dialoge hinzu, deren Einflüsse sich wie die von Zuckmayer noch im *X Script* nachweisen lassen. Auch wenn er es selbst nicht weiß, ist seiner Initiative mit Sicherheit die Entwicklung des zweiten Skripts durch neue, an den bis dahin entstandenen Fassungen nicht beteiligten Autoren zu verdanken, das sich von dem zum Romantischen und Idealistischen neigenden zuckmayerschen Ansatz und dessen auf das aufkommende Christentum verweisenden Obertönen ab- und den von Graves entwickelten handfesteren, teilweise rücksichtsloseren Charakteren zuwendet. Wie Graves treten sie der Behandlung der geschichtlichen Ereignisse sachlicher und distanzierter gegenüber. Dabei entwickeln sie teilweise einen erheblich stärkeren Zynismus als Graves. Ihr Ansatz bildet einen Gegenpol zu dem aus humanistischer Perspektive schreibenden deutschen Autor mit seinen menschlicheren, gefühlvolleren Gestalten.

Zuckmayer und Graves bemühen sich, jeder auf seine Art, filmgerecht zu schreiben. Ein Vergleich ihrer Arbeiten mit dem *X Script* zeigt jedoch, daß das Drehbuchschreiben nicht ihr Metier ist. Ihre Szenarien sind von den Traditionen der literarischen Formen, denen sie sich hauptsächlich verpflichtet fühlen, geprägt – und von den Unterschieden des jeweiligen gesellschaftlich-kulturellen Milieus, dem beide entstammen. Auf der Leinwand schlägt sich das einerseits in der von Zynismus geprägten faszinierend-kalten Darstellung der Livia und des Caligula durch Flora Robson und Emlyn Williams nieder, andererseits in der geradezu schmerzhaften Mischung aus menschlicher Wärme, Verständnis und Qual, mit der Charles Laughtons Claudius als Kaiser und Liebender seiner inneren weltanschaulichen und persönlichen Konflikte und Widersprüche Herr zu werden, bzw. sie in Übereinstimmung zu bringen sucht. Paradebeispiele für diese Gegensätze liefern in

den erhaltenen Filmmaterialien die Szene, in der Livia in der überlieferten Sequenz Nr. 1 mit Caligula und Claudius über deren Charakter-
merkmale spricht, sowie die Rede, in der Claudius in Sequenz Nr. 6 die
schwere Entscheidung trifft, die Offiziere, die Rom von Caligula befreit
haben, zum Tode zu verurteilen.

*Gezeichnet von der Bürde des Amtes verurteilt Claudius die Soldaten,
die das Land von Caligulas Tyrannei befreit haben,
wegen Mordes zum Tod*

*»You didn't strike for your
country, ...*

*... but you killed in the name of
your own private grudges.«*

»... I'll take your families under my protection, –

but for the crime of murder I must *condemn you, Cassius, and* you *Brutus ...*

... to the sentence of death.«

Das *Combined Script* vereint neben den beiden parallel entwickelten Szenarien und den ursprünglich vorgesehenen beiden Teilen die unterschiedlichen Drehbuchansätze, die anschließend unter Mitarbeit und Einfluß eines erfahrenen Filmregisseurs weiter getrimmt und auf die bestmögliche Leinwandwirkung hin bearbeitet werden. Dabei kommt es zu einem Ausgleich zwischen den unterschiedlichen Auffassungen, der im *X Script* am Beispiel der beiden zentralen Charaktere besonders deutlich zutage tritt. Claudius wirkt hier fester und ist trotz seiner Liebe zu Messalina in seinen Entscheidungen kaum noch abhängig von ihr. Messalina steht Claudius distanzierter gegenüber als in der auf Zuckmayer zurückzuführenden Entwicklungslinie. Ihre Lust an der Macht wird früher angedeutet. Wenn sie sich ihren sexuellen Bedürfnissen hingibt, sinkt sie tiefer. Gleichzeitig brechen bei ihr jedoch immer wieder Skrupel durch. Dies ist nicht als Kompromiß zu verstehen. Beide Charaktere haben sich weiter entwickelt, sind interessanter, vielschichtiger und filmisch wirkungsvoller geworden; denn Messalina ist eben nicht nur – wie Merle Oberon in ihrem Telegramm an Sam Goldwyn behauptet – ein »heavy old fashioned vamp«[144] und Claudius nicht nur, wie Zuckmayer ihn anfänglich zeichnet, ein vorsichtig-kluger, aber weichlicher Mensch, der erst durch den Einfluß einer attraktiven, cleveren Frau zu einem »richtigen Mann« wird. Das lesenswerte, durchaus für eine Buchveröffentlichung geeignete *X Script* belegt, daß viele Köche nicht unbedingt den Brei verderben – solange es gute Köche sind, die ihr Handwerk verstehen. Wie ein Rezept hat ein Drehbuch eine bestimmte Funktion. Es ist Teil eines Entwicklungsprozesses, der in der Projektion eines Films seine Vollendung findet. Die überlieferten Bildmaterialien zeigen, daß in diesem Fall daraus ein Augenschmaus hätte werden können.

Filmographische Angaben zu *I, Claudius*:
Regie: Josef von Sternberg; Drehbuch: Carl Zuckmayer, Lajos Biró, Josef von Sternberg, mit Beiträgen von Robert Graves, Lester Cohen, Curt Siodmak, Arthur Wimperis; Übersetzerin: June Head; Kamera: Georges Périnal; Ausstattung: Vincent Korda; Kostüme: John Armstrong; Choreographie: Agnes de Mille; Produzent: Alexander Korda. Drehzeit: Februar-März 1937; Drehort: Denham Studios.

144 Drazin, *Korda*, a.a.O. (Anm. 137), S. 185.

Darsteller:

Charles Laughton (Claudius), Merle Oberon (Messalina), Emlyn Williams (Caligula), Flora Robson (Kaiserin Livia), Robert Newton (Cassius), John Clements (Valens); Leonora Corbett (Caesonia, Caligulas Gemahlin), Basil Gill (Xenophon, Claudius' Arzt), Frank Forbes Robertson (Lupus, Hauptmann der Wache), Gina Evans (Vestalin), Lyn Harding (Vespasian), Allan Aynesworth (Senator Sentius), Bruce Winston (Senator Asiaticus), Morland Graham (Halotus), Ernest Thesiger (Thrasyllus, Livias Astrologe), Allan Jeayes (Musa, Caligulas Leibarzt), Everley Gregg (Domita, Messalinas Mutter)

Erwin Rotermund

»Charaktere« und »Verräter«

Carl Zuckmayers Geheimreport *von 1943/44.*
Beurteilungskriterien und Beurteilungspraxis*

Für Günter Oesterle

Am 16. Januar 2002 sorgte eine dpa-Nachricht für Aufsehen: in Kürze
werde der im amerikanischen Exil für den US-Geheimdienst geschriebene *Geheimreport* von Carl Zuckmayer erscheinen, ein Dossier mit
politisch-literarischen Charakteristiken von Schriftstellern, Theaterleuten und anderen Kulturträgern im ›Dritten Reich‹. Diese Botschaft und
der anschließende Vorabdruck von 22 Autorenporträts aus dem *Geheimreport* in der *Frankfurter Allgemeinen Zeitung* lösten in führenden deutschen Presseorganen eine ungewöhnlich starke Kettenreaktion
aus. Die Stimmen über den fast 60 Jahre lang zurückgehaltenen *Report*
reichten von abgeklärten Worten Klaus Harpprechts in der *Zeit*[1] bis zu
der kühnen Wendung »Carl Zuckmayer als James Bond der Schreib-
maschine«, die sich in der *Bild*zeitung fand.[2]

Dort wurde der Autor auch als »US-Spion« bezeichnet. Hiermit war
der Vorwurf der Denunziation ausgesprochen; es nimmt nicht wunder,
daß seriöse Stellungnahmen sich bemühten, diesen Vorwurf gegen »eines
der heikelsten Dokumente der deutschen Literaturgeschichte« abzu-
wehren. Tilman Krause in der *Welt* etwa hebt die humane Eigenart und
die vernünftige politische Intention des *Geheimreports* ebenso hervor
wie Zuckmayers »Fähigkeit, das Widersprüchliche [der Existenz unter
der Diktatur] zu artikulieren« und »offenzuhalten«,[3] ferner die Sorge
des Dichters um die Zukunft eines demokratischen Deutschland.

Die meisten der zahlreichen journalistischen Stellungnahmen der
allerersten Stunde sehen Zuckmayers Beurteilungen der im ›Dritten
Reich‹ verbliebenen Kollegen und Künstler als im allgemeinen zutreffend und gut begründet an. Gerühmt werden seine »psychologische
Meisterschaft« sowie seine »Gerechtigkeit und Gutartigkeit«,[4] seine

---

*   Der folgende Text stellt die stark erweiterte Fassung eines Vortrags dar, der
     am 23. April 2004 auf einem *Ina-Seidel-Symposium* der Stadt Braunschweig
     gehalten worden ist.
1   *Die Zeit* (Hamburg) vom 24. Februar 2002.
2   *Bild* (Berlin) vom 16. Januar 2002.
3   *Die Welt* (Berlin) vom 17. Januar 2002.
4   Gustav Seibt in der *Süddeutschen Zeitung* (München) vom 29. April 2002.

erstaunlichen biographischen Kenntnisse und schließlich sein plastisches Darstellungsvermögen. Die negative Reaktion einiger Nachfahren von Beurteilten – der Sohn des Dramatikers Hans Rehberg zum Beispiel bezeichnete den Autor, der seinen Vater »Schubiak« genannt hatte, mit ebendemselben Schimpfwort,[5] und Jan George, ein Sohn Heinrich Georges, sprach von der »wüsten Kolportage« des »humorvollen Fabulierers«[6] Zuckmayer – fiel demgegenüber kaum ins Gewicht.

Nach Erscheinen des von Gunther Nickel und Johanna Schrön herausgegebenen und ausführlich kommentierten *Geheimreports*[7] (Anfang April 2002) änderte sich das Bild kaum. Das gleiche gilt für die grundsätzlicher ausgerichteten Beiträge im fünften Band (Juli 2002) des *Zuckmayer-Jahrbuchs*, das der Diskussion des *Reports* gewidmet ist.[8] Die dreizehn speziellen Aufsätze des Jahrbuchs zu einzelnen Autorenporträts sind dagegen überwiegend kritisch gehalten. Dieser auffällige Gegensatz zwischen den Einschätzungen der beiden Rezeptionsphasen legt nahe, das gesamte Dossier genauer nach den Beurteilungskriterien Zuckmayers sowie nach der besonderen Weise der Anwendung dieser Kriterien zu befragen.

Ein paar Sätze über die von den Herausgebern detailliert dargestellte Entstehungsgeschichte des *Reports* seien vorausgeschickt. Das Jahr 1933 bedeutete für Zuckmayer das Ende einer überaus erfolgreichen Karriere als Dramatiker. Seine literarischen Möglichkeiten im österreichischen »Halbexil« waren begrenzt; dies gilt in noch stärkerem Maße für die Zeit des amerikanischen Exils. Ab 1939 in den USA, hat sich der Autor von den Emigrantenorganisationen weitgehend ferngehalten. Er zog sich, nach einem Intermezzo als Drehbuchschreiber in Hollywood und nach zwanzig Monaten Lehrtätigkeit an der *New School for Social Research* in New York (Play Write Class), 1941 auf eine Farm in Vermont zurück. Als aber in der zweiten Hälfte des Jahres 1943 in maßgeblichen Emigrantenkreisen eine Grundsatzdebatte über die Zukunft Deutschlands nach der Niederschlagung des Nationalsozialismus in

---

5 In der Diskussion nach der Vorstellung des *Geheimreports* in Mainz am 25. April 2002.

6 Leserbrief in der *Frankfurter Allgemeinen Zeitung* vom 7. Februar 2002.

7 Carl Zuckmayer, *Geheimreport*, hrsg. von Gunther Nickel und Johanna Schrön, Göttingen 2002. Die im laufenden Text erscheinenden eingeklammerten Zahlen beziehen sich auf den Text des Reports.

8 *Zur Diskussion: Zuckmayers Geheimreport und andere Beiträge zur Zuckmayer-Forschung* (*Zuckmayer-Jahrbuch*, Bd. 5, 2002).

Gang kam, beteiligte sich auch Zuckmayer an entsprechenden Überlegungen.[9] Im Juli 1943 war in Moskau von prominenten deutschen Kriegsgefangenen und Emigranten das *Nationalkomitee Freies Deutschland* gegründet worden. Dieses Ereignis löste bei den Exilanten in den Vereinigten Staaten die verschiedensten Überlegungen über den Zusammenschluß aller fortschrittlichen Kräfte zum Zwecke des gemeinsamen Kampfes für ein zukünftiges freiheitlich-demokratisches Deutschland aus.

Bei den bald einsetzenden Diskussionen um eine angemessene Resolution war der amerikanische Geheimdienst, das *Office of Strategic Services* (OSS), auf Carl Zuckmayer aufmerksam geworden. Man trat an ihn mit der Bitte heran, »die künftige Besatzungsmacht in Form von möglichst objektiven Charakterstudien über führende Persönlichkeiten des deutschen Kulturlebens zu informieren«.[10] So äußerte sich Zuckmayer nach dem Kriege selbst. Es ging de facto um eine Auswahl der für einen demokratischen Kulturaufbau in Deutschland Geeigneten. In den Jahren 1943 und 1944 verfaßte er ein entsprechendes Dossier. Es enthielt rund 150 Porträts von Schriftstellern, Publizisten und Verlegern sowie von Kabarettisten, Schauspielern, Regisseuren und Bühnenbildnern im ›Dritten Reich‹. Dabei stand der Theater- und Filmbereich im Vordergrund. Die Charakteristiken sind unterschiedlich lang; ihr Umfang reicht von wenigen Zeilen bis zu mehreren Seiten und entspricht nicht durchweg der Bedeutung der beurteilten Persönlichkeiten. Folgen für diese hat der *Geheimreport* wahrscheinlich nicht gehabt; in den späteren Entnazifizierungsverfahren wurden keine OSS-Materialien verwendet.[11] Zuckmayer mußte allerdings zur Zeit der Niederschrift davon ausgehen, daß seine Bewertungen erhebliche Konsequenzen für die künftige berufliche Karriere der Beurteilten zeitigen würden – ein Sachverhalt, der auch bei der heutigen Einschätzung des *Geheimreports* zu beachten ist. Emmy Rado, Zuckmayers wichtigste Ansprechpartnerin im OSS, hat in einem Bericht über seinen Report den intendierten politischen Verwendungszweck ganz unmißverständlich herausgestellt: »Nach der Besetzung wird es von besonderer Bedeutung sein, wer von ihnen [den »führenden Schriftstellern und Künstlern in Deutschland«] sofort ausgeschaltet werden muß«.[12]

9 Vgl. die ausführliche Darstellung von Gunther Nickel und Johanna Schrön im *Nachwort* zum *Geheimreport*, a.a.O. (Anm. 7), S. 414-453.
10 *Neue Zeitung* (München) vom 3. Oktober 1947, zit. ebd., S. 409.
11 Ebd., S. 466 f.
12 Ebd., S. 456.

In ein paar vorangestellten Sätzen äußert Zuckmayer sich zur Herkunft seiner Informationen. Hauptquelle ist die »genaue« persönliche Bekanntschaft mit einem Großteil der Beurteilten; sie reicht »bis zum Sommer 1939 oder zum Eintritt Amerikas in den Krieg« (15). Hierzu gehören auch die »persönlichen Erfahrungen« (47), die er bei seinen riskanten heimlichen Besuchen in Nazi-Deutschland machte (26, 47, 60). Neben der »eigenen Beobachtung« stehen andere »sicherste Quellen« (15); damit sind vermutlich Mitteilungen gemeint, die der Autor von vertrauenswürdigen Personen aus Deutschland im neutralen Ausland erhielt.[13] Auch die Presse des ›Dritten Reiches‹ und des Exils kommt in kleinerem Umfang in Betracht; so waren ihm etwa der Kulturteil der nationalsozialistischen Wochenzeitung *Das Reich* (27, 155) sowie die in Santiago de Chile erscheinende Emigrantenzeitschrift *Deutsche Blätter* (102) zugänglich. Es leuchtet ein, daß der Wahrheitsgehalt der verschiedenen Charakteristiken in hohem Maß von der Qualität aller dieser Quellen, in denen sich zutreffende Informationen und Gerüchte vielfach mischten, abhängig ist. Deutsche Künstlerlexika und Bühnenjahrbücher standen dem Autor offenbar nicht zur Verfügung.[14]

Zuckmayer hat mehrfach betont, daß es ihm jeweils um die Beurteilung der gesamten Persönlichkeit und ihrer individuellen Lebensumstände ginge. Ein »engstirniges und fanatisches Schema«, »das alle Leute, die unter den Nazis weitergearbeitet haben [...], in den selben Topf schmeißt« (13), lehnte er ab. Um die sehr verschiedenen Verhaltensweisen im ›Dritten Reich‹ beschreiben und beurteilen zu können, brauchte er jedoch Kriterien und Klassifizierungen. Der Autor entwarf eine Einteilung, die vier Gruppen unterscheidet. In der mit *Charakterologie* überschriebenen Einleitung des *Reports* findet sich ein weiteres »generalisierendes« (12) Schema mit fünf Gruppen, die anders angeordnet, jedoch mit dem Vierer-Schema inhaltlich weitgehend deckungsgleich sind (13 f.). Ich lege die erstgenannte Klassifizierung zugrunde, da sie auch die entsprechenden Namen der Beurteilten enthält, ziehe aber die Erläuterungen des zweiten Schemas zur Analyse der Zuckmayerschen Bewertungen mit heran. Daß der Autor bei seinen Zuordnungen

---

13 1939 traf sich Zuckmayer zum Beispiel mit Henry Goverts in Liechtenstein und bekam »von ihm wichtige Informationen über Personen und Verhältnisse innerhalb Deutschlands« (*Geheimreport*, a.a.O. [Anm. 7], S. 18).

14 Vgl. Michaela Krützen, »*Gruppe 1: Positiv.*« Carl Zuckmayers Beurteilungen der Filmstars Hans Albers und Heinz Rühmann, in: *Zuckmayer-Jahrbuch*, Bd. 5, 2002, S. 215.

Schwierigkeiten hatte, wird allein schon aus der Abänderung des Grundschemas deutlich; er schreibt auch ausdrücklich, daß er »viele Änderungen in der Klassifizierung vorgenommen« (17) habe.

Die »Gruppe 1: Positiv« kennzeichnet Zuckmayer wie folgt: »Vom Nazi-Einfluß unberührt, widerstrebend, zuverlässig«. Ausführlicher drückt er sich in dem »Schema« aus der sogenannten *Charakterologie* aus:

> Die bewußten Träger des inneren Widerstands, – Solche, die ihre Mission darin sahen, dazubleiben und den Versuch zu machen, gewisse Werte des deutschen Kulturlebens durch die Nazizeit hindurch zu retten oder möglichst intakt zu erhalten, – und Solche, die ihre Position dazu benutzten, zu helfen, auszugleichen und all Denen den Rücken zu stärken, die ›auf den Tag‹ warten. (13)

Zuckmayers Idealforderung an die verschiedenen Kulturschaffenden ist mithin das »Widerstreben« (15), der »bewußte« »innere Widerstand«. Diesen Begriff haben – in positiver, aber auch negativer Tönung – andere Exilautoren ebenfalls verwendet, meistens synonym mit »Innere Emigration«. Zuckmayer meint mit »innerem Widerstand« keine passive reservatio mentalis, sondern durchaus bestimmte Formen des Handelns. Er nennt vor allem zwei Handlungsfelder. Das erste ist die Weiterführung, d.h. die Rettung der Kulturtradition, wobei vor allem die deutsche gemeint ist. In der Verteidigung der geistigen Tradition gegen alle Repressalien liegt für ihn auch die eigentliche Rechtfertigung des Nichtemigrierens zahlreicher Künstler und Schriftsteller.

Die Absicht, die »Reinheit und Echtheit der deutschen Kultur« zu retten, hat Zuckmayer besonders ausdrücklich bei seiner Beurteilung des Berliner Intendanten Heinz Hilpert herausgestellt (24-28). Er vergißt dabei nicht, auf das Paradoxe von dessen Situation hinzuweisen. Hilpert sei einerseits »leidenschaftlicher Nazigegner«, andererseits »ausgesprochener Exponent des kulturellen Lebens in Nazideutschland« und damit auch dem Kalkül der Machthaber unterworfen gewesen, die »erstklassiges Theater« für »ihren Glanz« und »ihr Prestige« brauchten. Zuckmayer reflektiert nicht weiter über die Frage, ob die subjektive Absicht des Intendanten mit einer objektiven Funktion der Systemstabilisierung in Kollision geraten könne. Er deutet diese Möglichkeit jedoch immerhin an, wenn er schreibt, Hilperts »Versuch« der Kultur-Rettung sei ein »im Ergebnis wohl tragischer« gewesen.

Zuckmayer spricht darüber hinaus von Hilperts »Zivilcourage« und verwendet damit ein Wort, das bei den Äußerungen über das zweite Handlungsfeld der »innerlich Widerstrebenden« mehrfach begegnet.

Der in diesem Bereich dominierende Begriff heißt allerdings »Charakter«, womit der Autor eine von den Umständen unbeirrbare sittlich handelnde Persönlichkeit mit invarianten Eigenschaften[15] meint. »Charakter« erscheint mit verschiedenen Attributen; so wird etwa Ernst Wiechert als »großer überzeugungsstarker Charakter« (23) gelobt. Die entsprechenden Verhaltensnormen (früher als Tugenden bezeichnet) sind in erster Linie »Anstand«, »Zuverlässigkeit« und »Treue«. Diese beweisen sich vor allem bei der Hilfe für gefährdete oder verfolgte Personen. Stark hervorgehoben wird zumal die »Treue« gegenüber einem jüdischen Ehepartner, d.h. die mit erheblichen Nachteilen verbundene Verweigerung der offiziell eingeforderten Scheidung.

Besonders günstig werden in diesem Zusammenhang die gefeierten Theater- und Filmschauspielerinnen beurteilt. Sie hätten »in entscheidenden Situationen große Charakterstärke, Zuverlässigkeit und Mut bewiesen und mehr geistige Unabhängigkeit und Klarheit des Denkens gezeigt als viele ihrer männlichen Kollegen« (39). Zuckmayer nennt unter anderen Käthe Dorsch und Paula Wessely, die in der Tat wiederholt Hilfe für vom Regime Verfolgte geleistet haben, dieses aber aufgrund ihrer Unentbehrlichkeit für den faschistischen Kulturbetrieb mit sehr viel geringerem Risiko tun konnten als der durchschnittliche Bürger.

Bislang war nur von »Charakter« im ethisch-pädagogischen Sinn die Rede. Daneben spielt der nach der individuellen Eigenart und Besonderheit fragende psychologisch-anthropologische Charakter-Begriff eine wichtige Rolle, oft kombiniert mit ethischen Beurteilungen. Der um die Weiterführung der »alten Kulturtraditionen« bemühte, von zahllosen Repressalien bedrohte Verleger Peter Suhrkamp zum Beispiel wird in einem eindrucksvollen Porträt als »ein sehr tief veranlagter, etwas versponnener, etwas vergrübelter, etwas querköpfiger Charakter, mehr depressiv als optimistisch« (22) beschrieben. Auch die jeweilige künstlerische Begabung und Leistung wird in die Überlegungen einbezogen. Zuckmayer geht es im Idealfall um die Einschätzung der Gesamtpersönlichkeit, wobei jedoch die ethische und die künstlerische Qualifizierung, wie noch gezeigt werden soll, durchaus in Widerspruch zueinander treten können.

In der »Gruppe 2: Negativ« behandelt Zuckmayer »Nazis, Anschmeisser, Nutzniesser [und] Kreaturen« (15). In der *Charakterologie* werden sie »aktive Nazis und böswillige Mitläufer« genannt. Unter

---

15 *Geheimreport*, a.a.O. (Anm. 7), *Nachwort*, S. 458: »[...] seine Charakterologie« beruhte »auf der unausgesprochenen Annahme invarianter Charaktereigenschaften«.

letzteren versteht der Autor »solche«, »die gegen ihre Überzeugung und ihr besseres Wissen sich den Nazis angeschmissen und für sie gearbeitet haben, bis zur Denunziation und Gefährdung anderer« (13). Analog zur positiven Beurteilung der »Träger des inneren Widerstandes« werden sie als charakterlos qualifiziert.

Als höchste Charakterlosigkeit erscheint Zuckmayer der »Verrat«. Er verwendet damit einen Begriff, der in den politischen Auseinandersetzungen der 1930er und 1940er Jahre ebenso intensiv verwendet wurde wie in den späteren Diskursen über Anpassung, Kollaboration und Widerstand im ›Dritten Reich‹: ich nenne hier nur den Titel des umstrittenen Werkes von Margret Boveri: *Der Verrat im 20. Jahrhundert.*[16] Der Autor tendiert in problematischer Generalisierung dazu, verräterische Anpassung an das neue Regime vor allem bei den linksradikalen Schriftstellern der Weimarer Zeit zu sehen, was in dem genannten Bericht von Emmy Rado eigens hervorgehoben wird.[17] Als Prototyp des Verräters stellt er einen Vertreter des »intellektuellen Linksradikalismus« heraus, den Kabarettisten und Satiriker Hans Reimann (57-63). Dessen »Grundhaltung, sowohl die Schamlosigkeit und Erfolgsschleicherei als die gelegentliche Zerknirschung und völlige innere Verlogenheit«, sei »für den Durchschnitt der Umfaller und Anschmeisser charakteristisch«. Bei der Machtübernahme der Nazis zeigte er sich »sofort bereit, alles zu verraten, zu beschimpfen und zu bespukken, was ihm gestern noch für den Beifall seines Publikums gut genug war«. Er habe seine Texte auf »wüstesten Antisemitismus« »›umgestellt‹«; als Objekt seiner Satire begegne nun der drangsalierte »armselige KZ-Insasse«. Zuckmayers Vorwürfe, die sich durchweg bestätigen

16 Margret Boveri, *Der Verrat im 20. Jahrhundert*, Hamburg 1956-1960 (rowohlts deutsche enzyklopädie 23, 24, 58, 105/106). Vgl. auch Michael Rohrwasser, *Der Stalinismus und die Renegaten. Die Literatur der Exkommunisten*, Stuttgart 1991, S. 47: »Im Begriff des Verrats/des Verräters kulminieren alle vorangegangenen Begriffe« (»Renegat«, »Dissident«, »Konvertit«, »Häretiker«, »Deserteur«).

17 »Er [Zuckmayer] hat eine hervorragende Charakteranalyse über seine deutschen Kollegen verfaßt, die zeigt, daß eine größere Zahl von Schriftstellern und Künstlern der Weimarer Jahre, die begeisterte Linke waren, zu leidenschaftlichen Nazis wurden, als Hitler die Macht übernahm. Die eher konservativen Schriftsteller der zwanziger Jahre dagegen behielten nach Hitlers Machtergreifung eine vernünftigere und zurückhaltendere Haltung bei« (*Geheimreport*, a.a.O. [Anm. 7], *Nachwort*, S. 456). Vgl. dazu Gunther Nickel, ebd.: »Damit wird ein Aspekt hervorgehoben, der wahrscheinlich schon bei der Auftragsvergabe eine zentrale Rolle spielte.«

lassen,[18] kulminieren in einem Erlebnisbericht, in dem auch eine massive Selbstbezichtigung Reimanns ihren Platz hat: »er sei ein Schwein, ein Verräter, er wisse es selbst, aber man müsse doch leben usw.«

Der linksradikale Erfolgsautor Ernst Glaeser wird ebenfalls als Verräter gekennzeichnet (77-79).[19] Glaeser war 1933 ins Schweizer Exil gegangen; dort habe er sich als »gesinnungsfesten Emigranten und Antinazi« aufgespielt. Im April 1939 war er nach Deutschland zurückgekehrt. Diesen »Übergang zu den Nazis« beurteilt Zuckmayer als »Anschmeisserei«, als »bewusste Spekulation« auf äußere Vorteile. Wenn er hier den Vorwurf des »Verrats an sich selbst und anderen« erhebt, teilt Zuckmayer die Meinung zahlreicher sozialistischer und liberaler Emigranten, die Glaeser als »Deserteur« ansahen und nach 1945 versuchten, ihn vor das Forum der öffentlichen Meinung zu bringen. Der spezielle Vorwurf, daß Glaeser schon vor seiner spektakulären Rückkehr ins ›Dritte Reich‹ als »Spitzel gegen seine Kameraden im Exil« gearbeitet habe, läßt sich belegen; Zuckmayers scharfes Urteil erscheint mithin als akzeptabel.

Im Unterschied zu seiner Bewertung Reimanns unternimmt der Autor jedoch eine tiefere Motivierung von Glaesers Handeln. Er geht dabei von dem außerordentlichen literarischen und politischen Erfolg aus, den Glaeser mit seinem Roman *Jahrgang 1902* sowie anderen dichterischen und journalistischen Arbeiten in den letzten Jahren der Weimarer Republik erzielt hatte. Mit dem durch das Exil gegebenen Bedeutungsverlust habe sich Glaeser nicht abfinden können; statt dessen habe er ein »Ressentiment der ›Erfolglosigkeit‹« entwickelt, das er »mit allen Mitteln auszugleichen suchte« – es ist die Rede von der »Über-Erfolgsgier« Glaesers. Zuckmayer folgt hier offensichtlich der individualpsychologischen Lehre Alfred Adlers von der »Kompensation« oder »Überkompensation« eines physisch-somatischen oder psychischen Defizits. Ein solcher Ansatz findet sich auch in anderen Porträts. Er ist in diesem Falle plausibel; Zuckmayer sieht sich aber gezwungen, weiterhin zu erklären, warum Glaeser – im Gegensatz zu anderen renommierten Schriftstellern des Exils – nicht in der Lage war, die Emigrantensituation zu meistern: Glaeser, dem Angehörigen des Jahrgangs 1902, habe die charakterbildende Erfahrung des »Ersten Weltkriegs«

18 Kommentar zum *Geheimreport*, a.a.O. (Anm. 7), S. 241-243.
19 Vgl. meine ausführliche Darstellung im *Zuckmayer-Jahrbuch*, Bd. 5, 2002, S. 403-414 (*»Verrat« aus »Über-Erfolgsgier«? Ernst Glaeser im Urteil Carl Zuckmayers*).

gefehlt – eine sicherlich problematische Begründung. Nach 1945 hat Zuckmayer sein Urteil über Glaeser offenbar revidiert.

In die Nähe der Kompensationstheorie kommt Zuckmayer auch bei dem ebenfalls der Gruppe 2 zugewiesenen Dramatiker Sigmund Graff, der »sich den Nazis in gradezu masochistischer Begeisterung« zugeworfen habe, »sobald sie an die Macht kamen« (63). Graff, der als Mitarbeiter in der Theaterabteilung des Propaganda-Ministeriums wirkte und enger Mitarbeiter des Reichsdramaturgen Rainer Schlösser war, wird im *Geheimreport* als ausgesprochener autoritärer Charakter dargestellt. Seine Unterwürfigkeit den nationalsozialistischen Instanzen gegenüber versucht Zuckmayer beiläufig auch mit einem vorgeblich physisch-somatischen Mangel zu erklären: »Er ist ein kleiner, inferiorer Mann, schon rein äußerlich minderwertig und unbedeutend, dem ein beglückter Kadavergehorsam innewohnt« (64). Es gibt Anzeichen dafür, daß Zuckmayer dieses Verdikt in der Nachkriegszeit ebenfalls revidiert hat.[20]

Komplizierter als diese Fälle sieht die Beurteilung Gottfried Benns aus (74-77).[21] Er wird ausdrücklich von den genannten »Verrätern« und »Schubiaks« abgesetzt. Seine Parteinahme von 1933 für das »Dritte Reich« ging nach Zuckmayer weder auf »Opportunismus« und »Anschmeisserei« zurück, noch sollte sie »äusseren Erfolg« erkaufen. Benns »ehrliche« Option für den »neuen Staat« habe sich in den 1920er Jahren organisch aus einer echten »geistigen Verzweiflung« entwickelt, einem »Unbehagen an der Kultur«, das eine legitime Reaktion auf die allgemeine Problematik der Zeit gewesen sei. Dieser verständnisvolle Rekurs auf Benns kulturkritische Vorstellungen der 1920er Jahre erklärt sich einmal aus Zuckmayers »Annäherung […] an Positionen jungkonservativer Politiker und Publizisten zu Beginn der dreißiger Jahre«,[22] zum anderen aus seiner ambivalenten Haltung in den ersten Jahren nach der nationalsozialistischen »Machtergreifung«, als er noch die Zuversicht über eine positive Entwicklung des deutschen Volkes mit dem »Wissen um alles Unmögliche und Ungeheuerliche«[23] ver-

20 Kommentar zum *Geheimreport*, a.a.O. (Anm. 7), S. 251 f.
21 Vgl. Heidrun Ehrke-Rotermund, »*Ein Vertreter hohen Geistes«, moralisch disqualifiziert? Gottfried Benn im Urteil Carl Zuckmayers*, in: *Zuckmayer-Jahrbuch*, Bd. 5, 2002, S. 389-401.
22 Gunther Nickel, *Des Teufels General und die Historisierung des Nationalsozialismus*, in: Ders. (Hrsg.), *Carl Zuckmayer und die Medien (Zuckmayer-Jahrbuch*, Bd. 4.2, 2001), S. 608.
23 Brief Zuckmayers an Albrecht Joseph (November 1935), zit. ebd., S. 609.

mengt hatte. Sein Verständnis für Benn hängt aber auch mit seiner Hochschätzung für dessen »Niveau« zusammen: er zweifelt in seinem Porträt nicht daran, »einen Vertreter hohen Geistes« vor sich zu haben, den bis 1933 Welten von der »völligen Qualitätslosigkeit« des Nationalsozialismus trennten. Die Beurteilung Benns sieht also zunächst wie ein »Freispruch« aus. Am Ende setzt sich jedoch die ethische Argumentation durch: Benns Versuch, seinen arischen Nachweis 1934 öffentlich zu führen, erscheint als unverzeihlich. Bei diesem Urteil bleiben allerdings die besonderen politischen und wirtschaftlichen Lebensumstände des Autors unberücksichtigt.

Zuckmayer geht es um eine differenzierte Beurteilung des Verhaltens im »Dritten Reich«; eine dualistische Bewertung nach einem »gut«/ »böse«-Schema will er vermeiden. Die von Zuckmayers *Report* begeisterten Mitarbeiter des OSS sprachen allerdings von den »Guten« und den »Schlechten« beziehungsweise »Bösen« (454, 464). In der »Gruppe 3: Sonderfälle« – es ist die umfangreichste – diskutiert er positive und negative Befunde bei jeweils einundderselben Person. Sie seien »nicht ohne weiteres einzuordnen« (16); es handelt sich erklärtermaßen um die »interessanteren Sonder- und Zwischenfälle« (98). Es verwundert nicht, daß gerade sie in der journalistischen und wissenschaftlichen Rezeption des *Reports* die stärkste Beachtung gefunden haben, geht es doch hier um die prominentesten Persönlichkeiten. Die Wendung »interessantere Sonder- und Zwischenfälle« zeigt auch ein gegenüber den Gruppen 1 und 2 verändertes Erkenntnisinteresse an: Zuckmayer schreibt hier nicht nur als kritischer Beurteiler, sondern auch und vor allem als ein von menschlichen Widersprüchen faszinierter Schriftsteller. Es kommt hinzu, daß manche der in dieser Gruppe dominierenden Schauspieler und Theaterleute seine Freunde waren. Diese verschiedenen Rollen sind im *Geheimreport*, wie nicht anders zu erwarten, mehrfach in Konflikt miteinander geraten.

Ich konzentriere mich im folgenden auf den wohl spektakulärsten Fall, den des Schauspielers Werner Krauß. Krauß, Gustaf Gründgens und Emil Jannings werden im *Report* besonders ausführlich dargestellt. Von Krauß und Gründgens ist bereits in der einleitenden *Charakterologie* die Rede, deren Hauptthema die spezifische Mentalität der deutschen Schauspieler ist. Zuckmayer kennzeichnet sie so: »Die meisten Schauspieler neigen zu einer Art von Infantilismus, der ihnen auch die Vorgänge des realen Lebens, die blutige Wirklichkeit, zum Spiel, zur rasch wandelbaren Szene, zur Inszenierung, und ihre eigne Position oder Aktivität darin zur Rolle werden lässt. Viele bedeutende Schauspieler zeigen deutliche Züge von Schizophrenie« (10). Zuckmayer

nähert sich in diesen Sätzen der Umschreibung von »Unzurechnungs-
fähigkeit« an, die das Strafrecht einem Täter »wegen Bewußtseinsstö-
rung, wegen krankhafter Störung der Geistestätigkeit oder wegen Gei-
stesschwäche«[24] entlastend zuerkennt. Beim Blick auf die einzelnen
Schauspieler-Charakteristiken stellt sich allerdings heraus, daß der
Autor nicht durchweg, sondern nur in einzelnen, allerdings markanten
Fällen auf das hier angedeutete Argument der Entschuldigung rekurriert.
Gemeint sind die besten deutschen Schauspieler, denen, wie es in der
Einleitung heißt, »ihre Kunst vielfach die Sache einer bis zur Wahn-
sinnsgrenze besessenen Leidenschaftlichkeit« (10) ist.

Zuckmayers nachdrückliche Plädoyers für moralisch-politisch
schwer belastete Schauspielergenies bedeuteten sicherlich eine gewisse
Schockierung des Rechts- und Wertempfindens seiner damaligen
Adressaten. Die These »Genialität geht vor Moral« hatte einen schwa-
chen »Vertretbarkeitsgrad«, um einen Begriff der literarischen Rhetorik zu benutzen; der Autor vertritt im Falle von Krauß, Jannings und
Gründgens eine »causa turpis«[25], eine eigentlich moralwidrige Sache.
Um seinem Standpunkt eine höhere Glaubwürdigkeit zu verschaffen,
mußte Zuckmayer einen im Vergleich zu den übrigen Charakteristiken
stärkeren literarischen Aufwand treiben: die Porträts weiten sich zu
plastischen Figurenbeschreibungen aus, man wird an die vitalen Protagonisten seiner Stücke erinnert. Dagegen wirken die Darstellungen
der eindeutig positiv beurteilten Personen zumeist wesentlich nüchter-
ner: die Meinungen Zuckmayers und seiner Adressaten stimmen ja von
vornherein überein. Eine »causa honesta«[26] aber bedarf keines besonderen literarischen Aufwandes; sie ist leichter zu vertreten.

Der 1884 geborene berühmte Schauspieler Werner Krauß trat zwischen 1933 und 1945 vor allem im Berliner Staatstheater und im Burgtheater Wien auf. Er wirkte in acht Filmen mit, unter anderem in Veit
Harlans antisemitischem Propagandafilm *Jud Süß* von 1940. Von 1933
bis 1936 war er stellvertretender Präsident der Reichstheaterkammer,
1934 wurde er zum preußischen »Staatsschauspieler« und später zum
preußischen Staatsrat ernannt. Zuckmayer und Krauß waren seit den
1920er Jahren eng befreundet. Der Dichter plädiert mit Nachdruck für
den großen Schauspieler. Seine Charakteristik ist, wie schon angedeu-

24 *Strafgesetzbuch [...], Textausg. mit [...] einer Einführung von [...] Horst
    Schröder*, München 1970, S. 42 (§ 51,1).
25 Vgl. Heinrich Lausberg, *Handbuch der literarischen Rhetorik*, München
    1960, S. 58.
26 Ebd., S. 57.

tet, eine einzige Verteidigungsrede. Ihren Mittelpunkt bilden folgende zwei Sätze:

> Diesen Schauspieler dürfte die deutsche Bühne nie verlieren, so lang er lebt. Wie er sich im einzelnen in der Nazizeit verhalten hat, mag bei einem Schauspieler wie ihm vielleicht nicht so wichtig sein (149).

Zuckmayers Plädoyer für Krauß liegt deutlich seine Auffassung von der besonderen infantilen Mentalität der deutschen Schauspieler zugrunde. Er nimmt eine scharfe Trennung von »Mensch« und »Künstler« vor. Als Mensch sei Krauß nur Mittelmaß, seine intellektuellen Fähigkeiten seien begrenzt. Umso schwerer wögen seine schauspielerischen Talente: er sei im Vergleich mit Jannings von einer »viel echteren, tieferen Dämonie besessen« (146), er agiere auf der Bühne als großer faszinierender »Zauberer«. Die Kunst des großen Mimen veranschaulicht Zuckmayer ausführlich: Krauß habe einmal im Freundeskreis die verschiedensten Rollen hinter einundderselben unheimlichen Perchtenmaske gespielt und damit seine Zuschauer überwältigt: »Es war wie eine hypnotische oder magische Séance« (149). (Diesen Bericht hat der Autor fast wörtlich in seine Autobiographie *Als wär,s ein Stück von mir* übernommen.)

Zwar kommt Zuckmayer nicht umhin, auf Vorwürfe gegen seinen Freund einzugehen. Er versucht diese jedoch abzuschwächen. Krauß' Antisemitismus sei ein »komplizierter«, außerdem habe er in Einzelfällen jüdischen Freunden geholfen. Ferner sei er »auch immer ganz ohne Nazis ›völkisch‹ eingestellt« (150) gewesen. Von Krauß' Beteiligung an dem erwähnten Hetzfilm *Jud Süß*, in dem er mehrere Judenrollen gespielt hat, ist in dem Porträt keine Rede, was im Blick auf die ungeheure Wirkung in Deutschland und angesichts des internationalen Aufsehens, das diese ominöse Produktion im Jahre 1940 erregt hat, verwunderlich ist. Nach 1945 ist Zuckmayer noch entschiedener für eine Entlastung Krauß' eingetreten. Im Entnazifizierungsverfahren sagte er zugunsten des Schauspielers aus,[27] ferner wurde das Krauß-Porträt überarbeitet und 1947 in der *Neuen Zeitung* veröffentlicht. In dieser Fassung fehlen der Bericht über eine Wiener Shylock-Darstellung und auch eine Stelle über Krauß' Besuch bei Hitler in Berchtesgaden. Die Aussagen über sein Eintreten für Verfolgte, auch für den Autor selbst,

---

27 »*Wenn man einen Schauspieler braucht, muß man ihn auch vom Galgen schneiden.« Die Spruchkammerakte Werner Krauß*. Ediert, eingeleitet und kommentiert von Gunther Nickel und Johanna Schrön, in: *Zuckmayer-Jahrbuch*, Bd. 6, 2003, S. 219-370, hier: S. 233-236.

sind hingegen verstärkt worden.[28] Trotz solcher erheblichen Retouchierungen, die Krauß' Wirken im ›Dritten Reich‹ in einem günstigeren Licht erscheinen lassen sollen, unternimmt es Franz Norbert Mennemeier, Zuckmayers »Plädoyer« als Zeugnis für eine »großzügige Menschlichkeit des Autors« seinem Freund gegenüber zu würdigen.[29] Er sieht sich allerdings gezwungen, auch von den »naheliegenden, politisch wahrlich relevanten Vorwürfen« gegen den Schauspieler, von »heikelsten Momenten« in dessen »Karriere bis in die obersten Ränge der Nazi-Kulturpolitik« sowie davon zu sprechen, daß Zuckmayer den »eigentlich politischen« Aspekt, das »bloße Funktionieren im System« in diesem Porträt »nicht ins Auge fasse«.

Zuckmayers Charakteristik Krauß, bezieht beiläufig auch die Sexualität des Schauspielers mit ein. Seine »Beziehung zu Frauen« sei »im Grund egozentrisch und ohne lebendigen Eros«, »das Sexuelle« breche »bei ihm animalisch aus«. Offensichtlich will der Autor durch diese kritische Kennzeichnung die entlastende These stützen, Krauß sei »zutiefst ein Einsamling« (152). Wichtiger sind die Ausführungen zur Sexualität von Emil Jannings. Dessen aggressiv-sadistische Neigungen und dessen dem Fin de siècle entstammenden Sexualphantasien (153) fügen sich ein in das Bild des Schauspielers als einer »einzigartigen Figur« (136), einer von »Geldgier« metaphysischen Ausmaßes und von kolossalem »Machthunger« (143) bestimmten »Riesennatur« (138). Jannings wird als großformatiger Ausnahmemensch gesehen; sein Tun und Lassen auch im ›Dritten Reich‹ erscheint als gesteigertes ursprüngliches Leben gerechtfertigt;[30] seine bedenklichen Züge erfahren über-

---

28 Kommentar zum *Geheimreport*, a.a.O. (Anm. 7), S. 349 f.

29 *Gustaf Gründgens, Emil Jannings, Werner Krauß. Zuckmayers Schauspieler-Charakteristiken im Kontext*, in: Zuckmayer-Jahrbuch., Bd. 5, 2002, S. 433-454 (zu Krauß vgl. S. 449-454). Das prekäre Verhältnis zwischen persönlich-freundschaftlicher Einschätzung und moralisch-politischer Bewertung Krauß' wird von Franz Norbert Mennemeier nicht weiter diskutiert; er beschränkt sich auf die Nachzeichnung von Zuckmayers emphatischer Würdigung des Schauspielers Krauß, also auf die psychologisch-ästhetische Entlastungsargumentation. Dabei verschiebt sich das Interesse auf die bei dieser Gelegenheit von Zuckmayer entwickelten Vorstellungen über das »Ideal der wahren Schauspielkunst«.

30 Aussagen über die Sexualität der Beurteilten finden sich nur in relativ wenigen Porträts. Auffällig ist in diesen die negative Bewertung homosexueller Neigungen. Zuckmayer sieht mehrfach einen Zusammenhang zwischen homoerotischer Disposition und faschistischem Engagement, den er beson-

dies durch satirisch-groteske Färbung eine erhebliche Neutralisierung im Sinne des Vergnügens an komischen Helden. Im ganzen verdrängt die Perspektive einer vitalistischen Ethik hier die im *Geheimreport* zumeist angewendeten moralischen Beurteilungskriterien – es ist bezeichnend, daß der von früheren Freunden Jannings, insbesondere der von jüdischen Emigranten, erhobene Vorwurf des »Verrats« ausdrücklich an die Seite geschoben wird (136).

Die »Gruppe 4« schließlich enthält »Indifferente, Undurchsichtige, Verschwommene, Fragliche« (16) und zwar »negative« und »positive« Fälle. Sie läßt sich teilweise durch die Kennzeichnung der Gruppe »Indifferente und Hilflose« aus der *Charakterologie* erläutern:

> Indifferente und Hilflose, die ihres Berufs und ihrer Existenz wegen dableiben und das Maul halten mussten, ohne über die äußerlichen ›Pflichten‹ hinaus mitzumachen. Zu dieser Gruppe gehört vermutlich die Mehrheit der Schauspieler (13).

Zuckmayer ordnet entsprechend Schauspieler und -spielerinnen wie Theo Lingen und Käthe Gold den »positiven oder vermutlich positiven« Fällen der vierten Gruppe zu, ebenso wie einige liberal zu nennende Autoren wie Erik Reger und Otto Flake. Zu den »negativen« Fällen zählt er vor allem deutschnational-konservative Schriftsteller wie Hans Franck, Hans Grimm, Wilhelm Schäfer und Emil Strauß. Diese haben sich zum NS-Regime bekannt und genossen hohe Anerkennung, so daß sie eigentlich unter Merkmalen wie »indifferent«, »undurchsichtig« undsofort nicht subsumiert werden können.

In »Gruppe 4«, Untergruppe »negativ« wird, zusammen mit ihrer Freundin Agnes Miegel, auch Ina Seidel behandelt und zwar relativ knapp (164 f.). Zuckmayer macht ihr den Vorwurf emphatischer Verehrung Hitlers als »gottgesandtem Erlöser der Deutschen«; dieser wird allerdings durch die Angabe »zeitweise« eingeschränkt. Erklärt wird der Hitlerkult durch die »schöngeistige« Mentalität der »Stillen im Lande«, die »ganz folgerichtig« zu »einer völligen Hirnvernebelung« geführt habe. »Solche mysteriöse Verblödungszustände« werden auch

---

ders deutlich bei Hans Blüher ausformuliert: »Pathetiker der Homosexualität und Künder ihrer gesellschaftsbildenden Kräfte [...], müßte seiner ganzen Art, Anlage, Entwicklung nach ein prädestinierter Nazi sein« (*Geheimreport*, a.a.O. [Anm. 7], S. 159). Vgl. auch Arnold Klaffenböck, »*Wie ein solcher Gesinnungswandel beurteilt werden müßte, geht aus dem Gesagten deutlich genug hervor*«. *Überlegungen zum Dossier Zuckmayers über Richard Billinger*, in: *Zuckmayer-Jahrbuch*, Bd. 5, 2002, S. 339-384.

mit »mangelnder Drüsentätigkeit« zusammengebracht. Man täte dieser satirischen Andeutung wohl zu viel Ehre an, wenn man sie als Beitrag zur Sexualpathologie des Faschismus auffaßte.

Auf der positiven Seite erscheinen dagegen die Feststellung, Seidel sei keine »Nazimegäre« gewesen, sowie die Anerkennung ihrer Intelligenz und dichterischen Begabung. Die Werke Miegels und Seidels werden mit der Bewertung »hübsch und lesenswert« auf einem mittleren Niveau angesiedelt. Wägt man die positiven und die negativen Urteile gegeneinander ab, gewinnt man den Eindruck, auf Ina Seidel treffe am ehesten die Kennzeichnung »fraglich« zu und sie müsse eher in die »Gruppe 3, Sonderfälle, teils positiv – teils negativ« eingeordnet werden. Dabei ist noch zu berücksichtigen, daß Zuckmayer Agnes Miegel und Ina Seidel im Vergleich zu ihren männlichen Kollegen an einem sehr hohen Maßstab mißt, nämlich am »Format« von Käthe Kollwitz.

Vielleicht das größte Manko dieser Charakteristik liegt jedoch darin, daß weder auf Seidels profaschistische Texte (ein Huldigungsartikel für und ein Lobgedicht auf Hitler) noch auf ihr weit umfangreicheres Prosawerk näher eingegangen wird. Der Autor hätte sich sonst mit dem Protestantismus Ina Seidels auseinandersetzen müssen, der in der nationalsozialistischen Publizistik – bei Anerkennung der angeblich »volkhaften« Dichterin – als überholte Glaubenshaltung kritisiert worden ist. Man hat daher später vermutet, ihre Romane könnten »ähnlich gewirkt haben wie die Romane von Inneren Emigranten«.[31] Angesichts des in diesem Fall überhöhten Maßstabs, der Ausklammerung der nach 1933 verfaßten Werke und der unzureichenden Begründung für die Hitlerpanegyrik Ina Seidels kann die Zuckmayersche Charakteristik, auch wenn man die satirische Zuspitzung in Rechnung stellt, kaum als angemessene Beurteilung der Autorin angesehen werden.

Das eben genannte Manko betrifft übrigens die allermeisten der im *Report* genannten Schriftsteller. Nur selten werden bestimmte Werke genannt; deren möglicher oppositioneller Gehalt wird kaum reflektiert. Dem entspricht, daß auch die speziellen Verfahrensweisen, die unter den Publikationsbedingungen des NS-Staates entwickelt worden sind, etwa die Camouflage, das Schreiben zwischen den Zeilen, nur sehr beiläufig erwähnt werden (32, 111). Wichtige Autoren, bei denen diese Schreibweise eine zentrale Rolle spielt, fehlen im *Geheimreport* über-

31 Gisela Berglund, *Der Kampf um den Leser im Dritten Reich. Die Literaturpolitik der »Neuen Literatur« (Will Vesper) und der »Nationalsozialistischen Monatshefte«*, Worms 1980, S. 109.

dies völlig, so etwa Rudolf Pechel.[32] Die Tatsache, daß bei einem Thea-
termann wie Zuckmayer Schauspieler, Intendanten und Regisseure im
Mittelpunkt des Interesses stehen, kann diesen Mangel nur teilweise
erklären.

Nimmt man die übrigen angedeuteten Defizite der Beurteilungen
hinzu – vor allem die meistens ausgeklammerte Frage nach der system-
stabilisierenden Funktion des künstlerischen Wirkens im ›Dritten
Reich‹,[33] die oft zu eklatanten Fehlurteilen führende geringe Kenntnis
der speziellen Lebensumstände der Bewerteten,[34] die vielfach problematische Fundierung der Charakteranalyse, wie sie sich etwa im
Schwanken zwischen humanistischen und vitalistischen Normen, im
rudimentären Aufgreifen der Kompensationstheorie und insbesondere
in der fragwürdigen Bestimmung der Schauspieler-Mentalität zeigen –,
fällt die Einschätzung des *Geheimreports* im ganzen kritischer aus als
bei der ersten euphorischen Rezeption. Er taugte als ganzer nur bedingt
für die damalige Beurteilung der im ›Dritten Reich‹ kulturell Wirkenden und ist nur teilweise zu ihrer heutigen Rehabilitierung geeignet, so
wichtig als literarisch-politisches Dokument der Exilzeit und so unentbehrlich für eine Analyse von *Des Teufels General* er auch ist.

Bis zu einem gewissen Grade erklären sich die bedenklichen Züge
der Beurteilungen aus der besonderen politischen Intention, die Zuckmayer mit dem *Geheimreport* verfolgte. Bei ihrer Darlegung muß man
noch einen auffälligen Befund nachtragen. Vom aktiven Widerstand,
seinen Gruppierungen und Formen, ist in den Porträts nirgends die
Rede. Namen von politischen Oppositionellen, deren Handeln als
Maßstab für das Verhalten der künstlerischen Intelligenz in Nazi-
deutschland anzusehen wäre, sucht man vergeblich. Sehr selten und
nur ganz allgemein wird – zur Verstärkung einer positiven Beurteilung –

---

32 Zum Phänomen der literarischen Camouflage in den Jahren 1939 bis 1945
   vgl. Heidrun Ehrke-Rotermund / Erwin Rotermund, *Zwischenreiche und
   Gegenwelten. Texte und Vorstudien zur ›Verdeckten Schreibweise‹ im
   »Dritten Reich«*, München 1999.
33 Zu den Ausnahmen gehört die Charakteristik Wilhelm Furtwänglers, *Geheimreport*, a.a.O. (Anm. 7), S. 133-135.
34 Über Hans Carossa schreibt Zuckmayer zum Beispiel: »Einzelgänger von
   unbedingter Integrität und Noblesse. Wenn der schmutzige Nazinebel
   weicht, wird auf seinem Bild kein Fleck oder Hauch zurück bleiben« (*Geheimreport*, a.a.O. [Anm. 7], S. 23). Vgl. dagegen zu Carossas Leben und
   Wirken im *Dritten Reich*: Heidrun Ehrke-Rotermund / Erwin Rotermund,
   Zwischenreiche und Gegenwelten, a.a.O. (Anm. 32), S. 227-240.

die Nähe eines bestimmten Schauspielers zum aktiven Widerstand vermutet. Alles dieses bedeutet kein Desinteresse Zuckmayers, hat er doch bekanntlich *Des Teufels General* seinen toten Freunden Haubach, Leuschner und Mierendorff gewidmet und in diesem Erfolgsstück die Widerstandsproblematik ausführlich diskutiert.[35] Es zeigt vielmehr an, daß der Autor bewußt darauf verzichtet, seinen Porträts so etwas wie eine für *alle* oppositionellen Verhaltensformen gültige Ethik zu unterlegen. Seinen Beurteilungen liegt vielmehr eine Art von Spezialethik zugrunde, die sich auf die Werte und Normen des »innerlichen Widerstrebens« beschränkt – man könnte auch von einer »Minimalethik« der künstlerisch-literarischen inneren Emigration sprechen. In ihr verbinden sich, wie wir sahen, charakterologische Aussagen im weiteren Sinn mit ethischen Wertungen. Die ethischen Normen entsprechen durchweg bürgerlich-humanistischen Vorstellungen, man denke an Begriffe wie »Klarheit des Denkens«, Mut (»Zivilcourage«), »Anstand«, »Zuverlässigkeit«, »Treue«, »Uneigennützigkeit«, »Ehrlichkeit« usf. Einige dieser Begriffe kann man auch in christlichen Lebens- und Verhaltenslehren aus der Zeit des ›Dritten Reiches‹ finden, die in der Form von »Christenfibeln«[36] Anleitungen zur religiösen Selbstbehauptung unter einem repressiven Regime geben und, was etwa die sogenannten soldatischen Tugenden angeht, manchen Kompromiß mit nationalsozialistischen Vorstellungen enthalten.

Ein Vergleich von Zuckmayers auf personale Selbstbehauptung im totalitären Staat abzielender »Minimalethik« des innerlichen Widerstehens mit radikaleren ethischen Reflexionen aus der gleichen Zeit ist aufschlußreich. Im Blick auf die immer stärkere Brutalisierung der Nazi-Realität spricht etwa Dietrich Bonhoeffer von einer totalen Verwirrung des aus »unserer tradierten ethischen Begriffswelt Kommenden«[37] und der Unzulänglichkeit der bislang gültigen Verhaltensnor-

---

35 Vgl. auch Zuckmayers *Deutschlandbericht* (1946/47), in dem der innerdeutsche aktive Widerstand wiederholt als zentrale Thematik für die filmische Gestaltung eines »neuen Ideals in Deutschland und für die deutsche Jugend« herausgestellt wird. (Carl Zuckmayer, *Deutschlandbericht für das Kriegsministerium der Vereinigten Staaten von Amerika*, hrsg. von Gunther Nickel, Johanna Schrön und Hans Wagener, Göttingen 2004, S. 201).

36 Vgl. z.B. Josef Pieper / Heinz Roskop, *Katholische Christenfibel*, Köln 1940.

37 *Nach zehn Jahren* (geschrieben 1942/43), in: Dietrich Bonhoeffer, *Widerstand und Ergebung. Briefe und Aufzeichnungen aus der Haft*, hrsg. von Eberhard Bethge, München 1952, S. 10 f.

men: so müsse der, welcher »auf der Flucht vor der öffentlichen Auseinandersetzung […] die Freistatt einer privaten Tugendhaftigkeit« erreiche, »seine Augen und seinen Mund verschließen vor dem Unrecht um
ihn herum«[38]. Nur die »Civilcourage«[39] und die von der »aristotelisch-
thomistischen Ethik […] zu einer der Kardinaltugenden« erhobene »Klug-
heit«[40] findet Bonhoeffers Anerkennung als Fähigkeit, die Möglichkeit
und Grenzen des Handelns in der konkreten Wirklichkeit zu erkennen.
Entsprechend erscheint ihm die »Dummheit« als ein »gefährlicherer
Feind des Guten« als die »Bosheit«[41], keinesfalls als entschuldendes
mentales Defizit wie in Zuckmayers Künstler-Charakterologie. Ent-
scheidend aber ist das »freie Glaubenswagnis verantwortlicher Tat«[42],
die auch »vielleicht unvermeidliche Schuld«[43] inkaufnimmt, das heißt
für den ethisch-politisch motivierten Tyrannenmord.

Der Unterschied zwischen radikalen Überlegungen solcher Art und
Zuckmayers Beurteilungen ist offensichtlich: Bonhoeffer erhoffte den
von einer geistigen Elite bewirkten Umsturz von innen, Zuckmayer die
von den Alliierten zu realisierende Beseitigung des NS-Regimes von
außen; er hatte 1943/44 bereits die Situation der gesamten deutschen
Bevölkerung vor Augen. Immer wieder forderte er die »Reinigung«[44]
und Selbsterziehung des Deutschen Volkes, was eine Beurteilung desselben voraussetzte, die im klaren Gegensatz zur Einschätzung durch
die Alliierten stand. Bei diesen hatte sich nach Kriegsausbruch mehr
und mehr die These von der Schuld des ganzen deutschen Volkes an der
Etablierung des Nazisystems und an seinen Verbrechen durchgesetzt.
Es war insbesondere der ehemalige Chef des britischen Foreign Office,
Lord Vansittart, der in seinem weit verbreiteten *Black Record* von
1941 die Existenz eines »Anderen Deutschland« bestritt, die Einheit
von Nationalsozialismus und deutscher Bevölkerung behauptete und
diese auf einen von Anfang an kriegerisch-brutalen Nationalcharakter

38 Ebd., S. 12 f.
39 Ebd., S. 13 f.
40 Ebd., S. 21.
41 Ebd., S. 17.
42 Ebd., S. 15.
43 Ebd., S. 22.
44 Vgl. z.B. seinen Brief an Erika Mann, in: *Aufbau* vom 12. Mai 1944, zit. in:
   Geheimreport, a.a.O. (Anm. 7), S. 462: »Die Reinigung Deutschlands muß
   tiefgreifend und gründlich sein, aber sie kann der Welt nichts nützen, […]
   wenn sie nicht von Innen kommt […].«

zurückführte.[45] Zuckmayer lehnte wie die meisten Exilautoren diese pauschale Verurteilung ab. In einem offenen Brief an die wohl bekannteste deutsche Vansittart-Anhängerin in den USA, Erika Mann, wandte er sich gegen eine »wirklichkeitsfremde und wahrheitsferne« »generelle Diskriminierung des deutschen Volkes«[46] und gegen erzieherische »Zwangsmaßnahmen«[47] der Alliierten. Für die propagierte Selbsterziehung der Deutschen jedoch war die künstlerisch-literarische Elite unentbehrlich. Auch für sie bestritt Zuckmayer die Kollektivschuld-These. Seine oft sehr milde Beurteilung der im ›Dritten Reich‹ verbliebenen Theaterleute und Autoren erklärt sich von hierher: nur etwa 30 Prozent der Bewerteten werden negativ qualifiziert; alle anderen erscheinen als zumindest »innerlich Widerstrebende«, die sich mehr oder minder »charaktervoll« verhalten haben. Zum günstigen Gesamtbild trägt sicherlich auch die erwähnte Ausklammerung des aktiven Widerstands bei; seine Exponierung hätte zwangsläufig zu einer gewissen Abwertung des inneren Opponierens geführt.

45 Robert Gilbert Vansittart, *Black Record. Germans Past and Present*, London 1941.
46 *Geheimreport*, a.a.O. (Anm. 7), S. 461 f.
47 Ebd., S. 462.

Günter Scholdt

Zuckmayer in neuer Sicht

Bemerkungen zu den Rezensionen seines Deutschlandberichts

»Liebend erkennen.«
(Ernst Jünger, *Blätter und Steine*)

Die kontinuierliche Bemühung der Herausgeber des *Zuckmayer-Jahrbuchs*, durch die Veröffentlichung bisher unbekannter Dokumente einen weithin unerschlossenen Autor vorzustellen, fand ihre krönende Ergänzung in der Publikation zweier Großdossiers, die in den Jahren zwischen 1943 und 1949 entstanden waren. Beiden wurde breite Aufmerksamkeit zuteil. Der 2002 veröffentlichte *Geheimreport* über die innerdeutsche Intellektuellen- und Kunstszene[1] erwies sich als ein für das Genre ungewöhnlicher Verkaufsschlager und fand in den Medien fast durchweg lebhafte Anerkennung. Dies gilt mehrheitlich auch für Zuckmayers 2004 erschienenen *Deutschlandbericht*[2]. Doch mischten sich in zahlreiche lobende Äußerungen auch einige Stimmen schroffer Ablehnung, die eine implizite Debatte entstehen ließen. Es könnte sich daher lohnen, die geäußerten Argumente und Wertungen einer kritischen Betrachtung zu unterziehen, was im folgenden geschieht.[3]

»Ein literarischer Lesegenuß«

Zunächst einmal fällt auf, daß die Rezensenten dem *Deutschlandbericht* in der Regel einen sehr hohen literarischen Stellenwert zumessen, dies verschiedentlich sogar dort, wo seine Tendenz eher kritisch[4] gese-

---

1 Carl Zuckmayer, *Geheimreport*, hrsg. von Gunther Nickel und Johanna Schrön, Göttingen 2002.
2 Carl Zuckmayer, *Deutschlandbericht für das Kriegsministerium der Vereinigten Staaten von Amerika*, hrsg. von Gunther Nickel, Johanna Schrön und Hans Wagener, Göttingen 2004.
3 Ausgewertet wurden alle mir bekannten Besprechungen: insgesamt 45. Sie sind im Anhang alphabetisch aufgelistet und werden im folgenden lediglich mit dem Namen des Verfassers angeführt. Sollte ein Kritiker mehrere Versionen seiner Kritik verfaßt haben, ist die Erstveröffentlichung gemeint. Die drei mit keinem Verfassernamen gekennzeichneten Beiträge sind alphabetisch unter der Quelle eingeordnet.
4 Kühner: »wie immer bei ihm auch ein literarischer Lesegenuss«; Sander: »ein spannendes, über weite Strecken literarisch beeindruckendes Zeugnis«.

hen wird. Zwar heißt es zuweilen, Zuckmayer erreiche hierin nicht ganz das Niveau seines *Geheimreports*,[5] aber gänzlich negative Wertungen sind äußerst selten.[6] Statt dessen dominieren in den Besprechungen weithin Formulierungen wie »glänzend geschrieben«,[7] »spannend«,[8] »lesenswert«[9] oder »lebendiger und griffiger als jede historische Untersuchung und so manches autobiographische Erinnern«.[10] Schäfer lobt »Farbigkeit« und »Detailreichtum« sowie den »Blick des Schriftstellers auf die Welt«. Bellin sieht »schöne, dichte, eindringliche Schilderungen der Nachkriegsmonate, Skizzen und gedrängte Erzählungen über erschütternde Schicksale«. Von »anschaulicher« oder fesselnder Sprache schreiben Bentz, Falbe oder Hoffmann. Haibach spricht von »bewegende[n] Berichte[n]« und Zeugnissen eines »geniale[n] Autor[s]«. Liersch rühmt, in diesen Aufzeichnungen »streift das inzwischen vergangene Halbjahrhundert den Staub der Jahre« ab: »Das am Boden liegende, zertrümmerte Deutschland erscheint unmittelbar vor uns. Wir sind unter den Hungernden, Frierenden, Entwurzelten des Jahres 1946/47«[11]. Und bei Lützeler lesen wir:

> Es gab vorher schon eine Reihe vergleichbarer Berichte und Stellungnahmen: von Amerikanern wie John Dos Passos und Dorothy Thompson und von Emigranten wie Hermann Broch und Volkmar von Zühlsdorff. Aber Zuckmayers Text ist der plastischste. Er hat jenen unnachahmlichen Ton des Autors, diese Mischung aus lebenszugewandter Empathie, Eros, Witz, Sinn fürs traurig Absurde und für das Glückhaft-Optimistische.

5 Seibt; Breckner.
6 Oberembt: »gewiss auch trivialliterarische Reportage«. Frederiksen spricht von einer »eigentümlichen, etwas sentimentalen Bildsprache«. Dem Dokument sei »etwas Ungelenkes, nachgerade Bemühtes eigen. Auch Zuckmayers Auftraggeber müssen das gespürt haben: Es gibt keine Belege dafür, dass der Text auch nur ausgewertet worden wäre.« Ob es für die doch eher politisch motivierte administrative Indolenz keine näherliegende Erklärung gibt, darf mit Recht bezweifelt werden. Verhaltene Kritik bei Pätzold, der in manchen Sätzen Konkretisierungen vermißt, die er mit politischer Rücksichtnahme erklärt.
7 Stahl.
8 Lützenkirchen.
9 Seibt: »höchst lesenswert«; vgl. N.N. in der *Berliner Zeitung*.
10 Martenson darüber hinaus bestätigt: »Nie zuvor hat ein Kriegsministerium sinnvoller Geld ausgegeben.«
11 Vgl. Schediwy, der hervorhebt, der Bericht sei »kein trocken-bürokratisches Produkt«.

Auch Augenzeugen bekundeten Respekt vor Zuckmayers Leistung als Reporter. Renate Scharffenberg sah »Bedeutung und Reiz dieser Texte« in ihrer authentischen Verdeutlichung der damaligen Atmosphäre, die sie als junge Marburger Studentin ähnlich wahrgenommen hatte. Günther Rühle wiederum schrieb:

> Seine Beobachtungen bringt er immer wieder auf den Begriff, doch das Gesehene verwandelt er in Erzählungen von Menschen [...]. Wer die Jahre nach dem Krieg selbst durchlebt hat, erkennt sie hier wieder; wer sie nicht kennt, dem prägen sie sich ein. Es ist ein Erzähler am Werk, der den amerikanischen Empfängern des Berichts die deutschen Zustände miterlebbar machen will.

Man kann also festhalten, daß auch diese weithin begrüßte[12] Veröffentlichung Zuckmayers Ruf als Autor gestärkt hat, was um so bemerkenswerter ist, als *Geheimreport* und *Deutschlandbericht* eigentlich ohne primäre literarische Intention verfaßt wurden. Damit zur zeitgeschichtlichen Bedeutung der Deutschland-Schilderungen:

Ein Mittler und Anwalt der Deutschen

Praktisch alle Rezensenten betonen die Besonderheit des Falls »Zuckmayer«: seine »innere Großzügigkeit«[13] und Bereitschaft, als ein aus Deutschland vertriebener Neuamerikaner sofort eine Mittlerrolle anzunehmen, die ihn mannigfaltigen Unannehmlichkeiten aussetzte, bis an die Grenze physischer Belastbarkeit führte und zum Teil innerhalb seiner Exilkollegen isolierte. Seine »ressentimentfreie« Natur[14] und eine Lebenseinstellung, die es als größtes Glück betrachtete, »nicht hassen zu müssen«[15], galten als weithin singulär. Man erkannte darin einen »zutiefst humanistische[n] Ansatz«, gemäß eigenen Worten die »Abgründe zu überbrücken, die Gegensätze zu mildern und an der Versöh-

12 In das Lob wird verschiedentlich auch die editorische Leistung einbezogen (Lützeler, Seibt, Martenson, Rietig, Sander, Dankert, Rühle, Stahl), eine Würdigung, der ich mich – nicht zuletzt wegen der wichtigen beigefügten Begleitmaterialien – gerne anschließe. Zu Ausnahmen vgl. Frei (Anm. 54, 55). Pätzold bemängelt, daß die Herausgeber bei der Beurteilung von Zuckmayers politischem Standort _ »zumindest angekränkelt von totalitarismustheoretischen Erwägungen« _ sich auffallend zurückhielten.
13 Lützeler.
14 Schediwy.
15 Rühle.

nung der Geister mitzuwirken«.[16] Man attestierte ihm bewegende
»kompromisslose Menschlichkeit«[17] bzw. »Menschenfreundlichkeit als
Grundhaltung«[18] und sah in seinem Bericht eine »ebenso erschütternde wie warmherzig anteilnehmende Schilderung deutscher Nachkriegs-
zustände«[19] oder gar »anrührende Liebeserklärung eines Emigranten«
an sein Geburtsland[20]. Stefan Berkholz bilanzierte:

> Der Schock muss enorm gewesen sein für den Rückkehrer, der seine
> Heimat erstmals nach der Vertreibung wiedersah. Umso erstaun-
> licher ist es, wie abgeklärt und abwägend Zuckmayer dann berichte-
> te, wie vorurteilsfrei er das Beobachtete aufschrieb, wie fern von
> Rache, Hass oder Verzweiflung. Zuckmayer kam in seine zerstörte
> Heimat nicht als Richter, sondern als Helfer. ›Ich kann als Verbin-
> dungsmann zwischen den deutschen und amerikanischen Leuten
> hinübergehen‹, schrieb Zuckmayer Anfang 1946 seiner Frau, ›nicht
> als der Amerikaner, der den Deutschen Orders gibt‹.[21]

Eine solche altruistisch-abgeklärte Haltung gegenüber einer »Mörder-
nation«, wie Gert Oberembt nicht eben sensibel formulierte, ging einigen Kritikern entschieden zu weit. Norbert Frei etwa sah Zuckmayers
ungewöhnliches Verständnis für die Deutschen verknüpft mit einem
tendenziellen Unverständnis gegenüber den Säuberungs- und Demo-
kratisierungsbemühungen der US-Armee, denen der Autor »allenfalls
rhetorische Anerkennung« erwiesen habe. Auch Sander erschienen
Zuckmayers angeblich verkürzt perspektivierte Urteile über die Deutschen als »Volk von Opfern« »allzu wohlwollend« und diejenigen über
die amerikanische Entnazifizierungspolitik »wohl zu hart«. Ähnlich
glaubte Sabine Fröhlich, daß Zuckmayer in seinem Bericht mit den
Deutschen erheblich zu nachsichtig verfuhr, und Claudia Kühner ver-
schärfte den Vorwurf noch, indem sie dem Autor in ihrer Schlußpassage
unterstellte, er habe »jedes« Verständnis selbst für wiederauftauchende
feindliche Stimmungen gegenüber Opfergruppen aufgebracht:

> Er brachte jedes Verständnis auf für Ressentiments, die schon wieder
> manifest wurden, etwa wenn Juden – also Überlebende – bei Ämtern

16 Schäfer; Rietig; Bellin, der den Haltungsgegensatz z.B. zu Anna Seghers
   heraushebt.
17 Stahl.
18 Frei.
19 Karasek; vgl. Seibt, HAI.
20 Sander.
21 In gleichem Tenor: Kühner, Seibt, Knorr, Martenson.

auf Ablehnung stiessen. Vorurteile gegenüber KZlern müsse man verstehen, schreibt Zuckmayer, denn unter ihnen befänden sich doch viele gewöhnliche Kriminelle, die sich jetzt vordrängten, während politisch Verfolgte sich aus Ekel zurückhielten. Das wirkt wie ein[e] groteske Verzerrung der Relationen.

Noch schwerer verständlich sind seine Bemerkungen zu jenen jüdischen ›Displaced Persons‹, die mit Schwarzmarkthandel überhaupt wirtschaftlich wieder Fuss zu fassen versuchen. Er schrieb: ›Es gibt keine Möglichkeit, den Antisemitismus in Deutschland auszurotten, solange es keine internationale Lösung für das D.-P.-Problem gibt ...‹ Auch er macht also aus den Opfern des Ressentiments dessen Urheber, nachdem gerade sechs Millionen umgebracht worden waren.

Dass hier ein aus ›rassischen‹ Gründen Verfolgter so geschrieben hat: Man muss sich das immer wieder vergegenwärtigen, weil es so schwer zu glauben ist.

Leider bietet diese Kurzwiedergabe nur eine denunziatorisch zugespitzte Lesart von Zuckmayers Bericht, wie die (nachdrücklich empfohlene) Lektüre des Originaltexts (S. 110-113) leicht erweist. Denn von einem Verständnis für jedes Ressentiment im Sinne von Akzeptanz oder gar Billigung kann natürlich keine Rede sein. Ohne Vorausverdacht gelesen,[22] schildert Zuckmayer nämlich lediglich eine in der Tat äußerst »verzwickte« (S. 111) Stimmungs- und Entscheidungslage, die sich zuweilen in einem weitgehend beispiellosen Nachkriegschaos ergeben konnte. Der Autor beschränkt sich dabei nicht auf die übliche Bestätigung ewiggestriger Empfindungsmuster, sondern erläutert auch zusätzliche Motive für die neuerliche Genese von Vorurteilen. Vor allem aber dringt er mit konkreten Informationen darauf, künftige Störfaktoren zwischen Volksgruppen zu beseitigen, d.h. Lösungen zu finden, die potentiellen Mißstimmungen oder Agitatoren den Boden entziehen. Beides ist weder respektlos gegenüber Opfern noch anrüchig, es sei denn man nähme in NS-Zusammenhängen grundsätzlich Anstoß an multikausalen Sachklärungen zugunsten endloser Beschwörungen und Empörungen über zweifellos auch vorhandene Moraldefizite.

Was den weiteren Vorwurf betrifft, daß bei Zuckmayer die Deutschen zu gut und die Amerikaner zu schlecht wegkämen, gilt es vor allen Detailerörterungen eines zu bedenken: Zuckmayer schreibt keinen Report über das Verhalten der Deutschen im ›Dritten Reich‹, son-

22 Vgl. exemplarisch: Scharffenberg.

dern einen handlungsorientierten Lagebericht mit dem Ziel, die Effizienz der Umerziehung im Nachkriegsdeutschland zu verbessern. Alles, was ihm dafür nützlich und wichtig erscheint, kommt zur Sprache. Und bei seinen amerikanischen Adressaten waren dies zunächst einmal Hinweise auf ein »Anderes Deutschland«, dessen Existenz in den Anfangsmonaten der Besatzung ja offiziell weitgehend verschwiegen oder kleingeredet wurde. Hierüber herrschten also die größten Informationsdefizite, nicht über die NS-Greuel oder die Massenverstrickung.

Darüber hinaus scheint mir von Zuckmayers Kritikern dessen Einstellung gegenüber den Amerikanern nicht exakt genug beschrieben. Zwar kritisierte er bestimmte Maßnahmen der Denazifizierungs- bzw. Reorientierungspolitik. Aber vieles von dem, was ihm damals auffiel, erschien auch anderen wachen Zeitgenossen als kontraproduktiv. Kaum einer der damaligen Beobachter, von Hans Habe über Hans Wallenberg und Eugen Kogon bis Willy Brandt, hielt z.B. das millionenfache diskriminierende Erfassungssystem im nachhinein noch für hilfreich. Und wollen Frei oder andere tatsächlich in Abrede stellen, daß es die von Zuckmayer beleuchtete rechtliche Ungleichbehandlung, versorgungsmäßige Begünstigung, ein partielles Desinteresse von Armeeangehörigen an einer tieferen Neuorientierung oder psychologische Ungeschicklichkeiten gegenüber der unterworfenen Bevölkerung wirklich gegeben habe und daß seine Anregungen[23] gänzlich überflüssig gewesen wären? Sein Bild über die Militärverwaltung ist dabei übrigens durchaus differenziert (S. 76-78). Er registriert auch immer wieder bemerkenswerte Leistungen und Anstrengungen in allen Rangstufen[24] und nennt zahlreiche Beispiele vorbildlichen Verhaltens amerikanischer Offiziere[25], insbesondere im Theaterbereich, die damit eine »Schlacht für das Ansehen der USA« schlügen (S. 167).

23 Z.B. diejenigen, die negative durch eine positive Selektion zu ergänzen, vor allem stärkere Kulturimpulse zu setzen (Zuckmayer, *Deutschlandbericht*, a.a.O. [Anm. 2], S. 168, 183), die Isolation zwischen Armee und Bevölkerung stärker aufzuheben (S. 77 f.) oder Film und Theater stärker erzieherisch zu nutzen (S. 160, 177 f., 200 f.).
24 Z.B. ebd., S. 200. Als Paradebeispiel preist er die *Neue Zeitung* im Kontext der »positiven Seiten der Besatzungsarbeit der Vereinigten Staaten, von der man stolz behaupten kann, daß sie absolut erfolgreich und zufriedenstellend ist und von großem Einfluß auf die deutsche Mentalität« (ebd., S. 183).
25 Vgl. exemplarisch ebd., S. 107, 227.

Wenn er dennoch ausführt, »Wir erreichen die Menschen nicht« (S. 79), ist dies vom Ansatz her noch kein abschließendes Gesamturteil, sondern lediglich ein nicht unrepräsentatives Stimmungsbild, das zunächst für den »gefährdetsten Teil der deutschen Jugend« (S. 80) galt, dem Zuckmayer besondere Aufmerksamkeit schenkte. Auch sollte die Warnung nicht ohne Dringlichkeit ausgesprochen werden, was die generalisierende Formulierung erklärt. Schließlich kam seine couragierte Kritik aus zutiefst konstruktivem Geist und dem dringenden Wunsch, daß sich einiges verbessern ließe, nicht zuletzt das deutsch-amerikanische Verständnis. Insofern betonte er seinen ehemaligen Landsleuten gegenüber seinerseits immer wieder, daß Amerika nicht allein der begrenzten und verzerrenden Perspektive entspreche, die sich für viele momentan aus den (nicht unverschuldeten)[26] Zwangsmaßnahmen ergäben.[27] Ein Mittler war Zuckmayer eben für alle Seiten.

Aufgeschlossener Reporter oder voreingenommener Ideologe?

Wir befinden uns bei solchen Erörterungen bereits inmitten der Diskussion über den historiographischen Quellenwert der Berichte. Er wird von vielen Rezensenten als sehr hoch angesetzt. Der Text gilt als »wichtiges«, »lehrreiches« oder »außerordentliches Zeitdokument«,[28] »Publikation von beachtlicher zeitgeschichtlicher Bedeutung«,[29] »geschichtsstarkes Lesebuch«,[30] »Mentalitätsspiegel der deutschen Nachkriegsgesellschaft«[31] oder gar »Seelenrapport«[32] von »großer Unmittelbarkeit und Authentizität«.[33] Zuckmayer, schreibt Martenson, verfüge über »die Gabe des genauen Beobachtens, über das Interesse an den vielfältigen Schicksalen der Nachkriegsdeutschen und das Sensorium für geschichtlich-politische Zusammenhänge«. Und für Karasek waren die Notizen »das genaueste und damit ›dichterisch‹ wahrhaftigste, was ich über die Nachkriegsgesellschaft Deutschlands […] gelesen habe«.

26 Diesen Aspekt betont Schmierer.
27 Zuckmayer, *Deutschlandbericht*, a.a.O. (Anm. 2), S. 121 f.; vgl. S. 81, 127. Dazu Falbe im Zusammenhang mit Zuckmayers Bürgerideal, das er im ländlichen Gemeinwesen der USA verwirklicht sah.
28 Bentz, Lützenkirchen, Dankert; vgl. Stahl und N.N. in *Die Presse.*
29 Schediwy.
30 Rühle.
31 kas/kli; Breckner.
32 N.N. in der *Deutschen Welle.*
33 Scharffenberg.

Urteile dieser Art bilden die deutliche Mehrheit. Aber da eine Sachklärung vernünftigerweise nicht durch Stimmauszählung erfolgen kann, sei den gegnerischen Auffassungen, die in Zuckmayers Bericht eher ein Zerrbild der Lage erkennen, die gleiche Aufmerksamkeit geschenkt. Ariane Thomalla sieht Tendenziöses in Zuckmayers Bemühung, die Besatzungsmacht von der Kollektivschuldthese abzubringen und zu einer aufgeschloseneren Haltung gegenüber den Besiegten zu veranlassen. Dem dienten oft »rührselige Detailstories, nicht ohne Pathos mit Blick auf die Wirkung jenseits des Ozeans verfasst«. Für Norbert Frei handelt es sich lediglich um eine widersprüchliche »Momentaufnahme mit sehr engem Fokus«, die – wie bereits oben ausgeführt – den Erfolgen der Militärregierung nicht gerecht werde. Er stellt ihr den Deutschlandreport von James Stern gegenüber, dessen Notizen nicht in eine von Nachsicht geprägte Einseitigkeit mündeten. Zuckmayer habe nämlich längst »Position bezogen, [...] bevor er in Deutschland ankam«; seine Vorurteile seien lediglich »anderer Art«. Auch Sander sieht in Zuckmayers Deutschlandbild exkulpatorische Tendenzen: »Er sah nur, was er sehen wollte« Und ein wahres Verdikt spricht Sabine Fröhlich aus:

> Deutsche Stadtbewohner, die verbittert, aber mit geputzten Schuhen auf den Trümmerhaufen ihrer Wege gehen, sind in zahlreichen Nachkriegsreportagen beschrieben worden – je nach Standpunkt und Temperament verschieden, aber doch im besten journalistischen Bemühen, ein Stück Wirklichkeit festzuhalten. Nicht so bei Zuckmayer. Er schreibt nicht als Reporter, sondern als ein Rückkehrer, der darauf brennt, die Wirklichkeit nach seinem Entwurf zu formen. Sein Blick auf die Deutschen ist von einem an Blindheit grenzenden Wohlwollen geprägt, und mit entwaffnender Offenheit gesteht er dies auch ein. ›Wie wir die Dinge anschauen, so werden sie sein‹, erklärt er in einem Vortrag von 1949, den die vorliegende Edition enthält. Auf das eine so lange zu blicken, bis das andere aus dem Gesichtsfeld und damit aus der Welt verschwinde, kann eine zwischen Individuen, auch zwischen dem Künstler und der von ihm geschaffenen Figur, notwendige Form der Beschwörung sein. Es könnte aber auch die gerade in Deutschland so lange eingeübte Praxis der Selbsttäuschung sein, die wider besseres Wissen den Blick auf die Wirklichkeit vermeidet.[34]

34 Vgl. Oberembt: »tendenziöse [...] Reportage«. Ambivalent Luef: »Die geschilderten Erfahrungen sind weder exemplarisch noch objektiv, sondern szenisch und emotional geschildert, mit viel Gefühl für Dramaturgie.«

Solche Urteile wirken auch deshalb so schroff, weil man sie mit zahlreichen anderen konfrontieren kann, die just das Gegenteil versichern. So meint etwa Gustav Seibt, »er sucht nicht, was er finden will, wie so viele andere Reporter, sondern nähert sich der alten Heimat mit herzklopfender Neugier«. Und Paul Michael Lützeler resümierte:

Zuckmayer betreibt keine Schönfärberei. Das Grauen des Hungerwinters von 1946/47, die Armut der Hinterbliebenen von Widerstandskämpfern und der Reichtum von Kriegsgewinnlern, die kriminellen Seiten des Schwarzmarkts mit Prostitution und Kinderhandel, die Not der displaced persons und das Entkommen von NS-Verbrechern: All das wird nicht verschwiegen.[35]

Man könnte sich angesichts derartiger Auffassungsunterschiede zum radikalen Konstruktivisten bekehren, aber ins philosophisch Grundsätzliche brauchen wir wenigstens nicht dort schon zu gehen, wo buchstäblich eklatante Leseschwächen vorliegen. Wenn z.B. Frederiksen glaubt, er könne Zuckmayers Lageschilderung mit den Worten charakterisieren, »Keine Demagogen und Alt-Nazis unterwegs, nirgends«, so darf man ihn schlicht auf den Text verweisen, in dem zweifellos Anderes steht.[36] Ganz so plump wie Frederiksen argumentieren Zuckmayers Kritiker denn auch in der Regel nicht. Es sei nicht einfach so, schrieb z.B. Claudia Kühner, »dass er wegschaute oder -hörte, aber die Schlüsse, die er zog, berühren merkwürdig«. Auf dem Prüfstand stehen also Zuckmayers grundsätzliche Einstellung zur Nachkriegssituation: sein (Geschichts-)Optimismus und Verhältnis zur Schuldfrage.

35 Vgl. auch Schäfer: »Zuckmayer beobachtet genau, nimmt Rechtsradikalität bei Jugendlichen ebenso wahr, wie Arroganz der Siegermächte.« Vgl. Jens Knorr, der bei Zuckmayer ein »ungeschminktes, aber nicht anklagendes« Zeitbild wahrnahm. Schediwy: »Er verschließt nicht die Augen vor Negativphänomenen«; Scharffenberg; HAI.

36 Frederiksen unterstellt Zuckmayer sogar unterschwellig, er habe sich durch schulterklopfende Anerkennung und Popularitätsbekundungen in seinem Urteil beeinflussen lassen. Zum Kern der Vorwürfe: Zuckmayers Prämisse seiner Warnungen geht sogar explizit von der Gefahr einer Renazifizierung aus (Zuckmayer, *Deutschlandbericht*, a.a.O. [Anm. 2], S. 137 f., 176). Aber er versteht sie nicht als genuine ideologische Affinität, sondern als Orientierungslosigkeit, gepaart mit einer Protesthaltung, die bei geänderten Voraussetzungen aufzuheben wäre. So konstatiert er »einen Überrest von Nazi-Doktrinen und Propaganda«, aber – durchaus zutreffend – »keine Stimmung für einen neuen ›Schlageter-Mythos‹« oder »organisiert[en]« Haß (ebd., S. 72 f.). Darüber hinaus finden sich explizit weitere Hinweise auf NS-Personen oder -Denkweisen z.B.: S. 75, 109 f., 121, 123, 130-141.

» Wir kommen aus dem Dreck heraus«

Es kennzeichnet Zuckmayer in der Tat, daß ihn die (scheinbaren) Symptome eines ideologischen Rückfalls nicht so stark entmutigten, wie ihn die Begegnungen mit Vertretern des Widerstands moralisch aufbauten. Doch daß er auch persönlich vernommene Ressentiments nicht höher hängt, verrät keinerlei Naivität, Voreingenommenheit oder Realitätsverweigerung. Vielmehr hielt dieser Autor den Momentzustand für erheblich veränderbar und komponierte somit in seiner Analyse die Dimension »Zukunft« bereits mit ein. Er behauptete an keiner Stelle, wie ihm zumindest implizit unterstellt wird, alles sei gut, sondern vieles könne gut werden. Er glaubte nämlich an keine Zwangsläufigkeit der deutschen Entwicklung zur Katastrophe,[37] keine (im Kern ihrerseits rassistische) negative Anthropologie seines Volks. Und vor allem die Jugend hielt er für rettbar, nicht für ideologisch völlig versteift, »der man sich, wie verlassenen jungen Raubtieren, nur mit Schreckpistole und Eisenstange nähern könne« (S. 229). Entdeckte er doch vor allem eine Mischung aus Enttäuschung, Lebenshunger und Desorientiertheit, hingegen keine (selbst-)mörderische »Lust am Untergang«.[38] So sorgte er sich vor allem darum, daß nicht falsche Politdiagnosen die Chance eines wirklichen Neubeginns zunichte machen könnten.

Nur solche Erkenntnisprämissen befähigten ihn, auf wiederauftauchende Bösartigkeiten auch einmal anders als mit stereotypen Erklärungen vom »ewigen Nazi« zu reagieren und dafür eher an Therapiemöglichkeiten zu denken, die nicht zuletzt darin liegen, den meist in bitterer Not Dahinvegetierenden zunächst einmal eine existentielle Basis zu verschaffen. »Erst kommt das Fressen, dann kommt die Moral«, wußte schon Brecht, und nur etwas poetischer hatte Schiller in seinem Epigramm *Würde des Menschen* formuliert:

> Nichts mehr davon, ich bitt euch. Zu essen gebt ihm, zu wohnen,
> Habt ihr die Blöße bedeckt, gibt sich die Würde von selbst.

37 Lützeler: »Für Zuckmayer ist die Nazizeit in der Geschichte der Deutschen wegen der Kriegsgreuel, der Ermordung der Juden und anderer Verbrechen eine Phase furchtbarer schuldhafter Verirrung, nicht jedoch ein Zielpunkt, auf den die deutsche Historie mit Notwendigkeit hat zusteuern müssen. Deswegen ist er zuversichtlich, daß die Entwicklung in Deutschland eine positive Wendung nehmen könne, und diese Zuversicht erklärt die innere Großzügigkeit, die aus jeder Zeile seiner Aufzeichnungen spricht.«
38 Hoffmann.

Und in ideeller Hinsicht bot Zuckmayer vor allem der Jugend mit dem »Leitwort Europa«, hellsichtig und visionär,[39] ein lohnendes Ziel. Darüber hinaus setzte er, was z.B. Karasek zustimmend hervorhob, auf Kultur als weltvermittelnde Idee.[40] Sein großes Interesse für Theater- und Filmarbeit, für die er die Militärs insgesamt noch nicht genügend engagiert sah (S. 168), ist von dieser Überzeugung getragen, die sich letztlich ja auch, und sei es im begleitenden Siegeszug westlicher Pop-kultur, glänzend bestätigt hat.

Wer also war nun der bessere Prophet oder zumindest Tagesanalytiker? Die Nationalskeptiker, die sich, wie verständlich auch immer, von ihren bitterbösen Erfahrungen und schockhaften Eindrücken leiten ließen und Deutschland aus Sorge am liebsten noch jahrzehntelang unter Kuratel oder eine Art Fürsorgediktatur gestellt wissen wollten?[41] Oder doch Carl Zuckmayer, der vor allem empfahl, die dringende Not zu lindern, den Besiegten noch einmal Vertrauen zu schenken, positive Ziele zu setzen und kulturellen Ausgleich zu suchen? Triumphierte bei seinen Konzeptionen und Visionen etwa substanzlose Selbstillusionierung, ein »an Blindheit grenzende[s] Wohlwollen«, wie Fröhlich schreibt, oder erwies sich sein Verzicht auf die scheinbar so naheliegende Panikmache und Katastrophendiagnostik letztlich als Königsweg? War der angeblich nur naiv menschelnde Zuckmayer, der vermeintlich so unpolitische Kopf, nicht in Wirklichkeit aufgrund seiner natürlichen Bereitschaft, sich in andere hineinzudenken und sich mit ihnen zu identifizieren, der größere Realist auch in gesellschaftlichen Fragen?[42]

Der Rückblick erlaubt uns, diese Streitfrage zu seinen Gunsten zu entscheiden. Denn die damalige Jugend hat ihre Chance bekommen

---

39 Martenson; Breckner.

40 Vgl. Dankert; Bentz.

41 Vgl. exemplarisch Emil Ludwig (Günter Scholdt, *Was soll nur aus diesem Deutschland werden?*, in: *Zuckmayer-Jahrbuch*, Bd. 7, 2004, S. 31 f.) oder Thomas Mann, der sich noch 1947 für die Idee einer Massenaussiedlung von Deutschen in umliegende Länder aussprach, die Clemenceaus Warnruf vor den ›20 Millionen Deutschen zuviel‹ in konkrete Politik umgesetzt hätte (Brief an Klaus Mann vom 19. März 1947, in: Thomas Mann, *Tagebücher 1946-1948*, Frankfurt am Main 1989, S. 890).

42 Vgl. Martenson; Breckner; Seibt: »All diese scheußlichen Erfahrungen, die Zuckmayer keineswegs verschweigt, machen den Reisenden nicht irre in seinem grundlegenden Optimismus und seinem freundlichen Vertrauen vor allem in die Jugend. Und die Geschichte hat bewiesen, dass diese Haltung realistischer war als die moralisch so naheliegende Schwarzseherei.«

und – ganz gemäß Zuckmayers Vorhersage – fraglos genutzt.[43] Daraus
mag vielleicht keine Musterrepublik entstanden sein, aber wenigstens
ein staatliches Gemeinwesen, das sich im internationalen Maßstab sehen
lassen kann, und zwar – um interessierter Legendenbildung jetzt schon
entgegenzutreten – selbst zu einer Frühzeit, als noch nicht Reformer
wie Ströbele, Schily, Mahler oder Fischer (einschließlich diverser »Putz-
gruppen«) sich anschickten, mehr Demokratie zu wagen.

Es ist in diesem Zusammenhang vorgebracht worden, Zuckmayers
Optimismus habe sich, was er damals ja noch nicht wissen konnte, nur
auf der Basis des Wirtschaftswunders, der westlichen Einbindung und
kulturellen Assimilationen vollziehen können. Nun, das, was sich mit
dem Marshall-Plan ja dann an politischer Kurskorrektur vollzog, war
allerdings genau das, was Zuckmayer im Grundsatz gefordert hatte.
Der Erfolg dieser Maßnahmen bestätigt ihn also. Umso merkwürdiger,
um nicht zu sagen: absurder, will es mir scheinen, daß aus heutiger
Warte seine große, sich gegenseitig bedingende Generosität und Sou-
veränität, die ihn von temporären Mißständen abstrahieren ließ, nun
ausgerechnet von manchen als Blauäugigkeit ausgelegt wird. Welche
Verkennung! Oder geht es im Kern gar nicht um die Korrektheit einer
Sozialdiagnose, sondern um diejenige einer Gesinnung?

Schuld und Sühne

Mustern wir von daher Claudia Kühners Feststellung, das »Problem«
bei Zuckmayer liege »anderswo«: »Deutsche Schuld kam bei ihm nur
am Rande vor.« Hat sich der Autor demnach seine Zuversicht wesentlich durch Verdrängung erkauft? Wollte er nicht wahrnehmen, was hier
noch nicht lange zuvor geschehen war? Wohl kaum. Aber er geht mit
seiner Kenntnis der mörderischen Tatbestände unerwartet anders um.
Während ein Thomas Mann zuweilen von Massenexekutionen in
Deutschland träumte und noch 1947 einem Exilkollegen gegenüber
»mehr alttestamentarische Rachsucht empfahl«, er »gönne der gott-
geschlagenen Rasse jede Strafe«[44], scheute sich Zuckmayer nicht, aus

43 In diesem Sinne Stahl: »Was haben Massenmörder des Nazi-Regimes in
   Köpfen und Herzen der jungen Deutschen angerichtet? Gehören sie alle-
   samt abgeschrieben als verlorene Generation? Oder verdienen sie noch eine
   Chance? Allein aus seinen Antworten resultiert der bleibende Wert des
   Zuckmayerschen *Deutschlandberichts* für die Geschichtsschreibung der
   Nachkriegszeit.«
44 Mann, *Tagebücher,* a.a.O. (Anm. 41), S. 889.

der Position des moralisch Stärkeren einen ersten Schritt hin auf die Geschlagenen selbst zu tun. Er kam nicht »als uniformgeschützter Sieger, nicht als Vollstrecker von Paragraphen«.[45] Er begnügte sich nicht mit einem vor allem die Opfer befriedigenden großen Strafgericht, mit der umfassenden formalen Durchsetzung von Sühne und Recht, sondern wünschte eher die große Aussöhnung um der Zukunft willen. Er wollte mehr als Gehorsam aus Furcht und Gesinnungs- wie Verhaltensänderung aus Zwang. Eine »nur negative _ ausschließlich auf Schuld, Reue und Scham gegründete – Identität«[46] der Umzuerziehenden bot ihm keine Gewähr für eine wirkliche Demokratisierung. Er wollte »die Köpfe und Herzen« (S. 79) auch von Gestrauchelten gewinnen, und entsprechend verhielt er sich, ohne Berührungsängste mit tendenziell feindlich Gesonnenen.[47]

Nicht in einem unbedingten »Fiat iustitia« sah er sein höchstes Ziel, sondern im Ende einer gewaltträchtigen Konfrontationsspirale, in der weitere Härte echte politische Konversionen erschweren könnte. »Ein einziger Victor Gollancz«, schrieb er 1949, »hat mehr Deutsche von der möglichen Überlegenheit der Humanität über die nackte Gewalt überzeugt als sämtliche Straf- und Bußpredigten unweiser Zwangspädagogen«.[48] Günther Rühle erwähnte in diesem Zusammenhang Zuckmayers letztlich weltbürgerlich fundierten »Menschensinn«, der auch *Des Teufels General* so »wahr« werden ließ, seine enorme »Lebensfreude«, die er (als eine Art soziales Therapeutikum) auch anderen vermitteln wollte, und er fuhr fort: »Man spürt, wie hilfreich Helfer der Zuckmayerschen Art sind, die mit Freundlichkeit Mauern brechen und mit Bestimmtheit Lebensgrundsätze vermitteln; und sie selbst verkörpern.«

Zuckmayer ignorierte die Menschheitsverbrechen gewiß nicht. Wie sollte er dies auch als existentiell betroffener Angehöriger einer verfolgten Ethnie? Aber er hatte (auch in seinem Ratschlag für eine schnelle Aburteilung der Haupttäter und eine zumindest vorläufige Amnestie der Mitläufer[49]) gleichzeitig ein untrügliches Gespür für die Inkommensurabilität überforderter Gerichte gegenüber einer politischen Massenverführung und einem Zivilisationsbruch, der weder juristisch

---

45 Rühle.

46 Bentz.

47 Exemplarisch: Zuckmayer, *Deutschlandbericht*, a.a.O. (Anm. 2), S. 118-124.

48 Ebd., S. 231. Wie er selbst Fragen über Schuld und Verantwortung behandeln wollte, zeigt seine Diskussion mit Schülern (S. 123 f).

49 Ebd., S. 138 f.

noch ideell zu »bewältigen« war. So galt seine Hauptsorge statt dessen
der nächsten Generation, die er im Sinne politischer Prophylaxe zu retten beabsichtigte. Er hatte seine persönliche Versailler und Weimarer
Lektion gelernt, und ein Satz wie »Was wir den Deutschen heute antun,
werden wir uns selbst antun«,[50] war – dies sei im Widerspruch zu Claudia Kühners Zweifel gesagt – erfahrungsgesättigt.

Daß da einer darauf verzichtete, vom Opferstatus wenigstens ideell
zu profitieren, scheint für manche Vertreter der veröffentlichten Meinung, deren Bewußtseinsindustrie seit Jahrzehnten mit der rituellen In-
sistenz einer negativen Religion die Schuldfrage in den Mittelpunkt zu
stellen pflegt, schwer begreiflich. Sonst durchweg Anhänger des Reso-
zialisierungs- gegenüber dem Vergeltungsprinzip, irritiert(e) es nicht
wenige Nachgeborene offenbar zutiefst, daß da auch in politicis einer
ausstieg aus dem Inkriminierungskreislauf und etwas anderes für *wichtiger* erklärte: nämlich die unmittelbare politische Zukunft der Menschheit. Oder daß da einer nicht vornehmlich[51] nach unbußfertigen Sün-
dern fahndete, sondern nach den zehn Gerechten, die selbst Sodom
gerettet hätten, und daß er sie fand, weil er sie tatsächlich finden wollte.

»Wie wir die Dinge anschauen, so werden sie sein.«

Damit wären wir bei jenem vielzitierten Schlußsatz aus Zuckmayers
Jugend im Niemandsland angelangt, einem Presseartikel, der erstmals
zu Silvester 1949 erschien und es wegen seiner Hellsicht und Menschlichkeit verdiente, in jedem zeitgenössischen Lesebuch einen Ehren-
platz einzunehmen. »Wie wir die Dinge anschauen, so werden sie
sein«[52], lautet er und dient Fröhlich, Frei, Sander und anderen als spre-

---

50 Ebd., S. 76. Weiter heißt es: »Kultureller Wiederaufbau in Deutschland und
   Reorientierung ist keine Angelegenheit von ›Wohltätigkeit‹, sondern von
   Vernunft und Selbsterhaltung. Hier beginnt das, was man den Komplex
   einer ›zivilisierten Welt‹ nennen könnte […] Hier liegt die Entscheidung, ob
   sie gerettet oder zerstört wird. Der Anblick dieser zerstörten Städte und
   abgehärmten Gesichter spricht eine ernste Sprache.« Vgl., S. 232.
51 Er zeigte solche »negativen Aspekte« auch. Aber sein »Hauptinteresse«
   galt eingestandenermaßen »den positiven Aspekten innerhalb Deutschlands« (ebd., S. 137).
52 Der Zusammenhang lautet: »Ich bin aber am Rosigen wenig interessiert,
   und das, was mich erfüllt, wäre mit dem Begriff ›Optimismus‹ ganz falsch
   bezeichnet. Als Antwort fiel mir ein, einen Vergleich aus der Optik zu ge-
   brauchen. Wenn sich auf einer großen schwarzen Fläche ein kleiner weißer
   Kreis befindet und das Auge visiert diesen weißen Kreis als Zentralpunkt,

chender Beleg für Zuckmayers Voreingenommenheit. Ist er das wirklich, oder könnte es sein, daß die vorschnellen Kritiker diesen erkenntnistheoretischen wie pädagogischen Fundamentalsatz ein wenig zu leicht genommen, zu flach rezipiert haben?

Reduzieren wir seine Bedeutung im folgenden nur auf seine im Kontext dominierende pragmatische Funktion: Wer immer sich den Unwägbarkeiten von Erziehung wie »Reeducation« aussetzt, wird auf Dauer nur Erfolg haben, wenn er weder sich noch die zu Erziehenden durch Mißtrauen lähmt. Eine Pädagogik à la Professor Unrat, der alle Zöglinge nur daraufhin taxierte, ob sie zu »fassen« oder ihnen etwas zu »beweisen« war, muß scheitern. Ohne innere Bereitschaft zum Neuanfang, ohne Vertrauen, genauer gesagt: (niemals risikolosen) Vertrauensvorschuß, geht es nicht, weder im Bereich der Schule noch dem der Politik. Niemals hätte man die Neugestaltung des deutsch-französischen, deutsch-polnischen oder deutsch-russischen Verhältnisses in Angriff nehmen können, ohne jenen initialen voluntaristischen Akt, der einmal von traumatischen Erfahrungen absieht zugunsten von Hoffnungen, die anfangs stets ungewiß sein dürften.

»Wie wir die Dinge anschauen, so werden sie sein.« Welche Instinktlosigkeit, gerade diese Grundweisheit einer bewußt als Motivationshilfe genutzten self-fulfilling prophecy ausschließlich als Wahrnehmungsschwäche zu deuten, oder im umgekehrten Fall, wenn Traumatisierte oder schlicht Skeptiker ihren pessimistischen Prädispositionen folgten, als Realismus.[53] In kühnsten Alpträumen mag man sich die Folgen ausmalen, die eine Politik nach dem Sühne- oder Sicherheitsbedürfnis der Familie Mann, Emil Ludwigs oder Stefan Heyms vermutlich nicht nur für Deutschland gehabt haben dürfte, um hier im Westen das gnädige Schicksal zu preisen, das uns – und sei es um den Preis des Ost-West-Konflikts – näher an die Zuckmayer-Option herangeführt hat. Insofern entbehrt es nicht einer gewissen Peinlichkeit, daß ausgerechnet der Mann, der zugunsten eines Neuanfangs eigenes Leid zurückgestellt hat, seit Jahrzehnten der geballten Arroganz tonangebender Ästhetikzirkel

---

so wächst er im inneren Bild und überstrahlt in der Reflexion die schwarze Fläche. Fixiert man den Blick aber auf die schwarze Fläche, so überwächst und verdunkelt sie den weißen Kreis. Optik ist höhere Wirklichkeit. Optik versinnbildlicht die Macht des Glaubens. Das menschliche Auge reflektiert die göttliche Schöpferkraft. Wie wir die Dinge anschauen, so werden sie sein« (ebd., S. 238).

53 Vgl. die Reaktion auf Saul K. Padovers skandalisierende Schilderungen von 1945 bzw. 1946 (ebd., S. 35, Fußnote 71).

ausgesetzt ist und nun auch noch um derjenigen Leistungen willen attackiert wird, die ihm im Kollegenkreis eine einzigartige, geradezu denkmalwürdige Ausnahmestellung eintrugen.

Wie dem auch sei: Zuckmayers Erkenntnismotto bietet jedenfalls wahrlich keinen Beleg für etwaige Analysedefizite. Noch taugt es für Retourkutschen an die Adresse der Herausgeber, die zuvor Norbert Frei eine bedenkliche Argumentationslücke nachgewiesen hatten.[54] Und da wir hiermit bereits beim Thema »Debattenkultur« sind, seien noch zwei weitere Bemerkungen an der Grenze zum argumentativen Foul erwähnt: den Vorwurf, die Editoren hätten »in ihrer Verehrung für den Meister fast einen nationalapologetischen Ton« angeschlagen[55] und sich des weiteren im Vergleich vergriffen, »zwischen der amerikanischen Besatzungspolitik in Nachkriegsdeutschland und den gegenwärtigen Verhältnissen im Irak«[56]. Frei nennt das »oberflächliche Amerikakritik«, die »zurzeit auch in der Literaturwissenschaft Konjunktur« habe.

54 Ebd., S. 48: »Daß eine Renazifizierung [...] auch das Ergebnis einer verfehlten Besatzungspolitik gewesen sein könnte, wurde in historischen Darstellungen zur ›Vergangenheitspolitik‹ in der frühen Bundesrepublik noch nicht einmal erwogen.« Frei replizierte: »›Wie wir die Dinge anschauen, so werden sie sein.‹ Ein solcher Satz böte eigentlich Anlass genug, die Positionen des Dramatikers auf ihre (Un-)Voreingenommenheit hin zu befragen. Doch stattdessen versuchen seine Editoren, Zuckmayers Beobachtungen gegen den Erkenntnisstand der zeitgeschichtlichen Forschung auszuspielen«. Daß gerade der solcherart zur Partei gewordene Frei die *Zeit*-Rezension verfassen durfte, entbehrt daher nicht einer gewissen Pikanterie, zumal der von ihm beanspruchte »Erkenntnisstand der zeitgeschichtlichen Forschung« offenbar wesentlich mit seinem eigenen verschmilzt.

55 Das könnte man so stehen lassen, wenn »apologetisch« in dem Wortsinn gebraucht würde, daß seit Jahrzehnten gängige Generalanklagen nun auch einmal durch Teilentlastungen ergänzt würden. Doch wirkt es in einem Umfeld mit nicht selten nationalmasochistischer Tendenz natürlich als Gesinnungsrüge. Zur Sache selbst: Frei behauptet, Zuckmayer und dessen Editoren hätten die »wachsende Empfänglichkeit« der damaligen Jugend »für die angebotene ›Reorientation‹« übersehen. Das ist ungenau. Schließlich lebt Zuckmayers Bericht doch gerade vom Optimismus, daß bei richtigem und gesteigertem Einsatz Vieles zu bewegen sein dürfte, und er belegt es, wie oben ausgeführt (S. 383), wechselweise durch positive und negative Beispiele.

56 Auch Trede sieht einen unzulässigen Vergleich, zu dem sich die Herausgeber »unverständlicherweise« »hinreißen« ließen.

Jenseits der Unterstellung, einem antiamerikanischen Mainstream zu folgen, steht es Frei natürlich frei (im Gegensatz zu Kritikern wie etwa Falbe, Lützenkirchen, Trutschel, Luef, Martenson, Schütz, Rühle oder Karasek), die Berechtigung dieser Parallelisierungen anzuzweifeln. Dergleichen Aktualisierungen[57] werden immer umstritten bleiben, zumal in der Tat, worauf z.B. Seibt verweist,[58] so manche Differenzen ins Gewicht fallen. Doch sollte man solche historischen Bezüge nicht generell für unergiebig halten, schon gar nicht mit Fröhlichs Begründung, sie führten »nicht weiter als in die geschichtslosen und unpolitischen Regionen des ›Allgemein-Menschlichen‹«. Grundsatzbedenken dieser Art erinnern doch allzu sehr an die bei diesem Thema gängigen und gewiß nicht ergiebigeren Vergleichstabus, die jegliches Modell-Lernen verhindern und deren weidlich ignorierte Paradoxie Hans Magnus Enzensberger jüngst aus gegebenem Anlaß nochmals verdeutlicht hat:

Auch der Unwissendste weiß, daß es anstrengend ist, Krieg zu führen. Dagegen täuscht die Freude über den Sieg leicht über die Schwierigkeiten hinweg, die jeder militärische Triumph mit sich bringt. Nur unter diesem beschränkten Gesichtspunkt möchte ich auf die Frage eingehen, ob aus den Potsdamer Entscheidungen, ihren Voraussetzungen und ihren Folgen nach sechzig Jahren noch irgendwelche Lehren für die Gegenwart zu ziehen wären.

Jede solche Überlegung muß mit dem Einwand rechnen, es handle sich um unvergleichbare historische Situationen. Diese rhetorische

---

57 Jenseits der Irak-Bezüge wurden von Rezensenten verschiedentlich weitere Phänomene als »hochaktuell« eingeschätzt: die Not-Szenarien im Vergleich und zur Relativierung von gegenwärtigen sozialen Verwerfungen (Rietig, Martenson) oder die Ausbreitung von »moralischen Slums« in Mitteleuropa (Knorr).

58 Seibt: »Ob sie Lehrstücke für den Irak bieten können, vermag man von der Ferne kaum zu beurteilen. Denn trotz der verheerenden Katastrophe hatten sich im besiegten Deutschland unter den Trümmern noch viele Strukturen und Bildungsvoraussetzungen der bürgerlichen Gesellschaft erhalten. Presse und Kultur florierten auf Anhieb und fanden ihr Publikum. Die lokalen Verwaltungen funktionierten erstaunlich flexibel weiter, die gummiartige Beständigkeit der modernen Bürokratie erlebte damals eine triumphale Belastungsprobe. Die Niederlage war doch eindeutig genug, um ideologische Kämpfe und allzu aggressive Ressentiments zu unterbinden. Die Aufgaben im Irak dürften also viel schwieriger sein. Dass man die Flinte gleichwohl nicht vorzeitig ins Korn werfen sollte, zeigen diese, übrigens vorzüglich kommentierten Reportagen aus der finstersten Nachkriegszeit.«

Figur ist beliebt, hat aber den Nachteil, daß sie den, der sie gebraucht, in einen logischen Widerspruch verwickelt. Wenn man
nämlich nur Vergleichbares vergleichen darf, muß man erst einmal
feststellen, was vergleichbar ist und was nicht. Die einzige Möglichkeit, dies zu ermitteln, besteht jedoch darin, daß man einen Vergleich
anstellt.[59]

Fazit

Über Zuckmayer wird weiter gestritten werden. Aber eines haben die
zahlreichen neuen Materialien des Jahrbuchs und vor allem die erstmals edierten Bände seines Engagements für Geheimdienst und US-Armee wohl fraglos bewirkt: Eine neue Leserschicht hat erstmals Notiz
genommen von einem Schriftsteller, dessen künstlerisches und Charak-
terbild zunehmend zu verblassen drohte. Im *Deutschlandbericht* rückt
uns der Autor nun wieder näher in dreifacher Funktion: als milieusi-
cherer Reporter und Portraitist von großer Eindringlichkeit, als hell-
sichtiger Sozialanalytiker in schwerer Zeit und vor allem als warmher-
ziger wohlverstandener Patriot und Mittler. Es fällt jetzt leichter zu
verstehen, warum ein Zuckmayer im Bewußtsein der Deutschen vor
und nach dem Zweiten Weltkrieg zu den ganz großen und extrem erfolgreichen literarischen Persönlichkeiten avancieren konnte.

Diesen Stellenwert wird er heute wohl nicht mehr ganz erreichen.
Aber es dürfte zunehmend schwieriger werden, den intellektuellen
Hochmut zu bewahren, der in den letzten Jahrzehnten mehr und mehr
dazu beitrug, diesen bedeutenden Autor und Menschen literarhisto-
risch zu marginalisieren. Der ihn für avantgardistische Regisseure zu
einer persona non grata oder zum Objekt werden ließ, an dem man
dramaturgisch sein Mütchen kühlte. Oder der ihm weithin das harm-
lose Image eines scheinbar unpolitischen Produzenten rheinhessischer
Folklore verpaßte, beschränkt auf Laienspielscharen und Dorffeste in
fröhlichen Weinbergen. Sich von solchen Fehleinschätzungen nun endlich zu verabschieden, wäre gewiß ein bemerkenswerter Fortschritt.

---

59 Hans Magnus Enzensberger, *Potsdam 1945/Bagdad 2005. Die Strapazen
der Sieger,* in: *Frankfurter Allgemeine Zeitung* vom 21. Juli 2005.

Anhang: Verzeichnis der Rezensionen

Klaus Bellin, *Wie in einem Albtraum. Carl Zuckmayer inspiziert das in Trümmern liegende Deutschland,* in: *Neues Deutschland* (Berlin) vom 1. März 2005.

Oliver Bentz, *Hoffnung auf Neubeginn. Carl Zuckmayers »Deutschlandbericht« wurde neu aufgelegt,* in: *Wiener Zeitung* vom 17. Dezember 2004.

Stefan Berkholz, *»Zum Lesen empfohlen«,* in: *Matinée (NDR),* 8. November 2004.

Johannes Breckner, *Die Stimmung der Besiegten. Geschichte – Im Auftrag der Amerikaner reiste Carl Zuckmayer 1946 durch Deutschland,* in: *Darmstädter Echo* vom 11.Oktober 2004.

Barbara Dankert, *Zuckmayer, Carl: Deutschlandbericht für das Kriegsministerium der Vereinigten Staaten von Amerika,* in: *ekz-Informationsdienst,* 12/2004.

Martin Falbe, *Germany's Lost Youth. Carl Zuckmayer über Deutschlands Jugend Anno 46/47,*in: *Die Berliner Literaturkritik* vom 16. März 2005.

Jens Frederiksen, *Dach der Freude. Zuckmayers »Deutschlandbericht« von 1946/47,* in: *Allgemeine Zeitung* (Mainz), vom 21. Oktober 2004; ders., *Zucks Enttäuschung. Prof. Gunther Nickel zum »Deutschlandbericht«,* in: ebd. vom 12. Februar 2005.

Norbert Frei, *Die Nachsicht des Emigranten. Carl Zuckmayer warb für eine Politik des Herzens gegenüber den Nachkriegsdeutschen – und bewies wenig Geduld mit den Amerikanern,* in: *Die Zeit* (Hamburg) vom 9. Dezember 2004.

Sabine Fröhlich, *Wie wir die Dinge anschauen. Carl Zuckmayers Reise ins Nachkriegsdeutschland,* in: *Neue Zürcher Zeitung* vom 5. Oktober 2004.

HAI, *Reisen durch die Trümmerlandschaft. Wie die Schriftsteller Stern, White und Zuckmayer die Menschen im zerstörten Deutschland erlebten,* in: *Hessisch-Niedersächsische Allgemeine* vom 14. Mai 2005.

Philipp Haibach, *»Ja, so haben wir's gewollt«. Carl Zuckmayer bereiste für seinen fulminanten »Deutschlandbericht« von 1947 auch Frankfurt,* in: *Die Welt kompakt* (Berlin) vom 29. Oktober 2004.

Stefan-Ludwig Hoffmann, *Ende mit Schrecken. Neue Bücher von Kempowski, Zuckmayer und Co.: Über klare Momente der Deutschen und eine verpasste Chance – Das Kriegsende 1945 in Augenzeugenberichten,* in: *Literaturen,* H. 1/2, 2005, S. 97-101.

Hellmuth Karasek, *Ein Vertriebener kehrt zurück. Wie der Dichter Carl Zuckmayer 1946 das zertrümmerte Deutschland besuchte und wiederfand,* in: *Welt am Sonntag* (Berlin) vom 14. November 2004.

kas/kli, *Wiedersehen mit Deutschland. Zuckmayer liefert eine Analyse deutscher Mentalitäten nach 1945,* in: *Die Berliner Literaturkritik,* 7. Oktober 2004.

Jens Knorr, *Nach dem Untergang. Carl Zuckmayers »Deutschlandbericht« von 1947 zeichnet ein ungeschminktes, aber nicht anklagendes Bild eines besiegten Volkes,* in: *Junge Freiheit* (Berlin) vom 8. Oktober 2004.

Claudia Kühner, *Carl Zuckmayers Heimkehr nach dem Krieg*, in: *Tages-Anzeiger* (Zürich) vom 26. November 2004.

Werner Liersch, *Viermal zwei Welten. Der Dramatiker Carl Zuckmayer liefert ein Zeugnis deutscher Mentalitäten nach 1945*, in: *Sächsische Zeitung* (Dresden) vom 27. September 2004.

Wolfgang Luef, *Vor dem Wiederaufbau. Deutschland 1946. Carl Zuckmayer erforschte als ziviler Ermittler die Situation im zerstörten Nachkriegsdeutschland*, in: *Falter* (Wien), H. 41/2004.

Paul Michael Lützeler, *»Wir kommen aus dem Dreck heraus!« Carl Zuckmayers Deutschlandberichte von 1947 zeugen eindrucksvoll von der inneren Großzügigkeit des großen deutschen Dramatikers*, in: *Die Welt* (Berlin) Nr. 43, 23. Oktober 2004.

H.-Georg Lützenkirchen, *Engagement für einen demokratischen Neuanfang. Carl Zuckmayers »Deutschlandbericht für das Kriegsministerium der Vereinigten Staaten« ist auch ein lehrreiches Zeitdokument*, in: literaturkritik.de, Nr. 1, Januar 2005.

Sten Martenson, *Zuckmayers »Deutschlandbericht«. Voller Zuversicht und Optimismus*, in: *Das Parlament* (Berlin) vom 5. Oktober 2004.

N.N., *Lesenswert*, in: *Berliner Zeitung* vom 11. November 2004,

N.N., *Carl Zuckmayer: Deutschlandbericht für das Kriegsministerium der Vereinigten Staaten von Amerika*, Deutsche Welle (Sendereihe »Goethes Erben«), 23. Januar 2005.

N.N., *Zuckmayers Berichte für die USA*, in: *Die Presse* (Wien), 5. Februar 2005.

Gert Oberembt, *Zuckmayer hält ein Plädoyer. Deutschlandbericht für das Kriegsministerium der Vereinigten Staaten von Amerika*, in: *Passauer Neue Presse*, Literaturbeilage vom 20. November 2004; ders. (ausführlicher), *Ratgeber des Siegers. Carl Zuckmayer reportiert 1947 den US-Besatzern seine Eindrücke vom zerbombten Deutschland*, in: *Rheinischer Merkur* (Bonn) vom 16. Dezember 2004; ders.(leicht verändert wiederabgedruckt), *»Spiritueller Heißhunger« nach Kultur. Carl Zuckmayer hält ein Plädoyer*, in: *Die Tagespost* (Würzburg) vom 29. Januar 2005.

Kurt Pätzold, *Watching the krauts. Emigranten und internationale Beobachter schildern ihre Eindrücke aus Nachkriegsdeutschland*, in: *Konkret* (Hamburg), Juni 2005.

Thomas Rietig, *Die Abgründe überbrücken*, in: *yahoo! Nachrichten Deutschland* (de.news.yahoo.vom) vom 19. November 2004; ders. (Wiederabdruck), *Carl Zuckmayer. Deutschlandbericht für das Kriegsministerium der Vereinigten Staaten von Amerika*, in: *Stuttgarter Nachrichten online*, 22. November 2004; ders. (leicht gekürzt wiederabgedruckt), *Carl Zuckmayers Deutschlandbericht*, in: *Lübecker Nachrichten* vom 1. Dezember 2004.

Günther Rühle, *Ein grauenhaftes Wiedersehen, wunderbar und herrlich. Reise ins Inferno der zerstörten Heimat: Carl Zuckmayers »Deutschlandbericht« aus dem Nachkriegsjahr 1946*, in: *Frankfurter Allgemeine Zeitung* vom 12. Februar 2005.

Marcus Sander, *Der Krieg ist aus, wir gehn nach Haus. Eine Liebeserklärung: Carl Zuckmayers Bericht über Deutschland, fürs US-Kriegsministerium notiert*, in: *Stuttgarter Zeitung* vom 14. Januar 2005.

Michael Schäfer, *Die Abgründe überbrücken. Carl Zuckmayers »Deutschlandbericht« bei Wallstein*, in: *Göttinger Tageblatt* vom 12. November 2004.

Renate Scharffenberg, *Mein Buch des Monats März 2005. Carl Zuckmayer, »Deutschlandbericht« für das Kriegsministerium der Vereinigten Staaten von Amerika*, in: *Marburger Forum*, Jg. 6, H. 2, 2005.

Robert Schediwy, *Zuckmayer, Carl: Deutschlandbericht für das Kriegsministerium der Vereinigten Staaten von Amerika*, in: *Bücherschau. Zeitschrift für Betriebs- und Gewerkschaftsbibliotheken*, Nr. 166, 1/2005.

Joscha Schmierer, *Umstrittenes Gedenken*, in: *Kommune* (Frankfurt am Main), H. 3, Juni/Juli 2005.

Erhard Schütz, *Kalkulierte Brandstätten. Schnell drehend. In Texten junger Autoren verkommt das Thema Luftkrieg zum Trailer. Sie erreichen nicht annähernd das Niveau älterer Autoren und des dokumentarischen Genres*, in: *Freitag* (Berlin) vom 18. Februar 2005.

Gustav Seibt, *Die Übergangsgesellschaft. Ein Lehrbeispiel für den Irak? Carl Zuckmayers Reisen nach Deutschland 1946 und 1947*, in: *Süddeutsche Zeitung* (München) vom 30./31. November 2004.

Klaus Stahl, *Dokument der Menschlichkeit. Carl Zuckmayers Deutschlandbericht von 1947*, in: *Goethe-Institut*, Dezember 2004.

Wolfgang Stenke, *»Deutschlandberichte«*, WDR 3 (Sendereihe »Gutenbergs Welt«), 23. Januar 2005.

Ariane Thomalla, *Politische Literatur*, Deutschlandradio/Deutschlandfunk, 22. November 2004.

Oliver Trede [OT], *Zuckmayer, Carl: Deutschlandbericht für das Kriegsministerium der Vereinigten Staaten von Amerika*, in: *Zeitschrift für Politik* (Baden-Baden), H. 2/2005, S. 531 f.

Christian Trutschel, *Zuckmayers Deutschlandbilder*, in: *Kieler Nachrichten* vom 8. Februar 2005.

Michael Simon

Die Fastnachtsbeichte –
volkskundliche Lesarten zum närrischen Treiben am Vorabend des Ersten Weltkrieges[1]

»Rizzambaa, Rizzambaa, morje fängt die Fassenacht aa.« Getragen von den Klängen dieses karnevalistischen Marschgesanges entwickelte Carl Zuckmayer am Ausgang der 1950er Jahre die Handlung einer spannenden Erzählung, die von der damaligen Kritik nicht gerade wohlwollend aufgenommen wurde: *Die Fastnachtsbeichte*. Friedrich Sieburg charakterisierte den Text zwar in einem Artikel für die *Frankfurter Allgemeine Zeitung* vom 10. Oktober 1959 »als ›machtvoll‹ und lobte Zuckmayers ›Unbefangenheit‹, die in Deutschland so selten«[2] sei. Doch dann kritisierte er, daß der »gleichsam raunende Tonfall des ›Es war einmal‹ [...] bisweilen dem Redensartlichen geopfert« werde und als restaurativ empfunden werden könne.[3] Rudolf Hartung meinte sogar in den *Neuen deutschen Heften*, Zuckmayer habe »Fastnachtsdeutsch« geschrieben.[4] Das war keineswegs als Kompliment gedacht, wie man den erläuternden Ausführungen von Theodor W. Adorno entnehmen

---

1 Dem vorliegenden Text liegt ein Vortrag zugrunde, den ich am 11. Februar 2005 im Rahmen der Veranstaltungsreihe »Mainz liest ein Buch« im Rathaus der Stadt Mainz gehalten habe. Für Hilfestellungen bei der Vorbereitung des Vortrages möchte ich mich bei meiner Mitreferentin Dr. Hildegard Frieß-Reimann, meiner Hilfskraft Nina Keller sowie bei Nicole Almeroth, Kerstin Beickler, Matthias Hammer, Stefanie Huff, David Krawietz, Christopher Ludwig und Stefan Migge bedanken. Bei der Recherche halfen freundlicherweise die Mitarbeiterinnen und Mitarbeiter des Mainzer Stadtarchivs und der Mainzer Stadtbibliothek.

2 Zitiert nach Gunther Nickel / Ulrike Weiß, *Carl Zuckmayer 1896-1977. »Ich wollte nur Theater machen«*, Marbach am Neckar 1996 (Marbacher Kataloge 49), S. 420 f.

3 Friedrich Sieburg, *Der Mord vor dem Dom*, in: Harro Kieser (Hrsg.), *Carl Zuckmayer. Materialien zu Leben und Werk*, Frankfurt am Main 1986, S. 176-179, hier: S. 179. Sieburgs Interpretation fehlt übrigens, wenn er schreibt, daß das Wort vom »armen, sündigen Menschen« Teil des Volkstones sei, »in den Zuckmayer seine Geschichte zu kleiden versucht« (S. 179). Vielmehr handelt es sich hierbei um die formelhafte Selbstanklage im Rahmen der kirchlichen Beichte.

4 Zitiert nach Nickel/Weiß, *Carl Zuckmayer*, a.a.O. (Anm. 2), S. 421.

kann. Weniges im deutschen Geistesleben sei ihm so widerwärtig wie
diese »offizielle Volkesstimme«, schrieb er über Zuckmayers Stücke,
»die schließlich doch nicht mehr als die UNESCO-Weisheit wieder-
käuen, daß es immer nur auf den Menschen ankomme.«[5]

Mit diesem linksintellektuellen Tiefschlag nähern wir uns jenem
Phänomen, das die Werke von Carl Zuckmayer für den Volkskundler
respektive für den heimatlichen Ethnologen interessant erscheinen läßt.
Im wahrsten Sinne des Wortes ist er für uns ein »sympathischer« Autor,
einer, der mit uns zusammen die politischen Ideologien des 20. Jahrhunderts und ihre Instrumentalisierungsversuche des deutschen Volkes
»erleiden« mußte. Viele deutsche Intellektuelle haben sich in der Vergangenheit mit ihrem Volk schwer getan, es aber rhetorisch auch gerne
für ihre eigenen politischen Ziele und Zwecke vereinnahmt, ob als
Hort echter deutscher Kultur, ob als Synonym für eine Rassegemein-
schaft, ob als Teil des internationalen Proletariats oder als Zerrbild pri-
mitiver Lebensart. Wie ein Blick zurück in das 20. Jahrhundert zeigt,
gibt es nur wenige Begriffe, die sich so gut als politische Projektionsflä-
che für totalitäres Denken eignen wie der vom Volk. Daß diese Idee in
solcher Gemengelage suspekt werden mußte und in den Diskussionen
seit 1968 eher umstritten geblieben ist,[6] war eine logische Konsequenz.
Daran änderte sich auch nichts mit dem Ende des Kalten Krieges, als
aufbegehrende DDR-Bürger auf die Straße gingen und mit dem Slogan
»Wir sind das Volk« bzw. »Wir sind ein Volk« politische Mitbestim-
mung forderten.[7] Das positive Erlebnis der deutschen Wiederverei-
nigung besaß nicht die Kraft, einen Begriff zu rehabilitieren, der durch
die Völkermorde vor 1945 seine Unschuld verloren hatte.

Dennoch behielten die durch ihn vermittelten Inhalte im Denken des
Einzelnen ihre Bedeutung, ob es sich nun um Gefühle wie die der kollektiven Geborgenheit und Vertrautheit handelt, um Aspekte der Selbst-
vergewisserung oder um Formen der Selbstachtung und Selbstbehauptung gegenüber anderen. An die Stelle ihrer einseitigen Fixierung auf

5   Ebd.
6   Vgl. Ingeborg Weber-Kellermann, *Deutsche Volkskunde zwischen Germa-
    nistik und Sozialwissenschaft*, Stuttgart 1969, S. V.
7   Vgl. Bernd-Jürgen Warneken, *»Vorwärts, doch nichts vergessen!«* Zum
    *Gebrauchs- und Bedeutungswandel sozialistischer Symbolik in Ostdeutsch-
    land seit 1989*, in: Andreas Kuntz (Hrsg.), *Arbeiterkulturen. Vorbei das
    Elend – aus der Traum? Sechste Tagung der Kommission Arbeiterkultur in
    der Deutschen Gesellschaft für Volkskunde*, Düsseldorf 1993, S. 37-50,
    hier: S. 41.

einen ideologiebehafteten Volksbegriff traten konkurrierende Ideen der Vergemeinschaftung, die es in der Tat auf das Individuum ankommen lassen, wie und woran es sich im Alltag orientiert. Dem nachzugehen, also den Menschen in den Mittelpunkt der Betrachtung zu stellen und über eine geradezu kriminalistische Spurensuche in seinen alltäglichen Beziehungen zu einer gesellschaftlichen Autopsie zu gelangen, dieser Ansatz kennzeichnet sowohl das Werk von Carl Zuckmayer als auch volkskundliche Arbeitsweisen.

Diese Übereinstimmung ist sicherlich kein Zufall, sondern wurzelt in einem gemeinsamen geistigen Erbe, das sich neben persönlichen Anregungen durch Personen wie Wilhelm Fraenger[8] auf die Romantik und die Brüder Grimm zurückführen läßt. Mit ihrer Aufforderung zur Arbeit in der Stille und zur Andacht gegenüber dem Unbedeutenden lieferten sie die Stichworte für ein Forschungsprogramm, das jenseits aller ideologischen Entwürfe bis heute trägt, auch wenn es für manche mehr nach einer wissenschaftlichen Nobilitierung von Bagatellen aussieht.[9] Statt anspruchsvoller Theorien erkennen sie die Hinwendung zu unscheinbaren Details, deren sorgfältige Registrierung und eingehende Betrachtung ihnen bestenfalls als platter Positivismus erscheinen. Solchen Vorwürfen fühlte sich wohl auch Zuckmayer ausgesetzt, wenn er seine Leserinnen und Leser um Verständnis dafür bat, daß er statt von den großen Ideen der Menschheit über »Gallwespen« und »Glühwürmchen« spreche.[10] Für ihn löste sich der Widerspruch allerdings dadurch auf, daß er meinte, seine langen Wege der Darstellung würden nicht an den großen Ideen vorbeiführen, sondern genau zu ihnen hin, »indem sie uns der Wirklichkeit unseres äußeren und inneren Lebens haut- und hauchnah konfrontieren«.[11] Vergleichbare Argumentationen

---

8 Über Fraengers beeindruckende Erscheinung und intellektuellen Einfluß während der Heidelberger Studienzeit schreibt Zuckmayer ausführlich in seiner Autobiographie *Als wär's ein Stück von mir. Horen der Freundschaft*, Frankfurt am Main 1966. Aus kulturwissenschaftlicher Sicht haben die Arbeiten von Wilhelm Fraenger vor wenigen Jahren durch die Dissertation von Petra Weckel, *Wilhelm Fraenger (1890-1964). Ein subversiver Kulturwissenschaftler zwischen den Systemen*, Potsdam 2001, eine Würdigung erfahren.

9 Vgl. Martin Scharfe, *Bagatellen. Zu einer Pathognomik der Kultur*, in: *Zeitschrift für Volkskunde*, Jg. 91, 1995, H. 1, S. 1-26.

10 Thomas Ayck, *Carl Zuckmayer in Selbstzeugnissen und Bilddokumenten*, Reinbek 1977, S. 12.

11 Carl Zuckmayer, *Die langen Wege. Betrachtungen*, Frankfurt am Main 1996, S. 326.

lieferten Volkskundler wie Bruno Schier, der meinte, sein Fach sei zwar
die Wissenschaft von den Hosenknöpfen, man könne diese aber so lange
polieren, bis sich die ganze Welt darin spiegelt.[12]

Die Betrachtung zahlloser Details im Alltag, die der volkskundliche
Kanon beinhaltet, darf eigentlich nicht als Ausfluß eines Vollständig-
keitswahns oder als disziplinärer Selbstzweck mißverstanden werden,
sondern ist als eigenständiger Versuch eines umfassenderen Verständnisses von Wirklichkeit zu sehen. Er berücksichtigt die Einsicht, daß
auch den unscheinbarsten Phänomenen im Alltag eine Verweisfunktion
auf das Ganze zukommt und daß gerade, weil sie alltäglich sind, besondere Beachtung verdienen. Angesprochen ist damit die fachspezifische
Herausforderung, genau jene Lebenswelten zu analysieren, in welche
die Forschenden hineingeboren wurden und die ihnen aufgrund ihrer
Sozialisation eigentlich selbstverständlich sind. Sie müssen in ihrer
»Seinsgestaltung« und »Seinsgewißheit«[13] daher zunächst dekonstru-
iert werden, um am Ende erkennen zu können, was jenseits der selbst-
verständlichen Alltagswirklichkeit in einer Kultur tatsächlich wichtig
oder unwichtig, banal oder spektakulär ist. Solche Feststellungen sind
also weniger der Ausgangspunkt als das Ziel volkskundlicher Arbeiten,
die den Forschenden bzw. die Forschende auf dem Wege des Verstehens
zu einer verstärkten Beschäftigung mit seiner bzw. ihrer eigenen kulturellen Herkunft führen.

Auch an dieser Stelle zeichnen sich Parallelen zu dem Werk von Carl
Zuckmayer ab, der auf der Suche nach dem »Letzten« und »Geheimsten«, wie es am Ende der Fastnachtsbeichte heißt, immer wieder den
Weg der literarischen Auseinandersetzung mit seinem Herkommen gegangen ist und in diesem Zusammenhang dem scheinbar Unscheinbaren so viel Aufmerksamkeit geschenkt hat. Seine ausführlichen De-
tailschilderungen sind also nicht als nebensächliche Ausschmückungen
eines eigenwilligen Autors oder heimattümelnden Volksschriftstellers
zu lesen, sondern sollten in ihrer Konzentration auf den Alltag ernst genommen werden.

---

12 Vgl. Michael Simon, *Der Klapperstorch als Kinderbringer _ eine volkskundliche Marginalie?*, in: Andreas Kuntz (Hrsg.), *Lokale und biographische Erfahrungen. Studien zur Volkskunde*, Münster, New York 1995,
  S. 189-200, hier: S. 199 f., Anm. 38.
13 Nach Edmund Husserl, vgl. Carola Lipp, *Alltagskulturforschung im
  Grenzbereich von Volkskunde, Soziologie und Geschichte. Aufstieg und
  Niedergang eines interdisziplinären Forschungskonzeptes*, in: *Zeitschrift
  für Volkskunde*, Jg. 89, 1993, H. 1, S. 1-33, hier: S. 3.

Daß dessen Erfassung auch für den ethnologisch arbeitenden Volks-kundler eine literarische Dimension hat, wissen wir spätestens seit der so genannten *writing-culture*-Debatte im Fach.[14] Insofern bieten Zuck-mayers Texte lehrreiche Annäherungen an die uns gestellte Aufgabe, Kultur(en) zu beschreiben. Besondere Beachtung verdient in diesem Zusammenhang sein Gespür für das Problem, die im Alltag auf un-terschiedlichen Ebenen gewonnenen Sinneseindrücke am Ende mit Worten auszudrücken und damit der Vielschichtigkeit einer ethnogra-phischen Repräsentation Rechnung zu tragen. Wie sehr es dabei tat-sächlich auf alle fünf Sinne ankommt,[15] deutet Zuckmayer in seinen Überlegungen zum eigenen Herkommen und zum Heimatbegriff an, wenn er schreibt:

> Geburtsheimat ist keine Gefühlsfiktion, kein Gedankenschema. Sie ist ein Gesetz. Sie bedeutet Bestimmung und Vorbestimmung, sie prägt Wachstum und Sprache, Blick und Gehör, sie beseelt die Sinne und öffnet sie dem Wehen des Geistes wie einem heimträchtigen Wind. An einem Strom geboren zu werden, im Bannkreis eines gro-ßen Flusses aufzuwachsen, ist ein besonderes Geschenk. Es sind die Ströme, die die Länder tragen und die Erde im Gleichgewicht halten, da sie die Meere miteinander verbinden und die Kommunikation der Weltteile herstellen. Im Stromland ist es, im Schwemmland, in den dunstgesättigten Auen fruchtbarer Ufer, wo die Völker sich ansie-deln, wo ihre Städte und Märkte, Tempel und Kirchen erstehn, wo ihre Handelswege und ihre Sprachen sich begegnen. Im Strome sein, heißt, in der Fülle des Lebens stehn.[16]

14 James Clifford / George E. Marcus (Hrsg.), *Writing Culture. The Poetics of Ethnography*, Berkeley, Los Angeles 1986.

15 Die Fixierung der herkömmlichen Forschung auf das Visuelle und Sprach-liche und die Vernachlässigung der anderen Sinnesorgane betont z.B. Re-gina Bendix, *Symbols and Sound, Senses and Sentiment. Notizen zu einer Ethnographie des (Zu-)Hörens*, in: Rolf Wilhelm Brednich / Heinz Schmitt (Hrsg.), *Symbole. Zur Bedeutung der Zeichen in der Kultur, 30. Deutscher Volkskundekongreß in Karlsruhe 1995*, Münster u.a. 1997, S. 42-57.

16 Carl Zuckmayer, *Als wär's ein Stück von mir. Horen der Freundschaft*, Frankfurt am Main 1997 [1966], S. 153 f.

»Moguntia huldigt Prinz und Prinzessin Carneval 1913«
(Quelle: Stadtarchiv Mainz, Bild- und Plansammlung)

Dort, in Mainz am Rhein, wo Zuckmayer aufgewachsen ist, hat er die
Handlung seiner Erzählung *Die Fastnachtsbeichte* situiert. Datiert ist
das Geschehen auf das Jahr 1913, geschrieben wurde der Text von ihm
aber erst am Ende der 1950er Jahre nach vielen Jahren der Wander-
schaft und Verbannung, also in großer zeitlicher und räumlicher Distanz. Fast ein halbes Jahrhundert trennt uns heutige Leser wiederum
von seiner schriftstellerischen Leistung. Sie ist angefüllt mit persönlichen Erinnerungen an die Jugendjahre kurz vor dem Ausbruch des Ersten Weltkrieges, wie uns der Vergleich mit den Ausführungen in seiner
Autobiographie zeigt. Viele der von ihm in der *Fastnachtsbeichte* erwähnten Details halten trotz der verstrichenen Zeit bis zur Niederschrift einer genaueren Überprüfung stand. Fast ist man geneigt, die
Erzählung als Tatsachenbericht zu lesen oder ihr zumindest einen wahren Kern zu unterstellen, wie wir ihn von anderen Stücken her kennen.
Der Hauptmann von Köpenick oder *Des Teufels General* sind dafür
sicherlich die am nächsten liegenden Beispiele. Allerdings unterstreichen weitere Hinweise, daß es auch in diesem Falle um etwas anderes

als einen historischen Bericht geht[17] und um mehr als eine volkstümliche Erzählung in Fastnachtsdeutsch, obwohl sich zentrale Aussagen aus akribischen Beobachtungen der Volkskultur ableiten lassen.

Bevor ich darauf im Einzelnen eingehe, erscheint es angebracht, wenigstens mit wenigen Worten den Inhalt des Buches zusammenzufassen. Ausgangspunkt der streng gegliederten Erzählung ist ein Mordanschlag vor dem Mainzer Dom. Zu Tode kommt ein uniformierter Fremder, der sich mit letzter Kraft in das Gotteshaus stürzt und dort im Beichtstuhl des Domkapitulars Dr. Henrici mit einem Stilett im Rücken zusammenbricht. Das Geschehen wird auf den Fastnachtssamstag des Jahres 1913 datiert. Die Aufklärung des Falles zieht sich über die nächsten Tage bis zum Aschermittwoch hin und endet mit der Beichte der Geliebten des Getöteten, die den Mord zwar nicht begangen, ihn aber aus enttäuschter Liebe provoziert hat. Anfang und Ende sind streng aufeinander bezogen. Der Handlungsort ist jeweils gleich. Am Anfang stürzt sich ein sterbender Mann in den Schoß der Kirche, am Ende bricht eine werdende Mutter von derselben Stelle auf. Während er mit der Nacht kommt, geht sie mit dem Morgen. Dazwischen liegen die Tage des närrischen Treibens, in denen es im wahrsten Sinne des Wortes drunter und drüber geht. Der Ablauf des fröhlichen Festes steht im Widerspruch zur nüchternen Aufklärung des Mordfalles, die manch schlimme Entdeckung bereithält und in die Abgründe des menschlichen Daseins blicken läßt. Die Struktur der Erzählung ähnelt für den Ethnologen einem klassischen »rite de passage«[18] mit Trennungs-, Übergangs- und Anpassungsphase, wobei dieses Muster natürlich dem Charakter von Kriminalerzählungen mit einer Abfolge von verbrecherischer Tat, detektivischer Suche und anschließender Aufklärung entspricht. Allerdings kommen in diesem Falle weitere »Passagen« hinzu, die neben der individuellen Wandlung verschiedener Personen vor allem auf die »Liminalität« des karnevalistischen Treibens im Jahreslauf ausgerichtet sind und damit der Handlung ihre spezifische Dynamik verleihen.

Gekonnt setzt der Autor dabei seine intimen Kenntnisse über das närrische Treiben in seiner rheinhessischen Heimat ein und verleiht gerade durch die Erwähnung unzähliger Details der Erzählung eine hohe Authentizität. Das läßt sich an wenigen Beispielen aufzeigen. Der Ermordete trägt etwa den Rock des 6. Dragonerregiments oder besser

---

17 Vgl. Friedrich Sieburg, *Der Mord vor dem Dom*, a.a.O. (Anm. 3), S. 178.
18 Arnold van Gennep, *Übergangsriten*, Frankfurt am Main, New York 1986 [1909].

Dragoner-Parademarsch; Bildpostkarte, die von einem Angehörigen der 1. Eskadron des 6. Magdeburgischen Dragoner-Regiments Nr. 6 aus Mainz verschickt wurde (Quelle: Stadtarchiv Mainz, Bild- und Plansammlung)

gesagt des Königlich-Preußischen Magdeburgischen Dragoner-Regiments Nr. 6, das tatsächlich in Mainz seit dem Sommer 1905 stationiert war.[19] Die Beschreibung der hellblauen Uniform »mit dem steifen, samtschwarzen Kragen«[20] entspricht ganz genau den überlieferten Abbildungen von dieser Kavallerieformation. Daß Zuckmayer als Kriegsfreiwilliger des Ersten Weltkrieges um solche Details wußte, versteht sich fast von selbst. Aus seiner Autobiographie erfahren wir darüber hinaus, daß er bei Kriegsausbruch 1914 darauf versessen gewesen war, in das Mainzer Dragoner-Regiment einzutreten, aber »aus Mangel an Pferdematerial für die Ausbildung« nicht gehen konnte.[21]

19 Vgl. Wolfgang Balzer, *Mainzer Garnisonsgeschichte. Königlich Preußisches Magdeburgisches Dragoner-Regiment Nr. 6*, in: *Vierteljahreshefte für Kultur, Politik, Wirtschaft und Geschichte*, Jg. 8, 1989, H. 1, S. 154 f., hier: S. 155.

20 Carl Zuckmayer, *Die Fastnachtsbeichte. Erzählungen 1938-1972*, Frankfurt am Main 1996 [1959], S. 163.

21 Zuckmayer, *Als wär's ein Stück von mir*, a.a.O. (Anm. 16), S. 234.

Fastnachtsumzug 1913, auf dem Pferd vor dem Komiteewagen
des MCV der damalige Prinz Hugo Hilge
(Quelle: Stadtarchiv Mainz, Bild- und Plansammlung)

Seine weiteren Angaben über den »falschen« Soldaten verraten den ge-
schulten Blick des Offiziers: der Ermordete trägt zum korrekten Aus-
gehanzug nicht die erforderlichen Handschuhe, seinem Haar fehlt der
militärische Schnitt, er riecht merkwürdigerweise nach Parfüm, hat ungewöhnlich gepflegte Hände und trägt für einen Mannschaftsgrad viel
zu feine Unterwäsche. Auch die stark gebräunte Haut des Toten findet
besondere Erwähnung. Im Werk erklärt sie sich aus seinem langen Aufenthalt in südlichen Ländern, wo er im Dienst der französischen Fremdenlegion gestanden und gegen die Berber bei Wahdi Askrah gekämpft
hat. Aus dem *Mainzer Tagblatt* vom 2. Februar 1913 wissen wir, daß es
damals in Mainz tatsächlich Männer mit solchen abenteuerlichen Erfahrungen gegeben hat. Hugo Hilge, der Prinz Karneval des Jahres
1913, war noch im Jahr zuvor in Tripolis gewesen und hatte dort »gegen die Ungläubigen« gekämpft, wie es in einer einschlägigen Zeitungs-
notiz heißt.

In der *Fastnachtsbeichte* spielt nicht Hugo Hilge den Prinzen Karne-

Der Knabe mit der Löwen-Mähne.
THE BOY WITH THE LION'S MANE.
Le garçon avec la crinière du lion.

1903

»Der Knabe mit der Löwenmähne« auf einem Postkartengruß aus
Mainz 1903; später trat der aus Polen gebürtige Stephan Bibrowsky
in Zirkusshows und Varietés als »Lionel der Löwenmensch« auf
(Quelle: Stadtarchiv Mainz, Bild- und Plansammlung)

val, sondern Adelbert Panezza, ein Name, der uns in der Form Panizza im alten Mainz durchaus wieder begegnet. Wir haben ihn bei unseren Recherchen etwa unter den Familienanzeigen in den zeitgenössischen Tageszeitungen entdeckt oder in der Bildersammlung des Stadtarchivs, wo die Aufnahme einer Frau Elisabeth Panizza aufbewahrt wird, die 1902 in der Photographischen Bude auf der Mainzer Meß entstanden ist. Eine gewisse Nähe weist der Name außerdem zu dem der so genannten »Affenfrau Pastrana« auf, deren Äußeres für die literarische Figur des Lolfo Vorbild gewesen sein mag.[22] Selbst wenn Zuckmayer diesen Fall von Hypertrichose nicht gekannt haben mag, ist uns doch aus seiner Erzählung verbürgt, daß er von Lionel, dem Löwenmenschen, wußte, der durch ein ähnliches Äußeres gekennzeichnet war.[23]

Die fließende Grenze zwischen Mensch und Tier, zwischen körperlicher Normalität und Devianz findet in seinem Text im übrigen mehrfach Erwähnung, genauso wie ihn immer wieder die bigotte Sittsamkeit des Bürgertums und dessen Umgang mit der Prostitution beschäftigt. Madame Guttier, die darauf Wert legt, nicht mit Gut-tier angesprochen zu werden, wacht über die käuflichen Damen im Kappelhofgäßchen, deren moralische Integrität zumindest im Fall der armen Rosa außer Frage steht. Vorbild für die resolute Puffmutter dürfte Madame Beauri gewesen sein, über die Zuckmayer in seiner Autobiographie schreibt, sie habe einst ganze Generationen zahlungskräftiger Herren in die ars armandi eingeweiht und ihr Name sei in Mainz immer deutsch Be-au-ri ausgesprochen worden. Bezeichnend ist sein Zusatz, wenn er schreibt: »Das weiß ich aber nur vom Hörensagen, zu meiner Zeit war sie schon verblichen und hinterließ eine nicht ausgefüllte Lücke.«[24]

Ohne Schwierigkeiten könnte man eine ganze Reihe weiterer Details aufzählen, die als historisch gesicherte Fakten die Glaubwürdigkeit der Erzählung untermauern und damit nicht zuletzt der kriminalistischen Rahmenhandlung Rechnung tragen. Allerdings sind auch an manchen Stellen bewußte Abweichungen zu verzeichnen, die Distanz schaffen, wo eigentlich historische Nähe überwiegt. Gleich der erste Satz ist dafür ein aufschlußreiches Beispiel, da er die Handlung auf den Fastnachtssamstag 1913 verlegt mit dem Zusatz »es war ein trübkühler, dämmri-

---

22 Vgl. Günther Stockinger, *Der Fluch der Haare*, in: *Der Spiegel*, Jg. 59, Nr. 1 vom 3. Januar 2005, S. 126-128.

23 Vgl. Carl Zuckmayer, *Die Fastnachtsbeichte*, a.a.O. (Anm. 20), S. 246; siehe außerdem Zuckmayer, *Als wär's ein Stück von mir*, a.a.O. (Anm. 16), S. 199.

24 Ebd., S. 175.

ger Nachmittag Mitte Februar«. Wochentag und Uhrzeit stimmen mit
der erwähnten Rekrutenvereidigung seiner Närrischen Majestät vor
dem Stadttheater überein. Auch die Wetterlage ist nach den Angaben in
den damals erschienenen Tageszeitungen korrekt wiedergegeben, aber
definitiv falsch ist die Festlegung des fraglichen Tages auf Mitte Februar. Der Fastnachtssamstag war 1913 genau am Monatsanfang, am
1. Februar, wie uns ein schneller Blick in Grotefends *Taschenbuch der
Zeitrechnung* verrät. Solche offensichtlichen Irrtümer[25] lassen sich angesichts der sonstigen Präzision nur als versteckte Hinweise auf die Fik-
tionalität der erzählten Handlung verstehen.

Dagegen stellen wir bei der historischen Kontextualisierung wiederum fest, daß trotz des großen zeitlichen Abstandes und der damit
verbundenen Gefahr von Verwerfungen und biographischen Fehleinschätzungen zuverlässige Charakterisierungen gegeben werden. Als
Gegenbeispiel drängt sich zunächst die sympathisch gezeichnete Figur
des Jeanmarie Panezza auf, der im Grunde für die Generation des
Autors steht. Seine Beschreibung als gut veranlagter junger Mann mit
»einem nagenden und ahnungsvollen Zweifel an der Beständigkeit«
der ihn so fest umzingelnden Ordnung und »einer lustvollen, abenteuerlichen Vorstellung von ihrer möglichen Zerstörung«[26] trägt, wie man
meinen möchte, die späteren Erfahrungen eines Angehörigen der ver-
lorenen Generation in sich. Allerdings lassen sich auch an dieser Stelle
einschlägige Zeugnisse beibringen, die uns Zuckmayer als zuverläs-
sigen Chronisten des närrischen Treibens am Vorabend des Ersten
Weltkrieges empfehlen. »Es gibt Krieg!« hieß das Lied, das in der Kam-
pagne von 1913 in den Sitzungen des MCV erklang und die schon
reichlich explosive Stimmung am Vorabend des Ersten Weltkrieges thematisierte.[27]

Die Vielzahl der Details und das Maß an Ordnung, das die gesamte
Erzählung beherrscht, sprechen bei seiner näheren Betrachtung gegen
die wiederholt geäußerte Annahme, daß das närrische Treiben nicht

---

25 Ein anderes und von den Mainzer Karnevalisten gerne angeführtes Beispiel
   ist die Figur der Fastnachtsprinzessin, die in Zuckmayers Erzählung die
   Tochter der Familie Bekker gibt, obwohl diese Rolle in der Mainzer Fastnacht eigentlich Männersache war und erstmals 1938 tatsächlich von einer
   Frau übernommen wurde (vgl. Günter Schenk, *Mainz Helau! Handbuch
   zur Mainzer Fastnacht*, Ingelheim 2004, S. 63 f.).
26 Vgl. Zuckmayer, *Die Fastnachtsbeichte*, a.a.O. (Anm. 20), S. 173.
27 Den Text des Liedes findet man abgedruckt in der Mainzer Carneval-Zei-
   tung *Narhalla*, hrsg. von August Fürst und Karl Kneib, Jg. 11, 1913, S. 9.

mehr als eine Kulisse für die Handlung abgibt.[28] Solche Lesarten übersehen, daß wir es bei den einschlägigen Schilderungen nicht bloß mit Staffage zu tun haben, sondern mit dem zentralen Motiv der Erzählung, dem der Verkehrung der Welten. Über die Herkunft der Fastnacht kursieren unterschiedliche Theorien, auf die hier im Einzelnen nicht einzugehen ist.[29] Wichtig ist ihr Charakter als so genannte Ventilsitte, als »brauchtümliche« Handlung, bei der bestehende soziale Rollenzuweisungen temporär aufgehoben bzw. verkehrt werden dürfen:[30] aus einfachen Bürgern werden umjubelte Monarchen, aus Untertanen Herrscher, Frauen übernehmen die Macht über ihre Männer, die sich dafür in die Rolle des anderen Geschlechts flüchten. Alle gesellschaftlichen Schranken fallen, zwischen Mann und Frau, oben und unten, alt und jung, militärisch und zivil, heilig und profan. Am Ende veranschaulicht das Treiben ein heilloses Durcheinander, aus dem sich die neue Ordnung, die auch der alten entspricht, wieder Bahn bricht. Die großen Themen der Fastnacht sind die Verkehrung der Dinge, ihr täuschender Schein, ihre wandelbare Gestalt und die Flüchtigkeit des Augenblicks.

Das sind auch die Aspekte, mit denen sich Zuckmayer auseinandersetzt. Im Mittelpunkt der Handlung steht eine vornehme Mainzer Familie, deren Oberhaupt schon zum zweiten Mal in seinem Leben den Prinzen Karneval gibt. Der angesehene Bürger ist aber der Vater eines unehelichen Kindes, ein Mann, der seine Frau schon in jungen Jahren betrogen hat und gerade wieder davor steht, ein junges, unschuldiges Mädchen zu verführen. Sein illegitimer Sohn ist das Opfer des Mordanschlages, also eigentlich die bemitleidenswerte Person, die sich aber im Zuge der Erzählung als moralisch verkommenes Subjekt entpuppt. Der eigentliche Täter, ein verkrüppeltes und zutiefst bedauernswertes Wesen, handelt aus tiefster Zuneigung zu seiner Halbschwester, die aus einer stolzen italienischen Familie stammt, aber durch ihre voreheliche Beziehung mit dem später Getöteten ihre Ehre verwirkt hat.

28 Günter Schenk, *Fassenacht in Mainz. Kulturgeschichte eines Volksfestes*, Stuttgart 1986, S. 78 urteilt z.B.: »Feinfühlig hat Zuckmayer seine Kriminalstory in die Kulisse der Mainzer Fastnacht gestellt.«

29 Vgl. Hans Moser, *Kritisches zu neuen Hypothesen der Fastnachtsforschung*, in: *Jahrbuch für Volkskunde*, NF, Jg. 5, 1982, S. 9-50; Werner Mezger, *Narrenidee und Fastnachtsbrauch. Studien zum Fortleben des Mittelalters in der europäischen Festkultur*, Konstanz 1991.

30 Vgl. Michail M. Bachtin, *Literatur und Karneval. Zur Romantheorie und Lachkultur*, Frankfurt am Main 1990, S. 48.

Das sind nur einige der groß angelegten Maskeraden, die Zuckmayer in der *Fastnachtsbeichte* vollzieht. Das Prinzip wendet er bis ins Detail an, was man sehr gut am Beispiel der Eingangsszene verfolgen kann. Sie schildert den Mord an einem Soldaten, der eigentlich keiner ist, bei dem es sich aber in Wahrheit um einen desertierten Fremdenlegionär handelt, also doch um einen Soldaten. Der ermordete Ferdinand Bäumler war nach kriminellen Machenschaften in jungen Jahren in die französische Legion nach Nordafrika geflüchtet. Dort galt er als gefallen, hatte sich aber gerettet und wollte sich nach seiner Rückkehr in die Heimat im Schutz der geliehenen Uniform seines Bruders eine neue Existenz aufbauen. Lolfo, der verkrüppelte Halbmensch, setzt mit seiner Tat diesem Vorhaben ein Ende, wobei er unter den Klängen eines militärischen Spiels handelt, das eigentlich keines ist. Aufgeführt wird die Vereidigung der Rekruten seiner Närrischen Majestät, die sich in unmittelbarer Nähe des Doms vor dem Stadttheater vollzieht. Der spielerische Schwur der Karnevalisten kontrastiert den gebrochenen Fahneneid des Ermordeten, der auch mit falschen Liebesbeschwörungen seine Geliebte Viola Moralto hintergangen hat. Die Grenzen zwischen Spiel und Ernst verwischen sich hier fast so wie in dem Wörtchen »Rizzambaa«, das nach Auskunft des Südhessischen Wörterbuches seine Herkunft als einleitendes Schallwort des Narhallamarsches dem französischen General und Soldaten Ressembeau verdankt, der den Mainzern eigentlich die Fastnacht verbieten wollte, von dem es aber inzwischen heißt, es hätte ihn eigentlich nie gegeben.

Verworrener hätte man den Anfang der Kriminalerzählung also nicht stricken können. Nichts ist so, wie es scheint, und alles scheint mehr zu sein, als es ist. Man fühlt sich nach mehrmaligem Lesen des Textes in ein Spiegelkabinett versetzt, wo die Grenzen zwischen Sein und Schein verschwimmen und es jenseits der Person des Betrachters keinen Anfang und kein Ende mehr gibt. Die Verkehrung der Welt im Karneval begründet die Ordnung des Lebens im Chaos, aus dem uns Menschen nur »die Gebote und die gesetzten Artikel unseres Glaubens« befreien können, wie es der Domkapitular Dr. Henrici am Ende formuliert. Die Fastnacht ist daher kein begleitendes Motiv der Erzählung, sondern ihr tatsächlicher Inhalt.

Daß Zuckmayers Darstellung des Karnevals als kathartisches Ritual nicht frei von idealistischen Vorstellungen über die Ordnung des Volkslebens ist, läßt sich an verschiedenen Stellen nachweisen und dürfte den anfangs erwähnten Zorn der Ideologiekritik besonders geschürt haben. Ein instruktives Textbeispiel dafür bietet die Beschreibung des Umzuges am Fastnachtsmontag, wo es heißt:

Der Zug entrollte sich mit einer gewissen gravitätischen Schwere und Langsamkeit [...] Da war nichts von Wildheit, Wüstheit, orgiastischer Maßlosigkeit, weder bei den Mitwirkenden noch bei den Beschauern, das Ganze war eine riesige, aber in den Grenzen des kindlichen Vergnügens gehaltene Volksbelustigung, deren Stimmung ohne Bösartigkeit oder Schadenfreude, überhaupt ohne das hämische Element, das populären Schaustellungen leicht anzuhaften pflegt, von harmloser Spottlust, ansteckender Lachbegier und milder Selbstironie getönt war.[31]

In solchen Passagen »tritt eine merkwürdige Einheit auf von Peiniger und Gepeinigtem, von Ausnutzer und Ausgenutztem, von Lügner und Belogenem«,[32] könnte man mit Bertolt Brechts kritischen Anmerkungen zum Volkstums-Begriff ergänzen und Zuckmayer am Ende doch noch einer ideologieträchtigen Volksbeschreibung verdächtigen, die für jeden Volkskundler unbefriedigend wäre. Freilich käme das einer verkürzenden und einseitigen Skizzierung seiner Ausführungen gleich, die sich eben nicht auf romantisierende Anschauungen über das fastnächtliche Treiben beschränken, sondern durchaus auch die harsche Kritik daran als »pfahlbürgerliches Amüsement«, als »Fröhlichkeit auf Befehl« oder als »geistlosen Unfug« aufgreifen.[33] Zuckmayers Text kennt unterschiedliche Stimmen im Chor des Erzählten. Sie lassen sich nicht in einer Position zusammenfassen, sondern unterstreichen, daß es tatsächlich immer auf den Menschen ankommt. Insofern war Zuckmayer kein raunender Ewiggestriger, sondern ein sensibler Beobachter seiner Zeit, dessen Ansatz – wohl nicht nur für die Volkskunde – heutzutage aufschlußreicher sein dürfte als der seiner »ideologiekritischen« Kritiker.

31 Zuckmayer, *Die Fastnachtsbeichte*, a.a.O. (Anm. 20), S. 239.
32 Bertolt Brecht, *Volkstümlichkeit und Realismus*, in: Bertolt Brecht, *Werke. Große kommentierte Berliner und Frankfurter Ausgabe*, Bd. 22.1, Frankfurt am Main 1993, S. 405-415, hier: S. 407.
33 Zuckmayer, *Die Fastnachtsbeichte*, a.a.O. (Anm. 20), S. 177.

Carsten Jakobi

Dialog in Monologen – Naturwissenschaft, Dichtung und die »Einheit höherer Ordnung«

Anmerkungen zum Briefwechsel zwischen Carl Zuckmayer und Konrad Lorenz*

Zweieinhalb Wochen nach Carl Zuckmayers Tod erreichte die verwitwete Alice Zuckmayer ein Kondolenzschreiben, dessen Inhalt und dessen Verspätung auf einen besonderen geistig-moralischen Aufwand des Verfassers schließen lassen könnten. Der auf den 5. Februar 1977 datierte Brief läßt eine enge Vertrautheit des Schreibers mit dem Verstorbenen vermuten, und er reflektiert diese Vertrautheit auch explizit:

> Unsere Freundschaft hat, nach Jahren gemessen nur kurz gedauert, nach den Stunden, die wir zusammen verbracht haben, noch kürzer. Aber wir sind einander einfach so ähnlich, daß man, wenn man eine Übereinstimmung findet, mit Sicherheit schließen kann, daß man in anderen Dingen auch gleich denkt und Gleiches empfindet, und das geht bis in die lächerlichsten Einzelheiten [...].[1]

Doch schon einige Jahre zuvor, am Beginn der hier beschworenen Freundschaft, hatte der nämliche Schreiber an Carl Zuckmayer folgende, fast gleichlautende Versicherung abgegeben:

> Nach dem Maße der Zeit, die wir zusammen verbracht haben, kennen wir uns kaum. Aber die Beziehungen zwischen Menschen bemessen sich eben nicht nach diesem Parameter. Ich habe das Gefühl, Sie sehr, sehr gut zu kennen und ebenso von Ihnen sehr gut gekannt zu werden. Zu einem Teil mag dies Illusion sein, aber wenn man

* Mein Dank geht an Gunther Nickel, der mir Kopien des Briefwechsels zwischen Zuckmayer und Lorenz zur Verfügung stellte und mich sachkundig unterstützt hat; darüber hinaus danke ich besonders Vanessa Wolf für ihre umsichtige Hilfe bei der Aufarbeitung des Materials.

1 Konrad Lorenz, Brief an Alice Zuckmayer vom 5. Februar 1977, Bl. 1. – Der Briefwechsel befindet sich im Privatbesitz der Erben von Konrad Lorenz und im Nachlaß Carl Zuckmayers im Deutschen Literaturarchiv Marbach. Bei Zitaten aus ihm wurden die Eigenarten der Orthographie und Interpunktion belassen, offenkundige Schreibversehen aber stillschweigend korrigiert.

sicher weiß, daß man mit einem anderen in einer Reihe von Punkten übereinstimmt, so erhöht dies erheblich die Wahrscheinlichkeit, daß dies in anderen, diesbezüglich noch nicht bekannten Punkten auch der Fall ist.[2]

Verfasser dieser Briefe war der weltbekannte Ethologe und Nobelpreisträger Konrad Lorenz. Beide zitierten Beispiele sind Teil eines mit Carl Zuckmayer gepflegten Briefwechsels, der 1967 begann, an dem auch die Ehepartnerinnen Alice Zuckmayer und Margarethe (genannt Gretel) Lorenz teilnahmen und der über Zuckmayers Tod hinaus mit seiner Witwe fortgeführt wurde. Die zitierten Auszüge sind in ihrer Stereotypie symptomatisch für das, was sich Zuckmayer und Lorenz wechselseitig zur Kenntnis brachten. Ein Gutteil ihres Briefwechsels besteht nämlich wie hier in der Beteuerung der gegenseitigen Freundschaft und Übereinstimmung[3], weitere Themen sind die Krankheitsgeschichten der beiden älteren Herren sowie die Planung gegenseitiger Besuche – die häufig genug nicht zustande kommen. Es sind Briefe ohne jedes geschäftliche Kalkül von zwei längst Arrivierten, die auf keinerlei Unterstützung der eigenen Karriere schielen müssen; Rückschlüsse auf Berechnungen, die ihrerseits Auskünfte über Mittel und Ziele des beruflichen Vorankommens geben könnten, lassen sich daraus nicht gewinnen. Auch die Einsicht in den jeweiligen schriftstellerischen Arbeitsalltag fördert nichts über das ohnehin schon Bekannte hinaus zutage. Angesichts dieser thematischen Enge, ja Monotonie – jedenfalls für denjenigen, der sich nicht aus der Schlüssellochperspektive für Zuckmayers Prostata oder Lorenz' Lungenprobleme erwärmen kann – ist es nicht verwunderlich, daß Zuckmayers Briefwechsel mit Konrad Lorenz trotz der Prominenz der beiden Beteiligten ungedruckt geblieben ist; im Unterschied zu den Briefwechseln, die Zuckmayer mit anderen Zeitgenossen unterhielt.[4] Dennoch lassen sich diesen Briefen einige Gesichtspunkte abgewinnen, die für Zuckmayers und für Lorenz' Den-

---

2   Konrad Lorenz, Brief an Carl Zuckmayer vom 2. Februar 1968, Bl. 1.

3   Ähnliche Versicherungen finden sich auch in Lorenz' Briefen vom 7. Juli 1968, 30. September 1970, 31. Juli 1972 und vom 22. Dezember 1976 sowie in Zuckmayers Brief vom 7. Juli 1972.

4   Zu erwähnen sind die Briefwechsel mit Paul Hindemith (ediert in: *Zuckmayer-Jahrbuch*, Bd. 1, 1998), Annemarie Seidel, Ernst Jünger (beide in: *Zuckmayer-Jahrbuch*, Bd. 2, 1999), Carl Jacob Burckhardt, Max Frisch (beide in: *Zuckmayer-Jahrbuch*, Bd. 3, 2000), Tankred Dorst (*Zuckmayer-Jahrbuch*, Bd. 5, 2002), Hans Schiebelhuth und dem Ehepaar Werfel (beide in: *Zuckmayer-Jahrbuch*, Bd. 6, 2003).

ken ebenso wissenswerte Rückschlüsse erlauben wie für eine bestimmte Auffassung des Verhältnisses von Poesie und Naturwissenschaft.

Charakteristisch für die Weise, wie Zuckmayer und Lorenz ihre wechselseitige Übereinstimmung beteuern, ist die völlige Leere und Unbestimmtheit dieser Beteuerung. Wohl lassen sich Gegenstände des gemeinsamen Interesses festhalten, aber die spezifische Qualität der Einhelligkeit in ihrer Betrachtung bleibt weitgehend unausgesprochen. Dennoch sind die Briefe symptomatisch für die *gegenseitige Interpretation* einer Freundschaft, die – zumindest soweit sie von Zuckmayer ausging – sich lange Zeit vor der persönlichen Bekanntschaft entwickelte. Noch in den USA ließ sich Zuckmayer von Lorenz' populärem Buch *Er redete mit dem Vieh, den Vögeln und den Fischen* (erschienen 1949) begeistern[5]; die einzige Erwähnung Lorenz' in *Als wär's ein Stück von mir* verdankt sich diesem Lektüreeindruck.[6] Auch Lorenz' spätere populärwissenschaftliche Arbeiten nahm er beifällig zur Kenntnis, wie er auch in einem Brief an Carl J. Burckhardt vermerkte:

> Von den Chow-Chows erzählt Konrad Lorenz in seinem Hundebuch [*So kam der Mensch auf den Hund*, 1950] Ähnliches wie Du [...]. Übrigens ist von Konrad Lorenz ein neues Buch erschienen: »Das sogenannte Böse«, – ganz grossartig. Ich hatte es mir von Jobs [d.i. Alice Zuckmayer] zum Geburtstag gewünscht und auch bekommen.[7]

Erst 1967 lernten sich Zuckmayer und Lorenz auf der Jahrestagung des Ordens ›Pour le mérite‹ persönlich kennen, dessen Friedensklasse beide angehörten, »und es ergab sich eine dauerhafte Verbrüderung, wie ich sie mit wenig Menschen teile«[8], wie Zuckmayer bekundete. In wechsel-

---

5   Davon berichtet Zuckmayer in den Vorbemerkungen zu seiner Rede zu Lorenz' 70. Geburtstag. Vgl. Carl Zuckmayer, *Poesie und Naturwissenschaft. Rede zum siebzigsten Geburtstag von Konrad Lorenz*, in: Carl Zuckmayer: *Aufruf zum Leben. Porträts und Zeugnisse aus bewegten Zeiten*, Frankfurt am Main 1995, S. 318-332, bes. S. 318.

6   »Wer in einer der sieben Nächte zwischen Weihnachten und Neujahr geboren ist, und noch dazu am Sonntag, der kann, so heißt es, die Tiere sprechen hören. Und ich möchte allen Ernstes behaupten, daß ich es kann. Nicht so genau wie der Verhaltensforscher Konrad Lorenz. Aber ich kann es auf meine Weise, und ich halte das sogar für meine berufsentscheidende Eigenschaft« (Carl Zuckmayer, *Als wär's ein Stück von mir. Horen der Freundschaft*, Frankfurt am Main 1997, S. 158).

7   Carl Zuckmayer, Brief an Carl Jacob Burckhardt vom 3. Januar 1964, in: *Zuckmayer-Jahrbuch*, Bd. 3, 2000, S. 79-81, hier: S. 80.

8   Zuckmayer, *Poesie und Naturwissenschaft*, a.a.O. (Anm. 5), S. 324.

seitigen Elogen, nämlich Zuckmayers Rede zu Lorenz' 70. Geburtstag
und Lorenz' Beitrag zu Zuckmayers Geburtstagsfestschrift[9] wurde dieser Freundschaftsbund auch öffentlich gemacht.

Diese emphatischen Freundschaftsbeteuerungen sind indes für
Zuckmayer nicht ungewöhnlich; bekanntlich bilden sie das themati-
sche und konzeptionelle Zentrum seiner Lebenserinnerungen und wurden auch Zeitgenossen zuteil, die in weltanschaulicher Hinsicht geradezu Antipoden zu Zuckmayer darstellen, etwa Bertolt Brecht. Sie sind
der für Zuckmayer spezifische Modus, die eigene Subjektivität vor anderen zu inszenieren, und es ist kein Zufall, daß sich Zuckmayer für
dieses Unterfangen eines ausgedehnten Briefwechsels bedient hat. In
seinem Verständnis dieses Kommunikationsmediums wird die individuelle Subjektivität nicht *gegen* einen Briefpartner aufgebaut, sondern
konstituiert sich in der ideellen Spiegelung des Selbst im Gegenüber.
Zuckmayer partizipiert damit an der seit dem 18. Jahrhundert kulturell
verfestigten Auffassung des Briefes als Authentizitätsbekundung.[10] Die
Selbstdarstellung vollzieht sich dabei in der Interpretation der eigenen
Beziehung zum Gegenüber und versteht oder erklärt sich zunächst einmal keineswegs von selbst.

Dem Versuch, die Verlaufsform dieser Selbstdarstellung zu untersuchen – die vice versa natürlich ebenso für den Briefschreiber Konrad
Lorenz gilt –, muß es vor allem darum gehen, die von Lorenz und
Zuckmayer einmütig verwendete Floskel einer tiefgreifenden Übereinstimmung zu substantiieren. Anders gefragt: Worin besteht die wechselseitige Attraktivität zweier am Ende eines erfolgreichen Lebenswerkes
stehender Geister aus zwei recht verschiedenen Abteilungen menschlicher Weltaneignung, der Poesie und der Naturwissenschaft? Offenbar

---

9 Vgl. ebd.; Konrad Z. Lorenz, *Die Rattenfänger*, in: *Festschrift für Carl
  Zuckmayer. Zu seinem 80. Geburtstag am 27. Dezember 1976*, hrsg. von
  der Landeshauptstadt Mainz und der Carl-Zuckmayer-Gesellschaft e.V.,
  Mainz 1976, S. 69-78.
10 Daß es sich dabei in der Tat nicht um eine Selbstverständlichkeit des Mediums ›Brief‹, sondern um ein kulturelles Konstrukt handelt, hebt Annette C.
  Anton hervor: »Überhaupt sind die Echtheit von Brief und Gefühl und die
  Forderung nach ihrer Kongruenz eine Erfindung des 18. Jahrhunderts. Solange man Briefe noch aus Briefstellern abgeschrieben hat – bis weit ins
  18. Jahrhundert hinein und darüber hinaus –, kam es niemand in den Sinn,
  ein Brief solle einzigartig und damit authentisch sein« (Annette C. Anton,
  Authentizität als Fiktion. Briefkultur im 18. und 19. Jahrhundert, Stuttgart, Weimar 1995, S. 25).

empfinden beide Seiten das Interessante nicht zuletzt in der jeweiligen Grenzüberschreitung; dies läßt einen Rückschluß auf ihre jeweiligen weltanschaulichen Positionen zu, aber auch auf das jeweilige Verständnis dessen, was Wissenschaft und Dichtung zu leisten hätten.

Carl Zuckmayer – Methodiker der Sinnstiftung

Dieses Vorhaben scheint, zumindest was die Rekonstruktion von Zuckmayers Anschauungen betrifft, nicht unproblematisch zu sein. Der Chronist dieser Anschauungen sieht sich nämlich einer scheinbar unlösbaren Aufgabe gegenübergestellt, jedenfalls dann, wenn er an der Präsupposition ihrer Kohärenz festhalten will. Selbst wenn man sich nicht in die Diachronie von Zuckmayers öffentlich vertretenen Positionen begibt, sondern sich auf einen in sich abgeschlossenen und einen bestimmten biographischen und werkgeschichtlichen Kontext repräsentierenden Text wie die Lebenserinnerungen *Als wär's ein Stück von mir* beschränkt, fällt eine bunte Vielfalt verschiedenster weltanschaulicher Standpunkte auf. Die Disparatheit der Perspektiven, denen Zuckmayer seine Erlebnisse subsumiert, ist nicht nur auf den ersten Blick irritierend. Schon wenige Beispiele vermögen dies zu illustrieren: Ein Jahr privaten Glücks und des entscheidenden literarischen und damit finanziellen Erfolgs läßt sich, diesem Bericht zufolge, Zuckmayer von einer Kartenlegerin weissagen:

> Eine etwas verrückte Dame, die in derselben Pension wohnte wie ich, legte mir eines Abends die Karten und schrie plötzlich auf: »Geld liegt dicht bei Hause, eine blonde Frau kommt auf Sie zu. Sie werden noch in diesem Jahr heiraten und über Nacht reich werden!« Natürlich glaubte ich davon kein Wort.[11]

Die Skepsis stellt sich als unbegründet heraus; noch vor Ablauf des Jahres 1925 hatte Zuckmayer Alice Herdan geheiratet und war als Verfasser des *Fröhlichen Weinbergs* reich und berühmt geworden. Die daran anschließenden Probleme, dem ersten sofort ein zweites Erfolgsstück anzuschließen, erklärt sich Zuckmayer dann nicht mehr aus der Weis-

---

11 Zuckmayer, *Als wär's ein Stück von mir*, a.a.O. (Anm. 6), S. 464. – Die fingierte Skepsis gegen Wahrsagerei muß den aufmerksamen Leser erstaunen, beschreibt Zuckmayer doch bereits ebd., S. 293, wie er im Ersten Weltkrieg den Tod eines Frontkameraden vorausahnte, und ›erklärt‹ sich dies als »parapsychologisches Phänomen«.

heit der Karten, sondern astrologisch mit seinem Tierkreiszeichen
›Steinbock‹.[12]

Andere lebensentscheidende Einschnitte deutet Zuckmayer auf ganz
andere Weise. Die politischen Auseinandersetzungen, die im Untergang
der Weimarer Republik und damit in Zuckmayers endgültiger Übersiedlung nach Österreich mündeten, führt er auf die Gesichtsmorpho-
logie des Links- und Rechtsradikalismus zurück,[13] verspricht sich also
für seine politische Analyse Unterstützung bei der Physiognomik. Der
deutsche Einmarsch 1938 in Österreich, Auslöser für Zuckmayers
zweite Flucht, erfährt hingegen folgende Erklärung:

> Wie und wieso es zum Ende Österreichs kam, kann man heute in je-
> dem Schulbuch lesen. [...] Aber wie das in der Wirklichkeit, das
> heißt: in den gelebten Träumen, die man so nennt, ausschaute und
> vor sich ging, das wissen nur wir, die dabei waren.
>
> Eine Reihe von Zeichen ging der Katastrophe voraus. Einige Wo-
> chen vorher erschien ein Nordlicht über ganz Österreich. Nordlich-
> ter sind in diesem Teil der Welt ungemein selten, die meisten Leute
> kennen sie nur vom Hörensagen. Man behauptete, seit dem Jahr
> 1866, in dem die Österreicher von den Preußen besiegt wurden, hätte
> sich keins mehr gezeigt. Dieses – im Jahr 1938 – flammte so stark
> und flackerte so grell, daß es aussah wie eine mächtige Feuersbrunst.
> [...] Um die gleiche Zeit wurde in Wien der ›Pestvogel‹ gesehen, sein
> Auftauchen sogar von Ornithologen bestätigt: eine albinohafte
> Spielart des Sperlings, mit seltsamen fahlen Tupfen und Flecken im
> Gefieder. Angeblich soll er sich nur vor großen Seuchen oder vor
> einem Kriegsausbruch zeigen.
>
> Das Wetter in dieser Zeit war ebenso ungewöhnlich.[14]

Die dargebotenen Erklärungen historischer oder biographischer Ereignisse mögen jeweils innere Kohärenz, wenn auch nicht gerade Plausibi-

---

12 Vgl. ebd., S. 493.
13 Vgl. ebd., S. 528 f.
14 Ebd., S. 76 f. – Im September 1941 beobachtet Zuckmayer, mittlerweile in
   Vermont lebend, ebenfalls ein Nordlicht, fühlt sich an das Jahr 1938 erinnert und fragt sich: »Was für ein Ende – oder was für ein Anfang – stand
   jetzt bevor?« (ebd., S. 602) Eine explizite Antwort gibt es nicht; der Kontext dieses Naturphänomens läßt es sowohl auf Zuckmayers Neubeginn
   als Farmer wie auf den amerikanischen Kriegseintritt beziehbar erscheinen.
   – Auch sonst wissen Zuckmayers Erinnerungen häufig von Wundern und
   Zeichen zu berichten, vgl. z.B. ebd., S. 621 f.

lität aufweisen – zur Klärung dieser Ereignisse tragen sie nicht bei, sondern verunklaren recht einsichtige Vorgänge. Nebeneinandergestellt fällt indes vor allem ihre Widersprüchlichkeit auf: Die Macht des Schicksals läßt sich nicht gleichzeitig den konkurrierenden Deutungsschemata von Sternbildern und den Karten weiser Frauen entnehmen; der Sieg des Nationalsozialismus ist nicht gleichermaßen durch das Auftreten des Nordlichts wie durch die Gesichtszüge seiner Anhänger und Gegner erklärbar. Zuckmayer reiht einander ausschließende Deutungen aneinander und verleiht allen den gleichen Gültigkeitsausweis. Dennoch läßt sich auf einer allgemeineren Ebene eine Gemeinsamkeit all dieser Deutungsmuster feststellen: Es ist die behauptete Gewißheit, in Welt und Kosmos einen einheitlichen Sinn zu finden. Worin dieser besteht – ob in der Macht der Sterne oder des Pestvogels –, worin also der konkrete Inhalt der jeweiligen Sinnversicherung liege, bleibt dabei im strengen Sinne des Wortes gleichgültig. Zuckmayer besteht in all seinen disparaten Äußerungen darauf, daß es einen Sinn gebe, der dem Subjekt vorgelagert sei, sein Handeln leite und sich in diesem Handeln zu erkennen gebe. Dieser Sinn kann wahlweise auch in der Verbindlichkeit heimatlicher Verwurzelung,[15] in der Natur oder in einem göttlichen Wesen gefunden werden.

Die Resultate der Kombination verschiedener Sinnangebote können bei Zuckmayer in aller Inkommensurabilität friedlich koexistieren. Das durch einen heteronomen Sinn gesteuerte menschliche Handeln fällt mit der Ordnung der Natur im Begriff des »Lebens« zusammen, der für Zuckmayers Empfinden zentral ist. In der 1938 erschienenen Schrift *Pro domo*, einer ersten öffentlichen Selbstrechtfertigung Zuckmayers, findet dieser Lebensbegriff seine Ausformulierung als sinnstiftende Autorität:

Wenn ich hier und im Ganzen öfters den Begriff des ›Lebens‹ aufwerfe, so sei damit keinem flachen Positivismus das Wort geredet, etwa im Sinne einer rhetorischen Antagonistik gegen den Tod, dessen endgültige Größe, dessen menschlicher Opferwert nicht angetastet wer-

---

15 »Was in der frühen Lyrik deutlich anklingt: daß die Wahrung der menschlichen Identität nur in engem Kontakt mit der Heimat möglich ist – und stets der Korrektur durch sie bedarf –, gehört zu den dominanten Vorstellungen des jungen Zuckmayers« (Knut Brynhildsvoll, *Leben und Weltverständnis in der frühen Lyrik Carl Zuckmayers*, in: Harro Kieser [Hrsg.], *Carl Zuckmayer. Materialien zu Leben und Werk*, Frankfurt am Main 1986, S. 187-229, hier: S. 195).

den soll, und dessen eisige Majestät uns durch jede Lichtstunde begleitet, – sondern das Leben sei in seinem vollen unteilbaren Umfang, in seiner unfaßlichen Ganzheit, in seiner zeugenden und mörderischen Gewalt, beschworen und geliebt, mit jener vollkommenen Hingabe an sein inneres Gesetz, die Nietzsche als ›amor fati‹ bezeichnet. Denn diese Liebe zum Schicksal bedeutet nicht achselzuckende Indifferenz oder widerstandslose Ergebung, sondern das freie Einverständnis, die bewußte Einbeziehung, den Einmut und Einklang mit dem höheren, dem überdimensionierten Sinn des Weltgeschehens.[16]

Trotz des expliziten Bezugs auf Nietzsche scheint der Begriff des Lebens hier eher in seiner bildlichen Potenz Verwendung zu finden als sich dem konsistenten theoretischen Konstrukt der Lebensphilosophie zu verdanken. Die Leistung des Lebensbegriffes liegt darin, eine dem Subjekt zugleich vorausgelagerte wie aus ihm selbst wirksame Macht zu behaupten. Die Unterordnung unter einen übergeordneten Sinn, also eine subjektwidrige Zumutung – jedenfalls dann, wenn man den Begriff des Subjekts ernstnimmt –, soll zugleich eine Verwirklichung der individuellen Subjektivität sein – Zwang und Freiwilligkeit fallen als »Einmut und Einklang« zusammen.

Zur Bebilderung dieser harten Sinnstiftung bedient sich Zuckmayer bei beliebigen, in der Geschichte des menschlichen Denkens und Irrens keineswegs seltenen Konkretionen, *worin* denn die verbindliche Instanz der Sinnstiftung liege. So finden sich in *Pro domo* nach dem expliziten Verweis auf Nietzsche auch Anleihen bei der weltanschaulichen Konkurrenz:

Wir haben eine Art zu erhalten, die nicht aussterben darf, wir haben die Kunde weiterzugeben von der Grenzenlosigkeit und Größe des menschlichen Geistes, von der Gewalt des innerlichen Lebens, von der unermessenen und unzerstörbaren Freiheit unserer Seele, – jener »Freiheit des Christenmenschen«, die der Europäer, der Nachkomme der Antike, der Erbe des klassischen Ideals, der Welt und ihrer Zukunft darzuleben hat, wie kein Anderer, der heute atmet.[17]

So steht die christliche Version des menschlichen Geistes gleichberechtigt neben einem Rekurs auf die Lebensphilosophie, insofern sie näm-

16 Carl Zuckmayer, *Pro domo*, Stockholm 1938 (Schriftenreihe »Ausblicke«), S. 62 f.
17 Ebd., S. 88.

lich ebenso wie diese dazu geeignet erscheint, dem Weltgeschehen einen *verbindlichen* Sinn abzugewinnen. Ein Problem scheint die Inkommensurabilität der Standpunkte für Zuckmayer nicht zu sein: Das unglückliche Bewußtsein gequälter Sinnsuche treibt ihn nicht um. Gegen jeden konkreten Inhalt hält Zuckmayer vielmehr an der *Methodik* der Sinnstiftung fest, und zwar nicht mit dem funktionalistischen Selbstverständnis, daß jeder Glaube gleichgültig gegen seine Objektivität recht sei, wenn er subjektiven Trost zu verheißen imstande sei, sondern mit der Überzeugung, daß alle konkreten Sinnangebote anschauliche Ausgestaltungen und also auch Zeugen des einen Weltsinnes seien.[18]

Eben diese Anschaulichkeit ist es auch, die Zuckmayers besonderes Interesse am Katholizismus bestimmt. Die Zugehörigkeit zur unmittelbaren sinnlichen Präsenz, die im katholischen Ritus zelebriert wird, beschreibt er als Glücksfall seiner Jugend:

> Gerade das Selbstverständliche dieser Zugehörigkeit zu einer Religionsgemeinschaft, deren Ritus in uralten Formen verwurzelt ist, zu einer Kirche, in der das Mysterium der Menschwerdung, das Wunder der Transfiguration in jeder Messe neu geschieht: aber das Kind läuft in die Kirche wie in den Bäckerladen, es ist nichts pietistisch Würdevolles oder Griesgrämiges dabei, hier riecht es nach warmem Brot, dort nach steinkühlem Weihrauch; das Kniebeugen, Niederknien, Händefalten, Kreuzschlagen, das Klingeln der Meßglöckchen, das Heben der Monstranz und das Klopfen an die Brust während der tiefen Stille bei der Wandlung, das alles fügt sich ins tägliche Leben ein wie Schlafengehn, Aufstehn, Anziehen, Lernen, Spielen – es ist der Sonntag, der allen gehört, und an dem sich der dicke schwarze Mann aus dem Pfarrhaus in eine Heiligenfigur mit prachtvollen Gewändern verwandelt.[19]

18 Diesen methodischen Zug von Zuckmayers Sinngewißheit übersieht man, wenn man die je konkreten Anschauungsformen, in denen Zuckmayer die Präsenz des Sinnes verbürgt, lediglich in ihrer Unterschiedlichkeit registriert, aber nicht ihre methodische Gemeinsamkeit als die entscheidende Konstante in Zuckmayers Denken betont. Vgl. z.B. Herwig Gottwalds differenzierte Auseinandersetzung mit Zuckmayers Naturbegriff: »Der darwinistische Einschlag dieser Naturauffassung ist zwar häufig spürbar, wird aber von naturreligiösen und humanistischen Elementen überlagert, die vor allem in den Texten der dreißiger Jahre zunehmen« (Herwig Gottwald, *Natur und Naturbegriff in Carl Zuckmayers Prosa*, in: *Zuckmayer-Jahrbuch*, Bd. 1, 1998, S. 121-147, hier: S. 128).

19 Zuckmayer, *Als wär's ein Stück von mir*, a.a.O. (Anm. 6), S. 180.

Dieses sinnliche Interesse am Katholizismus ist gleichwohl kein ästheti-
sches, da es nämlich die Verbindlichkeit des Gezeigten nicht relativieren oder gar aufheben will, sondern im Gegenteil: Von der sinnlichen
Präsenz wird auf die Verbindlichkeit desjenigen rückgeschlossen, das
im anschaulichen Bild vergegenständlicht ist. In der ästhetisch-an-
schaulichen Dimension eines Sinnangebots liegt, sofern es eine solche
aufweist, nicht die Einladung zum sachfremden Genuß seiner bloßen
Äußerlichkeit – im Sinne eines interesselosen Wohlgefallens –, sondern
die verbindliche Versicherung einer Synthese von ideellem und sinn-
lichem Gehalt, die sich einer analytischen Unterscheidung von Äußerlichkeit und Sinngehalt widersetzt. So behält der Katholizismus seinen
Vorzug gegenüber dem unsinnlichen Protestantismus – dem »pieti-
stisch Würdevolle[n]«[20] –, wie auch die Physiognomik gegenüber anderen, unanschaulichen Theorien der Verbindlichkeit des dem Subjekt
vorgelagerten Sinn- und Handlungszusammenhanges, etwa der Psychoanalyse.

   Daß Zuckmayer, der auf diese Weise dem Katholizismus seiner
Kindheit die Treue hält, sich mit dem Darwinisten Konrad Lorenz un-
verbrüchlich einig erklärt – trotz dessen gelegentlich gebrauchten Brief-
schlusses »Ich [...] bete zu Gott, an den ich nicht glaube«[21] – scheint
zunächst ebenso erstaunlich zu sein wie der in dieser Freundschaft
überbrückte Gegensatz eines Exilanten mit jüdischen Großeltern zu

---

20 Die sinnliche Seite des katholischen Dogmas stellt – mit kritischen Vorzeichen – schon Hegel am Beispiel der Hostie dem vergeistigteren Protestantismus gegenüber: »Nach der einen Vorstellung ist die Hostie, dieses
   Äußerliche, dieses sinnliche, ungeistige Ding, durch Konsekration der gegenwärtige Gott – Gott als ein Ding, in der Weise eines empirischen Dings,
   ebenso empirisch von dem Menschen genossen. Indem Gott so als Äußerliches im Abendmahl, diesem Mittelpunkt der Lehre, gewußt wird, ist diese
   Äußerlichkeit die Grundlage der ganzen *katholischen* Religion.« Der luthe-
   rische Protestantismus hält nach Hegel demgegenüber sowohl die sinnliche
   als auch die geistige Seite des Verhältnisses der gläubigen Subjekte zu ihrem
   Gott fest – womit die Religion ihre Mittelstellung zwischen der sinnlichen
   Ästhetik und der geistigen Philosophie behält (Georg Wilhelm Friedrich
   Hegel, *Vorlesungen über die Philosophie der Religion. II: Vorlesungen
   über die Beweise vom Dasein Gottes*, in: Georg Wilhelm Friedrich Hegel,
   Werke, Frankfurt am Main 1969, Bd. 17, S. 328; Hervorhebung von Hegel).
21 Konrad Lorenz, Brief an Carl und Alice Zuckmayer, 9. November 1972,
   Bl. 2. Eine fast gleichlautende Formulierung findet sich auch in seinem
   Brief vom 26. Februar 1974.

einem zumindest temporären Nazi und Antisemiten.[22] Diese Gegensätze, die denkbar substantieller Art sind, werden überlagert von weltanschaulichen Gemeinsamkeiten, vor denen sich der Gegensatz von Katholizismus und Darwinismus relativiert; genauer gesagt: Das jeweilige Verständnis von Katholizismus und Darwinismus ist nicht das letzte weltanschauliche Wort von Zuckmayer und Lorenz, sondern verweist auf etwas anderes, das beiden gemeinsam ist.

»Bedingunge läßt sich die nit stelle« – der Mensch in der Natur und die Natur im Menschen

Diese Gemeinsamkeit hat ihre äußerliche Seite im beiderseitigen Interesse an der Natur. Der Ethologe Konrad Lorenz hat bekanntlich aus seiner Leidenschaft für Tierbeobachtung einen Beruf gemacht, und auch Carl Zuckmayer hielt seine Naturbegeisterung für ein wichtiges Instrument seiner Profession: »Ich frage mich immer: wie kann ein Schriftsteller ohne Tier- und Naturbeobachtung über Menschen schreiben? Aber die meisten meiner Kollegen halten das für ›romantisch‹.«[23] Der Naturenthusiasmus endet für Zuckmayer mithin keineswegs bei einer Passion für Waldspaziergänge; dieses Erlebnis stellt vielmehr den sinnlichen Ausgangspunkt für eine literarische Anverwandlung, eine Moralisierung und eine Ideologisierung der Natur dar. An Zuckmayers Werk läßt sich dieser Vorgang nachvollziehen.

Naturprozesse spielen als Bildspender für menschlich-soziale Verhaltensweisen eine zentrale Rolle in Zuckmayers Œuvre. Dabei bleibt diese Bildverwendung nicht nur auf die statisch-metaphorische Ebene beschränkt, wie in folgendem Beispiel, in dem Zuckmayer eine Zoologie seines Freundeskreises entwickelt: »Er ging von den großen Künstlern, Weltleuten, kurzum ›Persönlichkeiten‹, wie sie als rare Zugvögel, teils schwarmweise, teils im Einzelflug, vorübergehend dort einfielen, bis zu den Strandnistern und Bodenbrütern der einheimischen Bevölkerung.«[24] Wichtiger wird der Vorstellungsbereich der Natur, wo er sich strukturell entfaltet, sprich: wo er als Analogon für Handlungslogik und Figurengestaltung dient. Der *Fröhliche Weinberg* stellt ein Musterbeispiel für dieses Verfahren dar, fungiert hier die Natur doch als jene

---

22 Zu Lorenz' Verhältnis zum Nationalsozialismus vgl. Benedikt Föger / Klaus Taschwer, *Die andere Seite des Spiegels. Konrad Lorenz und der Nationalsozialismus*, Wien 2001.
23 Carl Zuckmayer, Brief an Konrad Lorenz vom 12. Juni 1968, Bl. 1.
24 Zuckmayer, *Als wär's ein Stück von mir*, a.a.O. (Anm. 6), S. 47.

Macht, die das Handeln der Figuren bestimmt: Ihre sich in der Sexualität äußernde natürliche Triebhaftigkeit konturiert die Figurencharaktere und ist zugleich das Telos der dramatischen Handlung, die in der Entmächtigung unnatürlicher Hindernisse für den individuell-kreatürlichen Glücksanspruch gipfelt. Entsprechend formuliert die Hauptfigur Gunderloch als moralische Quintessenz des Stückes die Einsicht in das Gebot der Natur: »Bild sich keiner ein, er könnt die herrgottsgeschaffe Natur kommandiere! Bedingunge läßt sich die nit stelle, un ausrechne kann ma's auch nit [...]!«[25] – immerhin eine kuriose Behauptung aus dem Mund eines Weinbauern, der einen planvollen und zweckgerichteten Umgang mit den natürlichen Voraussetzungen seines Berufs pflegt.

Auch in dem historischen Drama *Der Schelm von Bergen* (1934) gibt die Natur ein moralisches Regulativ für das menschliche Verhalten ab und gelangt nicht nur zu metaphorisch-verbalem Ausdruck, sondern auch zu dinglicher (Bühnen-)Präsenz. Der mittelalterliche Ständestaat erfährt hier folgende Apologie:

> Der Stand ist alles. Denn er ist das Ganze, und das Herz ein Teil. Nicht wie die Arten der Bäume sich verstreuen im Wald – blindlings nach Wind und Flug –, wohin die Eichel fällt, wohin die Tannfrucht fällt, wohin der Ahornflügel schwebt – sondern wie Wald und Wasser, Gebirg und Steppe auf der Erde ausgebreitet sind, nach einem immer wesenden Gesetz; es darf der Berg nicht zum Tal kommen, der Wipfel nicht zur Quelle. Und doch könnt eins nicht atmen ohne des andern Gegenhauch. So wie die Sternbilder unveränderlich am Himmel stehn, nie sich berührend, doch einander tragend –: so stehet jeder Mensch in seinem Stand. Und wer hinaustritt, stürzt ins Bodenlose.[26]

Komplementär zu dieser Analogisierung feudaler Herrschafts- und Abhängigkeitsverhältnisse mit dem Bild einer unveränderlich geordneten Natur steht die gärtnerische Zuchtpraxis des Okulierens für die notwendige Auffrischung des alten Herrschergeschlechts. Noch bevor diese Modifikation der statischen Ordnung auch praktisch realisiert wird, ist

25 Carl Zuckmayer, *Der fröhliche Weinberg. Lustspiel in drei Akten*, in: Carl Zuckmayer, *Der fröhliche Weinberg. Theaterstücke 1917-1925*, Frankfurt am Main 1995, S. 251-317, hier: S. 314.

26 Carl Zuckmayer, *Der Schelm von Bergen. Schauspiel in einem Vorspiel und drei Akten*, in: Carl Zuckmayer, *Der Hauptmann von Köpenick. Theaterstücke 1929-1937*, Frankfurt am Main 1995, S. 151-251, hier: S. 219.

sie präsent in der Arbeit eines Gärtners, der sein Tun im Sinne eines Dienstes an der natürlichen Ordnung erläutert:

Spürst, wie da Saft austropfet? Das lebt alles, wie Fleisch und Bein. Ist ein Edelwuchs, das Stämmlein hier – Setzling aus alter Hochzuchten. Will aber kein Frucht mehr tragen, ist keimschwach, wurzelmüd. Was ich jetzt einstech in seine wunde Seiten, das ist ein Wildreis, ein unzahmes, ganz wald- und heidegemeines. Das schenkt ihm Hunger und Durst, nach Licht, Feuchte, Bodensalz, und Treibgier, und heftig Knospen.[27]

Diese Kräftigung eines Edelgewächses durch die Zufuhr wilder Pflanzenkraft faßt im Bild die Handlung des Dramas zusammen: Dem alten und lendenlahmen Kaiser wird ein unverhoffter Nachkömmling geschenkt, indem sich die Kaiserin in den Scharfrichtersohn Vincent verliebt und von ihm geschwängert wird. Die Blutauffrischung für das alte Herrscherhaus zahlt sich auch für den subbürgerlichen Vincent aus: Der Kaiser erhebt ihn in den Adelsstand und korrigiert damit den systemwidrigen Fehltritt seiner kaiserlichen Gattin: »Niemals kann sie an Seel und Leib erniedrigt werden, durch die Berührung einer niedren Hand. Doch wer von *ihr* berührt wird – ist *geadelt*!«[28] Natürliche und ständische Ordnung sind wieder in Einklang gebracht und deuten sich wechselseitig aus als System von notwendigen Dienst- und Abhängigkeitsverhältnissen.[29] Die einem Naturvorgang analoge Dramaturgie der Handlung fällt mit einer Ideologisierung zusammen.

27 Ebd., S. 184.
28 Ebd., S. 250 f. Hervorhebungen von Zuckmayer.
29 Zur zeitgenössischen Valenz dieser Identifikation botanischer und sozialer Verhältnisse haben sich in der Forschung zwei alternative Lesarten herausgebildet. Erwin Rotermund liest das Drama als Apologie des austrofaschistischen Ständestaates, Gunther Nickel als dessen Kritik, insofern es in der Figur Vincent das notwendige Überschreiten der Ständeschranken thematisiere. Sollte Zuckmayer in der Tat diese Kritik intendiert haben – was in Hinblick auf meine Fragestellung unentschieden bleiben kann –, bliebe allerdings festzuhalten, daß ihr Maßstab nicht in der Auflösung einer hierarchischen Ordnung besteht, sondern in der Unterordnung gesellschaftlicher Verhältnisse unter die Imperative der Natur (vgl. Erwin Rotermund, *Zwischen Anpassung und Zeitkritik. Carl Zuckmayers Exildrama ›Der Schelm von Bergen‹ und das ständestaatliche Denken um 1930*, in: *Zuckmayer-Jahrbuch*, Bd. 1, 1998, S. 233-249; Gunther Nickel, *Carl Zuckmayers ›Der Schelm von Bergen‹ – eine kritische Auseinandersetzung mit dem Austrofaschismus*, in: *Zuckmayer-Jahrbuch*, Bd. 1, 1998, S. 215-231).

Eben dieses Verständnis der Natur als Ordnungssystem und als materiell gewordener, sinnlich anschaulicher Lebens- und Weltsinn ist die Basis, auf der sich Zuckmayer und Lorenz verständigen. Insbesondere treffen sie sich in der Sorge, dieser natürliche Garant stabiler Ordnung könnte instabil werden. Indizien dafür entdecken sie allenthalben, wovon auch der Briefwechsel zeugt, etwa wenn Zuckmayer schreibt: »Nächstens werde ich Herrn Dr. Backhaus ein paar einleitende Sätze für das ›Tier‹ [Tierschutzzeitschrift] schicken, die sich wohl, wie das heute immer ist, auch mit einem Kummer beschäftigen: die fortschreitende Dezimierung der Schmetterlinge.«[30] Und einige Jahre später heißt es bei Lorenz:

> Ein sehr lieber Freund von mir, Hubert Weinzierl, der wirklich ein Kämpfer für die gute Sache ist und mit seiner GRUPPE ÖKOLOGIE wirklich für den Naturschutz in Deutschland Unglaubliches geleistet hat, hat deine Rede zu meinem 70. Geburtstag so großartig gefunden, daß er Dich gern zum Bundesgenossen gewinnen würde. Er bittet mich, Dich zu bitten, daß Du für seine Naturschutz-Zeitschriften, von denen ich Dir mit gleicher Post einige Exemplare schicke, »ein paar gute Worte über die Notwendigkeit von Überlebenspolitik und Naturschutz zu schreiben« – und wenn's auch nur ein paar handgeschriebene Zeilen sind. Wenn Du dazu die Zeit findest, hilfst Du einem Rattenfängerkollegen![31]

Die Rattenfängermetaphorik verdankt sich jenem literarischen Werk, dem Lorenz wie keinem anderen aus der Feder Zuckmayers Achtung gezollt und in dem er ein Echo seines eigenen Denkens gesehen hat, nämlich Zuckmayers letztem Drama *Der Rattenfänger*. Die Uraufführung im Jahre 1975 kommentierte Lorenz:

> Ich kann Euch nicht sagen, was für ein Eindruck der Rattenfänger für mich gewesen ist. Seit meiner frühesten Jugend, in der man bekanntlich für Theatererlebnisse so ungeheuer empfänglich ist, hat mir niemals ein Theaterstück einen solchen Eindruck gemacht. [...] Dieses Erlebnis hat mir wieder einmal zu Bewußtsein gebracht, wie ähnlich wir einander sind.[32]

---

30 Carl Zuckmayer, Brief an Konrad Lorenz vom 18. Juli 1968, Bl. 1.
31 Konrad Lorenz, Brief an Carl Zuckmayer vom 9. November 1976, Bl. 1 f.
32 Konrad Lorenz, Brief an Alice und Carl Zuckmayer vom 24. Februar 1975, Bl. 1.

Und es ist kein Zufall, daß Lorenz seinen Beitrag zur Zuckmayer-Festschrift von 1976 diesem Drama widmete. Seine Zustimmung zu dem Stück beruht in einem entscheidenden Punkt auf einem Mißverständnis der Dramenhandlung, allerdings auf einem Mißverständnis, das im Drama selbst angelegt ist und Zuckmayers Intention möglicherweise – und zwar gegen die Fabel – recht genau trifft.

Die der mittelalterlichen Sage entlehnte Rattenplage der Stadt Hameln ist bei Zuckmayer zunächst einmal kein unerforschliches Naturereignis, sondern Resultat einer ökonomischen Machination einiger begüterter Stadtbürger auf Kosten ihrer geschäftlichen Konkurrenz und – vor allem – der Armen. Schon früh kursiert unter den Bewohnern der Elendsviertel das Gerücht, »daß es Leute gibt, die sich des Schadens freun und sich einen Nutz draus machen«[33]. Eben diesen »Nutz« plaudern die Mächtigen im vertraulichen Gespräch untereinander auch aus. Der Stadtregent und Mühlenbesitzer Gruelhot muß sich vom Roggenherzog Scadelant vorhalten lassen:

SCADELANT Und den Profit, den willst du allein einstreichen, drum kam dir die Rattenplage zupaß, damit keine Überschüsse entstehen und du die Preise für deinen Handel hochtreiben kannst.

GRUELHOT Jeder Handel dient dem gemeinen Nutz –

SCADELANT Wir aber, wir sollen dir weiter liefern nach den alten Verträgen, auch wenn wir fast ausgefressen sind und die Körner mit den Nägeln zusammenscharren müssen, das war dein Rechenspiel, aber du hast dich verrechnet.[34]

Gruelhots Spekulation auf einen niedrigen Korn- und einen hohen Mehlpreis – ein Warentermingeschäft ganz eigener Art – wird durch die systematische Verschärfung der Rattenplage profitabel gemacht, die durch den Stadtregenten verantwortet wird: Mit seiner politischen Macht hat Gruelhot die Jagd auf Ratten unterbunden. Die daraus resultierende Hungersnot ist also zugleich systematisch bedingt – ungleiche Verteilung des produzierten Reichtums – wie außersystematisch forciert: Die Verelendung liegt an einem absoluten Mangel an gesellschaftlichem Reichtum.

Diese Vernichtung von Reichtum wendet sich nun auch gegen die Reichen selbst, da die Ratten auch die bislang erfolgreich abgeschottete

---

33 Carl Zuckmayer, *Der Rattenfänger. Eine Fabel,* in: Carl Zuckmayer, *Der Rattenfänger. Theaterstücke 1961-1975,* Frankfurt am Main 1997, S. 215-341, hier: S. 229.

34 Ebd., S. 243.

vordere Stadt und den Verkehrsweg des Handels bedrohen: »Denn jetzt wirst du selber ausgefressen, [...] da hilft kein Schutzgitter mehr. Und was die Weser anlangt, die stinkt zum Himmel von dem Schweineblut und den Gedärmen, die der Schwartenkönig hineinschmeißen läßt, und alle Uferdämme sind verlöchert wie ein Kornsieb.«[35]

Eben diese Ökokatastrophe mittelalterlichen Ausmaßes überträgt Lorenz auf seine und Zuckmayers Gegenwart:

> In Zuckmayers Drama besteht die verbrecherische Unmoral der Herrschenden darin, daß sie das Totschlagen von Ratten bei schwerer Strafe verbieten, damit durch die Rattenplage das Getreide rar und hoch im Preis bleibe. Diejenigen, die heute das Wirtschaftswachstum aufrecht erhalten, ja anheizen, tun es auch nur, um die Preise zu halten, bestenfalls um wiedergewählt zu werden und sind nicht viel besser.[36]

Die im Fabelverlauf des Stückes angelegte Problematik einer *Verelendung* faßt Lorenz so kontrafaktisch als Folge ungezügelten *Wirtschaftswachstums* auf. Dieser Irrtum ist zunächst einmal symptomatisch für Lorenz' Interesse an dem Drama: Er versteht es nämlich als die Umsetzung seiner eigenen Zivilisationsskepsis, die er in seinen populären Mahn- und Warntraktaten artikulierte. Insbesondere die ungefähr zeitgleich mit Zuckmayers *Rattenfänger* publizierte Schrift *Die acht Todsünden der zivilisierten Menschheit* (1973) formuliert den Grundgedanken seiner Zivilisationskritik auf intransigente Weise, daß nämlich das Gattungswesen Mensch Subjekt der eigenen Zerstörung sei: »Es ist eine der vielen Aporien, in die sich die zivilisierte Menschheit hineinmanövriert hat, daß auch hier wieder die Forderungen der Menschlichkeit gegenüber dem einzelnen mit den Interessen der Menschheit in Widerspruch stehen.«[37] Den Grund für diesen konstruierten Gegensatz von individuellen und Gattungsinteressen sieht Lorenz darin, daß sich der Mensch von den Imperativen der natürlichen Ordnung emanzipiert und damit die ökologische Stabilität des Naturzusammenhanges gestört habe: »Die allgemeine und rasch um sich greifende Entfremdung von der lebenden Natur trägt einen großen Teil der Schuld an der ästhetischen und ethischen Verrohung der Zivilisationsmenschen.«[38] In

---

35 Ebd., S. 243 f.

36 Lorenz, *Die Rattenfänger*, a.a.O. (Anm. 9), S. 77.

37 Konrad Lorenz, *Die acht Todsünden der zivilisierten Menschheit*, 7. Auflage, München, 1974, S. 58.

38 Ebd., S. 28.

seiner Lesart des *Rattenfänger*-Dramas verflüchtigen sich die Ansätze einer Herrschafts- und Sozialkritik, die im Gedanken einer systematisch betriebenen materiellen Verelendung der Armen angelegt sind. Dennoch ist es gerade die dadurch hergestellte Vereindeutigung der Parallele zwischen dem *Rattenfänger* und Lorenz' Zivilisationskritik, die sowohl Zuckmayer als auch Lorenz im Bewußtsein ihrer fundamentalen Übereinstimmung bestärkt. Auf die Zusendung des unpublizierten Manuskripts der *Acht Todsünden* antwortet Zuckmayer selbst für seine Verhältnisse geradezu überschwenglich:

> [D]ieser Brief sollte seit Wochen geschrieben werden, [...] um Ihnen meinen Dank und meine geradezu frenetische Zustimmung zu Ihrer Schrift ›Die acht Todsünden‹ auszudrücken. Diese Schrift ist einfach grandios, – ich glaube, es kann heute kaum etwas Wichtigeres und Bedeutsameres gesagt werden, – und sie sollte in riesiger Auflage an die breiteste Öffentlichkeit kommen. Fast auf jeder Seite habe ich mir ›Kernsätze‹ angestrichen [...].[39]

Dieser Enthusiasmus verleitet Zuckmayer auch zur Übernahme ausgesprochen verbohrter Positionierungen, etwa wenn er sich von zeittypisch politisierten Schriftstellerkollegen absetzt: »Und wenn man bei diesen versucht, einen anderen Standpunkt zu verteidigen, der eben nicht nur ›schein-demokratisch‹ oder pseudodemokratisch oder pragmatisch-erziehungsgläubig ist, – hei, wird einem das Wort ›reaktionär‹ an den Kopf geworfen.«[40] Zuckmayer greift hier bis hin zur wörtlichen Übernahme ein Argument aus Lorenz' immer wiederkehrender Auseinandersetzung mit dem Behaviorismus auf, in der er ganz unterschiedslos das behavioristische Erziehungs-(= Konditionierungs-)Modell als Ausdruck der »pseudodemokratische[n]« Doktrin so entgegengesetzter Weltmächte wie der USA, der Sowjetunion und Chinas auffaßt.[41]

Daß Zuckmayer in Lorenz' Äußerungen nicht nur eine Zustimmung, sondern auch ein adäquates Verständnis des *Rattenfänger*-Dramas erkennt, liegt indes nicht allein in der oberflächlichen und keineswegs eindeutigen Ähnlichkeit einer ökologisch-zivilisationskritischen Diagnose, sondern im Bewußtsein, für das eigene Anliegen auch einen Adressaten in der realen Welt zu haben. Ironischerweise baut die kon-

---

39 Carl Zuckmayer, Brief an Konrad Lorenz vom 14. Dezember 1971, Bl. 1.

40 Ebd., – Ähnliche Kritik und Wortwahl findet sich auch schon im Brief vom 12. September 1971, Bl. 4.

41 Vgl. Lorenz, *Die acht Todsünden der zivilisierten Menschheit*, a.a.O. (Anm. 37), S. 93 f.

servative Abwehr der (westlich-)zivilisierten Welt ausgerechnet auf die studentische bzw. jugendliche Rebellion in der Folge der 68er-Bewegung. Die Parteinahme vollzieht sich in Kenntnis der politisch durchaus andersgearteten Zielsetzungen dieser Bewegung.[42] Entsprechend ambivalent ist das Bild der Jugend, das Zuckmayers Drama entwirft. Das durch die Rattenplage forcierte Elend gibt zwar Anlaß zu einem Aufstandsversuch der verarmten Massen, das primäre Interesse des Dramas gilt jedoch den Reaktionsformen der *reichen* Stadtjugend. Als seien sie Blumenkinder von der Westküste geben sie sich der berauschenden Wirkung von Musik und Drogen hin – »Laudanum Canabis Hanf und Mohn«.[43] Entsprechend ist ihr Protest gegen die Eltern auch nicht durch materielle Interessen, sondern durch einen Ekel gegen das Wohlleben – »ich würge seinen Speck aus dem Hals, ich habe seine Würste erbrochen«[44] verkündet die Tochter des Speckschwartenkönigs – und einen abstrakt-moralischen Wahrheitsidealismus motiviert: »Denk an sie alle, die Väter, die Mütter, wie sie jetzt in den Betstühlen hocken, die Ungläubigen, die Lügner, und stinken einander an –«.[45] Die Abgrenzung von den ungläubig Betenden verweist darauf, daß die des Wohlstands überdrüssige Jugend auf der Suche nach einem echten Lebenssinn ist. Ein entsprechendes Angebot wird ihnen durch das Auftreten Buntings, des späteren Rattenfängers unterbreitet, der sich schon durch sein äußeres Erscheinungsbild im »Gewand [...] eines Hippie«[46] als Freund der rebellischen Jugend erweist. Er verbietet ihnen Drogenkonsum und gotteslästerliches Handeln[47] und führt sie mit ihrer Zu-

---

42 »Die Übereinstimmungen zwischen Lorenz und Zuckmayer ergaben sich, weil beide zwar die Notwendigkeit einer Gesellschaftsveränderung erkannten und hierfür in der Jugend den notwendigen Motor sahen, beide aber auch den Jugendprotest mit dessen revolutionärem Anspruch verurteilten« (Katrin Hofmann / Gunther Nickel, *Carl Zuckmayers ›Der Rattenfänger‹ – ein brechtisches Drama?*, in: *Zuckmayer-Jahrbuch*, Bd. 1, 1998, S. 305-325, hier: S. 318.

43 Zuckmayer, *Der Rattenfänger*, a.a.O. (Anm. 33), S. 282.

44 Ebd., S. 286.

45 Ebd., S. 284.

46 Ebd., S. 221. – Ein Jahrzehnt später hat auch Günter Grass in seinem Roman *Die Rättin* (1986) die Rattenfängersage als Rebellion der aufsässigen (reichen) Jugend interpretiert und, wie Zuckmayer im *Rattenfänger*, in Zusammenhang mit einer dissidenten Jugendkultur seiner Zeit gesetzt – diesmal mit der Punkbewegung, die Grass dabei so fremd blieb wie Zuckmayer die Szene der Haschrebellen und Blumenkinder.

47 Zuckmayer, *Der Rattenfänger*, a.a.O. (Anm. 33), S. 287 u. S. 291.

stimmung schließlich aus der moralisch verdorbenen Stadt in eine Zukunft voll Mühe und Ungewißheit: »Ihr sollt wissen, was euch bevorsteht. [...] Es ist ein gefährlicher Weg, nur einen Fuß breit, und wer ihn verfehlt, wird versinken. [...] Wer dann noch lebt, der hat leben gelernt.«[48] Der Rattenfänger entwickelt sich so zu einem dem individuellen materiellen Interesse gegenüber gleichgültigen Führer der orientierungslosen Jugend. In diesem Bild wollte sich nicht nur Zuckmayer, sondern auch Lorenz wiedererkennen:

> Ebenso treffend wie die Amoral der älteren Generation stellt Zuckmayer die Unfähigkeit der Jugend dar, ihr zu begegnen. [...] Aber dennoch setzt er die wenige Hoffnung, die er wie auch der Schreiber dieser Zeilen noch hat, auf die Jungen. Sie merken wenigstens, daß der Rattenfänger derjenige ist, der sie aus der verfahrenen Situation retten kann. [...] Es gehört zu den Aufgaben derer, die rettende Erkenntnis verbreiten wollen, schlichtes Wissen den Jugendlichen zu übermitteln, denen die Verantwortung für die Zukunft der Menschen auferlegt ist.[49]

Diese Bedeutungszuweisung an die Jugend steht im Zusammenhang mit Lorenz' Vorstellung einer generationsspezifischen Arbeitsteilung zwischen Alt und Jung, die der Aufrechterhaltung der natürlichen Ordnung zu dienen habe; er entwickelt diesen Gedanken ganz analog sowohl in den *Acht Todsünden* als auch in seinem Festschrift-Aufsatz über den *Rattenfänger*. Dort heißt es:

> So wenig im stammgeschichtlichen Geschehen der Mutation und Neukombination von Genen eine neue Anpassung, ein neuer Gewinn als Information vor sich gehen kann, ohne daß schon Angepaßtes wieder abgebaut wird, so wenig kann das lebendige Wachsen des menschlichen Wissens fortschreiten, wenn nicht Schritt für Schritt schon Gewußtes abgebaut und über Bord geworfen wird, um Neuerem und Höherem Platz zu machen. Auch in der menschlichen Kultur muß, wenn sie lebensfähig bleiben soll, ein gesundes Gleichgewicht zwischen den Invarianz erhaltenden und Invarianz abbauenden Faktoren bestehen. Das Festfahren einer Kultur in allzu starren, streng ritualisierten Bräuchen ist ebenso verderblich wie der Verlust aller Tradition samt dem in ihr gespeicherten Wissen.[50]

48 Ebd., S. 336 f.
49 Lorenz, *Die Rattenfänger*, a.a.O. (Anm. 9), S. 78.
50 Ebd., S. 71 f.

Eben diese konstruktiv »abbauende« Leistung fordert Lorenz von der
Jugend als deren eigenes Gesetz – aber in einem Maß, das das »gesunde
Gleichgewicht« nicht stört, sondern sich selbst als funktionaler Bestandteil diesem Gleichgewicht unterordnet. Eine solche Relativierung
des politischen Protests am Interesse des Funktionszusammenhangs der
menschlichen Kultur sieht Lorenz bei der 68er-Bewegung allerdings
nicht:

> Statt das Wirtschaftswachstum zu stoppen, die rapide Vergiftung der
> Länder und der Meere zu verhindern, kurz, den ökologischen Sün-
> den der herrschenden Schicht Einhalt zu bieten, sieht ein erheblicher
> Teil der heutigen Jugend seine wesentliche Aufgabe darin, die Alten
> durch lange und verfilzte Haare, ungewaschene Füße und vor allem
> durch einen möglichst verrückten Anzug zu ärgern, dessen psycho-
> logische Gründe nah verwandt mit jenen sind, aus denen sich Wilde
> mit Kriegsfarben bemalen, die möglichst anders sein müssen, als die
> des gehaßten Nachbarstammes.[51]

Ästhetische Wissenschaft – die natürliche Evidenz der Dichtung und die Defizite der Naturforschung

Die absurde Schuldzuweisung an die Jugend, die ihren von Lorenz er-
teilten Auftrag nicht erfüllt, sondern über die Stränge schlägt, führt zu

51 Ebd., S. 76 f. – Ähnliche Argumente finden sich auch in Lorenz' *Die acht
Todsünden der zivilisierten Menschheit*, a.a.O. (Anm. 37), z.B. S. 80 oder
S. 73 f., wo namentlich Daniel Cohn-Bendit attackiert wird. Einen wesentlich günstigeren Eindruck kann Lorenz gleichzeitig von der DDR-Jugend
berichten. Ein Vortrag in Halle im Jahre 1974 wurde nicht von der Roten
Zelle Biologie gestört, vielmehr: »Das grösste Erlebnis dabei war die Aufnahme, die mein Vortrag bei den Studenten gefunden hat. Es ist ein merk-
würdiges Paradoxon, dass es da offenbar keinerlei Feindschaft zwischen
Universitätslehrern und Studenten gibt. Die blöden dogmatisierten Linkssozialisten, die uns in Westdeutschland allenthalben feindlich gegenüber
stehen, fehlen paradoxerweise in der DDR völlig, offenbar deshalb, weil
der wohlorganisierte Gewissenszwang von oben her in allen gescheiten
jungen Leuten eine gesunde Opposition wachruft« (Konrad Lorenz, Brief
an Alice und Carl Zuckmayer vom 10. Juni 1974, Bl. 1). Das Lob auf die
der Autorität untertanen Studenten soll nicht als Lob der *sozialistischen*
Obrigkeit verstanden werden, deswegen verkauft Lorenz sich und den
Zuckmayers die Unterordnung als Opposition gegen eben jene Obrigkeit,
die Lorenz zu seinem Vortrag eingeladen und für seinen reibungslosen Verlauf gesorgt hat.

einer Selbstinterpretation Lorenz' als »Prediger«, wie er sich in seinen
Briefen an Zuckmayer gelegentlich bezeichnet.[52] In eben diesem Sinne
versteht er auch Zuckmayers Rolle als Dramatiker, der sich selbst als
»Rattenfänger« zu bewähren habe – dabei aber über ein im Vergleich
mit den populärwissenschaftlichen Schriften des Ethologen geeigneteres Medium verfüge, wohingegen der Naturwissenschaftler in der Aporie gefangen sei, aufgrund der Autorität seines Wissensvorsprungs
kaum über ein kompetentes Publikum zu verfügen, das sein Bild der
katastrophalen Weltlage zu glauben fähig sei:

> Diese verzweifelte Lage sieht jeder Naturwissenschaftler, seine Predigt spricht indessen nur die Wenigen an, die noch an Vernunft und
> Wissenschaft glauben. Unsere verzweifelte Lage sieht aber auch ein
> Anderer mit seherischem Blick, und das ist der Dichter. Seine Predigt
> richtet sich nicht nur an den Verstand, sondern auch an das Gefühl
> der Menschen und findet, so möchte man hoffen, eine größere Hörerschaft.[53]

Dieses traditionalistische Bild dessen, was der Dichter zu leisten imstande sei und was die Wirkung der Dichtung ausmache, darf jedoch
nicht allzu wörtlich genommen werden, jedenfalls was seine Abgrenzung zu dem betrifft, was Lorenz unter Wissenschaft versteht. Vielmehr gibt Lorenz' Auffassung von Poesie den Maßstab ab, dem sich
nach seinem Verständnis auch die Wissenschaft zu unterwerfen habe,
und zwar sowohl hinsichtlich des Verlaufs ihres Erkenntnisprozesses
als auch hinsichtlich der Darlegung ihrer Resultate. Seine Gleichsetzung künstlerischen und wissenschaftlichen Arbeitens formuliert Lorenz in einer brieflichen Anerkennung des *Rattenfänger*-Dramas:

> Dass Dich die Geburt dieses Werkes schwer hergenommen und viel
> gekostet hat, kann ich voll nachempfinden! In geheimnisvoller Weise
> steht nämlich der Wert einer künstlerischen – wie auch einer wissenschaftlichen – Produktion in einem geraden Verhältnis zu der Energie, die es gekostet hat. Eine merkwürdige Gleichung zwischen dem
> Physikalischen und dem Wertmässigen.[54]

Diese auf der Basis der banalen Feststellung, daß sowohl literarische
wie auch wissenschaftliche Arbeit mit Anstrengung verbunden sei, er-

---

52 Vgl. Konrad Lorenz, Brief an Carl Zuckmayer vom 26. November 1971,
   Bl. 2.
53 Lorenz, *Die Rattenfänger*, a.a.O. (Anm. 9), S. 77.
54 Konrad Lorenz, Brief an Alice und Carl Zuckmayer vom 10. Juni 1974, Bl. 1.

stellte Identifikation ist noch recht offen, auf welcher Seite des Ver-
gleichs das Primat liege. Bei anderer Gelegenheit, jedoch ebenfalls in
Hinblick auf den *Rattenfänger*, wird Lorenz schon deutlicher:

> Zwischen dem Verhältnis, in dem Du zu Deinen jungen Schauspie-
> lern stehst und dem, in dem ich zu meinen Schülern stehe, bestehen
> Parallelen, die bis ins Einzelne gehen. [...] Was in der Theaterkunst
> vielleicht noch schöner ist als in der Wissenschaft, ist die Enge der
> Zusammenarbeit an einem geschlossenen Ganzen.[55]

Die Bewunderung des mit Forschungskooperation vertrauten Natur-
wissenschaftlers gilt der Theaterkunst, insofern sie eine kollektive
Anstrengung in eine sinnfällige Ordnung transformiere. Im »geschlossenen Ganzen« des theatralen Kunstwerks verlieren die einzelnen Elemente seiner Produktion den Anschein der isolierten Selbständigkeit;
sie erscheinen statt dessen als Momente einer überindividuellen Ganzheit. Deren anschauliche Präsenz, die die Ordnung des Dargestellten in
der Darstellung selbst sinnlich reproduziert, soll die Dichtung vorteil-
haft von der exakten, unsinnlichen Naturwissenschaft unterscheiden –
von der sich Lorenz, wie noch zu zeigen sein wird, selbst abzugrenzen
intendierte.

Umgekehrt zollt Zuckmayer Lorenz öffentliche Anerkennung dafür,
daß seine wissenschaftliche Arbeit nicht zuletzt den Maßstäben ästhe-
tischer Gestaltung gerecht werde. In seiner bezeichnend *Poesie und
Naturwissenschaft* betitelten Rede zu Lorenz' 70. Geburtstag berichtet
Zuckmayer von seinem Lektüreeindruck anläßlich der populären Schrift
Er redete mit dem Vieh, den Vögeln und den Fischen, die er ursprünglich in der englischen Übersetzung las:

> Es ist sehr merkwürdig, daß auch in der Übersetzung, der Fremd-
> sprache, bei aller Genauigkeit der konkreten Stoffbehandlung, das
> Buch auf mich den Eindruck machte, als habe ich eine Dichtung
> gelesen.
>
> Und weiter: je mehr sich die einzelnen Kapitel zoologisch speziali-
> sierten, [...] desto stärker wuchs die Empfindung, daß man hier
> nicht nur wissenschaftliche Information empfange, sondern noch et-
> was anderes, fast Künstlerisches – nämlich gestaltetes Leben, in sei-
> ner kreativen Gesetzlichkeit.[56]

55 Konrad Lorenz, Brief an Alice und Carl Zuckmayer vom 24. Februar
   1975, Bl. 1.
56 Zuckmayer, *Poesie und Naturwissenschaft*, a.a.O. (Anm. 5), S. 322.

Zuckmayer mißt eine zoologische Schrift hier am Maßstab seines eigenen moralisch-ästhetischen Programms, das »Leben« in seiner Selbstmanifestation als Ordnungssystem nachzubilden. Die Identität von Kreatürlichkeit und Ordnung soll dabei nicht allein theoretisch-diskursiv entwickelt werden, sondern sich in der Darstellung selbst spiegeln – eben in der Weise, wie Lorenz es an Zuckmayers Theaterdichtung schätzt. Methodisch formuliert Zuckmayer den in Lorenz' Werk aufgehobenen Widerspruch von Naturwissenschaft und Dichtung wie folgt:

> ›Die Bedeutung des Schönen in der exakten Naturwissenschaft‹ war der Titel eines luciden Vortrags von Werner Heisenberg, in dem dieser von den frühen, gegensätzlichen Definitionen der Schönheit ausgeht: der mathematischen, nämlich der richtigen Übereinstimmung der Teile untereinander und mit dem Ganzen – und der anderen, auf Plotin zurückgehenden, welche Schönheit als das Hindurchleuchten des ewigen Glanzes des »Einen« – ohne Rücksicht auf Teile – durch die materielle Erscheinung bezeichnet.
>
> Es scheint außer Zweifel, daß das, was an dem Werk eines großen Verhaltensforschers wie Konrad Lorenz uns bezaubert und als Schönheit berührt, mit diesen beiden Grundvorstellungen zu tun hat und nicht nur mit einer von ihnen.[57]

Der Rückgriff auf die platonisch-idealistische Ästhetik legt offen, welchen Vorbehalt Zuckmayer prinzipiell gegen die exakten Wissenschaften hegt: nämlich gegen die von aller Unmittelbarkeit und Anschaulichkeit getrennte Fassung eines Gegenstandes durch die Bestimmung seiner Gesetzmäßigkeit, die am präzisesten – und daher unanschaulichsten – in der Charakterisierung durch die Formel erfolgt. Eben dies ist der *Begriff* der Naturwissenschaft als *Wissenschaft*, in der die Naturbetrachtung nur der erste Schritt des Erkenntnisprozesses ist.

Wenn Lorenz die Vorzüge der Dichtung preist, faßt er genau diesen Erkenntnischarakter der Naturwissenschaft als ihren Mangel auf. Die Beschwörung seiner unverbrüchlichen Gemeinsamkeit mit Zuckmayer feiert den Briefpartner als das notwendige Korrektiv und Komplement der eigenen Profession; zugleich bemüht sich Lorenz, in seinem eigenen Werk dem angeblichen Defizit der systematischen Naturwissenschaft zu entgehen. Dies zeigt sich nicht nur in seiner Hinwendung zu populärwissenschaftlichen Textsorten. Auch wo er die Resultate seiner Überlegungen wissenschaftsgerecht in der formel- bzw. modellhaften

57 Ebd., S. 327.

Abstraktion niederlegt, bemüht er sich um Anschaulichkeit – was wiederum Rückwirkungen auf den Inhalt der erkannten Gesetzmäßigkeit hat. Das berühmteste Beispiel dafür ist sein Hydraulisches Modell der Instinkthandlung. Im Modell eines unter permanenter Wasserzufuhr stehenden Behälters, der sich bei steigendem Wasserdruck (= Energie) und gleichzeitiger von außen induzierter Lockerung eines Ventils (= Außenreiz) entleert, soll die Lorenzsche Theorie instinktiver Handlungsbereitschaft veranschaulicht werden, die keine abhängige Variable auslösender Außenreize, sondern die Manifestation endogener Energie sei – Lorenz' Gegenentwurf zur behavioristischen Verhaltenstheorie.[58]

Das Bemühen um Anschaulichkeit findet sich indes nicht allein in solchen Appellen an die Vorstellungskraft, die an die Stelle oder an die Seite diskursiver Erörterung treten, sondern bildet das methodologische Grundgerüst in Lorenz' Arbeiten. Der von Zuckmayer begeistert rezipierten Schrift *Das sogenannte Böse*, in dem tierische und menschliche Aggression nicht als bloße Reaktion auf einen adäquaten Reiz, sondern als spontane Handlung – im Sinne des Hydraulischen Modells – interpretiert wird, stellt Lorenz im Vorwort eine Beschreibung seiner induktiven Methode voran:

Die induktive Naturwissenschaft beginnt stets mit der voraussetzungslosen Beobachtung der Einzelfälle und schreitet von ihr zur Abstraktion der Gesetzlichkeit vor, der sie alle gehorchen. Die Mehrzahl der Lehrbücher schlägt der Kürze und leichteren Verständlichkeit halber den umgekehrten Weg ein und stellt den »Allgemeinen Teil« dem »Speziellen« voran. Die Darstellung gewinnt dabei an Übersichtlichkeit, verliert aber an Überzeugungskraft. Es ist leicht und billig, zuerst eine Theorie zu entwickeln und sie dann mit Beispielen zu »untermauern«, denn die Natur ist so vielgestaltig, daß

---

58 Das Modell findet sich u.a. entwickelt in Konrad Lorenz, *The comparative method in studying innate behavior patterns*, in: *Symposia of the Society for Experimental Biology*, Jg. 4, 1950, S. 221-268. – Zur Kritik an diesem Modell von einem methodologischen Standpunkt vgl. Gerhard Roth, *Kritik der verhaltenspsychologischen Grundlagen der Lorenzschen Instinkttheorie*, in: Gerhard Roth (Hrsg.), *Kritik der Verhaltensforschung*, München 1974 (Beck'sche Schwarze Reihe, Bd. 109), S. 156-189, bes. S. 159-162. – Roth weist darauf hin, daß das Hydraulische Modell zwar strukturäquivalent zum Modell des Mechanismus der Instinkthandlungen sei, zur tatsächlich beobachteten Instinkthandlung aber lediglich eine Verhaltensäquivalenz aufweise. Anders gesagt: Es bezieht seine Plausibilität allein aus einer Abbild-Analogie zu einem anderen Modell, nicht aber zur Empirie.

man auch für völlig abstruse Hypothesen bei fleißigem Suchen scheinbar überzeugende Beispiele finden kann. Wirklich überzeugend wäre mein Buch dann, wenn der Leser allein auf Grund der Tatsachen, die ich vor ihm ausbreite, zu denselben Schlußfolgerungen käme wie ich.[59]

Die methodologische Begründung des induktiven Verfahrens beruht offensichtlich auf einem epistemologischen Irrtum. Zunächst ist die Anbindung der theoretischen Plausibilität an den Nachvollzug des Rezipienten – anders gesagt: die intersubjektive Nachprüfbarkeit – eine naturwissenschaftliche Selbstverständlichkeit. Jedoch ist der Nachvollzug einer vorgetragenen Theorie keine Frage der Überzeugungskraft ihrer Darstellung, sondern der Wiederholbarkeit ihrer empirischen Daten und der logischen Konsistenz ihrer Aufbereitung. Eben an der bloß äußerlichen Überzeugungskraft ist es Lorenz indes gelegen, wenn er seine induktive Methode begründet. Er fingiert dabei, daß die in naturwissenschaftlichen Lehrbüchern übliche deduktive Darstellung lediglich der »leichteren Verständlichkeit«, also der Vereinfachung einer wesentlich variantenreicheren Empirie diene. Tatsächlich ist die deduktive Methode der attackierten Lehrbücher eine *Darlegungsweise* von Resultaten, die auf nicht-deduktivem Weg gewonnen sind. In der Darlegung allgemeiner Prinzipien – z.B. einer botanischen oder zoologischen Ordnung – schlägt sich die Erkenntnis der Naturgesetze als Notwendigkeiten nieder, die die wissenschaftliche Erklärung des individuellen Falles sind. Indem Lorenz behauptet, die deduktive Methode von Lehrbüchern sei Ausdruck eines deduktiven, d.h. von vorgefaßten Auffassungen über einen Gegenstand verzerrten Verfahrens, setzt er die Darlegungsweise der Resultate mit dem Erkenntnisprozeß, der in ihnen seinen Abschluß gefunden hat, gleich. Umgekehrt identifiziert Lorenz den tatsächlich induktiven Erkenntnisprozeß der Naturforschung mit seiner eigenen Darlegungsmethode – als liefere sein Aggressionsbuch das Protokoll der Genese seiner Erkenntnis. Die induktive Darlegung beruht hier auf dem Vorsatz einer auf Nachvollzug durch den Leser angelegten Suggestion. Sie appelliert an den sinnlichen Nachvollzug eines Erkenntnisgewinns.

---

59 Konrad Lorenz, *Das sogenannte Böse. Zur Naturgeschichte der Aggression*, München 1974, S. 9.

Die Methodologie des Ordnungsdenkens

Diese Methodik ist keine der Theorie äußerliche, bloß rhetorische Frage
der Darlegung, sondern verweist auf die Lorenz eigene Methodologie
insgesamt. Seine theoretischen Auffassungen über die Evolution des
tierischen (und menschlichen) Verhaltens basieren nämlich auf der
sinnlichen Evidenz der methodischen Grundkategorie des *Systems*.
Völlig konträr zu seiner Polemik gegen die Deduktion ist für Lorenz die
Systemhaftigkeit eine aller Erkenntnis biologischer Erscheinungen vor-
gelagerte Qualität der Objektwelt. Der Ausgangspunkt aller Naturbeobachtung ist damit die Überzeugung, ihre Gegenstände seien funktionaler Bestandteil eines übergeordneten Systems: »Es gehört zu den
Grundeigenschaften aller lebenden Organismen, daß in ihnen eine bestimmte Struktur, ein hochspezialisierter Zusammenbau von Elementen aufrecht erhalten wird, während die Elemente selbst wechseln.«[60]
Dieser Systembegriff gestattet es Lorenz, Mensch- und Tierwelt einem
gemeinsamen Prinzip zu subsumieren, nämlich dem einer funktionalen
Ordnung:

> Der Mensch ist, wie Arnold Gehlen so treffend gesagt hat, von Na-
> tur aus, d.h. von seiner Phylogenese her, ein Kulturwesen. Mit an-
> deren Worten, seine instinktiven Antriebe und deren kulturbedingte,
> verantwortliche Beherrschung bilden *ein* System, in dem die Funk-
> tionen beider Untersysteme genau aufeinander abgestimmt sind. Ein
> geringes Zuviel oder Zuwenig auf der einen oder anderen Seite führt
> zur Störung, leichter als die meisten Menschen meinen, die an die
> Allmacht der menschlichen Vernunft und des Lernens zu glauben
> geneigt sind.[61]

Solche und ähnliche Gedanken haben Lorenz seitens der Sozialwis-
senschaft häufiger den Vorwurf eingebracht, er übertrage unzulässig
biologische Vorgänge auf das menschliche Zusammenleben bzw. er re-
duziere planvolles menschliches Agieren auf vorbewußtes tierisches
Verhalten.[62] Betrachtet man jedoch, wie Lorenz seinen Systembegriff

60 Lorenz, *Die Rattenfänger*, a.a.O. (Anm. 9), S. 69.
61 Lorenz, *Die acht Todsünden der zivilisierten Menschheit*, a.a.O. (Anm. 37),
   S. 55. Hervorhebung von Lorenz.
62 Vgl. z.B. Klaus Horn, *Die humanwissenschaftliche Relevanz der Ethologie
   im Lichte einer sozialwissenschaftlich verstandenen Psychoanalyse*, in:
   Gerhard Roth (Hrsg.), *Kritik der Verhaltensforschung*, a.a.O. (Anm. 58),
   S. 190-221. Horn hält Lorenz entgegen: »Seit es den homo sapiens, seit es
   also systematisch aktive Anpassung an die Natur gibt, sind Mutation, Ver-

handhabt, wird deutlich, daß er umgekehrt in die biologische Welt Kategorien hineinträgt, die der menschlichen Gesellschaft und ihrer theoretischen Deutung durch die Sozialwissenschaften entlehnt sind: Seine Verhaltenstheorie ist die Übertragung der Soziologie auf die Tierwelt. Es lohnt sich, diesen Übergang exemplarisch zu verfolgen, weil sich daran klären läßt, wie Lorenz die ästhetische Potenz seines Systembegriffs realisiert, indem er ihn für metaphorische Entlehnungen nutzt.

Der Darwinist Lorenz betrachtet jedes tierische Verhalten, ebenso wie die somatische Ausstattung der Tiere, als »offensichtlich arterhaltende Leistung, die Funktion eines in das organische System eingebauten Mechanismus ist, der unter dem Selektionsdruck eben dieser Leistung phylogenetisch entstanden ist«.[63] Im theoretischen Nachvollzug dieser Selektion sieht er die Sonderstellung der Biologie unter den anderen Naturwissenschaften:

> Das Vorhandensein durch Anpassung entstandener Strukturen und Funktionen ist für Lebewesen charakteristisch, in der anorganischen Welt gibt es nichts dergleichen. Es zwingt damit dem Forscher eine Frage auf, die der Physiker und der Chemiker nicht kennen, die Frage »wozu?« Wenn der Biologe so fragt, sucht er nicht nach teleologischer Sinndeutung, sondern, bescheidener, nur nach der arterhaltenden Leistung eines Merkmals. Wenn wir fragen, wozu die Katze krumme Krallen habe, und antworten: »zum Mäusefangen«, so ist dies nur eine Kurzfassung der Frage, welche arterhaltende Leistung der Katze diese Form von Krallen angezüchtet habe.[64]

Diese diachrone Perspektive auf die Ausstattung der Katze mit Krallen ergänzt Lorenz in der Folge durch ein synchrones Beispiel, das die Funktionsweise der Schilddrüse auf das Zusammenspiel antagonistischer Hormone zurückführt; dieses Beispiel soll verdeutlichen, wie das Verhältnis der Katze und ihrer Krallen zu ihrer Nahrung ›Maus‹ gestal-

---

erbung und Selektion in seinem Bereich nicht mehr blinde Naturvorgänge, sondern solche, die in der genannten Reihenfolge gesellschaftlich gesteuert werden, was nicht etwa heißt: planmäßig und bewußt« (ebd., S. 197). Gerade diese vermeintliche Gegenposition steht Lorenz' Systembegriff durchaus nahe.

63 Konrad Lorenz, *Phylogenetische Anpassung und adaptive Modifikation des Verhaltens*, in: *Zeitschrift für Tierpsychologie*, Jg. 18, 1961, S. 139-187, hier: S. 144.

64 Lorenz, *Die acht Todsünden der zivilisierten Menschheit*, a.a.O. (Anm. 37), S. 11 f.

tet sei: nämlich als »Gleichgewicht«[65]. Die Bestimmung des Verhältnisses von Faktoren als Gleichgewicht ist indes allein von einem Standpunkt aus möglich, der die immanente Erklärung verläßt. Behauptet wird dadurch, daß alle relevanten Faktoren in einer definierten, quantitativ aufeinander bezogenen Proportion stehen und so die Aufrechterhaltung des übergeordneten Systems ermöglichen. Demnach müßte jedes einzelne Phänomen – auch ein kontingentes – sinnvoll im Hinblick auf das System sein, ganz gleichgültig gegen das, was tatsächlich das Auftreten bzw. das Maß eines natürlichen Phänomens bestimmt. Im konkreten Beispielfall: die Ausschüttung antagonistischer Hormone wird nicht hinsichtlich der je konkreten Vermehrung oder Verminderung des einzelnen Hormons betrachtet, sondern als Beitrag zur Ordnung eines Systems. Umgekehrt wird so behauptet, daß eine Störung des Systems auf eine Störung des Gleichgewichts zurückzuführen sei – statt, wie es durchaus ebenso konsequent wäre, in der disproportionalen Ausschüttung der Hormone die Herstellung eines anderen, neuen Gleichgewichts zu sehen, das dann freilich nicht mehr dem übergeordneten ›System‹ diente. Den beitragenden Faktoren wird so eine absichtsvolle Dienstleistung für das Ganze unterstellt – als handele es sich um menschliche Akteure, die ihre Tätigkeit bewußt auf die Aufrechterhaltung einer sozialen Ordnung ausrichten.[66] Die Gleichgewichtskategorie – als Gegensatz zu einer Ordnungsstörung – ist kein naturwissenschaftlicher, sondern ein *moralischer* Gedanke. Er trägt in einen natürlichen Funktionszusammenhang einen sachfremden Gelingensmaßstab hinein, gibt sich zugleich aber scheinbar immanent als Verhältnis der Faktoren nicht zu einem äußerlichen Maßstab, sondern zu sich selbst.

Mit eben diesem Begriff eines natürlichen Gleichgewichts vollzieht Lorenz einen expliziten Übergang hin zur Menschennatur, wenn er schreibt: »Das System der endokrinen Drüsen [...] liefert uns wertvolle Hinweise, wie wir bei unserem Versuch, das Gesamt-System der

---

65 Ebd., S. 13.
66 Die Subsumtion menschlichen Handelns unter den Zweck sozialer Ordnungseinheiten, in denen sich obendrein die subjektive Freiheit verwirkliche, bildet die Grundannahme des soziologischen Denkens: »Sie [die ›Institutionen‹] liefern die von der Gesellschaft begehrten Schablonen, an denen sich das Verhalten orientieren kann und nach denen es sich richten muß« (Peter L. Berger, *Einladung zur Soziologie. Eine humanistische Perspektive*, Olten, Freiburg im Breisgau 1969, S. 100).

menschlichen Antriebe zu verstehen, am besten vorgehen sollten.«[67]
Die Argumentation erweist sich als zirkulär: Das nach dem Paradigma
soziologischer Ordnungstheorien gestaltete Bild eines natürlichen
Funktionszusammenhangs wird seinerseits zum Maßstab in der Beurteilung menschlichen Verhaltens gemacht.

Der gleiche Argumentationsmechanismus findet sich in Lorenz' Anwendung des Gleichgewichtsgedankens auf das Verhältnis des Tieres
zu seinen Lebensbedingungen, das er mit seinem Katzenbeispiel ins
Auge faßt. Die naturwissenschaftliche Beobachtung der Entwicklung
der Arten stellt fest, daß bestimmte körperliche Merkmale von Tieren
dazu beitragen, daß diese in ihren Lebensverhältnissen existieren können. Durch Mutation verändern sich zufällig Merkmale; diese tragen
zu besseren oder schlechteren Überlebenschancen bei. Dadurch verer-
ben sich jene Merkmale häufiger, die die Überlebenschancen erhöhen.
Lorenz vollzieht jedoch auch in seiner Anwendung dieses klassischen
Darwinschen Evolutionsbegriffs eine Entlehnung aus dem menschlichen Leben: Mit der immer wiederkehrenden Formel der »arterhal-
tenden Leistung« wird den Katzen eine Strategie bei der Entwicklung
ihrer zum Mäusefang geeigneten Krallenform unterstellt – als sei die
zufällige Mutation, die sich per natürlicher Auslese durchgesetzt hat,
das Werk einer Absicht. Tiere tragen nach Lorenz ihren individuellen
Existenzkampf nicht dadurch aus, daß sie ihren Lebensbedingungen
möglichst viel von dem abgewinnen, was sie zum Überleben benötigen,
sondern sie konkurrieren um die besser angepaßten Mittel des Exi-
stenzkampfes. Anders gesagt: Sie haben einen reflektierten Umgang mit
ihren Überlebensmitteln als *Konkurrenz*mittel: »Es ist ein Mißverständnis zu glauben, daß der ›reine Zufall‹ das Werden der Organismen
regiere. Alles Leben betreibt aktiv ein Unternehmen des Informations-
und Energieerwerbs.«[68] Die Zuschreibung dieser reflektierten Strategie
an das tierische Verhalten verdankt sich einem – in der Metapher des
»Unternehmens« angedeuteten – Vergleich mit dem Menschen; denn
dieser ist das Lebewesen, das einen planvollen Umgang mit den Mitteln

---

67 Lorenz, *Die acht Todsünden der zivilisierten Menschheit*, a.a.O. (Anm. 37),
   S. 14.
68 Konrad Lorenz, *Die instinktiven Grundlagen der menschlichen Natur*, in:
   Die Naturwissenschaften, Jg. 54, 1967, H. 15/16, S. 377-388, hier: S. 380. –
   Daß die Arterhaltung ein absichtsvoll verfolgtes Ziel tierischen Verhaltens
   sei – also das einzelne Tier als Diener einer höheren Ordnung agiere –, versucht Lorenz u.a. in seinem bereits zitierten Aufsatz *Phylogenetische Anpassung und adaptive Modifikation des Verhaltens* zu zeigen.

seiner Reproduktion pflegt – was allerdings nicht Teil der natürlichen Evolution, sondern der Technologiegeschichte ist.

Die Ökonomisierung des tierischen Verhaltens vollzieht sich im übrigen bei Lorenz nicht voraussetzungslos, sondern verdankt sich dem Erfahrungsschatz der Konkurrenzgesellschaft. Das macht sich bis in die Metaphorik hinein geltend:

> Jede Species lebender Wesen ist somit ein System mit positiver Rückkopplung zwischen Energie- und Informationserwerb. Mit dem Erfolg des Energiegewinnes erhöht sich nicht nur die Wahrscheinlichkeit eines weiteren, sondern auch die eines Zuwachses an Information, die neue Energiequellen erschließt. Dies gilt schon für niedrigste Lebewesen. Ihr Fortpflanzungserfolg steigert nicht nur den Energiegewinn der Art mit Zinseszinsen, sondern im gleichen Verhältnis auch die Chance, durch Mutation und Neukombination des Erbgutes neue Information zu erwerben, was wiederum neue Chancen des Gewinnes eröffnet. Das gleiche Prinzip ist in jedem modernen Unternehmen der chemischen Industrie verwirklicht, das einen erheblichen Teil seines Gewinnes benützt, um Forschung zu treiben.[69]

Das Tier ist nicht allein ökonomisches, sondern konkreter: marktwirtschaftliches Subjekt. Daß der Erfolg der einen Spezies mit dem Mißerfolg der anderen zusammenfällt, wird deutlich ausgesprochen: Der Überlebenskampf basiert auf einer Konkurrenz um knappe Lebensmittel, so daß die Tierwelt um den Preis ihres Aussterbens zur wechselseitigen Höherentwicklung ihrer Ausstattung gezwungen ist bzw. diese intentional nachvollzieht. Der Gewinn an Lebensmitteln ist als ein Umgang mit *Knappheit* gedacht, wie auch die nachklassische Wirtschaftswissenschaft axiomatisch behauptet.[70]

Das soziologisch-wirtschaftswissenschaftlich definierte Tier wird umgekehrt zum Maßstab menschlicher Tätigkeit gemacht. Was das

---

69 Ebd.

70 Die Klassiker der politischen Ökonomie faßten wirtschaftliches Handeln noch als Reichtumsproduktion auf – so ist Adam Smith' Hauptwerk *The Wealth of Nations* betitelt, und Karl Marx leitet das *Kapital* mit der Nominalphrase »Der Reichtum der Gesellschaften« ein. Dagegen eröffnet heute jedes VWL-Lehrbuch seine Darlegungen mit einer Ausführung zum Thema »Güterknappheit«. Vgl. z.B. Artur Woll, *Allgemeine Volkswirtschaftslehre*, 8., überarbeitete und ergänzte Auflage, München 1984, S. 49-53. Der einflußreichste Knappheitstheoretiker war indes ein Literat, nämlich Daniel Defoe, der Verfasser des *Robinson Crusoe*.

Tier rein instinktiv betreibt, wird beim Menschen unter Zuhilfenahme des Verstandes geleistet. Im Resultat ist der Unterschied indes gleichgültig, jedenfalls dann, wenn der Mensch seinen Verstand in den Dienst eines vorausgesetzten Ordnungsgesichtspunktes stellt: Der menschliche Verstand ist, sachgerecht angewandt, lediglich dazu da, mit Bewußtsein genau so zu agieren wie das Tier ohne Bewußtsein. Wo dies nicht der Fall ist, droht jene Entartung, die Lorenz in den *Acht Todsünden* so vehement beklagt. Wie das ökonomische Subjekt Tier, dessen zufällige Mutationen als notwendige Funktionen in einem vorgegebenen System begriffen werden, ist auch der Mensch auf das abstrakte Funktionieren in einer zweckmäßigen Ordnung festgelegt. Lorenz' methodischer Ausgangspunkt, die Existenz eines Systems, ist nicht das theoretisch ausgewiesene Resultat einer Ableitung von Naturgesetzen, sondern beruht auf der Überzeugtheit von einer sinnstiftenden Ordnung, die jedes Verhalten erklärt und sich in dem sinnfälligen Ordnungs*bild* eines Gleichgewichts ästhetisch-moralisch zur Anschauung bringt.

Auf der Basis dieses methodischen Sinndenkens haben Zuckmayer und Lorenz ihr gegenseitiges Verständnis gefunden. Beide fassen »Sinn« nicht allein als ideelle Ordnungskategorie auf, sondern als Inbegriff einer materiellen Ordnung. Jenseits ihrer Begeisterung für Wald und Flur stellt sich für beide die Natur als die verbindliche Sphäre dieser materiellen Ordnung dar. Ihr Interesse gilt dabei nicht den Naturgesetzen als Abstraktionen wissenschaftlicher Naturbeobachtung, sondern als verbindliche Macht, die dem Subjekt vorausgesetzt ist und die alle Erscheinungen seiner Lebenserfahrung durchwaltet. Wie Zuckmayer an Lorenz schrieb:

> Nun »glaube« ich wie Sie, dass das Universum als Ganzes von untereinander widerspruchsfreien Naturgesetzen regiert wird, (ohne jede Möglichkeit von Beweis oder Kontrolle meinerseits.) Aber ich glaube auch, dass manche Erscheinungen, die man parapsychologisch nennt, innerhalb dieser Gesetze, die wir ja nur ausschnittweise kennen, nicht ausgeschlossen sind.[71]

Das Faszinosum der Natur für dieses Denken liegt darin begründet, daß in ihr ein dem Subjekt ›Mensch‹ gegenüber gleichgültiges, radikal heteronomes Gebot ausgemacht wird – während noch jedes ausformulierte menschliche Sittengesetz auf ein Subjekt und damit zumindest potentiell ein subjektives Interesse zurückverweist. Den Gedanken, daß Ordnung nur herrsche, wo die rohe Gewalt des Naturzusammenhan-

---

71 Carl Zuckmayer, Brief an Konrad Lorenz vom 14. Dezember 1971, Bl. 2.

ges keinerlei Begrenzung oder gar Beherrschung erfahre, drückt Lorenz in den *Acht Todsünden* in seiner Überlegung über den Umgang mit gesellschaftlicher Devianz aus. Einerseits:

> Was immer aber uns eine zukünftige Forschung über die phylogenetischen und kulturgeschichtlichen Quellen menschlichen Rechtsgefühles mitteilen wird, als wissenschaftlich feststehend können wir betrachten, daß die Art Homo sapiens über ein hochdifferenziertes System von Verhaltensweisen verfügt, das in durchaus analoger Weise wie das System der Antikörperbildung im Zellenstaat der Ausmerzung gemeinschaftsgefährdender Parasiten dient.[72]

Umgekehrt ist die Vorstellung von individuellem Handeln, das sich von den Imperativen der Natur gelöst hat, nur als Sittenverfall zu verstehen:

> Die zur Religion gewordene Überzeugung, daß alle Menschen gleich geboren seien und daß alle sittlichen und moralischen Gebrechen des Verbrechers nur auf die Sünden zurückzuführen seien, die seine Erzieher an ihm begangen hätten, führt zur Vernichtung jedes natürlichen Rechtsgefühles, vor allem auch bei dem Ausfallbehafteten selbst, der sich voll Selbstbemitleidung als Opfer der Gesellschaft ansieht.[73]

Verhalten ist nur dann sittlich, wenn es sich nicht von seiner Quelle, der Natur, entfernt hat; anders gesagt: wenn menschliches Handeln mit seiner vorsubjektiven und vormenschlichen Natur übereinstimmt. Als Anweisung für das menschliche Handel erscheint diese Auskunft recht unspezifisch; sie hält allein am Gedanken einer Anleitung und Führung durch eine ordnende Macht fest, die um so legitimer ist, je subjektwidriger sie erscheint. Der analoge Gedanke[74] findet sich in Zuckmayers *Rattenfänger*, wenn im vorletzten Bild des Dramas die Titelfigur die nach Orientierung suchenden Jugendlichen vor allem mit dem Versprechen eines beschwerlichen Lebens und straffer Führung attrahiert:

72 Lorenz, *Die acht Todsünden der zivilisierten Menschheit*, a.a.O. (Anm. 37), S. 54.

73 Ebd., S. 56 f.

74 »Übereinstimmend mit Lorenz begriff Zuckmayer auch [...] die in der Natur herrschenden Gesetze zwar als brutal, weil auf gnadenloser Selektion beruhend, aber auch als sinnvoll eingerichtet. In jedem Fall habe sich die Menschheit den Gesetzen, die in der Natur gelten, zu fügen, sonst drohe über kurz oder lang ihr Untergang« (Hofmann/Nickel, *Carl Zuckmayers Der ›Rattenfänger‹ – ein brechtisches Drama?*, a.a.O. [Anm. 42], S. 320).

STELLAMARIE Dann dürfen wir bei dir bleiben, und du wirst mit uns ziehn!

BUNTING Da hab ich euch! Ihr wolltet mich [vom Galgen] loskriegen, damit ich *euch* gehöre! Aber die Sache kommt umgekehrt. Ihr gehört *mir*.

STELLAMARIE Das ist das gleiche.

BUNTING Das ist nicht das gleiche. Ihr wißt nicht, was ihr wollt – aber *ich* kenne meinen Willen.

STELLAMARIE Wir wollen nur eines – daß du uns führst.

BUNTING Wohin?

STELLAMARIE In die Freiheit.[75]

Der einzig legitime subjektive Wille ist der, der sich einer Führung unterwirft, also seinen Inhalt durchstreicht. Eben dieses paradoxe Konstrukt ist der Begriff der menschlichen Freiheit – jedenfalls dann, wenn die gewollte, hier durch Bunting repräsentierte Führung in der Überwindung einer unnatürlichen menschlichen Gesellschaft und damit der Wiederherstellung des Einklangs mit den natürlichen Geboten mündet.

Lorenz' Verständnis des Darwinismus vollzieht ebenfalls diese Identifikation des subjektiven Willens mit einer übergeordneten Macht. Besteht für Darwin die Evolution in der Entwicklung von Zweckmäßigkeit, also der Anpassung an die natürlichen Voraussetzungen, so stellt er sich auf den Standpunkt eines ›Naturhistorikers‹, der von den individuellen Anpassungsleistungen und Lebensverhältnissen eines einzelnen Organismus abstrahiert – er hält ex post das Resultat einer Entwicklung fest. Lorenz hingegen, der dem Tier einen reflektierten Umgang mit seinen Lebensbedingungen unterstellt, setzt die übergeordnete evolutionsbiologische Entwicklung mit dem individuellen Lebenssinn des Einzelwesens gleich. Indem Lorenz seine Beobachtungen von der entwicklungsgeschichtlichen Beschreibung der Tierarten hin zum einzelnen, z.T. mit eigenem Namen versehenen Lebewesen – die berühmte ›Graugans Martina‹ – verlagert, identifiziert er die individuelle Überlebensanstrengung des tierischen Organismus mit seiner Selektion: eine Art Invisible-Hand-Erklärung der natürlichen Evolution. Damit ist die individuell zufällige Mutation bzw. Anpassung in einen notwendigen Zusammenhang mit dem Resultat einer überindividuellen Ordnung gebracht, die dem individuellen *menschlichen* Verhalten als Vorschrift entgegengehalten werden kann. In Lorenz' Konstruktion einer natur-

---

75 Zuckmayer, *Der Rattenfänger*, a.a.O. (Anm. 33), S. 334. Hervorhebungen von Zuckmayer.

notwendigen Arbeitsteilung zwischen jung (= respektlos, wissensdur-
stig) und alt (= konservierend, wissend) schlägt sich dieser Vorschrifts-
gedanke als Anweisung an die Jugend für ein ›sinnvolles‹ Rebellieren
nieder:

> Diese Form der Arbeitsteilung zwischen alt und jung ist durchaus
> wünschenswert, einfach deshalb, weil der alte Mensch mehr weiß,
> der junge dagegen eine größere Kapazität besitzt, Neues zu lernen.
> Diese zweckmäßige Arbeitsteilung zwischen den Altersklassen ist
> zweifellos schon genetisch programmiert. Der Mensch dringt im hö-
> heren Alter auf die Aufrechterhaltung des Herkömmlichen und re-
> belliert in der Jugend dagegen.[76]

Verschiedene Standpunkte zur Realität, darunter auch ihre kritische
Negation, werden so unter einen Ordnungsgesichtspunkt dieser Realität subsumiert. Damit ist zugleich jedwedes Denken, Wollen und
Handeln sinnvoll auf die vorausgesetzte Ordnung der Natur bezogen;
andererseits wird vom Standpunkt dieser Ordnung alles als Entartung
disqualifiziert, was nicht ihrer Aufrechterhaltung dient.

Gerade diese eher weltanschauliche als naturwissenschaftliche Eigenart von Lorenz' Theorie übt die entscheidende Attraktion auf Zuckmayer aus, einen Geist, der sich für Naturwissenschaft als *Wissenschaft* nicht interessiert[77], sondern in ihren Gegenständen Beleg- und
Anschauungsmaterial für seinen lebenslänglichen Vorsatz von Sinnstiftung allen Geschehens sieht:

> Ich schaue ins Tal, dort laufen die Wege zusammen, die vielfach ver-
> schlungenen, die ich gegangen bin, und ich hebe meine Augen auf zu
> den Bergen: dahinter ist die Unendlichkeit, welche durch alle Welt-
> raum- und Kernforschung nie ganz ergründbar sein wird, so wie der
> Tod, der Austritt aus dem bewußten Leben, der große Übergang,
> durch alle Findung der Biologie und Genetik nie seines letzten Ge-
> heimnisses entkleidet.[78]

---

76 Lorenz, *Die Rattenfänger*, a.a.O. (Anm. 9), S. 72.
77 Zuckmayer befaßte sich in seinen Heidelberger Studienjahren einige Zeit
   mit Zoologie, Biologie und Botanik, »[f]and aber auch da heraus, daß die
   Naturwissenschaften nicht mein ›Beruf‹, nur ein Interessengebiet unter anderen für mich seien« (Zuckmayer: *Als wär's ein Stück von mir*, a.a.O.
   [Anm. 6], S. 356).
78 Ebd., S. 667.

Die Beruhigung darüber, daß es nicht-entschlüsselbare Geheimnisse gebe, ist bei Zuckmayer identisch mit der Gewißheit, die Welt sei von *einem* Sinn durchzogen. Diesem Weltverständnis kommt Lorenz entgegen, der allem ex post intelligiblen Geschehen einen a priori wirkenden Sinn zuschreibt. Diese Sinnstiftung ist in der Tat keine Leistung der Naturwissenschaft, sondern originär eine der Poesie – jedenfalls in dem Dichtungsverständnis, das Zuckmayer und Lorenz teilen und zum Maßstab der Naturwissenschaft machen. Das sinnstiftende Potential der poetischen Weltbetrachtung verstehen beide zugleich als Auftrag an die disparate menschliche Welt der Erscheinungen, ihrem Einheitsprinzip gerecht zu werden: »Ich glaube an die Möglichkeit, daß der Schöpfungsvorgang im Werden menschlicher Kultur seine Richtung beibehält und daß aus einer Vielheit eine Einheit höherer Ordnung entstehen kann und zwar ohne Verzicht auf die Mannigfaltigkeit dieser bunten Welt.«[79] Eine solche »Einheit höherer Ordnung« attestierte Lorenz, wie sein Lob der *Rattenfänger*-Inszenierung zeigt, vor allem der (Theater-)Kunst.

Im Unterschied zu anderen Literatenbegeisterungen für Naturwissenschaften im 20. Jahrhundert – etwa für die Heisenbergsche Unschärferelation, die der philosophisch-ästhetischen *Skepsis* an objektiver Erkenntnis eine physikalische Grundlage zu verschaffen schien[80] – bildet im Falle Lorenz und Zuckmayer das poetisch inspirierte Bild einer einheitlichen und nachvollziehbaren Ordnungs*gewißheit* die Grundlage des wechselseitigen wertschätzenden Verständnisses. Der im Briefwechsel und in gegenseitigen Festbeiträgen geführte Dialog blieb in Wahrheit ein Monolog ohne herausfordernde Antworten, ein »Vehikel der Selbstbekundung, der Selbstdarstellung oder auch der Selbstbetrachtung und Selbstdeutung«[81]. Dessen, daß die Welt sinnvoll struktu-

---

79 Lorenz, *Die instinktiven Grundlagen menschlicher Kultur*, a.a.O. (Anm. 69), S. 388. Leicht variiert wird dieser Satz zitiert bei Zuckmayer, *Poesie und Naturwissenschaft*, a.a.O. (Anm. 5), S. 335.

80 Vgl. Elisabeth Emter, *Literatur und Quantentheorie. Die Rezeption der modernen Physik in Schriften zur Literatur und Philosophie deutschsprachiger Autoren (1925-1970)*, Berlin, New York 1995 (Quellen und Forschungen zur Literatur- und Kulturgeschichte, Bd. 2).

81 Reinhard M. G. Nickisch, *Brief*. Stuttgart 1991 (Sammlung Metzler, Bd. 260), S. 14. – Der Monologcharakter des Briefes gegenüber seiner scheinbar Dialogizität wird auch hervorgehoben von Wolfgang G. Müller, *Der Brief*, in: Klaus Weissenberger (Hrsg.), *Prosakunst ohne Erzählen. Die Gattungen der nicht-fiktionalen Kunstprosa*, Tübingen 1985 (Konzepte der Sprach- und Literaturwissenschaft, Bd. 34), S. 67-87, bes. S. 72.

riert und die natürliche Evolution eine mögliche Konkretion davon sei, war sich Zuckmayer von vornherein ebenso gewiß wie Lorenz über das Defizit der exakten Naturwissenschaften gegenüber der Ganzheitlichkeit einer Dichtung, die die tieferliegende Ordnung allen Seins zu veranschaulichen möge. Lorenz' letzter Kartengruß, der Zuckmayer vor seinem Tod noch erreichte, faßt das Bewußtsein dieser wechselseitigen Selbstansprache prägnant zusammen: Zusammen mit seiner Frau Margarethe, einer Ärztin für Gynäkologie, versah er seine Weihnachtsgrußkarte 1976 mit der Unterschrift »Eure beiden naturwissenschaftlich-medizinischen ›Pendants‹«.[82]

82 Margarethe und Konrad Lorenz, Karte an Alice und Carl Zuckmayer, undatiert.

Daniela Sannwald

»Eine Liebesgeschichte«

Carl Zuckmayer und Hildegard Knef

In vielen der Publikationen,[1] die um den 80. Geburtstag Hildegard Knefs am 28. Dezember 2005 erschienen sind, wird erwähnt, daß die Schauspielerin, Sängerin und Bestsellerautorin namhafte Intellektuelle zu ihren Freunden zählte, darunter Carl Zuckmayer. Tatsächlich gibt es einige Verbindungen zwischen Zuckmayer und der fast auf den Tag genau 29 Jahre jüngeren Knef – sein Geburtstag war der 27. Dezember 1896, ihrer der 28. Dezember 1925. Bis zu seinem Tod 1977 pflegten die beiden ein lockeres Korrespondenzverhältnis, man sprach wechselseitig Einladungen aus, beglückwünschte sich zu Geburtstagen und spielte auch immer wieder auf das gemeinsame Sternzeichen Steinbock an.[2]

Entstanden war diese Freundschaft in den 1950er Jahren, als Zuckmayer viel für die deutsche Filmindustrie schrieb und Knef ihre größten Erfolge als Filmschauspielerin feierte.

Hildegard Knef hatte in den Jahren 1946 und 1947 Hauptrollen in drei so genannten Trümmerfilmen[3] gespielt und galt als erster Star des deutschen Nachkriegskinos. Anfang 1948 ging sie mit ihrem ersten Ehemann, dem tschechisch-jüdischen Emigranten und eingebürgerten

---

1   Etwa: Christian Schröder, *Hildegard Knef. Mir sollten sämtliche Wunder begegnen*, Berlin 2005; Jürgen Trimborn, *Hildegard Knef. Das Glück kennt nur Minuten*, München 2005; Daniela Sannwald / Kristina Jaspers / Peter Mänz (Hrsg.), *Hildegard Knef. Eine Künstlerin aus Deutschland*, Berlin 2005.

2   Z.B. Telegramm von Hildegard Knef und ihrem Ehemann David Cameron an Carl Zuckmayer vom 31. Dezember 1972: »[…] wir wünschen dem verehrten Steinbock und der gleichermaßen verehrten Widderin ein gutes neues Jahr […]« oder Telegramm von Carl Zuckmayer an Hildegard Knef vom 27. Dezember 1974: »[…] ein alter Steinbock heute 78 wünscht dir ein gesundes fruchtbares neues Jahr […]« (Deutsches Literaturarchiv Marbach, Nachlaß Carl Zuckmayer, und Filmmuseum Berlin, Nachlaß Hildegard Knef).

3   Das waren: *Die Mörder sind unter uns* (1946, R: Wolfgang Staudte); *Zwischen Gestern und Morgen* (1947, R: Harald Braun); *Film ohne Titel* (1948, R: Rudolf Jugert).

Amerikaner Kurt Hirsch, nach Hollywood, wo sie zwar unter Vertrag genommen wurde, jedoch ohne Engagement blieb. Für die Dreharbeiten zu ihrem später bekanntesten Film, Willi Forsts *Die Sünderin*[4], kehrte sie im August 1950 nach zweieinhalb erfolglosen Jahren in den USA in die neu gegründete Bundesrepublik Deutschland zurück. Der Film hatte am 18. Januar 1951 Premiere und zog einen Skandal nach sich: Kirchenvertreter nahmen Anstoß an der Hauptfigur, einer Prostituierten, dargestellt von Knef, und an dem Doppelselbstmord, mit dem der Film endet. Als Aktmodell war Hildegard Knef zudem für einige Sekunden nackt auf der Leinwand zu sehen, auch diese Szene geriet in die öffentliche Diskussion, die den Film trotz aller Warnungen und Aufführungsverbote in einigen Städten zu einem ungeahnten kommerziellen Erfolg werden ließ.

Im Anschluß an die Dreharbeiten von *Die Sünderin* konnte Hildegard Knef endlich mit ihrer ersten amerikanischen Produktion beginnen, die ebenfalls in der Bundesrepublik gedreht wurde: *Decision Before Dawn / Entscheidung vor Morgengrauen* unter der Regie von Anatole Litvak ist ein Kriegs- und Spionagefilm, in dem Hildegard Knef eine Nebenrolle spielt. Die Bundesdeutschen aber, die gerade Geschmack an *Schwarzwaldmädel* (1950, R: Hans Deppe) gefunden hatten, wollten vorläufig keine Filme über die jüngste Vergangenheit mehr sehen, besonders nicht von den Besatzern gedrehte. So kam *Entscheidung vor Morgengrauen* erst Ende 1952 in bundesdeutsche Kinos – für die deutschen Dialoge zeichnete Carl Zuckmayer verantwortlich, der »nach den Jahren des Exils wegen fehlender Rücklagen für das Alter«[5] nicht nur Drehbücher für Filmadaptionen eigener Vorlagen erstellte, sondern auch einige deutsche Drehbuch- respektive Dialogfassungen amerikanischer Filme. Bei *Entscheidung vor Morgengrauen* mischte sich Zuckmayer auch in die der deutschen Premiere folgende öffentliche Diskussion um die Frage ein, ob der von Oskar Werner dargestellte, zu den Amerikanern übergelaufene deutsche Kriegsgefangene ein Held sein könne:

4   Zur Produktionsgeschichte von *Die Sünderin* vgl. Francesco Bono, *Er wollte mehr sein als nur ein Operettenschreiber*, in: Armin Loacker (Hrsg.), *Willi Forst*, Wien 2003, S. 92 ff. sowie Robert Dachs, *Willi Forst. Eine Biographie*, Wien 1986, S. 166 ff.

5   Gunther Nickel / Ulrike Weiß, *Carl Zuckmayer 1896-1977. »Ich wollte nur Theater machen«*, Marbach 1996, S. 403.

Hier wird nicht verherrlicht und heroisiert, weder die eine noch die andere Seite, am allerwenigsten aber der Verrat oder die Spionage.[6]

Daß Knef und Zuckmayer sich schon im Kontext von *Entscheidung vor Morgengrauen* kennenlernten, ist unwahrscheinlich, aber nicht ausgeschlossen. Zuckmayer wäre nicht der einzige mittelalte Herr gewesen, der sich Anfang der 1950er Jahre für die spröde, außergewöhnliche Schönheit Hildegard Knefs begeistert hätte: Die Regisseure Willi Forst (geb. 1903) und Anatole Litvak (geb. 1902) waren gleichzeitig und gleichermaßen hingerissen von der Schauspielerin, die weder äußerlich noch mit ihrem unterkühlten Spiel dem Zeitgeist entsprach, was sie indes umso interessanter machte.

Die Welle der Zuckmayer-Verfilmungen in der jungen Bundesrepublik ergriff auch eine von dessen weniger bekannten Erzählungen, *Eine Liebesgeschichte*, die im Frühjahr 1933 in drei Teilen in der *Berliner Illustrirten Zeitung* erstveröffentlicht wurde und im September 1934 bei S. Fischer erschien. Die Ufa hatte ihm damals bereits ein Filmangebot gemacht, das von Zuckmayer jedoch abgelehnt wurde:

> Denn die Bedingung für ihre Erwerbung war: dass der Selbstmord fallen und der Liebende weiterleben müsse und sie, einen Schlager singend, verzichten und untergehn – also dann lieber nicht.[7]

Knapp zwanzig Jahre später stimmte Zuckmayer einer Verfilmung des Produzenten Erich Pommer, Remigrant wie Zuckmayer selbst, mit dem Käutner-Schüler Rudolf Jugert als Regisseur und Hildegard Knef und O. W. Fischer in den Hauptrollen zu, wurde sogar, zusammen mit Axel Eggebrecht, als Drehbuchautor genannt, wobei er ähnliche Änderungen seiner Novelle wie die früher von ihm beanstandeten nun akzeptierte.

Zur Verfilmung von *Eine Liebesgeschichte*

Eine Liebesgeschichte spielt 1764.[8] Hildegard Knef verkörpert Lilli Schallweis, eine Schauspielerin, die von einem hohen preußischen Militär als Geliebte ausgehalten wird und ihn sogar bei inoffiziellen Anlässen entsprechend repräsentiert. Bei einer Abendgesellschaft, auf der

6 Carl Zuckmayer in: *Die Welt* (Hamburg) vom 27. August 1952, zit. nach Schröder, *Hildegard Knef*, a.a.O. (Anm. 1), S. 142.

7 Carl Zuckmayer an Albrecht Joseph am 19. März 1936, zit. nach Nickel/ Weiß, *Carl Zuckmayer 1896-1977*, a.a.O. (Anm. 5), S. 240.

8 Die Novelle spielt drei Jahre später. Zu weiteren Einzelheiten der filmischen Adaption vgl. Daniela Sannwald, *Kein Mädchen. Eine Frau*, in: Sannwald/Jaspers/Mänz, *Hildegard Knef*, a.a.O. (Anm. 1), S. 13 f.

sie als Gastgeberin fungiert, lernt sie den Rittmeister Jost von Fredersdorff (O. W. Fischer) kennen, und die beiden sind sofort magisch voneinander angezogen. Die leidenschaftliche Beziehung, die sie führen,
kann jedoch vor den Augen der Öffentlichkeit nicht lang verborgen
bleiben, denn der Rittmeister beginnt, seine gesellschaftlichen und mitunter sogar seine militärischen Pflichten zu vernachlässigen. Sein Vorge-
setzter kann die Haltung jovialer Indignation und stillschweigenden
Einvernehmens, mit der er den Rittmeister schützt, nicht aufrecht erhalten, wird er doch von allen Seiten unter Druck gesetzt. Am Ende verläßt
die Schauspielerin den Soldaten, weil sie die Unvereinbarkeit der beiden
Lebensentwürfe voraussieht, während er noch die gemeinsame Flucht –
die für ihn auch den Abschied vom Militär bedeutet – plant.

Die Geschichte spielt in einer verschneiten Garnisonsstadt; Hans
Schneeberger hat den Film in weichen Grauabstufungen fotografiert,
die eine trübsinnige, gleichgültige Stimmung evozieren und darauf
verweisen, daß überraschende Problemlösungen in diesem sozialen
Umfeld nicht zu erwarten sind: Konflikte verschwinden unter der
Schneedecke, gegensätzliche Positionen werden nivelliert, leise Töne
herrschen vor, der Schnee schluckt jedes Geräusch.

Rudolf Jugert hat den Film als Chronik einer sexuellen Obsession inszeniert; in den Momenten des Zusammenseins der beiden Protagonisten scheint die Zeit stehen zu bleiben, ihre ausschließliche Konzentration aufeinander katapultiert sie aus dem sozialen und geografischen
Kontext hinaus. Lillis stets aufs Neue gestellte Frage »Wann kommst
du wieder?« und ihr auf jede Antwort seinerseits leidenschaftlich vor-
gebrachter Satz »Das ist spät, aber ich freu mich« unterstreichen den
Charakter dieser Beziehung, die sich den Anforderungen des Alltags
und der Vernunft nicht stellen mag oder kann, da sie innerhalb derer
keinen Platz hat. Hildegard Knef ist brillant in dieser Rolle – unsenti-
mental, ihrer Liebe vollkommen sicher und dann bestimmt und klug,
als sie erkennt, daß sie handeln muß, um sich und den Geliebten zu retten. In der alles entscheidenden Szene stehen die beiden am Balkonfen-
ster. Er ist durch die offene Tür hinausgetreten, sie verharrt, durch den
Türrahmen von ihm getrennt, drinnen hinter der Scheibe. Unten auf
der Straße stehen seine Untergebenen und skandieren die Namen der
Schlachtfelder, auf denen man sich gemeinsam bewährt hat. Es ist der
Moment, der das nahe Ende der Mesalliance auf der visuellen Ebene
bereits vorwegnimmt. Mit stiller Würde unterrichtet Lilli den Vorgesetzten des Rittmeisters wenig später davon, daß sie die Stadt verlassen
wird und bittet ihn, das Abschiedsgesuch des Rittmeisters zu zerreißen.
Der Oberst kann nicht umhin, ihr ein Mal seinen Respekt zu zollen.

Novelle und Film

Michael Schaudig[9] stellt fest, daß Novelle und Film relativ nah beeinander liegen und kommt zu folgendem interessanten Schluß:

> Während die Novelle den erotischen gegenüber dem soldatischen Diskurs favorisiert und somit eine Tendenz zum Leben verbalisiert, die Hauptfigur Jost schließlich aber Suizid begehen läßt, artikuliert der Film, dominant auf den soldatischen Diskurs gestützt, eine Tendenz zum Tode, führt Jost am Ende aber dennoch ins Offiziersleben zurück. [...] Während die Novelle insgesamt scheinbar auf ein glückliches Ende zusteuert, bereitet der Film einen tödlichen Ausgang vor; beide von textinternen Interpretationsimpulsen gesteuerten rezeptiven Erwartungshaltungen werden dann aber final gegensätzlich enttäuscht.[10]

Zwar bezieht Schaudig seine Interpretation beider Medien nur auf die Figur des Jost von Fredersdorff und dessen Überleben. Die Rolle der Lilli Schallweis, also Hildegard Knefs, betrachtet er im Hinblick auf das Ende weniger, auch wenn die, zumindest im Film, stärker ist als Jost: Ihrer Entscheidung ist es zu verdanken, daß Josts Abschiedsgesuch zerrissen wird, ihr Entschluß, die Stadt zu verlassen, beendet die Beziehung. Sie fährt am Ende im geschlossenen Wagen davon, bewegt sich, während Jost – stagnierend – dort bleibt.

Erstaunlich ist, daß Zuckmayer sich nun mit Josts Überleben einverstanden erklärte. In einer Stellungnahme an den Produzenten Erich Pommer äußerte er sich sogar lobend über Axel Eggebrechts Drehbuch, es schien ihm »ausgezeichnet, eine klug durchdachte, sorgfältige und produktive Arbeit«, und in seinen weiteren Ausführungen zu den von Eggebrecht vorgenommenen Akzentverschiebungen bewies er, daß er durchaus in der Lage war, deren Qualitäten wahrzunehmen:

> Es ist ein besonders guter Zug an diesem Drehbuch, dass das Männerdrama ein so starkes und gesundes Gegengewicht gegen das den Grundton schaffende Liebesdrama ergibt. [...]

---

9 Zu einigen wesentlichen Unterschieden zwischen der Novelle und der ziemlich buchstabengetreuen Verfilmung vgl. Michael Schaudig, *Normgerechtes Scheitern oder Happy-End?*, in: Gunther Nickel (Hrsg.), *Carl Zuckmayer und die Medien*, St. Ingbert 2001, S. 479 ff.

10 Schaudig, *Normgerechtes Scheitern oder Happy-End?*, a.a.O. (Anm. 9), S. 495.

[... Es müsste] wohl auch die Gefährdung, die Bedrohtheit Fredersdorffs stärker herauskommen. Man muss um sein Leben bangen. Der Tod muss ganz nah an ihm sein. Lilli muss beginnen, um sein Leben zu bangen. Noch stärker. Dann gewinnt ihr Schluss – wenn sie ihn zum Lebenbleiben *zwingt* – an Überwindungskraft. Es muss mehr sein als der bekannte ›Verzicht‹. Ein Todesbezwingen.

Besonders gut gefiel Zuckmayer die Stärkung der Figur Lillis:

Ebenso positiv finde ich Eggebrechts Ausbau der Theaterszenen, vor allem den Charakter des Prinzipals und die verstärkte Bedeutung der Truppe. Sie kommt der Gestalt der Lilli Schallweis zu gute und verstärkt wiederum ihre Bedeutung. [...] Eggebrechts glänzende Idee: dies ist eine kleine und arme, aber von hohem Ehrgeiz und künstlerischem Selbstbewusstsein erfüllte Truppe, eine ebenso selbständige Berufswelt wie die des Militärs – muss ganz heraus kommen. [...] Schmierenkomik gibt in dem Zusammenhang nichts her und wäre zu billig. Also ganz weg damit. So bedeutet diese Episode einen wirklich starken Akzent für Lillis Gestalt und Schicksal.[11]

In demselben Schreiben machte Zuckmayer auch einige Vorschläge zur Besetzung, nicht jedoch die Protagonisten betreffend. Später freilich äußerte er sich mißbilligend über die Besetzung mit O. W. Fischer und Hildegard Knef:

Ich weiss, was ein bereits großer Filmname für den Vorverkauf und Verleih etc. bedeutet: das hilft aber alles nichts, wenn nachher der Film selber enttäuscht. Ich habe das erlebt, als man aus ähnlichen Gründen meine ›Liebesgeschichte‹ mit Hilde Knef und O. W. Fischer besetzte, beide falsch – die guten Verleih- und Verkaufsnamen konnten den Film nicht vorm Misserfolg, auch in finanzieller Hinsicht, bewahren.[12]

Aus heutiger Sicht paßt zwar Hildegard Knefs ausgeprägtes, flächiges Gesicht nicht zu den historischen Kostümen – wie auch ihre wenigen

11 Carl Zuckmayer: Vorläufige Stellungnahme zum Eggebrechtschen Drehbuch, ohne Datum, etwa Mitte 1953, denn Zuckmayer schreibt darin, daß er Anfang September in Deutschland sein werde. Die Dreharbeiten des Films fanden vom 4. November bis 23. Dezember 1953 statt (Filmmuseum Berlin, Nachlaß Erich Pommer. 43-97/02-0).

12 Carl Zuckmayer an Walter Koppel am 31. Mai 1957 in Bezug auf die Verfilmung von Zuckmayers *Schinderhannes*, zit. nach Nickel/ Weiß, *Carl Zuckmayer 1896-1977*, a.a.O. (Anm. 5), S. 418.

anderen historischen Filme[13] beweisen – ihre zurückgenommene Darstellung, ihr undramatisches Spiel jedoch treffen die Figur der Lilli Schallweis ausgezeichnet. Ebenso O. W. Fischer: Er ist gerade romantisch genug, daß seine emotionale Verwirrung und soldatisch genug, daß sein furchtbarer Gewissenskonflikt überzeugend wirken. Beide Darsteller waren 1954, als der Film in die bundesdeutschen Kinos kam, auf der Höhe ihres Ruhms und so genannte Kassenmagneten. Daß der Film trotzdem wenig erfolgreich war, lag sicher mehr an dem fehlenden Happy-End, an seiner subtilen Dramaturgie und Kameraführung, der Verwendung von Schwarzweißmaterial, kombiniert mit einem neuen Breitwandverfahren, während ansonsten schreiend bunte, zeit- und ortlose Studioproduktionen in Gestalt des süßlichen Schicksalsfilms und der bieder-didaktischen Komödie dominierten.

Im Nachlaß Erich Pommers allerdings findet sich der Brief eines aus ganz anderen Gründen von dem Film enttäuschten Zuschauers, »Leutnant d. R. a.D., 13 × ausgezeichnet, 9 × verwundet«, der sowohl den Produzenten als auch Carl Zuckmayer anspricht:

> Sie hätten eine Aufgabe gehabt in Deutschland, doch Sie ließen Sprechchöre ›Roßbach und Leuthen‹ rufen – ›Preußens Gloria‹ – und vergaßen, daß diese ›Gloria‹ bei Stalingrad und Auschwitz endete. Aber dazu, diese Namen in einem deutschen Film sprechen zu lassen, gehört wohl Mut und den haben Sie – bei Gott – nicht.
>
> Zum zweiten Male soll meine Generation gegen besseres Wissen und gegen den eigenen Willen in eine Armee ›geshangheit‹ (sic!) werden. Zum zweiten Mal von Männern, die es zum großen Teil beim ersten Mal schon vorzogen, dem Fleischwolf ›Front‹ fernzubleiben. Zu viele gibt es in Deutschland, die mit beispiellosem Zynismus versuchen, uns denselben aufgewärmten Kaffee noch einmal zu servieren. Dass Sie sich aber an diesem Spiel beteiligen meine Herren, ist tief beschämend.[14]

13 Das sind *Alraune* (BRD 1952, Arthur Maria Rabenalt), *Svengali* (GB 1954, Noel Langley), *Caterina di Russia* (I/F 1962, Umberto Lenzi).
14 Michael Heinze-Mansfeld an Carl Zuckmayer und Erich Pommer am 6. Mai 1954 (Filmmuseum Berlin, Nachlaß Erich Pommer, 4.3.-97/02-0).

Persönliche Beziehungen

Seiner Freundschaft zu Hildegard Knef scheint aber Zuckmayers Ablehnung nicht geschadet zu haben. Vielmehr mag diese Freundschaft gerade aus der Zeit der Verfilmung der *Liebesgeschichte* herrühren; vielleicht auch hat Zuckmayer Knef während ihres Aufenthaltes in New York besucht, als sie am Broadway die Ninotschka in Cole Porters Musical *Silk Stockings* spielte; sicher hat sie ihn später in der Schweiz gesehen, wo sowohl Zuckmayers von 1958 an in Saas-Fee als auch das Paar Knef-Cameron zeitweilig residierten. An eine Stippvisite Zuckmayers Anfang der 1960er Jahre in Berlin erinnerte sich David Cameron in seiner Autobiographie:

Mitten in diesem täglichen Kampf kam ein alter Freund von Hildegard nach Berlin, ein Mann, dessen Liebe zum deutschen Wort und dessen Erzählkunst mich begeisterten und meinem Studium eine neue Dimension gaben. Carl Zuckmayer. Erstaunt stellte ich fest, daß ich ihn stets und völlig verstand, jedes Wort. Manchmal nicht gleich mit dem Intellekt, sondern mit dem Gefühl, und sicherlich waren es mehr seine Kraft und seine unendliche Lebensfreude, die sich mitteilten und mich fesselten, als der eigentliche Inhalt seiner Erzählungen. Er kam mit einem Einkaufskorb voller erlesener Bordeaux-Weine. Nicht, weil er dem Geschmack seiner Gastgeber nicht traute, glaube ich, sondern weil er zu Recht annahm, daß nur sehr wenig Menschen auf der Welt soviel Zeit, Verständnis und Liebe für Qualitätsweine aufbringen könnten wie er. Liebevoll machte er die Flaschen auf. Nicht einzeln und nach Bedarf, sondern alle auf einmal, damit der Wein atmen und er sich dann auch das dumme Gerede darüber ersparen konnte, wie viel man sich genehmigen dürfe. Er füllte sorgfältig unsere Gläser und fing mit seiner kratzigen, angestrengten Stimme an zu erzählen und zu diskutieren. Zwischendurch schnaufte er wie ein Walfisch, um seine ewig verstopften Nebenhöhlen zu befreien, und dachte nie daran aufzuhören, bis der letzte köstliche Tropfen durch unsere Kehlen geflossen war.[15]

Zehn Jahre später war Zuckmayer in Camerons Erinnerung immer noch vor allem sprachgewaltig und trinkfest:

15 David Cameron, *Auf die Füße gefallen*, Wien 1987, S. 140.

... besuchten wir ihn und seine ideal zu ihm passende Frau, Alice, in ihrem Winterquartier in Bern, und obwohl Zuck nicht mehr ganz so kräftig war wie früher, war das Weinritual das gleiche geblieben. Mich schätzte er als guten Zuhörer und Mitsäufer und freute sich sichtlich, wenn er den Weinkellerschlüssel holte: »Na ja, wenn Tonio dabei ist, kann das eine lange Nacht werden, ich bringe lieber gleich ein paar Flaschen mehr herauf.«[16]

Die Freundschaft zwischen den Paaren ging jedoch nicht so weit, daß Zuckmayer bereit gewesen wäre, einem Wunsch nachzukommen, den Fritz Molden, der Wiener Verleger von Hildegard Knefs Lebenserinnerungen *Der geschenkte Gaul*, an ihn richtete:

... würde ich mich außerordentlich freuen, wenn Sie sich dazu entschließen könnten, Frau Knefs (und natürlich auch meinen) Wunsch zu erfüllen und eine Einleitung zu diesem, wie es meinen Mitarbeitern und mir scheint, thematisch außerordentlich wichtigen und auch literarisch bedeutenden Werk zu schreiben. [...] Ich würde mir ferner erlauben, Ihnen als Honorar den Betrag von DM 5.000,– in Vorschlag zu bringen.[17]

Zuckmayer muß abgesagt haben, Hildegard Knefs Memoiren, die sich zum Millionen-Bestseller entwickeln sollten, blieben jedenfalls ohne Vorwort. Amüsant ist in diesem Zusammenhang eine Behauptung Jürgen Trimborns, des Verfassers einer vom Markt zurückgezogenen Knef-Biografie, die sich auf Äußerungen der damaligen Molden-Lektorin Marion Pongracz bezieht:

Die gebürtige Ungarin ist promovierte Literaturwissenschaftlerin und die belletristische Chef-Lektorin des Molden-Verlags. Pongracz, die sich bei Knefs Buch an Carl Zuckmayers Lebenserinnerungen »Als wär's ein Stück von mir« erinnert fühlt, fährt nach Samedan, und eine Woche lang geht sie Zeile für Zeile, Seite für Seite, das ganze Manuskript mit der Knef durch.[18]

16 Ebd.
17 Fritz Molden an Carl Zuckmayer am 4. März 1970. Mit dem Schreiben übersandte Molden 379 Seiten des Manuskriptes, an dessen Fertigstellung Hildegard Knef noch arbeitete (Deutsches Literaturarchiv Marbach, Nachlaß Carl Zuckmayer).
18 Trimborn, *Hildegard Knef*, a.a.O. (Anm. 1), S. 316.

Daß Zuckmayer kein Vorwort schrieb, tat Hildegard Knefs freundschaftlichen Gefühlen für ihn offenbar keinen Abbruch, noch 1976
empfahl sie ihm einen Arzt.[19]
  Der Eindruck der Lektorin Pongracz scheint freilich gar nicht so
weit hergeholt. Zumindest insofern ähneln sich Zuckmayer und Knef,
als daß sie es verstanden, mit ihren Dramen und Chansons jeweils den
so genannten Zeitgeist zu treffen und damit kommerziell erfolgreicher
waren als viele andere Künstler, Zuckmayer 15 Jahre früher als Knef.
Die gegenseitige Affinität mag durchaus auf der gemeinsamen, amüsiert akzeptierten Zugehörigkeit zur Populärkultur basiert haben.

19 »Geliebter Zuck [...] sollten dich, was Gott verhüten möge, weitere Ärger-
   nisse plagen, geh zu Prof. Neuhaus, Schloßparkklinik Berlin. Er hat mir
   unendlich geholfen« (Telegramm von Hildegard Knef an Carl Zuckmayer
   vom 12. Februar 1976; Deutsches Literaturarchiv Marbach, Nachlaß Carl
   Zuckmayer).

Rezensionen

Klaus Modick, Zuckmayers Schatten. Vermonter Journal, Göttingen: Satzwerk Verlag 2004. 93 Seiten. 12 €.

Klaus Modick ist ein aufmerksamer und ziemlich unbestechlicher Leser. Nachdem er sich 1989, acht Jahre nach der Veröffentlichung seiner Doktorarbeit *Lion Feuchtwanger im Kontext der zwanziger Jahre*, noch einmal an die Lektüre von Feuchtwangers Romanen gemacht hatte, war er enttäuscht und gestand offen:

> Ich blättere, lese, nicke, blättere, lese, will wieder nicken, doch auf einmal schüttele ich den Kopf und weiß, ohne noch recht zu wissen warum, daß da doch vieles strenger und enger gesehen werden müßte, was wir in den vergangenen 15 Jahren aus gewissermaßen strategischen Gründen durchgehen ließen. Auf der Suche nach »linken« Vätern und Großvätern stießen wir auch auf Feuchtwanger; wir betrieben seine Wiedereinbürgerung ins literaturgeschichtliche Bewußtsein und leisteten unseren Beitrag dazu, daß er wieder gelesen wird. Und indem wir uns mit seiner untadelig antifaschistischen, demokratischen Tradition identifizierten, mußten wir zugleich jene Abwertungsstrategien bekämpfen, die Feuchtwangers angeblich zweifelhaften literarischen Wert kritisierten, in letzter Konsequenz jedoch auf seine politische Haltung und Meinung abzielten.[1]

Nur eines der vielen Bücher Feuchtwangers, da war sich Modick sicher, tauge etwas: Der Roman *Erfolg*. An allen anderen störten ihn fehlende »Leerstellen, die den Leser fordern oder seine Phantasie aktivieren«. Sie litten an einer »planvollen Deutlichkeit« und seien dadurch »eindimensional«, womit elegant umschrieben war, daß sie ihn sehr gelangweilt hatten.

Modick wurde nach seinem Germanistikstudium und einer kurzen Phase, in der er sich als Werbetexter verdingte, selbst Schriftsteller. Daher durfte man doppelt gespannt sein, was er – als analytisch geschulter Kopf und nachgeborener Kollege – in seinem Journal mit Aufzeichnungen vom 1. Juli bis 8. August 2003 über Zuckmayers *Geheimreport* sagen würde. Der Grund, warum er sich überhaupt mit diesem Dossier befaßte, war die Einladung, sechs Wochen an der Deutschen Schule am Middlebury College in Vermont zu unterrichten. Er nahm sie an, und

1 Klaus Modick, *Vernarbte Wunden oder »Was wir an ihm problematisch finden«*; in: Wilhelm von Sternburg (Hrsg.), Lion Feuchtwanger. Materialien zu Leben und Werk, Frankfurt am Main 1989, S. 278-291, hier: S. 279.

da Zuckmayer in Vermont den wesentlichen Teil seiner amerikanischen
Exiljahre verbracht hatte, gab er neben einem 3-Wochen-Kurs zur
neuen deutschen Literatur auch ein Seminar über Zuckmayer. Von den
neun Studenten, die sich dazu einfanden, hatte keiner jemals dessen
Namen gehört oder gelesen. »Nicht einmal jener Student, der aus Vermont stammt und also am ehesten wissen könnte, daß Zuckmayer hier
sein Exil aussaß, keine zwei Autostunden vom Campus entfernt.« Was
die Studenten am Ende von Zuckmayer und seinen Büchern hielten,
geht aus Modicks Aufzeichnungen leider nicht hervor. Daß er selbst
fest davon überzeugt ist, Zuckmayers Autobiographie und mehr noch
sein *Geheimreport* seien »große Literatur«, wird von ihm aber nicht
nur wiederholt betont, sondern auch ausführlich begründet. Es sei,
schreibt er etwa, die »indiskrete Rücksichtslosigkeit«, mit der Zuckmayer sich »Spekulationen und ungedeckte Vermutungen über bestimmte Typen« in seinem *Geheimreport* erlaubt habe, die seinen
Porträts eine Tiefenschärfe gebe, »die keine Analyse, keine Faschismus-
theorie leisten« könne. Modick verfällt aber nicht in eine unkritische
Huldigung: Zuckmayers philanthropische Versöhnlichkeit in der Ade-
nauerzeit geht ihm zu weit, weil sie »dem Verdrängen, Leugnen und
Schweigen« zugearbeitet habe, er sei gelegentlich »bis zur Tümelei«
heimatverbunden, ja geradezu »schollensentimental« gewesen. Er habe
auch »allerlei Vages von ›höheren Kräften‹« orakelt, wogegen Modick
gar nichts hätte, wenn »derlei Metaphern« nur »konkreter aufgelöst«
worden wären. Trotz solcher Einwände dominiert großer Respekt gegenüber Zuckmayer und seinem Werk. Diese Anerkennung gewinnt
dadurch an Gewicht, daß Modick mit scharfer Kritik an anderen
Schriftstellerkollegen nicht zimperlich ist. Judith Hermann attestiert er,
ihre Texte bestünden »eigentlich nur noch aus Tusche und überschüssi-
gen Ranken«, und er überlegt deshalb, ob ihr »ein paar Jahre Sprachverbannung«, wie sie Zuckmayer durchmachen mußte, vielleicht ganz
gut täten. Günter Grass' *Mein Jahrhundert* kommt noch schlechter
weg: Der Stil sei »luschig«; »dumpfester, einfallsloser Realismus«
werde »aufgetakelt durch unsinnige, quälend gesuchte Manierismen«
in »blanker Gesinnungsprosa«. Auch zwei Literaturwissenschaftler
werden von Modick böse attackiert: Ein Vortrag Peter Uwe Hohen-
dahls sei »rhetorisch unter aller Sau« gewesen, habe nur aus einem Re-
ferat von Sekundär-, Tertiär- und Quartärliteratur, einem »Triumph
der Fußnote«, bestanden und ein »überaus einschläferndes Exempel
einer Senilgermanistik ohne Beziehung zur Literatur« abgegeben; Hans
Vaget betreibe in seinen Aufsätzen stilistisch eine »halbgare Mimikry
Thomas Manns« und sei doch nicht mehr als eine jämmerliche

»Sekundärexistenz«, die nur Deutungshoheit besitze, weil Thomas Mann im Totenreich über keine Möglichkeit zur Gegenwehr verfüge. Modicks Invektiven sind erfrischend respektlos; es sei dahingestellt, ob auch immer gerecht. Sie begleiten eine Hommage auf Zuckmayer, der man selbst dann mit nie nachlassender Aufmerksamkeit folgt, wenn man nicht alle Einschätzungen teilt, zum Beispiel die nicht über *Des Teufels General* und die angeblich fatale Wirkung dieses Stücks in der Nachkriegszeit.

*

Matthias Heilmann, Leopold Jessner – Intendant der Republik. Der Weg eines deutsch-jüdischen Regisseurs aus Ostpreußen, Tübingen: Max Niemeyer Verlag 2005. 447 Seiten. 112 €.

Ganz ähnlich dem Verhalten von Lemmingen nach Phasen großer Vermehrung ist der geisteswissenschaftliche Betrieb seit Jahren zu einem nicht geringen Teil damit beschäftigt, einer kurzlebigen Theoriemode nach der anderen hinterherzulaufen. Dessen ungeachtet hat sich Matthias Heilmann an die vor diesem Hintergrund unzeitgemäß wirkende Kärrnerarbeit gemacht, eine der ärgerlichsten theaterwissenschaftlichen Forschungslücken zu beseitigen. Er hat – endlich – ein gründliches, aus den Quellen gearbeitetes Buch über Leopold Jessner, den Intendanten des Staatlichen Schauspielhauses in Berlin von 1919 bis 1930, geschrieben. Jessners ästhetischen Prämissen und ihre Umsetzung bei seinen wichtigsten Inszenierungen, etwa bei denen von Schillers *Wilhelm Tell* 1919, Shakespeares *Othello* 1921 oder Schillers *Wallenstein*-Trilogie 1924 werden von Heilmann minutiös und trotz der Ausbreitung vieler Details gut lesbar rekonstruiert. En passant widerlegt er dabei gleich einige Theaterlegenden. So ist Kortners vielzitierte Darstellung des Skandals, den die *Tell*-Premiere auslöste, zweifellos anschaulich, eindrucksvoll und komisch. Aber sie stimmt wohl nicht. Auch der verbreiteten Meinung, Jessners Inszenierungen ließen sich als expressionistisch charakterisieren, widerspricht Heilmann mit guten Gründen. Das kann er vor allem deshalb so überzeugend, weil er neben vielen anderen Quellen zahlreiche Rezensionen zu allen wichtigen Premieren genau studiert hat.

Weil er mit viel Akkuratesse verwöhnt, fallen natürlich kleinere Patzer sofort auf, zum Beispiel die, daß Heilmann irrtümlich aus dem Theaterkritiker Willi Handl einen Willi Handel gemacht hat und aus dem Rheinhessen Zuckmayer einen Pfälzer. Auch betätigte sich Paul Fechter zwar gewiß nie als Förderer der literarischen Moderne auf dem Theater, aber ein »vulgärer Rassist«, zu dem er mit unzureichendem

Belegmaterial abgestempelt wird, war er genauso wenig wie Arthur
Eloesser sich nicht schon deshalb von »eindeutig rassistischen Motiven«
leiten ließ, nur weil er Gerda Müller wegen ihrer »slawischen Backen-
knochen« als Gretchen in Jessners *Faust*-Inszenierung für eine Fehlbe-
setzung hielt. Ein Theaterkritiker, der in den zwanziger Jahren unre-
flektiert mit verbreiteten Nationalstereotypen jongliert, ist jedenfalls
noch lange nicht das, was man heutzutage Rassisten gemeinhin unterstellt: xenophob.

Heilmanns manchmal etwas zu prononciert scharfen Reaktionen
auf Kritiker Jessners haben ihre Ursache in einer offensichtlichen und
nicht im geringsten verschleierten apologetischen Absicht. Sie bringt in
diesem Fall den Vorteil mit sich, daß Jessners Intentionen immer ganz
klar herausgearbeitet werden, wobei man freilich unbedingt ergänzen
muß: als Regisseur. Denn die Spielplangestaltung kommt in dieser Untersuchung, obwohl der Titel ein Buch über den Intendanten verspricht, viel zu kurz. Das theaterwissenschaftliche Skandalon, daß es
bis heute keine Geschichte des Staatlichen Schauspielhauses Berlin in
der Weimarer Republik gibt, schafft Heilmann noch nicht aus der Welt.
Solange diese Geschichte aber nicht geschrieben ist, wird jeder, der sich
profund über Jessners Arbeit informieren will, unweigerlich als erstes
zu Heilmanns Buch greifen müssen.

*

*Viktor Otto, Deutsche Amerika-Bilder. Zu den Intellektuellen-Diskur-
sen um die Moderne 1900-1950, München: Wilhelm Fink Verlag 2006.
357 Seiten. 49,90 €.*

Dem Schlußkapitel dieser Dissertation liegt ein Aufsatz zugrunde, der
1999 im zweiten Band des *Zuckmayer-Jahrbuchs* erschienen ist. Schon
damals formulierte Viktor Otto das Ziel, sich von den gängigen Zuord-
nungsschemata einer ideologiekritisch ausgerichteten Literaturwissenschaft zu lösen, sie zumindest zu relativieren. Warum? Weil diese Zuordnungen undifferenziert, wenn nicht gar irreführend seien. Das zeigte
er – ausgehend von bahnbrechenden Studien wie Helmut Lethens *Ver-
haltenslehre der Kälte* (1994) oder Rolf Peter Sieferles *Die Konservative Revolution* (1995) – am Beispiel des Amerikabildes von
Zuckmayer und Brecht und wies auf die verblüffenden zivilisationskri-
tischen Parallelen im Frühwerk dieser beiden Autoren hin, die man gemeinhin als Antipoden betrachtet.

Otto hat das Thema keine Ruhe gelassen. Nach der Veröffentlichung
seines Aufsatzes beschäftigte er sich intensiv mit den Amerikabildern

von Heinrich Hauser, Ernst Jünger und Carl Schmitt und konsultierte neben einer Fülle weiterer Primär- und Sekundärliteratur auch alle thematisch einschlägigen Beiträge in der radikaldemokratischen Wochenzeitschrift *Die Weltbühne*. Sein bemerkenswerter und minutiös belegter Befund: Wie bei Brecht, Zuckmayer, Hauser, Jünger und Schmitt lasse sich nach dem Ersten Weltkrieg »eine insgesamt amerikaskeptische bis dezidiert antiamerikanische Linie« in dieser Zeitschrift ausmachen: »Die Begeisterung für Chaplin und den Jazz sind eher Ausnahmen von der Regel. Und wenn in der *Weltbühne* US-amerikanische Schriftsteller wie Sinclair Lewis oder Upton Sinclair – letzterer selbst sporadischer Mitarbeiter – gefeiert werden, so eben gerade wegen der amerikakritischen Haltung, die sie einnehmen.« Otto gelingt der Nachweis, daß der mißtrauische bis ablehnende Blick auf Amerika Ausdruck einer Kritik an der Moderne ist, bei der ein politisches Lagerdenken, das »Linke« und »Rechte« in steter und unversöhnlicher Opposition wähnt, selbst eine Ideologie im Marxschen Sinne ist. Differenzen in der Bewertung der amerikanischen Modernisierung bestanden nämlich nicht zwischen den politischen Lagern, sondern lediglich in den Antworten auf die Frage, wie man auf die Herausforderung durch sie reagieren soll: Jünger und Brecht sahen Ende der zwanziger Jahre keinen anderen Ausweg, als den Versuch zu unternehmen, den – mit Julius Evola gesprochen – »Tiger der Moderne« zu reiten. Sie verknüpften ihren ursprünglichen Vitalismus mit Elementen des neusachlichen Diskurses zu einem Neo-Barbarismus, womit sie das Schreckbild Amerika an Radikalität noch übertreffen wollten. Auch Zuckmayer, so Otto, habe seine vitalistische Phase hinter sich gelassen, im Unterschied zu Brecht und Jünger nun aber einen »religiös ambitionierten Humanismus« proklamiert. In Abkehr von ihrem »avantgardistisch gepflegten Anti-Humanismus« hätten in späteren Jahren Jünger und Heinrich Hauser ebenfalls diese Haltung eingenommen, während das bei Brecht und Carl Schmitt nicht der Fall gewesen sei.

Ottos Revision intellektueller Frontlinien ist mutig und faszinierend. Tatsächlich jedoch waren die Durchmischungen und zum Teil fließenden Übergänge scheinbar konträrer Positionen wahrscheinlich noch komplizierter. Jünger zum Beispiel zeigte sich in seiner Schrift *Der Friede* aus dem Jahr 1944 zwar ganz ohne Zweifel erstaunlich humanistisch gestimmt, stellte aber später als einsamer »Waldgänger« immer wieder fest, seine Programmschriften für eine technologische Revolution und einen »neuen Menschen« aus den späten zwanziger und frühen dreißiger Jahren ließen sich auch als veritable kulturkritische Prognosen lesen, ja er habe nie anderes als Kulturkritik im Sinn gehabt. Aus der

Perspektive des »Waldgängers« aber erscheint jede Hoffnung auf eine
Restauration des Humanismus als illusionär.

Brechts Entwicklung dagegen gewinnt in Ottos Darstellung nur bis
zum Ende der zwanziger Jahre Kontur. Wer sich über Brechts Amerika-
bild im Exil und in der Zeit nach dem Zweiten Weltkrieg informieren
will, findet nur einige knappe Bemerkungen über Architektur und Möbel, die allein noch keine weitreichenden Schlüsse gestatten und schon
gar nicht geeignet sind, um eine Parallele zur Universalismuskritik Carl
Schmitts zu begründen. Allein die Umarbeitung von *Das Leben des
Galilei* nach den amerikanischen Atombombenabwürfen auf Hiro-
shima und Nagasaki hätte reichlich Stoff geboten, um Brechts erstaunliche Preisgabe früherer Standpunkte darzustellen. Peter Hacks kritisierte schon 1959, Brecht habe mit der dritten Fassung dieses Stücks
»keine geringere Absurdität« verkündet, »als daß das moralische Bewußtsein des Herrn Galilei das Sein der Welt bestimmt habe«. Konster-
niert fügte Hacks hinzu: »Er, Brecht!« Zuckmayers Atomstück *Das
kalte Licht* über einen Fall von Atomspionage in den USA wirft ganz
ähnliche Probleme auf, was ebenso wenig thematisiert wird wie die
gleichermaßen entschiedene Ablehnung der These von der Kollektivschuld aller Deutschen an den Verbrechen des NS-Regimes sowohl
durch Zuckmayer als auch durch Brecht.

Es kommt hinzu, daß Otto im Kapitel über Zuckmayer erneut eine
ideologiekritische Positionierung vornimmt, die er zuvor mit vielen
guten Gründen verworfen hat. Zuckmayer, schreibt er, transportiere
1923 in seinem Stück *Pankraz erwacht* »gängige gegen-aufklärerische
Ideologeme«, operiere »mit wolkigen Begriffen, die der völkischen Literatur der Zeit als Distinktionskriterien dienten und durchaus als
topisch anzusehen« seien und bewege sich »in den Denkmustern anti-
republikanischer Zivilisationskritik«. Das alles ist nicht falsch und
trotzdem nur die halbe Wahrheit. Zuckmayers politische Haltung unmittelbar nach dem Ersten Weltkrieg kann man nicht anders als links-
radikal bezeichnen. 1917 bis 1919 veröffentlichte er Beiträge in Franz
Pfemferts *Die Aktion*, von 1923 bis 1925 gehörte er zu den Mitarbeitern der *Weltbühne* – beides Zeitschriften, die eindeutig dem linken
politischen Spektrum zuzurechnen sind. Das Beispiel Zuckmayer wäre
also geeignet gewesen, Ottos grundlegende These nochmals zu stützen:
daß sich in der Zwischenkriegszeit Ästhetiken, Tropen, Mentalitäten
und Diskurse beobachten lassen, deren ideologisches Flottieren einge-
bürgerte politische Einordnungen mehr als fragwürdig werden lassen.
Von Zuckmayers Fall abgesehen liefert Otto für diese Einschätzung,
das macht den Wert seiner Arbeit aus, eine derart große Zahl von Be-

legen, daß man nur wünschen kann, möglichst viele tapfere Anhänger des politischen Lagerdenkens mögen dieses Buch lesen und staunen.

*

Metzler Autoren Lexikon. Deutschsprachige Dichter vom Mittelalter bis zur Gegenwart. Dritte, aktualisierte und erweiterte Auflage, hrsg. von Bernd Lutz und Benedikt Jessing, Stuttgart / Weimar: Metzler 2004. 848 Seiten. 49,95 €.

Selbst wer den gegenwärtigen universitären Alltag nur ein wenig kennt, der weiß, daß eine beträchtliche Zahl der Studentinnen und Studenten des Fachs Germanistik nicht allzu viel lesen. Beim Schreiben ihrer Hausarbeiten versuchen sie dann notgedrungen, die nicht erworbenen Kenntnisse durch Recherchen im Internet oder die Konsultation von Lexika zu kompensieren. Machen sie das im Falle Zuckmayers mit Hilfe der Neuauflage eines Kompendiums, das den neumodisch aufgeschminkten Titel *Metzler Autoren Lexikon* verpaßt bekommen hat, werden sie von Volker Wehdeking über alle wesentlichen Daten zuverlässig informiert – sieht man von der Falschschreibung der Namen Franz Pfemferts (der irreführend als Pfempfert firmiert) und Carl Michael Bellmans (der als Bellmann daherkommt) einmal ab, Fehler, die naturgemäß in einem Lexikon besonders störend sind. Der Beitrag enthält auch Passagen, die mehr polemischer als lexikalischer Natur sind. So bekommt man über *Des Teufels General* zu lesen, daß »dessen politischer Inhalt recht fragwürdig gezeichnet war«, erfährt jedoch nicht mit einem Wort, worin die Fragwürdigkeit bestehen soll. Und anstatt Zuckmayers letztes Drama *Der Rattenfänger* wenigstens zu erwähnen, endet der Beitrag mit einer Anekdote: »Ick habe nur Striche jehört, Carl«, soll Heinz Hilpert über *Die Uhr schlägt eins* gesagt haben. Das ist zweifellos ein amüsantes Bonmot, aber wie sagte schon Bolingbroke, den Lessing in seinen *Briefen, die neueste Literatur betreffend* zitiert, so schön über Lexikographen? »Sie verdienen Aufmunterung, so lange sie nur bloß zusammentragen, und weder dabei witzig sein, noch vernünfteln wollen.«

*

Otto A. Böhmer, Lexikon der Dichter. Deutschsprachige Autoren von Roswitha von Gandersheim bis Peter Handke, München: Hanser 2004. 264 Seiten. 16,90 €.

Viel freundlicher ist der Beitrag über Zuckmayer in einem Buch, das sein Autor Otto A. Böhmer im Vorwort »Lexikon für Einsteiger« nennt. Es folgt der unausgesprochenen Maxime, man müsse beim Schreiben für Orientierung suchende Anfänger auf ausgewogene Proportionierung der Informationen genauso verzichten wie auf Differenzierung. Was kommt bei dieser Art der Komplexitätsreduktion heraus? Zum Beispiel ein Satz wie dieser: »Der Dichter Heinrich Heine, der eigentlich Harry Heine hieß, war ein Künstler der Kritik, die er, wenn ihm danach war, in Poesie umsetzte.«

Einen »leichtfüßigen Gang durch die deutsche Literatur« verspricht Böhmer dem Leser. Dieses Versprechen hat er gehalten. Im Falle Zuckmayers ist die Darstellung ganz unbeschwert, um nicht zu sagen: schwerelos. *Der Hauptmann von Köpenick* wird mit zwei Zeilen bedacht und das erfolgreichste deutschsprachige Nachkriegsdrama – *Des Teufels General* – nur im Nonpareille am Ende des Beitrags erwähnt. Das einzige Buch Zuckmayers, das Böhmer offenbar wesentlich erscheint, ist *Als wär's ein Stück von mir.* Es war neben Alma Mahler-Werfels *Mein Leben* und Hildegard Knefs *Der geschenkte Gaul* eines der meistverkauften Werke der autobiographischen Literatur im 20. Jahrhundert. Nur: Wer hätte es wohl gelesen, handelte es sich bei Zuckmayer nicht um einen der erfolgreichsten Dramatiker des 20. Jahrhunderts?

*

Katrin Weingran, »Des Teufels General« in der Diskussion. Zur Rezeption von Carl Zuckmayers Theaterstück nach 1945, Marburg: Tectum Verlag 2004. 119 Seiten. 25,90 €.

Wahrscheinlich ist dieses Buch aus einer Examens- oder Magisterarbeit hervorgegangen, das läßt der manchmal etwas spröde Stil vermuten, der einem Wendungen wie »ob und wenn ja inwieweit« und schauderhafte Nominalisierungen wie »Einbeziehung« zumutet, darauf deutet auch hin, daß die Rezensionssammlung in Zuckmayers Nachlaß ganz offensichtlich nicht ausgewertet wurde. Noch nicht einmal die Bibliographie von Arnold John Jacobius aus dem Jahr 1971 ist erwähnt. Trotzdem muß man für diese Veröffentlichung dankbar sein, weil sie deutlich macht, was etwa der vielzitierten Einschätzung Volker Wehdekings, in *Des Teufels General* entlade sich mit politisch üblen Folgen ein »mythologisches Ungewitter«,[2] entschieden widerspricht. Dazu hat Katrin Weingran die simpelste aller Quellen der Rezeptionsforschung herangezogen: Zeitungsartikel. Mit ihrer Hilfe kommt sie zu folgenden bemerkenswerten, zugegebenermaßen nicht immer sehr elegant formulierten Ergebnissen:

> Die Stimmung direkt nach Ende des zweiten Weltkrieges und die Bereitschaft zur Auseinandersetzung mit der eigenen Vergangenheit ist eine andere als jenige, die mit der Gründung der zwei neuen deutschen Staaten einsetzt. Es darf nicht grundsätzlich davon ausgegangen werden, daß ›die Deutschen‹ nicht zur Auseinandersetzung mit der Vergangenheit bereit gewesen wären. Die Bereitschaft ist jedoch rückläufig, da man sich größtenteils durch die Erziehungsmaßnahmen der Besatzungsmächte bevormundet fühlt. [...] Die Annahme, der Erfolg des Stückes ließe sich auf die Erteilung einer Absolution für Mitläufer zurückführen, kann in meinen Augen nicht bestätigt werden. Die Bewertungen der Inszenierungen durch die Kritiker zeigen ein anderes Bild. Immer wieder verurteilen sie Harras als einen Menschen, der sich moralisch falsch verhält, da er einem Regime seine Fähigkeiten zur Verfügung stellt, das er ablehnt. [...] Insgesamt gesehen geht in meinen Augen eine positive Wirkung von der öffentlichen Debatte um »Des Teufels General« in der Nachkriegszeit aus. Die Tatsache, daß eine Debatte stattfindet, ist von entscheidender Bedeutung. Das Stück beziehungsweise die Inszenierungen sind der Auslöser für die öffentliche Auseinandersetzung mit der persönlichen Verantwortung des Einzelnen an den Verbrechen, die im Namen des gesamten Volkes begangen wurden. Die Tendenz, der damaligen Bevölkerung vorzuwerfen, sie habe jede Form der Vergangenheitsbewältigung abgelehnt, muß damit als historisch inkorrekt gewertet werden.

Es wäre sicherlich lohnend gewesen, wenn vor einer Veröffentlichung dieser Untersuchung eine noch breitere Materialbasis zusammengetragen worden wäre. Schließlich gab es auch kritische Stimmen wie die von Max Frisch und Elisabeth Brock-Sulzer, die Weingran beide nicht erwähnt. Eine Auseinandersetzung mit vergangenheitspolitischen Thesen von Zeithistorikern wie Norbert Frei wäre sicher ebenfalls sinnvoll

---

2 Volker Wehdeking, *Mythologisches Ungewitter. Carl Zuckmayers problematisches Exildrama ›Des Teufels General‹*, in: Manfred Durzak (Hrsg.), *Die deutsche Exilliteratur 1933-1945*, Stuttgart 1973, S. 509-519.

gewesen. Da es aber bislang noch keine Untersuchung gibt, die auch nur im Ansatz das leistet, was Weingran hier mit ganz bescheidenen Mitteln zu Tage gefördert hat, muß man froh sein, daß nun wenigstens ein Anfang gemacht ist.

*

Peter Reichel, Erfundene Erinnerung. Weltkrieg und Judenmord in Film und Theater, München: Hanser 2004. 376 Seiten. 24,90 €.

Mit seinem neuen Buch legt der Hamburger Politikwissenschaftler Peter Reichel den letzten Teil einer Trilogie über den Umgang von Politik und Kultur mit der NS-Zeit vor. Wie in den beiden ersten Teilen – *Der schöne Schein des Dritten Reichs* (1991) und *Politik mit der Erinnerung* (1995) – oder dem vorzüglichen Überblick *Vergangenheitsbewältigung in Deutschland* (2001) breitet er eine Fülle von Material aus, setzt klare Akzente und verliert nie den roten Faden.

Diesmal widmet er sich dem Kino und dem Theater und läßt die Kassenschlager der Nachkriegszeit über die braunen Jahre noch einmal Revue passieren, darunter Wolfgang Borchardts Stück *Draußen vor der Tür*, Carl Zuckmayers *Des Teufels General*, Heinz Konsaliks Schmonzette *Der Arzt von Stalingrad* und Hans Helmut Kirsts zwischen großartigem Realismus und billiger Kolportage schwankenden Welterfolg *08/15*. Bemerkenswerte Produktionen der Ostberliner DEFA wie *Die Mörder sind unter uns*, *Nackt unter Wölfen* und *Jakob der Lügner* kommen im fünfzehnten Jahr nach der »Wende« nicht zu kurz. Der Bogen ist bis zur Fassbinder-Kontroverse, dem US-Melodram *Holocaust* und dem Spielberg-Film *Schindlers Liste* gespannt. Was man bei dieser Tour d'Horizon lediglich vermißt, ist eine Auseinandersetzung mit István Szabós großem Leinwanderfolg *Mephisto* aus dem Jahr 1980.

Reichel sichtet sein Material selbstverständlich mit kritischem Impetus. Seine Hauptthese lautet: Bis in die siebziger Jahre dienten viele der westdeutschen Theater- und Filmproduktionen zu einer schuldentlastenden Umdeutung der Vergangenheit, waren also Ausdruck dessen, was man psychoanalytisch als Verdrängung bezeichnet und zu Zeiten, als Marx-Lektüre höher im Kurs stand als heute, falsches Bewußtsein genannt hat. Der Befund ist zweifellos richtig, aber es bleibt fraglich, ob das auch für die angegebenen Gründe gilt.

Selbst Reichel stellt fest, unmittelbar nach dem Krieg sei von fast 80 Prozent der deutschen Bevölkerung der Beginn der alliierten Kriegsverbrecherprozesse begrüßt worden. Dieses Meinungsbild habe sich binnen weniger Jahre ins Gegenteil verkehrt. Aber ist das ein Beweis für verdrängte Schuld? Oder nicht möglicherweise das Ergebnis einer unglücklichen Besatzungspolitik? Doch solche Fragen werden nicht einmal erwogen. Und warum geht Reichel mit keinem Wort auf die amerikanische Film- und Theaterpolitik bis 1949 ein, die konsequent auf unpolitische Unterhaltungsstoffe setzte und selbst sozialkritische Importware aus dem eigenen Land auf den Index setzte? Diese Politik hat unter anderem dazu geführt, daß Helmut Käutner und Carl Zuckmayer den Plan zu einem Film über die Revolution von 1848/49 aufgeben mußten. Ein Film über den Widerstand der »Weißen Rose« konnte ebenfalls nicht verwirklicht werden. Reichel schreibt dazu nicht eine Zeile, und die Ergebnisse von Wigand Langes mehr als zwanzig Jahre alter Untersuchung über die Theaterpolitik der amerikanischen Besatzungsbehörden oder Brigitte J. Hahns vorzüglicher Dissertation *Umerziehung durch Dokumentarfilm?* aus dem Jahr 1997 hat er auch nicht berücksichtigt.

Daß historische Fehler das eine Mal, nämlich bei Filmen, die Reichel gefallen, als »zeitbedingt« entschuldigt werden, er sich zu solchen Zugeständnissen bei einem ihm suspekten Stück wie Zuckmayers *Des Teufels General* nicht bereit zeigt, ist im übrigen kein Zeichen stringenter Wertungskriterien. Geradezu aberwitzig wirkt der gegen Zuckmayer erhobene Vorwurf, seine Figuren seien »nicht typisch«, liegen ihm doch – wenngleich sicher unbeabsichtigt – Maßstäbe des ›Sozialistischen Realismus‹ zugrunde, die unsereiner seit langem in einer verstaubten Mottenkiste glaubte.

Fraglich erscheint darüber hinaus, ob man die Trivialisierung und Kommerzialisierung des ›Holocaust‹ seit den achtziger Jahren leichthin damit abtun kann, der – wörtlich – »volkspädagogische Nutzen« heilige diese Mittel. Möglicherweise war eine solche Haltung vor fünfundzwanzig Jahren angebracht, zumindest bedenkenswert. Heute aber kann man Reichel nur mit zwei Sätzen aus Norbert Gstreins bei Suhrkamp erschienener Rede *Die Differenz* über Fakten, Fiktionen und Kitsch zum Thema Holocaust entgegnen: »Oft haben die Fiktionalisierungen von nicht direkt Betroffenen etwas allzu Glattes, allzu Routiniertes, sind geschenkt, wie man so sagt, weil das Ergebnis ihrer Erzählanstrengung von vornherein klar ist, manchmal nicht mehr als die Wiederholungen der Tautologie, daß die Guten gut und die Bösen böse, und behaupten Sie nur nicht, wenn es schon nichts nütze, richte das auch keinen Schaden an. Ganz im Gegenteil bin ich überzeugt, es macht aus den vielen Geschichten individuellen Leids konsumierbare Geschichtchen, über die man folgenlos Rotz und Wasser heulen kann, es macht aus der Geschichte ein Spektakel, das allein deshalb nicht auf Anhieb auch als solches erkennbar wird, weil es ein so schreckliches Spektakel ist.«

Wenn Reichels Buch auch zu Widerspruch herausfordert, so bietet es doch einen wichtigen Überblick zu den Auseinandersetzungen im Theater und im Film über ein Thema, das bis heute von verschiedenen Seiten politisch instrumentalisiert wird. Da ein Ende der Debatte nicht abzusehen ist, verspricht das dem Band langanhaltenden Erfolg, zumal es eine vergleichbare Studie bislang nicht gibt. Und für die Beseitigung dieses Desiderats gebührt dem Autor allemal Respekt und Dank.

*

Erwin Wickert, Das muß ich Ihnen schreiben. Beim Blättern in unvergessenen Briefen, hrsg. von Ulrich Lappenküper, München: Deutsche Verlagsanstalt 2005. 400 Seiten. 32 €.

Der Diplomat und Schriftsteller Erwin Wickert (geb. 1915) hat eine umfangreiche Korrespondenz mit Schriftstellern, Politikern und Gelehrten geführt, von der eine kleine Auswahl jetzt veröffentlicht wurde. Der Band enthält einige Briefe, die eine Lektüre lohnen, zum Beispiel einen kurzen Schlagabtausch mit dem Außenminister Joseph (»Joschka«) Fischer im März 2001 über die Frage, ob ein ehemaliges Mitglied des maoistischen KBW (Kommunistischer Bund Westdeutschland), den Wickert unzutreffend als »stalinistisch« bezeichnet, Angestellter des Auswärtigen Amtes werden darf. Die Briefe Zuckmayers dagegen sind ausnahmslos von schwer zu überbietender Belanglosigkeit. Er schrieb etwa am 14. April 1970 an Wickert, der zu dieser Zeit Gesandter in London war: »Eine Kiefernhöhlenentzündung, von der ich hoffen durfte, sie ließe sich zunächst kupieren und später ausheilen, hat – nach einer Nacht mit hohem Fieber – so bösartige Formen angenommen, daß Reisen und Sprechen, wie es eine Lesung erfordert, vorläufig gar nicht in Frage kommen und daß ich mich nächster Tage einem Eingriff unterziehen muß.« Wer will das wissen? Da in dieser Korrespondenz nichts zur Sprache kommt, was auch nur in Ansätzen einen Beitrag dazu leisten würde, die geistige Physiognomie beider Autoren schärfer zu konturieren, erschöpft sich die Funktion ihrer Veröffentlichung ganz darin anzuzeigen, daß auch Wickert mit Zuckmayer in Verbindung stand. Wie schön – für Wickert.

G. N.

Anschriften der Mitarbeiterinnen und Mitarbeiter

Dr. Horst Claus, University of the West of England, Faculty of Langua-
ges and European Studies, Frenchay Campus, Coldharbour Lane,
Bristol, BS16 1QY, Großbritannien

Prof. Dr. Carsten Jakobi, Johannes Gutenberg-Universität Mainz, Fachbereich 5, Deutsches Institut, Abt. Deutsche Philologie, 55099 Mainz

Dr. Daniela Sannwald, Postfach 610479, 10928 Berlin

Prof. Dr. Günter Scholdt, Universität des Saarlandes, Literaturarchiv
Saar-Lor-Lux Elsaß, Postfach 15 11 41, 66041 Saarbrücken

Prof. Dr. Michael Simon, Johannes Gutenberg-Universität Mainz, Fachbereich 5, Philologie 1, Deutsches Institut, Abt. Kulturanthropologie /
Volkskunde, 55099 Mainz

Dr. Jochen Strobel, Philipps-Universität Marburg, Institut für Neuere
deutsche Literatur und Medien, Wilhelm-Röpke-Str. 6A, 35039 Marburg

Anschriften der Herausgeber

Priv.-Doz. Dr. Gunther Nickel, Johannes Gutenberg-Universität Mainz,
Fachbereich 5, Deutsches Institut, Abt. Deutsche Philologie, 55099
Mainz

Prof. Dr. Erwin Rotermund, Johannes Gutenberg-Universität Mainz,
Fachbereich 5, Deutsches Institut, Abt. Deutsche Philologie, 55099
Mainz

Personenregister

Indirekte Erwähnungen wurden berücksichtigt. Halbfett gesetzte Seitenangaben verweisen auf biographische Angaben zu Personen in Kommentarpassagen des dokumentarischen Teils.

Abel, Angelika 193, 204, 207
Ackermann, Volker 228
Adenauer, Konrad 168
Adler, Alfred 364
Adorno, Theodor W. 180, 399
Agrippina, Herodes 261
Aichinger, Ilse 142, 180
Albee, Edward 178
Albrecht, Richard 193
Amann, Klaus 140, 183
Anton, Annette C. 418
Aretin, Pietro 12
Armstrong, John 259, 355
Arnold, Ernst 128
Asinius Pollio 286
Asmodi, Herbert 170
Athenodorus 304
Aufhäuser, Siegfried 210
Augustus (Gajus Octavius) 12
Aust, Hugo 200
Ayck, Thomas 401
Aynesworth, Allan 356

Baader, Andreas 10, 179
Bacher, Gerd 122, 181
Bachtin, Michaeil M. 411
Backhaus 428
Bäumer, Marta 149
Baird, Jay W. 227
Balzac, Honoré de 145
Balzer, Wolfgang 406
Bamm, Peter 9
Barnouw, Dagmar 217, 234
Barth, Johannes 232
Bauer, Wolfgang 167
Baxter, John 330, 338 f.
Beaumarchais, Pierre-Augustin Caron
    de 12

Beauri, Madame 409
Becher, Dana 30, 129
Becher, Ulrich 30, 129
Beckett, Samuel 200
Beethoven, Ludwig van 126
Behrenbeck, Sabine 227
Bellin, Klaus 378, 380
Bellman, Carl Michael 94, 164, 469
Bendix, Regina 403
Benjamin, Walter 196
Benn, Gottfried 12-14, 17, 25, 91,
    162, 234, 365, 366
Bentz, Oliver 378, 383, 387, 389
Bergengruen, Werner 147
Berger, Peter L. 442
Berglund, Gisela 371
Bergner, Elisabeth 194
Berkholz, Stefan 380
Bermann Fischer, Brigitte 126, 146,
    178, 195, 198, 216, 219
Bermann Fischer, Gisela 178
Bermann Fischer, Gottfried 27, 35 f.,
    46, 55, 58, 61 f., 64, 66, 76 f., 91,
    126 f., 128 f., 142, 144, 146 f.,
    156, 178, 193-196, 198 f., 210 f.,
    216, 219 f., 252
Bernhard, Thomas 16, 176
Bertram, Ernst 212
Bethge, Eberhard 373
Bettauer, Hugo 42, 134
Billinger, Richard 21, 74, 151 f.
Biró, Lajos 264 f., 298, 355
Bismarck, Otto von 71
Bittel, Kurt 180
Blaser, Patrice 127
Blomberg, Luise Margarethe 135
Blomberg, Werner von 135
Blüher, Hans 370

Liebe Silke,

über diese Frage, – ob das Leben einen Sinn hat, und welchen Sinn – haben sich, seit es Menschen gibt, die größten Geister der Welt den Kopf zerbrochen, von den Ägyptern und Griechen über die Kirchenväter bis zu den wissenschaftlichen Forschern unserer Zeit, vom Prediger Salomo bis Schopenhauer, von Plato und Sokrates bis Heidegger: sie wird einem nicht „auf der Strasse" beantwortet. Aber ich schicke Ihnen mit der gleichen Post das Buch eines Stückes von mir, *Des Teufels General,* in dem an einer bestimmten Stelle ein älterer – und schon ohne es zu wissen vom Tod gezeichneter – Mann versucht, einem Jüngeren, Ratlosen, etwas von diesem Sinn in einer späten Nachtstunde zu sagen: vielleicht sagt Ihnen das auch etwas. So nehmen Sie es als Weihnachtsgeschenk.   Ihr Carl Zuckmayer